中南大学“双一流”建设文科战略先导专项经费资助

中南大學

哲学社会科学学术专著文库

国家战略经济学

朱灏 著

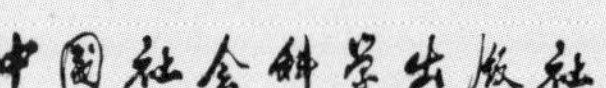

中国社会科学出版社

图书在版编目（CIP）数据

国家战略经济学/朱灏著．—北京：中国社会科学出版社，2018.5
（中南大学哲学社会科学学术专著文库）
ISBN 978－7－5203－2321－5

Ⅰ．①国…　Ⅱ．①朱…　Ⅲ．①国情经济学—研究
Ⅳ．①F069.9

中国版本图书馆 CIP 数据核字（2018）第 073309 号

出 版 人　赵剑英
责任编辑　郭晓鸿
特约编辑　席建海
责任校对　赵雪姣
责任印制　戴　宽

出　　版　中国社会科学出版社
社　　址　北京鼓楼西大街甲 158 号
邮　　编　100720
网　　址　http://www.csspw.cn
发 行 部　010－84083685
门 市 部　010－84029450
经　　销　新华书店及其他书店

印　　刷　北京明恒达印务有限公司
装　　订　廊坊市广阳区广增装订厂
版　　次　2018 年 5 月第 1 版
印　　次　2018 年 5 月第 1 次印刷

开　　本　710×1000　1/16
印　　张　47
插　　页　2
字　　数　569 千字
定　　价　199.00 元

《中南大学哲学社会科学学术成果文库》和《中南大学哲学社会科学博士论文精品丛书》出版说明

在新世纪，中南大学哲学社会科学坚持“基础为本，应用为先，重视交叉，突出特色”的精优发展理念，涌现了一批又一批优秀学术成果和优秀人才。为进一步促进学校哲学社会科学一流学科的建设，充分发挥哲学社会科学优秀学术成果和优秀人才的示范带动作用，校哲学社会科学繁荣发展领导小组决定自2017年开始，设立《中南大学哲学社会科学学术成果文库》和《中南大学哲学社会科学博士论文精品丛书》，每年评审一次。入选成果经个人申报、二级学院推荐、校学术委员会同行专家严格评审，一定程度上体现了当前学校哲学社会科学学者的学术能力和学术水平。“散是满天星，聚是一团火”，统一组织出版的目的在于进一步提升中南大学哲学社会科学的学术影响及学术声誉。

中南大学科学研究部

2017年9月

序　一

前些年，社会热切呼吁顶层设计。这些年，这股舆论热潮消停了些。可是，顶层设计是客观存在的、从来就有的，正真困扰人们的，不是顶层设计有没有的问题而是怎么样的问题。破解老问题滋生新困境，是以往的常态。有没有办法让我们在破解当前困境中消除未来隐患，让我们的发展更加平稳有效，产生新常态呢？或许真的需要有更加全面的理论武器来解答。朱灏的《国家战略经济学》提供了一个全新的认识框架，无疑是一条探寻我国长期全面可持续发展的新思路。

与强化假设条件寻求精巧理论成果的主流经济学不同，《国家战略经济学》不仅承认政治对经济的制约，而且承认人文、社会、生态、自然、历史积累、未来预期和国家竞争等多方面的制约，并把这些制约条件作为研究对象——经济边界。边界条件配置不同，经济活动的成本—收益就有差异，市场经济运行的表现特征也就不同。基于这一理论框架，不仅能合理解释西欧、北欧、美国、日韩的市场经济为什么存在差别了，而且对于市场经济地位问题也有更加深刻明确的论述了。一些西方国家不承认中国市场经济地位，看来主要是经济边界条件上的争端，从边界上寻求突破点，就不至于被圈套了。

与研究抽象经济活动的一般经济学不同，《国家战略经济学》把经济活动划分为攫取、转化和创造等三大典型展开具体深入的研究。《国家战略经济学》采用历史和现实的实证方法，将每一典型经济活动又细分为五个层次，形成经济活动的层次结构；具体讨论了三大典型经济活动的特征性质、层次结构，以及相互促进和相互制约关系，时序演化规律。按结果差异，区分经济活动满足大道定理和小道定理的判断依据，猜想超级经济大道的存在性。这是大胆的或许也可行。

经济边界上也存在内外流动，流入的为资源，流出的为产品、服务或废弃物，净流入的为集聚，净流出为耗散。经济系统设计要求形成集聚机制，要求扩大资源输入、减少废弃物排出。天然、人力、资本、知识、社会基础结构五大经济资源的生成、消费以及关联特性是存在差异的。这种差异决定了不同的资源的表现存在规律性差异，例如矿产等耗竭性资源经济遵循边际效应递降规律，知识等耗生性资源经济遵循边际效应递增规律。资源消费的边际效应差异，导致资源消费操作上，要激励性质良好的资源消费而限制性质不良的资源消费，从而引发资源消费结构演变。就长期而言，主导资源消费性质良好的经济板块具有高成长性，主导资源消费性质不良的经济板块具有低成长性，从而使得经济板块具有非对称成长性，产业结构演化因此呈现非对称性。正确的产业政策应该顺应产业结构演进，促进经济转型和提升，而不是阻滞这种变化。

遵循资源配置自身的逻辑，按照主要驱动性资源的差异，形成经济循环路径典型：资源－劳力型经济和资本－知识型经济。通过边界交换，促进经济循环的就是增强动力，制约经济循环就是约束力量。论著中深入讨论典型经济循环的特征性质、存在条件、成长规律、演化趋势，以及它们之间的共生性、依存性和交换的不平等性，指出经济转型的实质就是从资源－劳力型经济往资本－知识型经济的全面提升。很有启发性的发现是，经济循环路径决定高度依赖社会福利，从而推知实现我国经济转型的前提是增进福利。在如此复杂的战略经济体系中，得出如此简明的结论实属不易。如果结论无误，对我国经济政策制定思路将有重大价值。据称，现在已经有多位学者仔细研读了论著，尚未发现逻辑论证上的错误，即使有错误看来也非显见。当然，对于这样的重大结论，进一步深究依然十分必要。著者也应放开心胸，广采各方真知灼见。

从世界观角度认识经济空间，依据五个世界构成划分出五大产业，把经济研究建立在科学技术哲学研究成果基础上，是崭新的思想方法，是很有新意的探索。基于哲学对世界构成的认识，就能深刻认识未来世界经济空间的结构特征，确定未来经济的主要成长领域、最初动力和最终目标。著者由此推测未来经济空间结构的时序演化趋势，探讨如何实现全面、同步和协调的社会经济发展，看来是有一定道理的。特别是在技术—社会体系大变革的当今，对未来经济成长的内容、推动力、产业体系的预测，除了数量统计规律外，也确实十分需要有新的探索方法。论著在这方面的探索至少是自圆其说的，有哲学根基的，很有启发的。

国家之间内外交换，也是国家经济的重要边界条件之一，是国家经济利益直接获得或者直接耗散的内容。增益性内外循环就能产生利益集聚效应，使国家经济越来越强，耗散性内外循环则会产生耗散效应，导致国家经济越来越弱。因此，国家经济利益竞争不是无所谓的。从实践角度看，政府有责任参与国际秩序重构，让国际秩序形成有益于自身的利益集聚机制。仅仅遵从国际秩序是不够的，是违背大国天性的，也推卸了政府应该承担的责任，不仅无法获得国民的支持，也无法取信于国际社会。

边界条件决定市场机制，是著作的一个重要观点。第二个观点是，社会选择决定经济边界。其实著作许多论述表明，政府主导社会选择。把这三个观点结合起来，就是著作对政府到底应该做些什么的回答。著作的结论是，政府既不是无所不为也不是无所作为的，政府的责任就是配置经济边界条件，也就是主导国家战略经济的发展。边界上的行为既受到经济因素的影响，同时也通常受到其他多个方面的影响，国家战略经济的市场机制是不完全的，是失效或失灵的，因此，就需要政府来弥补或主导。除了空间维度外，在时间维度上，政府承当跨期资源配置的责任，推动可持续发展目标的实现，包括累积经济活动平台，创造要素，特别是包括战略技术创新。优化经济边界条件配置，改善企业经营的平台，就能实现“政府搭台，企业唱戏”。简言之，市场的归市场，政府不干预；政府的归政府，政府不推卸。政府的经济责任范围是经营国家战略经济而非投入到竞争性经济领域。

对于国家经济研究，著作形成了一个富有特色的框架模式。这个研究模式以环境资源、政府作为和社会选择为边界条件，内部运行逻辑为核心，包括原动力、动力循环机制，结果评价为导向。这一研究模式比较规范，也符合认识的规律。应用这一模式，著作归纳出美国、德国和日本三大成功典范。美国是开拓攫取范式的典型代表，德国是精工攫取范式的典型代表，日本是规模生产范式的典型代表。美国模式以自主研发为源，面向未来求新图变、主导世界产业发展趋势而成领先国家。德国模式立足优势技术积淀和完美主义文化，以提升既有产业为创新出发点，精工细作、寡据世界各产业高端而成经济强国。日本模式以引进、消化吸收和再创新为路径，降低生产成本、做大产业规模而成经济大国。

比较国际范式，著者认为，我国要构造国内外循环增强的动力机制，只有增进国家利益才是促进我国发展的动力、竞争优势的来源。国际贸易循环中，扩大规模、提高开放度，并非一定增进国家经济利益。按照完全成本收益来计算，通过压低工资、降低福利、压缩环境代价和资源成本的方式扩大贸易额，是中国的利益流失而非利益增进。国际比较，也发现我国的开放度高于西方主要经济大国。著者认为，我国无须致力于扩大贸易规模，而应提升贸易利益。这一认识与流行的观点是相反的，与开放的政策不完全一致，但与国家领导人申明的“中国不寻求贸易顺差”比较贴近。这是技术之争而非政治之争，有这样独立观点的提出，是难能可贵的，但需要从技术上进一步论证。

《国家战略经济学》作为新构建的理论体系，存在许多不完善之处。正如著者自己认识到的，应用方面是比较薄弱的。特别是中国经济发展问题，尽管著者布局了三章内容，对一些具体领域的困境破解观点也十分新颖独特，但总体来看，并未提出如何发展国家经济的清晰思路，也没有达到国家战略经济的层次。有些方面有待具体深入研究，例如充分揭示外交和军事等对国家战略经济的具体影响，军民融合是如何强军兴国的。著作提出了经济质量的一些准则，却没有建立边界条件与经济质量之间的具体联系。对于美国、德国、日本等国家经济研究规范严谨，对以色列、北欧、拉美等经济就着墨不多，布局结构很不平衡，而且选例依据也未阐明，或有重要疏漏，例如金砖五国。此外，著作中后半部，论述显得有些累赘，重点不够突出，如果简练表述，可以为读者节省不少时间。

要一位学者破解所有实践问题，使提出的理论完美无缺，当然是为难了些，但是，只有这样要求才能不断提升我们的研究水平。一位学者做不到，大家齐心协力就可能做到。

《国家战略经济学》是实在人做的实在事。著作成果前后积累了十余年，期间并未得到有力度的资金支持，能够坚持下来很不容易，不是实在人是很难做到的。著作十分厚重，概念逻辑体系严密，未发现反例，完全符合科学体系准则，作为首次提出的理论体系是十分难得的，干了一件实在事。希望著者以后继续干实在事。把《国家战略经济学》应用到社会实践中，接受并通过实践检验，是更加宏大的实在事。这一宏大的社会事业，仅仅依靠著者个人努力是不够，甚至依靠研究团队都只能实现有限目标，十分需要依靠各方面的力量群策群力来实现。一方面著者加强理论扩散、扩展研究范围；另一方面政商学各界加强应用、提升和再创新，《国家战略经济学》就更有积淀。能够经受得住实践的检验，《国家战略经济学》就更有生存的土壤、更有生命力，学科就具有更大的竞争优势。《国家战略经济学》是产生在中国的，希望财经高层领导、企业领袖、学者教授积极推广应用、修缮提升，让本土新生学科茁壮成长！

孔德涌

国际欧亚科学院院士

原中国科技促进发展研究中心主任

2017 年 12 月 30 日

序　二

2012年，我得知朱灏老师在构建《国家战略经济学》，积淀至今终于完成了。时至今日，在全球依然查阅不到同一名称的论著，说明《国家战略经济学》是具有新颖性的。我有幸提前阅读，发现《国家战略经济学》是很有特色的，一是以经济边界为研究对象，也就是研究不完全经济问题；二是主要以经济循环描述经济运行动力机制，有方法论特色；三是以国家利益为价值导向，不仅讲原理也有实践指向。从诸多方面看，《国家战略经济学》与主流经济学是存在显著差异的。

我认为，《国家战略经济学》的核心理论可以概括为“3525+7”。把经济活动划分为“攫取、转化、创造”三大典型后，就能自然呈现出不同主体之间的利益冲突特征。揭示“天然物质、人力、知识、资本、社会基础结构”五类资源的性质差异，就能发现以往人们习以为常接受的一些经济规律存在片面性。例如“边际效用递降规律”，对于具有耗竭性的矿产资源成立，对于具有耗生性的知识资源就不成立。从政策角度讲，对于耗竭性资源要厉行节约，对于耗生性资源则要鼓励消费。用什么资源推动经济发展就会形成什么类型经济，论著发现资源组合驱动决定经济循环类型，典型经济只有两类，或者靠天然物质和人力联合驱动或者靠知识和资本联合驱动。结合资源的性质，论著推知经济转型其实就是从天然物质和人力驱动的经济转向以知识和资本驱动的经济，而促进经济转型的必要条件乃是提升社会福利保障水平。这就启发人们在分析经济问题时，不仅要注重直接原因，而且要重视间接原因，只有系统深化认识，才能揭示更加深刻的原因。资源利用不仅决定经济类型，而且决定经济空间结构的演化，对应哲学上的“五个世界”就相应的有经济上的五大产业，主要利用良好性质资源的产业就有相对竞争优势，就有更大的成长空间、更高的增长效益，例如利用耗生性的知识资源。“3525”依然是经济逻辑，那么决定经济逻辑的又是什么呢？这就是“+7”的内容——七大边界条件。与经济紧贴的有人文、社会、生态、自然、历史积累、未来预期和国家竞争等，于是形成七条经济边界。经济资源来源于经济外部，因此，边界条件决定经济资源，边界条件的设定与配置决定经济类型、经济运行逻辑以及经济利益流向。边界条件配置不同，经济活动的成本—收益有差异，市场经济运行的表现特征也就不同。简而言之，边界条件决定市场机制。

《国家战略经济学》的上述理论框架，从逻辑上，我找不到显著的漏洞，就实践而言，可以比较合理地解释西欧、北欧、美国、日韩的市场经济为什么存在显著差别，对市场经济地位问题或许也可以由此出发重新认识。《国家战略经济学》对我是有理论启发性的，但对其理论价值就不多加评价了，我主要谈一下《国家战略经济学》的实践意义。

1．要依据资源性质提高资源配置的有效性。天然物质、人力、资本、知识、社会基础结构等经济资源的生成、消费以及关联特性是存在差异的。例如矿产是耗竭的，水能在许可的范围内是耗平的，知识是耗生的，资源的生成和消费关系不同，应当采取的配置准则就不同，对矿产要节约，对知识要鼓励消费，对水能要适度开发。推而广之，如果我们精准地认识了各种资源的具体性质，我们就有配置资源的科学依据。以往，我们借鉴先进国家的经验，新常态下，我们在许多方面走到了世界前列，已无前人引路了，只能通过提高认识水平来保障我们沿着正确的方向前进，通过探寻科学依据来保障我们的正确决策。具体深入地认识各种资源的生成、消费和关联特征，让性质优越的资源主导经济成长，将成为经济领域中一项基础性研究内容。

2. 政府与市场存在合理分工。政府配置边界条件，市场激励企业运行。各个边界整合成一体，就是社会基础结构，就是经济平台，微观经济的一切活动都在这个平台上演绎。“政府搭台，企业唱戏”，就是政府设定边界条件，让企业在市场机制下自主运行，就是政府决定资源供给，市场决定资源配置，就是政府决定经济性质，市场实现数量优化，就是政府捍卫国家利益，企业创造市场价值，让政府和市场在各自具有优势的领域发挥主导作用。简言之，市场的归市场，政府不干预；政府的归政府，责任不推卸。政府的经济责任范围是经营国家战略经济而非跳入到竞争性经济领域中。

3. 政府的经济责任不在经济内而在经济外。按照著作的三个观点：“边界条件决定市场机制”，“社会选择决定经济边界”，“政府主导社会选择”，可以推知，著作其实认为政府对市场机制起主导作用。这在一定程度上是事实，问题的关键不是政府是否主导市场机制，而是政府通过什么方式来主导市场机制。论著认为，政府的责任是设定和配置经济边界条件，也就是主导国家战略经济的发展。边界上的经济行为既受到经济因素的影响，同时也通常受到其他多个方面的影响，国家战略经济的市场机制是不完全的，是失效或失灵的，因此，就需要政府来弥补或主导。空间维度上，政府的经济责任是通过边界设定为社会搭建平台，在国际上坚决捍卫国家主体利益。在时间维度上，政府承当跨期资源配置的责任，推动可持续发展目标的实现，包括创造要素，特别是战略技术创新。创新资源充足了，市场机制就能让创新驱动发展。

4. 通过强化内循环能够扩展国家经济利益基础。对外开放是手段不是目的，通过开放有可能攫取他国利益，产生利益集聚效应，使国家经济越来越强，弄得不好则会产生耗散效应，导致国家利益流失。我国产业门类齐全、规模足够，消费市场潜力空间巨大，完全有条件增强国内资源配置，营造出国内经济循环增强动力机制。只有形成内循环为主的经济发展动力机制，自身的经济发展才能更加均衡和稳定，其他国家才能参与进来“搭便车”，助推中国经济成长。按照著作的这一逻辑，我们不仅要开放，而且要提高开放质量。我国主要金属产量占全球50%以上，由此引发贸易扩张和国际运输量扩大，这样的开放是不平衡不充分的，是有优化结构潜力的，当前的方向就是加强内部经济融合共享、加强内循环。

5. 国家经济利益主导对外开放。国家之间内外交换，是国家经济的重要边界条件之一，直接关系到国家经济利益的获得或者耗散。做得好，即使国际援助和产业扶持都会有利于增进国家经济利益（见12. 4. 1）。做得不好，公平贸易下也会导致产业国家利益流失（见12. 3）。开放什么、如何开放、开放到什么程度，是技术性决策问题而非政治性决策问题，最终由国家利益决定。国家经济利益竞争不是无所谓的，而是十分关键的，并且是政府的责任所在。从实践角度看，遵从国际秩序是不够的，是违背大国天性的，大国政府的责任是重构国际秩序，形成有益于自身利益集聚的动力机制。

6. 产业结构演化具有非对称性、自发性和自觉性。决定产业结构演化的是资源利用，主导资源性质优越的产业比主导资源性质不良的产业具有更大的成长空间、更高的成长速度、更丰厚的投资收益，从而导致产业结构非对称演化。人为的因素能够平缓甚至扭曲这种非对称演化，因此，产业结构演化也具有自觉性，例如我国在一个时期用天然资源和人力为主驱动经济成长，使得我国产业结构演化与国际主流趋势并不一致。如果长期产业政策是顺应产业结构自发演进的，就能促进经济转型和提升，这样的产业政策就是方向正确的。当然，短期的产业政策需要顺应现有资源的供给特征，然而，策略正确无论如何都不能长久背离长期演化趋势，使产业积累下高昂的调控成本。

《国家战略经济学》作为新构建的理论体系，还有许多不完善之处。例如七大边界的每一条边界，都含有很丰富的内容，特别是国家内外边界甚至包括其他边界的全部内容，不具体划分出共性特征的边界段就很难得到可靠的研究结论，著作的研究或许只是抛砖引玉。应用方面似嫌薄弱，特别是对中国经济发展问题研究很不够。著作清晰揭示了美国、德国、日本等国家经济循环的动力机制，对本国情况，除了个别领域困境破解有一些独特新颖的观点，并未提出如何发展中国经济的清晰路线，也没有达到国家战略经济的层次。甚至军民融合是如何强军兴国的动力机制也未足够关注，只是说明了外交和军事等对国家战略经济的一些具体影响。此外，著作后半部，论述显得累赘，重点不够突出，如果简练表述，可以为读者节省不少时间。

要一位学者提出的完美无缺理论破解所有实践问题，是过度要求，更是提升动力。希望著者继续努力，加强理论传播和应用实践，吸引更多的专家学者参与到有关研究中来，参与到更多的实践应用中去。应用实践是一项宏大的社会事业，靠著者个人努力是不够的、做不到的，甚至依靠个别研究团队都是不够的，需要依靠各方面的力量群策群力地来实现。只有通过政商学各界的研究、应用、提升和再创新，经受得住实践的检验，《国家战略经济学》才能形成深厚的积淀，才更有生存的土壤、更有生命力，具有更大的竞争优势。

《国家战略经济学》中许多观点与流行看法不一致，这正是创新的特征。对于其中的论点主要不是对与错的判断问题，而是引发思考和讨论的问题。我认为，一位学者坚持十余年，没有多少外部支持，就独立构建出一套特征鲜明的学术体系，在当今社会是十分难能可贵的。我们要支持他，爱护他。支持他，爱护他，不是默认著作中可能的错误，而是找出其中的不足并加以完善，把《国家战略经济学》应用到实践中，接受实践的检验。希望财经界领导、企业领袖、学者教授和专业学生，都来学习、推广、应用、修缮和提升之，让本土产生的新生学科成长起来！

罗肇鸿

中国社会科学院世界经济与政治研究所研究员

2018 年 1 月 8 日

自　序

战略经济是存在的，中国与美国从2004年就开始了第一轮战略经济对话。可是，尽管中美战略经济对话了七轮，后又演变成为中美战略与经济对话，但什么是战略经济却莫衷一是，更谈不上用战略经济理论来指导这一重要实践了。中美战略经济对话的实践行动走到了理论的前面，并不是什么值得大惊小怪的事情，更没有什么值得称道的。更理想的行为是意识领先的行动而非盲目冲动。实践需要的是超前认识战略经济对话的内容，以历史和集体的智慧积淀出指导对话的科学理论，满足顶层对话实践的知识需求。

中国传统文化富有全局智慧、擅长辩证思维。然而，改变命运的急切，使很多人急功近利，只求奇胜之道。一个占世界人口1/5的国家，在热切地追求发展机遇，甚至连革除弊害都需要等待机遇的到来。策略性发展积累至今，终于暴露出许多问题。Gini系数高达49.1%，投资对就业的贡献越来越小，国民生存环境越来越险恶，疾病增长超越经济增长，经济总量对国民的安慰越来越小，人们从期待改善转向不满甚至愤怒，外围制约也越来越呈现刚性。所有这一切表明，广种薄收的经济耕耘，事倍功半，成长空间越来越小。矛盾、困境在催促社会经济的改良，“问题驱动改革”，人们热切期待方向、定位和路线的具体明确。

长久以来，我国形成了“穷人贴补富人，富人贴补海外”的经济利益格局，造成我国战略利益流失十分严重，战略经济利益问题早就该有人深究了。可是，盛世年华，灯红酒绿，少了许多能够清净下来的才俊，也就难得有人远顾身外公益，战略利益更是搁置天边、供人观瞻、街议垂气而已。未入世俗主流，倒给我留下许多闲暇，悠然于冷门寒窗，日积月累而有所心得，或可解一些困惑，更渴望抛砖引玉，类聚知己、结交同心。

国家战略经济的高尚与我个人地位的卑微，差距实在显著，因此，在著作过程中我一直试图改变名谓以匹配个人现实。可是，经济与非经济之间的边缘地带确实存在，这一地带的确缺乏系统研究，而呈现在你面前的确实是一套概念逻辑体系，具备一个学科的所有必要条件，与国家战略又是如此贴近，也就只好求个名正言顺了。国家战略经济学由我提出，纯属意外。唯愿国家战略经济学的存在价值，由我国战略利益得失大小、我国战略经济问题多少，以及战略经济问题化解价值大小等社会现实改善需要来确立，而不因人废言。

战略经济问题有国家、区域、产业和企业等多个层次，战略经济学当然也就不限于国家。但是，国家战略取舍影响全国、各区域、各产业和各企业，国家战略经济是战略经济的顶层，是下层战略经济的前提。国家战略经济学的研究对象是国家经济与非经济之间的边界以及不同边界区段之间的关系，探求从非经济到经济的合理资源配置、边界区段资源之间的合理配置，主要解决从经济外到经济内的资源形成、转化和提升，外围经济资源结构优化，以及经济外围条件对经济内部结构的影响等问题。国家战略经济学的研究超出了主流经济学的研究范围，而其他层次的战略经济学并未超出这个范围。这就是为什么世界上早就有服务跨国公司的战略经济学而没有国家战略经济学的缘由。

我对经济学的探索，源于我在创新产品技术中遭遇到的困惑。2003 年，我有了几万元科研经费，做了台铣齿机，次年获得了湖南省技术进步奖二等奖，也就顺手画上句号，终止了我 10 年的努力方向而转向思考经济问题。在经济学界，没有洋导师为我贴金、壮胆，也没有国内名流为我指引、撑腰，我不仅不属于主流经济学派，也不属于某个支流经济学派，我根本就没有流派。同时，我是统计学教师而不是经济学教师，职业与兴趣的错位也会引发一些可想而知的麻烦。尽管自学经济学增加了我的许多艰辛，却也减少了我的许多束缚。我仅需拜读学术论述，择善而从，而无须关注学派、固执门庭。比较多家，寻求与天同乐、自得其乐，既是我不得已的选择，也是我的自由选择，或许还是我的幸运选择。国家战略经济学不是我有意选择的，而是无意碰巧的，它不要求更专业的经济学，而要求更鉴赏的经济学；不要求嵌入经济硬核之中，而要求站在稍距经济的高台之上，力避“当局者迷”而求“旁观者清”。在边缘地带探索，不符合当今学术主流，尽管阻碍重重，却符合我的素养和兴趣。进入经济学领域 5 年后，突然发现我的研究尽管散布于国别经济、资源经济、国际金融等，却同属国家战略经济范畴。发现这一特征后，我萌生系统性研究国家战略经济学的念头。国家战略经济学是自发积累而成的，而非故意谋划而成的。

国家战略经济学的实际价值如何，不仅取决于自身，而且取决于应用它的人。如果国家战略经济学能够启发人们减少中国战略利益的流失，更大地增进中国战略利益的流入，更有效地促进中国战略利益的潜力形成和扩大，那就是对国家战略经济学的最大社会褒奖。但愿国家领导人、经济领导人、地方领导人、大企业领导人，都不吝啬给予这样的社会褒奖。同时，希望国家战略经济学能起到抛砖引玉的作用，吸引各方面、各层次思想者贡献见解、批评指正、提升完善，使国家战略经济学更加系统科学、便于应用。

处于不同时代，会有不同的人生感受。2012 年前，我的努力方向是抑制遐想，时不时回头看，让自己更加贴近现实，也好让自己有亲近的朋友。今天，我可以看到前方的影子，无须总是回头。雾霾消散，原来长空有万里；束缚解放，精湛思想多神力。个人如何，与形势发展息息相关。在一个沾沾自喜于“实践已经走在理论的前面”的社会氛围中，理论研究是装点门面的事情、是奢侈浪费的，理论与实践会越贴越紧。在社会需要理论时，紧贴实践的理论或许依然热门，但是，社会也需要跳出实践看问题的指路明灯。如果理论与实践相互紧贴拥抱，触觉就远胜视觉，实践也就只能摸着石头过河，走一步算一步了。正因为如此，35 年的实践，让我们走到了发展的边界，浑然不知已积累下诸多困境。

作为独立学者，我关注原因胜过关注指标。指标是成就的表现，造就成就的却另有原因。同样的成就可以通过不同的途径来造就。1938—1944 年间处于第二次世界大战中的德国，经济增长率为 4.24%，是全球平均增长率 1.78% 的 2.38 倍，战争造就了德国经济的高增长。同样地，在和平时期，榨取红利折现未来，也能造就经济高增长。但是，这样的经济道德吗？能持续吗？因此，对经济的评价，不仅有指标，还有内容，更有价值判断。头脑发热时，很多人就忘了价值选择的必要。除了经济内部自身的价值准则外，更主要的价值准则来源于人文、社会、终极关怀等。原来，经济边界条件才是经济的评价基准，而我们长期迷茫于经济中。

2014 年，法国经济学家皮凯蒂的《21 世纪资本论》，被公认是当代资本主义最有说服力的研究成果，不仅轰动了西方，而且轰动了我国。在称道这一成果之余，也产生一些困惑，为什么西方少数派能够产生这样的成果？为什么我国组织了那么多的学者，安排了那么多的课题，经历了那么多年，就产生不了与之匹敌的研究成果呢？要准确回答，或许很困难，但是从研究切入点看，问题导向和经济导向的区别也是显然的。或许问题导向、实事求是、科学严谨、鞭辟入里的研究，能够增加学术的力量，我也倾力于这样做。

天雨虽大，不润无根之草；

道法无边，难度无缘之人。

本书献给理念相合的有缘人！

目　录

第1章　引言

西方有句俗语："我们不知道谁最先发现的水，但肯定不是鱼。"因为鱼身在水中，无法完全清晰地看到全局。经济何尝不是如此，要看全局，也得后退一些。

1.1　从国力增强看经济学革命

综合国力，是一个国家的政治、经济、军事、外交、科技、文化、教育、卫生、资源、民族意志、凝聚力等发展水平的总和，换言之，是国家拥有的各类战略资源之总和。经济是基础，滋养其他各种力量，其他各种力量又反过来服务于经济力的增强。主流经济学隔离了这种联系，就经济论经济。国家战略经济学则注重这种相互关系，站在经济边界看经济。

1.1.1 经济学遭遇不可破解的困境

经济学是实践性科学。可是，经济学主流却越来越背离实践性方向，也就越来越缺乏自我批评的动力。斯蒂格利茨（1993）、科斯（1991）、克鲁格曼（2008）、梯若尔（2014）等诺贝尔经济学奖得主跳出主流，顺应社会需要推动经济学革命，批判主流经济学，引发众多学者的共鸣。“经济学已准备好进行一场改革，但如何改还不清楚”（Sabina Alkire），人们都在探索中。问题驱动创新，中国经济困境日益呈现，中国有强大的现实力量驱动经济学变革，中国有条件引领经济学革命浪潮。

1.1.1.1 破解不了世界经济陷入“三低一高”的窘境

破解现实问题是经济学的真谛。经济学的危机首先来源于它在解释经济现象和指导经济实践上的苍白无力。根据 IMF 数据计算，世界经济年均增长率 20 世纪 60 年代为 5.32%，70 年代为 3.77%，80 年代为 3.30%，90 年代为 2.86%，21 世纪前 10 年为 2.52%，最近 5 年则是 2.45%。[①] 可见，世界经济年均增速处于持续下降中，总体上呈现长期增长停滞趋势，主要表现一是“三低一高”——“增长率低、利率低、通货膨胀率低，流动性高”[②]；二是短期调控失效——扩大流动性并未促进经济增长，却加剧流动性泛滥。长久以来，世界经济呈现“三低一高”的演化趋势，当今的经济学对这一暗淡趋势却束手无策。

---

① 参见联合国统计司、世界银行、国际货币基金组织《世界历年 GDP 及其增长率》（http：//tieba. baidu. com/p/3677045012）。

② 《亚投行治理框架确定》，凤凰卫视，2015 年 5 月 21 日。

1.1.1.2 全球“量化宽松”无度依然难解金融危机困局

2008年爆发世界金融海啸，再次刺痛人们的神经，动摇了许多经济信条。特别是美国四轮量化宽松（quantitative easing）5万亿美元，欧盟2.3万亿欧元，英国3750亿英镑，日本195万亿日元①，以及澳大利亚、泰国、瑞士和金砖五国等，各国央行也都先后以降低利率、增发货币、补充流动性、主动释放流动性等措施，实施量化宽松政策。用量化宽松政策挽救危机已达9年，但世界经济并未走出低迷。被经济学界和各国政府普遍认为行之有效的“量化宽松”政策，实践证明是无效的，而现代经济学并没有备用处方。

美国量化宽松的80%流向世界各地而实现了嫁祸于人。其他国家量化宽松收效甚微，如日本经济依然呈现负增长/微增长，安倍经济学陷入困境。中国“四万亿投资”和十大产业振兴计划，当时独当一面抗下跌却留下产能严重过剩的无尽烦恼。无论是发达国家还是发展中国家，无论是东方还是西方，各国央行其实都遵循凯恩斯主义经验和方法，企图烫平周期，但都没能化解这场金融危机。应对危机的方式与以往一致，各国政策比以往更加同步一致，政策力度更猛更大，世界经济陷于低迷期却更长、治理效果更差。实践迫使人们反思，这样的处方对吗？现有的经济理论够吗？老方治新病行吗？

1.1.1.3 市场经济的逻辑与现实状况的冲突显著

按照市场经济的逻辑，应该更多地由市场说了算，而不是政府说了算。市场经济越发展，政府的经济支配力就应该越低，从而形成

---

① 参见闫海防《日本推出新版量化宽松政策》，《经济日报》2014年11月3日第4版。

“大市场 + 小政府” 的经济治理模式。现实状况是，世界各国财政支出占 GDP 的比重总体呈上升趋势，政府的经济支配力处于加大之中，见表 1 - 1。美国政府支配力[①]从 1929 年的 10.3% 提升至 2012 年的 38.2%，2013 年多数国家分布在 1/4—1/2 间，超过 1/2 的有 13 个，低于 1/4 的有 65 个。当今世界，政府不仅扮演着社会管理者的角色，对经济运行的干预也越来越多，并且宏观调控已经成为政府的一项主要职责，政府甚至已经成为一个国家经济成长的发动机和动力来源。

表 1 - 1　主要国家财政支出占 GDP 比重变化情况（单位:%）

年份＼国家	美国	英国	德国	印度	瑞典	俄罗斯	日本	中国
1990	32.5	26.8	29.6	13.2	36.0	36.5	30.2	13.5
2015	38.6	46.7	42.0	15.4	48.0	20.7	35.4	26.2

1.1.1.4　经济学经典遭受前所未有的非议

曼昆（Mankiw）是哈佛大学经济学著名教授，他编著的《经济学原理》长期风靡全球。2011 年，70 名哈佛大学生发表公开信宣布集体退选曼昆的课程。学生们认为，当经济学家选择不讲道德的时候，经济学就成为一种歪门邪道，经济学不能解决问题，就没有学习的价值。《经济学原理》没有从根本上解决世界经济发展中所面临的深层次问题，难以学以致用，无法克服经济危机，这是哈佛经济学教授的逻辑，也是哈佛学生退选的理由。2008 年世界金融危机的无效应对，使西方一流经济学名校也不得不参与到经济学的反思洪流中，后

① 政府经济支配力按财政支出与同期 GDP 之比的大小来度量。

崩溃时期经济学（PCES）组织应运而生。

新的研究正在动摇新古典主义经济学信条。行为经济学家已经积累了海量证据，证明经济人假设并非真实。实验经济学家证明效用理论并不成立，并进而得知金融市场并不总是高效，这就动摇了市场机制实现社会效益最大化的信条。① 面对理论背离现实的窘境，西方经济学家不是不想维护自己的面子，而是维护不了面子；不是不想继续盘踞在象牙塔尖上，而是经济学根基正在动摇，躲在象牙塔尖让人胆战心惊、时刻担心坠亡。实践难以容忍经济学家们长期沉浸在通过金融衍生产品攫取财富的自娱自乐游戏之中，而让公民生活在水深火热之中。世界也难以长期容忍美国攫取金融财富，而让其他国家身陷信用货币政策的泥潭中。

1.1.2　经济学应用存在严重缺失

理论研究需要对现实做必要的抽象。问题是，抽象过程也不能抽空实质内容，以致回不到实践中去。经济学形式化特征越来越显著，实践性学科特征越来越缺乏。

（1）经济研究孤立静态。经济学不在意“经济和生态是一个不可分割的整体，在生态遭到破坏的世界里是不可能有福利和财富的”（罗马俱乐部主席佩奇，1981）。经济研究极少顾及经济活动对环境的影响，以及这类影响对人类自身的反作用。经济学不仅对此熟视无睹，而且意图以最大限度地满足经济需求的方式对待我们的生存母体——环境。

（2）经济研究范畴狭窄。经济是物质、人、资产、知识、基础条

① 参见 Eric Beinhocker《重新定义资本主义》（http：//www. aisixiang. com/data/82351. html）。

件等的联合运动过程，是自然规律、经济规律、社会规律、人文规律甚至思想规律等多重力量联合决定的过程。现代经济学见物不见人，只注重物质侧面而不考虑其他因素。特别是从较长时期看，“假设其他因素固定不变”是完全没有事实依据的。即使从短期看，这些因素也是互动的而非独立的。

（3）以偏概全缺乏深解。现代经济学通过形式化方式证明：市场经济是唯一可持续的经济体制。[①] 这是没有历史依据的，也没有实践依据，只是毫无依据的信条。北欧、西欧、北美、日韩等，被认为是典型的资本主义市场经济国家。不过，这些国家的市场机制特征差异却很大。2014 年，北欧五国人口合计 2610 万，GDP 16717 亿美元，人均 GDP 为 64063 美元，Gini 系数为 24.6%，是全球最富裕、收入差距最小、福利水平最高、税率最高的地区。北欧国家发展经济并非主要靠物质刺激，其扶弱抑强的人道福利力度甚至超过所有社会主义国家。与北欧不同，美国相信金钱万能，以物质刺激促进经济发展。在同等人均 GDP 的国家中，美国的福利最差、税率最低、收入差距最大，Gini 系数高达 45%。美国经济同样是成功的，人均 GDP 为 53100 美元。可见，市场经济根本就缺乏具体一致性，市场经济的具体制度设计与社会价值取向、文化理念、自然制约等诸多因素相关，绝不存在一个放之四海而皆准的市场经济制度模式。如果市场经济是广谱的，那也就只留下信念了。

（4）陷入形式主义泥潭。1937 年科斯《企业的性质》开篇就批评，过去的经济理论“一直因未能清楚地说明其假设而备受困扰”，构建经济理论时“常常忽略对其赖以成立的基础的考察”。科斯认为，

---

① 参见钱颖一《理解现代经济学》，《经济社会体制比较》2002 年第 1 期。

经济理论赖以成立的前提性假设（assumption），不但应当是“易于处理的”（manageable），而且必须是“真实的”（realistic）。否则，“当经济学家们发现他们不能分析真实世界里发生的事情的时候，他们就用一个他们把握得了的想象世界来替代”，从而无助于增进对真实世界的认识。遗憾的是，西方经济学并未因科斯的批评而转向“研究真实世界”，依然遵从罗宾逊（Joan Robinson）在《经济学是一个严肃的主题》（1932）中的观点：经济学的前提性假设必须易于处理，如果我们能处理的假设是不现实的，我们也只能别无选择地用这些不真实的假设。这样一来，经济学形式完美成为主流追求，而实践性要求被无视和低估，经济学也就越来越背离实践性科学的特征。

（5）中国主流经济学研究遵从当今西方路线。在学习西方经济学方面，中国经济学家是很谦虚的。新的一代，已经能够采用复杂的数学形式，推导出不知所云的结果，或者得出一些显而易见的结论；撰写的经济学论文完全能够满足学术论文的形式要求，与西方的差距也越来越小，海外期刊刊登量也正在增加。既无西方的经济实践背景，更无视中国经济问题的现实背景，从论文到论文的研究成果，是好看不中用的。这类研究，其实是个别特例的数学说明，既不符合科学发展的一般性、概括性准则，也不满足实践活动的具体性、综合性准则，属于对枝节内容的形式化处理和学术外观改善。

（6）学术根基不牢、先天偏见。中国主流经济学形成于改革开放的学费支付中，并未经历学术洗礼，缺乏坚实的学术根基，基本特征是先入为主、执着偏见、盲目信奉。尽管学术根基不牢，当今中国主流经济学家的政治靠山却很硬，做不到以理服人，却能做到以势压人，执掌着话语霸权及学术霸权，以真理的化身自居，通过压制其他学术观点来突显自我，成就唯我独尊的学术霸主地位。

（7）不明是非，固执陈腐理念。中国主流经济学奉行以“华盛顿共识”为标志的市场原教旨主义，宣扬和倡导市场即美德、市场即真理、“市场至上”的经济学理念，无视“华盛顿共识”最有益于美国而非中国的事实。Amartya Sen[①] 深切关心和同情全世界饱受饥饿、疾病、灾害和贫困之苦的人们，强调社会发展和社会公平对经济发展的重要作用，提出了实现社会弱势群体发展的经济理论。[②] 显然，Amartya Sen 的理论十分适用于严重失衡状态下的中国，可是，Amartya Sen 与中国主流经济学理念对立，在中国遭到了冷遇，不为人知。

1.1.3 经济学越来越缺乏批判动力

（1）西方经济学以往的发展有两大动力。一是来源于经济学自身的深化，主要是采用更技术化的方法研究经济问题，如 Nash 引入数学模型研究博弈均衡问题，使得经济学研究更加严密、精确；二是来源于各方面对经济学的批判，如马克思通过对早期经济学的批判而形成政治经济学，科斯通过对微观经济学的批判形成产权理论，这些批判使得经济学更加符合社会改良的要求，也更加贴近经济实践的需求。在两大动力驱使下，分别形成分析经济学派和批判经济学派。[③] 分析经济学派旨在从技术角度找到解决市场经济问题的钥匙，使经济学自我提升和完善。批判经济学派旨在通过批判资本主义的市场经济理论，建立不同于传统市场经济的经济体系，使经济学紧贴时代的脉搏。只有两大驱动力互补平衡推进时，经济学的发展才能既遵从学科发展的自发规律又紧扣实践性学科的发展方向。

---

① Amartya Sen（印度，1933— ），1998 年度诺贝尔经济学奖获得者。

② 参见李跃《也谈中国主流经济学的困境》，《中国经济时报》2005 年 3 月 1 日。

③ 参见乔新生《世界经济危机与经济学困境》（http：//www. shbiz. com. cn/Item/170006. aspx）。

（2）两大动力的平衡后来被打破了。在实践较量中，奉行批判经济学的东欧和亚洲社会主义国家，在20世纪90年代或转向市场经济发展模式，或增加市场经济的成分，于是，分析经济学占据了绝对的上风。实践上的成功，更让分析学派成为主流，主流经济学家也就登堂入室、成为各国政府的经济幕僚，并陷入唯我独尊的幻觉中。主流经济学地位的提升，也吸引一大批附庸和打手，批判的声音被压制住，研究模式趋于既定不变、形式主义和教条化。经济学家甚至无须面对社会实践的检验，就可以登上象牙塔，只要成功解算既定模型，便能扬名立万，甚至获得诺贝尔经济学奖。

（3）仿效自然科学研究方法，剔除价值判断。主流经济学构建实证方法体系时，撇开了对政治、社会和人文因素的考虑，孤立地探讨资源配置问题。看上去更客观了，实际上却没了经济本质，使经济学陷入难以摆脱的困境。一是见物不见人的经济学困境，经济学无论如何都成不了自然科学，同时又与人文价值渐行渐远；二是论证过程的封闭化困境，研究模式日益固化和僵化，理性经济人如何选择最优均衡备受推崇；三是日益丧失现实经济的解释力，经济学忘却了解决现实问题的学科职能，成为脱离现实的符号化科学。严格假设、严密逻辑推理、精确计算，尽管让主流经济学越来越精致，却也让经济学与现实世界的距离越走越远，越来越缺乏解释力。比如，经济学理论早已论证了关税保护的低效率，但是许多国家一旦遭遇贸易问题就高筑关税壁垒；通货膨胀对宏观经济造成不稳定的危害性，但是量化宽松却是当今全球性公共政策；向市场经济转轨和经济结构调整也经常被放慢、停滞甚至倒退。经济学上理所当然的事情，为什么被搁置、拖延，甚至被反操作，难道全是实践者的无知吗？难道不可能是理论偏颇和不可采信吗？

（4）过度重视技术方法，轻视思想方法。经济行为是人类行为，经济运动不同于物质运动，用工程师处理无生命的物质技术去处理有生命的人的活动，完全歪曲了人类行为科学的特征（奥地利经济学家米塞斯[①]）。研究经济问题时，借助自然科学研究方法，形式上更加科学规范，实质上却经常南辕北辙、不能揭示经济本质。缺乏可靠的经济理论框架，就采用方程组、矩阵等数学模型研究经济问题，除了增加盲目性、盲从性、蒙骗性外，不仅不能保证正确性，还会提高误导性，没有实质的好处。分析经济的过程，必须且必然采用一定的认识方法，并受世界观和方法论的支配和指导。现代经济学却隐藏经济哲学思想，以低层次的工具手段替代高层次的思想方法，使得经济学缺乏思想性。例如，现代经济学只描述危机、萧条、复苏和高涨的周期性现象，习惯于采用财政和金融手段消极地烫平周期性波动，而对经济危机带来的社会经济秩序重构的进步作用却视若无睹。

（5）忽视资源配置优化的前提条件。经济学家普遍认同，经济就是“优化资源配置，实现财富增长”。其实，优化资源配置有两个基本维度。在时间维度上，要求资源世代价值最大化；在空间维度上，要求资源现实价值最大化。世代价值和现实价值却并非一致，而现实总是在短期内起主导作用。众所周知，稀土具有巨大的战略价值，我国当前却以“泥土的价格”出口以求现实利益。专家估计，若以后我国进口稀土，价格将提升百倍以上。此外，稀土出口让日、美等国武器尖端化，对我国安全造成现实威胁——为了经济上的现实利益损耗安全上的现实利益。可见，资源现实价值最大化也不是无条件的，而

---

① 米塞斯（Ludwig von Mises，1881.9.29—1973.10.10），自由主义思想家、自由主义至上的世纪人物、维也纳大学教授，边际效用的序数描述创立者，奥地利经济学派（Austrian School）第三代掌门人，起发扬光大作用，代表作《自然价值》《人的行为》《货币与信用原理》《社会主义》。

是有条件的，如果外围条件就是扭曲的，优化资源配置也是被扭曲的，价值导向错了，价值最大化又从何谈起！

（6）中国经济学有条件实现创新超越。主流经济学缺乏对现实问题的解释力，不仅西方经济学家需要反思，没有完成全面学习任务的中国学者也需要反思。面向现实问题，中国学者不仅有反思的必要，而且更有反思的优越条件。中国当前面临的现实经济困境比以往更多更大，比任何西方国家更多更大，驱动我们反思的力量也就比西方国家大得多、急迫得多。“问题驱动改革”，经济实践问题驱动经济理论创新。作为实践性科学，经济学永远不会成熟，但现实的问题会不断引发经济学创新。如果用中国现实经济问题驱动经济学创新，不仅问题是原始的，能够引发原始创新，而且问题是很多很大的，可以激励全面创新、高层次创新、大幅度创新。在经济学创新上，中国有条件后发先至，实现创新超越。

1.1.4 经济学基础远离必要的前提

（1）经济学如何突破，各方面都在探索中。刘正山①从广泛的调查研究中认识到经济增长不仅仅是要素的投入，更包括各项政策的配套、官员的主观能动性及其水平、政绩考核体系等。仅仅依据现代经济学知识设计的发展思路，大多与实践脱节，只要涉及人际关系，现代经济学就难以解决。至于宏观问题，一旦涉及长期经济增长和经济预测，就注定失败。如果不涉及发展的终极目的，缺乏对公平正义的制度设计的考量，其发展必然隐藏危机。可见，经济学要更全面地认识现实问题，而非简单化认识概念化问题。

① 刘正山（1974— ），陕西镇安人，主要研究领域为经济史（制度变迁）、投资学、房地产经济学、幸福经济学、现代企业理论等。

（2）经济学研究的终极目标是什么？是增加 GDP 还是增进国民福祉，是最终追求经济目标还是最终追求社会目标？2014 年中国人均 GDP 为 6747 美元，不丹为 2664 美元，经济增速也是我国高于不丹。可是，不丹 10.4% 的人“不幸福”，中国 25%—50% 的人“不幸福”。[①] 可见，目标决定结果，国民感受如何，不是经济能够完全决定的，经济增长不是社会进步的全部，经济是从属于社会生活的。2013 年 1 月，联合国大会通过第 67/697 号决议，提出应鼓励各国政府认识到 GDP 不是衡量福祉的唯一指标，应把经济和社会政策更好地结合起来，制定具体政策来保护环境，制定福祉指标以指导政策设计和监测，使之符合可持续发展目标。

（3）主流经济学越来越好看不中用。经济研究最初是从社会角度出发的，形成了政治经济学。20 世纪后，经济研究内敛纯化，试图集中研究纯经济问题，消除开放条件的不确定而成为当代经济学研究的主流。作为学术研究，将复杂问题简单化、抽象化，是必要的、必然的。具体深入的经济研究，确实产生了许多简洁优美的结论。然而，将经济活动这样一个人文过程简化为一个物理过程，去掉了价值选择和生态环境制约，经济学就会失去实践性本质，经受不住实践的检验，并弱化对现实的解释能力，以致好看不中用。

（4）中国经济研究偏离现实。经济学，讲的是经济原理、规律和方法，并不存在中外之别。经济学应用需要与经济实践相结合，具体问题具体分析。西方经济学没有服务东方的初衷，直接引用西方经济学教条经常不服水土，解决了这个问题便滋生出其他问题。直面自身经济现实，分析自身经济问题的根源，脚踏实地探寻自身赶超西方的

① 参见刘正山《经济学的困境与可能的出路》（http：//blog. sina. com. cn/liuzhengshan）。

特别路径，应该成为中国经济研究的主体，也是致力于提升经济学研究的正确方向，教条主义绝非出路所在。

（5）经济学需要回归本源。一种观点认为，经济学的突破是回归传统，超越文化重新整合，形成具有共性的经济学。理由是脱离传统轨道后，经济学走偏了，遭遇测不准、脱离实际等多重困境。经济学的思想根源，或许真的千古不变，可以古为今用。不过，当今时代，经济的丰富性是古代不可比拟的，复古主义不是出路，回归实践本源才是正确的方向。从实践角度看，信息经济中价格形成、服务特征、市场特征等，是经济领域的新事物，需要面向现实的实践活动、创新经济理论。①

1.2 国家战略经济学定位

1.2.1 以社会需求和学科发展为纲

1.2.1.1 经济学已经形成庞大的学科体系

在2015年国家哲学与社会科学基金申报中，23个学科门类中归属于经济与管理的有4个——理论经济、应用经济、统计学和管理学，其下二级学科理论经济23个，应用经济24个，管理学26个，统计学12个，合计85个，而各门类全部二级学科仅250个。在CSSCI 2014—2015版533种期刊中，经济学期刊73种，统计学期

① 参见江小涓《传统经济学理论遭遇挑战与互联网相关的经济理论亟需学者们研究》，《经济研究》2017年第3期。

刊4种，管理学期刊29种。按照美国经济学会（Journal of Economic Literature）对经济学文献的主题分类系统标准（JEL Classification System），经济学被划分为21大门类136个二级学科，834个三级主题。无论国内还是国外，无论是从经济学所占的份额看，还是从经济学体系内部组成看，经济学都是十分庞大的，处于主流地位，并且依然处于不断扩张之中。不容置疑的是，经济学的生长必定有自身的理由，推倒重来不仅不经济，而且不合理。

1.2.1.2 经济学在不断扩展中壮大

任何学科都天然地致力于一般化，企图渗透到各个学科领域。近百年来，经济发展加速，经济学成为长期热门学科，吸引了很多人才投身经济研究。他们不会甘愿局限于传统学科领域，而把眼光投向更广阔的世界。于是，经济学的研究范围越来越广泛。经济学的强势，使得经济学研究的思想方法被普遍接受，技术手段被其他学科广泛借用，使得经济学的影响力更加强大。经济学的强势，也使得更多的人假借经济学的名义研究他们关注的问题——关于社会和人生的重要理论。提出来了就成为“经济学家”，像熊彼特、哈耶克等。所有这一切又使得经济学的研究范围越来越广，参与研究的人越来越多，经济学的地位越来越高。

1.2.1.3 内容上需要弥补经济边界研究的不足

尽管经济学研究范围不断扩展，经济边界不断向外推展，但经济边界总是存在的。对于经济边界问题的研究，当今是零星的、分散的、非主流的，是缺乏体系性的。可是，边界问题不是无关紧要的而是具有决定性的，经济实践都是具体的，最基本的是，边界条件是具体明确的。竞争性经济的运行遵循市场机制，寡头经济和垄断经济并不完全遵循市场机制的规则，需要社会力量来弥补市场机制的不足和缺失。再往外看，市场经济内外的边界条件如何，会很大程度上决定经济运行的具体特征。经济边界是经济运行的外因，是我们能够观察的经济条件，是社会选择的结果，是需要研究却很少被研究的领域。

1.2.1.4 经济学革命需要顺应中国改革顶层设计的目标要求

《人民日报》2014年发表新年献词《让今天的改革为明天铺路》。改革不仅要解决当前的紧迫问题，而且要预防未来可能滋生的消极因素。我们以往没有做到这一点，现实与未来目标一旦有冲突，就只顾当前不顾以后了，解决了一些问题同时滋生出别的问题。2003年中央形成了对中国问题的统一认识，随后又觉得“这是发展中的问题，需要通过发展来解决”，而“发展是硬道理”。于是，中国经济又沿着同一轨道高速增长了10年。遗憾的是，伴随经济高速发展，所有问题没有缓解而在加剧，人民群众也从满怀期望跌入失望和不满的低谷。

新的中央领导集体发现，不仅开放倒逼改革而且问题也在倒逼改革，继续改革才是出路。不同于1978年对外开放度仅为9.2%，“国民经济濒临崩溃的边缘”，2014年我国对外开放度已经上升到45%，GDP高达63.35亿元，“开放倒逼改革”的侧重点已经不是规模问题而是质量问题，“问题倒逼改革”的内容也不再是经济局部问题而是社会全局问题。经历“以经济建设为中心”“物质和精神两个文明一起抓”和“三个文明建设”，而今迈入“五位一体建设新格局”。今后的路该怎么走，延伸以往，道路越收越窄；放眼全局，改革的范围越来越大。改革的问题越来越深入、越来越复杂，改革的实践越来越“摸不到石头”了，边学边用或者边实践边产生的理论越来越不足以指导“五位一体”的文明经济实践。

针对这样的困境，社会呼吁顶层设计，期盼看到更加清明平稳的前进方向，全面推进社会主义各项事业的蓬勃发展，不再颠簸前行，不再让问题与成就并行扩大。可是，顶层设计的依据从何而来？面对牵一发而动全身的深化改革，采用试验的方法不仅风险很大、成本极高，而且周期漫长、内容片面。这就需要我们站得更高、看得更远、统揽更全面，发展出基于长远全面发展的理论，这就要既紧抓主要矛盾也不放松次要矛盾。基于这一出发点，本书试图做相应的科学探索。

1.2.1.5 经济学革命要有正确的起点——正确处理六大关系

人类生存和发展自始至终取决于六大关系。人与自然的关系、人与人的关系、人与自身的关系、人与生态的关系、过去—现在—将来的关系、现实与想象的关系。经济学研究从来没有突破这个范围，也不可能突破这个范围。遗憾的是，经济学以往的发展过度侧重人与自然的关系而没有平衡处理好六大关系，过度重视当前经济成果而较少注意长远利益，在人与自然的关系内习惯于直线思维而轻视边界制约影响。经济学现阶段暴露出来的所有问题，几乎全部是扭曲这些基本关系而造成的，是以偏概全的结果。要克服经济学面临的困境，就要摆正这些基本关系，让经济研究有一个正确的认识起点。

2010 年后，人们越来越深刻地认识到分散的局部精彩改革并不见得能够汇集成实现远大社会目标的洪流。贫富差距、贪污腐化、社会不公等需要改善的问题并未在以往的改革中得到缓解，“改革中的问题需要通过改革来解决”成为空话。为什么如此？原来贫富差距不仅是经济表现更是社会现象，是处于经济边界上的一个问题，通过市场经济的方式只会产生和扩大这个问题，而不可能解决这个问题。经济学要顺应社会的需要，就要重新审视经济实践的边界条件。经济边界条件既是顶层设计的基础，也是经济学要革命的内容。

1.2.2　以国家经济边界为研究对象

无论经济范围有多大，往外延伸总会脱离中心而触及其他领域，似经济而非经济的就是经济的边界。从全球看，人文、社会、生态、自然等都是非经济领域，经济与之存在边界。从国家角度看，中国与其他国家的经济之间也有边界。从时间角度看，以往与当前、当前与未来也构成经济的时序边界。从世界空间看，现实与想象也存在边界，有虚拟和现实之分。

经济研究有自己的范围，研究对象不包括世界的全部，而只是其中的一部分。经济学史表明，经济学研究些什么，从来就不是固定不变的。从短期看，经济学研究些什么，人们通常不假思索、习以为常。经济学当前要研究些什么，是由社会需要具体决定的。破解现实经济困局就是经济研究的现实需求，并且是经济学革命的驱动力。其中经济运行的前提条件，包括社会、人文、生态、自然等的制约，历史的积淀、未来的发展意图、国际贸易、国际金融、国际文化交流等外因条件，不可以忽略不计，它们共同决定经济成长轨道。当前经济研究中，经常把这些因素看作既定的，其实它们却是待定的，如欧、美、日就有很大的差异性和特殊性。这些外因条件就是国家经济边界，是主流经济学很少关注的。

研究经济边界，提高经济研究的具体解释力。一些人主张经济学重构①，那将是经济学自身完善的庞大工程，我们不参与。我们的定位是补充不足，具体就是专门研究经济边界问题。经济边界之所以值得研究，是因为边界条件才是产生具体经济行为和经济现象的动力。就好比一元函数通式 $y = f(x)$，除了让人知道 y 与 x 具有函数关系外，别无更具体的内容。运动方程 $s = c + v \cdot t + 0.5a \cdot t^2$ 就不同，它具体说明了起点、速度、加速度和时间的关系。与之类似，在经济学中，越来越通用的研究，具有越来越弱的可解释性，而离具体真实也越来越远。通用性、抽象性是学术提炼的方向——提高通用性能够增加概括力，却不是经济实践的方向——深化具体性能够增强真实内涵，这是两个不同的方向，是不能同时兼得的。要提高经济学的解释力，就要搞清楚经济边界，使得研究对象有具体性，这样才能回到社会实践中去。经济学作为实践性科学，回不到实践中就失去了价值。

经济运行的前提条件是外生的而不是内生的，是贴近经济的而非远离经济的，其实是处于经济边界上的。经济边界主要包括社会边界、人文边界、生态边界、自然边界，国家主体边界交换，由以往积累形成经济活动平台——社会基础结构，以及面向未来发展的动力源——主要是知识积累、人文动机等。国家主体边界交换又包括国际贸易、国际金融、国家之间人员交流、国家之间文化交流等。国家战略经济学要研究的就是这些边界的特征特性以及它们之间的相互作用，特别是边界上的流入流出状况特征。从边界上流入的称为经济资源，从边界上流出的称为经济产品，包括废弃物。经济活动的具体状况如何宏观上取决于这些流入流出以及它们之间的配置。类似数学中边界条件决定微分方程之特解，在经济中边界条件决定

① 参见 Eric Beinhocker《重新定义资本主义》(http: //www. aisixiang. com/data/82351. html)。

市场经济的具体运行机制。因此，研究经济边界条件具有特别重要的意义。

对国家而言，经济边界条件是由经济与社会、经济与人文、经济与生态、经济与自然，过去与现在以及现在与未来、国内与国际、现实与动机等基本关系具体决定的。七大基本关系由社会决策而定，经济人是决定不了的。如何决定这些内容，就属于顶层设计的范畴。从这个角度看，我国以往并不缺乏顶层设计①，而是在顶层设计中用经济挤压了社会、人文、生态、自然、历史、未来、国家关系、理想，是一种扭曲的顶层设计，而非合理均衡的顶层设计。国家战略经济学试图为顶层设计提供正确的认识框架和合理的顶层设计依据。

国家战略经济学服务国家战略利益。尽管主流经济学弱化意识形态的阐述，由于经济利益的具体性，无论主流经济学还是政治经济学，都既是一种学术理论又是一种理论信仰，不可避免地会被打上意识形态的烙印，价值判断是经济研究的必要前提。国家战略经济学有非常明确的主体国家，也就用不着回避是为国家利益服务的。尽管国家战略经济学有简单明确的价值取向，关于国家利益的具体描述却并非单一的而具有系统性结构。从时间维度看，国家利益包括遗存的、当前的和未来的。从空间角度看，国家利益包括政府的、国民的、地方的、社会方面的、文化方面的、自然环境的、生态的、个人的等。国家利益从来不是空泛抽象的，而是具体真实的，绝非仅指中央政府收入，更不会仅限于人民银行的财务盈亏。

---

① 参见《中国经济改革的总体设计》，中国展望出版社1988年版。该书主要参编人员有吴敬琏、周小川、李剑阁、楼继伟、郭树清、许美珍、王芹、李弘、刘吉瑞、邱树芳、宫著铭、贾和亭。该书的形成过程是1985年3月提出构思并获国务院批准，经2个月编著完成。搁置数年后，于1988年成为改革的纲领。

1.2.3 以经济边界条件配置为抓手

国家经济的边界条件决定自身的具体特征和市场机制。经济边界条件的配置，通过产业链、价值链的传导，在很大程度上就决定了经济人行为，从而具有基础性和决定性作用。对于纯经济问题，市场机制具有自发运行和调节的功能，能够自发解决问题。可是，市场机制决定不了非经济领域的问题，人文、社会、生态、自然、思想动机等都不能由市场机制完全决定，经济机制反倒取决于经济与这些因素之间的关系，即取决于经济边界条件。在经济边界上，市场机制通常是失灵的甚至失效的，是不完全的，不能完全依靠“看不见的手”来解决问题，而需要与“看得见的手”相互配合，由政府来弥补市场的失灵和失效。

经济边界条件的设定，需要由市场和非市场的力量共同给定。无论是东方国家还是西方国家，政府都越来越多地参与经济活动，并不存在政府该不该参与经济活动的问题，而只有政府参与哪些经济活动的问题。在经济边界上，如果政府不尽责，就会增加经济的不确定性；在纯经济领域，如果政府充当经济人，就会扭曲正常的市场机制。就我国而言，政府的问题不是参与经济活动多了，而是充当经济人的活动多了，在公共性服务方面却未有尽责。在完全竞争的纯经济领域，政府并不比经济人更高明，政府的手伸得太长就会被人利用而去干许多不该政府干的事情，如银行业引进海外战略投资者、扶强扶大、药品政府定价等，都产生扰乱市场秩序的后果。政府抓经济的主要职责，是提供经济活动的舞台。一旦框定了经济边界条件，经济活动舞台就自发形成了，就能决定市场经济的具体运行机制了。因此，经济边界条件设定和配置是政府操控经济的强有力抓手。

中央要求高层领导“要观大势、掌全局、议大事、抓大事，围绕中心、突出重点，履职尽责、奋发有为，充分发挥职能作用”。如何做到呢？这就要站得高看得远，先看到“全局”，看到全局变化的“大势”，才有能力分清大事小事、重点支点，才有可能做到心中有数“抓大事”。那么，这个全局在哪儿呢？就经济而言，全局就是国家经济的所有边界条件，包括人文、社会、自然、生态、政策动机等多个方面。在市场机制下，经济内部的事务尽量由经济人自发处理，特别是纯经济问题，中央高层处理能力并不比经济人更强，并且纯经济问题并不影响全局，也就用不着中央高层过度关注。

1.2.4　与经济各学科的联系和区别

国家的生存和发展需要经济的支撑和驱动，经济活动是国家全部活动的主体。经济学是人文社会的最大学科。经济学不断扩展的动力来源一是经济学有来者不拒的广阔胸怀，很多研究投靠过来，使得经济学科研究领域越来越广大、越来越繁荣；二是从完全竞争到不完全竞争、从完整市场到残缺市场、从无交易成本到有交易成本、从完全信息到不完全信息，每一假设的放松，都让经济学更加贴近具体现实，产生更加具体的经济特征认识，甚至衍生出众多经济学新分支，使得经济学的积淀越来越深厚。这两大动力相互交叠，推动经济学形成了庞大的学科体系，以致个人难以通晓经济学的全貌。

国家战略经济学与主流经济学有许多共同的研究对象。跨国经济，包括国际贸易、国际金融、国际经济、国际投资等，是主流经济学的重要分支，也是国家战略经济学的七大维度之一。主流经济学把跨国经济问题以专业方式来研究，国家战略经济学则按照循环演化的方式来观察，研究的侧重点是有差异的。主流经济学中发展经济学是面向未来，关注高效率的长期经济增长问题；国家战略经济学则把它作为一个时间维度的优化配置问题，不仅注重经济发展，也注重与军事、科学技术、社会、人文、生态、自然的同步协调。边界上不断收敛，造就了主流经济学的优美理论成果而更加远离经济实践。国家战略经济学则专门研究经济边界问题以寻求贴近经济实践、指导经济实践。

与主流经济学把政治排斥在视野以外不同，国家战略经济学把政治经济学（political economy）作为自己的一个重要支点。政治经济学以生产关系为研究对象，包括生产、分配、交换、消费过程中的各种经济关系，特别是研究各个阶级在经济发展过程中的作用和地位，研究生产、购买、出售、法律、社会习俗、惯例，以及政府之间的关系。政治经济学致力于亘古不变的谜题——经济体制如何解决矛盾、分配利益？主流经济学为了实现工具性完美，以去人化方式清除了阶级分析内容，给定政府角色和权力结构。国家战略经济学研究的一个重要维度——社会维度，与阶级相关的主要经济内容已经被政治经济学具体阐释了。国家战略经济学不重复政治经济学研究，而着力于研究社会与人文、生态、自然、意图之间的相互关系。

国家战略经济学认同诺贝尔经济学奖获得者斯蒂格利茨《经济学》的观点，市场信息是不完全的，从而市场机制是不完善的，不可能证明完全竞争会使经济福利最大化，甚至不可能证明完全竞争必然导致需求与供给的均衡，更不要说垄断竞争或寡头垄断的情况了。①也就是说，信息不完全时，政府和公共管理部门就有责任干预市场，以求福利最大化。信息问题、激励问题、道德问题、逆向选择问题都

① Sanford J. Grossman, Joseph Stieglitz, "Information and Competitive Price Systems", *American Economic Association*, Vol. 66, No. 2, 1976.

应纳入国家战略经济学的研究框架中。

新的经济边缘探索，研究更加专门化，不断增加边缘经济学，如人口经济学、劳动经济学、福利经济学、卫生经济学、教育经济学、法律经济学、经济法学、社会经济学、制度经济学、生态经济学、环境经济学、经济地理学、国土经济学、资源经济学、军事经济学等。国家战略经济学完全赞同经济边缘的研究并汲取这些研究成果的营养，然而国家战略经济学不以单一侧面的深化研究为责任，而以多侧面系统配置为研究主题。

1.3 国家战略经济学的几个常见概念

1.3.1 战略经济和战略性产业

1.3.1.1 战略的含义及相关的一些概念

在实践中，国家战略是指一个历史时期内，国家规定的全局性的方针任务，包括国家层面上的总方向、总路线、总任务等；包括政治战略、经济战略、军事战略、文化战略和外交战略等许多方面。在学术上，战略具有前瞻性、指向性、长期性、全局性、基础性、稳定性、累积性、广泛适应性、原则性的基本特征，并把满足这些特征的事项称为战略。

一些概念与战略密切相关。例如，人们把为完成战略任务而采取的方法和手段称为策略。对策是解决问题或达到目的的一种思路或方法，是根据形势发展而制定的行动方针和斗争方法，是可以实现目标的方案。对策的具体性，使得在既定条件下，实现目标成为可能，政府甚至把对策（对册、策试、申论）作为开科取士的依据之一（始于汉代）。对策的最基本特征是目标是既定的，环境条件是给定的，要做的是找出实现目标的最有效方案。谋略，亦称计谋，是指为创造制胜条件实行全盘性行动的计划和策略，包括智慧、言论、文化、传统和科学技术等精神力量，以及核武器、军队、战备物资、财力、人力等物质力量。谋略侧重智慧特征，而弱化了层次特征，谋略经常是战略、策略、对策之泛称。

1.3.1.2 战略与策略是相对的概念，两者具有互补性

战略和策略的基本关系是全局和局部、方向和步骤、长远利益和当前利益之间的辩证统一关系。战略看方向，策略看时机。战略是方向性的把握，策略是具体性的动作。战略谋势，策略谋胜。战略谋求有利的形势，推动全局各项事业的协同发展，需要策略谋求有益的局部效果，积小胜为大胜，成就战略任务的有效实现。战略为体，策略为用。策略服从于战略，为实现战略目标服务，具有从属性、辅助性、权宜性、灵活性的基本特征，策略问题或战术问题是局部问题，没有战略指向，策略就是无的放矢，就不知价值何在，也就没有什么价值可言了。战略讲境界，策略讲条件；战略图长远，策略求当前。在做法上，战略致力减法，五指收紧成拳头，在众多的道路中选对一条，然后坚定前行，图长远而简约，唯恐指向不明；策略着力加法，不断创造浑水摸鱼的最佳时机，积累制胜要素，依据战略要求和状态条件，选准攻打路线，制定有效步骤，最终现实目标。从行为上看，机巧获得是策略行为，隐忍舍得是战略行为。从时间上看，逐利当前

是策略行为，增势未来是战略行为。从范围上看，局部谋利是策略行为，赢势全局是战略行为。

尽管战略与策略有基本差异，战略与策略的区分却是相对的。较短时期的战略任务可能是较长时期的策略任务，局部的战略任务可以是全局的策略任务。同时，策略支持战略目标的实现，战略任务依靠策略任务组合叠加来有效实现，没有策略上局部小胜的积累也就难以成就战略上的全局大胜，没有各阶段应对各种情形的具体策略支持，不能看准时机及时出牌，战略就永远停留于空想中。

1.3.1.3 战略性产业和战略经济

战略性产业是指关系国家安全、影响国家经济和政治国际地位、决定国家经济根本竞争力、对国民经济具有强烈带动作用、通过公共资源促进能够获得内生竞争优势的产业。① 战略性产业通常具备四个关键特征：前瞻性、全局性、动态性和政策导向性。② 其中，前瞻性是指产业发展的正确方向，具有强大的市场需求潜力和扩张空间，一旦发展起来就能取得先发优势，率先主动规范产业或行业标准，从而进一步确立产业竞争中的先发优势。全局性是指战略性产业具有广泛强大的外部性，间接社会经济效益巨大，可以产生巨大的溢出效应，是引领其他产业发展的强大动力，对区域经济总量扩大、质量提升和新产业形成等起到决定作用。动态性是指战略性产业具有时效性和区域性，通常与新技术产业相关联，随着区域内外部环境的变化和科研开发优势而不断调整。20 世纪 60 年代前钢铁业具

---

① 参见《战略产业学》，百度百科（http：//baike. baidu. com/view/1963227. htm）。

② 参见李江、和金生《区域产业结构优化与战略性产业选择的新方法》，《现代经济——天津财经大学学报》2008 年第 8 期。

有战略性，而今航天技术、高新技术、信息、生物、纳米、光电子等产业具有更大的战略性特征。就中国而言，20 世纪 90 年代钢铁业就属于战略性投资领域，而今却成为过剩产能。政策导向性是指战略性产业通常属于非成熟产业，依靠市场机制难以自发催生和发展，发展过程中具有较大的市场风险，需要依靠政策促进产业发展，激发出外部性和溢出效应。

战略经济狭义上是战略性产业的总称，广义上是指边界经济的全部。本书中，无特别说明时，战略经济概做广义理解。战略经济最基本的特征是非完全竞争市场经济，造成非完全竞争市场的原因可能是市场地位差异、信息不完全、公共性、外部性。还需要说明的是，本书特别关注国家层次上的战略经济，特别是针对经济边界的研究内容。

1.3.2 国家战略经济的层次结构和特征

国家战略经济就是要扩大和捍卫国家的根本利益，国家的根本利益不是一维的而是多维的，包括经济、军事、政治和国家集体自尊等。任何一个方面利益的完全退却，国家根本利益就几乎完全萎缩，如晚清被他国军事上欺负，政治上就是割让土地，经济上就是赔款、让利，就没有国家尊严。对于维护国家利益，国家战略经济具有最大的通用性、最大的重要性和最大的全局性。战略经济关系国家的重大利益，如战略技术关系国土安全和民族凝聚力；知识产权占有了经济发展的新空间并且有利于提高获利能力；影视文化关系社会意识的传承和社会稳定；金融服务业是经济成长的大道，具有最大的获取财富的能力，并且是经济安全的重要屏障；自然资源决定了物质财富的总规模。重要性的测算依据是自身影响的广泛性、持久性，以及成长性、可积累性、获利性、外部制约性、可扩展性等。

战略经济具有层次结构。企业的战略经济，一是区域和产业的支撑条件，包括本区域和产业内的基础设施、金融支持、配套条件、差异化技术、技能培训等，主要是从企业外部寻求长期最佳的市场、技术、金融、人才等资源配置；二是企业自身的特殊平台，如技术装备。区域和产业的战略经济，一是国家提供的支撑条件，包括法律制度、社会人文、科学技术、专业教育、基础设施等，主要是在国内寻求区域或产业的竞争优势；二是区域或产业自身的本地化/产业化专业平台。国家的战略经济，一是历史和现实的经济支撑条件，包括国际金融、战略技术、知识产权、普通教育、文化传统、社会意识、国际贸易、国际资源、自然资源等，主要是在国际竞争中减少本国的竞争劣势、扩大本国的竞争优势，谋求强国要素；二是国家公共经济活动平台。局部的、低层次的战略经济以特异性为基本特征；全局的、高层次的战略经济以通用性为基本特征。由以往积累而成的经济活动平台，具有基础性的支撑作用，是国家战略经济学的研究内容。

从结构上看，处于经济内外的连接部位，由外向内的输入属于经济的资源，由内向外的输出是经济产出，包括有益的正常产品和无益的副产品。经济内外的连接界面十分丰富，包括社会、生态、自然、人文等各个方面。经济资源也就相应的有许多，包括自然资源、资本资源、知识（含技术）资源、社会资源、文化资源、环境资源、基础设施资源等，与资源相对应地形成内容丰富的资源战略经济。与文化交汇的文化产业、影视产业、舆论出版产业，与自然交汇的资源产业、石油化工产业、海洋经济，与环境交汇的环保产业、交通运输、码头港口，与社会交汇的信息产业、邮政通信、金融证券等都是战略经济的内容。国家经济从世界经济中分离出来，主要是国家之间的商品贸易、服务贸易、国际金融、资源互换等，这些也属于国家战略经济的构成内容。

人们经常把数控机床产业、机电一体化产业、石油化工、冶金等基础性工业列入战略经济，它们对国民经济的支撑作用，有利于促进产业衍生和产业技术水平的提升，尽管具有战略性，却主要遵循市场经济法则。在战略经济领域中，流动性高、联系界面广、影响力强的稀缺性部分具有更高的地位，如知识产权、金融服务、影视文化、国际贸易等。国家之间联系界面上内外输入输出，既可能因少出多进而积累，也可能因少进多出而耗散，进出口中这种积累或耗散是持续不断的，对国家利益具有很大程度的决定性影响。

战略经济的具体内容尽管千差万别，却有显著共性。从超越经济范畴看，战略经济属于经济的外缘，处于经济与非经济之间，战略经济的运行既受经济规律的支配，更受社会意志的支配、自然条件的制约和人文价值的支配。从经济内部看，战略经济对整个经济具有发展导向性、支撑性、基础性、奠基性的作用。从功能上看，战略经济具有巨大的外部性、很大程度的公益性和强大的辐射力，具有溢出效应，是公共部门鼓励投资发展的方向。从时间上看，战略经济是前瞻性的、竞争未来的，是长期投资的内容。从收益方面看，战略经济具有外部收益高、内部收益低，短期收益少、长期收益大，社会收益丰厚、企业收益不足等特征。从发展动力方面看，完全依靠市场机制的力量是不足以驱动战略经济发展的，需要外部力量的联合驱动，特别是政府代表的社会公共力量的特别促进。国家战略经济需要依靠国家的力量来推动，需要政府创造要素来推动，这是社会意志外化的表现，是义不容辞的，是合情合理的，是众望所归的。

1.3.3 国家战略经济学的目标构想

1.3.3.1 有限学术目标而非无限学术目标

虽然国家战略经济学融入经济学革命的洪流，但是国家战略经济学目标有限，唯求在经济边界研究上有所突破，不对经济学革命做全面探讨。对于经济内部问题，承认已有的经济学研究成果，不仅认同完全竞争理想市场经济的研究成果，也认同寡头垄断和垄断市场条件下的研究成果，尽管其中存在许多经不起检验的理论成果。

国家战略经济学的学术目标是提出国家经济利益分析的一个框架结构，为顶层设计和顶层经济活动的决策提供思路和方法，如为中美战略与经济对话提供论据和论点。按照学术的发展规律，“先应用后提升”更能奠定学术根基，遗憾的是，笔者不具备实际应用的条件，而只能反过来提出应用的观点，接受实践的检验，然后再提升。

1.3.3.2 学以致用，以解决国家经济利益问题为导向

国家战略经济学是以人为本的经济学而非无人的经济学，不寻求放之四海而皆准的普遍真理，而在特定条件下探求国家利益维护和增强的具体真理。国家战略经济学当然关注全人类，对于人类终极问题，确实“只有解放全人类，才能最后解放自己”。不过，对于非终极的经济问题，国家战略经济学的具体利益导向是本国和本国人民群众。政府维护本国利益，这是天经地义的事情，是理所当然的事情，是不可违背的事情。

1.3.3.3 紧盯人类五大危机七大基本关系

人类当前面临五大危机：粮食短缺、能源危机、资源耗竭、生态恶化和人口剧增。在可以预计的未来，五大危机还将增大增强，破解五大危机困局是人类的长期课题。在五大危机中，人口剧增与粮食短缺的冲突最直接，表现最残酷。2014 年 9 月 16 日，联合国粮食及农业组织（FAO）发表报告称：2012—2014 年世界仍有约 8.05 亿人处于饥饿中，70%居住在农村地区的人口遭受粮食不安全。中国是人口大国，不可能独善其身，老龄化困境更突出。

与历史上多次出现的人类生存危机一样，人口剧增是解决前一轮危机的后果，又是遭受新一轮危机的诱因（见 2.1）。人类生存危机自始至终来源于六大关系：人与自然的关系、人与人的关系、人与自身的关系、过去—现在—将来的关系、现实与想象的关系、国家之间的关系。人类生存危机的化解也无一例外依靠改善这六大关系。六大关系处理好了，人类就会远离生存危机；处理得不好，就会孕育和引发人类的生存危机。

1.3.3.4 致力于维护和增强国家经济利益

在主体国家存在的世界中，国家有维护自身利益的权力和责任，改善国内人与人的关系优先于改善国际上人与人的关系，国际规则弱于国内法律和管制，国家之间更有弱肉强食的特征。从 20 世纪 90 年代的俄罗斯看，盲从、无知、自私、腐败等社会问题很快断送掉了国家的巨额财富，并且在很长的一个时期国民都浑然不知。

中国是成长中的大国，赢取未来短期靠实力、长期靠战略，从长期看，战略的作用甚至大于实力，没有战略就没有未来。依靠实力，

2016 年我国 GDP 是美国的 63.12%，人均 GDP 是美国的 14.5%。可见，我们当前无法靠实力赢得美国。如果我们占据战略的制高点，临危不乱应对日益复杂的国际形势，就能有美国就遭遇危机和内乱的机会，就能运筹帷幄、决胜千里。在国际关系领域，战略是决胜千里乃至决胜万里的思想力量，在得失博弈对策中，最基本的问题是：我们为谁算，靠谁来算？①

中华民族具有无限的创造力，在科学技术方面以“四大发明”领先全球，为什么到了清朝后期反而落后挨打了呢？改革开放以来，中国越来越沉浸在两位数的高增长中，扬扬自得于化解了 2008 年金融危机，却发现产能过剩、大雾霾、贫富差距等随之围困上来。这是个人问题吗？不是的。这是地区或者城市的问题吗？也不是的。这是全局决策的问题，这是国家战略选择的问题。正是决策的偏执，试图通过救美国、救欧洲来曲线救中国，误导人们陷入危局。只有国家经济战略的正确选择，才能避免经济发展走偏了方向。

1.3.4　国家战略经济学的主要论点

客观事实是永恒不变的。真实而确凿的事实不因我们的愿望、偏好或热情而改变（约翰·亚当斯，John Adams）。千万别低估了用事实去纠正错误观念的难度。② 实事求是是社会倡导的，是许多人的口头禅，却并非就是社会现实。更何况，个人所知“实事”有多少！个人的“实事求是”，往往是以偏概全、固执一词。倡导实事求是的社

---

① 苏联后期、新俄罗斯早期，俄国人以为自己不会算，借智哈佛来算，并且对西方言听计从，结果数年时间就葬送了俄罗斯经济。俄罗斯是一个智慧的民族，我们不要盲目低估了俄罗斯。

② Herry Rosousky, *The University: an Owner's Manual*, New York: W. W. Norton, 1990, p. 259.

会风气，就要让他人呈现“实事”，就要广开言路，从体制上保障实事求是。

国家战略经济学不排斥技术性论证，不回避意识形态，没有不可告人的目的，强调自身的逻辑起点和特有认识，概括起来主要包括五个基本观点。

（1）经济边界条件决定论。我们认为，经济边界条件决定经济的具体运行，是产生经济现象和经济行为的外因。产生经济现象和经济行为的内因是市场经济机制。“内因是变化的根据，外因是变化的条件，外因通过内因而起作用。”（毛泽东《矛盾论》）事物的产生、发展和灭亡都是内因外因共同作用的结果，经济现象和经济行为也无例外。

（2）经济活动平台论。我们认为，经济行为主要由经济活动平台决定。经济活动平台就是经济边界条件的全部，亦称为社会基础结构，财务功能就是社会间接成本。尽管同一经济活动平台上不同的经济人也有行为上的差异，但是经济人主流行为是受经济活动平台支配的——经济人的行为具有数量上的统计规律性并呈现共性。

（3）经济循环增强路径论。我们认为，经济持续增强还是逐步削弱取决于经济循环的路径特征。经济循环就是不同经济环节之间相互作用的封闭路径，凡是前后促进的封闭路径就是循环增强的，若前后抵消就循环削弱。循环路径如何，是由经济内生因素和外生因素联合作用的结果，最终是由经济平台决定的，其中经济体制机制的社会选择起到关键的决定性作用。

（4）循环累积因果理论。循环累积因果理论（cumulative causation model）由著名经济学家缪尔达尔于 1957 年提出，后经卡尔多、迪克逊和瑟尔沃尔等人发展并具体化为模型。他们认为，在一个动态的社会过程中，社会经济各因素之间存在着循环累积的因果关系。某一社会经济因素的变化，会引起另一社会经济因素的变化，后一因素的变化，反过来又加强了前一个因素的那个变化，并导致社会经济过程沿着最初那个因素变化的方向发展，从而形成累积性的循环发展趋势。累积效应有相反的两种：回流效应和扩散效应。回流效应指落后地区的资金、劳动力向发达地区流动，导致落后地区要素不足，发展减慢；扩散效应指发达地区的资金和劳动力向落后地区流动，促进落后地区的发展。对于竞争性区域，经济发展过程由个别区域开始，一旦一个区域取得初始发展优势，就会通过循环累积有利因素而继续超前发展，并且因回流效应而形成增长极以及周边滞后发展区。只有到了极差太大时，增长极才垮塌而产生扩散效应，资源溢出周边从而带动周边地区发展。一般而言，欠发达地区或者经济起飞阶段，以回流效应为主，发达地区或者经济平稳发展阶段，以扩散效应为主。可见，协调同步发展，不是发展中国家的自发规律，而需要政府的强力推动。

（5）创新要素驱动论。我们认为，经济持续发展的最终动力来源于要素创新，包括要素的提升和要素的创造。从要素到材料、产品、管理、体制的多层次创新，由经济到人文、社会、自然和生态的全面创新，形成“创新驱动发展”的完整体系。在这个体系中，要素创新是出发点，绝非仅指经济要素，而是泛指科技、社会、文化、国际关系等各种要素。要素创新实质是经济边界条件的有效改变，经济边界条件的任何改变都会传导到所有经济环节中。

1.4 国家战略经济学思想

国家战略经济学既指国家经济的战略学，也指国家层次的战略经济学。

1.4.1 国家战略经济学的三大基点

当前的安全保障未来的发展，当前的发展增强未来的安全，两者互补促进。

1.4.1.1 问题驱动研究

理论滞后于实践，不只是中国特色，而是新兴事业的特征。第二次工业革命后，石油、汽车、电信、电力、建筑、房地产等基础产业已经不是相互分离的单一经济实体，而是彼此依存的联合经济实体，它们联合起来游说各级政府，为它们提供财政支持、制定规章制度和标准，要求政府在市场上为它们保驾护航、让它们额外获利。基础产业的成功商业运作，不只是因为商人精明，更主要的是政府幕后运作或是幕后运作政府的结果。20 世纪初，与联邦政府合谋后，美国电话电报公司转型成为电信公共事业的私营垄断者，在政府的庇护下，每年攫取数十亿美元的利益。[①] 在知识分子深入了解和研究、政府进行有效监管之前，发明家、企业家和资本家就深谙政府为私人图利的制

① 参见［美］杰里米·里夫金《第三次工业革命》，张体伟、孙豫宁译，中信出版社 2012 年版，第 137 页。

度本质，并利用这个体系为自己服务了许多年。

当今中国问题很多很大，为国家战略经济学研究提供了充足的动力和原材料。从结构和动力上看，主要问题包括城乡区域发展不平衡，自主创新能力不强，经济结构不合理，粗放型增长方式还没有根本改变，资源、环境、就业和社会保障压力加大，收入分配中的矛盾突出，经济社会发展不协调等。① 扩大内需和维护既得利益格局的矛盾冲突加深，经济社会快速发展和政府部门自我改革的矛盾冲突加剧，产生了就业、三农、社会差别、社会秩序与公共安全、国有企业改革、教育体制改革、医疗体制改革等问题。② 从社会角度看，存在腐败官员与社会各阶层的矛盾更加突出、社会阶层两极化，私营业主与雇佣劳动者的对抗性阶层冲突、农业劳动者和产业工人社会地位不断下降等问题。③ 从经济全局角度看，则存在经济增长、物价控制、产能过剩、结构调整、短板制约、惠民生、体制改革、社会管理体制创新等问题。④

1.4.1.2 要致力于破解长期发展与短期图生存之间的冲突困境

国家战略包含安全和发展两个内核。国家发展战略需要表明国家的长期作用和远大抱负，主要确定国家的未来定位、方针路线、动力来源、制约排除等。或许国人更加关注经济增长、政治稳定、社会进

---

① 参见曹新《当前中国经济社会存在的六大问题》，《湖北经济学院学报》2006 年第 6 期。

② 参见汤思恩《当前中国社会面临的两大矛盾和六大问题》，《资料通信》2004 年第 2 期。

③ 参见周显信《简论我国社会阶层矛盾的基本现状与基本对策》，《马克思主义研究》2003 年第 6 期。

④ 参见常修泽《中国经济社会六大全局性问题研究》(http://www.chinareform.org.cn/people/C/cxz/Article/201205/t20120516_141753_2.htm)。

步、福利增加、收入提高等，把安全与外交战略当作实现目标的附件。然而，其他国家却反过来，更加关注中国想成为什么样的国家，中国怎样成为这样的国家。在这个过程中，谁是中国的朋友，谁是中国的敌人，依然是一个不可回避的基本问题。

国家安全战略是国家战略的基础，是图生存问题，是国家大战略的一个重要侧面。国家安全战略有三大目标：一是维持国内秩序，增进人民福祉；二是抵御外来威胁，捍卫国家主权和领土完整；三是增强国际影响，从政治、军事、经济多侧面显示实力。如何获得利益、争取利益，始终是经济的关键落脚点。基本的利益目标，一是为生存，二是为发展。生存重在当前，发展志在未来。生存问题可以归结为各种生活需要以及如何满足这些需要。生存问题可以更简洁地归结为：如何获得生存资料。发展问题可以归结为创造新的资源和利用好现有资源，以及如何实现资源的创新和提升。如何发展，只能依靠自己自力更生。

1.4.1.3　以增进国家利益为导向

增进国家利益主要有三个方面：一是国家治理。经济是国家的一个局部，是国家治理体系的一个局部。党的十八届三中全会审议通过的《中共中央关于全面深化改革若干重大问题的决定》指出，要“完善和发展中国特色社会主义制度，推进国家治理体系和治理能力现代化”。国家治理体系包括经济、政治、文化、社会、生态文明等诸多领域的体制机制，国家治理体系现代化就是在制度体制上使各领域及相互间在权力、责任、利益机制上相互协调、相互制约，以利益驱使责任的履行，以责任规约权力的范围，以权力贡献更高层次的利益。国家治理的最终表现，就是对国家边界条件的设定和配置，经济上就属于国家战略经济学。二是企业创利。这是经济人的自觉行为。三是资源动力。要让内外循环形成耗生机制，削弱甚至铲除耗散机制，不断扩大和提升资源供给。要增进国家利益，就要求中国区别于其他国家而不是混同于其他国家，只有突出国家主体地位，才懂得国家利益所在，只有生存下去了，才有发展机遇。

1.4.2 国家战略经济学的研究原则

原则是研究的结果而不是研究的起点。国家战略经济学遵从的原则有以下几个方面。

（1）解决问题原则。解决问题，而不同时滋生新问题，是社会文明进步的标志。国家战略经济学直面现实问题而不回避问题，致力于解决现实问题而不是转移问题。解决问题的前提是存在、发现并承认问题，而不是回避问题。遗憾的是，一些人热衷于无视问题，不承认问题，如对腐败问题就长期置之不理。时代不同了，不再消极地看待问题，而是让“问题驱动改革”了。

（2）学以致用原则。经济学是实践性科学，是解释经济现象的科学，是一门致用之学。从现实解释力角度看，经济学主要回答两个基本问题。一是经济现象之间的关系，如供给、需求与价格之间的关系；二是经济现象的形成原因或性质，如某种商品的需求量为什么会增加。探求经济现象的形成原因是更加重要的内容。例如，实证可以揭示经济现象之间的关系，如果经受不住实证检验，对原因的归结就不是无可置疑的。没有机理原因框架作为基础，实证就是无的放矢。当然，对现象原因的探究和对现象关系的实证，是互补的而非替代的，无须过度强调一方。

（3）责任政府原则。国家战略经济学认为，政府是肩负经济发展责任的。在经济领域，政府不是无所事事的，也不是万事全能的，政府有特定的责任范围。在市场失效或失灵时，就需要政府来弥补。政府划定经济边界，建立秩序，负责管理，通过基础资源配置的合理化，建构和提升经济活动平台，形成经济秩序。在经济领域外，政府疏导资源流动，激励正面外部性经济行为，驱动要素流入经济系统。在经济边界上，政府是国家利益的守护神，在国家之间，政府是捍卫国家利益的力量。国家战略经济的内容实施，政府是主导者。国家战略经济学，不预设“大政府，小政府”倾向，而按照政府的经济责任界定来测量。

（4）理论规范原则。国家战略经济学作为一种理论体系，必须满足三个条件：①自身无内部逻辑矛盾；②能够解释已经观察到的所有现象而无例外；③可以推论出可观测而未观察到的现象。国家战略经济学的学术规范，就是要遵从这些学术检验的基本准则。

1.4.3 国家战略经济学的思想方法

（1）普遍联系的系统研究方法。观察决定思想，思想决定行为。经济学研究处于外延扩张中，不同的研究对象并列其中而成研究碎片。虽然研究范围扩张，经济学内核却提升不多。我们将经济边界碎片联系起来，探求不同研究对象之间相互作用的一些结构性规律。

（2）逻辑—现实法则（Causal - Realist Approach）。自门格尔以来，逻辑—现实法则就是经济学研究的通用方法，目的是寻找因果关系或法则以解释真实世界里的价格、工资和利率等问题。米塞斯归纳并扩展了这一法则而创立人类行为学以解释包括经济行为在内的、更具普遍性的人的行为，它的基本原理是“行动人假设”。①人的每一个有意识行动都是为了增加自己的满足；②人具有逻辑思维能力，而非仅仅是对外部刺激作出本能反应的生物；③相信造成“不满足”的根源能够被改变，否则他就不会行动了。

（3）DPSIR 分析框架。通过“驱动力（Driving Force）→压力（Pressure）→状态（State）→影响（Impact）→响应（Respone）”的途径，梳理影响环节及其逻辑关系，揭示内在机理，并作出相应的经济学解释。遵循 DPSIR 分析框架适当划分经济环节后，可以形成反映经济系统各环节之间逻辑关系的模型，特别是从中发掘出经济循环路径，讨论这些循环的特征特性、起点资源与终点产出之间的关系。无论是起点还是终点，都是经济边界条件，由此可以形成研究经济机制的循环路径法和具体经济研究的边界条件分析法。

（4）构造方法。在数学中，证明存在性是理论核心之一，如对于复杂问题，求解前先知道解是否存在，免得在无解的情况下盲目乱找，造成浪费。如果满足存在性，构造出结果就十分关键。美国杜克大学的科学家 Adrian Bejan 研究发现，对于任何有限体积系统，都遵循一种方式发展进化，以较简单地实现流动性。根据这一物理规律他提出“建构规律”，在物质世界中具有广泛适用性。国家战略经济学的一些内容，也可以按照这样的思路来做。

（5）时空界面分析法。国家经济有现实界面——国内外、时间、空间、社会、文化、生态、自然、金融、人类动机等。国家战略经济学不只是要认识到界面的存在，更主要的是要管理好、配置好界面，让各个边界要素形成国家经济发展和提升的驱动力，让各个界面形成互补促进的结构，促使国家经济循环增强。

1.4.4 国家战略经济学的逻辑体系

国家战略经济学上承经济哲学、人文学、社会学的规范成果，与政治经济学、国防安全科学相互促进，下接自然、人文、社会、生态的诸多侧面，其体系见图 1－1。从经济哲学确立经济价值准则、发展理念和国家经济战略方向，各侧面的相互配置形成经济定位和实现步骤。国家战略经济学面向长期突出问题，如国家安全、老龄社会、生态环境、可持续发展等。国家战略经济学也关注一些专题，如外汇储备、对外援助策略、产能转移等。

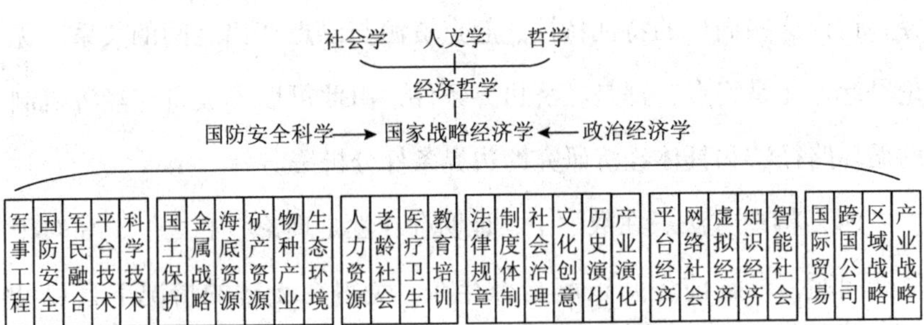

图 1－1　国家战略经济学与相关学科的体系示意

“战略经济学”① 归属应用经济范畴，具有主体性，可能的主体包括国家、区域、产业、集群、企业等。在这些战略经济学分支中，国家战略经济学处于顶层地位，只有国家战略经济才能超越现代经济学的研究范畴，其他层次的战略经济学全部在这个范畴内；只有国家战略经济确定了，区域、产业、集群、企业等层次的战略经济学才有属于经济学内的分支，但在研究方法上也特别需要关注经济主体的边界条件。

---

① 《战略经济学》第五版（人民大学出版社 2016 年版）是关于公司经营的，而非国家经济的。

战略研究流行于20世纪80年代的美国。美国商业主导的社会特征决定了美国战略研究的主流是服务大型企业的，研究的重点领域是经济人的战略，这一特征一直维持到现在。① 即使停留在这个层次上，学者们依然发现："现有的战略管理类书籍大多都缺乏学科基础，很少有包含对战略必不可少的经济理论分析，例如规模经济、经济学中的交易成本、寡头理论、进入、承诺、对创新的激励和代理。"可是，哪怕补足了经济理论分析的内容，无非是给战略管理提供一个普通经济学的基础，并没有从普通经济学中超越出来。

国家战略经济学的研究对象是经济边界，学科体系布局也就由经济边界和构造体系决定，逻辑关系见图1－2。

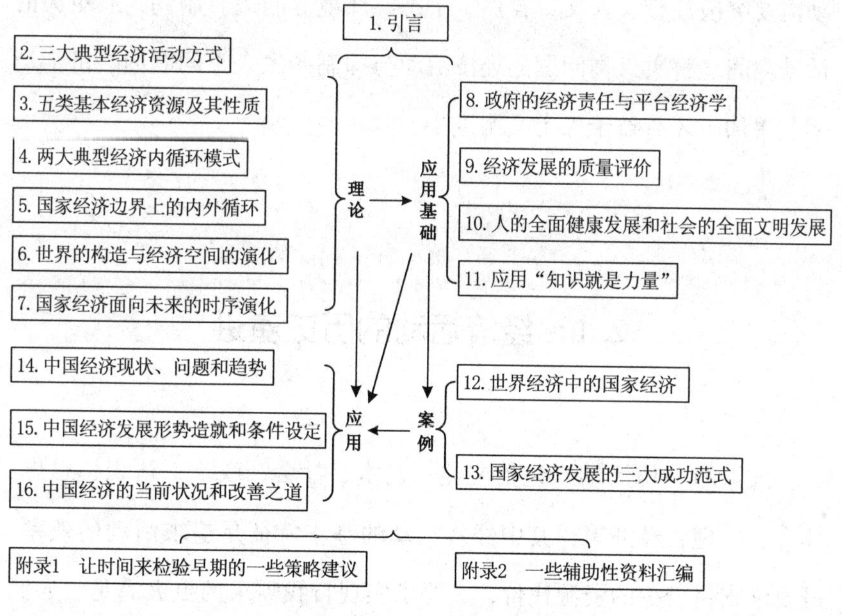

图1－2 国家战略经济学体系布局逻辑示意

① 参见［美］贝赞可、德雷诺夫、尚利、谢弗《战略经济学》，侯锦慎译，中国人民大学出版社2015年版。

第 2 章　三大典型经济活动方式

经济活动是在解决问题还是制造问题，是要精细区分的。经济活动需要突破社会、人文、自然、生态、环境等的边界制约，有更大的活动空间。解决人类问题的经济活动与抑制产生人类问题的经济活动相互叠加，才有益于人类文明进步。

2.1　经济活动的历史演进

人类的一切活动，包括文化、艺术、社会、政治、认识、思想、体育、心理、经济等，其中经济活动的基本特征是追求活动的效率，既要求支付较少的资源代价，又要求实现自我需求的更大满足。人们围绕自身需要而进行的一切主要活动统称为经济活动。经济活动试图高效率地利用资源以满足人类的需求。比较上层建筑，经济是基础，经济活动的方向并非由自身决定，而是由上层建筑决定的，经济发展的路线从来就是由经济的方针和政策决定的。在大跨度时间范畴上观察，经济活动总是处于变化中，并且呈现出显著的规律性，历史概况见表2－1。

表2－1 人类历史经济活动概况①

历 史	主要经济活动	主要动力资源	产业标志	需求满足
300万年人类史	狩猎和采集	现成果实	射猎器具	即时食物
7000年文明史	游牧业	地表植被	动物牧养	生活食物
2500年科技史	农业和饲养业	地表土壤	种植和家禽饲养	主要食物
	手工业	人畜动力	工具、陶瓷	生活和生产用品
400年近代科技史	第一次工业革命	浅层矿物资源	钢铁冶炼、蒸汽机	实物生产动力
100年现代科技史	第二次工业革命	矿物和石油资源	铁路、车辆、石化	实物生产体系
50年	第三次工业革命	知识资源	计算机、设计服务	生存环境保护

从资源利用的角度看，按照社会经济发展中主要利用地面资源、地下资源和知识资源的差异，可以区分出经济的三个典型时期以及与之相应的基本特征。

2.1.1 从听天由命转向地表资源利用

（1）向自然攫取。在原始时期，人类的祖先和其他动物并无显著差异，人生产繁衍受制于生存环境和食物资源，人们为当时的需要而

① 本表的历史分段摘抄自冯之浚《循环经济导论》，人民出版社2004年版，第3—4页，其他内容由笔者填入。

猎取动物、采集现成自然果实。食物资源丰富时，人群规模扩大，合力对外；食物不足时，人群规模萎缩，外挤内压。在这个时期，人们听天由命，崇拜自然，既向自然索取，又不得不顺从自然。这种状况下，人与自然、生态等保持着天然的和谐，人的能动作用只在局部点上发挥作用，小群体部落活动就是其主要社会活动。因此，这是一个人与自然的低水平和谐时期，向自然攫取是当时的主要经济活动。

（2）打破天然和谐。在向自然索取的过程中，人们初步认识了自然并掌握了一些自然规律和人群协作的规律。在同样的自然条件下，经验更丰富的人可以猎取更多、采集更多、生活更好。比较过去，人生活得更优越，繁衍也就加速了。可是野兽和野果的数量却不会因为人口的增加而增加，反而因人类加大猎取和采集而数量减少，于是天然和谐被打破，引发食物短缺，人类面临生存危机。

（3）创新扩充产业。求生的强烈欲望激发出人们的创造力，人们开始探索各种途径来缓解和克服生存危机，主要包括以下几个方面。①为争夺食物而战，通过攫取其他部落的食物，来满足本部落的生存需要。②节约食物资源，将偶有多余的食物保存备用，而不再浪费剩余食物。特别地，人们将收获季节的食物保存到淡季来平衡食物资源的季节性差异和人们均衡食用的需要。③扩大食物来源，不仅在狩猎和采集方面扩大品种，而且通过种植食用品种和饲养动物的方式来增加食物数量。经过长期的努力，人们积累了种植、饲养、牧养等方面的知识，资源的利用范围从即时直接食用资源扩大到地表许多资源。在这个过程中，人们的劳动成分增加了，渐渐地形成了传统农业的雏形。有了农业，人类不仅为当时生产，也在为未来生产，转化的经济活动渗透到向自然攫取之中。

2.1.2　从地表资源利用转向地下资源利用

以种植、饲养、牧养等为主要内容的传统农业，缓解了人类食物资源的不足，人均 3 亩土地就能提供充足的主食来源。生存质量提高了，人口又加速增长了。相对于当时稀少的人口，人类获得食物的空间是巨大的，因此如何提高生产效率是人类生存与发展的关键。人们从生产实践中发现，使用器具可以提高生产效率，于是开始采用天然器具。器具使用的经验积累，又使人发现有些器具可以选用相同的物料加工出来，于是人们开始自主地加工一些简单的生产工具。随着人口的增加，天然农田已不能满足粮食生产的需要，此时人们需要利用天然条件较差的土地资源，于是对劳动工具的需求又增强了。如此反复演化，就有了制造工具的普遍需求。人们受生产工具的启发，也开始采用一些用具方便生活。随着社会的演进，用具开始严重短缺。

用具的短缺使人类再次面临发展的危机，这种危机激发人们创造性地采用各种途径来克服这一危机，主要是抢夺用于制造工具的材料和能工巧匠；扩大工具制造的规模，促使更多的人参与工具制造；传承技艺、改进工具、寻找替代品、开发新工具等多途径促进工具制造，特别是开发降低工匠劳动强度的工具也形成了需求。经历一个工具和生活用具的发展过程，手工业便形成了。到了后来，手工业生产的用品不仅供给其他部门，也在满足手工业生产者自身的需要。这个时候，人们不仅为自身的需要进行直接生产，也在为他人的需要进行间接生产，物质转化成为主要的经济活动。

工具品种不断增多、工具复杂性日益提高，但只有少数人掌握特定工具的制造工艺，于是专业人员产生了，专业家族形成了。专业人员需要通过交换才能获得食物，工具的使用者也需要交换才能得到工具，生产的组织走出了家庭、家族、部落，加入更大的社会化分工生产协作体系中。此时，规范交换规则、创立社会制度成为人类生产的内容。人们不仅生产物质产品，也在生产非物质产品，甚至人的内心世界也要从自我中心转向集体中心直至转移到社会中心。

2.1.3 从地下资源利用转向人自身资源开发

在社会化大生产的条件下，人们可以更有效率地生产，既有产品得到了更快速的普及化。产品市场需求增加，使专业化生产成为必然。为了降低单一产品大量生产的劳动强度和克服重复生产活动给人们带来的枯燥乏味，人们设计出一些专用器具替代人工的重复性劳动，于是人类社会就进入工业化时代。工业时代，让人们从烦琐的劳动中解放出来的呼声越来越高，机械替代人工劳动的份额越大，人们就越多地认识到体力劳动外的人力价值，设计、产品开发、试验研究等环节成为整个生产系统的组成部分，并且越来越重要。

在工业化发展中，生产效率首先得到重视，高生产效率的技术得到优先发展，物质生产规模首先持续膨胀，直至自然界难以承受人类的贪婪索取和无所顾忌的排放，环境污染、气候暖化、生态恶化、疾病衍生等问题日趋严重，最终对人类生存和发展再次构成了严重威胁。人们终于清醒过来，沿袭攫取的方式，不可再生资源已经成为世界经济成长的边界，少数国家集聚世界多数资源的发展模式，加剧了国家间不可调和的矛盾和利益冲突，人类需要更加自我约束、可持续、符合自然和社会伦理的生产和生活方式。从社会反思中人们意识到自身开发能力、研究能力、认识能力方面严重不足，发现知识短缺是人类再发展的更大瓶颈。

知识短缺激发了人们的创造。为了克服知识短缺的制约，人们探索各种破解的途径，主要有转移其他国家的智力资源，争夺全球人才资源并垄断知识创新成果；为人类知识创新提供转化平台，如形成信息产业等；探索科学技术、提高全民教育水平、激发更多的人群从事创新和发明等。进入这一时期，经济资源就再也不能只盯自然，而要重新回到人本身，社会、文化和脑力成为关键的经济资源。到了这个阶段，人类的生产不再以物质为主导，而转向精神主导，经济中创新的成分越来越高。

2.1.4　经济活动演化史的考察结论

历史的经验值得注意：面临生存危机，创新突破总能使经济成长空间更大更强，而延续以往总落得渐趋衰弱而更加迷茫。没有问题就没有进步，克服问题就是进步。

（1）从经济活动演化历史考察看，人类从猎取动物、采集食物等开始攫取型经济活动，然后从事牧养、饲养、种植等生产转化型经济活动，再通过增添新资源、新经济等方式开发创造型经济活动。从古到今，人类一切经济活动都是围绕攫取、转化、创造三个方向展开的。遭遇到经济发展危机时，也总是沿着攫取、转化、创造这三个基本方向来寻求转机的。攫取、转化、创造是经济活动的基本方式，而且不断从低层次向高层次提升。

（2）在不同的历史时期，人类攫取、转化、创造的具体内容是有差异的，通过这三个途径寻求转机的具体内容也是有差异的。造成这种差异的根本原因是历史条件存在差异。历史条件就如一个平台，人类一切活动都只能在这个平台上进行。用现代人的眼光看，初期经济平台较小、资源渠道狭窄，人类的经济活动受到空间的强烈制约，后来逐步扩充延伸，人类的经济活动有了更大的舞台。这个平台既是科学技术的历史积累，也是科学技术再发展的支撑。正是人类在各个历史时期中认识能力和实践能力的差异，才造成人们所从事的经济活动具体内容存在显著不同。

（3）在一定历史时期内，人们所从事的三类经济活动，从总体上看，转化型经济活动是在利用当时的科学技术手段，创造型经济活动是在发展未来的科学技术手段，攫取型经济活动从陈腐技术手段的野蛮滥用到新科学技术的极端发挥之间都有分布，最难以让人容忍的是野蛮攫取，最有效率并且最具欺骗性的是通过新科技的文明攫取。总之，经济活动和科学技术是密切关联且相互决定的，如何建立这种关联性，不仅取决于科学技术，而且取决于如何利用科学技术的选择。科学技术可以提高生产效率，但是不能保证文明生产，更不能自发保障社会文明，社会文明更主要的是取决于价值选择。

（4）危机，既是变革的背景，也是变革的动力。这是历史反复告诉我们的事实。传统资源不足造成人类的生存危机，危机的压力凝聚成转化生存危机的社会动力，这一动力驱使人类为化解生存和发展危机而创造。创造不仅开拓出新的经济领域、扩展经济发展的空间，而且提升原有经济领域、提高经济发展的质量。现在能做什么，取决于三方面的条件——前阶段我们积累了什么，社会危机是什么，面对危机如何选择应对。就如罗斯托指出的[①]，“反抗更先进的国家的入侵——素来是从传统社会转变为现代社会的最重要的和最强大的推动

① 参见［美］罗斯托《经济增长的阶段》，郭熙保译，中国社会科学出版社 2001 年版。

力，其重要性至少与利润动因等量齐观”。

（5）社会管理日益成为主导性力量。无论我们如何强调市场机制的作用，市场只是诸多力量之一，完全依靠市场的自发力量去完善社会生活的全部是不可能的。人类必须对自身负责而不应推脱，决策质量、选择优劣、设计好坏等，是人自身的问题，不是其他力量赋予的。当今社会复杂性日益提高，任何一项要素作用的演化都会产生“牵一发而动全身”的影响。社会管理得好，就能起到倍增的作用，管理得不好，则会削弱要素效应，甚至产生巨大的负效应。以个别要素自发推动社会进步越来越失效，充分择优配置的效能越来越强大，社会管理的整合作用越来越显著、主导性作用越来越大。

（6）构造法可用于复杂经济问题的具体深化研究。现代经济活动是复杂的社会性活动，从这样复杂的活动中寻找出一般运行规律是十分困难的。如果区分出这个复杂活动的若干典型，针对这些典型经济活动进行具体研究就可以降低复杂度，从而降低经济活动的认识难度。在经济活动分类中，既要解构经济活动，又要保证被解构的经济活动是可结构的，以保证解构和结构是互逆的。当解构和结构相互可逆时，就能将解构出来的不同类型经济活动重新组合回去，完整地再现原本经济活动的全部。攫取、转化和创造是从经济活动中解构出来的，它们又能结构性再现原来的一切经济活动。因此，研究经济问题，可以从典型经济活动入手，深入认识攫取、转化和创造的特征特性、内涵外延、发展规律以及它们之间的组合规律，从理论上具体深入理解经济、把握经济转型和提升的一般规律。

2.2 三大典型经济活动：攫取、转化和创造

2.2.1 攫取型经济活动的特征和方式

（1）含义。改变财富的拥有者，却不改变财富价值的活动称为攫取财富，这类经济活动相应地称为攫取型经济。攫取型经济既不改变财富的形态，也不改变财富的价值量，只是改变财富的拥有者。作为经济活动，攫取型经济的特征首先表现在取得财富的直接性，这种直接性既表现在取得财富的过程，也表现在财富的用途。在攫取财富的过程中，生产链往往很短，并且获取方式简单粗暴。通常情况下，被攫取的财富是直接具有价值和使用价值的，是直接可用的或可兑换的。攫取是获得经济资源方的主导性行为，被攫取方处于被动的、弱势的地位。如自然界中的自然生长物、社会中的弱势群体等，其对攫取行为没有反制能力，攫取型经济活动是以强大力量为基础的，不公平的秩序是攫取型经济存在的前提。

（2）攫取的途径和层次。攫取型经济活动主要有五条途径：①非法暴力活动，抢劫、盗窃、赌博、毒品交易等；②从客观世界获取，寻找宝石、采选矿产、狩猎、捕捞、自然采集、制盐等；③不公平交易，欺诈、高利贷、强买强卖、受贿等；④制度化途径，权力利益分配制度、对不同收入群体征收按人口定额税、知识产权过度保护等；⑤势能化途径，文化侵蚀、个别国家和国家集团推行的全球产业按层次分工，拉开产业技术层次，使得高新技术产品与传统产品之间形成巨大的价值扭曲，形成实际上的不公平交易。这些攫取途径也代表了

从初级到高级不同层次攫取型经济的形态。

（3）存在无法抗衡的攫取力量。南非是钻石王国，开采出的钻石占世界钻石总量的 70%。但是，世界上四个主要钻石加工中心却都在欧洲。伦敦的中心销售机构（Central Selling Organization）严格控制着全球钻石市场，通过大量库存，人为制造供不应求的市场格局。世界钻石市场被戴·比尔斯（De Bears）公司垄断着，这家公司于 1887 年由英国人塞西尔·罗兹（Cecil John Rhodes）在南非创立，它控制了世界 60% 的钻石矿，其余 40% 的钻石开采商也必须将原石出售给戴·比尔斯，定价权控制在戴·比尔斯手中。如果不遵从规则，戴·比尔斯就会释放库存，压低市场价格，让钻石开采商血本无归。在戴·比尔斯的市场操控下，并非真实资源稀缺性的钻石却身价倍增。戴·比尔斯花了 20 年时间，让中国女人相信钻石是爱情的象征，“钻石恒永久，一颗永流传”等美丽的神话，培养出无数钻石迷。[①] 攫取者的有效操控和被攫取者的无知且积极的响应，就会使攫取力量获得倍增。

2.2.2　转化型经济活动的特征和方式

（1）含义。改变财富的形态、结构、时间、地点等，实现财富增值的活动称为财富转化，这类经济活动相应地称为转化型经济。形态、结构上转化的代表就是制造业，资源性物品通过加工重组得到增值。时间和地点的转化以仓储业、运输业、商业为代表。转化型经济的特点是财富通过转化过程得到经济上的增值，财富易手过程是自愿的、公平的。维持公平交易的社会秩序是转化型经济活动的基础，这

---

① 参见芮成钢《钻石不过是碳》，《格言》2012 年第 17 期。

种经济的主要价值来源于生产转化，需要不断提高加工水平来获得更多的财富增值，由此导致生产链不断延长、生产系统日益复杂、资本有机构成持续提高。

（2）转化途径和层次。转化型经济活动有五大主要途径：①地表资源转化，种植、畜牧、饲养、网箱养鱼、加工、轻工等；②地下、海洋和空间资源转化，矿藏开采、冶金、重工、装备工业、石油化工、深海采矿、空间育种、农业工业化等；③财富二次转化，金融衍生品、奢侈品、精深加工、新产品、稀缺品等；④财富转移制度保障，知识产权保护、贸易保护、市场保护、特许经营、政策倾向等；⑤超前引领，要素提升、互联网+、文化产品、艺术品、新兴产业、宣传引导等。财富转化是一个人工过程，转化的次数越多，每次转化中转化程度越高，被转化的物品增值幅度就越大。例如，2012 年 1 吨铁矿石交易价为 720 元，经过转化后 1 吨生铁的价格为 2100 元，一吨钢型材的价格为 4800 元，一吨冷加工圆柱齿轮的价格为 15000 元。不改变物质性质的转化称为初级转化活动，改变物质性质的转化就是高级转化活动。如稻谷去壳加工成米就是初级加工，其加工收入每百斤 20—30 元。以稻米为基础材料接种冬虫夏草，这种改变稻米性质的加工是高级转化活动，其增值幅度约为稻米价格的 100 倍。上述 5 类转化活动大体反映了从初级到高级各个层次的转化型经济。

（3）其他说明。转化是从资源向目的物的生产变化过程。如从铁矿石中提炼出钢铁，用钢铁制造机床设备，用工业设备生产出各种用品等，就是一个逐阶转化自然物质资源的过程。物质转化过程是一个人与物相结合的财富集成过程，等量物质获得逐阶增值。如完成把钨矿石变成钨丝的制造过程，等量的钨销售价值增长了 50 倍左右。尽管人们首先直观地注意到物质形态的转化，但是转化过程却并非仅仅发生在物质领域中，也发生在物质领域外。如个人多余的货币，存入银行就是储蓄，银行贷出就成为信贷资金，企业家借入货币就成为经营资本，所有这些过程都为货币提供了增值空间。再如，把经过历史考验的经典知识系统化并编撰成册就是启蒙教育材料，以特定问题的深入认识就可形成专著等。

2.2.3　创造型经济活动的特征和方式

（1）含义。使非财富变成财富的人类活动称为财富的创造，这类经济活动相应地称为创造型经济。创造型经济利用非财富性质的资源造就出人们需要的物品和服务并形成财富，不仅创造出新财富，同时也把以往的非经济资源转化为经济资源，从而扩大了人们利用资源的范围、扩大了经济活动的空间，是一种开拓领域的经济范畴。创造型经济的显著特点是财富获取方式的独特性，包括对象独特、创造方式独特和需求市场独特。例如，把知识作为主要经济资源在今天还是独特的，设计业、情报业、教育、文艺等都以知识为主要资源，并且这些高级服务业的规模在持续快速扩大。

（2）创造途径和层次。创造型经济活动的主要途径有五种：①资源利用能力的提高，包括提高资源利用率和资源利用综合度；②资源获取能力的提高，如提高矿产资源的开采率；③资源利用范围的扩大，经济要素扩充，如 300 年前煤炭没有被大规模开采利用，150 年前石油没有被广泛开采利用，60 年前核能没有被利用，现在都属于主要的能源了，以往只能在地下采矿，50 年前开始有了深海采矿；④经济范围的拓展，最初只有狩猎采集是经济，后来土地利用是经济，现在交通运输、贸易经营等全都属于经济了，当今新经济、新产业、新业态、新规则等都是开拓的方向；⑤经济支撑系统的扩张，拉大技术层级、基础科学跨越、产业革命、主观精神的物化产品、客观物质的精神产品、新观念，这些方面的任何进步都会带来自发的市场扩张和价值增进。这些创造途径也代表了从初级到高级不同层次的创造型经济活动。

（3）创造价值空间无限。创造是非物质生产活动，是扩展和利用人类积累性资源、抬升物质价值的过程。如数制转换、布尔代数、开关理论等早就有成熟的知识，一旦完成用硅晶来实现开关状态的技术，计算机硬件产业便形成了，而计算机软件更是这些理论的产物。计算机软硬件结合造就了当今世界最大的一个产业——计算机产业其产业规模至少达 10 万亿美元，并且在此基础上衍生出互联网、物联网、智能机器等，不仅导致产业转型，而且将改变世界经济的平台结构，引发第四次工业革命和人类生活方式大变革，其对社会经济的深远影响远远没有表现出来，甚至没有被充分想象到。

2.2.4 典型经济活动的划分意义

现代经济活动是复杂的社会性活动，从这样复杂的活动中寻找出一般的运行规律是十分困难的。因为这个缘故，“一个经济问题，要 100 位经济学家来研究，会产生 101 个答案”。现实经济高度复杂，一个基本原因使经济活动牵涉因素众多，每一因素都具有层次结构，各因素之间又存在多重反馈影响。如果把全部因素综合在一起研究，往往难以厘清头绪，而且很难避免以偏概全。如果区分出若干典型，就可以降低研究对象的复杂度，增强研究对象的确定性，从而降低认识经济活动的难度，针对典型的研究就能更加具体深入。

划分典型，通常是十分困难的。典型划分必须满足每一经济活动都属于一个经济典型并仅属于这个典型，典型经济具有鲜明的特征特性。如果满足这样的条件，就能按照典型把经济活动解构，同时能保证被解构的经济活动是可结构的，从而使解构和结构是互逆的。当解构和结构可逆时，就能将解构出来的不同类型的经济活动重新组合起来，完整地勾画和再现整个经济活动，分类具体深入研究就是合理技术路线。

攫取、转化和创造是从经济活动中解构出来的，它们又能结构再现原来的经济活动，可以作为经济活动的典型划分。既然如此，具体深入阐明攫取、转化和创造的概念、外延、特征、演化规律和构成规律等，就能完整研究一切经济活动。三大典型经济活动的一些项目对比见表2-2。

表2-2　攫取、转化和创造三大典型经济活动的五层次事例对比

层　次	攫　取	转　化	创　造
通常方式	抢劫、盗窃、赌博、毒品交易、假冒伪劣	种养、畜牧、建筑、一次加工、工业生产、网箱养殖	资源利用能力提升：设计、研究与开发、工艺革新
外部深化	狩猎、捕捞、采集、探宝、采矿、晒盐	冶炼、石油化工、重工业、深海采矿、农业工业化	资源获取能力提高：地质勘探、海洋勘探、采得率
不公交易	欺诈、高利贷、强买强卖、受贿、权钱交易、市场化	金融衍生品、奢侈品、精深加工、新产品、稀缺品	资源利用范围扩大：经济要素扩充、经济质量提升
制度化	欺诈、误导、高利贷、强买强卖、放任违法	产权保护、贸易保护、市场保护、特许经营、政策	经济范围拓展：新经济、新产业、新业态、新规则
势能化	文化侵蚀、价值链分工、技术产权、公权私用	互联网+、文化产品、艺术品、新兴产业、宣传	技术层级：基础科学跨越、精神物化、新观念

2.3 主体经济的时序演化方向

2.3.1 不同时期的主导性资源和主体经济

（1）从时序角度观察，在不同的历史时期，主要经济活动是不同的，相应地，推动经济增长的主导因素也有差异。在人类的早期，狩猎和采集是维持人类生存的主要活动，野兽和野果等天然食物是人类生存与发展的主导性资源。在农牧社会时代，主要经济归属牧业、种植业和养殖业，耕地、野草、淡水、溪流沟壑等地表资源是主导性资源，人们伴水而居，依山取物，随季节草场迁徙放牧。18 世纪工业革命初期，农业和采矿业等初级原材料是引发经济增长的主要因素，资源的利用范围从地表深入地下。19 世纪以来，制造活动成为经济增长的主要因素，地下资源成为资源的主体，但是增值部分主要来源于制造活动。

（2）到了 20 世纪，科学技术进步引起的产品创新在经济增长和经济竞争中的作用越来越突出，发达国家经济进步中 70% 来自技术创新，制造活动已经不是经济的主体。在这个时期，研究、开发、设计、决策等成为推动经济发展更重要的因素，技术资源成为关键的经济资源。20 世纪 90 年代后，人们进一步发现创新经济的基础在于知识的进步。知识的传播、整合和运用又能进一步创造出新的知识、扩大知识的容量，非物质形态的知识创新成为推动经济增长的主导因素，人和社会本身成为越来越重要的经济资源。经济的主体也越来越多地转向非物质生产领域，金融、创新等成为经济成长大道。

（3）人类利用资源的能力在增强，资源利用范围在扩大，资源利用效率和创造资源的能力在提升。资源利用范围不仅包括自然资源，更包括资本、基础设施等公共积累物品和知识等人工创造物。自然资源的利用范围扩大的具体表现是从地表转向地下，从浅层转向深层，从地面转向海洋和太空。科学技术等知识资源不仅极大地提升了其他经济资源的利用效率，并且开拓出巨大的经济新空间，新经济成为人们的希望所在。获取资源范围的不断扩大，使人类的经济活动能够摆脱自然资源的约束，得到更大的自由发展空间。

（4）总的来说，经济发展的基本趋势是经济的主体从狩猎采集、物品制造演变为知识创新。主导经济发展的资源相应地从天然食物资源、自然资源转向社会资源和人文资源，资源的利用范围从物质资源，扩大到综合利用自然、文化、社会、生态、知识等各种资源。获取资源的主要方式从直接占有、物质制造转向发明创造、开拓经济新领域等。科学技术在经济增长中的作用越来越大，社会力量对经济的作用越来越大，精神转化为财富的周期在不断缩短，先进的文化意识、合理的社会制度成为促进经济发展的关键支撑因素。

2.3.2　同一时期三种典型经济活动的构成

在任何时间断面上看，经济活动中，并不存在单一从事攫取、转化或创造活动的经济体，实际的经济体都是这三种典型经济的复合体。但是，从微观到宏观的经济主体，三者的构成并不相同，特定经济体的三者复合是有取向性的。三种典型经济的构成和取向是认识经济动态演变的基本框架。三种典型经济如何复合、构成、取向，才是认识经济活动的关键。从大跨度时间角度看，三大典型经济活动的构成有很大历史差异性，其演变示意图见图 2－1。

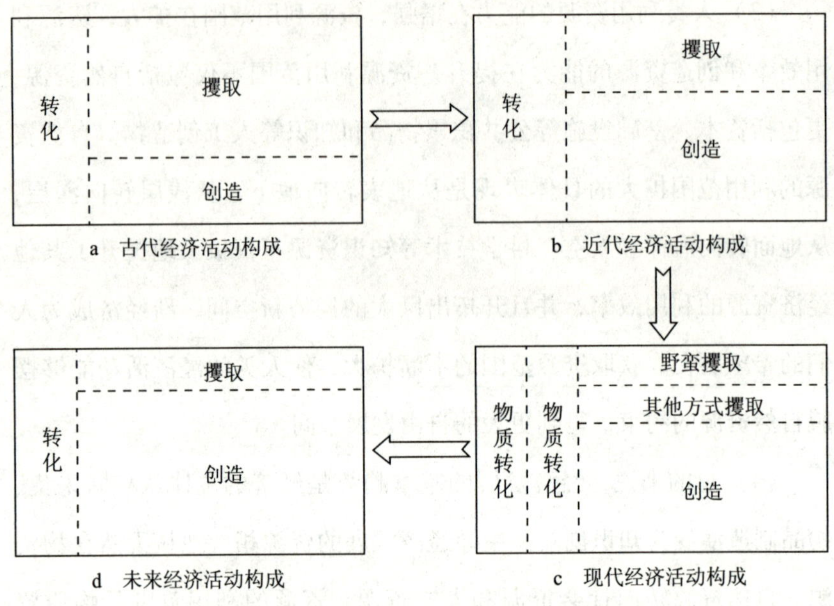

图 2-1 三种典型经济活动构成历史演变示意

从三种典型经济之间引导关系角度看，创造型经济活动需要为转化型经济活动开拓出发展的潜在空间，转化型经济活动为攫取型经济活动提供目标内容，攫取型经济活动引导出创造型经济活动的新方向。反过来，从三种典型经济之间支撑关系角度看，攫取型经济活动支撑转化型经济活动，转化型经济活动支撑创造型经济活动，创造型经济活动为攫取型经济活动提供要素条件。从三种典型经济的功能结构看，创造型经济活动开拓出经济的新领域、搭建起新经济的骨架；转化型经济活动不断充实既有经济结构并蔓延到新兴领域中去；攫取型经济活动既为转化型经济活动提供保证性条件，同时又为创造型经济活动提供战略资源储备。

物质财富的源头是天然物质，无论是物质攫取，还是物质转化，都不可能创造出物质而只会消耗物质。尽管转化深度的提高可以使财富价值倍增，但是每次物质转化都以消耗物质为前提，而不会创造出物质本身。在原始社会中，狩猎和采集的成果，可能会100%满足人类需求；农业社会需要预留种子、制造工具、存储食物等；工业社会的生产系统、生产链持续延长，用于满足人类直接需求的比例不断降低。由此可知随着转化链的延长，人们在获得财富增值的同时也在加速承受由此产生的代价。因此，物质转化链是不可能无限延伸的，通过物质攫取和转化的途径增进财富是有极限的，其规模最终受自然资源的制约。

创造型经济，主要依赖于知识而非依附于物质，更多地消耗科学、技术、管理、知识等可积累资源，较少消耗不可再生资源。创造型经济的发展，通常开拓出经济新领域和新资源，扩大经济发展的空间，增加新的经济资源。如技术进步通常会提高资源的利用率，蒸汽机的能源利用率为5%，发动机的能源利用率为20%，预计生物能源利用率可达30%。

2.3.3 资源短缺推动经济转型和提升

人类依次经历了狩猎和采集、地表资源利用、地下资源利用、物质生产，现在进入精神资源创造和利用。历史的发展轨迹反复呈现——随着制约条件的加剧，甚至危及人类的生存和发展时，人类就爆发出突破制约的创造力。人类社会总是在突破资源制约中创造出更大的发展空间，并使人们得到更大的生活满足。1960—1980年间，原油消费年均增长5.35%，世界经济年均增长8.92%。1980—2000年间，世界原油消费年均增长1.24%，世界经济年均名义增长5.04%。世界经济增长率尽管有所下降，但是各种原材料消耗降幅大得多，并且投资率下降、消费率提高，经济质量是显著提升的，国民分享到经济增长的更大份额，国民生活水平的提升幅度反而高于以往。

在现代经济增长中，科学技术的作用越来越大，作为科学技术的活载体和创造者，人成为推动经济社会发展的最终主导力量。一般的规律是：因为传统资源不足造成人类的生存危机，社会因此凝聚成突破生存危机的动力，这一动力驱使人们为突破生存和发展危机而创造，最终结果是扩展经济社会的发展空间。从这个角度看，以人为本是最终目标和最初手段的统一。对于中国而言，这个“人”首先就是中国人，而且是每个人。

根据专家测算，如果把煤炭作为燃料时的价值作为基数 1，等量的煤制成焦炭可增值 50%，提取煤焦油增值 10 倍，加工成塑料增值 90 倍，合成涂料增值 375 倍，制成药品增值 750 倍，而用来制造合成纤维则可增值 1500 倍。硅矿的价格为 300 元/吨，而加工成芯片时价值超过 60000 元/吨。可见，科学技术是创造价值倍增的关键力量。

无论人类处于哪一经济历史阶段，社会管理都要有足够的能力干预私人的生活空间。到了现代，稳定社会、满足人们的物质生活的要求已经不是主要的矛盾，不断强化社会管理和提高物质生产数量的价值降低了，解放思想、提高创造力，越来越成为各个民族竞争力的主要来源。人类逐步从追求生存、安全等基本需求提高到寻求情感归属、尊重、自我实现等高层次需求的满足。社会需求的这种转变，使得“让一部分人过度富裕”的边际效用急剧下降，边际负效用快速上升，物欲激励的政策导向不仅越来越无效，并且越来越不得人心。

2.3.4 攫取是经济活动的起点和终点

攫取是社会行为的自发动机之一，全球化不仅是国际互惠的途径，也是经济恐怖主义的通道。经济恐怖主义行为的主要动机是攫取非法经济利益、破坏经济秩序、恐怖主义融资和洗钱。研究显示，20 世纪 70

年代以来，恐怖主义犯罪的动机已从单纯的政治性动机转向政治性、宗教性和经济性等综合动机。政治性动机的恐怖主义犯罪呈现减弱趋势，经济性动机的恐怖主义犯罪日渐增多，成为恐怖主义犯罪的首要动机。① 以攫取非法经济利益为目标的恐怖分子犯罪活动主要包括国际金融操控、毒品贩卖、勒索、诈骗、走私、抢劫、绑架等。

经济全球化促使国际经济关系日益紧密，破坏经济秩序比暴力恐怖更能引发强大的恐怖效应。重大经济事件更能直接侵害一个国家的经济利益，并且对投资者和消费者产生长期、巨大的心理冲击，也很容易产生信任危机，从而改变人们的投资与消费行为。2006 年 2 月 24 日，沙特阿拉伯全球最大石油生产商 Abqaiq 遭受自杀式炸弹袭击，尽管袭击并未中断石油出口，但人们担心再次遭受恐怖袭击而造成国际油价暴涨。② 2006 年 8 月，泰国南部也拉府 5 个商业区 23 个银行营业点在 5 分钟内发生连环爆炸，重创泰国南部金融业。③

经济全球化时代，经济恐怖主义呈现国家形态。恐怖主义融资和洗钱是攫取利益、破坏国际经济秩序的常规途径，已经形成巨大的商业网络，在整个恐怖主义犯罪链条中占据越来越重要的地位。④ 国际投资银行的行为、美国对世界金融的操控等，其表现形式都类似于恐怖主义融资和洗钱。除了通过战争直接攫取他国原油外，美国也制造动乱攫取他国的人才和资本，美国更大规模的攫取方式是建立有利于美国的世界经济秩序，通过制度化的力量攫取全世界的利益。因此，国家形态的恐怖主义融资和洗钱是抢劫性的，有可能造成我国巨额

---

① 参见蔡森豪《恐怖主义事件防范与因应研究》，硕士学位论文，台湾大学，1995 年。

② 参见崔虎、宁美玲《从经济视角看国际恐怖主义》，《国际关系学院学报》2009 年第 4 期。

③ 参见朱莉珺《论恐怖犯罪与经济安全》，《江苏警官学院学报》2008 年第 3 期。

④ Walter Laqueur, *The Age lf Terrorism*, Boston: Little: Brown and Company, 1987, p. 98.

利益流失，这个问题是值得我们深入研究的。

美国能做到这一切，靠的是创新开拓经济新领域、科学技术的领先和文化思想的影响力。有了这些，被美国攫取的国家才懵然无知，心甘情愿做嫁衣。不要以为科学技术的发展为世界经济创造出新的领域和新兴经济就一定是高尚的。科学技术的领先，也可用来蒙骗、欺诈、恫吓和威胁，甚至用来建立损人利己的机制。尽管攫取、转化和创造三种性质的经济活动依次递进，却并不能因此区分高尚和卑鄙，伴随创造性经济活动的往往是新一轮更高层次的、更大规模的攫取。1980 年以来，科学技术快速发展的同时世界贫困人口也在加速增长，就是利用科学技术攫取他人利益的例证。科学技术决定我们认识和改造世界的能力，却决定不了文明，文明由人文精神决定。

2.4　经济成长的大道定理和超大道猜想

2.4.1　经济成长的大道定理

大道定理是数理经济学中关于经济增长的一个定理，其基本结论是长期最优增长路线收敛于诺伊曼（Neumann）均衡增长路径。人们也形象地把这个定理称为高速公路定理（Turnpike Theorems; Turnpike Theory）。

冯·诺伊曼（John Von Neumann）1932 年提出：完全竞争经济存在以价格支持的唯一均衡，而且资本以最大速率增长。① 这一

① 参见郑道文《罗伊·拉德纳对现代西方经济学的理论贡献》，《经济学动态》2001 年第 1 期。

论点在1945年得以证实。这一增长方向被称为诺伊曼路径（Neumann Ray），也被称为大道（Turnpike）。美国经济学家R. Dorfman、P. A. Samuelson和R. M. Solow最先发现并论证了这一性质。他们在求解规划期期末资本存货最大化问题时，发现当规划期相当长时，最优解之轨迹收敛于Neumann均衡增长路径。于是，他们做了这样一个比喻：当目的地十分遥远时，从起点至终点的最快路线往往不是需要穿大街走小巷的最短路线，而是先绕到起点附近的大道上，沿大道一直走到目的地附近再转向目的地的路线，即使这样走会增加两头的路程。于是，他们于1958年提出大道定理——对于充分长的路径和任意给定的偏差要求，除有限时间外，存量配置总是落在诺伊曼路径的误差区域内。① 这一命题最终证明由罗伊·拉德纳（Roy Radner，1961）完成。

大道定理更具体简明的解释是：拥有资本可以更快地得到稳定的财富积累。这就是为什么西方国家如此重视占有发展中国家金融服务业市场的基本理由。有趣的是几乎全部发达国家都债务缠身，而发展中国家通常具有债权。2011年，世界各国外债总额为100万亿美元，比2007年的70万亿美元增加了43%。发达国家占全球债务总额的83.5%，中东、南亚、非洲、拉美等国家债务规模很小。债务分布的基本特征是富国高负债，穷国低负债；富国少债权，穷国多债权。外债大国通常也是内债大国，如美国2011年外债15.02万亿美元，内债54.71万亿美元，债务总额高达约70万亿美元。通过透支，债务大国维持本国在经济大道上运行而取得发达的成就；反之，通过积累，债权国以弱小经济支持发达国家的发展而成为发

① 参见［美］莱昂内尔·W. 麦肯齐、黄少军、岳文《资本积累的大道》，《国外财经》1999年第4期。

展中国家。在世界金融中，富国借款和穷国贷款形成合力，共同造就更大的贫富差距。遵守国际现有秩序，就意味着维护现有机制，无意改变现有世界格局。主要外债国家和地区的状况见表2-3。

表2-3　　主要外债国家和地区的状况①　（单位：亿美元）

国家	年份		国家	年份		国家	年份	
	2016	2011		2016	2011		2016	2011
美国	182000	150270	荷　兰	25268	26544	比利时	12652	13990
欧盟	149426	160800	西班牙	20679	25400	瑞　士	17053	13460
英国	95909	98360	意大利	9915	24600	加拿大	616	11810
法国	53604	56330	爱尔兰	23626	23520	香　港	12640	9032
德国	52612	56240	卢森堡	24722	21460	奥地利	6806	8835
日本	35717	27190	澳大利亚	14473	14600	中　国	14162	6949

2.4.2　经济成长的小道定理

经济成长既然存在大道定理，从逻辑角度看，与之相反的就是小道定理。从学术角度看，经济成长小道定理的存在性是不证自明的。那么，经济成长的小道在哪儿呢？从亚太近邻的经济实践看，各国经济成长差异很大，可持续性也很不相同，基本状况见表2-4。

① 2011年数据来源于《世界各国外部债务列表排名》（http：//www.phbang.cn/plus/view.php？aid = 798）；2016年数据来源于《外债—国家列表》（http：//zh.tradingeconomics.com/country-list/external-debt），单位经换算。

表 2－4　　亚太近邻 1980—2015 年间人均 GDP 变化情况比较

（单位：亿美元）

年份＼国家	马来西亚	印尼	菲律宾	缅甸	越南	印度	日本	韩国	朝鲜	蒙古
1980	1812	532	674	171	514	276	9176	1674	639	350
2015	10071	3416	2951	1269	2186	1716	38898	27513	1113	3568
增长（倍）	5. 5	6. 4	4. 4	7. 4	4. 25	6. 22	4. 23	16. 4	1. 74	10. 2

“拉美的悲剧就是离上帝太远，离美国太近。”拉美地区面积 1797 万平方公里，海岸线总长 28700 公里，人口 38750 万人，有 13 个国家。美国把拉美地区当作自己的后花园，产业转移曾带动 20 世纪六七十年代的拉美经济繁荣。可是，好景不长，此后经济便陷入长期低迷状态。1978—2003 年间，拉美年均名义增长率仅为 2. 95%。为什么如此？关键是遭遇到“中等收入瓶颈”。这个“瓶颈”是怎么造成的呢？原来依靠低工资、低廉资源等发展起来的经济，难以跨越低成本的经济机制。一旦遭遇外部更低工资、更廉价资源的竞争，或者遭遇内部增加收入、保护环境资源的冲动，就会形成竞争劣势而无法摆脱。南美洲国家面积、人口和 GDP 情况见表 2－5。

表 2－5　　南美洲国家面积、人口和 GDP 情况

（单位：万平方公里；万人；亿美元）

国　家	巴西	智利	阿根廷	哥伦比亚	委内瑞拉	秘鲁	玻利维亚	巴拉圭	乌拉圭	厄瓜多尔
面　积	855	75. 6	278	114	91. 6	128	110	40. 7	17. 6	28. 3
人　口	20203	1777	4180	4893	3085	3077	1085	692	342	1598
2014 年 GDP	23461	2581	5402	3777	5100	2029	342	310	575	1005
2003 年 GDP	5590	778	1296	947	836	590	81	66	120	234
1978 年 GDP	3303	154	581	233	465	122	38	24	49	119

纵观全球，依靠国内廉价自然资源和劳动力，尽管可以快速启动经济成长，可是达到中等发展水平后，原来的低成本动力就衰减了，经济成长也就举步维艰。只有在掉入“发展的陷阱”前，就摆脱对低成本优势的依赖，才能赢得新的发展机遇，日本和亚洲“四小龙”就做到了。更早转向创新驱动发展的韩国和新加坡，较少遭遇发展瓶颈的制约。可见，低成本经济成长模式是越走越窄的经济小道，是不可持续的，大国陷入小道就更加拥挤不堪。遗憾的是，中国在经济小道上走了35年，现在想脱离这条小道，转型成本却很高。好在中国终于举起“万众创新，大众创业”的新旗帜，有望绕过“陷阱”，迎来创新发展的新局面。

2.4.3 经济成长超大道定理猜想

数据显示，金融交易的规模要比实物贸易大得多（见表2-6）。

表2-6　2015年全球货物贸易、股市、债市和汇市交易情况

（单位：亿美元）

项　目	货物贸易	股市	债市	汇市	GDP
全年总规模	164467	690000	1990000	19345000	773000
日交易量	456	1910	7000	53000	2118（日增值）

是否存在经济成长的超级大道呢？如果有，这是一条怎样的超级大道呢？要回答这个问题，就要看一看经济大道是由什么决定的。从历史角度看，以往数千年，人们并非主要依靠资本，更早的时候甚至无须货币。但是，近代社会发生了巨变，货币已经成为社会生活的必需品，资本也成为生产活动的中心。如前所述，资本利用决定经济大道，就是因为资本资源具有比人力、自然资源等更加优越的积累性

质。资本的可积累性，使得拥有资本者具有更加强大的社会动员能力，通过资本就能攫取他人的劳动成果，“用钱赚钱”的效率最高，这就是所谓的经济成长大道。

知识资源的性质比资本更优，依靠知识资源可能造就超级经济成长大道定理。知识资源的创造具有耗生效应，知识资源越多地被利用就产生更多的知识资源，知识资源越用越多、积累速度越来越快。知识资源的这种耗生性特性与天然资源耗竭性/耗平性是完全不同的，这导致知识经济具有边际效应递增的规律性，这一规律与物质经济满足边际效应递减规律是完全不同的。知识资源的耗生性，决定了知识经济拥有反馈自发增值的性质，而资本资源只能通过价值转移来获得资本增值，资本本身是创造不了价值的，只会不断贬值。可见，知识资源的性质远远优于资本资源。知识经济分享自身的价值并促使其他要素增值，知识经济必将越做越大、越做越强，知识必然开创未来经济发展的主流，知识经济必然成为未来全部经济的主体。可以猜测，知识经济就是超级经济大道。

任何其他资源的获利效率都无法与知识资源相比。遗憾的是，认识到这一点的不是有大量人力资源储备的第三世界国家，而是欧美发达国家。2017 年 3 月 25 日，李克强总理访问澳大利亚时对华侨说，“中国有 13 亿人口，是全球最大的金矿”，表明中国高层有正确的大局认识。

2.4.4 经济成长大道定理的启示

根据大道定理，经济成长是走在大道上，还是走在小道上，取决于利用什么资源、如何利用资源。经济成长中，主要利用资本资源，经济就在大道上运行；主要利用劳动力和天然资源，经济就在小道上运行；主要利用知识资源，经济就在超级大道上运行。为什么如此？简单地讲，这是由所用资源的性质差异决定的。用低级资源，只能形成低层次的发展；用高级资源，就会产生较高层次的发展；用超级资源，就能推进超级发展。

经济发展模式取决于经济成长的特定条件。200 年前，德国同业工会以专利证书控制行业准入，维护行业秩序和利益。斯密发现，这种做法阻碍了商业发展，是抑制经济成长的。但是，在资源有限和市场规模几乎不变的条件下，增加行业参与者，必然摊薄每一方的利润，封闭是维持产业内部各方利润的最好方法。在市场空间有限的情况下，追求个人利益最大化与社会发展选择之间是矛盾的，对于每位市场参与者而言，独赢商业模式优于多赢商业模式。你可以用现代的眼光，评点以往制度的缺陷，可是以往的制度基础决定了当时采用那样的制度是合理的，而采用新制度只能在改变了制度基础之后才有可能。

与 200 年前不同，硅谷的天使投资人往往是成功的 IT 人士，他们为行业新加入者提供支持，推动了行业的发展。为何如此？试想在漆黑的夜晚游走，你是喜欢用一盏灯照明，还是喜欢每人都举起火把相互照亮呢？在市场潜在空间巨大时，你是选择为扩大份额而打压同行，还是选择通过相互映衬来共同扩大影响力？答案显而易见。因此，在高增长的市场领域，人们获得更大利润的主要途径不是在既有的产业利润中分得更大的份额，而是共同扩大产业和利润规模，让每位参与者均分享到产业成长带来的好处。在发展不足的情况下，多赢的商业模式优于独赢的商业模式，创造公平的市场环境，充分发挥每个人的潜力，既是个人利益最大化的选择，也是促进社会经济发展的优化选择。

第 3 章　五类基本经济资源及其性质

资源是经济活动的起点，对资源的采集、加工、转化、配置、创造等构成了经济活动的全部内容。发展经济离不开资源的推动，但是人们可以选择消耗什么资源，如何配置这些资源。这种选择最终决定着经济发展的特征、走向、路线、经济结构和经济发展质量。不同的经济发展时期所依赖的主要经济资源是变化的，若适时选择并顺应这种变化态势，经济社会就会进步发展，而无视这种变化态势就会使发展停滞，抵制这种变化态势就会衰落。马克思和恩格斯在《共产党宣言》中就说过："古老的民族工业被消灭了，并且每天都还在被消灭。新的工业的建立已经成为一切文明民族的生命攸关的问题。"那么，是什么消灭了古老的工业，又用什么来建立新的工业呢？科学合理地发展经济是从优化资源配置开始的，其前提是要搞清楚资源的类型、特征、数量、质量，认清各种资源的经济特性。

3.1 经济资源的定义和内容

3.1.1 经济资源的定义和分类

资源是什么？人们既熟悉又困惑。资源是最常见的词汇，同时又是未被清楚理解的一个经济概念。无论是在书籍、报纸、网络信息、学术会议上，还是在日常交谈中，资源都是频繁出现的词汇，于是人们熟悉了这个词汇。但是，要正确回答资源到底是什么，却并不如人们感觉的那么熟悉。3000 年前，奴隶是带来经济利益的资源；300 年前，人们仅把土地作为经济资源；后来资本和劳动力也被当作资源，再往后又把地下矿产添加进去……现在，人们发现江河湖泊、知识等都有增加收益的经济功能。所以，经济资源伴随着经济空间的扩展而增多，人们有必要搞清楚资源的内涵和外延，正确把握经济的前提。

按照当代系统论的观点，对于给定的系统，从外部获得、用于维持系统运行的东西统称为该系统的资源投入。图 3－1 是一个简单的生产系统，从外部投入生产系统的就是资源。生产系统界定资源，如果特定生产系统很小，那么其中相当部分的资源其实是整个产业的中间产品。从产业角度看，最终产品将脱离产业系统而成为输出、成为更大生产系统的资源或者是本系统的废弃物。

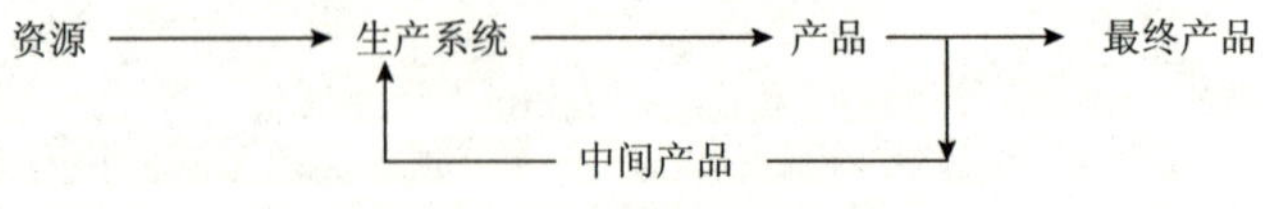

图 3－1　生产流程简图

同样地，对于更复杂的系统，由外部进入系统的就是资源。国家经济也可以看作一个生产系统，处于最上游的就称为经济资源。在各种资源中，特别地将具有不可替代性的资源称为基本资源或经济要素。土地、资本、人是当今一切经济活动的原始条件，政治经济学中把它们称为经济三要素。人工、耕地、天然物质、知识和公共物质基础等都起原始作用，是一切经济活动的前提，因此它们可以作为分析经济问题的资源要素。

经济包含的范围从来没有定论，但经济边界总是存在的。站在经济边界上看，由经济外部输入经济内部的就是经济资源，由经济内部输出经济外部的就是产品。从这个角度上看，按照来源可以将经济资源划分为天然资源、人力资源、知识资源、资本资源和社会基础结构五大类。在五类资源中，除了天然资源外，其他资源都是伴随经济活动而形成并累积的，故可称为时序累积性资源。除了五类资源外，在研究区域经济活动中，事实上还存在界面交换资源。例如，就国家经济而言，国际贸易、国际金融、国际投资等就属于界面交换资源。资源有哪些？不是一成不变的，而是依据经济研究范围具体界定的，讨论经济资源的特征和特性，需要事先确定所讨论的经济范围，对企业、对产业、对区域、对国家、对世界，所指的资源和性质都是有差异的，经济学中的要素是就世界经济而言的终极资源。在确定经济范围后，影响生产函数的因素都可以被当作经济资源。

3.1.2　主要经济资源具有显著的时代性

唐朝时期，中国就发明了曲辕犁，这一发明在当时并非属于经济资源，发明人并不试图拥有知识产权。在自然经济时代，唐朝既没有知识产权的保护体系，也没有知识产权的保护意识，或许发明本身也不是一个人而是很多能工巧匠长期改良后的结果。18世纪，美国发明了类似的犁，发明人第一件事就是去注册专利获取利益。在18世纪的美国，发明已经成为商品经济时代的经济资源。曲辕犁在当今的中国依然可见使用，而美国早就实现机械化，曲辕犁已经绝迹了，所申请的专利也不再是什么经济资源了。可见，经济资源是具有时代性的。这个例子还说明，与商品经济相比，自然经济具有更大的稳定性和平和性。由于利益的激励，商品经济比自然经济更能驱动经济资源的产生、利用和变革。

耕地似乎一直是发展农业的资源。与人生短暂的生命相比，耕地的寿命确实要长得多。不过，没有种植业，也就不存在耕地资源。在遥远的过去，人类社会还没有种植业，当时也就没有耕地资源。耕地是在有了种植业经济后才被当作资源的，耕地资源是时代的产物，具有时代性。在近代工业化中，种植业在整个经济中的价值比重越来越低，耕地的经济价值也在相应降低，在当今中国，耕地荒芜，耕地被房地产、工业等替代利用的现象十分普遍。承载人类的食物供给，是耕地的特殊性所在。耕地的这一特殊性决定了耕地不是普通的经济资源，而是特殊的战略性经济资源，仅仅从经济价值角度评价耕地资源的做法是完全错误的。美国、日本、欧洲等发达国家都通过对农业的高补贴（50%以上）来保护耕地资源。

矿产资源也伴随工业发展而演变。西方国家认为人类是从“黄金时代”走向“白银时代”“青铜时代”再到“黑铁时代”的。粗略地看，“黄金时代”和“白银时代”是美好的远古；“青铜时代”是人类利用金属的第一个时代，处于公元前4000至公元元年；“黑铁时代”一直延续到当今，而今有色金属的应用越来越广泛。从长远历史看，人类经历了主要利用青铜金属矿资源的时代，正在经历主要利用铁矿资源，并且将越来越多地利用有色金属矿资源的时代。不同的时代，主要利用的金属资源也是不同的。

3.1.3　经济资源具有越来越高的人工性

经济资源的人工性不是指经济资源是人工决定的，而是指经济资源附加了人工的成分。马克思的劳动价值论认为商品的价值是由劳动决定的。现实的情况是，已知的经济资源，如矿产，有天然的价值，并非完全由劳动决定。为什么如此？只要了解到劳动价值论是就价值终极决定意义而言的，而我们所说的劳动是就当前而言的，就能明白两者的区别了。一个农民在地里劳动，掘出一块环形美石，捡回系根细麻绳给儿子玩。儿子拖了这块石头出去，小朋友见了也不在意，一个古董商人见了，判定是唐代精美古董，愿出高价购买。就这个例子而言，美石是农民劳动的附带产物，并无多少价值，附加在古董上唐朝时期的劳动也得不到农民的承认，至于发现和开采原石，更不是农民会考虑的。古董商人不仅能够认识全部劳动，而且懂得时间的价值。因此，农民和古董商人对同一美石的价值判断有很大的不同。认识资源是承认价值的关键，未知的物质从来没有被当作经济资源。300 年前铀、钚等许多金属都未被认识，当然也就不懂得它们有什么价值。

经济资源尽管也按照商品交易，经济资源却并不是普通商品，而属于特殊商品。作为商品，经济资源的特殊性就表现在没有被人工开发就能认识到其价值。如金属矿储量，尽管不是金属矿产品，却同样需要通过交易而获得开采权。从价值形态方面看，经济资源的价值是由两部分组成的，一是资源本身具有天然价值，二是附加在资源中的劳动价值。没有人工劳动，天然物质不会最终成为经济资源；没有劳动对象，一切劳动都是无效的。若超出价值决定的哲学意义讨论，而对经济资源的价值进行实际测算，则无须固执于劳动价值的唯一决定性，而以历史赋予价值和当前劳动价值共同决定经济资源的价值。

在牧养经济中，天然的草场是最重要的经济资源，决定牧养生产方式。草场的丰美程度是伴随季节而发生区域性变化的，为了寻找丰美的草场，不得不进行季节性迁徙牧养。牧养是高度依赖天然资源的一种生产方式。在种植经济中，生产场地是固定的，雨水、土壤、天气和人类劳动等共同决定种植成果，比较牧养，人类劳动的重要性提高了许多。在工业经济中，依然需要以矿产资源作为起点，此时人类劳动的成分更高了，土地、天气、雨水等自然条件几乎对工业生产不构成直接的影响。在知识经济中，信息成为越来越重要的经济资源。信息作为物质或事物运行的状态与方式，无论人类是否感知它，它都是自然客观存在的。然而，信息资源化离不开人类的参与，信息的生产、形成、组织、建设、开发、利用无不打上人类加工的烙印。信息主要是由加工者决定质量，信息作为经济资源的人工性程度是前所未有的。信息资源的人工性特点正是我们建设、开发、利用信息资源的理论依据。由此可见，经济资源的人工性程度总体上是不断提高的，经济的发展不断从自然的束缚中摆脱出来。

3.1.4 经济资源多样化和结构复杂化

3.1.4.1 经济资源多样化的历史演变

什么是经济资源？经济资源不是一成不变的，而是与特定历史时代相关联的。在远古时代，经济可能尚未形成，只有天然瓜果和动物才是经济资源。当时只有攫取型经济，如采摘、狩猎、捕捞等活动。有了养殖业，动物种源就是经济资源，养殖经验也是。有了种植业，耕地、种子、劳动和种植知识等就成为经济资源。工业时代，矿产、社会基础结构等成为经济新资源。未来的大数据时代，数据就是最大的资源。从时间角度看，经济资源是日益丰富的，从少到多不断增加。经济资源是由生产系统决定的，投入生产系统的就是经济资源。生产系统又是由技术平台决定的，技术越发展，能够利用的东西就越多，经济资源就更加丰富，而且随着时间的延续，经济资源还将更加丰富。

3.1.4.2　经济资源构成中软成分越来越高

经济资源具有结构性特征。如钢铁不是只有铁元素，还有其他元素，冶炼钢铁还需要科学技术知识。即使是五大基础性资源如天然矿产，人们首先要认识到，然后要开采出来，再分离出有效的成分，需要人、资本、知识和生产装备等的支持。事实上，当今世界上每一种经济资源都有天然的成分、资本的成分、人力的成分、知识的成分和社会基础结构的成分。当然，每一种经济资源的成分构成是有很大差异的，天然资源的天然成分是主要的，知识资源的人工智慧是主要的。从历史角度比较，以往的经济资源天然的成分更多些，当今的经济资源人工的成分更多些。即使天然资源其价值构成也更多是人工的。如铁矿储量的价格通常是 5 元/吨以下，铁矿砂产品的价格为 395 元/吨，人工成分占价值的主要部分。在经济资源人工成分中，知识所占的比重越来越大，资本的成分有很大的作用，即“软成分”占比越来越高。事实上，经济资源的软成分是价值构成的主体。

3.1.4.3 科学技术是经济资源结构优化的动力

一般而言，科学技术决定生产方式，生产方式决定资源需求，经济资源中的结构优化是由软成分决定的，首先是由科学技术决定的。如宜于耕种的土地，早期是通过实验找到的，耕地资源最好就是冲积平原、湖岸草地等。现在土地资源缺乏，荒山造地，地表土浅薄，平整过程中又把地表土深埋地下，以致平整后的土地不宜农耕。人们通过在土壤中大量加入有机质，改变土壤结构性能而使之成为宜耕地，期间科学技术就起到引导人们正确行为的作用。更复杂的经济资源更需要投入科学技术的成分，使之结构优化，如钢铁与碳、锶、锰、磷、硫、镍、铜、钼的不同组合就能生产出不同性能的不锈钢。怎样组合呢？就要从科学技术中找依据，科学技术是资源结构优化的动力。

3.2 五类基本经济资源及特性

在讨论经济问题时，有两个基本维度：时间和空间。在时间维度上，社会经济活动累积下文化、法规、社会心理、道路、航线、设施及它们的有效组合，形成所谓的社会基础结构，它是支撑人们当前经济活动的平台，是巨大的社会经济资源。在空间维度上，主要经济资源包括天然资源、人力资源、知识资源和资本资源。

3.2.1 天然资源及其特性

（1）天然资源包括土地、水力、林产、江河湖海、温泉、景区等地表资源；矿藏、油田油气、洞穴等地下资源；地理地貌、气候、区位等结构关系资源。天然资源影响市场、生产、运输、供应、文化交流等的成本。但是，天然资源对不同产业的影响力度是不同的。畜牧业、天然养殖业、种植业、港口码头、水力发电、采矿业等产业，天然资源条件起到决定性的作用。全球化也改变不了时差，时间仍然会影响金融中心的区位分布。计算机芯片等就不怎么受天然资源的影响，天然资源对意识形态、文化活动等的影响就更少了。一般的规律是初级产业更多地依赖天然资源，越是高级的产业对天然资源的依赖性越少。产业高级化会削弱对自然的依赖，如人工种植、养殖等可以极大地克服自然对产业的影响，寒冷的荷兰因此成为花卉生产大国。

地下矿藏资源是不可再生的、数量有限的，过度利用天然资源会对环境产生负面影响。地表资源有一定的可修复性，利用地表资源时并不总是对环境产生负面影响，如适度建设码头、港口等通常对自然环境没有负面影响；河道养殖、水能发电等则可以做到经济效益和生态效益的协调发展。地表资源也是不能过度使用的，超出了地表承载能力的过度开发，会导致污染、沙漠化等不可逆转的灾难。特别是大量存在的一些地表资源，其价值往往容易被忽视。如土壤资源，千年的自然风化才能沉积下 2 厘米厚的土壤，30 厘米厚的土壤才能作为可耕地使用，所有可耕地特别是覆盖于上面的土壤是很珍贵的自然资源。可是，这种资源的价值通常被低估，在我们的经济开发中为了降低工程费用，往往选择平整的可耕地作为地基，也不对其上的土壤做异地保存，千年的天然成就让位给十数年的初级经济。对于人口 13 亿、土地资源只有 18.6 亿亩的中国，如此对待大地实在是一件需要认真反省的事情。

（2）天然资源的经济特性。天然资源消耗必不可少。天然资源是物质产品生产的基础，没有天然资源消耗就没有物质产品，社会生产系统将全面停止。因此，维持人类生存必然要消耗天然资源。但是，天然资源在全球经济中仅占4.5%，天然资源推动经济增长并不有力。

资源加工是主要的经济价值来源。根据专家测算：如果把煤炭定为燃料时的价值作为基数1，等量的煤制成焦炭可增值50%，提取煤焦油可增值10倍，加工成塑料可增值90倍，合成涂料可增值375倍，制成药品增值750倍，而用来制造合成纤维则可增值1500倍。延长加工链、不断深化加工使资源得到更大的增值，加工深度的差异造成其获得的经济价值差别巨大，出卖资源是富不了民的。延长加工链的前提是提高加工深度，提高加工深度的前提是发展加工技术，发展加工技术必然要求科学技术进步，没有科学技术进步就难以获得倍增的经济价值。

不可再生自然资源具有储备增值的效能。随着经济的发展，消耗量也在增多，同时前期消耗累积却在不断减少自然资源的储量、提高获取资源的难度和成本，自然资源的稀缺化趋势和获取成本的提高将导致自然资源总体上持续增值。

3.2.2 人力资源及其特性

（1）人力资源。人力既是一种天然与社会结合的经济资源，又是独立的经济体。作为人力的原始状态，表现出来的是体能和动作能力，潜藏着的是智力资源。作为社会性资源，人力是可组织、可协调、会学习的，能够接受社会加工改造，反过来，人力又是改造社会的力量。作为独立的经济体，人力需要消费最终产品来维持自身的生存与发展，满足人自身的需要是经济活动的动力来源。人力同时又通过学习来进行自我加工和提升。人力自我加工和提升的原料是历史、传统、宗教、文化、艺术、思想、科学等，人力自我提升是传承、积累、筛选、发展的创新过程。自我加工和提升后，人力资源的质量提高了，适应自然、改造自然的能力增强了。

（2）人力资源价值认识。对于人力资源价值存在很大的认识差异。表浅的认识只看人体肌肉、骨骼和力气，后来能看到人的可组织性等社会宏观层面，现在有的国家已经开始认识到个体智能的作用了，于是，企图开发人类“脑矿资源”。一旦个体层面的作用得到充分的发挥，其倍增累积效能是不可估量的，也只有到那时，人们才真正从必然王国走进自由王国。中国作为人口资源大国，庞大的人口基数长期被当作我国经济发展缓慢的借口，30 年的经济实践表明人口并没有拖经济的后腿，反而产生巨大的“人口红利”。在不久的将来就会证明：依靠体力不能让我国成为经济强国，激发出智力才能让我们意外快速地领先全球经济，全面发展的人力才是最重要的经济资源。

（3）人力资源的性质。在自然、生态、经济、社会、人文中，人起能动的作用，但是人受自然和生态的制约。现代人力资源是社会和家庭的加工品，而且加工程度逐代加深，最常见的加工过程就是教育和培训。人既是知识的传播者、创造者，又是知识的传播对象和能动载体。离开人无以言知识，离开了知识人也仅存动物性壳体。

从时间维度看，人力是不可储备的流动性资源，使用时就产生正效能，不使用时则会产生负效能。从积极方面看，人力不仅是经济价值的创造者，更重要的是人力也是知识、科学、文化等高层次经济要素的创造者，人力是经济社会文化发展的原始动力。如果人力闲置，作为个体的生存需要，就有可能做出偷盗、抢劫等破坏社会秩序的事情，反而容易产生负面的作用。同时，人力使用负荷也不能超过一定的限度，超负荷的劳役、恶劣的工作条件等，不仅有可能造成个体损伤、缩短工作时间，而且会降低人们的幸福程度，这与人们的生产目的完全不符。

3.2.3 知识资源及其特性

（1）知识资源。从长期看，教育、科学、文化、知识、技术等的发展，将通过人力资源的质量水平提高，而在人们的经济生活中表现出知识的力量。知识的实体资源大量储备在大学、研究机构、行业协会、统计部门、图书馆、商业与科技刊物、市场研究报告与资料库等机构中。知识资源的有活力部分则储备在个人智慧中，阅历、经验、观点、思想等最能起作用的部分都储存在人们的脑海里，而不是记在书本上。由于具体知识总是间接地起作用，总是长期地起微弱的作用，需要与其他知识复合，甚至需要通过一定的物质要素才能表现出来，知识的经济功能经常被无知者低估，而受到远见卓识者的重视。在重物轻人的社会中，个体掌握的知识活力通常被忽视，能够发挥作用的主要是体力而非智力。

（2）知识资源的价值。人们在大量开发利用自然资源数千年后的今天，尽管人类获取天然资源的能力越来越强，可是天然资源却并未伴随人类的攫取能力增强而增加，实际上，天然资源通常是耗竭性的，在不断地减少。开采自然资源的难度在不断提高，开采的成本相应地不断增加，沿着实物资源开发利用的方向发展经济，边界就在眼前。人类自身的知识资源却在使用中新增，在持续积累中增多。知识可以极大地改变物质的利用效率，延长产品寿命、增强功能、降低消耗等都有持续改进的余地，现在终于可以看到知识经济的曙光了。

（3）知识资源的性质。知识资源具有永久传承性和积累效应，复合和创新是知识增量的主要来源。吸收外来知识的开放性积累为创新提供了更多的要素，排挤外部知识营养的封闭性积累则会在自我完善中形成故步自封的完整知识体系。这种缺乏认识差异的知识体系终将成为束缚人们思想的工具，制约人力资源的提升和发展。知识的创新和积累并不总是产生好的效果，知识如何应用才能决定效果的好坏。

知识的历史积累，使得知识资源的总容量不断扩大。这种扩大不仅表现在某一特定专业知识的深化和系统化，从而形成科学，更重要的是表现在知识领域的增多和专业化，从而为知识的再创新扩大空间。知识空间的膨胀速度既与知识存量成正比，又与知识创新量成正比，创新知识与原有知识复合又形成新的知识点，当今世界，知识量正在以幂指函数的形式爆炸性增长。也就是说，知识具有越用越多的耗生性特征，知识应用的边际效应是递增的。

3.2.4　资本资源及其特性

（1）资本资源。主要的资本形式包括货币、储蓄存款、信用贷款、抵押贷款、政府债券、公司债券、垃圾债券（junk bonds，指高风险股票）、风险资本（venture capital）等。可利用的资本总额、资本成本是资本资源的两个重要指标，国民储蓄是资本重要的来源之一。资本资源作为非物质形态的资源可以极其方便地借助现代信息技术平台流转，金融业因此成为最容易实现全球化的服务品种之一。货币和债券都具有高流动性的特点，这既为资本配置全球化提供了可能，更为恶意操控全球经济提供了实现条件和技术可能性。从技术层面看，在资本一定的情况下，提高资本的利用率，就能提高资本收益率，就能吸引资本流入。为了实现这样的目的，就必须加快整个经济的运行节奏，保持更高的经济增长率，特别地，提高资金的周转率是加快运行节奏的一个重要方面。

（2）资本资源的性质。资本资源是经济的介质性要素，冯·诺伊曼（John Von Neumann，1932）证明：完全竞争经济存在以价格支持的唯一均衡，而且资本以最大速率增长。① 这一增长方向被称为诺伊曼路径（Neumann Ray），也称为大道（Turnpike）。后来多夫曼、萨缪尔和索罗三人（1958）提出并由罗伊·拉德纳（Roy Radner，1961）证明了大道定理（the Turnpike Theorem）：对于充分长的路径和任意给定的偏差要求，除有限时间外，存量配置总是落在诺伊曼路径的误差区域内。大道定理说明，拥有资本可以更快地得到稳定的财富积累，这就是为什么西方国家如此重视占有发展中国家金融服务业市场的基本理由。

（3）大道定理正在受到挑战。对于越来越多、积累速度越来越快的知识资源，任何其他资源的获利效率都无法与之比拟。因此，可以预计知识经济和虚拟经济将比金融经济更加快速高效地发展，很有可能成为未来经济发展的超级大道。谁引领知识经济超级大道，谁就引领世界经济新潮流。如果我们亦步亦趋地发展经济，不站到新的起跑线上参加公平竞争，即使我们赶上经济成长的大道，也难以追赶上在超级大道上前进的国家。如果我们不想亦步亦趋地发展经济，就得让每个人敢想敢干，就得建立以人为本、公平公正的社会。这是传统治理思想和未来发展条件要求的冲突，我们需要面向未来，扬弃封建余毒。对于我们这样封建史十分漫长、封建意识形态根深蒂固的国家，

① 参见［美］罗伊·拉德纳《对现代西方经济学的理论贡献》，郑道文译，《经济学动态》2001 年第 1 期。

这是一项任重而道远的战略任务，处于世界大变局中，这又是一项十分急迫的任务。

3.2.5 社会基础结构及其特性

（1）社会基础结构（infrastructure）。社会基础结构包括硬件、软件和软硬件的组合结构。硬件部分包括基础设施、运输系统、通信系统、邮政和快递、付款、转账、房屋建筑、文化机构等物质结构。软件部分包括科学技术、教育、文化意识形态、宗教、娱乐等。软硬件的组合结构有医疗健康体系、社会保险体系、社会管理机制、制度法规、上层建筑等。

（2）基础结构的经济功能。良好的基础结构可以大幅度降低每个经济单元的社会间接成本，而低劣的基础结构则会大幅度提升各个经济单元的社会间接成本，所以基础结构的经济含义就是社会间接成本。构造好社会基础结构，实际上就是政府通过减轻企业的负担为区域创造财富。基础结构中各个要素的形态、质量和使用成本直接决定了区域和国家的竞争力，最终会影响企业、公司等经济单元的竞争力，影响个人的生活质量、工作和居住意愿。基础结构是经济发展的平台，具有区域公共性的特征，抬升这一平台是社会管理部门的责任，特别是当地政府和立法机构的责任。

（3）区域基础结构需要优化，赢得相对竞争优势。人们很容易看到基础结构的物质性部分，投资费用最高的基础设施等首先受到瞩目，这一部分的投资也最易产生腐败。同时，没有服务、文化、科学等软因素的配套，基础结构就不完整，就存在显著的功能缺陷，就降低了基础结构的价值，就不能形成优质的社会资产。如中西部有些地方，路已经修得很厚很宽很平了，但是资金还是继续流出，而不是流入，筑了巢却并没有引来凤。由此可见，基础结构本身的合理化是多么的重要，优化基础结构是社会管理部门的重要责任。

3.3 经济资源的形成和消耗特性

3.3.1 经济资源的天然性和人工性

天然资源、人力资源、知识资源、资本资源和社会基础结构五大类资源，都具有天然性特征和人工性特征。所谓资源的天然性，是指自然赋予的，本身就具备的资源性质；所谓资源的人工性，是指人为的、人造的资源性质。在五大类经济资源中，天然资源和人力资源是原生性资源，知识资源、资本资源和社会基础结构是配生性资源。在天然资源中，耕地、灌溉水渠等也是经过人工劳动后形成的，矿产也是靠人认识到并且靠人工挖掘出来的，天然资源也具有人工性。人力资源具有天然的躯体，经过教育、文化熏陶后饱含精神，人既有天然性也具有人工性，并且还要符合社会伦理的要求，人工性特征比天然资源高得多。配生性资源是原生性资源复合而成的，延续了原生性资源兼具天然性和人工性特征。

在人们的意识中，自然资源等同于天然资源。其实，这两者是有差异的。例如，矿产品、水资源等，经常被当作老天对人们的恩赐。实际上，我们看到的矿产品已经经历了勘探采选等人工生产过程，已经经历了前期的地质科学研究，所利用的库水资源、沟渠水资源、水塘资源等都凝结了先人的构筑劳动。当代常见的自然资源并非完全是天然的，而是天然与人工劳动结合的产物。这类资源有时被称为人工自然资源。有研究认为，人们生活中的自然，70%是人工的，并且人工的份额还在继续增加中。

除了天然资源外，其他四类资源都是经济、社会、人文积累的结果，是随时间推移不断增多和改善的资源。只要积累不是沿着自我封闭、自我束缚的方向发展，这种积累就可以成为推动经济持续发展的不绝之源。这种资源的特性与不可再生的天然资源不同，也与可再生的资源不同，这是一种具有耗生性特征的经济资源。特别是非物质形态的人工资源，人们可以从消费这类资源中获得新增资源，也就是消费创造资源，增加这类资源消费反而增加这类资源的总量。这就是耗生性特性。

从时间角度看，天然资源有的具有流动性，有的具有储藏性。流动性天然资源如水流、耕地、森林、野生动植物、野生药材等，在自我更新许可的范围内，充分开发利用是有益于人类的而无损于资源本身；如果超过了自我更新许可的范围，就是过度透支行为，会导致未来资源的减少，从而有损于可持续发展。储藏性资源，如矿产，是耗竭性的，用之，总量上就会减少。对于储藏性资源，我们不仅要因应当代之需，而且要因应未来之用，需要致力于代际平衡，坚守可持续发展原则，厉行节约是正确的方略。资源的消耗特性不同，开发利用的合理准则就有差异。

3.3.2　经济资源的构造特性

经济资源通常以混合的形式出现，综合方式发挥功能性作用。所以研究经济资源，既要研究各个经济资源的特征特性，更要研究经济资源之间的结构性质。人们往往重视个别要素的作用，而忽视或轻视各个要素的配置作用，在强调个别要素的作用时，却破坏和扭曲要素的结构优化。只有到了问题被充分暴露出来，不得不“调结构”时，人们才开始重新调整认识。要素的作用，如果脱离结构分析，其指导意义就十分有限了。

经济资源的共性包括以下两个方面：

（1）可转化性。资源可以从一种形态转化为另一种形态；

（2）可结构性。两种或两种以上的资源可以结构成另外的物品。

要素可以继续细分以分析局部特性。五大资源的主要经济特性情况见表3－1。

表3－1　五大资源的主要经济特性情况

资源＼性质		天然性	人工性	流动性	耗竭性	耗生性	积累性	传承性
天然资源	地下矿产	√			√			√
	地表资源	√		√	+－			√
人力资源		√	√	√	+－	+－	√	
资本资源			√	√		+－	√	—
知识资源			√	√		√	√	√
社会基础结构			√				√	—

自然资源和社会资源都是人类社会经济活动必不可少的投入。

3.3.3　经济资源的形成特性

天然资源是自然历史的产物，尤其是地下天然资源更是自然物理化学的时间积淀结果。这种巧夺天工的过程，超出了人工生产能力的范围，我们只能开发利用天然资源，而无力创造。全球自然资源的数量是有限的，矿产资源的储量是有限的。全球自然资源分布具有区域不平衡性，广东省年降水量 1778 毫米，新疆年降水量 150 毫米，主要金属矿产分布于北纬 45° ± 5°，澳大利亚和南美洲除了铁、铝外，其他金属矿物多以复合形式存在，具有结构性特征，从而具有多功能性。

人力资源、知识资源、资本资源和社会基础结构，是经济、社会、人文积累的结果，除了自然历史产物特征外，还具有人类历史积淀的特征。典型的人类历史积淀性资源包括知识、文化、科学技术、方法、技术、技艺、技巧等，具有代际承继性、可传授性、传承性和积累性。人类历史积淀性资源是随时间推移不断增多的资源，消耗这类资源不仅可以创造增值、不减少原有资源，而且可以在创造价值的过程中获得新增的同类资源，资源积累和资源创新与资源消耗相伴，从而具有耗生性。只要积累不是沿着自我封闭、自我束缚的方向发展，这种积累就可以成为推动经济持续发展的不绝之源。这是一种具有耗生特征的自增长性经济资源。

人类历史积淀性资源有许多异于自然资源的形成特征。

（1）社会性。人类本身的生存、劳动、发展都是在一定的社会形态、社会交往、社会活动中实现的。劳动力资源、技术资源、知识资源、信息资源等社会资源的种类、数量和质量，由社会生产方式决定，并且具有超越国界、超越种族的流动性，谁都可以掌握，谁都可以利用。

（2）继承性。社会资源是不断积累、扩充和发展的，可以被保存、传授、延续和继承，使人类社会的每一代人都不是从零开始，而是在前人创造的基础上再迈进。正因为这样，一代胜过一代，使劳动者素质不断提高，生产设备不断更新，科研设备得到改进，经营管理水平持续提升。社会财富的加速积累，使人类经济发生代际质变，从农业经济时代到工业经济时代再飞跃到知识经济时代。

（3）主导性。社会资源决定资源的利用方式、发展方向，人的愿望、意志、目的、精神需求决定社会资源的创造和积累。

（4）流动性。社会资源从一地输送到另一地，技术可以广泛传播，可以相互学习、交流和交换。促进资源流入是自我增强的必要前提。

（5）不均衡性。社会资源的分布状态、经济政治发展、社会制度、管理体制、经营方式等都具有不平衡性。

知识爆炸规律：知识基数越大，通过组合产生的复合性知识就越多。假设知识基数为 n，则可以产生的各种复合知识总数 $N=n^n$，新增一个知识点，就能新增复合知识 $(n+1)^{(n+1)}-n^n \to en^{n+1}$。当n较大时，知识的增加速度太大了，就如同“爆炸”一般。尽管知识复合并非总是全部产生有效的复合型知识，其中一些或许并无实质性价值，不过知识加速再创造是实实在在的现实规律，专门知识加速扩散也是实实在在的现实规律。知识总量加速倍增，是实实在在的现实规律，知识资源传承下，人力素质提升是实实在在的现实规律。

3.3.4 经济资源的消耗特性

资源的消耗特性是有差异的。根据资源消耗前后数量和质量的增、减、平，可以把资源区分为耗益性资源、耗损性资源和耗平性资源。

（1）典型的耗益性资源有知识、科学技术、教育、智力等资源。耗益性资源的显著特征是资源的耗用不仅不会减少这种资源的数量，而且能够提高这种资源的质量或增加这种资源的数量。这是一种耗用有益的资源，充分使用这样的资源对社会有正效应，搁置不用反而对社会产生副作用，因此对于耗益性资源应加速使用。耗益性资源通常具有柔性，并且通过代际传承，可以低成本再造，是未来经济中最具活力的基础资源。但是，耗益性资源是就一定范围内使用而言的，超出了这个范围，耗益性资源就会转化为耗损性资源。如劳动力资源供过于求时，劳动力是耗益性的；但是，过度劳役就有损劳动者的健康，就是耗损性的了。

（2）典型的耗损性资源有矿物资源、人造物品、道路码头、基础设施、土地资源、水资源等物质性资源。耗损性资源的显著特征是资源的耗用会减少这种资源的数量或者降低这种资源的质量。从消耗后的时间效果分析，耗损性资源又可细分为可再生资源和不可再生资源。矿物资源是典型的不可再生资源，而且数量一定，因此具有耗竭性。耗竭性资源通常是可以储藏的，具有时间价值。人造物品、道路码头、土地资源、水资源等都有一定的可再生性。尽管人们总体上需要控制耗损性资源的使用，但是从质和量的控制标准看，主要是限制超出可再生性范围的资源消耗，而不能不加区分地全面限制耗用。如对于人造物品的消耗，实际上起到促进经济循环的作用，对社会有正效应，在可再生范围内不应加以限制。

（3）典型的耗平性资源有阳光、河水、风力、潮汐、资本、行政等。耗平性资源的显著特征是资源耗用前后不发生资源数量和资源质量的变化。这是一种无耗使用的资源，也是储藏不了的资源，只要经济上有益就可以即时充分使用这样的资源。有的耗平性资源甚至有可能被变害为利，如风能发电就有可能减缓风沙的强度，又获得我们需要的电能。

（4）行政等社会管理资源形式上具有耗平性，实质上具有多向特性。行政消耗是社会必需的，却并非越多越好，更不是有力就好。现有行政资源的充分利用并不见得有益社会，事无巨细、勤政为民并非就是好事。在一定的程度上，减少行政资源有利于经济效率的提高。不让行政自动蔓延，合理界定行政的范围，才能获得上层建筑的优化。具有耗益性、耗平性、可再生性的经济资源，是有助于推进可持续发展的，是经济活动中开发利用的重点。

3.4　经济发展的三大资源战略

当所有权和使用权分离时，财富的使用权具有便于直接操控的特征。在以财生财方面，财富的使用权强于所有权。就财富的增长而言，财富的拥有是被动的，财富的创造是主动的，财富的创造优于财富的拥有。如何对待经济资源决定经济发展的基本方向。

3.4.1　资源战略决定经济成长的类型

人们如何对待资源决定经济发展的类型，从长期看，国家经济如何，并非取决于我们有什么，更多地取决于我们想什么，决定性因素是人而非物。

（1）资源配置决定经济成长方向。资源是经济活动的起点，对资源的采集、加工、转化、配置、创造等构成了经济活动的内容。发展经济离不开资源的推动，但是资源驱动经济发展不是自发的、消极的，而是由人们的主观能动作用决定的。人们可以选择消耗什么资源、创造什么资源、如何配置这些资源，这种选择最终决定着经济发展的走向、道路、经济结构和经济发展质量。不同的经济发展阶段所依赖的主要经济资源是变化的，适时选择并顺应变化态势，经济社会才能文明进步，无视这种变化态势就会让经济发展走错方向，抵制这种变化态势会就让经济停滞和衰落。马克思和恩格斯在《共产党宣言》中说："古老的民族工业被消灭了，并且每天都还在被消灭。新的工业的建立已经成为一切文明民族的生死攸关的问题。"那么，是什么消灭了古老的民族工业，又用什么来建立新的工业呢？发展经济是从优化资源配置开始的，前提是认清各种资源的经济特性，关键是要充分利用资源经济特性和组合增值特性，提高资源配置的经济效益和资源利用的可持续性。

（2）主导资源是历史性变化的。在人类的早期，狩猎和采集是人们的主要经济活动，野兽和野果就是主要的经济资源。18 世纪工业革命初期，农业和采矿业等初级原材料工业是引起经济增长的主导因素。于是，以魁奈为代表的自然主义经济学家（physiocracy）认为：经济增长决定于从自然界获得初始原材料的状况，商业行为不会引起社会总财富的增长。工业革命以后，特别是 19 世纪以来，制造活动成为经济增长的主体因素。如完成把钨矿石变成钨丝的制造过程，等量的钨销售价值增长了 50 倍左右。到了 20 世纪科学技术进步引起的产品创新，在经济增长和经济竞争中的作用越来越突出，发达国家经济进步中70%来自技术创新，单纯依靠制造已经不可能持续有效发展了，也获得不了主要的利润。在这个时期，研究、开发、设计、决定生产什么等成为推动经济发展更重要的因素，形成了所谓的创新经济（innovationbased economy）。20世纪90年代以来，人们进一步发现创新经济的基础在于知识的进步。知识的传播、整合和运用又能进一步扩大知识的容量，创造新知识，即虚拟制造成为推动经济增长的主导因素，于是形成知识经济（knowledge－based economy）。总之，推动经济发展的主导资源一直在变化，沿着从物质到精神的方向变化，从初级往高级的方向变化，由一元资源向多元资源的变化。

（3）要素需求的演变和消耗特征。不同历史时期对要素需求是变化的，有人对主导性资源的历史性演变做了简单化概括，其演变和特点[①]见表3－2和表3－3。

在农业时代，男人就是力量，牲口就是财富。

在工业时代，知识就是力量，技术就是财富。

在后工业时代，资讯就是力量，人脉就是财富。

在信息时代，信息就是力量，眼光就是财富。

在当今时代，信念就是力量，智慧就是财富。

在互联网时代，跟随就是力量，相信就是财富。

在未来时代，境界就是力量，觉悟就是财富！

① 参见石涛《自然垄断产业规制重构：基于要素演化的视角》，《中国工业经济》2007年第10期。

表 3－2　　不同经济社会发展阶段对要素需求的演变

项　目	农业经济社会	工业经济社会	知识经济社会
要素构成	有形要素	有形要素为主，无形要素为辅	无形要素比重提高并最终主导
对自然依赖的程度	最高	较高	很低
产品/产出的知识含量	较低	较高	很高
驱动经济增长的主要因素	土地、劳动力	资本积累、矿产、人力	人才、知识与创新
报酬变化的方向	随要素投入增加而递减	随要素投入增加而递减，但递减幅度较农业经济社会平缓	随着要素投入增加，报酬不变或增加，并且资源量增加

资料来源：作者整理。

表 3－3　　无形生产要素和有形生产要素特点的比较

要素类型 项　目	无形生产要素	有形生产要素
消耗程度	非消耗性	经过消费后，物质形态基本不存在
稀缺性	非稀缺性	很大程度上有着明显的稀缺性
共享程度	可共享性	很大程度或完全的排他性
增值性	增值性较大甚至无限	在一定范围、程度上具有增值性
典型代表	知识、网络	土地、劳动、资本

（4）资源利用方式决定资源战略。按照推动经济发展的主导因素是资源的直接占用利用、资源的转化利用和资源的创造性利用的不同，可以把经济发展分成3类典型的模式：资源攫取型、资源转化型和资源创造型。

3.4.2 资源攫取型经济

资源攫取型经济发展模式的特点是现有资源的采集、利用和销售是经济的主体。这样的经济，生产环节少、生产过程简单、生产链短。如由矿藏开采、粗放加工、体力劳动密集型产业组成的经济就是典型的资源攫取型经济，许多发展中国家就采取这样的经济发展模式。初级攫取的主要对象是天然资源和人力资源。在保证再生循环的条件下，野菜野果等再生性天然资源的攫取具有经济价值的增进而无负面效应，是有益无损的。地下矿产的开采利用，在增进人类经济价值的同时也减少了天然资源的储量，这就需要做代际经济利益权衡。美国是矿产资源极其丰富的国家，但是美国立法限制国内矿产开发，鼓励采购国外矿产，以增强美国的未来资源优势，这是很有远见的政府行为。采用低工资、低劳动保障、低社会福利等攫取国内人力资源，在一个不长的时期内，也能有效发展经济。但是，长期发展这种经济，是完全违背人文价值取向的，是卑鄙的而不是文明的，最终会遭受报复。

资源攫取型经济之所以成为贫穷国家发展初期的首选，是因为资源攫取型经济的启动成本低，而且收入可靠。这是落后国家的无奈选择。然而，如果经济成长凭借耗竭性资源，那么资源攫取型经济不仅高耗低效而且没有出路。20世纪五六十年代，加拿大和澳大利亚都企图利用自己国土面积大、人口少的优势资源条件，发展木材采伐业和矿产业，结果是这两个国家都没有因此致富。后来，两国从失望中重新定位，注重科学技术和教育，这两个国家很快就进入富裕国家行列，并且发展潜力处于增强中。在 20 世纪六七十年代，南美国家曾试图伴依美国市场，利用南美国家的资源和廉价劳动力发展经济，结果全部掉入“中等收入陷阱”中。缅甸克钦邦哈帕干山谷垄断了翡翠矿资源，但是拥有这种具有财富象征的资源的地区依旧贫困，50 万翡翠矿工的生活如奴隶一般。中东石油资源丰富，沙特、科威特等产油国都是富裕的国家。考察中东石油的发展史，石油输出国组织（OEPC）成立后保护性开采石油比前期攫取性开采带给产油国的利益更大，石油美元大量流入中东。

3.4.3　资源转化型经济

资源转化型经济的特点是对既有自然资源的加工和再加工成为经济的主体。以加工型经济为主体并取得成功的典范是日本、韩国、新加坡、中国台湾等。物质的转化过程就是一个财富的增值过程，等量物质通过转化得到逐阶增值。

资源转化的活动范围远远大于资源的攫取，一旦形成资源转化的条件，资源转化就替代资源攫取成为经济活动的主体。狩猎、海洋捕捞、牧养、采矿、水力发电等是典型的资源攫取型经济活动，如种植、养殖等，是较低层次的资源攫取型经济活动。在全球经济中，初级攫取型经济和转化型经济之和不到世界经济总量的 27.5%，初级攫取型产业价值总量为 28750 亿美元，约占全球经济总量的 3.5%。在我国，初级攫取型经济和转化型经济之和占全国经济总量的 51.5%，主要攫取型产业——采选业，2015 年的资产总额为 97535 亿元，资产负债率为 59.67%，销售收入为 53406.2 亿元，成本为 44118.3 亿元，企业利润为2604.2亿元，工业增加值为9288亿元，仅占全国GDP的1.37%。因此，简单攫取型经济和转化型经济是重资产薄利润的行业，资产利润率为2.67%，发展空间有限，不能代表经济的主流和未来。

3.4.4 资源创造型经济

资源创造型经济发展模式的特点是以创造经济新要素来推动经济的成长，甚至让物质生产以外的其他生产活动成为经济的主体。如美国就通过发展大型战略技术，创造出大量的特殊技术和经济新要素，促进新兴产业的形成和传统产业的提升，使得美国在高增长、高盈利的产业领域占据垄断地位。美国的产出盈利率达25%，企业利润占GDP的19%，远远高于其他国家。[①] 创造型经济不仅促进经济增长，而且开辟出经济成长新空间，使得经济发展具有择优的特征。国际产业转移不是按照承接方的需求推进的，而是按照转出方淘汰落后产能、提升本国经济的要求来推进的。因此，国际产业转移从来不改变国际经济的分工格局。只有创造型经济，才能让一个国家挤入发达国家的行列，国家经济状况如何，不是国际产业转移决定的，而是创新决定的。

发展创新型经济的前提条件是国民教育普及化、科学和技术的领先、创新的社会文化环境和争胜全球的全民意志。一个国家一旦形成资源创造型经济，这个国家经济的发展就具有自发成长的可持续性，就具有最终的竞争优势，就具有俯视全球的民族自信。没有的，可以创造出来；有的，可以不断提升。有能力继续探索，有能力独立超

① 参见［美］迈克尔·波特《国家竞争优势》，李明轩等译，华夏出版社2002年版。

越，才有能力领先全球。只有创造型国家，才能领先全球产业，才有产业发展的选择权。只有这样的国家，才有条件主动发展而不是被动发展；只有这样的国家，才有条件开拓前进而不是龟缩跟随；只有这样的国家，才有条件择优产业而不是承接转移。

大国的集成潜力远远超过小国，大国的产业链、创新链远远长于小国，大国的可统筹范围远远大于小国，因此大国的管控条件比小国优越得多，大国的创新成本远远低于小国，大国更容易成为创新型国家。除了偶然的战争，可以把一个大国打成若干小国，一个大国如果投靠到另一个大国的怀抱，也就不配大国的称号了。大国之间的常规竞争就是创新，只有创新才能让它们有独立屹立于世界之林的资本。创新不仅为本国赢得经济成长的空间，而且还赢得让人持续尊敬的资本和民族自信。

3.4.5　实际资源经济形态是复合型的

实际的经济系统总是同时含有资源攫取、资源转化和资源创造的经济成分，是多种资源利用方式同时并存的，是复合型的。但是，这并不意味着各国各区域的经济发展模式就无差异了。其实，资源攫取、资源转化和资源创造的构成份额，各经济体就存在显著的差异。如美国经济属于创新型经济主导的典型，德国和日本经济属于转化型经济主导的典型，中国属于资源攫取型经济的典型。日本和德国也有差异，一个侧重大规模生产，一个侧重各产业领域顶端产品制造。

区分一个经济体的特征主要是看两个方面。一是状态，二是动态。就状态而言，哪一经济成分起主导作用，就属于哪种类型的经济。如德国尽管以加工制造为主体，但是德国的竞争优势却表现在传统产业的精致化创新方面，因此德国经济的创新成分是很高的。我国发展了大量的制造业，其优势却集中在资源消耗、劳动密集的简单制造方面，把我国经济归入资源攫取型更符合事实。就动态而言，1948年的以色列只有手工加工业和农业，显然属于资源攫取型国家，然而就在面临生存危机时，以色列财政的15%却依然投入教育和科技，培植创新潜力，从国家意志角度看，以色列必定会成为创造型经济的国家。

第4章　两大典型经济内循环模式

“外因是变化的条件，内因是变化的根据，外因是通过内因才起作用的。”经济特征如何，在很大程度上取决于我们对资源的配置，其中资源条件就是我们配置资源的习惯性重要依据。

4.1　两大经济内循环模式

4.1.1　经济逻辑关系：点、链和循环

（1）基本观点。经济活动是一个配置、创造和积累资源，产出产品和服务的运动过程。在这个运动过程中，完成特定经济活动内容并不再细分的部分就称为经济环节。各环节之间有的直接关联，有的无直接联系，我们把直接关联的环节用线段连接起来，这样就构成环节和线段交替出现的图。在这个图中，从一个环节出发经过交替出现的其他线段和环节最终能回到出发点，就构成一个经济循环；从一个环

节出发经过其他交替出现的线段和环节最终止于另一环节的，就是一条经济链；不与其他经济环节发生联系的，则称为孤立点。全部经济活动是由一些经济循环、经济链和孤立点组成的。

（2）普遍关联假设。在现代经济中，孤立经济可以忽略不计。即使存在孤立经济，也可以单独研究；同理，与其他经济环节永无联系的经济循环或经济链也可以单独研究。经过这样的约定后，我们可以假设各项经济活动之间都是相互联系的，两个经济循环之间或者经济循环和经济链之间通过共同环节发生联系。从形式上看，全部经济活动以经济循环为构成骨架，再附着一些投入端和产出端，与经济以外发生吞吐联系。于是，经济循环——经济运行机制，是经济的内因；投入端和产出端——经济运行的外部条件，是经济的外因。

（3）政策影响经济假设。经济资源配置有多个层次，基础资源价格通过成本传导影响基础资源的配置，再以间接成本传导给次级资源配置，如此逐层扩散影响。经济政策通过营造经济环境的方式调节基础资源价格，再通过资源配置逐层扩散影响最终调控微观经济行为，包括厂商的生产行为和民众的消费行为。

（4）经济循环的顶层逻辑图。假设经济人是理性的，基础资源价格就通过市场机制决定着经济发展的取向。一般地，顶层的基础资源可以划分为五类：自然资源、人力资源、知识资源、资本资源和社会基础结构[①]。它们各自反映经济与自然、人文社会、历史积累、财富配置之间的相互联系。其中，社会基础结构既是以往经济发展的积累，又是一切现实经济社会活动的公共平台，在积累提升平台中以时序改善方式推进经济社会发展。在时间断面上，其余四种基础资源作

① 参见［美］迈克尔·波特《国家竞争优势》，李明轩等译，华夏出版社2002年版，第70—71页。

为初始动力要素，依据人们侧重的不同而形成符合逻辑的配置关系，见图 4 - 1。

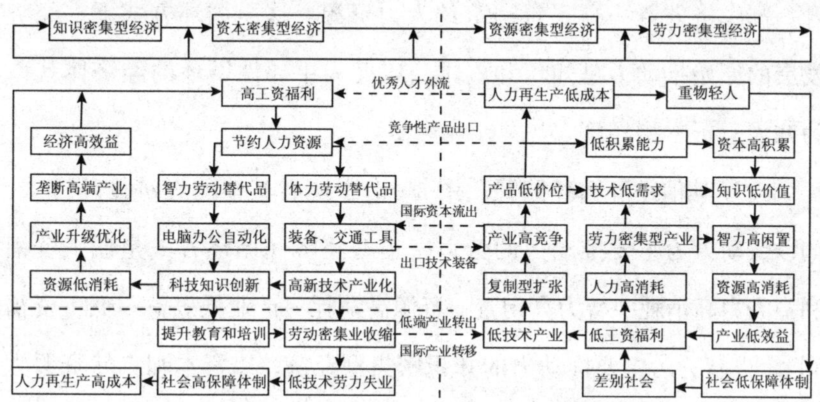

图 4 - 1　知识、资本、自然和人力四资源下的经济循环运行顶层逻辑关系

4.1.2　经济内循环的两大典型路径

所谓典型，是指一些特殊模式，其中每一模式都无可替代，其他的普通模式都可以由典型模式组合而成。按照最终的结果，我们确实可以区分经济类型，发达国家、发展中国家、待开发国家等就是一种区分方式，只是我们无法从中发现实现的路径。观察实现路径，最核心就看经济内部运行的循环方式，从中可以发现经济发展质的差异。正是由于这个原因，我们从经济循环运行的角度来区分典型，认识经济本身。

（1）经济内循环方式的划分。图 4 - 1 显示，根据主导性基础资源配置上的差异，可以清楚区分的典型经济循环有两种。其一是低技术产业→复制型扩张→产业高竞争→产品低价位→资本高积累→智力高闲置和浪费→资源高消耗→产业低效益→低工资福利→低技术产业。这一循环方式下，经济发展的原始推动力是天然资源和劳动力，以此为主导性循环的经济体就称为资源—劳力型经济。其二是节约人力资源→发展科技和技术产业→资源低消耗→产业提升→高经济效益→高工资→节约人力资源。这一循环方式下，经济发展的原始推动力是知识和资本，以此为主导性循环的经济体就称为知识—资本型经济。

（2）其他经济循环路径。图 4 -1 中还有其他的经济循环方式，如以劳动力为主要推动力的劳力密集型经济（循环方式是低工资福利→人力高消耗→智力高闲置→资源高消耗→产业低效益→低工资福利），以智力为主要推动力的知识密集型经济，以资本和自然资源为主要推动力的资本密集或资源密集型经济。它们或是典型经济的特例，或是典型经济的复合。由于知识密集的前提是资本密集，人力密集伴随着资源消耗的密集，从理论上看，这些类型的经济无相对独立性，也就无专门研究的必要，故本书特别专注于两类典型经济的研究。

1. 资源—劳力型经济的基本性质。

资源—劳力型经济的成长主要依靠对天然资源的攫取和人力资源的廉价，是一种初级经济形态。资源—劳力型经济中使用的是初级经济要素。如所需的人力资源更多的是劳力而不是智力，所需的材料更多的是普通初级材料而不是专业精细材料等。发展这种经济的显著特征是创造型人才没有用武之地、高端人才生不逢时。

在资本短缺、工业基础薄弱、资源开发不足、高失业率的经济发展早期，以自然资源和劳动力驱动经济发展，是无可奈何的必然选择。20 世纪 50 年代的日本，60 年代的韩国、新加坡、中国台湾和中国香港，70 年代的南美多国，以及 80 年代的中国，90 年代的印度等，都是通过大力发展资源—劳力型经济而缩短与发达国家的经济差距的。

资源—劳力型经济以廉价化、规模化、集中化为基本生产特征。资源—劳力型经济主要从事物品的转化，产出品主要是顺应大众需求，其社会意义是推进物质文明的普及化。无论是中国，还是日、韩等国，其经济成长的路径都是起步阶段都以廉价劳工生产手工产品约 10 年，再以资本集中推动基础性的重工业和石化工业，其他初级产品的生产也趋于集中化，然后转入技术层次较高的产业领域。资源—劳力型经济以廉价资源和劳动力配置出廉价商品而取得世界竞争优势，又通过规模效应而进一步扩大生产数量而形成供过于求的市场，使出口价格更为廉价，如此循环就产生出口价格不断廉价化的趋势。如专家估计美国从中国进口的服装比从其他国家进口的价格低 58%，在 1995—2004 年的 10 年中，美国消费者从进口中国物品中获得的福利达 7000—8000 亿美元。[①] 2004 年我国对美出口额为 1249 亿美元，为美国消费者节约了 1000 亿美元。[②] 一些人扬扬自得地称道中国对国际市场的影响力，“中国一卖，价格就降；中国一买，价格就涨”，却不知高买低卖，中国获得了什么？难道中国的生产技术超越了发达国家吗？不是的。难道中国每个人都钱多了吗？那更不是。

只发展资源—劳力型经济，最终是没有出路的。比较知识—资本型经济，资源—劳力型经济是低层次的经济，投资收益较低，人工收益更少，并且过度消耗资源。只发展资源—劳力型经济，前期有追赶发达经济的作用，后期无超越发达经济的可能，通常

---

① 参见胡鞍钢《中美贸易和汇率问题的分析和建议》，《国际经济评论》2005 年第 4 期。

② 参见黄继汇《中国国务院副总理吴仪：推进中美贸易互利共赢》，《中国证券报》2007 年 5 月 18 日第 1 版。

的情况是资源—劳力型经济发展到一定的程度，就会陷入各种困境的沼泽，遭遇不可逾越的瓶颈，20 世纪 70 年代南美多国的情况就是如此。特别是资源—劳力型经济无限膨胀后，自然资源将难以承载，环境恶化将难以承受，国土破坏将不宜人居，生活质量将难以提升，客观的边界将日益收缩。资源—劳力型经济是不可持续发展的。

2. 知识—资本型经济的基本性质。

知识—资本型经济主要依存于知识、资本、智力等积累性资源，是一种高级经济形态。发展知识—资本型经济需要高级、专业、精致的经济要素，如创造型人才、高等教育、高品质材料、精密或专业加工设备等。发展这种类型的经济，智力短缺将是常态。这就是为什么科学技术最发达的美国人才最短缺，每年需要引进人才 20 余万名。

知识—资本型经济以差异化、精密化、专业化为基本生产特征，主要是拓展经济领域、提升品质、满足高端用户需求。知识—资本型经济的社会意义是把物质文明与其他文明连接成一体、促进经济质量的提升。领先国家的主体经济是知识—资本型经济，美国在新兴产业领域处于领先地位；德国、意大利在精密专业领域占据优势；英国在投资服务上获取厚利；北欧诸国在特异市场上成为世界最富裕的地区。

只有迈入知识—资本型经济发展轨道，国家经济成长才能自我超越，才是可持续的。知识—资本型经济不仅创造出产品和服务，而且同时积累下再发展的知识和资本资源，特别是领先的技术和知识，从而使得整个经济具有不断自我积累和增强的功能特征，形成并逐步扩大竞争优势。另外，更多地发展知识—资本型经济能创造更多的差异化，更有利于经济分化、差别化和平等化，更有利于促进精神文明和社会公平。知识—资本型经济发展较少受自然资源的制约，通过知识—资本型经济发展可以开拓出更大更好的人工自然环境条件，知识—资本型经济具有无限发展的空间。干旱沙漠上的以色列，可耕地面积 60 万亩，不仅保障 800 万人口粮食自给，并且是欧洲的花园和菜园。新加坡人口密度为 7350 人/平方公里，2013 年人均 GDP 为 52179 美元，高于美国的 51248 美元。卢森堡、挪威、卡塔尔、瑞士、澳大利亚、阿联酋、瑞典、丹麦、加拿大等比美国更富裕的国家，无一例外都不是靠资源支撑。其中，加拿大和澳大利亚两个自然资源大国，在依靠资源发展经济的 20 世纪 50 年代，都没能跨入富裕国家行列，后来转向依靠科学技术发展经济，很快就进入富裕国家行列。

4.2　两大典型经济内循环之间的关系

对于资源—劳力型经济和知识—资本型经济，我们不仅要搞清楚两者的区别，也要搞清楚两者的联系，还要搞清楚两者各自的特征特性，即全面搞清楚两者之间的关系。

4.2.1　两大典型经济内循环体之间的互生性

（1）资源—劳力型经济孕育出知识—资本型经济。从大尺度历史看，资源—劳力型经济的发展先于知识—资本型经济，原始的劳力和天然资源，首先促使资源—劳力型经济的形成和发展，积累下资本和知识，再转而推进知识—资本型经济的形成。从这个角度看，知识—资本型经济是资源—劳力型经济积累到一定阶段后的结果，是由资源—劳力型经济孕育出来的，是对资源—劳力型经济的承继和再发展。

（2）知识—资本型经济反馈资源—劳力型经济。知识—资本型经济一旦形成，就有知识的再创新和资本收益的内在动力，在求得自身再发展中摆脱资源—劳力型经济的束缚，扩展出新的经济领域，如资源—劳力型经济的技术服务业。一旦如此，知识—资本型经济就开始反作用于资源—劳力型经济。从知识扩散角度看，知识—资本型经济成为先导，资源—劳力型经济成为后继，整个经济循环是从知识密集的高级经济循环到人力密集的初级经济逐阶转移的，从而形成知识密集型经济、资本密集型经济、资源密集型经济和劳力密集型经济等。

（3）知识—资本型经济和资源—劳力型经济在地理上相互分离。知识—资本型经济与资源—劳力型经济，共生于世界各地，而非同生于一地。于是，世界有以知识—资本型经济为主体的发达国家，也有以资源—劳力型经济为主体的发展中国家。在同一国家中，也有发达地区和落后地区。在同一区域中，也有核心地带和边缘地带。经济发展的差距，既是产业价值链分工的结果，也是产业价值链分工的原因，经济循环的特征最终决定经济发展的演变。经济循环的单一性决定了一个区域必然拥有特定的发展模式，或者发展知识—资本型经济，或者发展资源—劳力型经济，在同一区域不可能两者同等兼顾，而表现出两型经济在地理上的分离。

4.2.2 两大典型经济内循环体之间的依存性

图4－1显示，资源—劳力型经济和知识—资本型经济不是相互独立的，而是彼此联系的。它们通过相互交换而相互依存、互补共

生。从全局看，两型经济需要合理配置才能形成最优的经济发展结构；就个体而言，需要致力于知识—资本型经济的发展。两型经济之间的基本关系是资源—劳力型经济保障生存的基础，知识—资本型经济创造发展的条件。知识—资本型经济开拓出经济新领域，形成经济的骨架结构，在这个骨架空间中，需要通过发展资源—劳力型经济来充实，获取实惠，支撑下一轮知识—资本型经济的再发展。具体关系如下。

（1）如果知识—资本型经济发展滞后，不仅资源—劳力型经济的质量难以提升，而且数量上的膨胀必将迅速填满现有的经济空间，导致竞争压力持续积累增强、经济效益不断分割降低，从而形成自我削弱的恶性经济循环，最终制约资源—劳力型经济的发展。

（2）在封闭的经济环境中，如果资源—劳力型经济发展不足，就意味着知识—资本型经济创造出来的经济资源没有得到充分的利用，发展能力没有被充分地转化为现实的生产力，国民没有从经济发展中获得充分的实惠（20 世纪 80 年代的苏联就是这种情况）。另外，缺乏资源—劳力型经济的支撑，知识—资本型经济的再发展也就缺乏促进的基础，从而间接制约了知识—资本型经济的后续发展。

（3）资源—劳力型经济比知识—资本型经济有更顽强的生存能力。打断两型经济的联系，资源—劳力型经济依然可以维持自身的循环。一旦没有资源—劳力型经济作为基础，知识—资本型经济就没了存在的条件，知识—资本型经济的泡沫就会破裂。

（4）在资源—劳力型经济的基础上积累形成知识—资本型经济，周期十分漫长。相反，如果有知识—资本型经济作为推动力，资源—劳力型经济就可以加速提升和发展。在具备生存条件时，知识—资本型经济可以快速配生出资源—劳力型经济，毕竟知识—资本型经济是高级经济形态。日德战后重建就清楚地印证了这一点，这也是为什么发展中国家有可能赶超发达国家的根本原因。

4.2.3 两大典型经济内循环体之间的不平等交换

资源—劳力型经济的进入门槛低，便于复制膨胀且无退出空间。假设经济空间一定，这种复制必将迅速填满经济空间，积累并增强内部竞争压力直至引致国内厂商之间的直接对抗，它们除了以价格战削价促销，让渡利益寻求生机外，别无选择。知识—资本型经济占据新兴经济或是传统经济领域的高端，进入门槛高、具有垄断性、竞争强度低，可以保持长期的高收益。资源—劳力型经济和知识—资本型经济之间的商品交换是竞争性商品与垄断性商品之间的交换，是根本没有对等交换条件的。

（1）以贫济富。在两大典型经济的交换中，资源—劳力型经济通过贱出高进的方式帮助知识—资本型经济消化掉泡沫，为其背负简单物质生产的沉重包袱，是资源—劳力型经济体对知识—资本型经济体的以贫济富；而知识—资本型经济通过高出贱进的方式坐收渔利。如2010年中国出口到美国的旅游鞋到岸价为每双2.5美元，在美国市场的零售价为每双120美元。测算可知，通过美国的分销系统又创造出47双旅游鞋的购买力。如果中美两国劳工等量劳动报酬相同的话，每双旅游鞋的到岸成本应该为23美元，到岸价应高于30美元。

（2）恶化弱势经济环境。在与知识—资本型经济的交换中，资源—劳力型经济只能通过这种自我贬损的方式节节退让。首先是外向型产业不断地承受自我削弱的压力，接下来再把这种压力传递到上游产业，通过压榨前端要素价值谋求产业的生存与发展，如此层层波及，直至经济全领域。这类经济榨取最终将由人来承担，将由自然来承担，将由社会来承担。于是形成一个贫困阶层、造成资源枯竭、环境恶化、社会矛盾加剧；造成人的生活成本提高、生存质量下降，最终增加了经济社会发展的成本。长期而言，单纯发展资源—劳力型经济必然导致整个经济陷入恶性经济循环。

（3）不可避免依附性衰弱。尽管交换上存在不平等和最终危害，由于依靠自身的积累，通过资源—劳力型经济发展知识—资本型经济的时间代价更大，以资源—劳力型经济为主导的国家以封闭方式发展经济并不明智。在一定程度上和一定范围内，资源—劳力型经济的落后国家需要对知识—资本型经济先进国家开放商品交换。这只是两害相权取其轻的权宜之计，而非国家久远的战略选择。真正的问题根本不是要不要交换的定性问题，而是交换什么、交换多少、如何在交换中提升自己的尺度把握的问题。要懂得如何发展是实践问题，而非理论观念，非此即彼的说教是违背辩证法的。

4.2.4 现实经济由两大典型经济复合构成并有一定取向

（1）无纯净的典型经济区域。从全球范围看，世界经济由资源—劳力型经济和知识—资本型经济共同构成。假设城市中心完全从事知识—资本型经济，那么城市周边就是农业——土地和劳动力推动的产业，因此城市也由两大典型经济组成。资源—劳力型经济不到发达国家经济总量的10%，占发展中国家的40%以上，尽管构成比重不同，各国都由两大典型经济组成的本质无异。所有的经济都是由典型经济复合而成的。

（2）任何区域经济都有唯一的循环取向。只要与前后两端产业进行有效的交换，产业就有生存的条件和发展的机会，就能参与到全球的产业分工中去。因此，从局部范围看，两大典型经济不必同地并存，甚至可以孤立发展，只要留够与外部交换的渠道。由于资源—劳力型经济和知识—资本型经济的主要推动因素不同、循环方式不同、社会价值取向也有差异，所需的政策措施是对立的，在一个国家或地区中两者难以兼顾。因此，特定区域的主导发展方向只能两者择一。

（3）判断国家经济类型以动力取向为要，构成为辅。区分国家经济特征，静态看成分构成，动态看成长趋势。经济构成是以往经济发展的积累，并不代表未来的趋势。研究经济未来变化，主要看动态趋势，关键是看经济运行的循环机制如何，两大典型经济发展有冲突时如何选择。不要以为只有发达国家才能发展知识—资本型经济，发展中国家只能从事资源—劳力型经济。北欧五国就已经发展出知识—资本型经济。

4.3 形成典型经济的必要条件

经济发展取决于经济外围的动力条件和经济内部的循环运行机制。两大典型经济的发展导向不同，所需要的发展条件也有差异。营造适宜的经济发展环境条件，正是调控经济、引导发展、实现目标的政策选择内容。深化对典型经济的认识，有利于把握政策尺度。

4.3.1 典型经济的社会意义和存在基础

资源—劳力型经济的存在基础是对天然资源的攫取和人力资源的廉价，是一种初级经济形态。资源—劳力型经济中使用的是初级经济要素。如所需的人力资源更多的是劳力而不是智力，所需的材料更多的是普通初级材料而不是专业精细材料等。资源—劳力型经济以规模化、廉价化、集中化为基本生产特征，资源—劳力型经济主要从事物品的转化，产出品主要是顺应大众需求，其社会意义是推进物质文明的普及化。

知识—资本型经济主要依存于知识、资本、智力等积累性资源，是一种高级经济形态。发展知识—资本型经济需要高级、专业、精致的经济要素，如高智慧人才、高等教育、高品质材料、精密或专业的加工设备等。知识—资本型经济以差异化、精密化、专业化为基本生产特征，主要是拓展经济领域、提升品质、满足高端用户需求。知识—资本型经济的社会意义是把物质文明与其他文明连接成一体，促进经济质量的提升。

知识—资本型经济不仅创造出产品和服务，而且同时积累下再发展的资源，特别是领先的技术和知识，从而使整个经济具有不断自我增强的功能特征，形成并逐步扩大竞争优势。另外，更多地发展知识—资本型经济能创造更多的差异化，有利于经济分化、差别化和平等化，有利于促进精神文明和社会公平。

不同的经济需要不同的资源要素。在现代经济中，公共要素起着越来越重要的作用。如我国财政支出占 GDP 的比重从 1995 年的 11.22%上升至 2008 年的 19.76%、2015 年的 25.97%。对于不同类型的经济，所需的公共要素构成、品性特征和质量性质等都有显著差异。教育和科技在经济社会发展中起到基础性的作用，全球各国普遍宣称科教兴国，教育和科技似乎是各种类型经济的共同支撑条件。然而，在不同类型的经济中，尽管科技和教育都是重要的，但在各国的作用和定位却有很大的差异。

（1）在资源—劳力型经济中主要需求操作、执行等低端人才，教育的主要作用是现有知识的理解和传播、驯化和纪律，以便于人力管理和低成本利用。资源—劳力型经济不需要多少自主创新，对独立自主创新的人才也就没有实质性需求，创新教育没有相应的气候条件。

（2）在知识—资本型经济中，主要需要开拓型、自主创新型等高端人才，教育的主要作用是培养创造力、想象力。在知识—资本型经济中，当然也要有操作和执行的人力资源，但是社会文化不以此为主导，也就难以成为教育的主流。

4.3.2 发展资源—劳力型经济的必要条件

资源—劳力型经济以攫取既有要素利益为导向，这种经济的促进要素如下。

（1）资源低成本。资源低成本主要是指自然资源低成本和人力资源低成本。资源—劳力型经济的发展动力来源于自然资源和人力资源，没有资源消耗的低成本就没有资源—劳力型经济，资源低成本是资源—劳力型经济发展的前提条件，特别是人力低成本又是其他资源低成本的基础。发展资源—劳力型经济最重要的前提是劳动力供过于求、工资低廉。

（2）实质鼓励资源消耗。鼓励用资源推动经济发展有直接措施和间接措施，抑制资源价格上升是直接的经济政策，放任自然资源的过度供给和社会主体相对贫困化是间接做法。鼓励措施很多，如不计矿产品资源价值、矿产品低税率、放任采矿管理、降低采矿安全、减少矿工福利等都有利于降低矿产品价格，从而有利于增加矿产品资源的消耗。

（3）弱化公共福利。公共福利，特别是对个人和家庭的公共福利如医疗、基础教育、养老、住宅等，是每个人都需要的，并且有一定程度的消费刚性。弱化公共福利就会增加个人支出和储蓄，使收入不高者因偶然原因而陷入贫困。长期弱化对个人和家庭的公共福利，有利于产生贫困人口，增加劳动力供给，从而有利于发展资源—劳力型经济。

（4）承接产业转入。不创新产业，也就只能承接产业。在国际上可以转移的产业，进入门槛就不高，通常是落后或淘汰的产业、低端产业和高新技术产业的低端部分。劳动力和资源是这类产业的主要成本因素，承接国际产业转移，就得为之提供低廉的劳动力、自然资源和社会间接成本。能够吸引国际产业转入的只能是资源—劳力型经济的国家，并且典型性越突出的国家，就越有承接国际产业转移的条件。

发展资源—劳力型经济，国民是最基本的代价。不仅经济发展水平不同能够有效区分资源—劳力型经济与知识—资本型经济，而且同等经济发展水平也能看到两者选择上的显著差异，表 4 －1 中的数据就可以显示出社会选择上的差异，其中人均 GDP 是 2016 年的数据。

表 4 －1　　一些主要国家劳动工资和年度劳动时间对比

项目＼国家	德国	美国	荷兰	法国	日本	泰国	中国	印度
人均 GDP(美元)	43548	58740	45282	38128	34285	6050	8516	1892
劳动时间(小时/年)	1371	1610	1389	1473	1758	2050	2200	2130
工资(美元/小时)	30	22	31. 3	34. 6	22	4	0. 8	3. 4

注：表中数据多数来源于水木然《只有涨工资，才能救中国》，新浪博客“体制内夜读”2017 年 7 月 9 日。

4.3.3 发展知识—资本型经济的必要条件

知识—资本型经济以拓展经济成长空间为导向，这种经济的促进要素如下。

（1）提升人力素质。提升人力素质的基本途径是发展公共教育和技术培训。公共教育的基本原则是不论其家境如何，社会让每个有潜力的人都能得到良好的教育。全民教育水平提升了，发展知识—资本型经济的要素条件就改善了，就为发展这种经济提供了趋势性条件。

（2）政府创造要素条件。知识—资本型经济主导的国家是创新导向的。企业、个人等私人创新以公共技术为平台，搭建这个平台是政府的责任。凡是政府承担起公共技术创新的责任，如发展航空航天、生物、信息、海洋等领域的关键技术，能为全社会提供丰富的技术创新要素，从而激活“万众创新”；反之，不提供要素，任何鼓励技术创新的政策都无实质性的促进作用。

（3）增加公共开支和公共福利，淘汰低端落后产业。增加公共福利和社会保障，使人们免受生存困扰，降低人们的就业压力，有利于提高就业者的收入，迫使依靠低工资为生的低端落后产业尽早转型，释放出有效资源，促进经济进步。在福利良好的条件下，从落后产业转出的职工没有生存之忧，这不仅保障了社会的安定和谐，也使得人们无须为生存而委曲求全，落后产业就没了成长的土壤。在这样的社会条件下企业只能转入知识—资本型经济领域发展，从而促进传统产业的提升和新型产业的形成。

（4）推行经济全球化和知识产权保护。知识—资本型经济以资源—劳力型经济为存在的基础，资源—劳力型经济的产品是知识—资本型经济地区所需要的。此外，知识—资本型经济需要在与资源—劳力型经济的交换中消灭泡沫，填实本地经济。知识—资本型经济更需要开放的经济环境和便捷的贸易。与此同时，知识是发展知识—资本型经济的战略资源，只有控制好战略资源，知识—资本型经济才能延长寿命、提高价值。知识产权的保护是发展知识—资本型经济的必要条件。发达国家对知识产权的过度保护，就是企图为知识—资本型经济攫取资源—劳力型经济利益建立超强的制度基础。

4.3.4　社会福利保障决定经济成长类型

（1）社会福利决定经济类型。根据不同经济的发展条件可知，在决定经济类型的诸多条件中，最直接冲突的因素是社会福利。发展资源—劳力型经济就必须弱化社会福利；发展知识—资本型经济，就必须强化社会福利。因此，社会福利是决定经济类型的分水岭，社会福利不仅是决定经济类型的必要条件，也是决定经济类型的充分条件。如果经济逻辑无内生矛盾，知识—资本型经济和资源—劳力型经济的其他必要条件并无直接冲突性，仅起互补增强的作用而非决定作用。因此，社会福利的选择倾向就成为界分知识—资本型经济和资源—劳力型经济的关键，如果强化福利水平，就循环增强知识—资本型经济；反之，如果削减福利，就循环增强资源—劳力型经济。

（2）降低福利最终与经济发展相冲突。1978—1990年间，我国放开搞活经济，原有社会福利不减，发展直接惠民。这个阶段人们充满美好理想、社会蓬勃向上，国民少有不满。1994年后的经济改革，探索人们能够“承受”的边界，通过不断弱化“住房、医疗、教育、养老”等社会福利，将滴水汇流成河，经济呈现高增长。尽管从那时开始，经济转型呼声不断，不断降低的劳力成本和就业要求，却推动我国资源—劳力型经济不断增强，从而形成我国当前的经济结构。正如我们理论分析中所言，资源—劳力型经济启动快、增长猛，但很快塞满经济空间而造成内部激烈竞争，导致我国出口产品跌价、进口的产品涨价，资源过度消耗、生态环境恶化，贫富差距急剧扩大，社会矛盾尖锐，甚至学生进取无望而消极怠学。越来越多的迹象表明这种经济已经触及边界了，已经走到尽头了。

（3）高福利与高发展能够互补增强。国际货币基金组织2014年4月8日公布的数据显示，2013年美国人均GDP为53101美元，比美国更富裕的国家卢森堡为110423美元、挪威为100318美元、卡塔尔为100260美元、瑞士为81323美元、澳大利亚为64863美元、丹麦为59190美元、瑞典为57909美元、新加坡为54775美元。这些国家无一例外都比美国福利水平更高。一些人把社会福利保障归结为经济发展的结果，其实并不尽然。二战后欧亚参战国极度贫困，普遍采取供给制分享生存用品，这是低发展条件下的高福利；新加坡、美国等当前比西欧国家有更高的人均GDP却同时有更差的社会福利；我国1994年的经济发展水平高于1978年，但是此后的经济改革手段是降低社会福利而非提升社会福利（2006年开始有所回升）。事实表明经济发展水平或许为社会福利提供选择的可能，社会福利最终如何却是社会选择的问题，取决于管理层的价值判断、战略意图等。然而，如果经济发展不能惠及民生，贫富差距就是一个越来越严重的动乱因素，这样的发展不是可持续的。如果福利与发展互济，就能保障社会平稳前进，有益于降低长期发展成本。

4.4　从经济循环路径跨越看经济转型

经济成长不是一个跳跃过程，而是一个渐进演变过程。经济转型是从一种经济类型向另一种经济类型的转变过程，两种经济类型尽管有显著差异，转型过程依然是要求渐进的，需要架起从一种经济类型转向另一种经济类型的桥梁。

4.4.1　从资源—劳力型经济转向知识—资本型经济

4.4.1.1　发展什么经济取决于条件和社会选择

改革开放之初，人力资源充足，劳动成本低，资本严重不足，受教育水平低下，市场需求大于供给，发展经济确实需要“为无米之炊”。加大用工、发展劳动密集型产业，既是当时的社会条件所迫，也是正确的社会选择。加上当时国际上对劳动密集型产品需求旺盛，国际市场能够提供成长空间。然而，进入20世纪90年代以后，中国成长起来的劳动密集型产业不仅填满了国际市场剩余空间，而且资本也不稀缺了，受教育水平也得到了提高，新的社会条件为社会选择创造了新的可能。可是，我国的实际选择却是通过去福利、增负担、弱保障的“三座大山”（即医疗、教育、住房三项改革）把劳动力驱赶到劳动密集型产业中，继续维持低工资状态。这样的选择，确实延续了中国经济的高增长，但是这是逆历史潮流的，恶果也逐步呈现出来了。如造成“大学生就业难”证实“读书无用”，知识劳动严重闲置和浪费等。中国社会需要针对资本充足、劳动成本上升、受教育水平高、市场供过于求、环境保护刚性等新的状况和未来趋势，作出符合社会发展趋势的正确选择。

4.4.1.2 新兴技术平台为经济转型提供强大的驱动力

互联网、物联网、交通网、电网、通信网的多网全覆盖，数据资源加速倍增必将成为最重要的新兴战略资源。知识、智能、算法等越来越成为挖掘经济价值的主要手段。在这样的技术平台上，传统的自然资源密集、劳力密集、资本密集类型的经济份额将萎缩，新兴经济如雨后春笋般成长起来，只有转向新兴领域和主流经济，才是经济转型的正确方向。从劳动密集转向自然资源密集、从自然资源密集转向资本密集等都是过去的形态，无法超越，无法紧跟，只能从一个角落被甩到另一个角落。政府只有加速新兴技术平台的建设，把更多的资源从救济资本密集型产业转移到激励新兴产业，“全民创业”才能顺应时代的要求。

4.4.1.3 中国必然转向知识—资本型经济发展

经济发展具有自身的内在逻辑，从初级到高级，从劳动密集到资本密集再到知识密集，经济演进从来没有停止前进的步伐。在资本匮乏、技术落后、产业基础薄弱、市场低迷、失业泛滥的条件下，为“无米之炊”的政府，只能通过扩大用工解决就业、启动经济发展，发展资源—劳力型经济是无可奈何的必然选择。按照经济的逻辑，资源—劳力型经济发展必然以资本的高收益为前提，必然引发资本的集中、贫富差距的扩大，必然导致资本密集型经济紧随其后。然而，贫富差距的矛盾日益尖锐，社会问题比经济问题更加突出，以人为本必然战胜以钱为本，知识—资本型经济必然成为主体和主流。从资源—劳力型经济逐步转向知识—资本型经济是必然的经济转型方向。

4.4.2　中国经济转型不仅是被迫的而且是必然的

4.4.2.1　中国是资源—劳力型经济的典型

1978 年以来，我国大力发展的是体力劳动密集型产业和资源高消耗产业。从动力取向上看，我国经济主要是由劳力和天然资源驱动的。从经济构成看，2006 年我国用全球 21% 的人口、16% 的能源、28%—32% 的大宗矿产资源，并且付出生命代价[①]和健康代价[②]创造出来的 GDP 仅占全球的 5.7%，人均 GDP 是全球平均水平的 1/4。2015 年我国大宗金属矿产消耗量占世界总量的 1/2 以上，人口占全球 18.9%，当年我国 GDP 仅占世界的 13.15%，单位 GDP 的矿产消耗是全球平均水平的 9 倍以上。无论从静态的经济构成看，还是从动态的动力取向看，有关数据都清楚显示这个阶段我国是资源—劳力型经济的典型。

4.4.2.2　中国不可持续发展资源—劳力型经济

（1）发展空间太小、成本太高。在全球经济中，以农业和制造

① 笔者统计结果：2004 年我国煤矿采选总量不足全球的 1/3，矿难死亡人数却占全球的 80%。

② 2006 年第二次全国残疾人抽样调查数据显示，我国 2006 年各类残疾人总数达 8296 万人，占全国总人口的 6.34%。1987 年我国第一次全国残疾人抽样调查数据显示，当时我国各类残疾人 5164 万人，占我国人口总量的 4.9%。来源：《新京报》2006 年 12 月 2 日。

业为主的资源—劳力型经济约占18%，竞争性国家总人口占全球80%，这就决定了这类产业内部竞争激烈、成长空间狭窄，不能满足中国的发展需要。我国的人均耕地面积、人均森林面积、人均矿产资源等分别是全球平均水平的1/3、1/8、1/3，我国的资源条件根本无法支撑这种经济持续发展。此外，资源—劳力型经济的技术水平低，使技术人员在岗浪费52.7%、大学生就业难、人才高消费、人才流失等①，并且产生高污染，环境代价大，让我们付出社会、文化、道德等诸多代价。这样的发展成本实在太高了，中华民族承受不起，也不应该承受。

（2）背离了“以人为本”的生产目的。我国消费率从1978年的62.1%降至2008年的48.8%再回升到2015年的51.2%。比较世界平均水平的75.8%、低收入国家的79.7%、中等收入国家的71.7%以及高收入国家的81.5%，我国的消费率水平是特别低的。其中，居民消费占GDP的比重，我国从1978年的39.9%下降至2008年的31.2%，比较世界平均水平62.5%，更是低下。我国的消费政策背离了生产目的，是在为生产而生产，是以物为本的生产、以钱为本的生产。

（3）背离世界经济发展的大趋势。世界经济发展的趋势之一是第三产业占GDP的比重不断提高，2008年世界平均占70.9%、美国占82.7%，但是2008年我国仅占40.1%。2015年，我国的投资率约为83.05%，绝大多数国家的投资率低于34%，发达国家的投资率通常为25%上下。所有数据都清楚显示，我国的经济配置已经被严重扭曲了，我国社会资产最终消费品产出率约为世界平均水平

① 参见陈家邦《“智力”浪费不得了》，《江苏企业管理》2003年第4期。

的 1/4，这就是为什么我们如此勤勉劳作，又如此低效的基本原因。背离世界大趋势的这种资源配置方式是十分不合理的，迷失了经济的目的。

4.4.3　转型必然缩小经济同质性增强差异性

4.4.3.1　区域差异决定经济差异

中国已经尝够了经济同质性的苦头。区域经济同质或称同一，导致国内同业竞争激烈，出口价格低迷，进口价格高昂，即所谓的“凡是中国进口的，价格就高；凡是中国出口的，价格就低”。以往若干年，一些财经界领导人以为这是中国的实力表现，殊不知这是中国重大经济利益的流失。

中国完全没有理由搞同质性经济。中国有 960 万平方公里的国土面积，13.7 亿人口，56 个民族，大陆地处北纬 3°51′—53°33′、东经 73°40′—135°05′间，海拔高差 8844 米，年均降水量从新疆 155 毫米到广东的 1800 毫米，区域差异巨大，区位地理特征很不相同。如此巨大的差异，发展同一性、同质性经济，就不是因地制宜，而是主观盲动了。遗憾的是，当前的状况还真的是全国经济同质性程度很高，以致主体产能严重过剩，同时许多产业发展不足，经济结构调整根本就没有多大的弹性空间，资产沉没与新兴产业激烈冲突，无法调和。

4.4.3.2　“万众创新”必然形成差异

中国人口占全球的 18.9%，巨大的人口资源决定了中国不必像新加坡那样只能集中发展若干产业，决定了中国有条件主动竞争各个产业，决定了中国有条件在多层次上展开竞争。也只有这样，才能与中国的区域差异相匹配，与中国的人口素质分布相匹配，才能提供足够的发展空间。在改革开放后的35年中，中国集中发展劳动密集型和资本密集型产业，不仅造成这些领域的过度发展而加剧内部竞争、降低产业效益，而且造成知识资源、智力资源的巨大浪费和闲置，高端和新兴产业竞争力薄弱，就是具体的表现。

在营造新常态的过程中，中国政府再也不应该降格为经理人，主导策略事项，如鼓励个别电子商务之类的企业事项，而要紧抓战略不放松，营造形势和公平环境，让每一个顺应国家战略的企业在竞争中自发成长。如果大型企业还不断需要政府的特别资源支持，就说明这个企业的领导人缺乏经营能力，这个企业缺乏竞争力，政府没有理由支持没有战斗力的企业。政府无须与产业界太过贴近，应该更多地贴近民众，让“万众创新”成为可能，让“全民创业”有希望。

4.4.3.3 降低国内竞争需要更多的差异

出口完全竞争的产品、进口垄断产品，是高进低出的耗散型经济，是国家利益散失的经济结构，不可能增进国家的相对竞争优势。只有进口完全竞争的产品、出口垄断产品才能增进国家利益。由于我国区域经济的同质性，加上庞大的人口，使得我国出口的几乎全是完全竞争商品，进口的很少是完全竞争商品，从而导致贸易利益的流失和国家尊严的下降。降低国内竞争压力，需要让区域存在更多的差异性。创新时代，要让创新和创业有自主选择权。只要“万众创新，全民创业”是自主选择的，人们就会因地制宜，就会创造差异。只要政府不全面主导产业发展，区域就会自然形成差异。只要政府回到本位，不直接主导常规经济，而多致力于战略经济领域，中国经济就能全面繁荣。

4.4.4　经济转型的战略导向必须坚定明确

两大典型经济可权宜互补，不可战略互补。依靠资源—劳力型经济自身的积累去发展知识—资本型经济的道路更加漫长崎岖，并非明智之举。为了提高发展效率，在特定时期，在一定程度上和一定范围内，资源—劳力型经济主导的落后国家仍然需要对知识—资本型经济开放商品交换。两型经济是可以在特定的时期内权宜互补的，只是要牢记这是两害相权取其轻的权宜性互补，并非国家的定位和战略方向的选择，两大典型经济是不可能战略互补的。实践尺度如何把握，以下几点必须坚守。

（1）补不足、调结构。第三产业占经济总量的比重世界平均为72.5%，美国、德国等超过82.7%。若维持我国一、二产业2013年总规模30.6万亿元不变，并使第三产业占比升至世界平均水平，我国GDP就可达到98万亿元；升至80%的水平时，则我国GDP就有153万亿元。可见，补不足、调结构，不仅能够优化我国经济结构、实现经济社会发展转型，而且能够提供足够广大的发展空间，使我国经济迈入世界经济成长的大道中。中国经济板块中，最大的不足是生产性服务业（Producer Services），特别是贴近产业的研究与开发、现代物流业、科技服务业、信息服务业、商务服务业等。我国稀缺的生产性服务业，主要投入品是人力资本和知识资本，发展这类产业最能有效利用知识性劳工，解决“大学生就业难”，减少人才资源的浪费和闲置。

（2）增福利、扩消费。以往的经济增长途径是抑制消费、扩大生产、促进出口，是“以物为本”和“以钱为本”的。日久成习，念念不忘“以经济建设为中心”，甚至忘了生产的目的。“以人为本”，就是重新端正经济发展方向，经济建设的中心是居民消费而非生产本身。提高国民收入水平，增强国内购买力，就可以强化国内经济循环，减少对国际市场的出口依赖，使出口商品价格回升，出口效益提高，既富民又富国。扩消费的关键是提高国民收入水平并增强社会福利保障，两者并举不仅可以促进国民消费，而且可以培育出追求品位的挑剔消费者，迫使产业提升和经济转型。增强社会福利保障，不仅有利于提高人们应对人生风险的能力、避免人们因不幸而陷入困境，而且有利于增强人们职业选择的主动性，让人生品质得以提升，体现以人为本的社会选择。以人为本的关键是“以民为本”。

（3）换动力、促创新。在顶层设计中，用自然资源和劳动力推动经济膨胀，还是以知识和资本为主要动力推动经济成长，不仅是经济发展方式和路径的选择问题，也是社会价值的取向问题。就我国当前资源而言，知识和资本的过剩程度远远高于自然资源和劳动力，我国经济要有效发展，就要更多地以知识和资本来驱动，使之成为经济成长的主要驱动力，而非继续用自然资源和劳动力来驱动，也就是要大力发展知识—资本型经济，用知识—资本型经济开拓出更大的经济成长空间，让资源—劳力型经济能够延续和提升。换动力的关键是坚决落实和大力推进创新驱动发展的国家战略，通过提升国民教育、科技、文化和素质水平，培植创新潜力，按智力—资本型经济的循环路径形成提升和拓展经济的机制，驱动资源—劳力型经济转向知识—资本型经济。

（4）治污染、美环境。治理污染、美化环境，是人们的生存需要、健康生活的需要。不能保证人们的生存和健康生活，再高的经济发展水平都将失去意义。全国十大水系 50% 水质受到污染；国控重点湖泊 39.3% 水质处于污染级；31 个大型淡水湖泊 17 个水质受污染；9 个重要海湾中，辽东湾、渤海湾和胶州湾水质差；长江口、杭州湾、闽江口和珠江口水质极差。全国 657 个城市中，300 多个属于“严重缺水”和“缺水”城市。① 全国土壤总的点位超标率为 16.1%，其中轻微、轻度、中度和重度污染点位比例分别为 11.2%、2.3%、1.5% 和 1.1%。从土地利用类型看，耕地、林地、草地土壤点位超标率分别为 19.4%、10.0%、10.4%。从污染类型看，以无机型为主，有机型次之，复合型污染比重较小，无机污染物超标点位数占全部超标点位的 82.8%。从污染物超标情况看，镉、汞、砷、铜、铅、铬、锌、镍 8 种无机污染物点位超标率分别为 7.0%、1.6%、2.7%、2.1%、1.5%、1.1%、0.9%、4.8%；六六六、滴滴涕、多环芳烃三类有机污染物点位超标率分别为 0.5%、1.9%、1.4%。②

① 参见《全国十大水系一半受污染　世行警告中国水危机》，新华网（http://www.eastmoney.com）。

② 参见国土资源部和环境保护部发布《全国土壤污染状况调查公报》（http://www.mlr.gov.cn）。

第5章　国家经济边界上的内外循环

国家经济边界上的循环包括一个国家的经济与非经济领域之间的内外循环、这个国家与其他国家的经济循环和时间维度上这个国家的经济循环累积，是人与自然、人与人、人与自身、国内与国外、过去—现在—未来五大基本关系的具体表现。这些循环通常互为因果条件，是一个持续不断的过程。若正面因素叠加，国家经济就形成循环增强的态势，若负面因素反复，就会造成国家经济循环耗散的衰弱趋势。如何循环是十分关键的问题。

5.1　国家经济与世界经济的循环互动

在世界经济中，国家之间不断发生交换互动，包括贸易、金融、劳务、技术、信息、情报、知识、教育、文化、思想、政治、军事等多条路径，构成国家间循环。国家之间互动交换具有得失差异，发达国家经常获得净收益，发展中国家经常承担净代价，一不小心甚至滑入“成长的陷阱”。美国向全球开放消费品市场、长期逆差、1990 年后物价高度稳定，不生产什么却什么都优先享受；中国攻占了全球市场、长期顺差、人民币对外升值对内贬值，什么都生产却要出境游才获得享受。这不是被强迫的，得失差异却很显著。到底为什么？这是值得思考的问题。

5.1.1　国家之间的货物和服务贸易循环

2015 年全球 GDP 为 77.3 万亿美元，贸易总额为 33.25 万亿美元，全球平均开放度 43%。中国贸易总额为 39569 亿美元，GDP 为 1086450 亿美元，开放度 36.4%。2015 年中国货物贸易出口 22987 亿美元、进口 17003 亿美元，实现货物贸易顺差 5984 亿美元；服务贸易出口 2882 亿美元、进口 4248 亿美元，实现服务贸易逆差 1366 亿美元。中国内外交换的基本状况是货物流出而虚拟服务流入，是耗散结构。2014 年，世界贸易总额约 45 万亿美元，其中货物进出口 35.27 万亿美元，服务贸易 9.8 万亿美元。

国际贸易（International Trade），也称世界贸易、国际通商、进出口贸易，是指跨越国境的货物和服务交易。进出口贸易可以调节国内生产要素利用、国际供求关系和世界经济结构等。国家之间交换的理想状态是增进国内利益，产生经济溢出效应。国际贸易理论认为，贸易必然增进每一方的利益。可是，在国家之间的交换中，只有获得更大的利益份额一方，才能通过交换推动本国相对竞争优势的提升，产生溢出效应。否则，对自己是绝对有益的，可能对贸易对象国更有益，从而对本国相对不利。提高贸易开放度不是目的而是手段，争取更大利益份额才是贸易的基本要求。如日本对美国贸易长期顺差，但是日本从 1990 年开始长期经济停滞，美国经济健康增长；20 世纪六七十年代，美国为南美国家提供市场，但是南美国家辉煌了一阵子，也就掉进“中等收入陷阱”了。就我国而言，20世纪90年代政府通过住房、教育、医疗、福利，以及所有权等“甩包袱”改革，扩大劳动力市场供给，压低工薪收入水平，取得出口价格竞争优势，曾赢得4万多亿美元外汇储备。我们无疑获得了绝对的经济溢出效应，问题是我们是否获得了相对更大的利益份额呢？在当前条件下，我们是否还需要极力扩大贸易额呢？这是值得人们深思的问题。

就贸易竞争而言，竞争优势主要来源于要素、价格和技术。如果劳动力成本低，就具有劳动要素优势，从而有利于发展劳动密集型产业；如果矿产等初级资源价格低廉，就具有自然资源要素优势，从而有利于发展初级工业。要素优势其实就是基础产品价格优势，带动要素使用规模的扩大，推动要素高消耗产业兴盛。价格优势，就是以更低的价格赢得更大规模的出口份额，从而带动相关产业规模的扩大。技术优势，以技术门槛阻止竞争对手的进入，从而产生一定的垄断优势，赢得垄断收益。在传统产业领域，技术优势主要表现在生产成本下降、生产效率提高，从而取得价格优势；在新兴产业领域，技术优势主要表现在创新产品、满足消费需求，取得领先优势，刮取市场浮油，通过垄断高价获得高回报。

无论竞争优势来源如何，取得竞争优势，就能扩大自身在特定市场中的份额，最终表现出市场竞争优势。在这个过程中，要素优势、价格优势和技术优势三者是叠加的。要素优势在一定程度上支撑价格优势，从而取得出口价格竞争优势。在要素条件相同的情况下，技术优势能够提高要素利用率或者提高要素利用的适宜性，从而加强和发挥要素优势，使之产生价格优势，更有利于取得出口价格竞争优势。如果技术优势显著，就具有定价权，价格优势就是垄断表现。特别地，如果性价比特别高，进口商完全不会把价格放在首位。

5.1.2　国家之间的资本和证券价值循环

2015 年，中国对外直接投资 1456.7 亿美元，占全球的 9.9%，境外企业资产总额为 43700 亿美元，贡献税金 311.9 亿美元；来华直接投资 1263 亿美元，累计直接投资总额为 18347 亿美元。我国的内外资金流动规模是比较大的。各国资金不是只要发生内外流动就是好的，只有增进收益才是好的。2014 年，中国海外净资产为 2 万亿美元，净投资亏损 298 亿美元；日本海外净资产为 3 万亿美元，净投资收益 1780 亿美元；美国海外净负债 4.5 万亿美元，净投资收益 2288 亿美元。① 各国内外资金流动的实际效果是有很大差别的。

国际金融（International Finance），就是国家和地区之间货币资金的周转和运动，是由它们的经济、政治、文化等联系而带动发生的。国际金融由国际收支、国际汇兑、国际结算、国际信用、国际投资和国际货币体系构成，它们之间相互影响、相互制约。国际贸易引发国际收支，国际收支产生国际汇兑和国际结算，从而形成国际金融。然而国际金融不限于由贸易引发，国际投资、国际援助和国际信用等都会引发国际金融活动。

从一个国家的角度看，国际贸易形成内外交换的物质流，国际金融形成内外交换的价值流。在交换环节，无论是物质流还是价值流，互惠是实现交换的必要条件。超出交换环节看，发生交换是有前提条件的，如 38430 亿美元的外汇储备，就迫使我国购买美国国债、投资

① 参见吕宁思《总编辑时间》，凤凰资讯台，2015 年 6 月 29 日，22：00—22：30。

海外、进口商品等，使流入流出价值实现对冲。形成贸易物质流的条件则更加复杂，难以一言以明之，但最终优势可以归结到要素、价格和技术等方面。从1976年开始持续扩大货物贸易逆差，没有理由认为美国缺乏竞争力，也没有理由证明美国是愚蠢的；发展中国家通过大规模扩产和净出口换回外汇储备，也并非就是明智之举。第二次世界大战后，西欧、日本、南美等许多国家都经历过依靠美国市场发展经济的阶段，也都经历过过量外汇储备的瓶颈和困局，有的国家甚至至今都难以摆脱这样的困境。

国际资金流有多种类型：①与货物和服务贸易伴生的，包括货物进出口，运输、旅游、通信、建筑、保险、金融、信息、特许、咨询、广告宣传、影视等服务；②劳动报酬和投资收益；③政府转移；④直接投资；⑤证券投资；⑥其他投资；⑦储备资产；⑧热钱流动；⑨教育、科学、知识、文化等人文活动；⑩安全、执法、粮食、环境保护、国际援助等公共社会事务。各种类型的资金有对应流动的，也有交叉流动的，有伴生的，也有衍生的，构成国家资金内外流动的许多路径。

5.1.3 教育、科学、知识、文化要素的国际交换

我们既要当好学生，更要当好主人。当好学生学习世界上一切文明，当好主人谋求中国人民的全部福利。“任何外国不要指望我们会拿自己的核心利益做交易，不要指望我们会吞下损害我国主权、安全、发展利益的苦果。”① 如果以往主人当好了，也就不用习总书记来强调了。就是因为存在一些出卖利益、奉送利益的情况，才需要领导人来制止。

国内外教育交换的主要形式是留学，近十多年来，我国出国留学

① 习近平：《中共中央政治局第三次集体学习》，中国青年网（http://news.youth.cn/gn/201301/t20130129_2846744.htm）。

人数快速增加，2003 年不足 12 万，2007 年约 15 万，2008—2014 年以来的情况见表 5 - 1。出国留学的主要国家是美、欧、日，来华留学的主要国家是亚、非、拉，向发达国家学习是全球留学生的主要流向。无论是出国留学还是来华留学，留学生的增加都有益于增进我国与其他国家的人员、文化、科学技术交流，从长远看，对增强我国的软实力是十分有益的。

教育不仅是国际政治问题，更是经济潜能培育问题，教育也是要算经济账的。一般估算出国留学的人均年费用为 20 万—25 万元人民币，是国内受教育费用的 13—15 倍。就家庭而言，出国留学是个人选择，无可厚非。就国家而言，出国留学人数增加，是本国教育资源无法满足需求的表现，也是出国留学和国内学习厚此薄彼、过度激励留学政策的反映。

表 5 - 1　　2008—2014 年以来我国出国和回国留学人数统计

（单位：万人）

年份	2008	2009	2010	2011	2012	2013	2014
出国人数	18	23	28	34	40	41	45
归国人数	7	11	12	19	27	30	36
来华留学	22.3	23.8	26.5	29.2	32.8	35.6	37.7

教育培育人才，却可能楚才晋用。中国有广大的胸怀“放出去”，认为人才外流，可以先为他国服务，以后祖国强大了再回流。当今中国有钱了，确实制定出吸引留学生回国服务的“百千万”极端激励措施。可是，为了吸引每年 30 万出国留学生回国服务，却冷落了每年 750 万国内大学生，并且极端激励的可能是投机牟利分子。这种激励

政策不仅不谋全局仅谋局部、偏废扭曲，而且鼓励私欲投机、弱化国家意识，价值导向是病态的。

科学、技术、知识、文化等要素，具有高度的流动性。它们不是以替代的方式，而是以融入或更新的方式被吸收，增强学习者的能力。拥有更强学习能力者能够更快更好地通过学习对手的知识、技术和科学，增强自身的力量并超越对手。日本、韩国、以色列等国家是成功学习的典型。第二次世界大战后，日本通过学习美国，逐步追上美国的科学技术水平，日本在大规模产业领域甚至超越了美国，1977年日本成为全球第二大经济体。1961年后，韩国、新加坡、中国台湾及中国香港效法日本，实现经济高速增长，特别是韩国创新赶超，使韩国成为新兴技术国家，许多领域超越了日本。只有数百万人口的以色列，承接美国的技术援助，创新成为全球第五大军工强国、第二大软件大国。

科学、技术、知识、文化、教育等要素交流，具有显著的得失。在人们的潜意识中，与发达国家的科学技术交流，使发展中国家学到东西、得到提升，是发达国家对发展中国家的恩赐。实际上科学技术合作并不是无私援助，我们以往的认识确实很天真。改革开放之初，我国与西方国家有较大的技术差距，科学技术创新项目搞得如何，从领导人到工程师都很相信西方专家的评价。于是一旦接触西方专家，中方就赶忙清楚汇报，唯恐得不到西方专家的首肯。结果是一箭三星发射技术、两步发酵法维生素C生产技术、柞蚕流行病治疗药品及使用技术、宣纸生产技术、景泰蓝生产技术、中国大豆种子（捐赠美国）、英雄/金星不锈钢笔套抛光技术、女儿红酿酒技术、梅山种猪、胱氨酸生产技术、中国两系/三系杂交水稻制种技术（包括2优838、D优527、2优培9）等一大批全球领先技术，都通过国际交流而无私奉献给发达国家了。不仅科学技术交流有得失，文化交流同样也有得失。如果通过文化交流增强了民族凝聚力、自信心，促进了本国文化的进步，对本国就是有益的。反之，文化交流后使本国失去了价值方向、妄自菲薄、崇洋媚外、抑制本国文化发展，对本国就是有害的。国际交流既要有广阔的胸怀，更要有自我价值的提升，绝不是没有自我选择的。

科学、技术、知识、文化、教育等方面的国际竞争，最终归结为国际专业人才的竞争。科学、技术、知识、文化的硬载体是书籍、影视、传说，活载体是人才。只有激活人才，科学、技术、知识、文化的硬载体才会产生“知识力量”，否则，只能作为知识库存。知识库存不会自发产生力量，如拥有“四大发明”的领先知识，并没有让中国在近代更加强大，而是陷于落后挨打的境地。如何增进人的活力，不是有无科学、技术、知识和文化的问题，而是如何利用科学、技术、知识和文化的问题。从历史角度看，发达的科学、技术、知识和文化并非就是激发人的活力的力量，也可能会成为抑制多数人活力的力量。如清朝后期慈禧的地位越来越高，统治越来越成熟，腐败越来越盛行，思想越来越僵化，落后挨打的局面也就被营造得越来越强，最后也就真的落后挨打了。

5.1.4　国家之间的其他方面经济循环交流

除了国际贸易、国际金融、国际人文交流等国际主流活动外，影响国家经济的还有许多其他的交流活动，主要包括以下几个方面。

（1）国际政治。公共事务有海事、海洋、极地事务，大气环境保护、地球环境法律与制度建设，知识产权保护，野生动植物保护；双边事务有双边政策对话、事务磋商机制、司法协助、执法合作、反腐败、反走私、海关执法合作、签证便利；国际义务有维和行动、国际救灾、国际援助、支持全球减贫；增进交流有人员与信息交流、负责人互访、执法务实合作。

（2）国家安全。粮食安全、食品安全、水资源安全、大气安全；民事安全事务有海事安全与行动、运输通道安全、交通安全、航空合作；网络和信息安全；军事安全、重大国际安全及其他防扩散问题。

（3）能源和环境。清洁炉灶和燃料、清洁能源、分布式能源、能源安全合作、核安全、土壤修复、森林恢复，等等。

在国家之间的关系上，控制分歧点，扩大合作面，寻求利益汇合点和互利合作面，是理所当然的美好愿景。问题是分歧点如何控制，是一有分歧点就极力消除，还是不回避分歧点的存在，寻求和而不同的共存呢？一味寻求两国无分歧点，实践效果如何？回避局部分歧是否就是顾全大局，是否能够顾全大局，是否必然顾全大局？这样的问题必须有一分为二的准确把握。以往的实践表明，我们希望与美国减少分歧，可是分歧却由少增多、由弱增强。2012 年以来，国家的外交路线有所改变，与美国有分歧就放到桌面上，美国倒是进进退退、犹豫了起来。可见，敢于直面分歧，并没有增加中美冲突。2014 年 3 月 17 日，俄罗斯从乌克兰手中收复克里米亚，美国和欧盟恼羞成怒而发起制裁。2015 年 10 月 1 日，俄罗斯开始空袭叙利亚反对派，强硬驱离欧美在叙利亚的势力，10 月 5 日德国承认俄罗斯拥有克里米亚，乌克兰局势反而缓和了。1979 年伊斯兰革命以后，伊朗就一直是美国的眼中钉、肉中刺。2003 年后又产生了伊核问题，美国要制裁伊朗，内贾德①总统与美国进行了不屈不挠的斗争。相对温和的艾哈迈迪继任

① 内贾德（Mahmoud Ahmadinejad，1956.10.28—　），2005—2012 年间任伊朗总统，是第一位明确表达钓鱼岛归中国所有的国家领导人。

伊朗总统后，美国抓紧伊核谈判，2015年11月24日达成协议。伊朗前后国家领导人从不同的方向致力于维护伊朗的国家利益，没有直接付出经济代价，没有付出政治代价，没有付出尊严代价，却赢得了国家利益，赢得了民心，赢得了国家尊严。

中国要维护自身的利益，仅仅认识到西方有两重标准是不够的，中国的事情也不需要西方来裁判，只有坚定不移地捍卫国家利益，才能展现决心和意志，才能产生力量和斗志，才能不辱使命、赢得对手的尊敬。中美夫妻论，没有感动美国；购买美国，只能博得他人一时之欢；承诺不挑战，并不能取信于人；百般示弱，引来美国重返亚太。反面的教训，我们已经有很多，处理大国关系，更要有大国尊严。以为韬光养晦就能麻醉竞争性大国，确实低估了对手的智慧了，而韬光养晦中流失的空间，以后需要加倍努力才能取回，一旦有所进取又会为“中国威胁论”提供依据。大国应当以诚相待，让世界知道中国的是非价值判断，维护国家利益坚定不移，从维护国家经济利益开始展现中国的决心和意志。

5.2　经济与自然之间的循环互动关系

5.2.1　天然资源是物质经济的起点和终点

人类及经济共生在大地之上。自然以物质支撑和承载一切经济活动，是经济活动的最初物质来源和最终物质归宿，是一切经济活动的客观物质条件。耕地支撑农业，江河湖海支持渔业，森林支持狩猎业，矿产支持基础工业……自然物质支持工农业经济的发展，支撑所有与物质相关的经济活动。经济活动中的废物、废液、废气以及物品消费后产生的最终废弃物，全部回流到自然中。一切物质都从自然中来，经过生产和生活消费，全部都回到自然中去，包括人类的躯体，这就是物质经济大循环。

早期经济高度依赖自然。早期经济基本上属于自然经济（Natural Economy）。自然经济基本特征是“自给自足”，其中“足”并非富足之意，而是指能够维护男耕女织的较低水平生产力和较少商品交换的经济生态。自然经济主要是为了直接满足生产者个人或经济单位的需要，而不是为了交换，以此区别于商品经济。自然经济是一种经济形态，存在于市场范围比较小的领域，是社会生产力水平低下和社会分工不发达的产物。在封建社会中，自然经济是基本经济形式，以小农经济和家庭手工业的结合为基础，通常以家庭、封建庄园等为基本生产单位。

与自然经济比较，商品经济是导向性、主导性力量。在两者的竞争中，商品经济总是通过不断分解自然经济，促进社会分工，引导经济发展。尽管商品经济不断分解自然经济，自然经济却具有依附于自然的顽强生命力，至今没有以后也不会完全退出历史舞台。在中国、印度、非洲、南美等发展中国家的农村，自然经济依然具有相当高的份额；中国依然遭受农业、农民、农村之间相互制约的“三农”问题。人类的一切活动无法摆脱对自然的依附。尽管在可预见的未来，人与自然之间依然紧密联系，未来经济的主流一定会逐步摆脱自然的束缚而满足人们的精神需要，离自然经济越来越远，而与精神满足越来越近，商品和服务一定越来越丰富。

自然与经济之间构成物质循环。与自然连接的主要经济点包括狩猎、捕捞、种植、畜牧、采矿、道路、港口码头、水库、水电等。一切物质生产来源于自然界，一切物质产品和废弃物最终回归到自然界。自然界是人类经济活动的起点和终点。物质生产部门，是从事物质资料生产并创造物质财富的国民经济部门的总称，属于第一产业和第二产业，包括农业、工业、建筑业，以及直接为生产服务的交通运输业、邮电业、商业等。与物质生产部门对应，非物质生产部门属于第三产业的范畴。

资源的可得性决定物质生产的历史演变轨迹。天然→地表→地下→远洋海面→太空+深海。生物链提供了天然的果实和猎物，让人类有最初的生存条件，采摘、捕捞和狩猎就是最初的生产活动。从天然转向地表资源利用，产生了畜牧、养殖和耕种。从地表转向地下资源利用，就导致第一次工业革命，以及其后的第二次工业革命和第三次工业革命。我们当然可以遥望星空、深潜海洋，扩大物质的获得范围，只是这条路走下去，资源获得的成本越来越高，经济性越来越差。物质生产的延伸终究会受到技术成本的制约，未来的发展方向绝不可能一成不变，一定会发生转折性的变化，转向何方、如何转向，是非常值得探索的课题。

5.2.2　自然与经济之间的主要循环类型

在物质世界中，地表土壤、植物和动物、江河湖泊及其中的水生生物、海洋及海洋中的生物、地下矿产、海底矿产、大气等，是工农业生产和人民生活的物质资源。获得和利用这些资源，将它们转化为产品以及消费产品的过程，都需要消耗能源和物质资源，生产出满足人们需求的产品，并同时产生固态、液态和气态废弃物。获取物质资源的过程、生产和消费的过程、人们的生活过程，都在改变物质世界，废弃物最终回到自然界中，也在改变物质世界，全部经济生活都在改变我们赖以生存的物质世界，都在改变我们的生存环境。如果改变量微小，不足以改变自然，一切仍处于正常状态。如果改变量巨大，超出了自然恢复能力，就会对自然产生破坏性冲击，使自然环境变得越来越不适宜人类自身的生存。随着科学技术的突飞猛进，我们不仅有满足物质需求的创造力，而且有恶化生存环境的破坏力，这两股力量是同时并存。

一切生产活动都是为了满足人类自身的需求。从这个角度来说，自然与经济之间的循环有短链和长链的差异。短链生产就是经过少数生产环节就加工出满足人们消费需求的商品的物质生产活动，如采摘、狩猎、捕捞和种植。长链生产就是经过很多生产环节才能加工出满足人们消费需求的商品的物质生产活动，如制造汽车、火车和飞机。历经千年，物质生产总体上从短链往长链演化，即使农业种植也从传统演化为现代，从“土地→耕种→果实→食品→废弃物→土地”的基本循环向“土地→耕种→果实→加工→食品→废弃物→集中处理→化肥、农药→土地”的新循环演化。生产链的延长是技术进步、社会分工的必然结果，这在很长一个时期提高了生产效率，并逐步形成一种技术经济文化。但是资本有机构成的不断提高，使人们日益远离为自己生产，越来越多地为生产而生产，越来越背离生产的目的。2014 年中国的投资率甚至高达 80.5%，而发达国家投资率通常维持在 25% 以下，先进的生产方式并非不断延长物质生产链，而是不断增大非物质生产的份额，阻止投入产出比的降低。第四次工业革命是分散化生产，有可能使生产链缩短而非延长。

自然与经济之间的循环，主要有地表和地下。地表主要是农业产出，地下主要是工业原料，2016年主要金属全球总产量和中国产量见表5-2。

表5-2　　2016年主要金属全球总产量和中国产量

（单位：万吨）

品种	世界总产量	中国总产量	中国/世界	品种	世界总产量	中国总产量	中国/世界
粗钢	162850	80837	49.6%	钨精矿	16.5	14.0	85%
电解锰		256	98%	锑精矿	26	10.8	41.5%
电解铜	1928	843.6	43.7%	镍	194.2	17.3	8.9%
电解铝	5889	3187	54.1%	原镁	106.8	90	85%
电解铅	981.2	466.5	47.5%	精锡	34.06	18.11	53.2%
电解锌	1351.3	627.3	46.4%	海绵钛	17.1	6.55	38.3%

能源消耗是一个耗氧燃烧过程，消耗掉大气中的氧，产生二氧化碳，使大气含氧量降低。同时，二氧化碳会被植物吸收并还原出氧。如果人类能源消耗规模不大，地表植物量充足，那么这两个过程相互抵消而使大气含氧量维持稳定。如果人类能源消耗规模过大，超出了地表植物对二氧化碳量的还原能力，那么大气含氧量就会降低，二氧化碳含量就会提高。如果这个过程得不到有效的控制，就会产生温室效应、酸雨，就会危害人类健康，使环境越来越不适宜人的生存。如何解决这个问题呢？按照循环互补的思路，在能源消耗递增时，林木种植也应该相应递增，以维持大气含氧水平。然而，在工业化进程中，林木本身就是能源，大肆砍伐林木就是英国工业化的第一推动力。直到今天，发展中国家依然没有克服

急功近利的攫取方式，而是效法前人，重走“先开发，再治理”的老路。

5.2.3 经济提升就是摆脱对自然禀赋的依赖

在不同的技术条件下，经济构成有很大的不同。狩猎、捕捞等几乎完全依赖自然禀赋；饲养和养殖，人工参与增多，减少了对自然禀赋的依赖。以色列的工厂化农业几乎完全摆脱了气候的影响，人工化自然成为主流的技术。生产方式处于演变中，经济与自然的关系也处于不断演变中。人类经历了狩猎、农耕和工业社会，未来将面向智能化社会，人类经济活动将更多地摆脱对自然的依赖。

在经济产出中，资源消费的比重处于不断下降之中。如以GDP÷全球主要矿产资源消费总量①作为衡量指标。表5－3中的数据显示，从数量上看，等量矿产产出越来越大的经济增加值，反过来看，矿产在经济总量中的构成是不断下降的。从价值构成看，等价值的矿产生产出越来越大的经济增加值，矿产价值在全部经济中的比重也是呈下降趋势的。

表5－3 全球GDP与主要金属矿产资源消费量和价值量的关系

项目＼年份	1900	1970	2000	2015
GDP÷矿产消费量(美元/吨)	24864	17326	32367	31746
GDP÷矿产价值量(美元/吨)	324	236	826	338

① 主要矿产资源是指铁、锰和十大有色金属，包括铜、铝、铅、锌、镍、镁、钛、锡、锑、汞。

以色列国土面积为 2. 2 万平方公里，沙漠和半沙漠面积占 2/3，土地十分贫瘠，年均降水量 200 毫米，人均水资源占有量 320 立方米，是全球平均水平的 1/33。水资源分布极其不平衡，80% 的水资源集中在北部山区，而死海地区年蒸发量超过 3000 毫米，年降雨量仅 30 毫米。除了每年有 320 个晴天，以色列再无值得一提的自然资源优势。以色列家喻户晓的是，“我们没有石油，只有太阳、死海和脑袋”。可是，就是因为有脑袋，这片不宜人类生存的土地，不仅造就了当今第五大武器出口国、中东军事强国，而且创造出适合生存的环境，成为欧洲的花园、果园和菜园。以色列既是农产品出口国，又是创新大国。在很大程度上，以色列已经摆脱了对自然的依赖。

5. 2. 4　经济成长受自然生态环境的制约

只要经济增长，就是领导的功劳。社会主流经常是这样看的。从中央到地方都极力追求 GDP 的增长，在这方面可谓上下一气了。希特勒上台至第二次世界大战结束，1933—1945 年间德国年均经济增长率为 5. 6%，全球平均经济增长率为 1. 8%，世界大战也打出了德国经济的高增长。面对德国当时的发展，难道就要赞美希特勒吗？这说明经济也有道德伦理、行为规范。不能把一国利益凌驾在另一国之上。实际上，中国居民消费率为 34%，世界平均为 69. 5%，为什么中国的消费率这么低？除一些不必要的浪费，原因就是中国经济福利流失了——通过贸易流失到世界各地去了。其实，国民福利的流失绝不仅仅限于消费，还有国民的生活环境和生存空间。

（1）人与自然需要建立和谐关系。在人类自身的发展过程中，人与自然的关系始终是困扰人们的一个突出问题。2004 年 12 月 26 日，印尼海啸瞬间夺去印度洋沿岸各国近 30 万人的生命。人类在自然面前是如此的脆弱，根本无法抗拒自然力量的摧残。随着科学技术的发展，人类改造自然的能力空前提高，当今世界开山填海的场景无处不在，“人定胜天”不仅是战胜困难的励志豪言，更是一些人随意支配自然的傲慢不逊。然而 70% 的河流湖泊遭受污染，酸雨导致国民经济损失高达 10%，工业废物、废液和废气不仅污染了环境，而且危害人们的健康。雾霾、风沙、荒漠化、地下水位下降等，改造自然的最后结果却是粮食不安全、蔬菜不安全、水源不安全、空气不安全，空前充足的物质却让我们遭受前所未有的生存危机，我们还有什么理由自以为是，还有什么理由超越自然规律胡作非为。人们必须回归自然理性，人是自然的产物，处于自然之中，人依存于自然而非超越自然。客观地认识和正确地运用自然规律，才能科学地而不是盲目地改造自然，合理有效地利用自然而不是破坏自然，才能在这个过程中与自然和谐而不致遭受自然的报复。

（2）人与生态需要相生共存。中国近海已经受到较大的污染，近海渔业已经丧失了经济价值，现在中国的远洋捕捞能力位居全球第一。2015 年国内公布的捕捞量为 219.5 万吨，增长率为 16.9%，国际上分析认为，中国捕捞量超过 1000 万吨。无节制地捕捞已经使全球海洋渔业资源下降了 70%，未来我们还能这样持续下去吗？这是可持续的吗？没有鱼的海洋能够满足人类的生存吗？《科学》发表的调查报告显示，过去 40 年英国本土鸟类种类减少了 54%，本土野生植物种类减少了 28%，本土蝴蝶种类减少了 71%。据统计，世界上每天有 75 个物种灭绝；世界上有 1/4 的哺乳动物、1200 多种鸟类以及 3 万多种植物面临灭绝的危险。灭绝了动植物后，人类还能生存吗？当今国土、水源和大气都受到不同程度的污染，生态环境越来越不适宜动植物的生存，当然也不适宜人类生存，我们确实需要把人与生态的相克关系改造成为相生关系，让不同的物种在地球上共生繁荣。

5.3 经济与社会之间的循环互动关系

5.3.1 经济基础与上层建筑的相互促进关系

经济基础是指由社会一定发展阶段的生产力所决定的生产关系的总和，是构成一定社会的基础。上层建筑是建立在经济基础之上的意识形态以及与其相适应的制度、组织和设施。上层建筑是复杂庞大的体系，由社会观念的上层建筑和政治的上层建筑两个部分组成。观念上层建筑包括政治法律思想、道德、宗教、文学艺术、哲学等意识形态。在阶级社会中，政治上层建筑是指政治法律制度和设施，主要包括军队、警察、法庭、监狱、政府机构和政党、社会集团等，其中国家政权是核心。观念上和政治上的上层建筑是相互关联着的，观念上层建筑为政治上层建筑提供思想理论根据，政治上层建筑为观念上层建筑的传播和实施提供重要的保证。恩格斯指出：国家政权是“第一个支配人的意识形态力量”，“国家一旦成了对社会的独立力量，马上就产生了新的意识形态”。①

① 《经济基础与上层建筑》，2016年10月20日，百度百科（https://baike.baidu.com/tem/）。

从哲学角度看，经济基础决定上层建筑，有什么样的经济基础就有什么样的上层建筑，经济基础决定上层建筑的产生、性质和变革。观念的、政治的上层建筑都是适应特定的经济基础的需要而产生的，上层建筑的性质直接决定于生产关系而非生产力，生产力的发展引起生产关系即经济基础的变化并进而引发上层建筑或慢或快地发生变革。这就是经济基础与上层建筑之间关系的逻辑。如 1975 年中国 GDP 总量是美国的 9.93%，人均 GDP 为 167 美元，是美国的 1.14%。中国经济当时很落后，个人财富很少。在这样的经济基础上，人们就有了争取富裕的强烈心理动机。经过最初几年的努力，就有了出身底层的万元户，引起所谓上层人士的羡慕，权力兑现、贪占之风也就随后产生。富裕起来的向往权力的滋味，位高权重的羡慕财富的享受，于是有了财富与权力的交换。辽宁省人大代表贿选案的数字显示，工农人大代表仅占 1%，财富、权力等资源被高度地集中到少数人群中。①

从改革开放以来的情况看，上层建筑的演变绝不是消极地等待经济基础的变化来推动，人的主观能动性更是积极的促进因素，短期内甚至是主导性的，更多的时候上层建筑会积极地为自己的经济基础预期服务。原本公有制为基础的中国，演变成为国有经济占总量的 22%、国外经济占 21%，私营经济为主体的国家，人大代表的构成也从分散转向集中，衡量贫富差距的 Gini 系数从 1975 年的 28% 提高到 2008 年的 49.1%②，再回落至 2015 年的 48.5%。由此可见，在我们承认经济基础决定上层建筑的哲学理

① 参见《454 名辽宁省人大代表资格终止涉拉票贿选案》，《人民日报》2016 年 9 月 18 日。

② 参见冯华《一些贫者从暂时贫困走向跨代贫困》，《人民日报》2017 年 1 月 23 日。

念的同时，更要看到上层建筑改变经济基础的实践力量。现实地看，上层建筑变革经济基础效率很高，经济基础累积出上层建筑时间很长。

2013年年底，公务员涨薪舆论大兴，公务员收入低、压力大、前景暗淡、精神负担重。可是，2014年国家公务员招考职位1.9万个，参与竞争者却有152万人，资源储备之充沛冠绝各行业之上，并且此后每年都是如此。如此趋之若骛的行当，社会舆论却如此怜悯，可是，农民、工人、小商人等群体日子很难过，却未见舆论过分关注。为什么会这样呢？因为关注底层社会没有价值，不可能获得经济上的好处，舆论也高度利益化了。其实，我国的公务员队伍是大了而不是小了，公共行政效率是低了而不是高了。行政效率高低通常以“财政供养人员数/GDP”来度量，资料显示①，每一百万美元GDP中国为39人，法国为3.46人，美国为2.31人，英国为1.58人，日本为1.38人。我国的上层建筑确实太强大，以致形成自我封闭体系，如何改革一直是社会难题。

5.3.2　社会和谐就能直接解放和发展生产力

社会发展的动力来源于社会基本矛盾运动，即生产关系和生产力之间、上层建筑和经济基础之间的矛盾运动。生产力是一切社会发展的最终力量，任何社会改革，包括经济体制改革或是政治体制改革，都应该是为了解放和发展生产力。改革开放之初，“我国的主要矛盾是人民群众日益增长的物质文化需要与社会生产力相对落后的矛盾”。经过30多年的生产力发展，主要矛盾发生了根本变

① 参见公务员自述《机构人员砍一半可能运转得更好》，2014年1月21日，光明网。

化，主要矛盾已经演化为局部社会生产力过度膨胀与国民消费需求相对不足的矛盾。

固守陈见，就会与现实相背，与未来冲突，是完全错误的。在冲突的社会中，以一个阶级压迫另一个阶级，以一个阶层压迫另一个阶层，以一部分人压迫另一部分人，社会安定成本是很高的。在这样的社会中，掠夺他人利益，就得保护自身利益，不同人群之间被迫相互对抗并且不可调和，人们普遍处于危机之中。在朝不保夕的情况下，惶惶不可终日的人们，即时的、眼前的、直接的利益，才是可靠的；醉生梦死、及时享乐才是人们的追求。人们不可能理想远大，不可能致力于长远，缺乏战略更谈不上战略定性，更多的是处于应急和应付的状态中，整日忙忙碌碌却不知为何，社会也安定不了。

经济利益集团极力鼓吹市场万能，却利用非市场途径获利。传统经济理论不容置疑经济人假设，认为个体利己性是推动增长的唯一有效途径。当今的美国，很多人对市场说教的信仰如同宗教，对大政府十分憎恨，对企业的贪婪熟视无睹，坚信政府担任守夜人，再由看不见的手对市场进行调控，才创造出美国的巨大经济成就。与之不同，在欧洲和世界上很多地方，人们并不十分相信自由资本主义，而要求政府贡献均衡社会市场的力量。[①] 大唱市场赞歌，否定不了市场与政府的紧密联系，却会强化政府与商业集团之间的黑箱联系，弱化商业力量过度影响政府和社会的立法限制。一个可笑的景象是，从政府消费中获得最大订单的商业集团，也是最卖力鼓吹自由市场优越性的商业集团，“明修栈道”迷惑民众，“暗度陈

① 参见［美］杰里米·里夫金《第三次工业革命》，张体伟、孙豫宁译，中信出版社2012年版，第131页。

仓”谋求商业利益——从政府手中获取实质好处，同时把商业成功归结于自由市场。市场原教旨主义者并不那么相信市场的力量，但是他们要别的人都完全相信。

其实，经济主体也是有社会性的，要更多地满足社会人假设。作为社会人，经济主体也有奉献精神，而非纯粹的唯利是图。经济基础决定上层建筑有很多因素的影响。更多的时候，我们看到上层建筑对经济基础的反作用，改革开放就不是当时的经济基础决定的，而是人们的主观能动性导致的。从实践的角度看，经济基础的变动推动上层建筑的变革；反过来，上层建筑的变革又带动经济基础的变化，两者的变化是循环促进的或者循环削弱的。主导方经常是上层建筑而非经济基础，与改革目标一致的新的经济基础就不断得到改善，相冲突的就会逐步削弱。如果经济基础处于主导地位，那么上层建筑就处于自我完善的状态中。

就我国而言，1949—1976 年间就是上层建筑处于主导地位，把半封建半殖民地私有经济改造成为社会主义公有制计划经济；1977—2012 年间也是上层建筑处于主导地位，试图建立起初级阶段的市场经济；2013 年以后很长的一个时期，在经历了从市场经济→计划经济→市场经济的转折，人们已经不需要在计划与市场之间反复跳跃了，而需要处理好政府与市场更精细的一些关系，也就是说，要在现有或者未来的经济基础之上进行自我完善的上层建筑变革。如面对每年 750 万名大学毕业生，我们要发展什么样的产业来满足就业需求，中国经济是为外国人服务还是为中国人服务，我们的经济政策应该激励国外消费还是国内消费？现在这类矛盾都在激化，如果上层建筑把这些问题解决好了，社会就和谐了，社会生产力的潜力就会转变成为实力，就能解放生产力、发展生产力。

5.3.3 社会福利兜底间接促进生产力的提升

5.3.3.1 社会福利与多因素关联

社会福利既取决于经济发展水平，也取决于社会价值选择。基本逻辑是偏高的社会福利→增加国民职业提升→退出低端产业→发展高新技术产业和高收益产业→经济全面提升和进步→社会福利提升；偏低的社会福利→增强就业压力→降低国民就业选择→盘剥劳动收益→低端产业繁荣→经济社会进步停滞或缓慢→社会福利降低。因此，社会福利对社会经济发展具有定向作用，是导向性力量。

要实事求是，就要看到事实。特别值得注意的事实是高福利的北欧五国是全球经济发展水平最高的，2016 年人均 GDP 为 55205 美元，税后最高收入与最低收入比是 3∶1，Gini 系数介于 24%—26%，是全球收入差距最小的地区。美国总体上比欧洲发达，美国的福利比欧洲差很多，Gini 系数为 45%，欧洲各国均在 30% 上下。内乱的利比亚、也门等是低福利的甚至无福利的。1990 年以来中国的去福利改革，使得劳动密集型产业高速发展，推动经济高增长，Gini 系数也快速从 1976 年的 28% 提高到 2008 年的 49.1%（中国人民大学和西南财经大学的社会调查结果是 61%）。

5.3.3.2 社会福利是经济发展的定向力量

资源—劳力型经济和知识—资本型经济的分水岭就是社会福利。凡是压低福利水平的，就只能形成资源—劳力型经济；凡是提升社会福利水平的，就必然产生知识—资本型经济。我们的研究结论是资源—劳力型经济只能导致社会分化，只有知识—资本型经济才能促使社会公平，两种类型经济的分水岭就是社会福利，提升福利就会促进知识—资本型经济的壮大，降低福利就会促进资源—劳力型经济的兴盛。20 世纪 90 年代中期，我国开启降福利改革，原本陷入经营困境的劳动密集型产业再度兴起，即使 1998 年就发现产能过剩，发展和改革委员会不断提出限制钢铁产业投资的政策方案，也扭转不了低端产业持续膨胀的趋势，直至 2013 年人们惊奇地发现，中国主要金属产量约占全球的 1/2；欧美的垃圾、劳动密集型产业和资源消耗密集型产业都往中国转移，呈现出降低社会福利导致产业水平下降的特征。

更高的福利不是无限提高福利水平，而是在经济、社会、人文、生态等对资源需求的冲突中倾向福利提升，就是要让全体国民享受到社会经济发展的成果。只有偏向福利享受而不是偏向资本收益，才是以人为本的发展而不是以钱为本的发展，这样的发展才是文明的、进步的，而不是野蛮的、倒退的。中国 2015 年 GDP 为 676708 亿元，是 1978 年的 184 倍，即使企图暂时以国民为代价来发展经济，都不是无奈的选择而是野蛮的选择，是背离中国共产党的执政理念的。就当前而言，如何提高福利，繁荣国内市场，促进经济转型和提升，才是我们应该研究的课题。

5.3.3.3　提升社会福利有益于产业生产力的发展

我国当前每年大学毕业生 750 万人，外汇储备已达 33800 亿美元，有充足的资本和知识资源去发展知识—资本型经济，去发展新兴产业、高技术产业、智能产业、智慧产业、虚拟产业、战略性产业等国际主流产业。只有发展这类产业，中国人民的聪明才智才能发挥出来，才能把智力劳动者的生产潜力充分发掘出来，才能占领未来全球发展的制高点，才能让中国人更加自信，才能让中国社会更加文明健康。要发展这类产业，必须提高社会福利，用市场机制，加速淘汰过剩落后的产能，用较高的社会福利肯定他们对社会发展作出的贡献，安置掉其中的就业人群，避免他们成为反对产业结构调整的政治力量。

5.3.4 现代经济文明越来越要求以人为本

人与人的关系就是社会关系。世界上有各种各样的关系，其中人与人之间的关系或许是最复杂的、最多样的。按照社会属性，人与人之间可以分为亲情关系、同事关系、阶级关系等；按照情感属性，人与人之间可以分为朋友关系、情侣关系、恩人关系等；按照精神属性，人与人之间可以分为知己关系、同道关系、师生关系等；按照圈子属性，人与人之间可以划分为邻里关系、同乡关系、校友关系、社团关系等。人与人之间的各种社会关系重叠交叉、错综复杂，单一的社会关系无法清楚描述一个人的特征。中国人注重人与人之间的“情分”，并因此由近及远相互关爱和照顾。西方人也注重人情。

俗语说“看法决定想法”“态度决定思路”“思路决定出路”。有什么样的价值取向就有什么样的意愿，有什么样的意愿就有什么样的态度，有什么样的态度就有什么样的解决问题思路，有什么样的思路就有什么样的做法，有什么样的做法就有什么样的结果。发展观决定为谁发展、发展什么、向哪个方向发展、如何发展、采用什么动力来推动发展等一系列重大战略问题。发展观一旦确立，就会产生相应的人际关系、分配制度、社会结构、法规体制等，并最终决定发展的实际效果、决定国运民生。反过来看，发展的结果就表明持有什么样的发展观。领导人的发展观不只是个人观念问题，而是关系国家前进方向、发展道路和发展模式的选择问题，是关系国民切身利益的问题。

发展观很大程度上决定基本选择。是以人为本还是以钱为本；是以少数人为本还是以多数人为本；是精英至上还是人民群众至上；是要素利用驱动还是要素提升驱动；是“以市场换技术”还是以技术占市场；是做实经济空间还是开创经济空间。

1978 年 12 月，党的十一届三中全会决定把党的工作重心转移到以经济建设为中心上来，拉开了我国改革开放的序幕。在庆祝中国共产党成立 90 周年（2011 年）大会上，领导人强调：“在前进道路上，我们要继续牢牢抓住经济建设这个中心不动摇，坚定不移走科学发展道路。”在 33 年中，经济建设一直是社会的主旋律。十六届三中全会（2003）确立了“以人为本，全面、协调、可持续发展，促进经济、社会和人的全面发展”[①] 路线。党的十八大（2012）进一步确立“经济建设、政治建设、文化建设、社会建设、生态文明建设五位一体建设总布局”，开启了我国全面发展的新时代。发达国家从 20 世纪 70 年代就开始放弃以“经济增长”为核心的发展观，转向经济、社会与人的全面综合协调发展。与发达国家比较，我国开始向世界发展的主流晚了 40 年。新的发展是以人为本的，以往是以钱为本的、以物为本的。这是重要的区别。

以人为本是发展导向的提升、发展观的科学化，是对发展质量的追求。发展的内容已经超越了经济的范畴，发展的质量也超越了经济规模，还包括对人、对环境、对社会、对生态的贡献。人文、自然、社会、生态就是人的全面发展的环境。人文、社会的要求是人的全面发展之价值目标，自然、生态的要求是一切发展的条件制约，价值目标和制约条件共同决定着人们对发展方向、发展道路和发展战略的选

① 温家宝：《牢固树立和认真落实科学发展观》（http：//news. qq. com/a/20040229/000185. htm）。

择。新的发展路线中，以人为本既是发展的归宿，又是发展的实现途径，具体来讲，就是发展为了人、发展依靠人、发展围绕人、发展适应人、发展体现人、发展塑造人、发展提升人。人的全面发展是目的，经济、社会、人文、生态、自然的发展是保证，全面、协调、可持续是优化发展的基本要求。

5.4 经济与人文之间的循环互动关系

5.4.1 经济成长不能迷失以人为本的方向

5.4.1.1 人的活动从属于社会环境

“只有通过环境的力量才能迫使人经济地或谨慎地调整其手段来实现目标，或许更符合事实。”① 毫无疑问，好的经济制度变迁能够激发和调动人的积极性，评价一种制度变迁的好与坏，关键就看它是否有利于调动人的积极性，增进社会的共同利益。正确地调动人的积极性又取决于对人的属性的准确把握。人的属性究竟是什么，虽然可以从人自身去理解，但是绝对不能脱离具体的制度状态去理解，人如何首先要看社会关系如何。首先人不是一个自然人，而是一个社会人，并且是一个利益最大化者。正如马克思所指出的：“不管个人在主观上怎样超脱各种关系，在社会意义上，他总是这些关系的产物。同其

① ［奥］哈耶克编著：《个人主义与经济秩序》，贾湛等译，北京经济学院出版社1989年版，第11页。

他任何观点比起来，我的观点是更不能要个人对这些关系负责的。”①

人固然有主观能动性，并能汇集成影响社会变革的力量。但是，每个人的主观努力方向有异、力度也不同，社会合力方向并不突出。20 世纪 90 年代初，面对社会不良现象，“从我做起，从现在做起”的口号曾经感动过很多人，可是从那时到现在贪腐丑恶却越演越烈。可见，更大的力量是社会对个人的改造，而不是个人对社会的改造。那么，又是什么力量使人们普遍改变而形成社会潮流的呢？根据《力量转移》的观点，按社会分层的人群之间相互的作用力是有差异的。②高层人群的行为具有“上行下效”的示范性，是引发社会潮流的主导力量。就一个较长时期而言，高层主流人群的行为会逐步传递到民间，社会潮流折射了高层主流人群的集体行为。反之，社会潮流反映了高层主流人群的集体行为特征。如果国家领导人集体长期辐射正能量，社会风气就会逐步淳朴上进；如果高层主流人群长期辐射负能量，社会风气就会污浊腐化。从这个意义上讲，如果要判断一位领导人是什么，只要看他做什么，结果是什么；他带动了什么，他就是什么。

5.4.1.2　人类活动的四大基本特性

人是社会性动物，人的活动具有显著的社会性特点。

（1）群体性。从古到今，人从来就不是孤立的个体，而是相互协作的群体，出现了原始部落、集团、阶级、民族、国家等人类组织形式。经济、政治、军事、宗教及其他一切人类活动都是群体性的。在

---

① 《资本论》第 1 卷，人民出版社 2004 年版，第 10 页。

② 参见［美］阿尔文·托夫勒《力量转移——临近 21 世纪时的知识、财富和暴力》，刘炳章译，新华出版社 1991 年版。

自然界中，蜜蜂、白蚁等也具有群体性的特征。与人类不同的是，它们的活动是本能的自发的，而不是有意识预期的。人类行为最显著的特征，就在于每个人都有自己的需求、理想、目标，并为之与其他人共同努力实现。

（2）目的性。人类是地球上有智慧能思维的动物，他们为了达到预期目的而思考、策划、行动，并在此过程中逐渐得到进化。

（3）依存性。人类的目的性来源于人对外部环境和人类自身的相互依存关系。为了生存和发展，人类必须适应外部环境、从外部获取必要的资源，必须通过劳动提供产品和服务，必须通过集体协作提高劳动效率。

（4）知识性。人类能从自己过去的实践中学习，从别人的实践中吸取经验教训，从前人的经验中学习，并通过积累、分析和推理进行二次创新，厘清原因和结果的联系，把学到的知识加工整理成为知识体系，包括各种科学理论、原理、方法和技艺，供其他人再次利用。科学技术越发达、个人知识越专门化，人们的依存度越高。

5.4.1.3 为谁服务决定经济活动特征

经济活动服务于人类目的，可以是服务于其中的少数集团，也可以是服务于全体国民甚至全人类。在人类历史的任何时期、同一时期的任何区域，经济活动服务于人类的目的是毫无疑问的，不同的是服务部分人还是服务全部人。关键问题是，人类自身具有阶级阶层的社会性结构，是固化这种社会结构，还是让阶级阶层流动起来，这是重大的社会选择，决定经济活动以谁为本。

社会高层具有利己性和操控条件，不限制权力，就会有服务少数集团的倾向性。在一个社会中，帝王、贵族、高层和精英是具有社会代表性的，他们对外代表了本国、本民族，对内则代表高阶层。在内部事务中，帝王、贵族、高层和精英操控着社会的发展方向，有条件围绕贵族、高层和精英等少数集团发展经济，没有外力的制约，依靠品德的力量，自我制约和管理社会，是很不可靠的。经济发展服务于谁的方向性差异、重心不同，经济发展的内容、手段和效果也就很不一样。要建造公平和秩序的社会，必须限制领导人谋私的权力，“把权力关进制度的笼子”。

围绕贵族、高层和精英发展经济，就会突出保障资本收益率，而削弱公共福利。贵族、高层和精英最与众不同之处就是他们拥有或者有潜力拥有更大的资本，包括社会资本、金融资本和财产资本。保障资本收益率，既是突出贵族、高层和精英特征的手段，也是造就贵族、高层和精英的结果。一旦形成保障资本收益率的社会制度，社会阶层分离就是必然趋势，必然会产生和加大贫富差距。如果阶层分离达到难以超越的程度，人才垂直流动也就停滞了，社会底层再无向上奋斗的意志和努力，社会高层也无继续努力的动力，这个社会不仅会爆发阶层冲突、滋生腐败，而且会精神颓废、缺乏上进的动力。

5.4.2　人文精神滋养经济成长的正确方向

5.4.2.1　人文精神片面引发经济结构畸形

在罗马帝国形成前，意大利是森林茂密的地方。罗马帝国建立后，人口激增，需要砍伐森林获得木材供给建筑，开垦土地种植庄稼和发展畜牧供给食物，兴建工程和公共建筑以增加水源和社会活动场地，提供人们生活的必需和丰富娱乐生活等，为了统治权力的延伸修筑道路。一切努力都符合经济逻辑，最终却导致罗马帝国土地被过度消耗，即便建筑从一层加高到六层，土地依然越来越紧张。到罗马帝国晚期，农业收入占政府收入的90%。为了增加政府收入，加强农业用地开发，导致土壤耗竭、土地贫瘠而成荒地。

土地不能承载过度密集的人口。为了寻求生存空间，罗马人只能根据土地承载力迁入或迁出罗马城。古罗马城于公元前753年4月21日奠基，随着人口迁入而增大，公元初人口已达百万。由于资源难以承载，公元270年人口锐减至50万，公元300年重回100万以上。公元500年又降至5万，公元550年降至2.5万。罗马城繁荣时，有公寓建筑46602栋，每栋可居住40人。让罗马帝国屈服的力量中，大自然的力量远比外敌入侵强大得多。[①] 罗马能够战胜外部敌人，却战胜不了自然，战胜不了罗马人对自然的破坏，最终走向灭亡。

5.4.2.2 人文精神是经济发展的持续推动力

在短时间内，扭曲人文精神产生的内应力或许可以促使经济成长。如第二次世界大战中的德国，就有经济的高增长。可是，没有一场战争事后不付代价的，扭曲人文精神的经济发展是不可持续的。第二次世界大战后，德国和日本都按照本国的特有文化发展经济，结果都快速重建了，到20世纪70年代重回发达国家行列。但是，服从权威、组织性强等日本文化，滋养大规模生产，却与创新文化不相融洽，结果日本经济到20世纪90年代就失去了动力。德国的完美主义文化传统，却继续推动德国经济在精品生产方面领先全球。

从第13章的经济范式看，每个成功发展经济的国家，都有文化

---

① 参见［美］杰里米·里夫金《第三次工业革命》，张体伟、孙豫宁译，中信出版社2012年版，第78—79页。

的滋养，并与文化精神相融洽。南美等国家的经济尽管也在短期内快速兴起，没有文化的驱动、与当地文化的抵触，使其入了“中等收入陷阱”。可见，人文精神是经济发展的持续推动力，经济发展需要文化的滋养，只有与文化精神融洽的经济才有持续的生命力。

5.4.2.3　人的全面发展呼唤全面经济发展

人，不仅有肉体而且有精神，肉体有限而精神无穷。尽管物质刺激最能瞬间激励人们的动物性需求，这种需求却不是人的需求的全部而是其中的一小部分，更不是人们的高层次需求。停留在物质需求，不追求更高层次的归属感、社会尊重和自我实现的需求，需求结构就是扭曲的。仅仅发展物质生产，是满足不了人们的所有需求的，更全面的经济发展可以满足更完整的需求，人的全面发展需要经济的全面发展来支撑。现在，我国的物质生产已占全球的1/2，是足够了，我们不足的是文化、艺术、文学、体育健康、科学技术等非物质生产领域。面对知识经济、虚拟经济、数字经济、算法经济的兴起，全面经济发展比任何时候都显得重要。如果我们停留在物质生产领域，就进入不了世界经济的主战场，就必然陷入再次被甩到后面的危险。

5.4.3　要滋养人类的善良更要约束人类的张狂

经济世界是有人的世界，而非无人的世界。经济活动有主观的方面和客观的方面，人以主观意图主导经济活动，是经济活动的动机、目标和价值判断。尽管人是自然的产物，却不能把人简单地物化为自然，而把经济最终归结为自然。正好相反，一切经济成果都是人的主观意图外化的结果，并且随着人的主观外化能力的提升而不断提高人们改造世界的能力。在经济世界中，人的主观能动性越强，主观方面的作用就越大。

人是经济活动的最初动力和最终目的。正是寻求自身欲望满足受到主观技术和客观资源的限制，才促使人们追求资源的合理配置，才产生经济活动。经济活动最终是为人类的生存和发展服务的，最初也是由人选择的。经济活动又是一个人的世界与物的世界的协调作业过程，在任何经济环节中，人都起主导作用。一切经济活动都来源于并服务于人的主观意图。

国家经济显然是地球上的事情，起点和终点都在地球上，包括地面、海洋、水体、地下和大气中的物质。人自身也在天地间，“赤条条来，赤条条去”，期间的一切活动更无例外。在物质世界中，人类归属自然，人类的一切活动都要遵从自然的法则，否则，就会受到自然的无情报复。人与自然是相互联系、相互依存、相互渗透的。人的生存和发展离不开自然，经济活动必然通过人的生产劳动与自然发生物质、能量的交换，经济的物质资源来源于自然，经济的物质产品最终要消解到自然中。人类当然可以预期发展科学技术，逃离地球，不过那是超人类问题，不是国家战略经济学需要考虑的。

人类创造经济世界。现实世界是由人类社会和自然界双方组成的矛盾统一体。随着生产力水平的提高，人类认识自然、改造自然的能力不断增强，从自然获取的物质和经济活动后流回自然的物质，已经不可忽略不计，自然界到处留下了人的意志印记，而形成人化了的自然（人化自然亦称人造自然）。“人化自然”表明，人与自然之间客观上形成依存链、关联链和渗透链，社会规律支配自然的能力在持续增大，自然规律反作用于社会的力量也规模空前。与自然和谐同步、在自然许可的范围内从事经济活动，则社会经济进化发展；与自然冲突对立、超越自然生态的许可范围从事经济活动，则社会经济必然遭受自然的报复。如生态环境恶化、流行病爆发、恶性疾病暴增等。

恩格斯就以美索不达米亚平原变成沙漠为例告诫人们，“不要过分陶醉于我们对自然界的胜利。对于每一次这样的胜利，自然界都报复了我们。每一次胜利，在第一步都确实取得了我们预期的结果，但是在第二步和第三步却有了完全不同的、出乎预料的影响，常常把第一个结果又取消了”。当今世界，依然有不少狂妄之徒，对僭越自然带来的后果或者茫然无知，或者自私地把成就归自己，把问题留给后人，沾沾自喜于攫取自然换来的经济成就，而对保护自然不闻不问，这必将带来自然的报复。中国的情况就是如此。中国以占世界陆地面积6.44%的国土，承载了世界48%的工业废弃物，导致沿海各省成为癌症高发区。雾霾天数的增加、浓度的提高，肺部疾病、心血管疾病的加速增多，以往取得的经济成就很大一部分将不得不用于未来国民医疗等的社会成本开支。在这个过程中，伴随中国治理污染、保护自然、医疗保健等产业的兴起，国民生活中保障性开支加大，以往沾沾自喜的发展成就或将演变成未来必须支付的巨大代价。

5.4.4　物质财富和精神财富的历史积累和相互促进

5.4.4.1　历史积累下新经济的起点

当今的经济舞台主要是历史积累的产物，不仅包括新近建成的高速铁路，还包括深入山林的崎岖小道，包括都江堰、大运河等使用千年的伟大工程，包括文化遗产、自然与文化遗产、自然遗产、世界文化景观等遗产，更包括儒释道为代表的中华文化、科学技术和其他精神财富。正是诸多方面的历史积累，才形成当今中国社会的习俗、法规、制度和社会管理，以软件的形式规范人们的经济行为，决定当今中国经济的社会选择，决定未来中国经济的走向。

5.4.4.2 新经济与人们的物质和精神生活是相互促进的

从哲学上看，经济基础决定上层建筑。新经济日益丰富人们的物质生活和精神生活，在奠定人们物质生活基础的同时也影响着人们的文化意识，最终决定上层建筑的基本形态。从现实角度看，社会选择具有较大的弹性，文化价值取向主导社会选择的可接受性，领导集体意志决定最终社会选择。超出社会可接受范围，即使伟人也有为难之时。在可接受的范围内，领导集团的意志就能通行，即使选择的结果并不理想。从历史上看，低劣的社会选择经常发生。因此，关键的问题不是新经济与人们的物质和精神生活是否相互促进，而是如何相互促进。只有这种相互促进是良性的、可持续的，才是我们理想的社会选择。

5.4.4.3 文化是经济发展的重要驱动力

今天的经济活动，不是无中生有的，而是承前启后的。要问未来的经济走向何方，就要看今天的经济状态如何，昨天的经济轨迹如何。把过去—现在—将来连接起来，一脉相承的是文化。如果有文化支撑，经济成长就有持续发展的核心驱动力，如日、韩、美；如果悖逆文化，经济发展就会遭受重重阻碍，比如南美诸国。第二次世界大战，日本和德国都受到战争的重创，为什么日本采取因陋就简的方式恢复经济而德国采取摧毁重建的方式重振经济，文化差异就是它们决策差别的根本原因。中国文化为什么鼓吹中庸之道，就是因为我们的文化有冲动的根基。我们曾经批判大跃进、大炼钢铁、亩产万斤粮，可是，我们依然扬扬自得于 GDP 高增长、冶炼占全球 1/2、巨额贸易顺差、百里蔬菜基地等。如果我们更多地防微杜渐，不造成主要产能的严重过剩，同样的经济效益、社会效益和生态环境效益，我们有什么必要追求那么高的增长速度！我们也冲动地否定自身文化，甚至忘了自己是谁，而甘愿“救美国就是救中国”“救欧洲就是救中国”。

第6章　世界的构造与经济空间的演化

6.1　五个世界的构造和五大产业空间

没有人就没有世界，没有世界就没有产业。产业在世界中，世界的范围扩张了，相应的产业也就扩大了，世界的构成变了，产业的结构也就变了。

6.1.1　五个世界的构成图景以及演化

世界是什么？俗话说，一花一草一世界，由此看来，世界是真实的、具体的。我们经常陶醉在自己的世界中，这又告诉我们，世界也可以存在于人们心灵中，是虚拟的、抽象的。一般地讲，世界是可以感知的、不可感知的客观存在的总和以及用于描述这些客观存在及其相互关系的概念的总和，简言之，就是我们认识到的物质和精神之全部。从这个角度看，世界比宇宙的含义丰富得多、广泛得多，人心比天大，寰宇在心中。

要想认识世界，首先就要懂得世界的构成。根据中南大学哲学教授陈文化和全继业的归纳①，以前人们以为“世界是由自然、社会和思维构成的”，1967 年波普尔②首先提出“三个世界”的理论，2002—2005 年又有人提出“四个世界”的理论。这些理论关注的是静态存在的、撇开人及人之活动的无人世界。把人及人的活动纳入进去，就形成了动态的有人“五世界”。世界 0 为人文界、世界 1 为自然界、世界 2 为社会界、世界 3 为客观精神世界、世界 4 为主观物质世界（虚拟世界）。五个世界中不仅有人并且以人为中心，世界由“人通过人的劳动”交互—反馈作用而形成一个内在整体，见图 6 - 1。这就是我们对世界的最新认识。

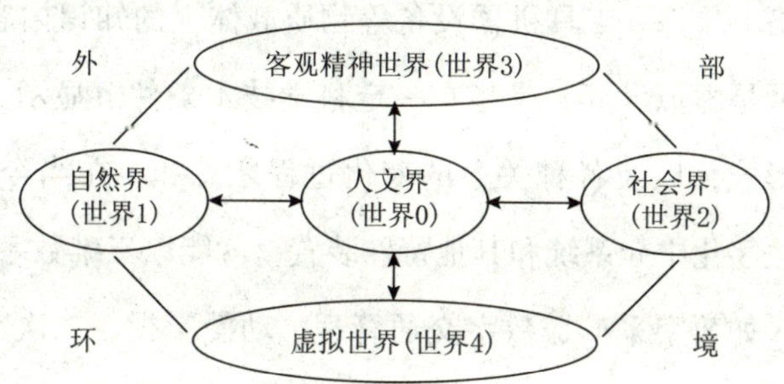

图 6 - 1　世界的构成要素及其作用机制示意

人文界包括人的肉体组织、思维器官、思维活动、生产实践活动和精神娱乐活动等。这是跨越物质和精神、肉体与心灵的。在五个世界中，人文界处于中心地位、起介质性作用，把各个世界连接为一个整体。社会界是人际关系的总和，是一种社会形态的客观存在。

---

① 参见全继业、陈文化《迈向“全面发展”》，科学技术文献出版社 2012 年版。

② 卡尔·雷蒙德·波普尔（Karl Raimund Popper，1902. 7. 28—1994. 9. 17），英籍奥地利犹太人，20 世纪最伟大的科学哲学家之一，提出“从实验中证伪”的观测—归纳法评判标准。

自然界包括天然自然和人工自然。天然自然是独立于人的存在，但在人的精神世界内，包括动物、植物、地下矿产和海洋，也包括宇宙以内的客观物质存在（现在可观测宇宙半径约为460亿光年，折合6.05×10^{23}公里）。人工自然先于当今的客观物质而存在，实质是科学技术知识物化后的实物沉积，当今城市日常生活中的自然至少人工化了70%，即使乡村日常生活中的自然也至少人工化了30%。在当今世界中，人类更多地生活在人工自然中，而非直接生活在天然自然中，甚至许多动物也不得不如此。

客观精神世界和主观物质世界都是人类精神活动的产物，在当今世界中所占份额越来越大，对改造世界的作用也越来越强。客观精神世界是指人（类）精神活动的产物，如文字语言、数码符号、光声电磁波、网络、软件、工具机器设备等物质载体上的知识内容。① 主观物质世界就是虚拟世界，是指在一定科学技术条件下显示人的活动、社会组织形式，以及各种关系的变化过程之总和。在当今技术条件下，利用数字化中介系统和其他特殊装置，就能以三维数字影像呈现各种活动，如数字采矿、数字交通管理、动漫影视、二次元世界等。虚拟世界是源于现实又超越现实的创造性思维活动的外化形式，虚拟世界产生的过程具有人—机的即时互动性，视、听、触、嗅、情等虚拟物具有极高的逼真性，具有形式上的动感性，会使人产生感受的沉浸性，精美的虚拟世界甚至让人所见似真，沉迷其中而无法摆脱。

6.1.2 必须遵从人类中心主义世界观

世界有无中心，世界的中心在哪儿，从来就是一个争议不断的问

① 参见［英］波普尔《科学知识进化论——波普尔科学哲学选集》，纪树立编译，生活·读书·新知三联书店1987年版，第309、312、364、410页。

题。争议的焦点就是人与世界的关系，是人决定世界还是世界决定人。世界观是一个哲学问题，更是一个现实问题。有人认为，世界包括了除人以外的一切，这就是无人的世界。可是，人都不存在了，还能认识到世界吗，世界是以人类为中心还是以非人类为中心还需要争议吗？如果懂得世界是人的认识的全部，这个问题似乎就不值得再争议了！没有人类，也就没有世界，失去了人类，也就失去了世界，世界的全部都在人类的认识中。人类没有认识到的宇宙，就成不了世界的构成内容。从这个角度看，世界显然以人类为中心，这个世界不只是人类对客观自然的被动反映，也是人类对世界的主动改造。

正如谚语所说："你怎么看，决定你怎么想；你怎么想，决定你怎么做；你怎么做，决定你得到怎样的结果。"我们怎么认识世界，就有怎样的世界观，也就决定怎么认识自己、怎样认识宇宙、怎样判断是非，从而有怎样的人生观和价值观。人生观和价值观相互交织、不可分离，形成相互决定的一个整体，这就是人生价值观。人生价值取向和对待生活的态度是相对稳定的，决定着人生方向、道路、行为的选择，决定着人对事物及对自己行为结果的意义、作用、效果和重要性的总体评价。除非现实严重扭曲，才会导致人生价值观发生质变。我们做事说话经常考虑"有没有用""有没有利""值不值得"，"用""利""值"就是一种价值判断，判断的最终依据就是人生价值观。

在自然界中，生存第一。动物寻求生存至上是无可厚非的，人类是否也一样呢？在阶级社会中，自我满足至上是低级的，超越自我满足是高尚的，损人利己是卑劣的，奉献公众是善良的。做一个有利于社会、有利于人民、有利于他人的人，就拥有高尚的人生观。剥削阶级由于经常攫取他人利益而养成享乐主义、悲观主义、实用主义、权势主义的没落人生观，劳动人民遭受较多的束缚和压迫，通常热衷于追求自由、公平和正义的进步及文明人生观。

人是生活在现实、理想、物质、客观精神和虚拟的五维世界之中的。现实世界、物质世界是人得以生存和发展的基础，理想世界、精神世界则是人们向往的生活动力和价值取向。在任何一个维度的世界中，人都无法获得完整人生，都不会形成完美人格。每个人需要享受足够丰富的物质利益，却不能奢靡浪费、唯利是图、损人利己；需要丰富的精神生活，却无法脱离物质生活的制约。根据经济学原理，基本满足物质需求后，增加物质消费的边际效用是递减的，甚至损害健康和人格。思想没有穷尽、理想没有穷尽，融入社会共同理想之中，个人就有永不枯竭的追求。“中国梦”，社会的梦，个人的梦，可以做得很久很大。

6.1.3 五个世界生成对应的五大产业

就个人而言，考虑世界观、人生观和价值观问题，就是个人生活方式的选择问题。就经济而言，考虑世界观、人生观和价值观问题，要解决的是发展什么经济的社会选择问题。人的一切活动都在世界中，经济活动也不例外。

6.1.3.1 三次产业的经典分类标准

按照《国民经济行业分类》（GB/T 4754 - 2002）标准，人们已经习惯于三次产业的划分。这一划分标准全球基本一致，也比较方便国际交流。一般地，第一产业包括农业、林业、畜牧业、渔业及其服务业。第二产业包括采掘业、制造业、水电燃气业、建筑业，第三产业包括交通仓储和邮政业、批发零售业、信息软件业、住宿餐饮业、金融业、房地产业、租赁业、商务服务业、地质勘探业、技术服务、科学研究、公共设施管理业、居民服务业、教育、卫生、社会福利保障业、文化体育娱乐业、国防安全、公共管理和社会组织、国际组织。第三产业包含的内容十分庞杂，产业特征很不明晰。因此，“三次产业划分已经无法解决中国以创新创业促进经济转型的挑战，也难以指导开放经济条件下国民经济结构的战略调整”①。三次产业划分的不足，加上社会经济发展管理上的需要，使得对三次产业的批评之声不绝于耳，改善分类的提案也时有出现。

6.1.3.2 六次产业的最新分类发展

20世纪90年代，东京大学今村奈良臣针对日本农业发展窘境提出“六次产业化”，基本思路是以农业为本，与二次、三次产业相加、相乘、相融合而实质性地改变农业的范围和内容，从而就有了“六次产业化”。②

2015年4月10日，在第10届中国软科学学术年会上，科技部副部长张来武做了题为“创新驱动与城乡一体化发展”的主旨报告，阐述了他的“六次产业”划分的新颖理论构思。2015年12月12日，第11届中国软科学学术年会上，张来武又做了“以六次产业理论指导创新创业”的主旨报告。张来武认为，是否存在新产业的一个重要判据是，扣除了原有产业利润后，是否存在足够大的剩余利润。如果有足够大的不可解释利润，就说明一个新产业已经诞生。张来武依据劳动对象和产业任务的不同，提出六次产业划分理论。第一产业——获

① 张来武：《以六次产业理论引领创新创业》，《中国软科学》2016年第1期。

② 参见程郁《日本发展“六次产业”的主要做法与启示》，《中国农业经济动态》2015年第18期。

取自然资源的产业；第二产业——加工自然资源及其再加工产业；第三产业——获取并利用信息和知识资源的产业；第四产业——获取并利用文化资源的产业；第五产业——传统农业向第二、三产业延伸形成的产业；第六产业——为其他五个产业及社会生活提供服务的产业。

第四产业，也称知识产业或信息产业，包括互联网、互联网+、大数据、云计算、物联网等。“互联网+”就是“互联网+各个传统产业”，就是传统产业利用信息通信技术和互联网平台，从“空间、时间、成本、安全、效率、个性化”等方面全面变革产业形态和市场。第五产业——把人们的精神需求转换成生产力，也称“文化创意+”产业，简称文化创意产业，它以精神文化生产方式满足人们的精神文化需求。文化创意产业具有高附加值、低资源消耗、环境污染小等诸多优势。丹麦未来学家沃尔夫·伦森指出，人类在经历狩猎社会、农业社会、工业社会之后，将进入一个关注梦想、历险、精神及情感生活为特征的梦想社会，人们消费的注意力将主要转移到精神需要。“文化创意+”，把创意、技术、营销等环节紧密地结合起来，使独特的文化价值附加到商品中，从而提高商业价值、市场广度和深度。

张来武还认为六次产业中没有等级、没有权威，所有要素的价值都在这个系统中共享，任何一个要素价值如果没有别的要素价值相配合就不能成为一个体系，就难实现商业利益。所以，任何要素都有价值。但是，价值的大小由结构性配置决定，关键取决于这些要素之间的价值博弈。如果设计成合作博弈，就可能达到最大效果，相反，任何设计不管多权威，如果形成消极对抗、不合作的博弈，这个体系就会崩溃。这就要解决方法论和体制机制的问题。

“六次产业理论”是针对当今世界经济空间所做的更具体和更全面的划分，是对三次产业划分的发展。人类经济活动最初只有第一产业的一小部分，后来增添了第二产业和第三产业。从历史的角度看，产业是在不断扩充的，产业的构成与特定时期的具体经济活动相对应。随着社会经济的发展，第三产业包括的内容太过庞杂而特征日益模糊，人们需要突破原有的认识边界，解放思想，释放潜力。“六次产业划分理论”正是在时间轴上，对当今经济世界内容做了再划分，并且与新经济紧密地结合在一起，对把握经济发展的新趋势十分有利。

6.1.3.3　五个世界生成五大产业的认识方案

当今产业构成如何？答案是，产业不会超出世界的范畴。反过来看，有什么样的世界，就有什么样的经济活动，也就相应地有什么样的产业构成。所以，世界构成如何决定了产业构成如何，认识了世界就能认识产业，认识产业需要从认识世界开始。在自然、人文、社会、客观精神和主观物质的五维世界构成中，每个世界都有经济活动，哪怕主观物质世界都能产生虚拟经济。但是，五个世界上的经济规模和密度是有显著差异的。自然界上的物质性经济被最早感知，得到最早最充分的开发，经济密度最高，主要包括以地表资源为基础的第一产业和以地下矿产为基础的第二产业。社会界上的金融、服务、管理、教育、技术等方面，与物质经济相伴发展的社会服务产业，都具有较高的经济密度。人文界上文学、艺术、戏曲、医疗、体育、育婴、养老等人文生产业存在了很长时间，范围也很广，但经济密度却较低。客观精神世界和主观物质世界上的经济认识最晚、开发程度相对较低，所占份额很小。然而，未来差别于过去，知识经济时代的新趋势是，物质变精神的认识能力在提升，精神变物质的改造能力在增强，客观精神世界和主观物质世界中的经济和产业正在加速孕育和成长中，增长潜力很大，必将成为未来经济的主流和主体，见图6－2。

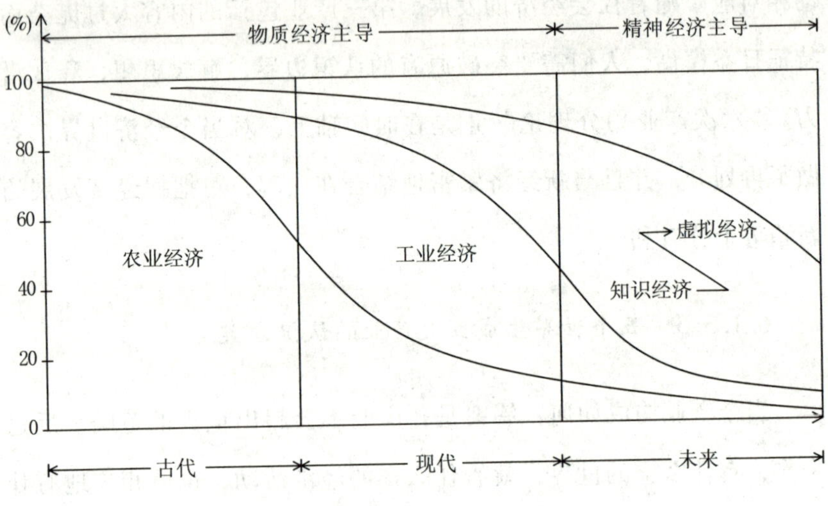

图6－2 经济构成的历史演变示意

6.1.4 全面认识世界才能全面改造世界

6.1.4.1 要全面科学地认识我们的世界

在五维世界中，人处于中心地位。人之所以处于中心地位，是因为认识世界的是人。围绕着人，不断扩大和提升人的生存空间，就是发展。让全体国民都扩大和提升生存空间，就是以人为本的发展。让人们均衡地扩大和提升五位一体的生存空间，就是全面协调的发展。让每位社会成员同时扩大和提升生存空间，就是同步发展。要全面认识世界的基本结构关系，见图6－3。

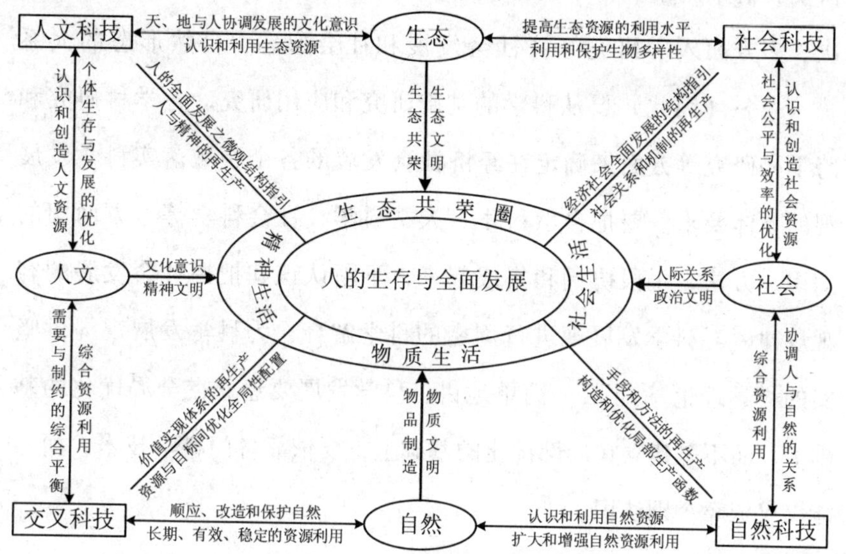

图6-3　以人为本的发展逻辑示意

从图6-3可以看出，①人处于五维世界的中心，存在的每一方面都是为了满足人的部分需要；②为了更高程度地满足人的需要，人就得主动地认识自然、生态、社会和人本身，全面发展自然、生态、社会、人文等科学技术；③能动的主体是人，而不是自然、人文、社会、生态等客体；④物质文明只能满足人们的部分需要，我们需要"五个文明"，而不只是一个物质文明；⑤人文、社会、自然、生态等方面的科学技术是相互交叉集成的，科学技术本身具有多向复合性。

6.1.4.2　科学的发展是全面发展而非片面发展

图6-3显示，"落实科学发展观，是一项系统工程，不仅涉及经济社会发展的方方面面，而且涉及经济活动、社会活动和自然界的复杂关系，涉及人与经济社会环境、自然环境的相互作用。这就

需要我们采用系统科学的方法来分析、解决问题，从多因素、多层次、多方面入手研究经济社会发展和社会形态、自然形态的大系统。……（因此）要从科学的基础研究和应用研究、各学科研究和跨学科研究等方面来确定在经济社会发展的各个领域落实科学发展观的具体要求。要把自然科学、人文科学、社会科学等方方面面的知识、方法、手段协调和集成起来，不断认识和把握社会发展的客观规律，对科学发展观进行周密的科学解释，为科学发展观提供坚实的科学理论基础”①。简单地讲，科学发展要建立在全局优化的基础上，而不是建立在局部优化的基础上，要依靠各门科学技术，而不能仅仅依靠个别认识。

6.1.4.3 科学发展是人与自然和生态的互生发展

人的生存与发展依存于两个基本面：物质和精神。在物质世界中，无生命的物质承载着有生命的物质，人类、动物、植物、微生物等共生于地球上，人就生活在物质世界中，形成生命物质循环并连接到非生命物质循环。在这个循环体系中，自然和生态既支撑又制约人的生存与发展。人不能脱离和超越自然和生态所提供的天然活动平台，其一切活动都需要借助于这个平台的支撑。既定的自然和生态严格制约着人的生存和发展。改善自然和生态，就能扩大和改善人的生存与发展条件。只有维护好自然和生态，才能维护好人类自身的生存和发展空间，包括健康和精神。

① 胡锦涛：《在中国科学院第十二次院士大会、中国工程院第七次院士大会上的讲话》（http：//scitech. people. com. cn/GB/1057/4438191. html）。

6.2　经济成长的最初动力和最终目标

6.2.1　人的需求是经济的最终目的和最初动力

6.2.1.1　人的一切活动都围绕人的需求

人的需求是激励人类活动的原始动力，经济活动作为人类活动之一也不例外。经济活动直接满足人的生存和发展需要，通过改善社会、人文、生态和环境的发展，间接满足人的生存和发展需要。古代经济活动物质性成分较高；现代经济活动精神性成分正在不断提高；未来的经济活动，如知识经济和虚拟经济，精神成分占比会更高。不管经济成分构成如何，经济活动依然围绕人的需求展开，这一点没有历史本质差异，但有需求结构的数量差异。

6.2.1.2　公平正义是文明社会的必要前提

经过无数政治哲学家对公正观念的思考，揭示了公正的本质含义（诺齐克）："（1）一个符合获取的正义原则，获得一种持有资格的人对这种持有资格是有权利的。（2）一个符合转让的正义原则，从别的对持有拥有权利的人那里获得一种持有资格的人，对这种资格是有权利的。（3）除非是通过上述（1）与（2）的（重复）应用，无人对一种持有资格拥有权利。"公平正义是人们追求的崇高理想，是社会发展的正确方向，文艺复兴后被西方世界认为是天赋人权。在没有公平、没有公正的社会中，人们会普遍感到无奈、无助、无望，除了增加厌恨、暴力外，再无别的发泄口。这会产生离心离德、滋生出动乱的力量，社会将被迫把更多的资源配置到消极应对的维安上，而不是配置到促进社会发展上，就会形成恶性循环。

6.2.1.3 牺牲弱者利益是野蛮的权力逻辑

与西方天赋人权不同，中国遵从“权威公正”，“权威公正”是通过身份权威制度建立起来的，目的是使人们各安其位，而与息事宁人准则相互配合。“权威公正”的基本特征是有冲突时牺牲弱势者利益，其实质就是谁权威就认谁的理。弱者与流氓强盗发生冲突，好心人通常劝导弱者忍让，免得吃眼前亏，结果弱者的正当利益受损，流氓强盗占得便宜而不受惩罚。在处理情感中的三角关系时，往往严厉惩戒第三者而不是整治脚踏两只船的人，认为第三者是狐狸精，是为了钱，而“有钱人”出轨并不受什么处罚。在清除了一个“第三者”后，生活恢复正常，然后再去诱拐下一个“第三者”。在商业纠纷中，法庭保护大企业打压小企业；在民事纠纷中，某些警察强迫正当经营者向流氓低头认错；在劳资纠纷中，欠薪者却被支持。

息事宁人是对平等原则的无情践踏，本质上是对强势者的纵容和对弱势者打压。为了息事宁人，牺牲弱势者的利益是无所谓的，正义和正当也就是无所谓的，这是我国根深蒂固的传统权力思维逻辑。①在当今社会中，息事宁人，没有道德评判，不辨是非善恶，对恶势力姑息养奸现象时有发生，以致人们困惑，道德良知是否应该存乎于心中。

---

① 参见何諝睿《牺牲弱势者：中国古代权力运行的荒谬逻辑》（http：//cul. qq. com/a/20131008/011221. htm）。

息事宁人造就姑息养奸的社会机制。在息事宁人的社会氛围中，官员庇护弱势者，不仅自身得不到好处，强势一方有可能越级上告而使自己受损；反之，袒护强势一方，不仅可以从中获益，而且弱势一方也兴不起风浪。在袒护强者有益、维护公平受损风险大的情况下，官员偏袒强势一方就是必然的。经过数代人的驯化后，人们也就逐渐形成了屈从强势者欺负弱小者的社会选择。正如黑格尔在《历史哲学》中所评论的："政府官吏们的尽职，并非出于他们自己的良知或者自己的荣誉心，而是一种外界的命令和严厉的制裁，政府就靠这个来维持它自己。"中国社会没有这种外界的命令和严厉的制裁，也就无法靠政府来维护公平和正义，也就没有相应的社会信用让人们保持对道德基准的坚守，更没有科学理性来坚守对真理的追求，除了对强势集团唯唯诺诺，别无其他出路。

6.2.1.4 未来社会发展需要依靠人们的创造性来推动

满足社会上层的需求还是满足社会大众的需求，是区分传统与现代、野蛮与文明、束缚与自由、特权与平等、守旧与创新、权力至上与真理至上的基本依据。从个人角度看，读书的作用有三个：激发思想活力、启迪哲理智慧、滋养浩然之气。从社会角度看，最基本的是，必须改变牺牲弱者利益的野蛮权力逻辑，形成公平正义的文明权力逻辑，政务官员必须有民意基础，受到外界的严厉制约，使之只能行走在"为人民服务"的道路上，无法利用强权图私利。中国当今社会状态是权力至上、金钱至上。这种社会状态并不代表当今文明，更不代表未来文明，甚至与世界文明发展方向背道而驰，与"创新驱动发展"的国家战略更是格格不入。恩格斯认为"片面性是历史发展的形式"，"历史总是以退步的形式而实现自己的进步"，当前的问题，长久看来不会永久。无论知识经济还是虚拟经济，都需要广大人民群众的创新参与，需要“大众创新、万众创业”的群众洪流来推动，需要以人为本的发展而不是以钱为本的发展，需要全民读书来提升每一位社会成员。一旦建立起公平正义的社会秩序，人际相互牵绊因素就会削弱，就能激发出“万众创新”的无限潜力，中国的人口资源就能转化成为全球无可竞争的优势。

6.2.2 富者更富穷者更穷的冲突终究有止境

许多人相信，经济成长可以使所有人生活得更好，所谓“让一部分人先富起来，然后先富带后富，让所有人都过上富裕的生活”。这或是浪漫的说教，或是无知，或是欺骗，在几千年的人类史中没有发现这样的普遍趋势，在现实世界中也没有长期可信的案例。相反地，根据2014年1月20日凤凰新闻的统计，当今世界85位顶级富豪的资产已经超过35亿贫穷人口的收入之和，而且这些富豪并没有放缓进一步攫取财富的脚步，世界收入差距仍在加速扩大。2014年全球400大富豪财富增加总额为920亿美元，财富净额达4.1万亿美元。[①] 2003年推出《新财富500富人榜》后，中国历年500富豪财富总额见表6-1，年均增幅为27.6%，2014年尽管GDP增长率下降至7.4%，500大富豪财富增长率却高达25.7%，特别地，前10大富豪增加财富480亿美元。[②] 中国富豪不仅跑赢了经济基本面，跑赢了多数中小股东，跑赢了全球富豪，而且他们还在加速跑！富人的财富从哪里来，创造富人的机制如何，是值得研究的课题。

---

① 参见《全球400大富豪今年财富增加920亿美元》，腾讯财经（http://finance.qq.com/a/20141231/002698.htm）。

② 参见《2015新财富500富人榜发布：造富新风口》，东方财富网（http://finance.eastmoney.com/news/1350，20150507504186188.html）。

表6-1 中国《新财富500富人榜》历年财富总额 （单位:亿元）

年份	金额	年份	金额	年份	金额
2002	3031	2007	26027	2012	35786
2003	5002	2008	16285	2013	44987
2004	5950	2009	28756	2014	56557
2005	7465	2010	37657	2015	56552
2006	12800	2011	30921	2016	80191

中国创造了富豪，也就有了海外投资能力。可笑的是，这些富豪却急于移民，海外投资的目的，不是争取国家民族的利益，而是逃离生养的土地。数据显示①，截至2013年，中国海外移民数量为934.3万人，美国、加拿大、澳大利亚和新西兰是中国新移民的主要目的地国。近三年，中国投资移民美国的人数迅速增长。2010年获得EB-5绿卡的为772人，2011年为2408人，2012年为6124人，2013年为6895人、其中投资移民美国的为314人，2014年为9128人、其中投资移民美国的为7713人。中国每年获得西方国家永久居留签证的人数为30万人。数据显示，“先富起来”的人们，更有能力、更早懂得移民海外。那种把富贵与品德高尚挂钩的看法是完全没有事实依据的。

6.2.3 敬仰高尚树新风 献媚卑鄙成旧俗

高尚和卑鄙完全对立，却共存于各个层次的人群之中，甚至共存

① 参见《调查称中国23年近千万人移民 房地产投资成主流》，2014年1月22日，易网财经（http://money.163.com/14/0122/07/9J67BQVH00253B0H.html）。

于每个人的内心中。纯粹高尚令人敬佩，献媚卑鄙令人不耻，更多的人摇摆于高尚与卑鄙之间。造就个体人格的既有先天因素，也有后天因素。不妨假设社会大众的道德水平天然就是按正态分布的，社会文明的一个显著特征是，社会道德水平是上升的而非堕落的。如果社会文明无法突破现实，意味着社会文明处于停滞中，如果社会文明定位低于道德底线，就是野蛮社会。突破道德底线会造成人们迷茫，多数国民难以接受。当道德底线不断被突破时，社会就会沉沦而没有文化自信了。

俗话说，上有所好下必甚焉。如果领导者是高尚的，就会带动周边人群一同提升，即使卑鄙小人也不得不效法，领导者周围就会正气上升、邪气下降，并由近及远逐波传导开去，久而久之，就有了更大范围的正气。如果领导者内心卑鄙，就会带动周边人群一同堕落，即使高尚的人也得效法图存，领导者周围就会邪气上升、正气下降，并由近及远逐波传导开去，久而久之，歪风邪气的范围也就更大了。领导者是一个国家、地区、企业、组织机构的风向标，领导者如何，发展方向就如何。反过来讲，一个国家、地区、企业、组织机构如何，也就表明领导者如何。水能载舟也能覆舟，短期而言，较显著的表现是英雄创造历史。就长期而言，在“覆舟”过程中，是人民群众创造了历史。

领导者的道德选择并没有想象的那么困难。领导者周围或许有小人，只要不屈从，他的周围就有正人君子。如果领导者身边总是小人横行，正人君子受到排挤，人们就可以看到领导者自身的道德选择了，君子也就只能退离以求自安了。长此以往，领导者或者与小人为伍，或者再难找到翻身的道德盟友了。处于高位之人，如果总是献媚卑鄙，自身也就无高尚可言，下场注定是可悲的。

一些领导者通常城府很深且精于蛊惑人心，他的演讲不足以反映他的真实个性，他的论述更不是他的道德宣言，只要听一听被判刑的贪腐高官忏悔录，看一看判刑时忏悔的言论与在位时的行为，就不得不承认他们是表演的高手。但是，“你可以欺瞒所有人于一时，你也可能欺瞒一个人于一世，但是你不可能永久地欺瞒所有的人”。某些领导者无论如何用心计，最终逃脱不了历史的审判。遗憾的是，总有那么一些自作聪明的人，“以智治国，造成国之灾也”。(见《道德经》)

长期以来，既得利益，包括贪污受贿，似乎是神圣不可侵犯的。2012 年前的许多年，社会的正气下降、邪气盛行，贪腐快速蔓延，看似不可遏制，许多人忧心重蹈“其兴也勃焉，其亡也忽焉”的历史周期律。然而，2014 年 1 月 14 日，习近平总书记在十八届中纪委三次全会上表示，要“以猛药去疴、重典治乱的决心，以刮骨疗毒、壮士断腕的勇气，将党风廉政建设和反腐败斗争进行到底”。数年的实践表明，尽管反贪腐是攻坚战、持久战，具有长期性、复杂性、艰巨性，但是这是一项符合历史潮流和人民意愿的正义事业。我们坚信，“我们的事业是正义的，正义的事业是一定能够取得胜利的”(毛泽东语)。

6.2.4　以钱为本必须转向以人为本

口头上高唱以人为本的悦耳美言，现实中践行以钱为本的龌龊勾当。这在古代或许是统治者的智慧，而今却无疑是反动的、无知和无耻的。

我国经济曾经误入以钱物为本的邪途。如 2004 年中国的 GDP 总量仅占全球的 5%，中国矿难死亡人数却占全球的 80%。创造等量的 GDP 中国矿业付出了 76 倍于其他国家的生命代价。1998—2008 年间，中国人均GDP增长了3.35倍，农民务工收入却几乎没有增长，经济利益过度集中到一少部分人手中。以钱物为本的发展观之所以这样，就是因为用一个文明替代五个文明，使人的生存空间减少了维数，降低了人们活动的自由度。从数学上讲，降维后，空间区域的体积为0。从社会经济的实际效果看，经济总量是加倍增长，但是人们幸福感提高很少，许多人感到失落、无奈和困惑。以钱物为本生产出来的物质财富被其他方面损失抵扣掉了，发展的最终效果并不好，甚至是负面的。“发展是硬道理”的前提是发展方向是正确的。没有这个前提，发展的道理就硬不起来。第二次世界大战期间，德国经济增长率是全球平均水平的3倍，但当时的德国经济并不被世人称道。

哈尔滨“1·2”火灾（2015）夺走5名“90后”消防官兵的年轻生命，他们是在库内并无人员的情况下，受命冲入火场而壮烈牺牲的。事后，他们很快就获得战斗英雄的称号，每人获抚恤金2万元。对于死者，金钱已是身后事，世人也能充分感受到生命的无价。他们死时的年龄在18岁到20岁之间，家庭的抚养成本在40万元以上。比较抚养成本，抚恤了吗！更何况生命并不能用金钱来购买。在事件抚恤上，往往是护钱不护命，一些人的钱比另外一些人的生命更重要。这是以钱为本、缺乏人性、极端野蛮的。5位消防官兵是为物而亡的，他们本来可能还有60年的生命，至少能获得120万元的收入，他们的父母却终生遭受丧子之痛，这些难道不应该是合理补偿的内容吗？

天津“8·12”大爆炸（2016）[①]，165人遇难，798人负伤，直接经济损失68.66亿元。调查组同时认定，有关部门存在有法不依、

① 参见《天津港爆炸调查结果公布》，2016年2月5日，证券时报网（http://www.stcn.com）。

执法不严、监管不力、履职不到位等问题。调查组建议对 74 名责任人员给予党纪政纪处分，对 48 名责任人员给予谈话和批评教育。犯错成本这么低，不知责任人员是否会从中受到教育，其他人从中又会得到什么启示。

经济从属于人，还是人从属于经济，这是社会的选择。客观上，人是世界的中心，当然也就是经济的中心，经济应该从属于人。可是，现实并非总是依循规律的正确选择。当前的现实是人从属于经济，社会是扭曲的，人心也是扭曲的。以钱物为本的发展是消耗型发展，不是积累型发展，这种发展过度消耗资源，是不可持续的。因此，这是一种没落的发展。以钱物为本的发展现实伴生罪恶并保护罪恶，只有不断突破底线才能保障这种经济的后继增长。维持资本主义的生存从第二次世界大战后就制约这种发展，社会主义社会更没有理由无限制地容忍。

以人为本，就不是以物为本、以钱为本。以钱物为本，重在钱物，人本身的需求和作用就被忽视了，重要的是拥有和占有财富，而且要看得见、摸得着。因此，以钱物为本的时期，土地、工厂、宝石、美女等成为炫耀的资本，灯红酒绿成为人们追求的生活方式，以小轿车排气量大、浪费得起为荣。在这种物欲横流的社会中，巧取豪夺是基本的发展模式，发展结果反复迭代就造成社会分化和社会分离，财富向极少数的人高度集中，而发展中造成的负效应，如污染、生态破坏等，则由多数的弱势群体去共同承担。说到底，这是有利于少数人的片面发展。少数拥有钱物者成为社会的主宰，各种社会关系趋于对立化。从社会角度看，以钱物为本的发展使得多数人的精神境界屈从于物质世界，人的卑鄙能动性得到张扬，高尚能动性受到抑制。在现实生活中，以钱物为本终将导致绝大多数人被边缘化，被视同机器、设备及附属物，或者将人与物质生产要素并列起来，忽视了人的主观能动性。

6.3　世界经济的未来结构空间

6.3.1　互联网时代的商业特征和新模式

对于未来的社会状况，许多人都在构思[①]，归纳起来有如下几个方面：

（1）在互联网时代，世界变小了。20 世纪 60 年代，哈佛大学的 Stanley Migram 做了小世界实验，实证结论令人惊奇：世界上任意两个人的平均距离都是 6。即世界上任何一个人，都能够通过 6 次中介就能找到另外一个人。这就是六度空间的由来。[②] 互联网时代，去除了中心，厂商与消费者之间的距离被显著压缩，厂商务求成为中枢节点，只要提高聚集度，就能快速扩张业务。

（2）互联网生活方式正在兴起。互联网始于 1969 年美国军界，20 年后中国也出现了因特网概念。经历了 PC 互联网增强信息对称性、移动互联网效率提高，如今互联网已经十分普及，并深刻地改变着人们的行为方式。互联网应用潜力还很大，一旦实现万物互联，人类生产生活方式将彻底改变，个人能力将空前提高，个人改变世界将

---

① 参见水木然《关于中国未来商业模式的 30 个大胆思考》，风投团，2016 年 9 月 5 日；《G20 后，中国将发生的 46 个重大变化》，核心商业机密，2016 年 9 月 5 日。

② 参见钟伟《复杂系统理论和平台经济学》，《第一财经日报》2014 年 4 月 2 日第 B05 版。

成为可能。

（3）互联网更有好戏在后头。在互联网时代早期，一维的传统产业面临重构，二维的互联网产业不断壮大，三维的智能科技产业全面兴起。经济结构的演化逻辑是，从“按计划生产，按计划消费”的计划经济，到“按市场生产，按利润分配”的市场经济，再到“按消费生产，按价值分配”的共享经济，最终必然转向“按需求生产，按需求分配”的共产经济。以往生产决定消费，未来消费引导生产，只要精准挖掘需求，就能促进共产主义社会的尽快到来。以往经销促进市场发育，未来设计促进消费满足，识别需求将成为经济发展的直接动力。

（4）每个人都将成为一个独立经济体。进入互联网时代后，社会结构不断分化，最终导致个人就是一个独立的经济体。互联网平台给每个人提供创造价值的机会，经济组织的基本形态将从当前的“公司+个人”模式转变成为“平台+个人”模式，越来越多的个人摆脱传统经济组织的束缚而成为自由职业者。“打工谋生”让位给“创造价值”，通过自主创新释放巨大的个人潜能，主动解决问题赢得社会和个人价值。这是一个解放生产力的过程，通过在互联网新技术平台上的主动创造，实现社会财富的大裂变。产品形成的源头从顺应市场需求侧转向创意供给侧，逻辑顺序是客户→需求创意→表达→展示→订单→生产→客户。

（5）从人情社会转向规则信誉社会。在高度专业分化的社会中，避短的补短板几乎成为不可能的事情，扬长的发挥优势成为明智的选择。每个人各取所长进行社会组合，长板原理将替代木桶短板原理。为了提高资源配置效率，“规则”社会将替代人情“关系”社会。在“规则”社会中，与其外求关系、渠道、资源、人脉和机会，不如内求兴趣、热情、希望和理想，形成求人不如求己的社会格局。在“行为→信用→能力→人格→财富”的个人财富路线中，信用成为连接人与人的纽带，成为个人价值的基础。在互联网时代，每个人都与外界有无数个连接点，依靠这些连接点直接绑定个人的行为，形成利益关联相互制衡的个人处境，或将抑制贪婪、懒惰、无知的负面人性。人与人之间关系的文明进步方向是“交换→奴役→剥削→雇佣→协作”。在协作关系下，人与人之间的连接，需要规则来维护，建立制度性社会架构，崇尚各尽所能、各取所需的新秩序。新秩序的运转带动维护秩序的新精神，激发出内心的向往和信仰，人们将告别信仰缺失的时代。

（6）“酒好确实不怕巷子深。”互联网的演进，改变着广告业态，20 年来发生了“媒介为王→技术为王→内容为王→产品为王”的变化，“酒好不怕巷子深”在当今技术条件下确实有可能实现。商业角逐的核心正在部分地从地段转向流量和粉丝，媒体正在从集中走向发散、从统一走向制衡，传统媒体逐步让位给新媒体→自媒体→信息流。电子商务也伴随互联网演进：B2B→B2C→C2C→C2B→C2F。电子商务兴起后，依靠信息不对称生存的传统经销空间萎缩，纯商业服务越来越困难而沦落为三流企业，精致的产品信息可以快速扩散而成就二流企业，提供信息交换的互联网平台则成为一流企业。

（7）按照“互联网 +”模式重组，迎接商业大浪潮。互联网技术平台的不断完善，形成新的商业上层建筑，促使各行各业都要按照“互联网 +”的模式重组，不同行业之间相互渗透、联合，形成商业新业态。互联网搭建完成后，商业上层建筑得到了空前的提升，相应地要求微观方面的改善，“匠心独具”成为必要的支持条件。创造价值、整合价值、放大价值成为人们的主流选项。每一项事业都需要科技来驱动，按照“科技→商业→经济”的逻辑，创新成为社会经济进步的核心动力来源。个人财富不断虚化：粮票→存款→房产→估值。未来的财富不是指个人拥有多少，而是指能支配多少，甚至财富多少对个人生活都没有多大影响。互联网的终极走向是全社会形成价值创造和吸收的大循环，各尽所能、各取所需，展现出共产主义社会的图景。

（8）从精英政治时代走向大众政治时代。互联网时代，信息获得成本低，信息传播充分便捷，依靠信息控制抬升自我的难度将越来越大，精英政治时代将逐步没落，大众政治的时代将逐渐兴起。大众政治以往靠先知来推动，民主困难重重；以后由新技术体系来促进，民主就瓜熟蒂落、无可阻挡。可以肯定，民主将自发地成为世界政治文明潮流。新时代，人们有能力与品德不端者断开连接，使贪婪者失去空间、社会更加公平合理，普通劳动者的社会地位会得到提升、受到尊重，从而迎来精神文明的红利期。

6.3.2　社会多元网络秩序兼顾治理和创新

（1）网络时代具有多元特征。网络时代已经完全不同于封建时代，自由言论和多元思想处于相互竞争中，难以形成合力冲击社会秩序。只有组织性言论和思想，才具有较大合力和持续力，才能产生冲击社会秩序的力量。因此，维护社会秩序，无须干扰个人自由言论和思想，只需消除打散组织性言论。分散化、碎片化的言论和思想是多元的，符合小群体的需求，是创新的要素。网络时代是“大众创业、万众创新”的时代，不能激励创新，就无法实施“创新驱动发展战略”；不解放思想、不保护言论自由，就无法广泛激励创新。这是不可抗拒的时代潮流，顺势者昌，逆势者亡，我们一定要顺应时代的规律，少内耗多创新。

（2）社会秩序和个人自由需要均衡。社会治理架构设计需要同时兼顾社会秩序和个人自由，以社会秩序保障个人自由，以个人自由促进社会发展并提升社会秩序。混乱的社会秩序是内耗，僵死的社会秩序是社会发展的阻力，良好的社会秩序在两者之间扩大个人自由以求动力，维持合理架构以消除内耗。在社会治理架构设计中，我国特别要摆脱致力于便捷统治的传统治理机制，要把重心转移到激发“大众创业、万众创新”的制度设计上来，以多元有序替代单一秩序，扩大公众的自由选择空间，充分激发大众创新创业潜力。

（3）社会需要秩序但不能简单统一。人与人之间没有信任，社会就会高度混乱，维持社会稳定的成本就会无限攀升。扩大个人自由是社会治理上的进步。但是，社会秩序是偏序而非全序①，社会成员并非全都能两两相比，分出高下，不同的社会事项也不能两两相比。把偏序当作全序，不可比却在比，导致“人比人，气死人”，这是社会治理粗暴的表现，是对个体创造力的扼杀。用同一标准考评所有人、所有事，只能扼杀掉绝大多数人的创造力。

（4）单一导向，压缩人生空间，导致更多痛苦而非更多幸福。1976 年前，意识形态一统天下，解放军战士成为人们心中的偶像，姑娘首选嫁给解放军战士。尽管当时军人有 440 万名，但许多人已有家庭，不能满足千万姑娘的婚姻需求。1977 年恢复高考后，舆论大肆宣传知识分子，于是大学生成为天之骄子，姑娘转向求取聪慧基因改善

① 集合 X 上的关系“$<$”被称为全序关系，如果对于 $\forall a, b, c \in X$ 满足：（1）反对称性，如果 $a<b$ 并且 $b<a$，则 $a=b$；（2）传递性，如果 $a<b$ 并且 $b<c$，则 $a<b$；（3）完全性，$a<b$ 或者 $b<a$。全序也称为简单序、线性序。如果集合 X 上的关系“$<$”满足（1）反25 对称性；（2）传递性；（3）自反性：$a<a$，则称为偏序关系。偏序关系不能保证集合内的每一对元素都具有关系“$<$”。

后代。后来“以经济建设为中心”，钱权成为社会基调，姑娘又向往嫁入豪门过上奢华生活。不管是哪个时期，单一导向都会让大多数的人感到失望、挫折和憋屈，作为一个拥有13.6亿人口的国家，任何独木桥都会拥挤不堪，都无法满足广大人民群众的物质和精神需求，这一经历值得我们反思。

（5）多元网络化结构既保持社会秩序又让各人获得创新活力。社会多元化可以分散人们的不同追求，有人追求官位、有人追求名誉、有人追求财富、有人追求娱乐、有人追求健康、有人追求科学。追求多样化了，人生选择的自由度就大了，人生满足的机会就多了。当然，多元化的同时还要网络化，把人们连接起来，而不是把人们分割开来。不同的人群之间是有通道的，使社会有更高层次的秩序。这样就形成一张纲举目张的网络，这种构造特征决定了社会秩序既有弹性又有高度稳定性，既与网络化时代同步又能满足创新的要求。具有秩序弹性可以保障人们的创新性，具有秩序稳定性可以增加人们的安定感。与网络时代同步决定了社会秩序的先进性，这种先进性正是“大众创业、万众创新”所需要的。

6.3.3　知识经济和虚拟经济是高成长领域

人工智能和虚拟现实等技术创新，引发产业创造，使知识经济和虚拟经济成为高增长领域。在这类领域创新领先，我们就有孕育未来经济的发言权和影响力，就能占据产业链的高端。否则，我们就只能继续为全世界打工，经济高增长产业低水平，处于价值链低端。

知识经济是知识在生产要素中占主导、知识产业成为社会经济龙头，以知识、信息等智力资源为基础构成的无形资产投入为主的经济形态，包括信息技术、生物技术、纳米技术、低碳技术、绿色技术等产业。智慧经济是创新性知识在知识中占主导、创意性产业在知识产业中占主导地位的经济形态。从世界结构角度看，客观精神世界生成科学、技术、方法和工具，主观精神世界生成文学、艺术、宗教和虚拟，它们属于创新的前端和顶层，前者成为知识经济，后者成为虚拟经济，两者都属于我国当前比较薄弱的领域。

围绕用根式求解代数方程问题，法国数学家伽罗瓦在 1832 年提出群的概念，奠定了近世代数的基础。其中，布尔代数只有两个元素却对所有运算封闭，是一个最简单的完备代数结构。布尔代数可以作为描述逻辑和数理逻辑思维规律的数学模型，于是成为计算机软件的编码基础。开关是两个状态的物理结构，开关理论认为，两个元素可以表示两个状态，多个开关并列就可以描述更多的状态。若以 8 个开关并列为基本构件，就是 8 位计算机；以 16 个开关并列为基本构件，就是 16 位计算机；以 32 个开关并列为基本构件，就是 32 位计算机；以 64 个开关并列为基本构件，就是 64 位计算机。布尔代数运算对应于开关状态改变，于是依据布尔代数，计算机硬件也通过开关机构的组合而可以全部制造出来。计算机硬件和软件的第三个依据是不同数制之间可以实现相互转换，特别是十进制和二进制之间可以相互转换。这一数学命题，让我们习惯的数值运算全部可以转换为二进制的计算机运算，再把运算的结果逆转换回十进制，就可以满足人们的习惯。

数制转换、布尔代数、开关理论等是数学和物理学的成熟认知，一旦完成用硅晶来实现开关状态，计算机硬件就能够做到小型化甚至微型化，制造成本就可以大幅度降低而可以形成产业了。现在，计算机软硬件在全球有 15 万亿美元的增值，约占全球经济总规模的 1/5，若包括全部数字化产品，其产业规模至少占全球经济的 1/3。从布尔代数、数制转换的数学命题到数字化产品的全部，就构成了广义的数字化经济，扣除其中的硬件产品，就是狭义的数字化经济。尽管概念上可以这样划分，数字化经济的广义和狭义之间的边界却并不分明，而是渐次过渡的。数字化经济需要以实体经济作为载体，数字化产品同时包含虚拟的成分和实体的成分。值得注意的是，虚拟成分所占的比重可以很大，计算机的材料成本仅占计算机售价的3%甚至更低。

数字化经济是虚拟经济的一部分。虚拟经济当前规模有多大，尚无法准确估算，但是没有虚拟经济的附加，实体经济的价值就会萎缩。1995—2005 年间，浙江诸暨锦缎生产量扩大了 30 倍，出口价格却萎缩了 80%，产业总利润降低了 30%。生产规模扩大并没有把产业做大，却把产业价值做小了，就是因为这个产业越来越实，虚拟成分被抽空了。2003 年我国钢铁产量为 2.829 亿吨，产业利润为 1000 亿元；2014 年为 8.227 亿吨，产业利润为 74.8 亿元；2016 年为 7.795 亿吨，产业利润为 645 亿元。我国钢铁行业生产规模做大了，行业价值却做小了，并且长期承受着产能严重过剩的负担。可见，虚拟经济绝不是可有可无的，而是决定价值的。

以实业为本还是以虚拟为本，这是一个长期困扰人们认识的问题。一方面，我国的实体经济规模约占全球的 1/2，但是大而不强，在国际竞争中处于劣势。另一方面，我国虚拟经济的成分还很低，对外缺乏竞争力，但对内挤占实体经济利益的能力却很大。在 2014 年浙江"两会"上，人大代表周德文呼吁"重振实体经济"。他举例温州一家拥有 1000 多名工人的企业，苦干精算，一年利润 100 余万元，而老板妻子在上海买 10 套房子，8 年后获利 3000 万元。[①] 在劳动力价

① 参见魏皓奋《温州企业家苦干 1 年挣百万　妻子炒房 8 年赚 3000 万》，《今日早报》2014 年 1 月 19 日。

格和原材料价格不断上升，融资难、融资贵，税负重、生产成本越来越高、实体经济的利润越来越少，经营越来越困难的经营条件下，温州柳市70%以上的工业利润转而投资房地产，导致实体经济空心化。对于这类现象，我们要思考的是，是什么原因导致实体经济空心化？温州柳市的工业是否真的过度发展了，需要有所收缩？这是自主经营的问题，还是政策选择的问题？剖析清楚了，我们就有答案了。利润是实体经济创造的还是虚拟经济创造的，难道有差别吗？如果经理人这么思维，你不感到奇怪吗？如果政府官员这么思维，你会认可他的领导能力吗？虚拟经济和实体经济，到底是相互对抗的问题，还是相互弥补合理配置的问题，以及如何合理配置，是值得深入研究的课题。

6.3.4 大数据时代要更多地靠算法创造经济价值

大数据时代，最大的战略资源是数据。但是，数据本身不会说话，数据只有潜在价值。数据本身也不会自发增值，只有开发利用才能增值，只有数据加工的成果优质才能赢得价值。在大数据时代，算法就如同工业时代的机器设备，是数据价值的最主要优质创造机构。算法是人力智能成果产品，是人工智能的灵魂。

算法把数据转换成实际应用，实质是数据加工。算法不但创造价值，而且决定行动。微软机器学习和数据集团副总裁 Joseph Sirosh 认为，“不远的将来，所有业务都将成为算法业务”。更好的算法产生更大的价值，算法将形成全球性交易市场，世界各地的研究人员、工程师都能在这个市场上创造价值、分享乃至合成大规模的新算法。算法就像集装箱一样，可以任意组装扩展，搭建出适用于不同场合应用的算法成果。每一个算法代表一个软件代码，能解决一个或多个技术难题，或者从物联网的指数增长中创造一个新机会。算法市场让各种各样的个人能够在全球范围内发行和销售软件，而不需要用自己的想法去说服投资人或者建立自己的销售、市场和分发渠道，这样市场就会催生出全新一代的专业技术初创企业。

数据和云存储遵从摩尔定律。摩尔定律认为，每过两年，世界上的数据量就会翻倍，同时用于存储这些数据的成本则以同样的速度下降。更大量的数据使得人们可以创造出更多的产品特征和更好的机器学习模型，产生数据飞轮效应。在智能应用世界中，数据为王，那些能够提供最高质量数据的服务将取得压倒性的优势——用更多的数据创新更好的模型、更好的用户体验，进而吸引更多的用户以及更大量的数据，形成一个闭环正反馈效应。

6.4　社会经济发展需要全面、同步和协调

6.4.1　社会选择存在必须遵从的制约边界

经济是社会和个人生存与发展的必要条件，但是经济活动是为了人的生存与发展，反之并不成立。因此，经济发展需要遵从服务于人的种种约束。

6.4.1.1　要遵从自然边界的约束

人生存于自然宇宙中，只有大地能够承载。人们需要清新的空气、洁净的水源、葱翠的森林、肥沃的土地。所有这一切，都要求我

们保护自然环境，爱护我们的生存空间，特别地，不能以发展为借口来污染环境，再也不能用“先发展，后整顿”“先污染，后治理”的逻辑来制造短期繁荣。经济增长，不是无条件的，不是无所制约的，而是必须服务于和服从于人类的生存和发展需要，必须保证自然环境适宜人类的生存需要，必须遵从自然边界的约束，绝不能顾此失彼，绝不要得不偿失的结果。

6.4.1.2 要遵从社会进步的约束

当今的社会文明以公平、公正、民主为主要标志，经济发展已经不是服务少数人的，而是谋求每位社会成员的福利。因此，我们不仅要做大经济蛋糕，而且要保证全民公平地分享这块经济蛋糕，要选择社会进步的文明方向不动摇。1992 年以来，通过去福利改革确实繁荣了低端经济，但代价是贫富差距拉大了，生态环境被严重破坏了，严重产能过剩成为未来经济再成长的巨大负担，知识劳动潜力被严重浪费，轻视工农的氛围形成了。这些都不是社会文明进步的表现，而是野蛮发展的特征。

6.4.1.3 要遵从道德文化边界的约束

日本、德国、美国、韩国、新加坡、以色列等成功发展经济的国家，尽管国家大小不同，但是文化都是其发展的强大原动力。国别经济研究显示，文化驱动力是经济发展的强大原动力，抛弃自身文化不是经济发展的必要条件。1992—2012 年间，中国经济成长主要是依靠低廉的工资、欠薪、环境污染、矿产廉价、姑息经济犯罪、宽容无耻和失信等方式取得的，经常看到“越无耻越发财→越发财社会地位越高→社会地位越高越发财→越发财越无耻”突破了道德底线的“成功”典型，让人心情窒息、困惑不安。

6.4.1.4　要遵从生态文明边界的约束

地球上全部生物具有共生性，我们不仅要关注自身，更要关注其他动植物，不仅要关注本地、本国，还要关注全世界。所谓大爱无疆，绝不能做损害其他动植物然后通过生物链传导而损害自身的傻事，更不能做灭绝其他动植物然后通过生物链传导而引发毁灭人类自身的蠢事。污染环境的边界，不仅要看人类的承受能力，也要看其他动植物的承受能力。种子公司，先进性表现在单一品种的育种上，邪恶性表现在破坏物种多样性上。农户不留种子，种子公司就有可能成为操控市场的力量，甚至有可能成为扰乱社会安定、制造饥荒的破坏性力量。基因工程需要纳入生态文明体系中，人们不能只看其中的技术有益性，也要看其中的技术有害性、破坏性甚至毁灭性，要坚决遏制基因工程的破坏性和毁灭性影响。

6.4.2　社会经济发展纳入国家安全体系中来统筹

近代世界，不存在完全封闭的经济体。如何最有效地利用好资源，取得全球竞争优势，是重大的社会选择。方向性选择，往往对全局产生长期重大影响，需要精准定向和定位。方向性选择是愿景、意愿、战略意图、价值判断、现实状况等的综合评判。改革和开放是手段而非定向，实现中华民族伟大复兴才是方向性选择。只有明确的方向目标，才是人们的行动指南；只有以人为本的价值取向，才能把全国人民凝聚到“中国梦”的共同理想中。

一切社会选择，都有特定的时代背景。如果脱离时代背景，按照当今状况评价历史，必然会陷入以今非古、自以为是、故步自封的泥潭。就实践而言，夜郎自大的人们，不是分析日本经济发展模式的得失利弊，不是研究韩国、新加坡和中国台湾经济发展的成功与失误，而是一味鼓吹与之一脉相承的中国经济发展模式。就现实而言，嘲笑日本“失去的30年”，却无视我国当前面临的困境比日本当年更大更多，日本“失去的”前提条件，我们现在全部具备而且更加严重。日本当年钢铁产能为1.3亿吨，我国当前钢铁产能为12亿吨。1992—2012年间的许多做法，短期有效性已经被实践证明，长期成本也被现实日益呈现出来了，如果以为这就有骄傲的资本，那是非常荒唐可笑的。

中国跨过了工业基础薄弱、资本短缺、国内市场不足、劳动人口受教育水平低的阶段，日益凸显出高知识劳动力资源过剩和低技术产业结构的矛盾，富贵阶层不断扩大权益与广大民众基本生活福利保障不足的矛盾，以及极端富裕阶层财富增长迅猛与普通劳动者收入提高乏力而使贫富差距进一步扩大的矛盾。这种情况下，捍卫劳动权益比捍卫资本权益更正确，支持创新创业比支持现有大企业生存更正确，社会必须作出方向性的选择。

怎样的社会选择才是合理的、正确的？从责、权、利角度看，理想的状况是责、权、利平衡，也就是说，要求他人承担更大责任时，要相应地赋予他更大的权利，让他享受到更大的利益；不给他权利和利益，也就没有理由要他承担大的责任。可是，20世纪90年代中国财税体制改革，把财权集中到中央的同时把事权下放到地方，优质企业上收的同时把亏损企业下放，而教育、医疗、住房等领域的改革，基本特征也是权利和利益上收的同时责任和在国内的义务下放，导致责、权、利结构严重失衡和扭曲。这不是说上述方面不需要改革，而是改革过程中没有遵循责、权、利结构平衡的管理准则。责、权、利结构失衡引发许多扭曲性恶果，如有钱的没有用钱的责任而乱用，从而滋生腐败；有权的不承担相应的社会义务，从而官僚恶习蔓延；有责任、有权的因缺钱而滥权弄钱，贱卖国有资产或搞土地财政。

6.4.3　经济成长结构需要全面、协调和同步

6.4.3.1　经济与目标的全面、协调与同步

从全球角度看，要保证人的全面健康发展，必要的前提就是全面、协调、同步发展经济。对于小国，人口和资源的不足，无法使之在国内有效实现全面、协调、同步的经济发展，而只能通过扩大开放互补来间接保证人的全面健康发展。对于大国，人口和资源的相对完整，使之更有条件在国内有效实现全面、协调、同步的经济发展。中国人口有 13.6 亿，占全球的 19.5%，中国具有全面、协调、同步发展的优越条件。只有全面发展，才能支持中国人全面健康发展的需求，才能为中国丰富的劳动力提供高度匹配的就业岗位，才能形成全产业链，为中国的发展提供足够的空间。

中国不仅要以全面发展来扩大经济空间，还要通过协调和同步发展来提高发展效益。先建设再整顿、先污染再治理的异步发展，导致我国主要产能严重过剩，水源、土地、空气等高度污染。高血压患者超过 2 亿人，年增 1000 万人；心脑血管疾病人数超过 2 亿人；糖尿病患者 9240 万人，其中血糖升高者 1400 万人，当今慢性病死亡人数已经占总死亡人数的 83.3%。所有这些不协调、不同步的发展，都会增加人们的痛苦，并且将消耗巨额的社会财富以补偿扭曲的经济引发的额外消耗。只要协调和同步发展，就能杜绝或减少如此恶劣后果的发生。

6.4.3.2 资源与经济技术的协调与同步

资源与经济技术的协调与同步有以下几个方面：一是要遵从可持续发展的原则，节约天然资源的消耗；二是有效利用一次原生天然资源的同时加强二次再生资源的利用；三是经济结构要顺应人力资源分布并且要有利于人力素质的进一步提升；四是技术资源原则上要优先于自然资源的开发而不能远远滞后于自然资源的开发；五是要按全产业链择优主动布局而不是被动布局；六是智力布局先于而不是滞后于劳动力布局，以减少人力资源浪费；七是经济发展与社会发展协调同步并且用社会发展来要求经济发展，也就是发挥主观能动性。

6.4.3.3 要素供给同步和经济结构协调

经济活动需要要素的支撑，只有要素供给同步，经济活动才能顺畅，否则，经济活动就会受“短板”要素的制约。经济结构协调，才能保证资源利用的完全，否则，就会增加废弃物的产生、要素的浪费和贸易的需求。为了促进经济提升，知识智力要素供给应该领先于物质性要素。理由是智慧过剩提供仅产生虚拟损失，实体投资过剩带来实质损失。粗放型经济正好相反，吝啬投资前的可行性研究，实业草率投资会造成严重的产能过剩。这不仅造成我国固定资产投资的巨大失误，而且造成智力人才失去用武之地，经济结构压制人才分布结构的提升，导致我国智力资源大规模闲置和浪费，因此也就有所谓的“大学生就业难”。

6.4.4 经济结构分布要与人力资源分布相协调

6.4.4.1 经济结构布局要推动人的全面健康发展

经济发展必须着眼于满足本国人民生活的全面健康发展需要，必须着眼于保卫自我发展的国家安全需要，必须着眼于创造健康生活的清洁环境需要。经济结构布局要按照这样的需求来推进，最终保障全国各族人民群众的全面健康发展。人的全面健康发展，不是让个别人发展而是让每个人发展，不是个别保障穷奢极欲的发展而是普遍保障必要均衡的发展，不是鼓励突出物质享受的片面扭曲病态发展而是激励精神与物质全面平衡的健康发展。只有以人的全面健康发展为导向，经济发展才不会迷失正确的方向，才是以人为本的。

6.4.4.2　经济结构分布要引导人力素质的全面提升

从静态看，经济结构分布与人力资源和素质分布需要相互匹配，只有这样才能“物尽其用，人尽其才”。但是，人是最积极的因素，是有学习和自我提升能力的。经济结构分布的适度超前，能够引导人们积极主动地自我提升，而人力资源素质的提升，反过来又能促进经济结构分布的进一步提升，从而形成经济与人相互促进的良性循环，保障经济社会的可持续发展。如果不是这样，甚至反过来，经济结构分布落后于人力素质分布，只能迫使高素质人才从事低素质要求的工作，迫使较低素质人才去从事更低素质要求的工作，那么整个社会就会失去人力素质提升的动力。30 年来，社会弥漫着“小学生当老板，大学生是打工仔”气氛，却发现中国产业全面缺“芯”。一个国家以无知为荣，不可思议；一个国家逆历史潮流，不可思议；一个国家用实践去证明读书无用，不可思议。为什么如此，最根本的原因就是产业结构过分低下，不能满足人力正常素质的发挥，于是导致大学毕业生没有竞争优势、没有用武之地，造成人才资源的巨大浪费。

6.4.4.3　经济结构分布要满足本国人民的全面健康发展

在国家依然存在的世界中，为本国谋求福利就是国家政权的责任。超越历史发展阶段，鼓吹“救美国就是救中国”“救欧洲就是救中国”，一是无知，二是变节，再无其他。在遭遇经济困境时，国内的人们无论是处在高位的领导，还是处在低位的民众，“救中国”是光明正大的事情，在国际上，应该理直气壮，用不着鬼鬼祟祟。2009年中国 GDP 仅占全球的 7.97%，有勇气蚍蜉撼大树曲线救国的那么一些人，为什么没有勇气直接救中国呢?

不仅要为本国人民谋福利，而且要为人民谋好的福利。关键有两点：一是从全国范围看，内容涵盖完整全面，不仅要物质而且要精神；二是满足人民群众健康的需求、提升的需求、善良的需求，制约扭曲的需求、病态的需求、邪恶的需求。经济结构分布的演变就是要顺应和优先保障最广大人民群众的这种全面健康的发展需求，而不是为少数集团满足病态的需求。2015 年 8 月 29 日终止 1997 年刑法中的“嫖宿幼女罪”，就是对恶法的纠正，恢复对病态需求的惩罚（注：嫖宿幼女罪中幼女成为娼妓，强奸成了嫖娼）。

第7章　国家经济面向未来的时序演化

7.1　国家经济的长期演化规律

7.1.1　人类文明4时代16阶段学说和工业4阶段

7.1.1.1　现代化的4个时代16个阶段说

凭借中国人的聪慧，1933年《申报月刊》就刊出“中国现代化问题”特辑。后来，西方有更精细的探讨，认定现代化的基本内涵是指发达国家16世纪特别是工业革命以来发生的深刻变化；指发展中国家在不同领域追赶世界先进水平的发展过程。但是，这两点都是面向以往的，不是面向未来的。其实，无论是发展中国家还是发达国家都在继续发展中。新的认识是，现代化是逐波推进的。从人类诞生至今，人类文明发展可以分为工具时代、农业时代、工业时代和知识时代4个时代，每一个时代都包括起步期、发展期、成熟期和过渡期4个阶段。于是，人类文明进程就包括4个时代16个阶段。从农业时代向工业时代、农业经济向工业经济、农业社会向工业社会、农业文明向工业文明的转变过程是第一次现代化；从工业时代向知识时代、工业经济向知识经济、工业社会向知识社会、工业文明向知识文明的转变过程是第二次现代化。文明发展具有周期性和加速性，知识时代不是文明进程的终结，而是驿站，将来还会有第三次、第四次、第五次现代化等。①

7.1.1.2 工业 1.0、2.0、3.0 和 4.0 比较

以工业为基准，对人类社会发展进程有一划分②：前工业社会(即农业社会)、工业社会和后工业社会（post – industrial society)。在前工业社会中，主流劳动力从事包括农业、林业、渔业、浅表矿业在内的采集作业，主要生活是对自然的挑战。工业社会是生产商品的社会，技术化、合理化得到了推进，生活是对加工自然的挑战。后工业社会是以服务为基础的社会，最重要的因素不是体力劳动或能源，而是信息和知识。后工业社会，也称为知识社会，主要经济部门是以加工和服务为主导的第三产业，并且逐步过渡到第四、第五产业，诸如运输业、公共福利事业、贸易、金融、保险、房地产、卫生、科学研究与技术开发等。工业社会的不同发展阶段的差异比较见表 7 – 1。

表 7 – 1　工业 1.0、2.0、3.0 和 4.0 的项目比较

比较项目	工业 1.0	工业 2.0	工业 3.0	工业 4.0
经济结构	粮农纺织经济	电气产品	商品生产经济	智能服务经济
职业重心	初级操作工人	实业技术与投资	金融资本投资	技术阶层崛起

① 参见何传启《第二次现代化——人类文明进程的启示》，高等教育出版社 1999 年版。

② 参见［美］丹尼尔·贝尔《后工业社会的到来》，高铦等译，新华出版社 1997 年版。

续　表

比较项目	工业1.0	工业2.0	工业3.0	工业4.0
社会主轴	紧盯资本增值	产业规模	兼顾生产和生活	围绕知识和创新
战略资源	耕地和人口	地下矿产资源	技术知识和人力	理论知识和理念
社会目标	成为百万富翁 拥有超人地位	扩大生产规模 实现商品廉价化	加快经济增长 保护生态环境	增加人类幸福 提高生活质量

7.1.1.3　迈向工业革命4.0的现代化

现代化是针对特定时空的，不同时代，现代化的具体内容差异显著。迈向知识时代，如果我们围绕能量资源的开发与利用，大力发展重工业、石油及化学工业，我们可以超过工业时代的美国（1881—1935），却无法超越当今的美国。过了一个时期，我们又不得不重新转向、不得不重新追赶。“发达国家的今天，就是我们的明天”，过了一天之后，状况依旧，这就是战略上的失误。这种失误就是“一将无能累死千军”。

在迈向工业4.0中，人们很容易滑入狂热陷阱。中南大学黄健柏教授认为当今存在若干重大误区①：①误判工业革命的发展阶段，把导入期当作成熟期；②混淆工业革命先导产业的代际差异，把前一代的普通机器人当作智能机器人；③重点停滞在“硬”装备上，而没有转向工业4.0的智能化上；④习惯于“拿来主义”的模式照搬，不懂得智能化时代比拼的是脚踏实地的“创新”；⑤浮游于互联网消费的

①　参见黄健柏《新工业革命的认识误区及其应对战略》，《成果要报》2015年第79期。

猎奇，慢待互联网生产方式“创造性毁灭”的艰辛。如中国是世界机器人市场的最高增长点。2008 年至 2013 年，中国每年机器人进口量平均增幅达 36%。2013 年中国进口工业机器人 36560 台，年增 58%，2014 年中国进口工业机器人 57000 台，年增 54%。可是，中国能算机器人大国吗?

7.1.2 钱纳里 3 个时期 6 个阶段工业发展水平划分

美国经济学家钱纳里①认为，结构转变与人均收入有着规律性的联系。钱纳里借助多国模型将随人均收入增长而发生的经济结构的转变划分为 3 个时期 6 个阶段，其中第 6 个阶段是后工业时期，具体划分标准见表 7－2。

表 7－2　经济发展各阶段的钱纳里人均收入标准②

时期	阶段	人均收入范围标准(美元)					
		2014 年	2010 年	2000 年	1990 年	1980 年	1970 年
Ⅰ	1	940—1450	860—1300	574—1148	448—896	280—560	140—280
	2	1450—3050	1300—2800	1148—2296	896—1792	560—1120	280—560
Ⅱ	3	3050—6400	2800—5800	2296—4592	1792—3584	1120—2240	560—1120
	4	6400—12400	5800—10500	4592—8610	3584—6720	2240—4480	1120—2100
Ⅲ	5	12400—19400	10500—17800	8610—13776	6720—10750	4480—6720	2100—3360
	6	19400—29300	17800—26700	13776—20664	10750—16128	6720—10080	3360—5040

注：表中 2014 年和 2010 年的数据由笔者采用插值法估算而得。

---

① 霍利斯·钱纳里（Hollis B. Chenery，1918—1994），哈佛大学教授，著名经济学家、世界银行经济顾问，长期从事经济发展、产业经济学和国际经济学的研究，学术观点强调对结构变动制约因素的突破。

② 2000 年及此前标准引自陈元江、黄小舟《工业化进程测度指标的实证与思考》，《统计与决策》2005 年第 7 期。

后工业化[①]是相对于前工业化、工业化而言的。后工业化社会具有五大特征：①经济方面，服务性经济成为主体，大多数劳动力不再从事农业或制造业而是从事服务业；②技术发展方面，通过技术预测和技术评估来规划和控制技术的发展；③职位方面，专业和技术人员占主导地位；④理论知识成为社会中轴，成为社会革新和制定政策的主要资源，生产知识的大学、研究部门、研究中心是社会的核心机构；⑤在决策方面，后工业社会运用新的智力技术来进行决策。

表7-2中的数据显示，按照当前标准，中国处于阶段4；按照1980年的标准，中国处于阶段6。依据表中数据判断，我国偏离发达经济水平有20—30年的差距。数据显示，美国1970年就步入了后工业社会。一些人认为，中国即将步入后工业化社会，但这是用以往的指标衡量现状。世界迈向后工业社会是纵向的，并不是并列前行的。逻辑上工业化是后工业化的必要基础，没有工业化的支撑，后工业化就是空中楼阁。但是，是否任何小国都需要充分工业化才能迈向后工业化，或者任何国家都必须充分工业化才能进入后工业化呢？如果只能这样，那就没有弯道超车了。工业化不是一成不变的，而是具有时代特性的。当今中国已经工业化，在此基础上实现后工业化是我们应该努力的方向。

---

① 1973年由美国社会学家丹尼尔·贝尔提出。丹尼尔·贝尔（Daniel Bell，1919—2011），犹太人，是当代具有宏达视野的体系构建者，1974年全美十大最具影响力思想家、社会学家，主要代表作包括《意识形态的终结》《后工业社会的来临》《资本主义文化矛盾》。1967年，他就预测到互联网时代的到来。

7.1.3 世界经济要在破解问题中实现文明发展

7.1.3.1 明天绝非全部茫然或可准确预期

研究未来是为了面对社会发展的不确定性。未来学绝不是虚无缥缈的，而是以历史及文化的发展作为参考，对事件发展作出的合理推断。约翰·奈斯比特《大趋势》[①]、丹尼尔·贝尔《后工业社会的来临》、威廉·怀特《组织的人》[②]、阿尔文·托夫勒《未来的冲击》[③]等，经过数10年的检验，证明他们确实“能够准确把握时代发展脉搏”。人们绝不可低估先见者的力量，深邃的思想可以穿越时空而精准把握未来的发展大道。这与浅薄到只有触感不同，也与只顾当前不一样。对于普通人，认真研究未来至少可以降低产能严重过剩的巨大耗损。

明天到底如何，明天到底应该如何，不仅有全球性趋势预期，而且有现实的切入点。破解当前的问题，特别是困扰全局的重大矛盾，社会就会文明发展，经济就会健康成长。这就是问题驱动改革，社会压力驱动改革，并且是正确的改革方向。

---

① 约翰·奈斯比特（John Naisbitt），代表作《大趋势》（1982）和《亚洲大趋势》，面对变化是一个永恒的定量，提出“只有对于事物的变化发展具有前瞻性，并能在人们普遍认为不可能成功时依然坚信会获得成功的人才能成为成功人士”的新人类观，归纳出五大成功素质——前瞻性与乐观主义；热爱变化，易于变革；珍视企业精神；寻求平衡和发展；个人的领导才能。

② 威廉·怀特（William H. Whyte，1917—1999），美国著名社会学家，《组织的人》（1956）揭示住宅、停车、院落和公共空间布局是社会发展的关键因素，可以促进或阻碍社会交往、表达友善。

③ 阿尔文·托夫勒（Alvin Toffler，1928— ），美国著名社会思想家，代表作《未来的冲击》（1970）、《第三次浪潮》（1980）、《权力的转移》（1990）、《财富的革命》（2006）。

7.1.3.2　世界经济需要化解矛盾、实现文明发展

世界经济中最主要的矛盾是南北经济差距。罗伯茨·迈克尔在《繁荣背后的矛盾》中指出，世界经济复苏并没有给工人带来就业的增加和收入的增长，世界经济内在的结构性矛盾仍在深化——食利性的金融部门仍在制造巨大的金融泡沫并仍在加深对世界特别是发展中国家生产性部门的掠夺。[①] 经济全球化，并不能改变资本主义经济的基本矛盾，而是扩大资本主义的发展空间，把国内矛盾转移到国外，把发达国家之间的矛盾转移到发展中国家，提高发达国家对发展中国家的经济利益攫取程度，使得南北经济差距的矛盾进一步加深，2014年世界经济的Gini系数提高到75%。世界贫富差距的矛盾，主要表现在国家之间，其次才是国内各阶层之间。这种对发达国家锦上添花、对贫穷国家雪上加霜的世界经济格局是从1981年里根上台后开始的，无论从道义上还是从经济结构优化上，世界经济格局都必须变革了。

7.1.3.3　新的技术平台推动世界经济文明发展

新的技术平台，将演化出新的经济形态，这是已经被历史反复证明了的规律。在互联网+智能化的技术平台上，财富将呈现前所未有的流动性，成功与失败将呈现前所未有的紧贴程度。智能生产能力的提升和完善将使得人们的基本物质生活需求可以得到充分满足，甚至全部正常的生活需求都可以得到充分满足，私人占有物质财产不再是社会地位的标志而变成累赘。这种情况下，拥有物质财富的价值将日

① 参见张学全、黄勇《世界经济复苏背后的矛盾》，《国外理论动态》2005年第1期。

益降低，对物质的无限追求不再是唯一的动力，甚至不再是主要动力。在新技术平台下，服务性、支持性经济将成为经济的主体，人们主要生产智力产品，自主的差异化精神产品有了更多的消费人群。人们开始按照自己的意图生产产品，不仅创造价值而且丰富自身的生活，劳动已经不再是煎熬而是享受。在新技术平台下，社会分工是协作的需要而不是地位的差异，社会主义思想不断得到验证，人们逐渐摆脱功利主义。自私不会增加什么利益，思想道德境界开始大幅度自发提升。

7.1.4 世界产业结构的长期历史演变与趋势

7.1.4.1 工业革命是世界经济史上划时代的标志

2015 年，国际计量史学披露，工业化是人类历史上最重大的事件，人类历史只有工业革命前后的区分。工业革命前后，人类生活方式、社会结构、政治形态以及文化内涵都发生了本质性大变革。在工业化之前，生产率几乎不变，自然灾害或战争导致人口死亡，继而人均收入增加，为下一轮生育率上升、人口增长提供条件；可是，人口增长后，人均土地和人均收入又会减少，生存挑战越来越大，进而导致战争或瘟疫发生，并使接下来的人口又减少，如此反复循环。工业化打破了这个循环，工业化使得创造生产资料成为最重要的经济活动，生产力得以不断发展，资本有机构成提高，“迂回生产”成为普遍现象，不断积累财富。[①]

---

① 参见李扬《全部经济学因为互联网都要重写，中国经济学家有望领先世界》，《中国经济学人》2017 年第 4 期。

7.1.4.2　世界产业结构的长期历史演变

从原始社会到农业社会、工业社会、信息社会、智能社会，全球产业结构大幅演变，从经济构成看，新时代有新的主导经济，见图6-3。

图6-3显示，新经济比重是不断提高的，直到更新的经济时代到来。从原始社会、农业社会到工业社会，物质性经济都占主导地位。原始社会主要生产自然食物，农业社会主要生产人工食物，工业社会则主要生产吃、穿、住、用、行各种物质产品。这三个历史时期，物质经济从个别到片面再到全面，再往后物质性经济的剩余发展空间会越来越小，新的经济发展空间必然不再属于物质领域而转向精神领域了。从五个世界构成的角度看，未来经济的主导领域一定是客观精神世界的知识经济和主观物质世界的虚拟经济。知识经济和虚拟经济现在处于逐渐展开的阶段，当今呈现的是新经济的前奏和序幕。

7.1.4.3　自动化、数字化、智能化的生产趋势

未来经济，小型化、精准化、特色化将成为生产技术的发展主流，使得个人、团伙、小组等具有自我满足的生产能力。自动化、数字化、智能化的生产方式，普及绝大多数的重复性生产环节，剩下的劳动都是创造性的，使得人们的智力劳动和体力劳动之间的差异日益模糊而逐步消失。创造性的劳动成为一种令人兴奋的享受而成为人们的第一需要。物质生产是全部生产活动的一小部分，人们更多地从事客观精神和主观物质领域中的生产活动，也就是主体经济领域转向科学技术探索和虚拟经济活动，智力劳动成为主流，普通的生产活动则基本上由机器替代了，基本上实现了自动化、数字化、智能化。甚至医疗诊断、照顾老人生活、做饭炒菜等日常活动，都可以用智慧机器来替代，并且可以达到很高的技术水平。

7.1.4.4 人性化、健康化、个性化的消费趋势

个体消费的最终取向将发生重大转变，人们将从注重可比较的消费品转向不可比较的消费品，如美食、豪宅等都可以轻易获得而不再成为人们主要追求，人们将更多关注自己的独特爱好和差异化追求，如书画、音乐、娱乐、鉴赏等。社会不再有相互跟风的消费潮流，人们将按照自己的个性生活，人性道德空前提高，扭曲人性的病态需求失去生存空间，不会被社会接受，更无人羡慕。个性的强化、文明的自觉，让每个人都能抵抗住病态诱惑。对物质不再无限追求而不断增加精神享受，并在全面健康的合理追求中不断自我提升。人的全面健康发展与社会全面文明发展协调同步，形成相互促进的良性循环。

7.2 第四次工业革命的主要内容和推动力

依据不同来源的资料，综合后可勾勒出第四次工业革命的内容框架。在启动阶段，就把握第四次工业革命的全貌或许依然有很多困难，但了解其框架是有可能的。

7.2.1 第四次工业革命以及工业版本

7.2.1.1 第四次工业革命的工业版本说

进入电子时代，版本概念深入人心，人们也采用版本来描述工业跃升的历史演变。从而认为工业革命经历了1.0、2.0和3.0，现在走

向工业革命4.0，见图7-1。

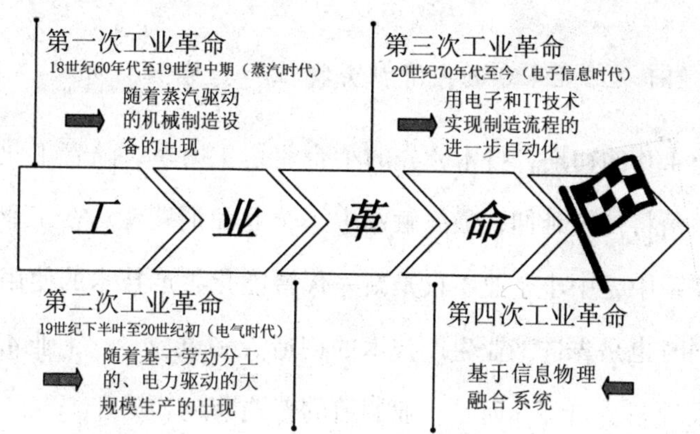

图7-1　工业版本与工业革命

工业4.0（Industry 4.0）是2013年4月汉诺威工业博览会上德国政府正式推出的，旨在支持工业领域新一代革命性技术的研发与创新，提高德国工业的竞争力，在新一轮工业革命中占领先机，是《高技术战略2020》中十大项目之一。

7.2.1.2　工业4.0战略的技术路线

工业4.0是第四次工业革命的核心，是以智能制造为主导的，智能制造是革命性生产方式的变革。工业4.0战略的技术路线是充分利用信息通信技术和网络空间虚拟系统，即采用信息物理系统（Cyber-Physical System）相结合的手段，推动制造业向智能化转型。工业4.0的基本模式是由集中式控制向分散式增强型控制的转变，目标是建立一个高度灵活的个性化和数字化产品与服务的生产模式。在这种模式下，传统的行业界限将消失，并会产生各种新的活动领域和合作形式，创造价值过程将有别于以往，产业链将再次分工并重组。

7.2.2 第四次工业革命的愿景、主题和关键

7.2.2.1 工业4.0的经济社会特征和趋势

工业4.0的初期，技术领先的小企业是主力军，随着工业4.0的深化，触角将持续延伸，最终触及中小企业和消费者。在工业4.0智能制造体系中，中小企业不仅是新一代智能化生产技术的使用者和受益者，同时也是先进工业生产技术的创造者和供应者。工业4.0不是个别耀眼的制造典型，而是工业制造的普遍跨越和提升。

7.2.2.2 工业4.0的愿景和主要价值

工业4.0的愿景是智能化，见图7－2。

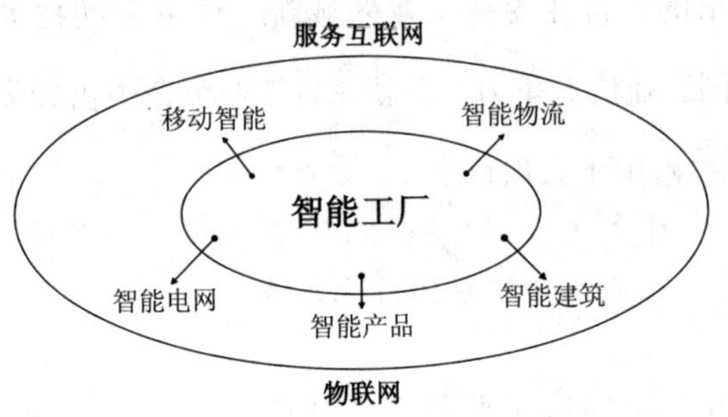

图7－2 工业4.0的主要愿景

工业4.0具有巨大的价值，主要包括满足用户的个性化需求、灵活性、优化决策、资源生产率和效率，以及通过新的服务创造价值机遇、应对劳动力人口结构变化、生活和工作的平衡、拥有竞争力的高工资经济等。

7.2.2.3 工业4.0的两大主题、三项重点和八项关键

工业4.0有两大主题，一是“智慧工厂”，即智能化生产系统以

及网络化分布式生产设施的实现；二是“智能生产组织”，主要涉及企业界生产物流管理、人机互动以及 3D 技术在工业生产过程中的应用等。围绕两大主题，产生三项重点。通过价值网络实现横向集成，工业端到端数字集成横跨整个价值链，以及垂直集成和网络化制造系统，见图 7－3。要实现工业 4.0 的目标有八项关键。标准化和参考架构、复杂系统的管理、全套综合的工业宽带基础设施、安全和安保、工作的组织和设计、培训和持续的职业发展、监管框架，以及资源效率。对我国而言，首先要回归到基础性的标准化、工作组织和产品可用性等方面来，让工业 4.0 走正道，不走歪门邪道。

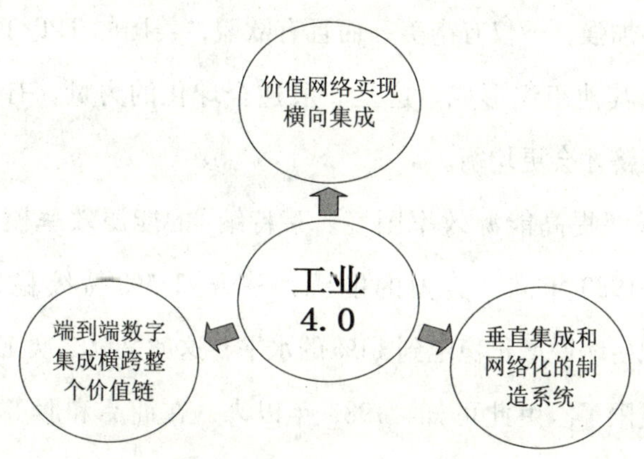

图 7－3　工业 4.0 的核心特征

7.2.3　第四次工业革命的五个主要驱动力

世界经济往何处去，明天应该如何？只有面向未来，才能走向正确的远方。如果我们看不到远方，我们就会迷失前进的方向。第四次工业革命的一些关键要点已经呈现出来，它们能够成为持续推动第四次工业革命的力量。

（1）为知识的共享、创新和发展提供一个新兴的分配与合作平台。在后工业化时代，网络与市场展开激烈的竞争，开放性共同体正在挑战独占性商业运作。如 Linux 开放共享操作软件正在替代微软的商业软件，Google、IBM、美国邮政、康诺克等商业巨头都加入了 Linux 的行列。维基百科英文版有 350 万个编辑参与、数万人为之校对事实和参考文献，是大英百科全书编辑人数的 30 倍，而且查阅维基百科比大英百科全书更方便。①

（2）形成市场分散化的力量。南美国家从 1969 年开始，致力于南方共同市场建设，范围逐步扩大。2008 年 5 月，南美国家元首在巴西利亚签署《南美国家联盟组织条约》，成员国一致同意建立南美议会，发放统一护照，发行统一货币，并争取 2014 年形成统一市场。②局部市场的加强，不仅有南美，而且有欧盟，美国的 TPP/TTIP 也是，以后还会有其他组织形成。这是一股逆全球化的力量，有了这股力量，全球经济才会更均衡。

（3）破解提高能源效率困境。莱特纳③的能源效率模型研究显示：1900—1980 年间，美国的能源效率从 2.5% 持续稳定提高到 12.3%，此后缓慢增长稳定到 14% 的水平，这就是第二次工业革命的能源效率极限了。由此可知，1980 年以来，在商品和服务生产过程中，86% 的能源被浪费了。对于工业化国家的实际经济增长，经济学家发现，人均资本只能解释经济增长的 14%，而剩余的 86% 却无法解释。索洛④将这 86% 称为“对我们无知的一种度量”。一旦热力效率维持稳定状态，经济活动所产生的熵就会急剧增长。能源效率能提升到什么程度呢？目前电力生产和传输系统的热力效率为 32%。一般

① 参见［美］杰里米·里夫金《第三次工业革命》，张体伟、孙豫宁译，中信出版社 2012 年版，第 119 页。

② 同上书，第 183 页。

③ 约翰·莱特纳（John Leitner）是美国节能委员会委员。

④ 罗伯特·索洛（Robert Merton Solow，1924. 8. 23—　），美国经济学家，主要学术贡献是新古典经济增长模型（Neoclassical），1987 年获诺贝尔经济学奖。

认为，未来50年，能源效率可提升至40%。

（4）绿色电源、智能电网是新兴经济的支柱。在地理分布上分散生产和消费的智能电网，形式上类似互联网，集中式电厂和电网是主干电网，不可或缺，更小、更清洁的分散化微电厂是现有电网的延伸，大小互补构成更高效的智能电网。光伏发电的成本有望每年下降8%，太阳能和风能发电设备正沿着个人电脑及互联网用户增长的轨迹发展。太阳、风力、水力、地热、海洋潮汐、生物残留物等蕴含着巨大的能源潜力。

（5）新兴产业占比增大、就业容纳更高。新兴产业是引导发展方向的力量，尽管当前占比不大，同等资产下的就业容量却很大。德国可再生能源占能源总量的10%，2003年传统能源业提供了26万个就业机会，2007年可再生能源产业提供了24.93万个就业机会。西班牙可再生能源提供了18.8万个就业机会，是传统能源产业提供就业机会的5倍。美国风能发电仅占美国能源总量的1.9%，煤炭占44.5%，两者都创造约8万个就业机会。美国政府只需投入160亿美元引导全国电网智能化建设，就能带动640亿美元项目投资，创造28万个就业机会。美国忧思科学家联盟估计，美国公共事业公司的发电量和销售量年增长通常在1%—2%间，如果联邦政府要求公共事业公司发电量中的25%来自可再生能源，就能新增近30万个就业机会。建设一座核电站只需要2400名建筑工人，完工后只需要800名全职员工负责运行。数据显示，新兴产业不是资本密集的而是就业密集的。

7.2.4　第四次工业革命的基础性力量是能源变革

第四次工业革命的五大支柱是：①向可再生能源转型；②每一建筑都转化为微型发电厂，就地收集可再生能源；③利用氢或其他储能技术，把间歇式能源储存在建筑和基础设施中；④利用互联网技术，构建形成各大洲能源共享网络、内部局域网和洲际网；⑤运输工具转向插电式或燃料电池车。

7.2.4.1 关于热力学定律

爱因斯坦提出：“一种理论的前提越简单、涉及的内容越纷杂、适用的范围越广泛，它给人们的印象就越深刻。因此，经典热力学给我们深刻的印象。它是仅有的具有普遍意义的物理理论。我确信，在其基本概念所适用的范围内，它是绝对不会被推翻的。”索迪将热力学定律引入经济学中，他告诫经济学家，热力学定律“最终控制着政治制度的兴盛和衰亡，国家的自由与奴役，商务与工业的命脉，贫困与富裕的根源，以及人类物质财富的总量”①。

7.2.4.2 关于物质转换的一些能源效率数据

所有物质都是能量转换的产物，如畜牧生产中，牛排是吸收环境中能量而形成的。一旦牛排被食用，能量就会被人体吸收，最终以废弃物的形态重归自然。每生产 1 磅牛排需要消耗 9 磅饲料。畜牧养殖业所排放的温室气体占温室气体排放总量的 18%，畜牧（主要是养牛）所排放的 CO_2 占人类活动排放总量的 9%，N_2O 占人类活动排放总量的 65%（N_2O 的温室效应是 CO_2 的 300 倍），畜牧所排放的沼气占人类活动排放总量的 37%（沼气的温室效应比 CO_2 高 23%）。据专家测算，肉类蛋白质以谷物作为饲料的转化率是 20%，豆类是 10%，

---

① 索迪（Frederick Soddy，1877—1956），英国物理学家和化学家，1921 年获诺贝尔化学奖。1910 年提出同位素假说，1913 年发现放射性元素位移规律，“Matter and Energy (1911)”将热力学定律引入经济学中。尼古拉斯·乔治库斯·罗根“The Entropy Law and The Economic Process”（1971），赫尔曼·戴利“Toward a Steady State Economy”。

蔬菜是7%。当前世界谷物生产总量的1/3被用于饲料，而非直接食用。当极少数富人在生物链顶端穷奢极欲的时候，数以万计的穷人却不得不面临营养不良、饥饿和死亡的威胁。①

在生态系统中，一切都是有序运行的，能量流动方向恰恰相反，是从有序向无序方向演进的。从热力学角度看，生物是不均衡的热力学系统，每个生物的生存和成长，必须从环境中持续摄入能量、汲取负熵，从而导致环境总熵值增大。根据化学家米勒的统计，在生物进食的过程中，"80%—90%的能量被浪费掉或以热的形式散失到环境中"，在一个由草、蚂蚱、青蛙、鳟鱼和人组成的简单生物链中，"一个人为了生存每年要吃300条鳟鱼，鳟鱼要吃9万只青蛙，青蛙要吃2700万只蚂蚱，蚂蚱需要吃1000吨青草"②。

7.2.4.3 从热力学看经济活动

根据热力学定律，经济活动是从环境借用低熵的能源并将之转化成为产品和服务，这个过程是暂时的，是以降低其所依赖的能源效应等级为代价而创造出暂时价值的过程。经济活动只是从自然资源和物质储备中借用能量，而不是凭空生产的。如果借贷速度远远大于生物圈的恢复速度，散失到环境中的能源就比生产出的产品和服务中所含的能源大得多。同理，GDP是以可利用能源资源的消耗和热力学废物的增加为代价的产物，GDP只是一个暂时内嵌在产品和服务中能量大小的度量。钢铁制品、铝制品经过一定时期后就会氧化，以松散的分子形式散失到周围环境中，成为熵流的一部分。推而广之，每个文明都会不可避免地从自

① 参见［美］杰里米·里夫金《第三次工业革命》，张体伟、孙豫宁译，中信出版社2012年版，第210—212页。

② 同上书，第209页。

然界中攫取更多的能量，以维持自身的生存与发展，当攫取能力增大以致超出生物圈循环分解废弃物和补充能量恢复自然平衡时，超出部分就是对地球涸泽而渔的一个过程，熵的大规模积累就会造成环境的恶化和经济体制的灭亡。这就要求我们自我制约，择优消费模式，适应自然界循环的客观要求，以可持续的方式在地球上繁衍生息。

7.3 第四次工业革命的产业体系新模式

7.3.1 化石能源时代的工业特征

7.3.1.1 能源决定文明

一般认为，能源、材料和信息是人类文明的三大支柱，三者之间是相互关联的，其中能源具有决定性作用。进一步提炼可知，能源机制塑造了文明的本质，决定了文明的组织结构、商业和贸易成果的分配、政治力量的作用形式，指导社会关系的形成和发展。

森林能源对应于原始社会和农业社会。在森林能源条件下，薪材供给制约着人口密度的提高。在森林能源时代的后期，人口数量还没有成为破坏自然的力量，人们认为自然是取之不尽、用之不竭的，只有人类通过劳动将自然转化为生产性资产，自然才体现出价值。就如洛克[①]所言："一个人基于他的劳动把土地划归私有，并不减少而是增加了人类的共同积累。因为一英亩被圈用和耕种的土地所生产的供应

① 维基百科：约翰·洛克（John Locke，1632. 8. 29—1704. 10. 28），英国哲学家。在知识论上，是经验主义三个代表人物之一，并在社会契约理论上作出重要贡献。

人类生活的产品，比一英亩同样肥沃而任其荒芜不治的土地要多收获 10 倍。所以，那个圈用土地的人从 10 英亩土地上所得到的生活必需品，比从 100 英亩放任自流的土地所得到的要更加丰富，真可以说他给了人类 90 英亩土地。”当前薪材消耗量为 15.5 亿立方米，占世界木材总消耗量的 1/2，约 15 亿人口的主要生活能源依然靠薪材。[①] 这个时代，能源是分散的，能源的使用也是分散的，不需要中央集权来控制，社会治理相应地有一定的分散度。

7.3.1.2　化石能源时代加强集权政治力量

化石能源，也称为“精英能源”。化石能源出现在特定的地域，需要政府动用武装力量来占领矿源，通过地缘政治的持续运作来确保安全。化石能源的开采、加工和运输，还需要中央集权自上而下的命令与控制体系和巨额的资本。化石能源时代，至关重要的是聚集资本的能力。现代资本主义的核心是对资源开采与利用体系的有效运作，同时，高度集中的能源基础结构，反过来又为其他产业的发展创造了条件、提供了样板。[②] 1891 年美国铁路七巨头占有美国铁路市场的 2/3。宾夕法尼亚铁路公司是七巨头之一，拥有 11 万雇员，同时期美国军队服役人数 39492 人。1893 年宾夕法尼亚铁路公司年度预算为 9550 万美元，是美国政府公共预算的 1/4；年度收入为 13510 万美元，联邦政府的总收入是 38580 万美元[③]，联邦政府收入/GDP 为 2.5%。数据检索显示，2015 年联邦政府收入/GDP 为 22.4%，可见，政府的经济力量是呈现长期提高趋势的。

---

① 参见黄枢《森林能源与人类文明》，《森林经济》2007 年第 1 期。

② 参见［美］杰里米·里夫金《第三次工业革命》，张体伟、孙豫宁译，中信出版社 2012 年版，第 109—110 页。

③ 同上书，第 111 页。

7.3.1.3 化石能源时代繁荣经济

无论是煤炭或者其他原料的开采和运输，还是工业制成品由制造商到批发商再到零售商、消费者的运输，在煤炭和蒸汽动力以及现代通信的合力推动下，供给链上每个环节都在加速，使得时间和空间距离持续缩短，集约化生产的规模经济效应使生产成本不断降低，通过供给链把利益传导到最终消费者手中。廉价商品的大规模供给带动消费的增长，反过来又驱使企业生产更多物美价廉的产品，从而形成生产与消费循环促进的经济繁荣。

7.3.2 从集约化生产体系重返分散化生产体系

7.3.2.1 从集约化生产体系转向分散化生产体系

工业化以来，产业技术的基本发展方向是大型化、集成化、规模化。这一技术方向，使得生产成本大幅度降低，同时，使得资源配置成本、交通运输成本、产业平台建设成本等一系列隐性生产成本不断扩大。这一技术发展方向已经靠近终点，进一步提升的空间有限，技术发展方向必然发生转折。第四次工业革命，首先就要变革前三次工业革命的极端全球化之路，向本地化方向做合理回归，分散化、个别化、特色化的生产方式将成为新的技术变革潮流。工业时代只有大型基础性产业技术，才能经历漫长的渗透过程而成为全球的主导。在互联网新时代，技术扩散成本大幅降低，哪怕是有效的特色小技术，也能快速普及。互联网新技术平台，使得生产体系的小型化成为可能，第四次工业革命，就是要扭转一地集约化生产全球消费的模式，而重返当地生产当地消费的分散化模式。

7.3.2.2　第四次工业革命的发展路线

全球化发展到极端，就不再能主导趋势，本地化将逐步兴盛起来。社会发展不再以经济为中心，而是以提升国民生活为中心；生活的重心不再强化物质消费，而是强化精神享受。价值创造不再总是通过延长生产链来逐次增值，而倾向于通过缩短价值链来节约成本。由于全球资源配置集约化成本高昂，全球化也要由以生产为中心的资源配置转向以信息和技术为中心的资源配置。全球化不是只有贸易，还有人员、文化、技术、知识等，如钢铁生产中心在中国而研发中心在欧美。那种认为抵制扩大贸易就是违背全球化趋势的观点，是极其片面的、浅薄的。如果生产配置全球优化了，国际货物贸易数量增速将趋缓。

7.3.2.3　第四次工业革命的主流成长领域

就当前科学技术而言，最有可能引发第四次工业革命的发现、发明和应用将发生在生物科技、基因科技和医药研制上，它们将改善人类的体质并延长人们的寿命。知识经济、虚拟经济等主观物质领域和客观精神领域的经济，在未来的日常生活中将扮演更加重要的角色，这些领域将成为未来经济的超级大道，成为世界经济的主流。主观物质领域和客观精神领域的经济，一是几乎无碳的，二是新兴的，三是提升人类精神世界的。比较以往的经济，新的经济领域具有数量级上的扩大，工业经济与农业经济之比为十数倍，新经济的全部空间至少是当今经济全部的数十倍，甚至数百倍。新经济具有更加巨大的潜在发展空间，其中数字经济就是一个先导成长点，人们估计将创造利润的70%。因此，不占领新经济空间就不能进入未来世界经济的主流，就永远完不成现代化建设。

7.3.3 第四次工业革命对世界经济格局演化的展望

第四次工业革命后的世界经济格局会如何？展望的路径有两个方面：一是历史比较，二是前兆展望。

7.3.3.1 前三次工业革命推动物质繁荣分化世界经济

第一次工业革命，由瓦特改良蒸汽机的技术革命引发从手工劳动到动力机器生产的重大飞跃，从英格兰传播到欧洲再到北美，与资本主义共生发展，成就英国的绝对霸主地位。第二次工业革命，1870 年后，科学活动不再是个人主观偏好而是工业生产改进的系统性需求，以大批量生产领域为主，美国领先而部分替代英国的地位。第三次工业革命，从 1950 年开始开创了信息时代，美国又一次领先全球而成就当今霸主地位。

前三次工业革命是机器替代人的肢体能力的三个阶段，是同一方向上不断深化的技术演进。从经济角度看，三次工业革命不断加速提升物质生产力，当今的生产效率是以往任何时候都无法比拟的。从社会角度看，资本主义制度逐步确立、改善和发展，没有在工业革命中灭亡而是在工业革命中改良，表现出更加强大的竞争优势，导致世界经济大分化。具有领先优势的形成第一世界，滞后的形成第三世界，介于两者之间的就是第二世界，工业革命与国家地位紧密相关。一个国家在某一阶段领先和具有最终竞争力，就在那个阶段进入第一世界，衰退了就进入第二世界或第三世界。如 1950—1980 年间的苏联就属于第一世界，现在的俄罗斯退至第二世界。

7.3.3.2 需要破解前三次工业革命积累下来的困境

前三次工业革命，虽然促进了社会进步，但是这个进步不是均衡的、全面的，而是扭曲的，造成了全球贫富差距的扩大，社会后果是不够文明的。特别是1980年后自由资本主义思潮重新抬头，导致当今世界贫富差距急剧拉大，世界各国人均GDP的Gini系数升至81.7%。前三次工业革命主要繁荣物质生产，而今正在加剧人与自然的矛盾，包括能源瓶颈、资源消耗、环境代价、生态成本，以及由此引发的全球能源和资源危机、全球生态与环境危机和全球气候变化危机等诸多问题。

7.3.3.3 第四次工业革命不是再提升而是时代大转折

第四次工业革命的前进方向不再是前三次工业革命的物质生产力大扩张，而是发展低碳经济和无碳经济，要创造绿色财富而不是黑色财富，保护生态环境成为发展的前提。实物经济规模膨胀不再是中心，努力的方向是大幅提高资源利用效率、降低污染排放，让经济增长摆脱对不可再生资源的高度依赖，大幅降低CO_2等温室气体的排放。前三次工业革命以突破自然约束的方式，扩展改造世界的能力；第四次工业革命以主动接受自然约束及其他制约条件的方式，开拓更大的发展空间。这些方面都已初露端倪，如资源节约型和环境保护型社会建设。第四次工业革命是前所未有的，是前进方向上的大转折。

7.3.4 第四次工业革命的主要经济特征展望

7.3.4.1 第四次工业革命是智慧替代资本主导发展的智力大解放时代

第四次工业革命，是创造智能价值的工业革命。结果会怎样呢？未来学家预言，智慧价值将前所未有地展现出来，物质文明将比前三次工业革命达到更高的水平，精神产品将极大地丰富人们的生活，科学技术不仅是社会化大生产的需要，而且是人们生活的需要，社会财富更容易集中到少数高度智慧者的手中。换言之，第四次工业革命不再是资本主导，而是智慧主导。第四次工业革命必然导致物质文明，却不一定会导致社会文明。如果由文明境界高的智慧者来主导，就有可能推进大同社会的到来，就会有更多的社会主义甚至共产主义的成分。如果由卑鄙无耻的智慧者来主导，则可能更快速地导致更大的贫富差距，甚至导致人类进化的分层。在第四次工业革命中，社会文明同样需要物质的有效支撑，却不再由物质决定，社会文明一定要有另外的力量来促进。如果社会文明不能主导社会发展，资本主义依然是主流，可以预期第四次工业革命后的世界经济将比现在的差距更大，贫富差距的矛盾也会变得更大。在第四次工业革命中，社会全面文明的力量更加重要了，人的全面健康发展更加重要了，社会与人更加需要协调同步发展。

7.3.4.2　第四次工业革命导致世界经济再次大分化

第四次工业革命同样会导致世界经济进一步大分化。工业革命提高了财富的创造效率，资本主义百年时间创造的财富比以往千年创造的财富都要多。前三次工业革命，一次再次的技术革命，导致一次比一次更大地有提高生产效率，一次比一次有更高的社会分化。第四次工业革命的先导科学技术革命，也必然自发导致未来的世界经济以更快的速度进一步大分化。如果继续以市场机制主导社会变革，随着世界大分化不断加深，就会形成从先进到落后的一字长蛇阵，形成相互拖滞的格局，即使从世界霸主攫取全球利益看，也缺乏攫取肥厚利益的足够空间，让贫者更贫，却不能让全球经济全面繁荣。因此，第四次工业革命的社会基础，将不再从猎取他国利益出发而是从扶持他国利益出发，第四次工业革命的科学技术革命，将不再是加剧全球分化的技术革命，而是转向全球协作同步发展的技术革命。

7.3.4.3　第四次工业革命中世界各国依然面临竞争

尽管世界经济有必然的发展方向，各国基础有高低，启动有先后，前进速度有快慢，走的路也有正确和错误，最终一些国家顺应形势走到前面，一些国家故步自封落在后方。已有的征兆显示，第四次工业革命中，美国依然有先见之明，沿着预期正确方向前进，德国会稳步推进，欧洲和韩国也会紧随其后。日本的变数很大，一方面有长期的积累，另一方面有传统高端产业的沉重包袱。日本是一个吝啬的国家，舍不得已经取得的优势，所以更大的可能是日本还会失去许多年。尽管弱小国家开拓新世界很困难，但是第四次工业革命与以往的前进方式不同，弯道有很多，超车机会也有很多，依靠智慧就能做到“蛇吞象”。从以往的社会实践看，克服自然约束，以色列就成为领先国家。未来科学技术将进一步提高，资源的约束力将进一步放松，以弱胜强、以小搏大的机会就更大。尽管小国可以寻求“以奇胜”，小国却没有办法实现“以正合”，无论如何，小国的制约比大国多，小国的反操控比大国难，主导世界的一定是大国而不会是小国。

中国对新趋势从来不缺乏高瞻远瞩，中国也不缺乏创新潜力，中国的问题主要不是看不看得见而是做不做得到。不克服严重的产能过剩，创新驱动发展就没有足够的资源；要克服产能过剩，就得勒紧裤带过很长时间的紧日子，就会出现严重的社会政治问题。不打破既得利益集团格局，问题就无法驱动改革，改革有可能继续扩大问题；致力于打破既得利益集团格局，反扑的力量会很强大，政治斗争必然很激烈，社会震荡也就不可避免。更具体些讲，发展粗放型经济的经验与发展绿色经济的素质要求完全不同，干部能顺利替换吗？能正确替换吗？中国现在存在的问题，比1990年的日本严重得多，率领中国成功走向第四次工业革命是伟大的事业，需要伟大的领袖。

7.4 第四次工业革命的智慧经济实现步骤

在第四次工业革命到来之际，如果我们领先一步，就有可能步步领先。如果犹豫徘徊，历史就会重演。

7.4.1 紧盯智能化方向和战略数据资源

发展有自身的逻辑。为什么服装业的奢侈品都在意大利和法国？从文艺复兴→宗教革命→启蒙运动→航海运动→科学革命→工业革命→资产阶级革命的顺序路径看，整个现代世界来源于这个文艺复兴！意大利和法国是文艺复兴的发源地，他们有领先的基因。第四次工业革命的基因是什么？答案是：智能。

7.4.1.1 第四次工业革命的核心是智能化

第四次工业革命的最大特征是智能化。前三次工业革命的技术方向是替代和增强人的运动能力，动能化是始终一贯的过程。第四次工业革命的技术方向是替代和增强人的思想能力，智能化将是全部过程。智能化技术是通信和信息技术、网络技术、行业技术、控制技术的集成应用。智能化有两个基本方向，一是客观精神化，就是认识世界、探寻规律、提高感知能力；二是主观物质化，就是呈现意识、实现意图、提高决策能力。智能化的主体功能是学习、适应、分析、计算、比较、判断、联想等，这些功能从少量到多数被人造物替代的过程，就是智能化。在智能社会中，人们的智力活动得到辅助系统的支持。

7.4.1.2 智能化时代数据是最重要的战略资源

智能化时代，万物皆数。反过来看，数即万物，数据就是全部资源。智能时代一定就是数据时代。专家认为，未来商业价值的70%将来源于数据，数据成为最重要的战略资源。对于企业而言，获取用户特征数据，就能精准定位市场，就能正确决策经营，就能保障可靠的商业利益。开发数据资源和经营数据资源的前提是拥有数据资源、控制数据资源和挖掘数据资源。数据是智能社会中最重要的战略资源。

7.4.1.3 算法和模型是智能化时代的通天大法

数据本身拥有价值，但是商业价值却并非就是数据。如同工业经济价值来源于矿产，但是全球矿产价值仅占工业增加值的3.5%。同理，从数据中创造商业价值，价值基础是数据，但是对数据的加工才能创造出主要的商业价值。类比矿产，数据的直接价值就如低品位矿，需要探采选冶的加工过程，对数据进行选取、清洗、挖掘、分析、加工，才能形成商业价值。对数据的增值加工过程，最基本的手段一是建模，二是计算。建模就是人们的认识数据和模型的结晶，计算就是实现数据价值的规则手段。在智能化时代，建模和计算是从数据中创造商业价值的主渠道，是通天大法。

7.4.2 从概念经济到算法经济和模型经济

从智能化角度看，我们已经跨过模糊的阶段，进入具体可操作阶段，数据价值挖掘、算法和模型构建等，就是我们当前认识到的并且已经展现价值的智能经济活动。

7.4.2.1 人工智能的三次浪潮

2016 年是中国人工智能元年，机器人大量进入生产领域。从全球范围看，这已经是人工智能的第三个浪潮了。1956 年达特茅斯会上，一批获得图灵奖、诺贝尔奖的科学大家，包括麦肯锡、明斯基、香农等数学家、计算机专家、通信专家，共同提出人工智能的概念。有了人工智能概念后，产生了神经网络算法，形成逐步增强的人工智能浪潮。第一次浪潮伴随《数学原理》得到算法证明，在 1970 年达到顶峰。让人工智能的神经网络具备历史记忆的功能，就有了 1984 年第二次浪潮。主要推动力是霍普菲尔德网络。神经网络算法本身的局限让人工智能沉寂许多年，以 Alphago 完胜围棋冠军李世石为标志，2015 年人工智能再度成为社会焦点，人工智能的第三次浪潮产生了。

7.4.2.2 人工智能的第三次浪潮特征

第三次浪潮以移动互联网为技术平台，以深度神经网络、大数据、云计算后台等为运算方法，涉及社会经济的各个方面。与个别智能应用的第一次、第二次浪潮不同，人工智能第三次浪潮是全局性的，大有主导未来经济技术主流的气势。第三次浪潮要实现人机信息沟通无障碍，人与人之间通过机器就能够克服语言障碍。

（1）人工智能不断提升层次。从计算智能（机器人能计算和存储）提升到感知智能（机器的视觉、听觉可以超过人工）和认知智能（未来的核心）。

（2）人工智能能够超过多数人的智能水平。人工智能在学习了顶尖专家的知识之后就能达到一流专家的水平，超过 90% 的专业人士，以后可以更高。

（3）大量的工作岗位将被机器替代。《科学杂志》2016 年预测，2045 年全球将有 50% 的工作岗位由人工智能的机器来替代，在中国这个数据是 77%。

（4）人们的就业将达到空前的高水平。创造人工智能需要大量的人才来就业。人工智能不能做一切，也不是能够代替人类做一切工作的，人工智能机器就靠人类设计和创造。

7.4.2.3　人工智能的未来趋势展望

未来世界是由顶尖专家和顶尖管理者协同管理人和机器的联合体，这就是人机协同的机制。人类今天的工作技能会越来越多地由后台的学习系统掌握，最终由机器来代替，人类将从烦琐的重复劳动中解放出来，想象更大更丰富的未来，去做更有创意的事情。每个专家的智慧被送到后台进行比对、碰撞和融合，更高智慧层次的人们让机器拥有更大的智慧。在这样一个人机协同机制下，人类智慧大爆炸时代就会将到来。随着人类智慧大爆炸时代的到来，使得人工智能可以在未来精准满足每一个人的个性化需求，催生个性大张扬的时代。

7.4.3　战略性新兴产业促进经济转型和提升

7.4.3.1　不能沉没投资、不能拒绝希望

中国经济的最大的困境是现有产业严重缺“芯”，现有产能严重

过剩、新兴产业规模小、战略性产业薄弱等交织在一起，并且严重过剩的产能大多是进入21世纪后投资形成的，甚至是2009年后投资形成的，没有实现投资回收，更没有走完产业生命期。因此，沉没投资缺乏经济理由。同时，新产业没有足够的基础，也就没有快速实现经济转型的基础和前提。两个原因叠加，导致人们在经济转型和发挥现有产业作用之间陷入决策困境。政治势力也倾向于保护现有产业，折中地以提升替代转型而贻误经济大转型的时机。不及时转型就没有未来的竞争力，就没有希望，而且维持成本也很高。犹豫不决的事情以往已经发生多次，以后也很难杜绝，成为一个长期困局。但是，历史的潮流不可阻挡，不摆脱旧经济的困局，如何迎来新经济的希望？在新旧经济严重冲突的地方，是挽救垂死暮年产业还是迎接新产业的诞生，没有折中余地，只能选择正确的方向，为新经济开辟空间。

7.4.3.2 要致力于战略性新兴产业大发展

尽管以往的重金投资形成产能严重过剩的困境，我们却不能停留在过去，而要面向未来。第四次工业革命代表的是未来，以往的投资却是过去。过去投资形成的产能，形成当今经济的主体，并且具有强大的经济势力和政治势力。可是，如果我们向过去屈服，维持以往的产业规模，就会挤占明天的投资资源，就会失去明天的前景，失去迈向第四次工业革命的时代机遇。在重大历史转折关头，只有致力于战略性产业和新兴产业，中国经济结构才能得到改善，中国才有竞争明天的力量。只有致力于战略性产业和新兴产业，中国人才资源才能得到利用，中国人才有扬眉吐气的机会。只有致力于战略性产业和新兴产业，中国当今的低端产业才有提升的要素，中国经济转型才有实现的可能。致力于战略性新兴产业的大发展，是唯一正确的战略选择。

7.4.3.3 现有经济要全面转型和提升

中国经济的主体是落后的，用全球1/2的资源，仅仅创造出全球1/8的GDP，就是最大的证据。中国当今的经济，要成为中国发展的基础而不能成为中国发展的障碍。中国经济全面转型和提升，就能让中国当今的经济成为发展的基础，停滞不前就会成为中国发展的障碍。中国当今的经济靠什么力量来推动转型和提升？靠第四次工业革命、靠新兴产业、靠战略性产业。新兴产业和战略性产业的大发展，不仅本身就是希望所在，而且能够产生各种先进产业要素，去重组现有产业，让现有产业实现转型和提升。

7.4.4 健康和养老是第四次工业革命的重要落足点

第四次工业革命有两大切入点，一是国防安全建设，二是破解民生难题。对于中国而言，从健康和养老领域切入智能产业，成长空间十分巨大，并且落实了以人为本的发展原则，方向路线都是正确的。健康和养老领域智能产品需求广泛、多样、多变、层次丰富，可以长期引领智能产业的发展，并且能使智能产业发展成果直接惠及每一位中国人。这样的经济不仅是高成长的而且是健康的，不可能造成产能过剩。健康和养老领域的智能化产品，是高端军品的再开发，是“军转民”战略的具体落脚点。

7.4.4.1 中国人的健康是当今的重大问题

人类所做的一切，首先为了人类自身，经济活动更不例外。就当前的中国社会而言，数十年的污染积累，必然引发严重的健康问题。我们已经够吃了，我们已经够用了，我们不需要生产太多了，我们要清新的空气，我们要清洁的水源，我们更要健康。现在我国沿海100千米以内已经全部成为癌症高发区，随着时间的推移，癌症高发区的面积还会进一步扩大，环境造成的健康问题会进一步凸显出来，经济成长与健康生活的矛盾会进一步激化。赚钱治病的经济发展模式，不值得肯定。发展健康事业，本身就是大经济，不仅需要各种科学技术来支撑，而且更需要智能体系来支撑。因此，大力发展健康和养老产业，是国家的需要，是人民的向往，是新兴产业，是未来的成长方向。

7.4.4.2　不能让老人成为社会的沉重负担

根据预测，中国60岁以上老龄人口将从2015年的2.21亿人加速增加至2050年的4.87亿人，人口老龄化程度从16.1%提高到37.4%。如果经济格局保持不变，老年人口就会成为未来中国社会的沉重负担。不让老人成为社会沉重负担的唯一的文明出路只有一条，就是用第四次工业革命的成果，如生活服务机器人、卫星监视系统、康乐陪伴机器等，解放出绝大多数需要人工照料老人的工作。每年750万大学毕业生，也确实为中国创造智能产品、跨入智能化社会提供了充足的人力资源和知识储备量，使得化解老人社会危机成为可能。实际上，老年人本身就是知识智力思想文化的精品库，老年人本身就是化解老人社会矛盾的重要动力源。

7.4.4.3　发展老人福利产业就能破解困境

健康和养老是我国社会文明发展的迫切需要，能够吸引很多产业劳动力。以养老为例，大力发展老人福利产业，不仅是老人的消费需要，也是社会文明发展的需要，更是以人为本的产业进步的要求。只有在第四次工业革命的新平台上，发展出全覆盖优质的老人福利事业，才能切实破解中国老人社会困境。一旦形成全球最完善的养老产业体系，中国的民生经济就会是全球最发达、最具竞争优势的，从而在追赶中实现了超越。移动互联网 +、智能机器人、大数据、全球卫星定位、算法、模型等，既是破解老人社会困境的途径，也是第四次工业革命的内容。破解中国老人社会困境和全民健康难题，需要有未来技术平台的新思维，它不是西方数十年前的经验，而是面向未来社会的新设计、新创造和新开发。

第8章　政府的经济责任与平台经济学

国家的存在是经济增长的关键，然而，国家又是人为经济衰退的根源。

——诺斯（诺贝尔经济学奖获得者）

一个秩序良好的社会需要三个构成要素：强政府、法治和民主问责；而且三者缺一不可。

——福山（《政治秩序和政治衰落》，2014）

政府是承担社会责任的，不是无所不能的，也不是无所事事的，政府有自己擅长的，也有自己无能为力的。如果政府与人民上下一心，就能改天换地，按照“政府搭台，企业唱戏”的模式，繁荣社会经济活动。政府搭怎样的经济平台，就能激励企业自发从事相应的经济活动。平台具有公共性，是不适宜私营的，私营企业没有足够承载力让全民搭载顺风车。政府则不同，增加搭载量，政府就可以从“售票专权”中获得更大的承载力，这也是政府动员能力的表现，政府从来就欢迎各方都来搭顺风车。相互激励的这种机制决定了搭建平台的责任是委托不了的，政府才是最适宜的承担人，也只有政府有能力承担。

8.1　竞争优势的层次结构模式

8.1.1　竞争优势源于横向支持和纵向叠加

8.1.1.1　竞争优势的纵向多层次叠加结构

（1）自然资源层次。在人类改造世界的能力不充分的情况下，自然地理就是人类活动的决定性因素。水域决定捕捞，山林决定狩猎，自然牧场决定畜牧业，土地决定耕种。即使生产力发达至今，人类改造世界的能力有了空前的提高，自然地理还是在很人程度上决定着经济的分布。海岸蜿蜒曲折并且陡降的欧洲、北美，更便于兴建港口码头，实现全球通航，使得这些地区成为当代的经济中心。海岸平直的非洲，不便于兴建港口码头，经济就相对衰微。从狩猎到畜牧、工农业，各地区的人口也从山林迁徙到草原和沿岸。各国人口当今主要集居于沿岸地区，我国经济高度密集于沿海150 平方公里的区域内。

（2）国家层次和区域层次。在因地制宜的基础上，国家和区域的基础设施建设，保障“五大流”的畅通，营造环境条件、激励机制和文化氛围，调动人们的主观能动性。如国家战略引导，使得一些产业在本国、本区域能够节约社会间接成本，这些产业就赢得竞争优势。

（3）产业层次。如建设产业园区，为入园企业节约社会间接成本，园内公共治污的成本也比企业各自治污的成本低。于是，入园企业的盈利能力就相对提高了，比较园外同类的企业就取得相对竞争优势。

(4) 企业层次。面向市场，企业表现出最终的竞争力。从企业自身角度看，对于大型企业，也要通过自身专门的基础设施建设，降低企业内部各组织的公共成本，同时企业还需要在各个方面自我提升，取得相对于其他企业的竞争优势。从环境角度看，企业需要充分利用产业、区域、国家和自然叠加提供的平台支撑，从中为企业获得更加优厚的回报，见图 6 –1。

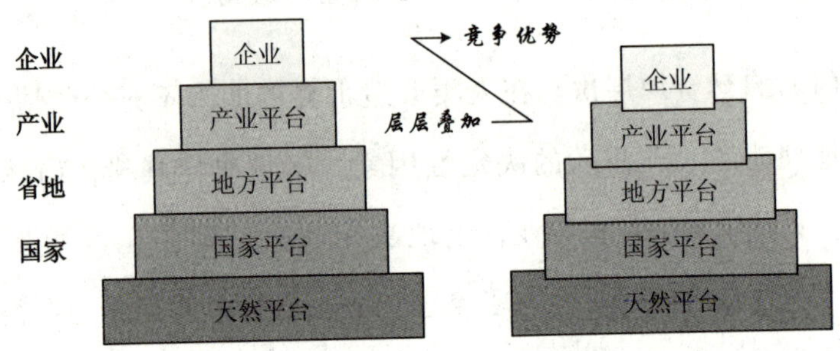

图 8 –1　经济平台层次结构示意

8.1.1.2　竞争优势的横向多要素支持结构

企业的竞争优势不完全是自己创造的，其中一部分来源于要素的支撑。人工和原材料质高价低、信贷便捷低廉、租费低廉等外围要素都能为企业节约成本，提高经济效益。Micheal Porter 的研究表明，五种力量决定企业的竞争能力，见图 8 –2。

五种力量分析法是产业盈利能力和吸引力的静态断面扫描，主要说明企业的盈利空间，属于微观分析范畴。这一模型更多的是一种理论思考工具，而非实际操作的战略工具。企业组织不能停止改进、不能停止学习、不能停止对市场地位的竞争。要“知己知彼”，才能

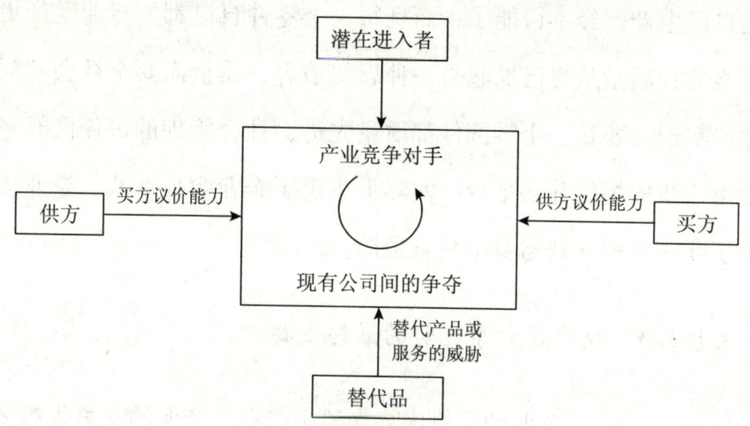

图 8－2　Porter 五种竞争力量分析模型

"百战不殆"，要在直接竞争中胜出，就要深刻了解对手。竞争对手分析需要从领导者和管理者的背景、技术经济实力、经营状况和财务状况、对手的目标和战略等方面具体深入比较研究。

企业的竞争优势来源于企业自身的努力和外围支持条件。2013 年中国出口袜子 140 亿双、出口价格为 0.45 美元/双，我国从意大利进口袜子的价格为 35.5 美元/双。中国制造的眼镜，出口时为 3 美元/副，贴上国外品牌就变成 300 美元/副。① 我国进口袜机 3863 台、均价为 15014 美元/台，其中意大利进口价格为 17935 美元/台、台湾地区为 10545 美元/台、韩国为 13970 美元/台；我国出口袜机 4412 台、均价为 4295 美元/台。袜机质量在很大程度上决定了袜子的质量和销售价格，而袜机是专业制造的，织袜厂的先进性由袜机制造商决定。袜机的技术水平又是由谁决定的呢？袜机制造商、袜机零部件供应商等共同决定了袜机技术水平。在高度专业化的当今社会，每一个零件

① 参见雷婧《国产眼镜出口 3 美元贴洋牌变 300》，《华商报》2016 年 5 月 15 日第 A02 版。

都是自己生产已经不可能了，而且每一个零件自己都能专业生产更是不可能的，质量从自己抓起是一种思想境界，质量需要全社会共同努力才能实现。要每一个零部件都质量先进，社会管理的责任已经越来越突出。政府提供什么平台，实际上决定了企业唱什么戏。企业普遍唱歪了戏，就得从政府身上找到根源。

8.1.1.3 政府是竞争优势的最终支撑

Porter 认为，“企业的竞争优势来源于产业，产业的竞争优势来源于区域，区域的竞争优势来源于国家”，中央政府是最终的竞争力来源。政府内部也是多层次的、有分工的，中央和地方、全国和区域、全局和局部、全面和侧面。中央统揽全国、全局和全面，地方立足区域、局部和侧面。层次结构和职能结构，两者相对而立，和而不同，共同形成不同层级的政府、不同职能的政府部门。高层政府站得高、看得远，统揽全局、着眼长远；基层政府站得稳、看得准，应对具体、着力当前。反之，就是政府责任错配。

从社会管理全局看，政府的作为更侧重当前事务，即使中央政府也是如此。中国政府多次表态不再依靠短期刺激政策，要坚定不移地通过改革创新，激发经济的内生动力来实现经济增长。[①] 李克强总理在《求是》（2014）杂志上刊文称：“如果不是用改革的办法，即简政放权、创新宏观调控方式、着力调整结构‘三管齐下’，而是采取短期刺激政策，不仅去年的结果可能会大不一样，而且今后几年的日子也许会更难过。”可是，政府管理社会经济运行，更习惯于紧盯当前，就事论事寻求速效药。创新驱动发展的国家大战略，具体落实起

① 参见罗兰《经济发展不能靠速效药，药劲过后病情更重》，《人民日报》（海外版）2014 年 5 月 3 日。

来就是推动股指上升，上证股指从2014年6月30日的2048点被推升到2015年6月20日的5178点，终于酿成股灾而政府又不得不出手托市，其中的社会成本十分巨大而与国家大战略却渐行渐远。2015—2016年间房地产去库存，同样是着眼于当前困境，并非是战略需求。如果让政府自主决定当前和长远，政府必然首选当前，要求政府执行长远目标，必须有强大的外力规约政府行为。

8.1.2 中央政府在经济领域的主要责任

8.1.2.1 政府是具有经济价值和责任的

政府没有责任，就没有存在的价值。政府之所以存在，就是因为政府承担着社会责任，能够创造社会经济价值。经济是维系政府存在的基础，是政府工作的重心之一。维护领土完整、国家安全、社会秩序、法律、惩治犯罪、外交、公共安全、保障资源、环境保护、规划发展、光扬文化、营造文明社会、调查民情、预测趋势、分析研究社会等，政府承担多领域多层次的责任。外缘责任可以委托，政府必须直接履行核心责任。政府不履行责任，就是无责任政府。在无责任政府领导下，国家就会离心离德，就是一盘散沙，最终只能衰亡。政府错位履行非政府责任，成为无限责任政府，就会扰乱社会秩序。如政府直接参与市场竞争，直接采用生产法创造经济增加值、热衷于出卖土地等，结果都是负面的。

国家经济不是个体经济，也不是厂商经济，而是一个拥有主权的大区域经济。只有大范围全过程优化全国经济，才是中央政府应尽的责任。任何可以在更局部范围、更个别现象、更小区域、更短时期解决的经济问题，都不是中央政府必须承担的责任。

8.1.2.2 政府与市场的分工具有边界，政府不能封闭要开放

政府履行责任的方式和范围不同，就决定了政府规模大小，而有大小政府的区别。如果政府直接履行从核心到外缘甚至主动承担更广大范围的所有责任，这个政府必然庞大。大政府将绝大多数事务内化，从而导致政府越来越封闭。如果政府委托外缘责任，那么政府就会更开放，如果政府将贴近核心的边缘责任都委托出去了，那么这个政府就是高度开放的。封闭的政府分离不开管理和管理对象，不仅会导致官僚主义，而且政府内部控制与反控制、各部门之间的边界盘根错节，相互之间争斗同样很激烈，政府内部管理混乱是必然的。开放的政府又会怎么样？开放也并不代表政府开明，开放引入管理对象来参与社会事务的谋划，参与者的利益诉求就会反映到谋划中，假公济私、引狼入室等都是可能发生的。困难的选择不是封闭政府还是开放政府，而是适度制衡两者之间的关系。如何才是适度的呢？这又取决于当时的社会经济条件。李斯变法使秦繁荣成就统一大业；刘邦约法三章“杀人者死，伤人及盗抵罪”立即赢得民心，特定的条件需要相应独特的治理方式。

政府的责任边界在哪儿？经常是混沌不清的。如果政府想推卸责任，总能编出许多理由。如计划生育问题，“30 年前我们说，计划生育好，政府来养老；20 年前我们说，计划生育好，政府帮养老；10 年前我们说，养老不能靠政府，应该买社保；现在我们说，社保缺口大，工作要到老”①。在改革时期，有所改变是难免的，但如此完全对立却是十分荒谬的。政府信誉也不是可以无限消耗的，面对我国老龄

---

① 赵玉平：《向曹操学管理》，CCTV－10《百家讲坛》栏目，2013 年 2 月 25 日，13：45—14：30。

化社会问题的加剧，政府能够这么一推了之吗？考虑过这样做的社会后果了吗？如果完全做不到，为什么还要如此盲动呢？

8.1.2.3　中央政府需要承担四大基本经济责任

政府的经济责任不是直接创造价值，而是间接驱动经济人创造价值，构建平台。尽管政府的经济责任范围具有相当大的弹性，但是有一些责任是必须由中央政府承担的。

（1）建设经济发展平台。这个平台，不仅要让完全竞争领域按照市场机制正常运行，还要让不完全竞争领域市场机制的无效和失效得到弥补而非使之加剧。政府搭台主要就是构建社会基础结构即经济发展平台，平台搭建好了，人们就能按照市场经济的法则更好地自主经营，让企业分享到产业、区域和国家的竞争优势。

（2）创新要素和培育战略性经济。要素创新就是储备经济社会发展潜力，包括人力、自然、生态、社会、人文、知识、社会基础结构等各个方面，其中最具活力的是知识创新，知识创新嫁接出去就会衍生出其他方面的创新。在要素创新驱动下，与经济结合就形成战略性经济，培育战略性经济就是创造条件让创新要素投入经济领域中形成新的生产力。

（3）抗衡外部世界的冲击。包括社会、人文、自然、生态、环境等各方面的冲击，也包括世界经济各个主权国家社会经济波动引发的输入性冲击。中国“无论发展到哪一步，中国都永远不称霸、永远不搞扩张，永远不会把自身曾经经历过的悲惨遭遇强加给其他民族”。（习近平阅兵讲话，2015 年 9 月 3 日）反过来，中国更不能继续经历悲惨遭遇，成为西方强国危机的缓冲带、泄洪区。阻止西方强国转嫁危机，阻止危机向中国蔓延，是政府无可推卸的责任。

（4）确立国家战略经济指向。国家经济是有组织性的，放任自流的自发经济发展，探索成本很高，全球没有一个国家完全是市场经济的。有了国家目标的指引，经济就会从无序到有序，发展效率才会更高。“振兴中华，建设强国，2020 年前建成全面小康社会”，是我国经济的进军号。为了实现这一目标，必须放手发动群众、壮大人民力量，依靠“万众创新”驱动发展，通过“全民创业”解放生产力，实现经济大转型、大提升，到 2050 年建成人民生活富裕、国家经济强大、依靠内生力量驱动平稳高速发展的中国。

8.1.3 政府增进竞争优势的四大着力点

在国家经济生活中，政府是最终竞争优势的来源，看上去无所不能。但是，无论政府如何强大，政府却不是万能的，政府的无所不能是间接经济表现而非直接经济表现。政府对经济的作用错综复杂，归纳起来看，增进经济竞争优势，政府有四大着力点。

8.1.3.1 创造经济运行的环境条件

（1）安全环境。安全环境包括国防安全、国家安全、社会安定、文化安稳、经济安全、生态安全等，是生存的必要前提。就经济安全而言，最主要的是资源供给保障、商品贸易秩序稳定、贸易通道畅通，以及国内社会秩序平稳。

（2）社会秩序。社会秩序是指在社会活动中，人们遵守的道德意识、行为规则、法律规章的动态有序平衡的社会状态。维系社会秩序的主要力量包括道德、法律、社会管理。在经济生活中，信誉是维系秩序的重要力量。社会秩序需要保障信誉而不是破坏信誉。

（3）文化氛围。文化氛围是笼罩在社会环境中的公共精神格调，包括信念理想、价值取向、思想意识、传统习惯、行为方式等。文化氛围是社会的大气场，积极的文化氛围是激励人们奋发向上的强大精神动力，消极的文化氛围引发无聊、奢靡的生活方式。经济生存需要好学的文化氛围，经济发展需要创新的文化氛围，经济秩序需要信誉的文化氛围。从长期看，有什么样的文化氛围，就有什么样的经济特征。

（4）生态环境。良好的生态环境是人和社会持续发展的根本基础。“树立尊重自然、顺应自然、保护自然的生态文明理念，坚持节约资源和保护环境的基本国策，坚持节约优先、保护优先、自然恢复为主的方针……优化生态环境，形成节约资源和保护环境的空间格局、产业结构、生产方式、生活方式。”（习近平，2013 年 5 月 24 日）一切经济活动的最终目的是改善人们的生活，而不是恶化人们的生活。

（5）资源保障。资源保障包括国内资源保障和海外资源保障。要保障国内资源，就要完善社会秩序和经济秩序；要保障海外资源，就要平稳贸易秩序、保护贸易渠道和贸易运输通道。就终极而言，就要发展保护国家安全的力量，有能力用武力清除中国振兴的一切破坏性力量。

（6）贸易条件。创造对国家利益有利的贸易条件，并非就是扩大顺差。依靠压低劳动者收入、资源价格、国土使用费、环境代价等透支性措施，都能增进贸易顺差，却是对国家利益的损害。美国巨额贸易逆差，没有把美国搞穷，而是把美国搞富了，中国大规模出口美国，稳定的却是美国的 CPI，这是很值得思考的问题。什么样的贸易条件才真正有益于国家利益，我们的贸易条件是耗散型的还是集聚型的？

（7）国际金融条件。强化国际金融的中国力量，是保全中国经济利益的前提。不控制国际金融的制高点，就难以做强中国经济，就难以防止中国利益的外泄。国际金融要形成防护堤，防止国家利益的外泄；国际金融要延伸到各个角落，从全球汲取经济资源。

（8）其他对外开放口径条件。劳动力、文化、思想、社会意识形态等都是我国对外交换的口径，各个口径的内外交换都有利益的输入和输出。政府在其中承担的责任是增进国家的总体利益，创造利益输入大于利益输出的条件。国家利益不只是政府的利益、央行的利益，国家的利益更是企业的利益、国民的利益。

8.1.3.2 建立经济良性运行的体制机制

经济运行是否良性，不完全由经济表现说了算，GDP 主义没有道理，主体利益才是最终判据。国家、国民、国土才是最终主体。其中国土是非生命体，虽然不会说话，却承载着国家和国民。国家和国民才是最终利益的天然代表。经济良性运行的机制需要满足以下几个方面。

（1）国家与国民利益的一致性。平衡国家、集体和个人的利益关系，既不损公利私，也不损私利公。就当前而言，就是要让全体国民享受到改革开放的成果。

（2）调动和发挥各方面的积极性。不仅要发挥利益驱动的作用，而且要发挥文化推进的作用；不仅要肯定既得利益者，而且要肯定诚实劳动者；不仅要给富人添砖，而且要给穷人加瓦；不仅要亲和财富，而且要创造公平。

（3）营造全国一体化市场秩序。打破市场条块分割，形成全国统一大市场。不让来华投资者享受超国民待遇，让国民享受到国民待遇，本地投资者要与外来投资者享受同等待遇。

（4）让市场发挥主导作用。只有在完全竞争的条件下，市场机制才能同时保证效率和公平。遵循市场规则，目的就是发挥市场的自发调节作用，降低经济运行的控制成本，前提是创造完全竞争的市场条件，这就首先要求政府弥补市场机制的不足、缺失、失效和失灵。

8.1.3.3　提供经济运行的优势平台

优势的经济平台需要紧贴现实、引导未来。只有紧贴现实的经济平台，才能最有效地激励当前经济，赢得当前的竞争优势。只有引导未来的经济平台，才能激励经济健康成长，赢得未来的竞争优势。

（1）经济平台与当前经济状况相适应，适度超前引导新兴产业，不支持落后产业。

（2）经济平台要软件优先超前探索，硬件随后跟进，而不是反过来，硬件是缺乏弹性的。

（3）经济平台需要软件、硬件和软硬结合件的有效组合，单项突进建设是没有经济价值的，短板项目会破坏整体效能的发挥，需要优先弥补。

（4）经济平台的改善要面向未来，而不是回首过去，绝不能为过去的失误而修修补补，坚决争取赢得未来、赢得新的发展空间。

（5）经济平台软件建设可以大胆尝试，软件建设投资少、潜在收益大、转换弹性高。开发软件可以大量利用人、培养人、提升人，是以人为本的行业。

（6）经济平台硬件建设要充分依据软件论证，有计划、有步骤稳妥推进。

8.1.3.4 保障经济运行的动力要素

美国未来学家赫尔曼·卡恩在《今后二百年》[①] 一书中提出促进发展中国家经济增长的10种力量，包括资本、市场和技术的可获得性，劳动力的输出，引进出口的工业，旅游业的发展，技术转移，具备借鉴作用的范例、体制和个人，输入“污染”和低等的活动，进口替代，外部高度稳定秩序的存在，外援。发展中国家都这样做了吗？显然没有。成功发展的做法都一样吗？显然不是。输入“污染”和低等的活动划算吗？什么时候可以停止？更重要的是，发达国家经济增长的动力又在哪儿？他们并没有这样做，为什么我们必须这样做？怎样才能正确选择我们国家经济增长的动力呢？

人们认为，改革是最大的动力，问题是改革什么、如何改革，才是正面的动力。在市场机制下，经济运行的最终动力来源于经济之外，外围条件就是动力源。从政府的角度看，促进经济增长的主要手段是设定和配置经济外围条件，包括以下几个方面。

（1）体制机制。提升经济平台、规范政府行为、提高服务质量、加强法制建设。

（2）政策法规。产业政策、税收政策、财政政策、利息率调控、流动性投放等。

（3）文化传统。价值导向、创新氛围、事业动机、文化凝聚力、范例影响力。

（4）科学技术。增加研究与开发的投资、创新产业要素、激励新兴产业、加强知识产权保护。

---

① ［美］赫尔曼·卡恩等著：《今后二百年——美国和世界的一幅远景》，上海市政协编译工作委员会译，上海译文出版社1980年版。

（5）教育。延长学历、提高受教育的回报率、职业培训、终身教育、好学氛围。

（6）国际支援。包括国际投资、技术支援、管理培训、安全保障、政治声援等。

（7）国际贸易和金融。国际文化和科技交流、国际环境保护、国际安全和裁军。

经验表明，放松政府管制，甚至减轻对经济犯罪的惩处，也能在短期内激励经济增长。可是，这是歪门邪道，会滋生腐败罪恶，到头来得不偿失。作为大国，绝不能急功近利。

8.1.4　政府是构建社会基础结构的责任者

8.1.4.1　主导社会基础结构建设是政府无可推卸的责任

社会基础结构——经济平台，具有公共性，需要由公共部门来提供，政府是最终的构建责任人，这是必然性的经济规律。社会基础结构的公共性，决定了建设社会基础结构的主要责任者是政府，政府是社会基础结构的构建者。政府通过优化和提升社会基础结构，降低社会间接成本，无形地让企业拥有社会间接资本而降低成本，提升竞争优势，创造出更多的间接经济价值。只有政府才能长期坚持社会基础结构建设，只有政府才有条件从社会基础设施中获益，只有政府才能固守公共利益。政府是社会基础结构的总体设计人。基础设施、交通、通信、文化、教育、科学技术等的投资配置，都是政府决策确定的；法规政策、制度、舆论等都是政府选择的，这就决定了社会基础结构的特征。私人企业可以承接具体的建设任务，却没有权利从平台上获得直接经济利益，不会也难以对平台负责。

8.1.4.2　发达国家政府致力于社会基础结构的提升

美国政府通过优化组合基础结构软硬件，增强美国安全和美国社会稳定，降低美国经济发展风险，而使美国经济具有强大的竞争力。在软硬件建设方面，美国政府为经济发展搭建起了优质的公共平台，如20世纪70年代，美国政府每年投资1800亿美元建立通畅快捷的公路、铁路、民航、水运和管道联合运输网，政府不仅不从中图利，还提供130亿美元的交通运输研究费用。美国有4070所高等学校，1500万在校生和280万教职工，总人口的65%接受了大学教育，教育投资占GDP的3%，政府每年的教育赠款达1600亿美元。美国建立了良好的经济软环境，如政府投资建立了公共技术基础设施，建立知识产权保护制度并在全球推行，以此筑高技术进入壁垒，延伸美国“合法”的全球垄断利益等。在美国提供的平台上发展新产业，成本降低了、收益提高了，形成了强大的国家竞争优势，使美国成为国际资金的汇集地、投资的高回报地区。

8.1.4.3　政府是经济要素的提供者

不要认为经济要素仅仅是资本、劳动力和自然资源。经济要素包括更广泛的内容，如社会福利保障、法律规范、制度、信誉管理、生态要求、空气洁净度、教育、科学技术、文化、舆论等，都是经济正常运行的前提，都是经济要素的内容。经济三要素是政治经济学归纳的内容，从国家战略经济学角度看，经济边界上的一切流动都是广义的经济要素。在经济边界中，除了由经济技术决定的少部分外，其他都是由社会给定的，代表社会的主体就是政府。一切经济活动，都是在社会给定的平台上展开的，政府给定的种种边界条件，就是经济活动的前提，也只有政府能够主动提供经济要素，包括社会经济制度。

政府是社会秩序的维护者。政府必要的恶，必须经由宪政和民主予以调整，否则，将伤害个体的幸福；政府必要的善，在宪政的引导下，通过改变个体难以更改的约束条件，创造让人产生幸福感的外部环境。政府提供的经济活动平台、空间和秩序，都是经济活动的要素。

8.2 平台经济学及平台产业

8.2.1 经济平台即社会经济基础结构

经济平台是社会经济基础结构（infrastructure）的简称、俗称。社会经济基础结构，在财务上被称为社会间接资本，在经济功能上就是公共经济支撑条件。在我国，社会经济基础结构被翻译成基础设施，含义上收缩至其中的物质硬件部分，是一种物质化的偏见。社会经济基础结构的完整含义，包括硬件、软件和软硬结合件，是一个体系性的经济概念。

8.2.1.1 平台经济学的由来和意义

平台经济学（Platform Economics）① 是以“平台”为研究对象，研究平台类型、布局和模式，分析平台之间的竞争与垄断、平台的发

① 平台经济学是由法国图卢兹大学一些卓越学者提出的产业组织理论。他们认为，厂商和消费者必须接入一个平台，才能解决时空搜索和邂逅问题。但是，厂商和消费者为平台支付的费用是极不平衡的，通常厂商承担全部费用，消费者免费甚至享受补贴。平台理论亦称 Network Economy。

展模式与竞争机制、平台的市场结构与产业促进作用，通过交易成本和合约理论，提出相应政策建议的经济新学科。Roson（2004）、Rochet 和 Tirole（2003）、Armstrong（2004）以及 Caillaud 和 Jullien（2003）等对平台经济的开创性研究，奠定了平台经济学的理论基础。①

经济平台可以认为是一种交易空间或场所，可以是现实的也可以是虚拟的。平台便捷双方或多方交易。公共平台通常间接转移支付、节省交易费用，专业平台经常直接收取费用。平台的建设既有经济准则，又有社会准则，甚至有人文准则。如何更有效地建设平台、如何建设更有效的平台、如何分享节省的费用、如何更有效地发挥平台功能等，就是平台经济学要研究的课题。

8.2.1.2 经济平台是竞争优势的来源

平台的基本构造是，平台 = 基础件 + 中间件 + 业务组件。“业务组件”属于特定行业，体现专业性；“中间件”属于跨行业，体现部分公共性和私人性的结合；“基础件”属于全国性，体现公共性。按层次不断细分，越往后细分，业务性、专业性特征就越显著。从商务活动看，可以划分为金融、制造、电信、保健、电子商务、运输等领域，这些领域又可进一步细分出更专业的领域。商务活动平台建设的目的是增加业务组件，以最大限度地提高可重复利用性，从而提高开发效率、降低共性成本、增强可靠性。

哈佛大学教授、国际著名战略学家迈克尔·波特认为：“企业竞争力最终来源于产业，产业竞争力最终来源于区域，区域竞争力最终

① 参见徐晋、张祥建《平台经济学初探》，《中国工业经济》2006 年第 5 期。

来源于国家。”这并不是说，企业自身努力不重要，而是说，同样努力的企业，它们最终的竞争优势靠产业来支撑；同样努力的产业，它们最终的竞争优势靠区域来支撑；同样努力的区域，它们最终的竞争优势靠国家来支撑。舞跳得如何，不仅要看跳舞者，也要看舞台。微观经济体的最终竞争优势依靠平台支撑，这个平台的厚实程度取决于国家、区域、产业以及企业自身的层层叠加。

8.2.1.3 经济平台本身就是重要的产业

在现实生活中，平台产业广泛存在。如Windows、Linux等是计算机操作系统平台；电信业、银行、互联网站、购物中心、媒体广告等是社会服务平台。在现代经济中，它们都可以形成产业。平台产业是引领新经济的重要载体，起到举足轻重的作用，而且会越来越重要。如政府为打破垄断又不想失去控制力，往往只需要控制平台即可，其余皆可市场化。电视，只需要控制电视塔和有线网络，节目制作和新闻采播等都可外包；铁路，只需要控制全国一张网和集中调度，连高铁、动车售票及票务现金流皆可市场化；电力，电网及其智能化是关键，发电的供给侧和供电的需求侧都可市场化。[①] 平台价值大小取决于接入的厂商和客户。如果家庭电视智能化并成为智能家居的终端，则有线广电网络运营商的网络价值就将飙升，拥有客户就是价值来源。

8.2.2 经济平台的三大导向功能要求

经济平台如何，取决于硬件，更取决于软件。优质的硬件能够支

① 参见钟伟《复杂系统理论和平台经济学》，《第一财经日报》2014年4月2日第B05版。

撑当前，优质的软件可以保障硬件不断优化，持续支撑永久的未来，优质的平台更要有足够的容量。

8.2.2.1　伟大的时代要容得下伟大的特异人物

科学家是有层次差异的。费米①认为：“世界上的科学家有几种，第二和第三等的尽量做到他们最好，但还是不会走很远。而第一等的，是那些对科学进程产生根本性影响的人。第一等之上还有天才，像伽利略和牛顿，马约拉纳也是其中之一。”

人才是有层次的，经受得住时间的洗礼，才是区分人才层次的客观依据。从这个角度看，有千古之才，如老子、孔子、释迦牟尼、柏拉图、苏格拉底、马克思、毛泽东等，有百世之才，更多的是当世之才。当世之才，自然当世回报，千古之才却通常被当世亏待，甚至食不果腹，如画家梵·高。可是，对人类贡献最大的当然是百世之才。这就要求我们改善社会机制，让大人才能够存在，为当世为后代开拓空间。实践已经证明，容不下杰出千古人才，是社会的巨大损失。

时代不同，思想的社会功能差异很大。古代，思想存量微小，个人的新思想都具有颠覆社会的作用。当代，思想存量巨大，新思想影响范围有限、冲击力微弱，很难形成社会思潮，个体思想根本不具有对政权的颠覆力。即使伟大的马克思主义，也没能摧垮资本主义，而被用于改善资本主义制度。这就是为什么近代文明社会，普遍放松社会思想管制的根本理由。颠覆社会的力量，并非来源于独特思想的冲击，而是来源于思想的枯竭而招致外来文化的侵蚀，缺乏思想而形成的集体行动，以及缺乏思想批判后方向性错误的持续积累，清朝的历

---

① 费米（Enrico Fermi，1901.9.29—1954.11.28），美籍意大利著名物理学家、美国芝加哥大学物理学教授，1938 年诺贝尔物理学奖得主。

史就是例证。当今中国社会依然高估思想的破坏力而低估思想的建设力，以致长期看不到杰出的思想家。缺乏思想的力量，导致流氓学者大批出现。

独特思想是当今最珍贵的资源。独特思想，需要经历长期不同流派的论辩才能形成竞争力。就是到这个时候，这一独特思想也难以一统江山，它只是光芒闪耀，或者是一股短暂思潮，而非社会行动。独立思想的形成是十分困难的，需要很长时间，是非常值得珍惜的。思想的形成是长期积累的，并且要巧遇思想家的降临。以投资促进思想的形成，其作用甚微，并且购买来的思想往往经受不住社会的洗礼和实践的检验。尽管投资促进科学研究的作用或许是显著的，却也不是物质就能够决定的。近年，我国研究与开发的投资已大幅增加了，论文也增加了，知识的净贡献有多少？取得的成果经受得住时间的考验吗？经受得住应用的考验吗？经受得住国家建设的考验吗？2016 年的科技实力全球排名，中国依然在 20 位以外。珍惜新思想，实在是因为思想来之不易。思想断流，创新也就无源。无源的创新，又能走多远、走多久？在信息化时代的今天，社会思想错综复杂，没有创新，如何实现创新驱动发展战略？

伟大的时代，不仅要容得下画家，更要容得下思想家、政治家、文学家、艺术家，容得下桀骜不驯的社会批评家、社会活动家。采用处理国际事务寻求和而不同的态度来对待国内特殊人物、异己分子，容天下异才和怪才以备国家一时之需、以补国家一地之缺。以不争绝批评之声，导致完善社会的思想动力泄流，不仅会引致腐朽没落，而且违背政治道德。

很多案例说明，对于杰出人物，同行评价也是误评更多，是不可迷信的。当世之才有什么能力测评千古之才？在具体问题上，精英的创新甚至远不及底层人士的创新。社会更重要的机制，不是针对精英的锦上添花，而是对有实质贡献者的雪中送炭。意外贡献的情况，其实不是个别现象，而是有一定的普遍性。近年来国内有两项技术创新程度高、价值含量高，却并非由圈内专家完成。一是豆粕蛋白连续抽丝技术，中国原创技术，由河南农民李官奇完成，被誉为大豆纤维之父（《先富起来》，CCTV－2，2007 年 5 月 15 日）；二是冬虫夏草菌丝体半干法发酵技术，全新技术方案，中国原创技术，由四川成都机械工人宋云方完成。他们都不是百千万人才。

8.2.2.2　要便捷人们的生产和生活

制度设计要突出节省社会运行成本的目标。社会运行成本既包括政府运行成本也包括国民运行成本。如医疗费用报销，在有网络技术支持下的当今，医疗凭证完全可以通过网络直接传递信息，而无须病人或家属持凭证报销；报销费用更可以直接由银行结转，而无须病人或家属持款奔波。当前人口流动性已经很大，异地看病需要审批和报告，实在折腾病人，完全可以通过互联网直接结转。如果按照全国一致窗口设计医疗费用报销体制，在任何地方都可以按规定报销，就可以大量节省国民时间及交通费用、减少社会排队拥堵等消耗，而让国民更好地发挥生产力。比较通过折腾人、增加国民费用、增加国民失误损失来获得政府收益，社会经济效益要大得多、合情合理得多。

经受不了折腾、办事中凭证的遗失、交通费用支付等，或许为政府赢得了一些利益，但是总体上的损失是显而易见的，也是人民政府该有的作为。有位朋友在北京工作，每月得回浙江金华为父母报销医药费，千里奔波一次耗时 3—4 天，往返交通费用 1200 元以上，工作时间损失 20%，该人年收入 30 万元，折算起来全年为父母医药费报销的运行费用估计为 7.44 万元。要承受这么大的一笔费用，实在太冤，于是就开动脑筋转化为单位支付。就个人而言，最终结果是公私两损。就社会公平而言，没办法想的人自己承担得了吗，他们又该怎么办？就资源配置而言，让国民承担这些费用对社会经济是合理的吗？这样的制度设计难道不应该改善吗？李克强在 2017 年人大会议上宣布，在 2017 年解决异地报销问题。这是一大善政。

8.2.2.3　要促进社会经济的发展和提升

经济平台的正常功能是促进社会经济的发展和提升。如果没有这样的功能，就没有必要建设经济平台。压低劳工收入，有利于繁荣劳动密集型产业。但是，通过这种方式膨胀经济规模，不是社会发展和提升，而是经济增长目的的迷失。就国际而言，这是损己利人的经济增长方式；就国内而言，这是富人攫取劳工利益的经济增长方式。压低劳工收入，必然导致资本吃人，造成贫富差距扩大、社会矛盾加剧。这不是文明的发展，而是野蛮的发展。

劳工收入是由劳动市场的供求关系决定的，是市场均衡的表现。我们又如何能判断劳工收入是否被压低了呢？其实，所谓压低劳工收入，就是存在劳动市场以外的力量，扭曲市场机制，所讲的并不是市场表现，而是营造这个市场机制，其中社会福利就是一个关键因素。凡是提高社会福利水平，压低劳工收入的力量就缩小；凡是降低社会福利水平，压低劳工收入的力量就增大，劳工收入与社会福利水平正相关。劳工收入是否被压低，可以根据社会福利状况来判断。经济学原理也可以用来测算劳工收入是否被压低，如根据效用最大化原理，只有边际收益相等，才能形成最优的资源配置。因此，人力和资源配置最优时，必要条件是人力资本收益率要等于其他资本收益率。如果人力资本收益率低于资本收益率，劳工收入就被压低了；反之，就没有被压低。根据上海市2005年的调查，一个人从出生到大学毕业的22.5年间，家庭养育小孩的总费用是44万元，我国工业平均投资收益率为15.7%，据此计算，大学生作为人力资本年收入应该为44×15.7%=6.908万元。可是，当年大学毕业生的薪酬水平每年只有3万元，这就说明资本在吃人，个人收入被严重压低了。

只有劳工收入不被压低，才能促进社会经济的发展和提升。劳工收入相对较高时，社会才有投资知识创新的动力，社会经济才能沿着知识—资本推进的文明进步方向前进，才是社会经济的发展和提升。只有更多地借助知识和资本的力量，而不是人工和自然资源的力量，才能形成创新型社会，才能实现创新驱动发展战略。2013年以来，国家财政大幅提高医疗和福利保障支出，这是新一代领导人驱动创新的有力手段。这样的正能量一定要传递到广大国民，而不能消耗在卫生部门和利益集团手中，这需要通过制度改革来实现。

8.2.3 “政府搭平台，企业唱大戏”

经济体制改革的核心问题是要处理好政府和市场的关系。政府和市场如何合理分工，使之互补推进社会经济的文明和进步，是现代社会的一大课题。破解这个课题，当然需要信念，但更加需要实事求是、因地制宜。

（1）在经济活动中，政府从来就不是无所事事的。当今世界，无论是资本主义国家还是社会主义国家，政府的作用都在加强。数据显示，中央财政收入占GDP的比重，世界平均为26.73%，世界各国政府掌握的财力通常在16%—45%，政府的经济力量是十分强大的。财政支出与GDP之比，中国从1995年的11.22%上升至2014年的

24.65%；美国从 1870 年的 2.5% 上升到 2015 年的 22.4%。全球性趋势是政府掌控的财力越来越大。总体上看，欧美发达国家政府掌握的财力更高，政府财力与经济发达程度正相关。

（2）在经济活动中，政府与市场存在合理的责任边界。从古到今，世界上没有一个国家的政府是不参与经济活动的。然而，无论政府如何强大，都不可能统揽一切经济活动。政府创造不了具体真实的财富，创造真实财富的是企业和个人。只有绝大多数的人积极参与，才能造就最大的经济繁荣。在创造财富的过程中，政府有权获得税收，用于基础设施建设，调节公民收入结构，构建更优质的经济平台，使得企业和个人创造财富的效率更高。政府的责任就是提供硬平台和法治人文环境软平台、理顺和维持秩序、确立边界、清晰游戏规则、创新公共要素，驱动市场经济自发运行、激励经济人合理配置资源谋求利益。

（3）竞争性市场应行人道，垄断性市场应由政府替天行道。经济领域不同、特征有异，需要有与之相适应的体制、机制。在完全竞争领域，市场机制完全有效，按市场机制自发配置资源具有最高的效率、最大的公平性，并且最受广大人民群众的欢迎。在垄断领域，市场机制失效，市场机制阻断不了垄断利润的攫取，此时的市场既不公平也缺效率，“中国网络速度低、收费高、服务差”就是例证。因此，在垄断领域，就要发挥政府对市场的调节功能，增添和强化可竞争机制，抑制垄断利润的产生。政府参与市场竞争，必然扭曲正常市场机制，这就是政府乱作为，干了不该干的事情。政府无视市场垄断，听任不公平市场的加强，就是政府的不作为，没有尽政府该尽的经济责任。

（4）政府和市场不是敌对的而是互补的。现代经济学理论认为，在完全竞争领域，市场配置资源具有最高的效率。可惜，市场通常不完全，市场机制经常失灵或失效。失灵现象包括以下几个方面。①市场不能提供公共产品，如国防和公安等；②市场会造成贫富两极分化；③市场存在垄断；④市场存在外部性，如环境污染；⑤交易信息的不对称等。一个好的政府应该成为市场的补充，干预和纠正市场的失灵和失效，包括以下几个方面。①提供各种公共产品；②通过税收等矫正收入不平等；③对市场垄断力量进行干预；④把市场中的外部效应内生化（控制环境污染等）；⑤控制通货膨胀，维护物价稳定；⑥确立产权，监管市场使得交易双方的信息对称；⑦因为存在信息不对称等，政府就要用提供信息和培训等方式促进就业，并建立良好的社会保障体系。促进经济自发增长，最直接的力量是市场而不是政府，市场机制有效，政府就无须参与；市场机制失灵或失效，政府就要补充。政府应超越市场而尽力尽责，而不是在市场中搅局；政府要补全市场机制，而不要扭曲市场机制；政府要选择正确的市场方向，而不要放任市场的极端行为。市场是经济之体，政府则是经济的舵手，两者互补增强、相互抵消削弱。“政府搭什么台，企业就唱什么戏”，政府是超越市场的主导力量。

（5）政府大小不是关键，错位才是最大的问题。如果政府深入市场中，扭曲市场机制的正常运行，这就是大政府；如果政府提供不了必要的公共产品和市场监管，这就是小政府。中国政府以往既是小政府又是大政府，为什么如此？这是因为中国政府以往热衷于插手正常的经济活动，同时不愿意提供公共产品和市场监管。中国政府干了许多不该干的事情，同时又没有承担一些该承担的责任，因此中国政府是一个行为错位的政府，没有优先承担自己的核心职责而手又伸得太长。有人希望一个聪明的政府，能够识别并扶持有比较优势的产业

（林毅夫）。另有人担心，一个聪明的政府干错了事情或者伸错了手，对经济的伤害同样是非常大的，如何让政府变得真正聪明是很难的。若产业具有比较优势，市场机制就能自发筛选，还需要政府扶持吗！聪明的政府应该做的，不是谁强谁大就抱谁的大腿，而是面向明天，弥补市场失灵和失效，培育市场的种子和幼苗。中国政府要成为 3S 政府，即服务型政府（Service Government）、补充型政府（Supplement Government）、英明的政府（Smart Government）。

（6）不同层级的政府并非是利益的统一体。从区域经济看，地方政府是区域公共产品和公共服务的提供者。站在全国层面上看，地方政府行为就是一种经济人行为，与中央政府提供的激励紧密相关。何时“养鸡生蛋”，何时“杀鸡取卵”，地方政府的决策依据往往是本地利益。在实行财政包干制的 20 世纪 80 年代，地方政府的边际财政留成率越高，其财政激励就越高，政府的利益与本地经济繁荣就越紧密地结合在一起。地方政府表现出更愿意帮助和支持而不是阻止和扼杀本地有活力的非国有经济，结果本地的非国有经济发展就越快。地方政府利益取决于管辖区经济繁荣时，地方政府是否愿意“养鸡生蛋”。如果利益归地方、责任归中央，而且无须对子孙后代负责，地方政府更喜欢“杀鸡取卵”。

8.2.4　经济平台建设具有自身的规律性

（1）经济平台的作用，归根到底是为了降低社会间接成本，使经济活动更有效。如果经济平台建设投资的最终收益小于商业投资，就没有理由继续扩大经济平台建设了。因此，经济平台建设并非多多益善，而是有一定最佳规模的。过度建设经济平台，如过度建设地铁、道路等，不仅在建设中需要消耗经济资源，建成后的维持费用也需要从其他领域转移出来。经济平台建设不仅要立足当前经济，更要放眼未来经济，需要遵从全局性经济规律。就这方面而言，我国当前的基础设施建设是根据物质经济全球大流通的构思形成的，立足当前实际，并不代表未来。中国九大产能过剩行业，说明物质生产再发展已经没有空间了，全国大雾霾说明物质生产规模必须压缩，以全球平均水平为目标计算，中国的九大过剩产能需要压缩50%以上。可见，我们并没有依据全局性规律来指导基础设施建设。

（2）经济平台决定经济状况和经济发展趋势。人们想当然地认为，经济平台是充当经济活动基础的静态模块，其实，经济平台与通信技术和能源有机结合，用以开创一种具有活力的经济活动体系。在这一体系中，通信技术充当中枢神经系统，对经济有机体进行监管、协调和处理；能源起到血液的作用，为自然的馈赠转化为商品和服务这一过程提供养料，从而维持经济的持续运行和繁荣。因此，经济平台就像一个生命系统，把越来越多的人和物纳入更为复杂的经济社会中。

（3）经济平台不是静止不变的，而是动态变化的。不同的时代，不同的需求，需要不同的平台。原始狩猎生产中，山林、草地、水泽等构成天然平台；农业生产中，土壤、耕地、水源等就是自然平台；商务贸易中，通道、人群集聚、劳动分工等就是平台。平台是经济活动的舞台，如果没有舞台，社会化大生产活动就缺乏基础。反过来，正是社会化大生产的需要才产生了经济平台。经济平台是伴随技术进步、社会发展、生产需要而不断提升和演变的。由初级到高级、由简陋到精细、由分散到综合、由区域到全局、由经济到文化，经济平台处于不断提升中。然而，这样的提升并不是无止境的，到一定的程度，演化方向就会改变，当今技术就为分散化演化提供了可能性。在一些经济领域中，如太阳能、风能等，小区域集约化循环，比社会化大循环更经济更合理。

（4）信誉制度是经济平台的核心软件。人们通常认为维持商业交往和贸易活动的是真金白银，殊不知，公众信任是更重要的资源。没有公众的信任，只要提款就可以让每一家商业银行无现金周转而倒闭，只要漠然以对就可以让政府政令束之高阁，否则，怎么会有“政令走不出中南海”的现象呢？无数事实说明，没有现代商业制度，就没有现代经济，不遵从制度，就没有信誉。可是，以往很长一个时期，许多人以具有违法乱纪能力而不受惩处为荣，社会生活中维护合法权益非常困难、违法成本太低，普遍放纵罪恶。① 这种状况打破了社会规范、法律、制度、惯例，甚至打破了文化习俗和道德规范，让老实人吃亏在当前，让投机者长期受益，久而久之，社会正气减少了、正义不见了。中国当前的风气，没有历史积淀的必然性，没有文化根源，守信用、重承诺是中华民族的传统美德，奸诈、无信无德的商业表现是近期放松管制的结果。

（5）平台战略就是构建多主体共享的商业生态系统并且产生网络效应实现多主体共赢的一种战略。平台商业模式的精髓，在于打造一个完善的、成长潜能强大的“生态圈”。在“生态圈”内部，拥有独树一帜的精密规范和机制系统，能有效激励多方群体之间的良性互动，达成平台上的企业愿景。平台生态圈中的群体，一旦因为需求增加而壮大，就会随之引发其他各方群体的需求增长，从而形成各方彼此促进的良性互动循环机制，进而通过平台模式达到相互增强的战略目的，包括规模的壮大、生态圈的完善，对抗竞争者，直至拆解产业

① 参见王杨《儿童血铅中毒：只判赔 1 万多元是放纵作恶》，《今日话题》2016 年第 3448 期。

现状、重塑市场格局。纵观全球重新定义产业架构，发现企业成功的关键是平台转换产生驱动力，加上企业自身建立起良好的“平台生态圈”，连接多个群体，实现产业链的优化重组。

（6）历史上的规律显示，新型通信技术与新型能源系统的结合，预示着重大的经济转型时代的来临，相应地经济平台建设也随之有了新的发展，从而大大减少了时间和空间对人们更加多样化的经济交流的限制。当这些系统的发展落实到位以后，经济活动呈现正态分布曲线，即先上升达到顶点，经历一段时间停滞之后进入衰退期，衰退规律由通信与能源矩阵所建立的乘数效应决定。这些规律，是制订全面规划的前提，把具体措施、众多计划、各种方案行之有效地整合到一起，就是全面规划的内容。

8.3　经济平台的层次结构模式

8.3.1　经济平台由天然平台和人工平台叠加而成

8.3.1.1　天然平台

天然自然是人类经济活动最原始的物质条件。对于特定的经济活动，自然界中有的天然满足要求，有的经过人工改造后适宜要求，有的在现有技术条件下无法满足要求。如水位下降后，湖边沉积土壤天然满足耕种的要求，只要很少的人工改造甚至几乎无须人工改造，就可以成为耕地，满足种植业的发展需要。当前城市建设中，完全可以推平小山丘，而使之成为城市建设用地，也可以依据小山丘的地势地貌建造城市中的绿地、休闲公园。散居于高山对面的几户人家，在现有的技术条件下，就没有适宜的经济途径修筑专门通达的宽敞马路。尽管人具有改造天然自然的能力，但是天然自然的条件差异会造成人们改造自然的成本差异巨大。从经济意义上看，在其他条件相同时，天然自然对经济建设依然具有决定性作用。

在农耕时代，中国广袤的国土、纵横交错的河流、丰富的矿产资源以及多山的地貌，造就了区域农耕的差异性，提供了发展手工业和互市交通的条件，产生互补的市场交换需求。同时，区域内的高差造就了生物多样性和作物多样性，在小区域内互市交易，人们就有丰富的食物，可以摄取到相对全面的营养。正是在这样的天然平台上，国土面积占世界总面积 6.5% 的中国，数千年来承载着全球 20% 的人口。

到了现代工业时代，新的技术使大规模远距离货物运输成本快速下降。于是，资源配置的半径快速增大，其中远洋运输的低成本和大运量成为实现大范围资源配置的必要条件和必然选择。在这样的技术条件下，海岸线曲折、大陆架骤降的欧洲最适宜建设港口码头；海岸线平直、大陆架延伸距离大的非洲很不适宜建设码头。于是，具有远洋自然地理优势的欧洲兴起，处于劣势的非洲就没落了。这就是自然的自发选择，人们至今依然需要顺应自然。

8.3.1.2　人工平台

当今人类改造自然的能力进一步增强，在局部范围内，人定胜天成为可能。以色列地处西亚沙漠边缘，沙漠和半沙漠占 2.08 万平方公里，是国土面积的 2/3，土地十分贫瘠，年降水量只有 200 毫米，人均水资源占有量仅 300 立方米，并且 80% 的水资源集中在北部山区，而死海地区年蒸发量超过3000毫米，年降雨量仅有30毫米。显然，以色列的自然条件是不适宜农业发展的。可实际情况是，以色列发展出微灌滴灌技术、工厂化农业等，农业年均增长率达10.4%，在607万亩耕地上生产的农产品除了自给715万人口消费需求外还大量出口，成为“欧洲人的花园、果园和菜园”。中国铁路营业里程1930年为13441公里，1949年为21800公里，2000年为6.8万公里①，2014年为11.2万公里，其中高铁为1.5万公里，当年新线投产8188公里②。

当今世界人类改造天然自然的能力空前提高，天然自然离人们越来越远，人工自然越来越多地贴近人们的生活。尽管人工自然是天然自然的附加，可是，在城市生活中，人们能够直接接触到的自然80%属于人工自然，即使生活在农村，人们接触到的自然也或多或少地留下了人工的痕迹，约40%属于人工自然。耕地是经过长期整修的，土壤是经过改造的，水渠是早期开挖的。即使走入森林，也有人行通道，处处都留下先人的痕迹。这些都是人工自然。

8.3.1.3 天然和人工的叠加组合

天然平台和人工平台的组合方式有三种。其一是叠加——在天然平台基础上附加人工平台，组合成更加具有功能优势的平台；其二是弥补——人工方法修补天然平台的局部不足，使经济平台具有功能优势；其三是抵扣——人工平台与天然平台相互冲突，削弱了天然平台原本就有的功能，或者人工平台功能被天然不足所消耗而得不到充分

---

① 参见Alsen《金砖国家历年铁路营运里程比较（1938—2010）》，《统计与分析》2011年第9期。

② 《2014年铁路建设任务全面完成》，中国铁路总公司会议，2015年1月29日（http://www.china-railway.com.cn/）。

发挥。让天然平台和人工平台组合叠加或弥补，就是在顺应自然的基础上发挥人的主观能动作用。让天然平台和人工平台组合抵扣，就是“人定胜天”的唯意志主义表现，是对自然规律的不尊重。

8.3.2　经济平台由硬件、软件和软硬组合件构成

经济平台，也称为社会基础结构，对应的英文词汇是 Infrastructure。Infrastructure 被翻译成基础设施①，基础设施不是 Infrastructure 的全部内容，而是其中的物质部分。从经济功效看，Infrastructure 就是社会间接资本（Social Overhead Capital）。其实，社会基础结构的完整含义包含的内容比这两方面之和还要多，包括硬件、软件和软硬件的组合。

第一，硬件。按照影响面大小，社会基础结构硬件部分可以划分为以下三个层次。

（1）全局性公共物质基础。主要指人流、物流、能量流、资金流和信息流（简称“五大流”）的载体，如交通运输网、电力网、通信传递网、计算机网络、资金流通网等。

（2）区域性公共物质基础。如城市给排水系统、城市交通网、供热系统、管道煤气、水库、垃圾收集与处理系统、电视网、互联网、物联网、水网系统、水库水源系统、银行网点等。

（3）专业性公共物质基础。如特定产业区内部的管道运输体系、公共建筑，以及产业的通用设备、专业原材料、动能燃料、体育设施、教育机构、宣传舆论机构等。

从硬件方面看，全局性物质基础是整个社会经济发展的根本支

---

① 基础设施指的是铁路、公路、通信设备、发电站、油气水输送系统、水库等基本固定装备，属于社会基础结构的物质部分。

柱。区域性物质基础是本地经济发展的骨架，而专业性物质基础是安装在骨架上方的平台，一切的区域社会经济活动都是在这个平台上展开的。“政府搭台，企业唱戏”是许多地方政府的口头禅，却不知地方领导人是否明白：政府要搭的是既有支柱，又有横梁骨架，并且在其上方还必须铺上平板的舞台，这样的平台才能提供给企业唱戏，缺乏其中任何一项，企业就有可能踩空跌倒，而很难在这个舞台上自由唱戏。社会基础结构是由多层次的物质基础复合而成的有机整体，单一层次的物质条件并不能构成完整的基础结构。地方需要倚重全局性物质基础，充分地利用之，并要在其上铺垫好专业化区域平台，从而为企业节约社会间接成本发挥功能。

第二，软件。社会基础结构的软件部分内容非常广泛，主要包括以下几个方面。

（1）文化传统。澄明淳化的社会风尚、社会意识形态、价值观、诚信、合作、规范。

（2）普通教育。中小学义务教育、大学和研究生学历教育。

（3）科学研究。基础理论、社会科学、人文科学、自然科学、生态科学、技术科学。

（4）社会制度。法律体系、知识产权保护、社会福利保障制度、医疗保健制度。

（5）研究与发展。应用技术、工艺技术、产品开发、生产技术、产业技术、管理技术。

（6）专业教育和技能培训。岗位培训、职业教育、技能培训、在岗再学习。

社会基础结构不仅硬件部分具有层次结构性，软件部分也同样有层次性和结构性。如在以上所列举的项目中，前四项的执行主体是社会管理部门特别是政府，后两项的执行主体是大企业、行业或产业。错位行使职能就会造成资源的浪费和资源配置的错位，导致资源效益和效率的下降，都是不应该鼓励的。可是，在我国总是习惯于中央号召，地方响应，全民动员。如此就造成发展经济的过程轰轰烈烈有余、扎扎实实不足，发展的结果是经济结构被严重扭曲；顾此失彼的多，持续稳定的少；痛改积弊时显英明，防微杜渐中缺勇气。这种行政主导的经济发展模式浪费了大量的资源，尽管成长的速度快，产出效益却很差。

第三，软硬组合件。基础结构的软硬件组合是由不同层次的主体来完成的。如公路主干线、铁路、邮政、长途通信网等基础性产业以及发展教育事业、发展战略技术等方面不仅要由政府来协调，更应由政府来投资，并且要突出国家的意志。但是，在传统竞争性领域，强的无须扶，弱的不该欺，高层政府无须投注精力，创造公平秩序的竞争环境就足矣。在这样的领域，高层政府介入越多，扭曲市场的程度就越高，效率就越低、效益就越差。

软硬件的合理组合是基础结构中最复杂、最困难的内容。尽管考察基础结构的内容可以分割进行，但是基础结构作为产业环境的作用却是总体性的，个别要素的突出强大并不能显著改善社会基础结构的功能。一般来说，社会基础结构的水平直接决定基础设施效能的发挥。社会基础结构对产业的适配性是整体性的，特别是教育科技对产业要素的创造能力、基础结构对产业社会成本的节约、社会基础结构对产业效率的提高、社会文化对产业的激励、政府的信息引导对产业提升和风险克服等方面的作用是十分巨大的，并且具有多层叠加的结构。对于基础结构的硬件、软件及其对应的组合层次结构可以简略地概括如表8-1所示。

表 8-1　社会基础结构硬件、软件和组合件构成

层次	硬件部分	软件部分	软硬件组合
全局	道路、运输管网、通信设施、电力网、通信网	通识教育、科学技术、文化艺术、意识形态	国防安全、社会治理、法律法规、中央政府管理
区域	城市给排水系统、垃圾处理、市场布局、功能区	专业教育、地方法规、技术路线变革、地方文化	产业孵化器、研究院所、研究与开发、地方政府管理
专业	专属基础设施、内部支持条件、生产装备和工具	技能教育、发现发明、工艺创新、科学研究、创作	产业集群、技术实验室；集成创新、园区经济平台

8.3.3　社会基础结构的平台功能具有整体性

社会基础结构的功能不仅取决于构成要素，而且取决于这些要素的合理组合，这就是社会基础结构功能上的整体性。这就好比水、碳水化合物、一些微量元素等构成人体，人的能力却并非这些物质要素就能解释的，这些物质要素加上它们的特殊结构才是人的生命表现。社会基础结构的硬件、软件、硬件组合、软件组合、软硬件组合等才共同形成社会基础结构的功能，单一要素的改善是难以保证社会基础结构功能提升的。

尽管社会基础结构功能具有整体性，人们却很难从整体性出发来优化社会基础结构的配置。一般而言，基础设施看得见摸得着，最引人注目，大力集中投资就可以在短时间内取得立竿见影的成效。特别是在基础设施建设严重滞后的情况下，硬件方面的投资既简单又能很快产生绩效。即使基础设施超前发展了，继续投资的盈亏也是模糊的，因此投资基础设施是创造业绩的好选项，是政绩工程的首选。基

础设施不仅会成为首选，而且是第二选择、第三选择。基础设施的长期投资，甚至让一些人养成习惯而很难转变。这就容易产生基础设施的过度投资，使得社会间接成本攀升。

其实，如何优化基础结构并不仅限于基础设施方面，更重要的是体现在软硬件的组合方面。事实上，不管是硬件优化后的整体，还是硬件中的任何一项，没有相应软件内容的配合就不能完全地发挥作用。如如果把水库里面的水放光了，完善的水电网络设施也就闲置失效了，保证有水发电除了自然降雨，还要人们科学管理。根据国家气象局的长期预报，2003 年 5 月后我国将有大雨，于是各地都下令提前放空水库以备防洪；可是自然降雨却不听天气预报的，当年的 5 月以后根本就没有下什么雨，水库也就没有水发电了。2003 年由于缺少水力发电，结果造成中东部大面积电荒。造成电荒的主要原因就是天气预报不准，水力调度失误，而不是其他，硬件从来就是通过软件的合理组合才能发挥出功能的。

尽管考察基础结构的内容需要分割细化，但是基础结构作为产业环境却以整体的形式发挥功能作用，社会基础结构对产业的适配性是整体性的。特别是教育科技对产业要素的创造能力、基础结构对产业社会成本的节约、社会基础对产业效率的提高、社会文化对产业的激励、政府信息引导对产业提升和风险克服等方面的作用十分巨大。社会基础结构最终以社会间接成本/资本的形式反映到每一个经济体中。提高社会基础结构的水平，实质上就是为企业节约社会间接成本，让企业拥有社会间接资本，从而提升本地企业的竞争优势。

正是环境吸引相关企业聚集一地，形成产业；正是产业配套，才使企业提高专业化。优质的社会基础结构以良好的产业环境吸引企业汇聚，间接为之节约成本、增加资本。优质的社会基础结构是一个地区或一个国家经济发展的强大公共优势，属于公共性社会资源。

8.3.4 经济平台建设需要顺应自然合乎规律

8.3.4.1 顺应自然可以造就千年不朽

公元前256年，战国时期秦国蜀郡太守李冰及其子率众修建的都江堰水利工程，至今依旧在防洪、灌溉、水运和社会用水方面发挥着综合效益，造福人民。都江堰以利用自然资源为人类服务为前提，变害为利，使人、地、水三者高度协同统一而成为伟大的生态工程、文化遗存和旅游景点。京杭大运河从公元前486年始凿，经隋、唐、元、明、清的延伸和扩宽，全长1794千米，新中国成立后经过多次疏浚，2500多年来一直发挥着南北运输、沿河文化交流和带动沿河工农业生产的促进作用。尽管江西省古城赣州是一座多暴雨的城市，北宋时期修建的沟渠、水塘等排水系统——福寿沟①，却让赣州居民千年免受水涝、积水之苦②。福寿沟的设计顺应赣州老城中间高江边低的地势，坡度大排水快、沟内不积水而由近百个水塘蓄水，通过排水口泄流，江水超水位后排水口自动封闭。

都江堰、京杭大运河、赣州福寿沟三项古代工程，从时间维度看，更能看到充分利用天然条件、顺应自然规律、满足长远需要，不仅造福千秋，而且维护更新费用低，是完全成本最低的、完全收益最高的，是造就最大福祉的伟大工程。与一些新兴城市比较，稍有雷

---

① 刘彝（1017—1086），北宋著名水利专家，神宗（1068—1085）时除都水丞，主要成就是修建福寿沟。

② 参见《江西赣州因北宋排水系统千年不涝 古渠正遭破坏》，CCTV－10《经济半小时》栏目，2014年6月12日。

雨，城市即成湖泊，更能看到急功近利的危害。这样的工程要反复整改，不断增加 GDP，完全成本的高昂超出人们的想象。这种成本推动型经济增长，经济质量是很差的，西方国家最终消费率为 75%—83%，居民消费率为 60%—65%，我国 2014 年最终消费率为 51.2%，其中居民消费率为 38%，为经济而经济的特征显著。

8.3.4.2　合乎规律才能倍增经济价值

建国之后，我国进行了大规模的水利设施建设，至 1976 年仅大中型水库就建成了 86268 座。建成星罗棋布的水库，极大地改善了农田灌溉条件，发展了农业生产潜力，农业增产增收有了前提条件。可是，当时“革资本主义尾巴”，田间、路边种的几棵南瓜快到可收获前却要被割掉，人们的生产积极性被压制住了，造成全国物资短缺。后来，“革资本主义尾巴”的队伍解散了，分田到户了，鼓励生产了，生产力得到了解放，结果农业连年丰产增收，我们也就走出了物质短缺的年代。这不是农业生产的经济平台硬件改善带来的，而是国家政策管理软件改善后激发出来的。充分发挥现有经济平台的作用是建设平台的目的，违背初衷就违反了规律，而合乎规律就带来了全国粮食产量从 1976 年的 28631 万吨到 1984 年的 40731 万吨的大增长。期间并未发展生产力，而主要是发挥了生产力。可见，合乎规律至少要保证软硬件结构的协调一致，经济平台与经济状况的相互匹配。

8.3.4.3　服务当今、面向未来才能保障长期效益

经济平台建设不仅要紧盯当前而且要面向未来。经济平台的硬件，使用寿命通常有数十年，如果仅为当前经济，可能遭遇因经济转型引发平台要求转变的困境，如我国进入 21 世纪后的大物流、大通

道建设，并不适应过剩产能化解后的中国未来经济。近年大规模基础设施建设，从经济性方面评价，将再次造成一项过剩。

8.4 通过经济平台落实政府经济责任

8.4.1 通过经济平台建设决定经济发展方向

有什么样的舞台，决定适合跳什么唱什么；有什么样的经济平台，决定发展什么样的经济。

（1）国家的经济战略，怎么转化为全民的经济行动？最基本的方式就是通过产业政策、基础设施改善、文化氛围营造等，改变经济平台的特征特性，使符合国家战略方向的产业和企业成本降低、收益提高，从而激励这类产业和企业得到更快更好的发展。可见，落实国家战略，政府的具体行动就是重构经济平台，通过经济平台建设就决定了经济发展的内容和方向。经济平台决定未来经济发展，有什么样的平台就会有什么样的经济，政府搭建什么样的平台就会培育出什么样的经济。

（2）经济发展的基本方向是扩展、提升和创新。在经济发展剩余空间充足的特殊情况下，扩展最为简单、最具有效率。然而，扩展过度了就会陷入劳力—资源型经济的价格竞争泥潭，导致经济效益的大幅降低。只有提升经济，才能赢得更大的收益；只有创新经济，才能开拓出更大的发展空间。一般情况下，创新驱动发展才是永恒正确的发展方向，才能创造提升经济的可能性。只要创新驱动发展，就会形成知识—资本型经济，就会产生良性循环。评价经济发展的好坏，紧盯增长率是不够的，发展劳力—资源型经济——劳动密集型产业，具有最高的短期增长率，规模过大的劳力—资源型经济，却会带来最大的长期困扰。

（3）经济平台决定经济发展的内容。在美国，劳动密集型产业越来越没有竞争力，创新才是他们的出路；在中国，实质性创新很难找到市场，低端产业投资是最大的获利领域。这不是中美两国人的不同，而是经济平台不同。美国经济平台的循环逻辑适宜发展知识—资本型经济，当前中国经济平台的循环逻辑适宜发展劳力—资源型经济。经济平台不同，适宜的经济发展内容就不一样，经济成长的方向也就不同。优势的经济活动是什么，不是由经济人决定的，而是由外围条件决定的、由脚下的经济平台决定的、由政府决定的。

（4）经济平台决定经济发展，已经被实践证明。如我国改革开放之初，激励“分田到户”，我国的小农经济就兴旺起来；20 世纪 90 年代初的治理整顿，让乡镇企业发展停滞；国有企业改制，很快造就出大量私营企业家，一部分人先富了起来；住房、医疗、教育三大去福利改革，让我国劳动密集型产业起死回生、大规模膨胀，使中国成为低端制造业大国。国家经济平台的任何改变，都会对微观经济主体产生巨大的影响，有时甚至决定企业的生死。顺应政策导向的产业，欣欣向荣；与政策导向相悖的产业，逐步衰亡。20 世纪 90 年代以来，中国过度发展九大过剩产业，2008 年国际金融危机后又进一步振兴十大过剩产业，不仅导致当前的严重雾霾，而且将长期阻滞中国经济的全面健康成长。产能过剩成为化解成本极其高昂的严重困局，策略上短期回升磨耗掉战略上的长期稳定增长，并且导致贫富两极分化的扩大以及社会冲突的加剧。

8.4.2 通过经济平台逐层垫高企业的竞争优势

经济平台，不仅中央政府在建设，而且地方政府也在建设，这就使得全国各地的经济平台有区域差异；不仅地方政府在建设经济平台，而且产业也在建设经济平台，于是，同一地方不同产业也有平台差异；不仅产业在建设平台，而且产业中的企业也在建设经济平台，最终企业也就有竞争优势的差异。不同的平台，适宜发展不同的经济，各地也就有了差异化平台竞争优势，从而就有差异化经济。企业、产业、区域、国家四者之间的经济行为是互补的，需要逐层叠加才能形成最终的竞争优势。四个层次的平台逐层叠加则提升，相互抵扣则失效，平台投资规模并不一定决定平台的高度——社会间接成本的降低幅度，只有依循相互增强的逻辑构建平台，累加的投资建设才能相应地转化为企业的最终竞争优势。

经济平台是企业成长的最初驱动力。社会基础结构——经济平台的经济功能是社会间接成本，政府通过构筑优质的平台，让企业享受到社会间接成本的降低，从而无形中提高企业的竞争优势。如直接融资就比借贷少支付利息，通畅的道路提高物流效率从而降低运输费用，优质的网络提高信息交流效率并降低通信费用，充足的技术要素提高创新的效率并降低创新的风险，行政管理的改善提高办事效率并节约劳动时间，法律体系的完善保障信誉收益并提高违法损失的风险，统一的污染治理使得企业污染治理的投资减少、治理标准提高。社会基础设施让企业从方方面面、点点滴滴享受到社会环境的支持和帮助，让企业行为成本更低、效率更高、收益增大，从而有更强的竞争优势。

企业的最终竞争力，要靠国家、区域、产业等逐层奠定基础。企业的竞争优势，不仅取决于自身的努力，而且取决于产业、区域和国家的平台驱动。从企业、产业、区域到国家，各自谋求自身的利益，专业领域的利益、地方的利益和全国的利益，越往上走公共性要求越高。但是，即使到了最上层，主要谋求的还是本国利益，而不是全人类的利益，更不是谋求别国的利益，依然具有国家层次的私人性。基础厚实就能让企业获得无形竞争优势，基础薄弱则迫使企业不仅要做企业自身的事而且要同时填补基础的不足。让企业在沼泽地中奋起，几乎是不可能的，世上也鲜有成功的案例。公司注册时收费、运营中反复检查、到处伸手要钱、谁都可以开罚单等，会让每一家企业陷入经营沼泽的困境中。

天然条件是企业竞争优势的最初始来源。人工平台是建立在天然基础上的，天然条件如何，对人工平台的建设成本影响大，对平台的使用成本影响长。中国 178 座矿业城市就是因矿设市的，优势的主要来源也是矿产。对外开放，需要发展远洋运输，加上降低运输成本的市场机制，沿海具有天然优势，从而形成沿海 100 公里的发达经济带。自然环境是人类活动的舞台，自然条件如地理位置、地形、气候、土壤、水文、矿藏、植物、动物等，既是人类利用的对象，也是制约人类张狂的枷锁，打破自然生态平衡，人类就会遭到自然界的无情报复。因此，人类活动要充分利用自然禀赋而不要对抗自然，要顺应自然而不要违背自然规律，改造自然是为了扩大自然推动力，如成都都江堰水利工程，改造自然不是唯意志主义的盲动，更不是主动与自然搏斗。

8.4.3　政府要让经济平台与经济发展水平相适应

建设经济平台是有代价的。社会基础结构——经济平台，特别是基础设施，作为社会资本 K，是有一定的使用年限 n 的，每年需要一定的折旧费用和维护更新费用。假设折旧率为1/n，维护更新费用率为α，则维持基础设施功能正常发挥的费用 $C=(1/n+\alpha)K$。2014年全社会投资总额占GDP的82%，假设使用年限为25年、GDP增长率为10%、α=5%，计算可知：K=0.82×10.08GDP=8.26GDP，C=74.34% GDP。这种情况下，全社会投资率尽管已经很高了，却基本上用于维护原有基础设施了，新增投资仅有7.66% GDP。注意到2014年我国税负率=16.3% GDP，可见，财政难以承担基础设施的全部投资，投资负担必然间接转嫁到企业身上，基础设施维持费用C多数也必然由企业承载，道路收费就是实例。此时社会基础结构，就不是支持企业竞争力提升的经济平台了，反而成为企业发展的沉重包袱了。

社会基础结构建设要与经济发展相适应。“要致富，先修路”，表达了在经济生活中，基础设施的重要性。作为动员群众的口号和新闻报道的简明要求，这样号召是无可厚非的。但是，如果因此就认为这是经济建设的不变规律，那就太片面了。如在中西部的一些高速公路上车辆寥寥无几，运输收益不足以弥补道路维护费用。如果让足够的车辆在这些道路上行驶，地方经济那点微薄的收益又如何支撑得起车辆的油耗；如果优先保障车辆油耗，那么百姓生活的其他方面就无法保障；如果我们不仅保证有足够的车辆在道路上行驶，而且车上还载有足够的货物，那么雾霾又要提高几倍，人们就要考虑是想死还是想活的问题了。可见，基础设施建设也会“过剩”。“过剩”的基础设施还需要维护，还会不断消耗经济资源。当前中西部一些高速公路就已经表现出“过剩”，估计未来一些城市地铁也会过剩。当然，让地铁替代地面公共交通，也算是进步。不过，这是重复建设下的进步，是事倍功半的进步，是不经济的，是十分浪费的经济建设方式。

基础设施建设要适度超前但不能过剩。基础设施超前就能引导经济提升，过剩就会造成浪费。基础设施过剩不仅与当前经济不匹配也与未来经济难以匹配，适度超前的基础设施则是与未来经济相匹配的。适度超前是一种引领经济发展的做法，而基础设施过剩是资源错配的结果。如果社会基础结构与经济发展错位了，就不能支持经济发展，同时还会增加企业的间接社会成本，从而降低企业的竞争优势。因此，社会基础结构，特别是基础设施，是不能盲目投资的。盲目投资基础设施，不仅无益于经济发展而且会拖垮未来经济成长；错配的社会基础结构，会产生政府搭了台却无人“唱戏”的局面，不仅产生不了收益而且要消耗维护费用。

8.4.4　政府应该致力于优化经济平台结构

构建平台本身就是规模巨大的产业。社会基础结构建设——平台搭建，规模的大小取决于全社会固定资产投资总额，投资率 = 投资总额 ÷ GDP，是衡量投资强度的重要指标。2014 年我国投资率达 79.5%，投资总额为 512020.65 亿元，其中用于工农业生产的占 38.7%。在非工农业生产领域的 397493.01 亿元投资中，人生保障方面，卫生、社会保障和社会福利，投资了 3991.51 亿元；发展潜力方面，包括教育、科学研究、技术服务和地质勘查，投资了 11127.81 亿元；国民生活方面，包括住宿、餐饮、文化、体育、娱乐、批发和零售、居民服务和其他服务，投资了 30580.31 亿元；公共管理和社会组织方面，投资了 7200.5 亿元；房地产投资了 131348.16 亿元；生产性支持领域投资了 83609.35 亿元；水利、环境和公共设施领域投资了 46225.04 亿元。2015 年和 2016 年，我国投资率高达 81.5%，数据显示，我国重生产轻生活的特征是十分显著的。从经济建设中获得的经验是，投资率适宜维持在25%左右，发达国家大致就维持在这个水平上。从1984年开始，我国投资率超过25%，33年的积累，我国的根本问题已经不再是生产不足的短缺经济，而是消费不足的过剩经济（见图8－3）。

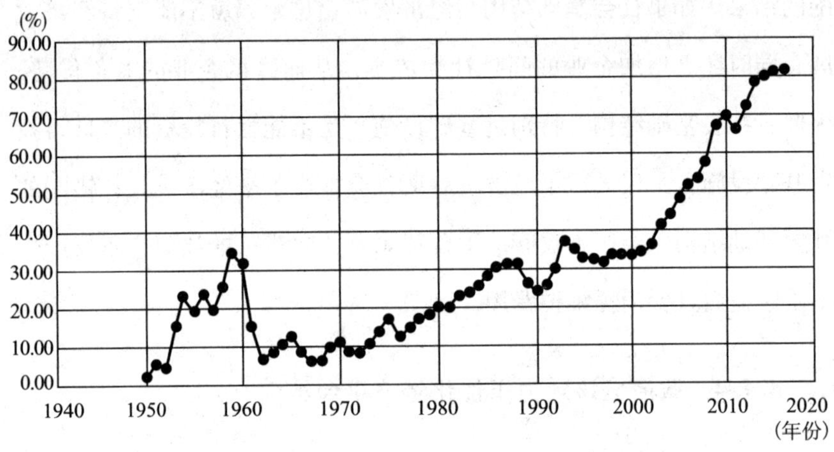

图8－3　1949—2016年间中国投资率时序变化

经济平台具有很高的复杂性，优化内部结构，不仅可以大幅降低社会基础结构的建设投资，而且能够极大地增进社会基础结构对经济成长的支持功能。统计显示，中国投资率通常在50%以上，美欧发达国家投资率通常在25%左右。专家估计，中国当前固定资产总额为286万亿元，美国为60万亿美元。计算可得，单位固定资产美国产出的消费品数量约是中国的2倍，美国固定资产投资效益比中国高出许多，固定资产结构优化存在巨大的空间。优化结构有两个基本方向，一是多层次叠加增强，二是多要素均衡优化。多层次叠加增强，就是让多层次的社会基础结构互补叠加，而不是让其相互替代。区域要在国家基础结构上提升，产业要在区域基础结构上提升，企业要在产业基础结构上提升，多层次基础结构形成合力，最终合力提升企业的竞争优势。多要素均衡优化，就是让社会基础结构整体功能最大化，而不是只修道路不管交通，也不能硬件设施强软件管理弱。

如何优化经济平台，是一个重大社会课题。优化平台的基本要求有两个方面。一是结构均衡，包括软件与硬件组合匹配、硬件构成匹配、软件结构匹配。按照经济学原理，平台结构均衡的必要条件是任何平台要素的边际投资收益率相同。二是软件提前，包括文化发展、研究与开发、教育、社会保障等适度领先，通过认识超前以确保硬件投资方向正确。一般而言，软件投资额较小、弹性高，硬件投资额度大、缺乏弹性，软件探索成本较低，而硬件投资覆水难收，此外，只有软件的提升才能提高对硬件的认识。综合这些性质，管理上就应该以软件超前投资的小风险去化解硬件投资大失误可能带来的大风险。发达国家基本上遵循这样的规律，遗憾的是落后国家的做法正好相反，通常大胆直接巨额投资基础设施等硬件，根本不在乎软件的跟进，更不要说软件超前探索了。如中国九大产能过剩行业，就是中央政府作为应对 2008 年金融危机的措施提出并主导实施的。只要做个国际比较，这些行业的过剩情况就是显而易见的。只要不阻止别人去发现产能过剩趋势，让人讲话，中国绝对不会制定出显然违背经济规律的这种产业政策。

第9章　经济发展的质量评价

如果我们不向历史学习，我们就会重演历史。

——托夫勒

通过历史寻求内心信仰，明确前进方向，是历史素养的真谛。

历史的一条规律是财聚人散，财散人聚。聚财骄奢淫逸，不得人心，是败政之道；散财扩大消费，大得人心，是兴政之道。

9.1　经济发展的方向性评价

“聪明的人从自己所犯的错误中汲取教训，智慧的人从别人所犯的错误中汲取教训。”最糟的不是存在问题，而是不承认问题。只要不承认问题，就会加剧问题。如果承认问题，就能问题驱动改革。如何从自己所犯的错误中汲取教训，就是一个问题。

9.1.1 从初级逐步到高级的中国发展观演进

（1）经济发展观阶段（1940—1960）。把经济发展等同于经济增长。Lewis（1955）的二元经济结构理论[①]是早期代表，认为发展过程以储蓄和投资的增加为动力，是工农业占国民经济的比重发生重大变化的经济结构转变过程。Rostow（1962）的经济发展阶段理论是后期代表，认为经济发展有传统、积蓄准备、起飞、成熟和高消费五个阶段，可以通过资本、投资率、利润率、储蓄率、出口率、工农业生产增长率等纯经济指标分析，确定经济发展阶段。[②]

（2）社会发展观阶段（1970— ）。代表论著是Perroux（1972）的《新发展观》，认为发展不是单纯的经济现象，而是经济、社会和人的全面综合协调发展过程。[③] 列维[④]的现代化理论，认为现代化社会与非现代化社会从社会结构特征上有八大差异（见表9－1）。

表9－1 现代社会与传统社会的八大差异

序号	项目	传统社会	现代化社会
1	专业	专业程度较低	专业程度高
2	系统和功能分化	自足性较强，缺少功能分化	各系统自足性较弱，功能分化
3	伦理上	具有个别性质	具有普遍主义性质

① 参见［美］刘易斯《二元经济论》，施炜等译，北京经济学院出版社1989年版。William Arthur Lewis(1915.1.23—1991.7.15)，1979年Nobel经济学奖获得者，主要学术贡献是经济增长理论和提出两部门模型。

② Rostow, *The Process of Economic Crowth*, New York: W. W. Norton, 1962.

③ 参见［法］弗朗索瓦·佩鲁《新发展观》，张宁、丰子义译，华夏出版社1987年版。

④ 列维（Claude Lévi－Strauss，1908.11.28—2009.11.1），法兰西学院荣誉退休教授、法兰西科学院院士、20世纪最伟大的人类学家之一、法国结构主义人文学术思潮的第一创始人。

续 表

序号	项目	传统社会	现代化社会
4	国家权力	使权力较分散，也是封建专制的	是集权的但不是专制的
5	社会关系	是传统的、个别的、功能无限和具有感情色彩的	是合理主义、普遍主义、功能有限和感情中立的
6	媒介和市场	交换媒介和市场尚未发展起来	有发达的交换媒介和市场
7	组织机构	即使有科层制组织，也是建立在个别的社会关系之上的	有高度发达的科层制组织
8	家庭结构和功能	家庭结构是多样化的，家庭功能是多重的	家庭结构小型化，家庭功能日益减少

（3）可持续发展观阶段（1972— ）。可持续发展就是“既满足当代人的需要，又不对后代人满足其需求的能力构成危害的发展”。《我们共同的未来》提出三个鲜明的观点：①环境危机、能源危机和发展危机不能分割；②地球的资源和能源远不能满足人类发展的需要；③必须为当代人和下代人的利益改变发展模式。

（4）科学发展观阶段（2003— ）。2003 年胡锦涛总书记提出“坚持以人为本，树立全面协调可持续的发展观，促进经济、社会和人的全面发展”。内容上，科学发展观是以人为本、可持续发展和社会发展三者的叠加，超越了纯经济发展理念，更超越了唯经济增长的理念。科学地发展经济，具有区别于以往的特征，需要转移侧重点，包括从以经济为中心转向改善人民生活、从积累外汇转向增进国民财富、从承接产业转向创新产业经济、从扩大规模转向提高获利水平、从鼓励出口转向培育内需市场。从实践角度看，科学发展不是一次性的正确选择，而是与时俱进的不断改善。一条死胡同走到底从来就不是经济发展的最好选择，及时发现以往发展中的问题并致力于问题的解决，才是科学发展的做法。

（5）五位一体全面发展阶段（2012—　）。十八届三中全会以来，中央逐步确立五位一体的文明观：物质文明、精神文明、政治文明、社会文明、生态文明。随后还把党的文明建设加入文明建设中，紧跟五位一体文明建设，使之协调、同步、可持续。五位一体文明建设总体布局意味着往后中国将从局部现代化迈向全面现代化，从经济扭曲的现代化迈向全面协调的现代化，发展的境界高、层次升、空间大。

9.1.2　境界评价需要依据科学的发展观

视野大小的不同，对经济发展的认识就有差异，评价经济发展的范围和内容也就有所差异。经济发展评价绝非就经济论经济的评价，也非脱离经济的评价，而是围绕经济发展的评价，包括经济内部的评价、支持条件的评价和目标方向的评价三个基本方面。

9.1.2.1　经济发展的内容和结构

经济发展并非就是经济增长，经济发展狭义上是指经济增长加上经济结构的优化，广义上还包括人文、经济、社会、政治结构上的文明进步——现代化。在经济领域内改善经济就是经济发展的狭义内容，超出经济范围谋求经济改善就是经济发展的广义内容。一些研究认为，经济发展是指“物质福利改善；根除民众贫困、文盲、疾病和过早死亡；改善投入产出结构，包括生产的基本结构从农业转向工业活动；以生产性就业普及适龄劳动人口，而不是只基于少数具有特权的人来组织经济活动；使有着广大基础的集团更多地参与经济方面和其他方面的决策，从而增进自己的福利”①，即把总产出增加、收入分配合理、就业状况改善、人口素质提升、社会福利保障、技术进步、社会文明、政治文明、个人自主决策等作为经济发展的内容。也有人把经济发展概括为八个方面：收入持续增长、技术进步、产业结构提升、资本积累、国际经济关系的发展和扩大、需求结构提升、制度结构改善、价值观文明。②

9.1.2.2　经济发展的目标方向和支持条件

人们通常把人文、经济、社会、政治结构上的现代化称为社会发展。社会发展狭义上是指消除贫困、公平分配、劳动就业、大众参与、生态环境保护、社会稳定和可持续发展等。广义的社会发展涵盖人类发展的各个领域，包括社会结构、人民生活、科技教育、社会保障、医疗卫生、社会秩序等。社会发展与经济发展经常在内容上呈现重叠性，两者之间既彼此促进又相互制约。从经济角度看，人文、经济、社会、政治结构上的现代化是经济发展的外围条件。依据《矛盾论》的观点，“外因是变化的条件，内因是变化的根据，外因通过内因起作用”。可见，没有外部条件的保证，内部变化也就没有动力，事物就会处于停滞甚至僵死的状态。正因为如此，“问题倒逼改革，开放倒逼改革”。自然、生态、人文、社会、政治与经济之间的结构关系，是我们评价经济发展的重要依据。

---

① 参见［美］赫里克《经济发展》，张欣译，上海译文出版社1986年版。
② 参见［日］鸟居泰彦《经济发展理论》，东洋经济新报社1994年版。

9.1.2.3　经济发展可持续循环促进要求

在时间维度上，要求经济发展可持续，包括经济可持续发展、环境可持续发展和社会可持续发展。经济可持续发展是指经济的长期平稳增长和结构改善，包括长期福利问题和约束问题两个关键方面。环境可持续发展是指经济资源的长期稳定供给和要素平稳供给及创造，经济环境包括自然、生态、人文、社会、政治、社会基础结构等多个方面。社会可持续发展是指收入公平、机会平等、医疗保健、教育提升、福利保障、公众参与等方面的改良，激发出创新和创造活力，形成良性的社会发展机制。社会可持续发展的根本点其实就是要解决发展观问题：为谁发展，发展什么，谁来发展，如何发展？

9.1.2.4　扩大要素的公共性和共享性

增加要素的公共性还是私人性，是有很大不同的。特别是对于具有正外部性的要素，更应该扩大公共性而要制约其私人性，如健康知识。为什么不能就经济论经济评价经济发展呢？其实举个例子就很容易明白。中央电视台是财政支持的也是自我创收的，CCTV－10《健康之路》很受群众欢迎，是国家财政支持的公益性节目。这类节目应该扩大影响面，让更多的人群受惠。可是，当今各网站下载播放断断续续，处方一闪而过。网站企图损公肥私，除了让人不胜其烦，公益性目标无法有效实现，私人性图利也基本办不到，损人而不利己，实在没有可取之处。这类事情随处可见，政府公开的统计数据不完整，详细数据要收费，结果是很多国内学者去研究美国经济、英国经济，就是不研究中国经济，国内的智力资源也就贡献给了国外。

9.1.3 经济发展目的高尚、过程平稳和手段正当

9.1.3.1 经济目的高尚性

（1）树立正确的义利观。经济、社会、人文三者的发展，需要相互促进，需要有高尚的目的，需要有正确的义利观。孔子曰：“君子喻于义，小人喻于利。”在对经济的理解上，也有喻义与喻利的分歧，君子与小人的分野。道义选择往往就决定了经济的义与利、君子与小人的差异。经济上好的选择，不是舍利求义，更非弃义求利，而是以利致义、寓义于利。

（2）致力于社会和个人发展的最大一致性。经济活动既要促进人类的生存与发展也要促进个人的生存与发展，并且要让两者形成相互促进的机制。经济活动的目的是兼顾人类和个人的，经济的目的本来就应该致力于造民福祉、强国兴邦、开创太平盛世、求天下大同。如果社会经济活动促进每个人的生存与发展，个人经济活动促进社会经济发展，那么社会和个人就有了发展的一致性，哪怕个人自私的经济活动也是有益的。反之，如果社会经济活动抑制每个人的生存与发展，个人经济活动损害社会经济发展，那么社会和个人就具有冲突性，哪怕个人为群体的经济活动也是有害的。常见的情况是，社会经济与一部分人具有发展的一致性，而与另一部分人具有发展的冲突性，如何扩大一致性减缓冲突性就是一个大问题。

9.1.3.2 经济过程的长期平稳性

在社会异常的情况下，如战争、国家安全遭受威胁、食品短缺等非常时期，社会生存的要求将起主导作用，损有余而补不足就会成为救急措施，经济公平就暂时无法追求。在和平建设时期，人们的生活

品基本得到满足，不以公平为准则，一部分人的利益就会凌驾在另一部分人之上。公可损私，公又是谁？正常时期，必须正常作为，绝不需要任何个人“为了早日打出油，宁可少活10年”的悲壮，而是要让每位社会成员安守本分，包括政府。

2010年9月13日，夏季达沃斯论坛上，温家宝同志在开幕致辞中讲：“一个13亿人口的国家，如果没有一定的经济增长速度，实现充分就业，提高人民福祉就是一句空话。”2013年10月21日，李克强总理应邀在中国工会第十六次全国代表大会上做了经济形势报告，也声称：“我们关注GDP，其实关注的是就业。我们之所以要稳增长，说到底就是为了保就业。”历任总理对经济增长的重视，是有目共睹的。然而，我国经济的高增长，不仅人民福祉没有明显增加，而且人们面临生存的危机却越来越明显，2013年以来秋冬大雾霾就让13亿人切身感受到了生存危机。保障就业是政府的责任，光明正大直接抓就业是政府的正道，并不需要隔靴搔痒通过推动经济增长来保障就业。更何况，经济增长与就业的关系并非总是直接相关的，如国家统计数据显示，2014年和2015年我国经济增长减缓，就业率却大幅提高。特别是经营性经济活动，政府既不擅长也不专业，并且不是政府的责任，国内外无数案例反复证明，与经济靠得太近，政府就很难干好事。我们认为，对于不擅长的事情，政府手不要伸得太长，对于应该尽责的事情，政府不要缩手缩脚。

9.1.3.3 实现手段的正当性

经济目的的实现，不是不择手段的，而是有所选择的。摘录一些名人的言论如下。

我要强调的是，任何国家的发展和强盛都不能建立在民众的苦难上，没什么比人的生命更可贵的。

——梅德韦杰夫（俄罗斯总理）

国家的首要责任不是发展经济，不是强大军事，而是维护社会的公平和正义，是保障社会弱势群体不被淘汰！此为国之根本。

——马英九（中国台湾领导人）

个人正义维护着国家的正义，个人尊严组成国家的尊严。国家唯一能让国人感到骄傲和安全的，就是它对每一个公民所作出的承诺和保障。如果连这一点也做不到，国家还有什么骄傲和荣耀可言？

——左拉（Émile Zola，1840.4.2—1902.9.28，法国自然主义文学流派创始人与领袖、社会活动家、理论家）

任何一地的不公正，都会威胁到所有地方的公正。我们都落在相互关系无可逃遁的网里，由命运把我们结为一体。对一处的直接影响，就是对他处的间接影响。

——马丁·路德·金（美国民权运动领袖）

在罪恶登峰造极的国家里，欺骗和暴力掠夺就是法律。

——苏格拉底（Socrates，公元前469—公元前399，古希腊著名的思想家、哲学家、教育家、公民陪审员）

如果人民害怕政府，就是暴政！如果政府害怕人民，就是自由！

——托马斯·杰斐逊［（Thomas Jefferson，1743.4.13—1826.7.4），美利坚合众国第三任总统（1801—1809），《美国独立宣言》主要起草人，开国元勋］

恶国家不如无国家……我们爱的是国家为人民谋幸福的国家，不是人民为国家做牺牲的国家。

——陈独秀

政府不再是人民权利的保护者，而是成为最危险的侵犯者；

不再是自由的保护者，而是建立一种奴役的体制；不再使人们免受武力的威胁，而是首先使用武力对付人民；不再是人民之间关系的协调者和社会准则的服务者，而是成为用威吓和恐怖手段控制人民的工具。它不依仗法律，对社会资源的支配来源于官僚机构的任意决断……我们发现一种奇怪的颠倒：政府可以做任何它想做的事，而公民只能在得到政府同意的情况下才可以做。一个社会如果掠夺个人通过努力而获得的财产，或者奴役他，限制他进行思想的自由，强迫他去做违背理性的行动，那么，这个社会一定引发了社会法令与人的自然需要之间的冲突。从严格意义上说，这不是一个社会，而是一个通过帮规组织起来的暴民集团。

——艾因·兰德（Ayn Rand，1905.2.2—1982.3.6，个人主义思想家，生于圣彼得堡，1926年流亡到美国）

宏伟的建筑是消除我们民族自卑感的一剂良药。任何人都不能只靠空话来领导一个民族走出自卑。他必须建筑一些能让民众感到自豪的东西，那便是看得见、摸得着的建筑。这并不是炫耀，而是给一个国家以自信。

——阿道夫·希特勒（Adolf Hitler，1889.4.20—1945.4.30，奥地利裔，政治家、军事家，德意志第三帝国元首、总理，纳粹党魁，第二次世界大战发动者）

9.1.4 最终导向是提升个人的工资、福利和保障

（1）爱民方向而不是害民方向。我国经济被西方列强盘剥，国内强势集团不仅没有采取有效的反制措施维护国家的整体利益，反而与西方合作，在扩大利益输出中寻求自肥，并且效法西方对中国的做法，对国内边缘地区和贫困人口伸手。如 Office 软件销售给中国的价

格是美国市场价格的50倍；国内生产的鞋和眼镜，内销价格太高，出口价格太低，以致消费者不得不跑到日本买马桶盖。中国出口的鞋平均价格为4.5美元/双，在美国零售折合成人民币价格也就80元/双，可是在国内销售却在160元/双以上（2015年鞋类出口106.1亿双，出口额为539.43亿美元，均价为5.16美元/双；2014年出口97.68亿双，出口额为504.02亿美元，均价为5.08美元/双。据海关统计，2009年我国出口鞋81.7亿双，价值265.7亿美元，出口平均价格为3.25美元/双，比上半年价格下跌4.8%[①]，见表9-2）；眼镜架的生产成本不到10元，可是销售价格却要百元以上。

表9-2　　2000年以来中国鞋类出口量价海关统计数据

项目＼年份	2005	2007	2009	2011	2012	2014	2015	2016
数量(亿双)	67.92	84.9	81.7	101.7	100.7	97.68	106.1	92.93
金额(亿美元)	189.73	253	265.7	393.8	444.12	504.02	539.43	448.78
均价(美元/双)	2.79	2.98	3.25	3.87	4.41	5.08	5.16	4.83

（2）如果没有合理的理由，却存在并且扩大差异，就是恶劣的发展方向。Smith认为："以不同方式使用劳动和资本获得的净收益，在同一地区内，必须是相等或趋于相等的。"不同行业工资差异的五个理由是：①"劳动工资随着工作的难易程度、清洁程度、是否光彩而变化。"②"劳动工资随着学习技艺时的简单、便宜和困难、昂贵而变化。"③"劳动工资随工作的安定和不安定而变化。"④"劳动工资随工人受委托的责任大小而变化。"⑤"劳动工资随工作成功的可能性大小而变化。"（《国富论》第一篇第十章）我国的收入差异扩大却

① 资料来源于《2009年我国鞋出口量高达81.7亿双》，海关统计（http://www.customs.gov.cn/）。

主要不是这些原因造成的，而是由社会地位高低、强弱决定的。

（3）现代福利制度是一大社会进步。社会福利就是确保社会进步的基石，当今世界，社会福利总体上是不断提高的。社会主义的理念是构建现代福利保障制度的一大理论动力，解决了为谁发展的问题。1980年以前，中国经济发展水平比较低，可是中国的福利是全球的典范。西方国家迫于社会主义理念的强大冲击，1950年以后就着手建立现代社会福利保障制度并在以后不断完善提升。可是，20世纪90年代，我国却粗暴地大幅度弱化了医疗、教育、养老等现代福利。这是逆历史潮流的，总体上违背了社会进步的方向。

（4）没有福利保障，社会各项事业必然呈全面下滑趋势。福利保障制度削弱后，个人就成为金钱的奴隶，成为创造财富的工具。社会福利不足，必然导致个人唯恐不测而增加劳动多赚钱并且少花钱。于是劳动供给增加，劳动收入水平下降，并且在低收入状况下居民不得不节衣缩食增加储蓄。这一经济逻辑导致中国储蓄率冠绝全球，同时导致消费市场成长缓慢，国内生产必须出口。加上堵截投资致富的大道，主流人群陷入阶层停留和冒险投资的选择困境，留出的投资渠道仅有三个：一是银行储蓄，二是股市投资，三是房地产。储蓄让投资人陷入缓慢失血，股市让95%的投资人亏损，房地产冻结投资人的资本，但可以处于收益的幻觉中。人民币发行量从1976年的700亿元增至2015年的140万亿元，期间GDP从2961亿元增至67.67万亿元，M2/GDP之比从1976年0.23提高到2015年的2.07，通胀幅度也就可想而知了。所有的投资渠道当前都掌控在强势集团和富人手中，成为对贫民财富的劫掠场，自我福利保障没有制度基础，是完全走不通的一条绝路。这种格局，社会经济被压缩在低端物质生产，产业结构被扭曲；国民消费被压缩在住宅中，精神生活被弱化，人生被扭曲，既不能强国也不能富民，并且拉开了贫富差距，是不可持续的发展路径。

(5) 政府要致力于国民福利。政府不仅在国内公共资源配置中要致力于增进国民福利，而且在国际资源配置中也要致力于增进国民福利。世界卫生组织（WHO）允许强仿，如瑞士诺华公司开发的治疗白血病的药品格列卫，印度病人用不起，印度政府就组织生产仿制药。格列卫在中国售价为23000—25000元/盒，是全世界售价最高的。印度仿制药200元/盒，药效达到99.7%，中国市场却不允许印度仿制药流入。药监部门保护瑞士知识产权的积极性远远高过对中国白血病人生命危机的关注，一些国家机构所做的事情，不是增进国民福利，而是压制国民福利，甚至无视国民的生命。领纳税人所给的工资，又损害纳税人的利益，毫无职业道德。

9.1.5 发展评价需要遵循经济转型的文明递进规律

文明是背离野蛮的一种发展状态，不文明是发展状态的停滞或倒退。文明转型是全方位的转型，而非个别方面的转型，是渐次递进的，而非一次突变到位的，文明的历程见表9-3。

表9-3　不同历史时期的经济发展走势

序号	项目	原始文明	农业文明	工商文明	社会文明
1	思维方式	自发化	封闭化	理性化	整体、综合、实验
2	价值观念	多样化	神圣化	人本化	自由、民主、法治
3	交换方式	霸道化	强权秩序化	市场规范化	公平、公正、诚信
4	生产方式	自然化	定点化	集约工业化	分散、定制、服务
5	分配方式	等级化	自给化	普惠化	需求导向、公平化
6	生活方式	依气候迁徙	定居化	城市化	自然回归、个性化

续 表

序号	项目	原始文明	农业文明	工商文明	社会文明
7	管理方式	首领权威	集权化	法制化	守规则、去权威、协作
8	组织方式	群体化	分散化	民主化	扁平、自主、节点化
9	活动范围	最小生存圈	区域化	全球化	虚拟、网络、主观化

中央党校政法部主任张恒山教授认为，由农业文明到工商文明的转型，标志性的发生时间是 1500 年。[①] 工商文明有九项特点：思维方式的理性化、价值观念的人本化、交换方式的市场化、生产方式的工业化（集约化）、分配方式的普惠化、生活方式的城市化、管理方式的法制化、组织方式的民主化、活动范围的全球化。人们普遍认为，工商文明的核心是交换方式的市场化。

工商文明是一个自发的、渐次递进的过程。由农业文明到工商文明的转型路径有四种：①以英国为代表的自发路径，17 世纪，1688 年英国光荣革命爆发，大量财富集中到清教徒手中。以清教徒为主导，努力致富以争当上帝的好选民，并且不可奢靡浪费，从而引发工业革命。②以法国和美国为代表的自觉路径，滑铁卢战争后人们懂得了英国的力量，以大市场、小政府的社会管理模式，孕育和发展市场经济。③以德国和日本为代表的追赶路径，国家权力推进，俾斯麦政府有力促进。④以俄国为代表的集权计划路径，东受日本、西受德国的挤压，从彼得大帝开始，俄国采取政府主导，以高度集权、计划经济方式，不惜牺牲个人利益，成就工业化目标。

① 参见张恒山《文明的转型与中国现代化》，凤凰卫视《世纪大讲坛》栏目，2012 年 9 月 8 日，16：00—17：00。

中国是农耕文明最完善的国家。学界认为，文明无优劣、存在有条件。这是就文明自身孤立起来看的结论，但是就不同文明之间竞争而言，文明的力量强弱有异，落后和先进差异显著，代表工商文明的两千人舰队就能搅局代表农耕文明最完美的四万万人口的泱泱大国，使大清国惶惶不可终日。铁的事实是传统文明难以抗衡新兴文明，落后抵制不了先进。

9.2 经济发展优质的23条准则

计利当计天下利，求名应求万世名。

——于右任1961年致蒋经国

经济发展，不是为了经济自身而是为了实现人类目的，不仅为了当今而且为了子孙后代，不仅要自我改善而且要竞争有力，不仅要吃饱饭而且要呼吸新鲜空气，不仅人要生活得舒适惬意而且生态环境要清新美丽。经济发展必须遵从天道法则，目标、道路、手段都有所制约。

9.2.1 经济发展的6条社会文明准则

经济成就来源于经济活动，从事什么经济活动就产生什么经济表现，就有什么样的经济成就。经济表现有好与坏的区别，我们希望取得好的经济表现，企图规避坏的经济表现，这就相应地要求我们从事好的经济活动，而不去做坏的经济活动。因此，经济活动不只是创造价值，而且有价值选择。

如何评价一项经济活动的好与坏，这并不是一件轻而易举的事情，关键是看这项经济活动的作用如何，包括对当事者的作用如何、对相关个体的作用如何、对经济的作用如何、对经济外部的作用如何。一般地，促进自身成长、和谐对外关系、提升经济质量、改善经济环境的经济活动就是好的。遗憾的是，多侧面的取向不一，并非总是协调一致，利弊兼具时确实就增加了对经济活动好坏判断上的困难。

例如，采矿是工业生产正常运转的必要经济活动。数量有限的采矿活动并不足以改变自然环境，也不足以恶化人的生存环境，此时采矿有益而无损，总体上看，是有益的经济活动。采矿能力扩大到一定的程度，采矿对自然环境的改变就不再是可以忽略不计的，就会对矿山周边地区造成污染，使当地人的生存条件恶化，采矿的负面作用就呈现出来了。若采用落后的采矿手段，同样的采矿规模，对环境的破坏程度就会更高。即使矿产品对满足市场需求有益，采矿造成不该有的或不该达到的污染水平，就是不够好的采矿活动，就是对外部诉求的冷漠和不负责任。在采矿的同时，尽管采用先进的技术治理环境，即使对环境仍然有所污染，对于不得不付出的代价，人们也必须接受，只能认为是不坏的。

从采矿的案例看，人类的经济活动并非是线性表现，而是非线性表现，具有复杂性。经济活动表现上的好与坏，主要取决于两个方面：经济活动的数量大小和经济活动的质量高低。经济活动数量的扩张包括经济活动范围的扩大和经济活动密度的提高；经济活动质量的提升包括经济活动价值的提升和经济活动满足范围的扩大。因此，扩大经济活动范围既可以通过扩展经济活动的范围来实现，也可以通过提升经济活动的质量来实现。在稀疏的经济空间中扩大经济活动，就相应地扩大了经济活动的价值；在致密的经济空间中进一步提高经济活动的密度，就会形成相互挤压的竞争压力，经济活动的价值反而会有所降低，经济活动的价值增加并非总是与经济活动规模的扩大成正比。

（1）本国利益优先准则。当今世界由主体国家构成，维护国家利益是政府的基本责任、公民的基本义务，每一位国民都应该坚守这样的立场。可是，我国各界“精英集团”中的一部分却不是这样，不仅帮助西方国家掠夺我国财富，而且致力于解体我们的国家。世界一体化，让“精英集团”有机会投靠到发达国家，精英集团首先被全球化到发达国家，“精英集团”的利益与国家利益并不一致，而与发达国家的利益一致。[①] “精英集团”中的这一部分，其实是国家的变节分子，通过损害本国本民族的利益向西方国家邀功获取好评，再反过来，受到本国“精英集团”的好评而获得提升。这条21世纪全球化新殖民规则，一定要打破。

（2）解决人类问题准则。创造解决人类问题的激励机制，并使这些解决方案得到快速、广泛的普及。解决人类问题是经济繁荣的前提，比金钱和财富更重要。这不是说金钱和财富不重要，事实上解决人类问题也是要投资的，金钱和财富是重要的支撑力量。然而，不面向人自身的问题，就没有未来，人们就迷失了前进的方向，金钱和财富消耗再多也不起作用。破解人类问题方案的持续积累就能造就社会繁荣。[②] 这些方案可以是个体小窍门，如做一碗鲜美米粉的方法；也可以是根本、重要、专门的大发明，如致命疾病的治疗方案；进而还

---

① 参见张宏良《对人民日报反对建立现代福利保障制度的点评》（http：//www.szhgh.com/Article/opinion/xuezhe/2015－08－12/92965.html）。

② 参见Eric Beinhocker《重新定义资本主义》（http：//www.aisixiang.com/data/82351.html）。

可以是大范围问题的解决方案，如医疗保健体系设计、社会福利保障体系设计等。每一个物件都可被视为解决某一类问题的答案——如何吃、如何穿、如何娱乐、如何把家变得更舒适等，点点滴滴、大大小小的改善越多就越能累积出我们的社会经济全面繁荣。

（3）投资收益均等的公平准则。是赋予资本更大的收益权，还是赋予人力更大的收益权，是一项关键的社会选择。在公平市场中，经济活动最有效的必要条件是，不同行业的等量投资获得等量收益，人力投资收益率就应等于资产投资收益率。2005 年上海市社会调查显示，平均 22.5 岁参加工作的青年，家庭抚养、教育、医疗等累计支付 45 万元。当年全国平均资产收益率为 15.7%，一般投资负债率约为 60%，因此实际投资收益率为 39.25%。若人力投资等同于资本，则人力资本年收益应该为 70650—176625 元，还需外加纯劳动收入。可是，这一年上海市城镇职工人均可支配收入为 47710 元，新入职员工实际上达不到平均收入水平，他们是贴本就业的。以资本收益标准衡量，上海年薪收入实在太低。为什么如此？就是因为我们过度鼓励投资，让投资过度挤占劳动收益，形成了重资本轻人本的格局，让“资本吃人”（马克思）。我国贫富差距就是这样不断扩大的。

（4）社会福利保障准则。生活保障优先，成功激励附加。市场机制竞争利益比政治强权掠夺是文明了些，然而市场运行的规则是你没钱就得靠边站，“让一部人富起来”是市场机制的自发结果，是很容易做到的，并无道德高尚的表现。只要完全遵从市场机制的规则，就必然产生贫富差距、城乡差距、区域差距。依靠不择手段的方式先富起来的人们，已经被驯化成压榨他人的资本奴隶，难以改变资本赚取利润的贪婪本性。完全听任市场，两极分化问题只会越来越严重，社会矛盾只会越来越难以调和，中国经济的活力只会越来越小。先富带后富不是市场自发机制，不是市场规律而是痴人说梦。要缩小贫富差距，必须借助市场外的社会力量，改变经济运行机制，提升社会福利就是这样的力量。

（5）公平合法收入的阳光准则。对于靠自身勤奋努力而获得的更高收入，获得世人高度尊敬。知识水平高或技术熟练、工作经验积累等因素造成相对较高的收入，底层群众并不认为已经得到足够的反映。人们十分厌恶的是权钱交易、灰色收入等，据估算50%以上的收入差距是由此产生的。以往数十年以来，社会对这类不法收入和不公收入听之任之，甚至“获得多少就是对社会贡献多少”的无耻观点广泛流行，人民群众广为不满的就是这类现象的增加。所以，解决分配不公问题的重点是严惩不法收入和实施公平收入法案。

（6）激励文明高尚准则。社会要倡导文明高尚，追求伟大事业，鄙视低俗卑鄙，打击贪腐罪恶，让人们生活在崇尚道德和正义的氛围中，而不是生活在动物本能的氛围中。人活着确实需要获得足够的食物，可是，人活着的目的远非只是为了吃。为股东创造价值是企业存在的边界条件，却并非企业存在的目的，企业存在的价值是为社会解决人类遭遇到的问题。谷歌公司以“整合全世界的信息，使人人得以访问并从中受益”为使命，这就是一个为人类解决问题的阐述，谷歌公司的经营业绩也是领先全球的。企业对社会的贡献在于创造和提供实实在在的改善人们生活的产品和服务，同时提供就业机会，让人们有获取其他产品和服务的经济能力。政府的基本责任是提供生存福利保障，增加经济公平，让人们有获取其他产品和服务的经济能力，从而创造更大的需求，驱动企业加速发展。

9.2.2 经济发展的5条科学有效准则

（1）自我追求第一准则。经济活动必然产生GDP，GDP却并非就是人类从事经济活动的目的，GDP只是实现人类经济目的的一项技术性计量，人类的目的也远非只有经济目的。人生存在五维世界中，物质是其中的一个维度，而物质经济仅是物质世界的一部分。新近的观点认为，追求幸福是人的一个基本目标。幸福和福祉是全世界人类生活中的普遍目标和期望（见2013年联合国大会第66/281号决议）。在无损他人的前提下，极力追求自身幸福与社会目标是一致的。

（2）有效经济活动准则。经济活动必须满足正面有效性，而不是相反。Kaines挖补固然可以创造出就业岗位，却不能增加社会财富，挖补的作用不是创造财富，而是消耗财富，实现财富转移。如果扩大水塘容量是社会需要的，填补水塘就是与社会需求相悖的，反复填补了再重新开挖的过程总体上是无效的，但是产生了作业人员工资、建设机构的组织费用以及利润，从而必然创造出国内生产总值（GDP）。可见，GDP并非就是社会财富。如1979年建成的北京西直门立交桥是一项社会财富（记作：a），设计费为r，后来越来越难以承受车流量的增加，1994年开始，经过5年设计（设计费：s），1999年拆掉后重建北京西直门立交桥又创造出一定的GDP（记作：b）。可是，这项百年工程，运行两年后又发现问题严重，需要拆掉重建。若重建，拆桥过程和重建过程又创造出GDP（记作：c），再次设计费为t。西直门立交桥拆拆建建，作为社会财富是最后留存的那部分，有改善却并没有实质改变，GDP却在不断增加a+b+c+r+s+t。这是一个创造GDP的过程，却没有完全增进财富。

（3）主观积极能动准则。人类的一切活动都是为了自身的生存与发展，人类的生存与发展取决于人自身的欲望和满足欲望的制约条件，其中欲望是一切活动的原始动力，制约条件决定了人类生存与发展的现实可行空间。马斯洛需求五层次理论[①]可以作为认识人们欲望的一个框架，一般规律是：①人们首先要满足生存、安全等基本需求；②在满足较低层次的需求后，人们不断增强对高层次需求的追求；③不同的人对同一层次的需求存在个体差异。满足欲望的制约条件包含两个方面：客观性制约和主观性制约。客观性制约包括资源、生产能力、科学技术等方面；主观性制约首先表现在对个人欲望无限膨胀的社会规范。这个社会规范需要平衡保健因素和激励因素的作用[②]，让社会不仅有发展的动力而且要保持稳定的基础。尽管在特定的历史阶段，对这两类因素的社会选择有顺应时势的倾向性，但是无论何时都不能对某一方面的因素过度张扬，否则社会或者失去活力，或者失去安定的基础。

（4）经济纵深适宜准则。如果区域、城乡、贫富差异大，经济纵深也就要大些，以匹配地区和人力的分布，让更多的人有发挥才能的空间。但是，社会治理的基本要求是缩小差异而非扩大差异。只有缩小差异，才能缩小经济纵深，才便于制定精准的政策措施，握紧拳头打出去的力量才更大。如果经济纵深太大，有益某一局部的政策就难免有损另一局部，政治的纠葛就会不断阻滞经济的发展。如果经济纵深实在太大，因地制宜或是有益的选择。

---

① 需求五层次理论把需求划分为五个层次，依次是：生理需要、安全需要、情感归属的需要、尊重的需要、自我实现的需要。需求层次理论的基本论点：一是一个人的需要取决于已经满足了什么、尚缺乏什么，只有尚未满足的需要才能够影响个人的行为；二是人的需要有轻重缓急，低层次需要满足后，才会形成和增强高层次需要。

② 赫茨伯格（F. Herzberg）激励双因素理论：（1）保健因素。对职工不起激励作用，但可以消减职工不满的那些因素。保健因素有企业政策与行政管理、监督、与上级的关系、与同事的关系、与下级的关系、工资、工作安全、个人生活、工作条件、地位。（2）激励因素。具备时可以起到激励作用，但是不具备时也不会造成职工极大不满的那些因素。激励因素有工作上的成就感、受到重视、提升、工作本身的性质、个人发展的可能性、责任。保健因素与工作的外部环境有关，属于保证工作完成的基本条件。激励因素都与工作本身直接相关，是以工作为中心的。

（5）技术性效率准则。在有效性方向既定的情况下，经济活动自发追求以等量资源最大化产出或者以同等产出资源消耗最小化的技术效率准则。技术效率准则包括收益最大化、产出最大化、最高效率等。

9.2.3　经济发展的5条长期可持续准则

经济成长既有短期评价也有长期评价。短期评价侧重关注经济成长的效率，长期评价侧重经济成长的方向、资源制约和环境许可。经济成长的短期评价主要依据时序变化和结构特征两个方面。从时序变化看，高增长是经济成长的显著性标志，我国30年来GDP崇拜就是从这个角度评价经济成长的。从结构特征看，终端产出、起始端投入和经济效率是评价经济质量的主要方面。三个侧面都可以选取一定的经济指标来度量，居民消费率是终端产出总量的关键指标，单位GDP的资源消耗率是起始端投入的主要指标，社会固定资产的GDP产出率是衡量经济效率的主要指标。经济环境是相对稳定的，短期内几乎没有多少变化，因此短期评价通常基于经济内部，而长期评价通常针对环境——经济边界条件的配置要求。长期评价比短期评价复杂得多、困难得多，一般要求经济成长高效、平稳和可持续，主要指标是长期平均增长速度高、结构性调整幅度小、满足资源制约和环境许可。

1987年联合国颁布可持续发展的纲领性文件《我们共同的未来》，2015年形成三大共识：坚持科技创新克服边际效应递减（寻找发展的“动力要素”）；坚持财富的增加不以牺牲生态环境为代价（维系发展的“质量要素”）；坚持优化制度安排增强全球管理的理性程度（积累发展的“公平因素”）。

（1）文明发展准则。遵从五位一体的文明观，物质文明、精神文明、政治文明、社会文明、生态文明一手抓，均衡协调推进，不搞物质文明至上，不奉行 GDP 主义。在发展内容上，强调五位一体的全面性；在发展形态上，强调五位一体的协调性；在发展配置上，强调五位一体的同步性；在发展时间上，强调五位一体的可持续性。

（2）不要吃老本而要立新功的创新准则。产业做大了还不够，还要做强；产业做强了也不能停留，还要创新；产业做大做强了更用不着政府溺爱，而要政府培育新苗来替代。只有这样才能创新产业，促进经济转型。同样地，家财万贯更用不着特别照顾，使后代子孙过上寄生虫的生活，而要长江后浪推前浪，后代更比前代强，不让吃老本就能立新功。

（3）社会兜底准则。为了抑制区域、城乡、工农贫富差异，社会需要确定下限、兜底保护。只有这样，才能缩小社会的下滑力，保障社会的提升力，让所有国民同步发展，不让个人偶遇不测就会被社会遗弃。只有社会兜底，才能让全国齐步走，才不会造成两极分化；只有社会兜底，才能让每位国民都有选择权，才不会让人因无奈而失去基本人格尊严。

（4）无顶盖准则。社会不惩罚合法的经济行为，即使某些个体十分突出，甚至远远领先。这样做的前提是社会奉行善法而不立恶法。刘邦约法三章“杀人者死，伤人及盗抵罪”简明无异，可谓善法典型。1997 年刑法第 360 条 2 款“嫖宿幼女罪”，就是一条护强凌弱的恶法。就当前而言，为了贯彻无顶盖准则，首先要梳理 5000 部立法，清除不合理的条款。

（5）生态文明准则。生态文明是指人类取得的物质和精神成果要遵从人、自然、社会和谐发展的规律，寻求良性循环、全面发展、持续繁荣的新途径。生态文明是工业文明片面过度发展，征服自然导致人类生存环境的恶化，造成生态危机后，从黑色发展回归到绿色发展。生态文明就是减少向自然攫取，增加与自然的合理交换，把客体自然主体化，尊重自然规律。

9.2.4　经济发展的 7 条文明伦理准则

经济发展是有善恶的，我们要发展好的经济，不发展坏的经济，要用好的手段发展经济，不用坏的手段发展经济。这就要求用广阔的视野来看经济发展，从更大的时间跨度来看经济发展，站在更高的平台上看经济发展，遵从如下的经济发展评价准则。

（1）历史评价准则。经济发展如何，不仅是当前的，而且是长时期的，必须在当前评价的同时给予历史评价。历史评价就是从大跨度时间看经济发展，20 世纪 70 年代拉美地区经济欣欣向荣，当时赞美之声不绝于耳，可是后来却陷入“中等收入陷阱”。前后的经济状态变化，不是没有经济逻辑的，是可以提前看到兆头的，是可以作出前瞻性的历史评价的。也只有用历史的眼光看经济，才能让人少走弯路，历史评价是有现实意义的。

（2）道义准则。道义就是最原始的普世价值，生存与发展就是最原始的，最终的目标是让全国人民过上幸福生活。道义是从全国整体利益中派生出来的，不是从局部利益中派生出来的，也不停留在特别的观念上。“让一部分人先富起来”，是产生不了社会道义的。国家整体利益的前提是经济发展、社会安宁、国土安全、国家强盛和人民幸福。

（3）以人为本准则。以人为本的深刻内涵是以众人为本而非以特定人群为本，把人的全面发展作为经济发展的落足点和起始点，具体就是要求发展为了人、依靠人、造福人、解放人、发展人、提高人、服务人、信任人、重视人、尊重人、理解人、关心人、关爱人、凝聚人、培养人和造就人。以人为本，就不是以物为本、以钱为本。以钱物为本，重在钱物，人本身的需求和作用都被忽视了。以人为本的核心就是以民为本。

（4）人文精神准则。人文精神是对人生价值和意义的观照，是一种普遍的人类自我关怀，其核心是人们关于“人应当如何生活”“人应当采取怎样的价值标准”等一系列命题的自我意识，表现为对人的尊严、价值、命运的维护、追求和关切，对精神文化现象的高度珍视，对全面发展的理想人格的肯定和塑造。经济发展要从属于人文精神，使经济具有“精气神”；经济发展不能以人文精神为代价，使人迷失于物欲之中。

（5）充分利用人力资源准则。天然资源中的地下矿产，是耗竭性的，需要按照可持续发展的要求抑制过度消耗；人力资源，在再生范围内具有耗益性，扩大消费无损资源却增加当前效益；知识资源，具有耗生性，扩大知识资源消耗不仅无损原有知识，而且还能够创造收益、增生新知识和提升原有知识资源，越是充分利用知识资源越能增强知识资源的推动力。

（6）全面协调原则。全面协调原则是指经济、社会、人文、生态和自然的全面协调同步发展，并且与人的全面健康发展同步协调。只有全面协调发展，才能带动各种资源均衡消耗，才能支持人的全面健康发展，才能使社会形成全面文明发展。这是人和社会进步对完美经济结构的要求。满足全面协调要求，经济结构没有被扭曲，就会使得人的生理和心理不被扭曲，社会结构和意识形态也同样不被扭曲，健康的经济就能滋养健康的人和社会。

（7）优化提升原则。经济发展既要求状态的优化也要求发展中的提升，优化提升原则是指经济发展中必须全面协调同步，而且必须具有面向未来的倾向，使经济发展不仅脚踏实地而且迈向光明。1990年以来，我国把过去的经济做大了，却没有用足够的提升力把它做强，尽管GDP排名全球第二，却缺乏核心竞争力，产业缺“芯”十分普遍，以致要为严重过剩的产能担忧。

9.3　经济发展质量的指标体系

9.3.1　指标的功能要求和SMART选择原则

9.3.1.1　经济指标的功能要求

指标的选择和指标体系的设计有三项功能要求。

（1）描述功能。既要求描述当前所处的状态，又要求描述发展的动态。

（2）评价功能。通过指标体系判断结构优劣，显示不足。

（3）预测功能。利用以往的时序演变特征推测未来的发展趋势，通过对未来结果评价，反推当前对策。

9.3.1.2　经济发展指标的SMART选择原则

长期实践证明，经济发展指标的选择需要遵从SMART原则，内容包括以下几个方面：

（1）S（Specific）——要求评价指标必须内容具体明确，不能笼统含糊。

（2）M（Measurable）——要求评价指标可量化、可测量，评价指标的数据或信息可获得。

（3）A（Attainable）——要求评价指标的目标值是可以实现的。

（4）R（Realistic）——要求评价指标是实实在在的，是可以证明和观察的。

（5）T（Time bound）——要求评价指标具有特定的期限。

9.3.1.3 经济发展指标体系的设计原则

评价指标体系的设计，要求经济发展指标选取满足五项原则。

（1）全面性系统性原则。全面性原则就是要求经济发展指标足够满足评价经济发展质量。系统性原则就是要求经济发展指标具有从总量到分量的层次性和结构性，同层次的指标要求全覆盖，同时要求不同的指标无重叠，指标数量最小化。

（2）可操作性原则。要求评价指标数据易于获得，便于操作分析，定量指标数据资料可量化，定性指标概念清晰、判断简便。

（3）有效性原则。指标体系能够反映经济发展质量的现状、时序演变趋势和本质特征。

（4）动态性预测性原则。评价指标既要测度经济发展的结果状态，又要反映经济发展的过程演变、经济发展动态进程和经济发展方向的未来趋势。

（5）间接化原则。尽量利用政府统计部门的公共数据进行再加工，以降低指标值的获得成本。

9.3.2　度量经济成长质量的8个维度和主要指标

要考察经济增长的有效性、稳定性、协调性、创新性、可持续性和共享性，可以从8个维度来度量。

（1）宏观经济运行状况。主要指标包括GDP、财政收入、进出口总额、社会消费品零售总额、全社会固定资产投资总额，以及人均GDP、人均进出口额、人均社会消费品零售额。

（2）产业结构状况。主要指标包括服务业增加额占GDP的比重、服务业就业比重，以及第二产业增加值占GDP的比重、工业增加值占GDP的比重。

（3）资源利用效率。主要指标包括单位GDP能源消耗率、每万元GDP电力消费弹性系数、能源消费弹性系数、电力生产弹性系数，以及能源生产弹性系数、每万元GDP金属资源消耗量、工业产值与金属资源产值比、农田灌溉有效面积。

（4）生态环境保护。指标包括耕地保有量、森林覆盖率、工业固体废物利用率、工业固体废物生产量、工业废水排放达标率、工业废水达标量、工业废气排放量、水土流失治理量。

（5）居民生活水平。主要指标包括城镇化率、城镇居民可支配收入、农村居民纯收入、城镇家庭恩格尔系数、农村家庭恩格尔系数、电话普及率、养老保险覆盖率、每万人公交汽车（标台）、每千人拥有医疗床位、每千人拥有医生数、人均绿地面积。

（6）科技教育发展。主要指标包括教育财政投入占GDP的比重、科技经费占GDP的比重、研究与开发投入占GDP的比重、从事科技活动人员数量、每万人中在校大学生的数量、专利授权书的数量。

（7）和谐社会稳定。主要指标包括总人口、人口自然增长率、城镇登记失业率、Gini 系数、医疗支出占 GDP 的比重，以及社会福利支出占 GDP 的比重、文化产业规模占 GDP 的比重、体育产业规模占 GDP 的比重、每万人拥有的律师数、民事纠纷调解数、每 10 万人罪犯数。

（8）可持续发展。主要指标包括科学基金支出总额、创新企业数量、战略技术产业投资、高新技术产业增加值占 GDP 的比重，以及三次产业的比重构成、三次产业比重 10 年变化率。

综合评价经济成长，不仅要看总量的变化，更主要的是看比例关系的变化方向。为了增加可比性，我们可以选择成功的发达国家对应指标和结构为基准尺度，度量我们国家的情况，从中找出差距和改善的方向（指标选择主要参照《浙江“十二五”时期经济社会发展评价指标与发展目标值研究》）。

9.3.3 经济层次结构提升最应关注的 20 个问题

伟大人物造就伟大时代，伟大时代催生伟大人物。拿破仑临死前说：“我一生四十多次胜仗的光荣，被滑铁卢一战就抹去了。但我有一件功绩是永垂不朽的，这就是我的法典。”200 年后的今天，拿破仑在滑铁卢大获全胜。2015 年 52 个国家派人参加庆典，缅怀拿破仑对欧洲旧制度的摧毁，将法国资产阶级革命的胜利果实和新秩序的各项原则传播到欧洲各地，以及在奠定资产阶级的政治体系和推进资本主义发展等方面的重大贡献。

拿破仑不仅是一位征服者，而且是科学巨人的造就者。在拿破仑时代科学群星灿烂，涌现了天体力学奠基人和集大成者拉普拉斯（1749—1827）、分析力学创立者拉格朗日（1736—1813）、画法几何之父和空间微分几何创立者蒙日（1746—1818）、数学和物理学家傅里叶（1768—1830）。拿破仑精神还影响后来的科学发展，造就了热力学之父卡诺（1796—1832）、群论之父伽罗瓦（1811—1832）。1797年12月25日，拿破仑被选为法国科学院院士，留下了一句旷世名言："真正的征服，唯一不使人遗憾的征服，就是对无知的征服。"

开创新时代是伟大的，让人类获得美好同样是卓越的。联合国根据经济学家阿玛蒂亚·森（Amartya Sen）有关人类潜能和自由的理论制定了一套人类发展指数（HDI）。一种更有意义的考量生活物质标准的方法是，人们获得了什么类型的食品、住房、服装、交通、医保、教育、休闲和娱乐。由于繁荣是通过不断解决人类问题而创造的，社会繁荣的一个关键问题就是：什么样的经济体制能最快地为最大数量的人解决最多的问题。哪些是人们最关注的科学问题呢？美国科学联盟向总统候选人提出最受关注的20个科学问题①是：

（1）创新。哪些政策、怎样的措施能确保国家始终处于创新的前沿？

（2）科研。如何平衡短期投资和长期投资？

（3）气候变化。对全球性公共环境的态度如何？

（4）生物多样性。生物种类正在锐减，如何保护生物多样性？

（5）互联网。如何在保障个人隐私的同时保护国家安全？

（6）心理健康。美国每年为精神疾病的支出超过3000亿美元，如何减少支出？

（7）能源。能源政策关联经济、环境和外交，如何选择能源政策？

（8）教育。如何使民众具备足够的科学素养，以应对21世纪的

① 参见《美国科学联盟向总统候选人提了20个问题》，2016年8月16日，澎湃新闻（http：//mini. eastday. com/a/）。

新挑战？

（9）公共健康。如何改善医疗系统，以预防流行病和超级病毒？

（10）水资源。水源枯竭、水污染、气候变化等，如何解决水危机？

（11）核能。如何对待核能，如何监督核废料？

（12）食品。污染、转基因、农药残留，如何对待食品安全？

（13）全球性挑战。人口爆炸、大气污染、传染病等，如何平衡国家利益和国际合作？

（14）法规。在保护弱势群体卫生环境时，如何保持商业体系的持续繁荣？

（15）免疫接种。面对病毒扩散，如何采取免疫措施？

（16）太空。如何看待太空探索、太空资源利益、太空武器化？

（17）阿片类药物成瘾。如何解决这个问题？

（18）海洋健康。鱼类栖息地大面积污染和过度捕捞面积超过90%，如何同时解决？

（19）移民。边境控制和移民政策，国内人才外流和引进海外人才，如何处理？

（20）科学道德。科学过程和结果如何摆脱政治的影响？

9.3.4 经济质量的国际横向比较方法

9.3.4.1 对经济质量评价的一些错误观点

对经济质量的评价有很多流行但却是错误的观点。

（1）经济规模决定国家地位。例如，1840 年的晚清，经济占全球 33% 依旧落后挨打。

（2）经济持续增长决定论。反例如，20世纪70年代南美、苏联，90年代东南亚的一些国家。

（3）外汇储备规模大。2014年3月，中国外汇储备为39500亿美元，日本为28500亿美元，沙特为6268亿美元，俄罗斯为5277亿美元，瑞士为5225亿美元，中国台湾为4012亿美元，巴西为3769亿美元，韩国为6274亿美元，中国香港为3113亿美元，印度为2952亿美元，德国为2629亿美元，新加坡为2521亿美元，阿尔及利亚为2000亿美元，意大利为1912亿美元，法国为1903亿美元，泰国为1836亿美元，墨西哥为1653亿美元，美国为1534亿美元，马来西亚为1375亿美元，英国为1278亿美元。很难想象美国、马来西亚、英国三国经济质量竟然是接近的，高外汇储备国家比美国和英国更强。

（4）出口能力强。2014年全球380990亿美元货物贸易中，中国为43015亿美元，美国为40330亿美元，德国为27016亿美元，日本为15024亿美元，英国为11956亿美元，法国为12570亿美元。能推断出中国的经济质量与所列的其他国家相近吗？如果可以，这些国家的落后产业怎么就一致地往中国转移呢？

9.3.4.2　经济质量评价的成功经济贴近度法

当代世界经济中，有三大成功典型。以规模扩展成为经济大国的日本、以开拓新领域成就经济领先地位的美国和以精工制造成为经济强国的德国。根据三大范式，我们可以按照与之差异的程度，来度量经济质量，具体方式可以参考陈文化和朱灏的论文。[①] 基本思路是，给出规模、原创和精工的效益指标值，以及这三项分别对

① 参见陈文化、朱灏《全面技术创新及其综合经济效益的评估体系研究》，《科学技术与辩证法》2006年第6期。

自然、社会、人文、经济的贡献，并对这四方面赋予权重，计算出经济体对三大范式的贴近度，然后加权计算出该经济体的综合效益指数，并附带得知经济的类型倾向。如我国的经济特征更贴近日本，而非德国和美国。考虑到同型经济更易引发竞争的原理，中国第一个自然的竞争对手就是日本，而非美国和德国。但是，创新驱动发展战略实施后，直接的竞争对手就是美国而非日本和德国。德国是我们可以避开的竞争对手，也是十分难缠的竞争对手，所以是应该避开的竞争对手。

9.3.4.3　国家的核心能力是生存与发展

从国际竞争角度看，国家之间最主要的质量指标有两个方面：生存能力和发展能力。这两个能力是相辅相成的，生存能力是发展能力的基础，发展能力是下一轮生存能力提升的要素。对于大国，两大能力必须同时兼具，否则，就独木难支。例如，20 世纪 80 年代，苏联发展能力强大，生存能力薄弱，到 90 年代就瓦解了。20 世纪 60 年代，美国生存条件优越，发展能力相对不足，也就造成 70 年代“东风压倒西风”的局面。20 世纪 80 年代后，美国一方面创新开拓新领域，另一方面致力于保护农业和矿产，而今独霸世界。20 世纪 60 年代至 70 年代，尽管中国内乱不断、相对贫困，但是有独立的国民经济体系，也就谁都不敢小看。加上在国内经济十分困难的条件下，抗美援朝和中印边境自卫反击，表现出中国具有异乎寻常的生存能力，世界强国更加不敢与中国正面作战。中国的和平建设空间，是打出来的，是创造出来的。

9.4　国家经济生存能力和发展能力评价

9.4.1　经济成长需要有持续扩大的空间

9.4.1.1　要不断扩大资源的利用范围和深度

任何经济活动都从资源利用开始，用哪些资源、如何获得资源、如何充分利用资源，最终决定一个国家的经济空间有多大、有多强。对于资源，一是要发现，二是要创造，三是要用好。这就是扩大资源范围和利用深度。例如劳动力，竭力利用体力，不仅劳动者苦役难熬而且经济层次落后；如果更多地利用智力，则不仅提升经济而且创造经济新空间。这就是提高资源的利用深度。利用资源的基本原则一是充分利用现有资源，二是首先利用先进资源，三是提高资源的利用深度。资源的先进性是由人工性程度决定的，不是由自然性程度决定的。等量的物质，勘探到的矿价值低于开采出来的矿价值，更低于提炼出来的矿价值；同样的人，低学历劳动者的收入通常少于高学历劳动者的收入。一般而言，人工化程度越高，资源的价值量就越大。人工性是资源价值的主体，这就是为什么资源大国通常会落后的基本原因。

9.4.1.2　从国际大循环中集聚资源而非耗散资源

参与国际经济大循环，或许有好处，否则就无须参与循环了。然而，绝对利益的扩大却并不能保证相对利益的增强。假设中国和美国的循环所得，10% 归中国，90% 归美国，那会是什么结果？按 2015 年中美贸易额 5583.9 亿美元为基数计算，如此循环 100 次，中国获利 55839 亿美元，美国获利 502551 亿美元，谁更富裕谁相对更贫困不就一目了然了吗？

需要预防金融利益的流失。如果金融利益大规模流失，国家经济就是耗散的。拿破仑认为，“金钱没有祖国，金融家不知道何为爱国和高尚，他们的唯一目的就是获利”。政府害怕金融危机，扶持金融业自由发展。自由发展的金融业如果缺乏规约，金融图利的自发动机将高于国家利益，国内金融业的本性也没有差异，同样是追求自身利益。不仅国际投资家会来“剪羊毛”，国内金融家也会配合，基本的手段是首先扩大信贷，鼓吹泡沫，吸引投资形成投机狂潮；然后猛然抽紧银根，制造经济大衰退与资产大暴跌；即便是优质资产也暴跌到原价的百分之几时，金融资本再大举收购资产，完成“剪羊毛”全过程，实现资产的集中化。操纵产业波动、制造产业危机，是金融资本谋求利益的规律性做法，没有国家制度差异，没有资产属性差异，有差异的只是对金融业的管制。只有管好金融业，才能压制金融业兴风作浪，稳定经济环境，让实体产业平稳成长。

9.4.1.3 大国就要干大事情、发展大产业、实现大循环

织袜子、做帽子，义乌小商品就够了，用不着中央政府来小试牛刀。中央政府要干的是地方干不了的事情，如国防、铁路网、信息平台、基础科学等，尤其是投资巨大、收益率低、外部性又特别大的战略性产业，如航空航天。

飞机制造工业是社会化大生产的典型，航空工业的繁荣又会促进社

会其他产业的发展。波音中国公司副总裁陈建德先生计算认为："波音有23万多名员工，他们有活干有钱挣，就会刺激衣食住行方面的消费。按通常的算法，每一个波音的就业机会与周边社会五个行业密切关联；同时，在波音公司的身后，集合了4000多家零部件供应商，大河有水小河满，机会'繁殖'社会，就像细胞分裂一样，所产生的巨大经济效益和社会效益，是很难用数字来统计的。"波音737自重42.6吨，价格2亿美元，每吨价格约470万美元。权威预测：未来20年，中国航空运输业年增长率为9.5%以上，将新增喷气客机1750架，总值达1200亿美元。这块蛋糕又该给谁呢，国内享用行不行？

9.4.2　经济成长需要持续不断提升质量

9.4.2.1　中国经济需要沿着循环提升和转型的路径前进

经济大国不一定就是强国。1840年，清朝GDP占全球的33%，是英国的6倍，却被英国打得落花流水；1894年我国的GDP是日本的5倍，却被日本打得鼻青脸肿。当今世界上，以色列GDP占全球的4.3‰，却是世界军事强国，在中东地区一手遮天。①

中国要成为经济强国。根据国际货币基金组织（IMF）公布的数据，2015年中国GDP为108648亿美元，占全球的14.2%，中国经济增长率6.9%，全球平均为2.9%。尽管规模扩展有力，中国经济却大而不强，缺乏发展的可选择性和主动性。考虑到产能严重过剩，现有经济规模中有一部分是需要切除的，有效经济规模比现有经济规模小。继续以往规模扩展之路，只是扩大将来"去产能"的规模，已经

---

①　参见戴旭《军方关于中日关系最深刻的雄文》，《洞察》2016年9月3日。

不可持续了，中国经济只能迈向提升、转型和开拓之路。

9.4.2.2 中国经济需要从耗散型结构转向集聚型结构

1978年，初级产业在全球竞争程度不高，中国获得了填补初级产业发展不足的机会，世界需要中国的廉价劳动产品。这个过程中，中国经济是集聚型的，从世界经济中获得了好处。到20世纪90年代，中外经济就处于基本平衡的状态了，依靠廉价劳动和资源消耗，对经济成长的动力就不够了。此后，中国进行了“去福利改革”①，使得生产成本有效降低，出口规模得以扩大，使得中国在原有轨道上有了新增成长空间。此前的贸易体制改革，打破一致对外的体制，形成“八仙过海，各显神通”的内部竞争机制。这种机制，不是增进国家利益的，而是耗散国家利益的。各项因素叠加，中国经济尽管增速大，利益上却机制性贡献海外了，是耗散的。正如2005年吴仪副总理访美时指出的，“2004年中国对美出口额为1249亿美元，为美国创造了300万个就业岗位，为美国消费者节约了1000亿美元”②。这是为美国节约的，中国支付的代价是国内需求不足、严重产能过剩、大面积污染、雾霾、癌症高发等。

9.4.2.3 中国经济要让人民幸福、让国土清洁美丽

中国经济不能继续耗散下去，中国经济要健康成长只有两条出路：一是提升现有产业经济，二是开拓出新的成长空间。发展经济也不是孤立的事项，而是诸多动力共同推动的结果，其中坚定维护自身

---

① 去福利改革是作者依据住房、医疗、教育、国家财税体制、国有企业等改革的最终效果而命名的。

② 黄继汇：《中国国务院副总理吴仪：推进中美贸易互利共赢》，《中国证券报》2007年5月18日。

利益的国家意志就是最大的动力。

公开、坚定地维护国家利益。一个不敢理直气壮维护自己利益的国家，一个不敢仗义执言主持公平的国家，一个不敢迎接合理合法战争的国家，一个不敢坚决惩戒顽劣无赖的国家，就是放弃国家力量的国家，就是放弃尊严的国家，国土、人口、军队、武器等都会成为摆设，没有任何作用。中国有令人尊敬的国际地位，不是靠“菩萨心肠”忍出来的，而是靠抗美援朝、抗美援越、中印边界、中苏边界等打出来的。[①] 在忍、隐、退的舆论灌输下，在强权就是道理的社会环境中，人的尊严、社会价值、是非曲直、真理道义，就变得无足轻重；苟且偷生就是第一要务，攫取利益则是第二要务。“个人尊严”是捍卫不了的，主张“正义”是狂想，是不现实的，国家尊严是与己无关的。晚清的特征是，国家不给百姓尊严，西方不给晚清尊严；新中国的特征是，共产党捍卫中国百姓的尊严，西方就不敢冒犯中国的尊严。美国的特征是，政府在国内无能在国际上霸道。国家在国际上获得的尊敬总是与国内百姓获得的尊严成正比，这是一条不变的国际生存规律。

让人民生活幸福、让国土清洁美丽，就是爱国。国家最大的战略资源是国土和人口，中国没有多余的国土以及资源无偿供给其他国家，中国人民必须有尊严地生活在这个世界上。70 年前，中国人口不是作为远征军为国家开疆辟土，不是作为遍布世界各地的商人为民族争取利益和生存空间，而只是作为奴隶般的华工给美国和欧洲修铁路、挖矿山、扛背包、做苦役，给瓜分中国的世界列强打工，活得猪狗不如，甚至作为印尼的杀戮对象，庞大的人口哪里还会成为战略资

① 参见戴旭《军方关于中日关系最深刻的雄文》，《洞察》2016 年 9 月 3 日。

源，哪里有可能受人尊重，而只能成为这个国家的负资产。许多人把这种情况归因于国家贫穷落后，可是抗美援朝的胜利，却向全世界证明，弱国能够打败强国，强弱不仅取决于物质而且取决于精神，不检讨自身的问题而把事情推诿给客观条件，其实是很卑鄙荒谬的。晚清的失败，是因为对列强的懦弱、退让，根本原因乃是尚武精神的缺失、战斗意志的缺乏，否则就无法解释4000名英国远征军，为何能够打败有4万万人口的泱泱大国。[①] 拿破仑认为“剑总是对精神俯首称臣的”，精神的颓废才让国家失去最后的底气。

9.4.3 社会经济发展需要遵循自身的规律

9.4.3.1 世界大道由天地决定

历史上，许多大事件在东西方同时出现[②]，我们不得不承认天地自有规律在。

（1）埃及金字塔王朝与中国炎帝；

（2）古巴比伦太阴历与中国阴阳历；

（3）希腊和古罗马文化鼎盛时期与春秋战国时期；

（4）中国孔子与印度释迦牟尼；

（5）大罗马帝国崩溃与中国南北朝对峙；

（6）大唐帝国与阿拉伯帝国；

（7）十字军东征与中国金兵南侵；

（8）俄罗斯彼得大帝与中国康熙皇帝；

---

① 参见戴旭《军方关于中日关系最深刻的雄文》，《洞察》2016年9月3日。

② 参见《盘点中外历史十大惊人巧合　中外历史有哪些惊人的巧合》，光明网（http://www.maigoo.com/top/385085.html）。

(9) 英国剧作家莎士比亚与中国剧作家汤显祖;

(10)《荷马史诗》与中国的《诗经》。

东西方同时出现类似的大事件表明，是天地造就人类，而不是人类造就天地。无论发展到什么程度，总有超越人类能力的天地空间，人们更需要顺应天地宇宙的大规律，这就是尊重自然。人类的一切活动需要在宇宙大规律的统摄下展开，违背自然规律必然遭受自然的报复，必然会付出沉重的代价。历史学家黄仁宇感慨：“全世界最伟大的领导人也只能在它的运动曲线上施加短期的影响力。”

9.4.3.2 历史大选择决定社会发展大方向

尊重自然，并非就是无所作为，而是大有作为。社会历史大选择，从来就是人为决定的，并非由自然决定的。一般认为，中国封建社会萌芽于西周，止于中华民国成立。从公元前475年（秦始皇创立封建制国家），至1912年（中华民国成立），历时约2400年。期间，中国奴隶制成分止于宋朝，却被元、明、清三朝延续至雍正年间，奴隶制残余在西藏甚至延续到1960年。欧洲奴隶制结束于476年，封建制萌芽于君士坦丁时期，结束于公元14年，公元10—14年期间是完全意义上的封建制时期。欧洲的封建时期比中国短了许多，这就是社会选择造成的。选择不同，各国的发展就有差异，两千年前的前瞻选择，让中国引领全球两千年，300年前的错误选择，却让中国滑入衰败的200年。80年前，中国共产党的选择，不仅赢得了天下，而且成就了天下，从造就精英到普惠大众是顺应社会发展趋势的，是正确的发展方向，是正确的社会大选择。

9.4.3.3 正确的发展方向是在持续提升基础上全面创新

在古代，知识的存量有限，创新量尽管不大，一旦产生创新，占知识量的比重就很高。当今，知识存量已经十分巨大，创新资源尽管充足，占知识量的比重却很微小。时代不同，创新的地位有很大的区别，以后，创新的地位还将进一步提升。古代，人们有充足的时间评价创新的社会功能；当代，创新滞后将造成系统性机会损失。评价一项创新项目的社会功能如何，甚至比创新这个项目还要复杂和困难，阻滞创新的机会损失太大，激励创新的机会收益很高，为了机会收益，人们宁愿由社会经济自发筛选创新也不让评价阻碍创新。就当前而言，局部创新的社会风险太高，全面创新的收益可能性很大，全面创新成为正确的选择。

如何提高全面创新的水平、降低创新的风险损失呢？科学是老老实实的事情，创新必须拥有坚实的基础。只有持续提升，才能为进一步创新提供坚实的基础，才能更有条件化解创新风险，才能更有效地提升全面创新的水平。持续提升的量变是大跨度创新的质变前提，需要通过量变的积累，引发质变的产生。这是一个平稳成长的过程，两种力量需要相互促进。

9.4.4 让思想绽放造就“万众创新”新时代

9.4.4.1 新时代，需要解放思想促进创新

无论中西方，古代都排斥异己的思想，而现代则逐步放松思想的管制。为什么会如此？最基本的原因是，古代的思想存量太少，新思想产生偶然，但新思想的社会影响力很大。现代不同了，思想存量规模太大，新思想产生频繁但任一新思想的影响力都微不足道。因此，在古代，新思想甚至是社会的摧毁力量；在现代，新思想是丰富生活的力量，不再是摧毁性的力量，却是创新性的先导力量。正是思想社

会功能的改变，古代排斥新思想以求社会稳定，现代激励新思想以求推动社会进步。欧美经过文艺复兴，较早尝到新思想对社会进步的甜头，并顺应新的变化条件改革社会制度从而推动社会进步。一些国家无视新变化，拒绝社会变革，依循旧法治理新的社会，阻碍社会进步，最后陷入落后挨打的境地。

9.4.4.2　时代不同，思想的社会功能不一样

如果能够统一思想，哪怕相距遥远，人们也会步调一致。在社会控制力薄弱的古代，以统一思想的方式来维持社会稳定或许是低成本的。这有两个前提：一是思想单一，二是思想长期不变。满足这两个前提的社会是古代而非现代，只有生产力长期稳定的情况才有可能满足这两个前提，只有生产力水平很低的时候才能满足这两个条件。因为思想长期不变，思想对社会进步的贡献就微小；因为思想单一，新思想的感染力就强大，就有摧毁性的能力。这种情况下，特别是从短期看，思想的破坏性作用强于思想的建设性作用，古代压制思想的形成也就是有道理的。生产力水平提高后，就会产生新的思想，生产力的多样性也会投射出思想的多样性。在欧洲，以基督教统一思想的时代就是中世纪的黑暗年代。其间，科学成为神的奴婢，思想禁锢在《圣经》之中。一旦思想得以解放，欧洲也就跨出了黑暗年代而进入文艺复兴。欧洲的实践证明，被统一思想湮灭的往往是新生的幼苗、未来社会建设的进步力量。

9.4.4.3　现代社会治理不求思想统一但求步调一致

与以往历史不同的是，当今世界创新成为主要的发展动力，知识成为主导性的经济资源，全民参与成为合力的汇集方式，思想已经不

是社会稳定的摧毁性力量而是国家竞争优势的来源。当今社会往多样性方向发展，强求全社会思想统一，不仅成本太过高昂，而且几乎是不可能的。展望未来，互联网将进一步方便人们在全球找到知己，理念必然出现大分化，统一思想更是不可能的。我们面临的新时代，必然是思想多样化的，我们要针对新时代，建立社会治理新模式。治理理念必须首先改革，绝不能让落后理念阻碍社会进步。

统一不了全社会的思想，是否会造成社会动荡呢？答案是：不会。道理很简单，现代社会的控制能力空前，已经不需要靠思想一致性来稳定社会了。思想一致的社会团体规模都很小，而且没有多少坚定分子会为所谓的真理而斗争到底。由于思想多样性的长期熏陶，人们普遍能够理解别的思想，一种思想的坚定分子越来越少，人们已经充分“和而不同”了。同时，没有思想的多样性，就没有创新的普遍性。当今时代，统一思想的成本太高，负效应太大。如果为了统治的便捷性而强求思想统一，就必然扼杀创新的原动力，那不是社会进步而是社会倒退。创新时代，一定要创新社会治理理念，让各种思想百花齐放、百家争鸣。

第 10 章 人的全面健康发展和社会的全面文明发展

在所有东西中间，人最需要的东西还是人。

——霍尔巴赫（哲学家）

人口质量和知识投资在很大程度上决定了人类未来的前景。

——舒尔茨（经济学家，《人力资本投资》，1960）

世界上，一切发展最终都为了人自身。社会经济发展的目的除了满足人自身的欲望外，没有其他的目的。社会经济发展，不存在是否为人的争议，只存在为什么人的争议，只存在为人的什么需要的争议，为精神还是为物质的争议。

10.1 人的全面健康发展是一切发展的根本

10.1.1 人既要全面发展又要健康发展

人的全面发展和健康发展是相互促进的，人的全面发展是社会文明的标志，人的健康发展是物质与精神的和谐造就的。

10.1.1.1 人的全面发展和健康发展

何谓人的全面发展、健康发展？这不是一个简单的问题。马克思认为，人的全面发展是指人的自我意志获得自由体现，人的各种需要、潜能素质、个性获得最充分的发展，人的社会关系获得高度丰富等。概括地讲，就是要让每个人成为他自己。马克思推演出人的发展的终极理想状态，并以此作为共产主义社会的本质特征。就理想状态而言，只有到了那个时候，人的全面发展才达到绝对的境地。在现实世界中，人的全面发展显然属于一个历史范畴，具有特定时代的具体内容，一要不压制，二要能实现，否则就是空谈。

人的需求是有层次和结构的。马斯洛需求五层次理论，从生理需要到安全需要、情感归属的需要、尊重的需要和自我实现的需要，认为人类的需求层次要从低到高依序递进，这就是人的健康发展。反之，永久停留在同一个层次上发展，就不是健康发展，如物质生活已经得到满足，却依然不断追寻物质刺激，就是低级贪欲表现而为人所不齿。无论是个人还是人类，人的需求都具有自然、人文、社会、客观精神、虚拟“五个世界”的结构性，人的全面发展就是对人的需求的全面满足，一是“五个世界”上都得到满足，二是“五个世界”上得到均衡的满足。否则，就是人的片面发展，如过度的物质享受就是人的片面发展。**人的全面发展和健康发展，就是结构上均衡并且层次上提升的良性发展。**

10.1.1.2 全面和健康的发展是人道主义要求

现实是很残酷的。社会发展需要分工，而分工必然导致分化。正是人类精神和物质劳动的社会分工导致大多数社会成员处于“片面发展”状态，而且一不小心，这种“片面发展”越演越烈就会滑入物欲横流、道德沦丧的病态局面。这也更加让我们懂得全面发展的珍贵，人的全面发展也就成为解放自身的一种战略。同时，人的发展不仅要全面，而且发展的结构也要均衡合理，这就是健康发展。

人道主义提倡关怀人、爱护人、尊重人，是一种以人为本、以人为中心的世界观。人道主义是欧洲文艺复兴时期历史大反思的产物，法国大革命把它具体化为自由、平等、博爱。人道主义要求人的发展是全面并且是结构合理的健康发展，是高尚的而不是卑鄙的发展，是自我超越的而不是不断沉沦的发展。就个人而言，人的追求不能永久停留在低层次上，而要渐次过渡到更高层次的追求。以物质刺激的方式，只能适用于激励较低层次的需求，长期激励必然导致病态发展。就社会而言，激励更高层次需求，精神、理想的成分就会增加，就能促进个人的健康发展。传道、授业、解救、超度等服务他人的活动、科学探索活动、思想认识活动，就属于更高层次的，是社会应该激励的。

10.1.1.3　人的全面和健康发展具有优良的社会功能

人的全面和健康发展与社会全面文明发展是相互促进的。如果不能促进人的全面健康发展，社会发展就迷失了以人为本的方向，就是野蛮的发展。从结构上看，这样的发展就一定是结构扭曲的、片面的。如果社会是扭曲的，就是有失公平公正的，就是为部分人牟利的。在这样的社会中，既得利益者因额外获利而懒惰，被侵害者因不满而抵制，社会矛盾就会增加增强，社会合力就会被侵蚀和削弱。人与社会的对应关系决定了片面的发展还会因为社会需求的缺失而导致一部分人的才能被浪费和无形消耗，社会进步动力就会缩小。只有全面文明的发展，才能促使个人的才能得到最大限度的发展和发挥。

1989—2012年间，我国劳力—资源型经济得到快速的扩张，经济结构严重扭曲，与此对应的是，以钱权为标志的精英主义盛行。扭曲的社会经济产生变态的人群，以致流行“获得多少就是对社会贡献多少”（张维迎）。他们确实获得很多而自诩社会精英，但是需要靠他人奉养的精英人群，受人尊敬不多。这期间，个性超然的知识人群被边缘化，他们的才能被压抑、被浪费，典型的就是中国积蓄了15年的“新三届”中罕有突出创新成就，与之对应的是中国产业普遍缺“芯”。片面和野蛮发展，必然导致部分人才被无形消耗和浪费。

10.1.2 人的全面发展由诸多要素构成

人的全面发展包括人的需要的全面发展、人的素质的全面发展和人的本质的全面发展。其中人的本质的全面发展是决定性的，人的本质“在其现实性上，它是一切社会关系的总和”（马克思）。因此，人的全面发展的本质在于人的社会属性和社会关系、社会性需要和精神需要、社会素质和能力素质的全面发展。从30年前的“德智体”全面发展，到20年前的“德智体美”全面发展，表明人的全面发展内容是不断扩充的，概括起来主要包括以下几个方面。

（1）提升和发展人的主体性。所谓人的主体性，是指人在与客体相互作用中应具有的能动性。主要表现包括：①从人对自然、社会的认识、利用和改造方面看，表现为人的主动性、自主性、选择性、创造性；②从人对自然、社会的责任方面看，表现为人的道德性、理智性、自觉性等。人的主体性是这两方面的统一，否则就是片面的、扭曲的。

（2）思想和精神生活的全面发展。所谓精神生活的全面发展，是指人们的德与智、知识与能力、素质与职能、心理与生理的全面协调发展，是人的内在发展，是人文精神的内化和外展。这种内在发展，既是社会发展的基础和条件，又是人们追求的生活质量的更高目标和现代标志，最终升华为人类文明。思想和精神生活的全面发展依存于物质基础，却又超越物质的范畴，是人文世界的，是世代传承的，是历史性积累的。

（3）人与自然、社会的协调发展。人是在自然和社会双重因素中存在和发展的。人与自然、社会的基本关系是：①人的发展与社会的发展互为前提和目的，离开人的发展就谈不上社会的发展；②社会发展为人的发展提供条件和手段，没有社会各方面的不断进步和发展，人的发展就缺乏空间；③人的发展与社会的发展相互促进、共同发展。从结果上看，良好的生态环境不仅是社会实践活动的产物，更是人类文明的凝聚和体现。

（4）人力资源的全面开发。一个社会中，人的智力、体力、能力等都按规则分布，这个分布经常是正态的，而非单点的。人力资源的全面开发，首先是每个人都得到开发，都发挥了个人的最大潜能。这不是要一个人变成另一个人，而是要这个人突出他自己。我们无须让一个内向性格的人变成外向性格的人，其实内向性格的人成就能力要强得多，我们为什么要打压成就呢？所以，要改变的不是个性，而是发挥个性的社会。社会改良了，就能人尽其才了。

10.1.3　人的全面健康发展要提升层次结构

人的全面健康发展，从宏观层次看，就是要同时处理好三个基本关系：人与自然的关系、人与人的关系和人与自身的关系。人与自身的关系，从微观看就是灵与肉的关系，就是要“德智体美劳”全面均衡发展，就是既要有健壮的身体又要有健全的人格，不能物质至上，不能精神颓废。从社会角度看，人与人的关系好，就是社会文化健康向上，激励人们奋发努力；就是社会保护独立人格，让人们自主发展；就是法治、民主、公平、公正的社会，让人们信仰崇高和正义，鄙视粗俗、下流和无德。人与自身的关系，是人与社会关系的投射，社会关系在相当程度上又是统治阶层人与自身关系的反映。不同社会阶层之间的人与自身关系具有传导链，上层对下层的传导强度要更大些。无论是正气还是邪气，总体上都是从上层刮到下层的。从这个角度看，短期的社会文化是由高层人物造就的，而非自发形成的。处理好人与自然的关系，就是既要利用自然又要保护自然，不是野蛮地向自然攫取，也不是消极地对待自然，而是在适宜人类生存的前提下开发自然，在遵循自然规律的前提下利用自然，使人与自然和谐相处，而非相互对抗。

从经济角度看，人的全面健康发展是指人的劳动能力的全面发展，即人的体力、智力和品德力量的充分、协调、统一的发展，使得个人更加便于组织到社会化大生产中。在社会化大生产中，个人投入不增反减，产出却量增质升，使得个人有更多的休闲时间，而社会生产成果却更加丰富、更加丰厚。正是通过个人能力的普遍提升，才使得社会生产力得到空前提高，从而保证物质文明进步，同时又保证个人生活质量普遍提升，个人与社会得到同步协调发展。

从个人角度看，人的全面健康发展是指人格独立、身心健康、心态平和、态度积极、“德智体美劳”均衡发展。人的全面健康发展既要展现个人独立取向，又要追求高尚人性。高尚的人性，不是强化自私、掠夺、贪婪的动物性，而是超越动物性，崇尚无私、奉献和节制。

从社会角度看，人的全面健康发展是指每个人都得到实时有效的发展。不断增加社会公平性，不仅物质生活水平得到同步提升，而且精神生活也得到同等的满足，人的才能、志趣、道德和品质等各个方面都得到同步提升，社会性集体力量得到持续稳定的增强。

从生态环境角度看，人的全面健康发展是指顺应自然规律、维护自然生态环境的可持续科学发展，不是“先发展，后治理”的折腾，更不是“人定胜天”的傲慢。随着人口增加，改造自然的技术能力增强，人们更需要致力于保护自然生态，而不是破坏自然生态。

10.1.4　人的全面健康发展造就北欧经济模式

10.1.4.1　北欧五国的经济社会模式

北欧五国包括丹麦、瑞典、挪威、芬兰、冰岛，地处北温带与北寒带交界地带，总面积 130 万平方公里，2016 年人口为 2660 万。人口密度为 20.5 人/平方公里，同纬度的其他地区都属于经济落后地带，但是北欧国家属于全球经济最发达的地区。2015 年人均 GDP 丹麦为 51423 美元、瑞典为 48965 美元、挪威为 76266 美元、芬兰为 42159 美元、冰岛为 48940 美元。

北欧五国是资本主义国家，但是实行社会主义的治理理念，主要特征是高税收、高福利、收入平均。提供优厚的社会保障，失业救济金约等于中等职员的收入水平，是平均工资的 75%，生病期间领取平时收入的 85%，一年产假，受教育全免费并有定额补助，个人不负担医疗费。国民承担高税收，税收总额占 GDP 的 40%—55%，遗产税 98%，高收入所得税 70%—80%，个人所得税 30%—50%。北欧五国税后最高收入与最低收入比是 3∶1，Gini 系数介于24%—26%，是全球收入差距最小的国家。北欧五国高收入阶层没有不满高税收，而以转移支付去助人为乐。北欧五国处于资本主义边缘地带，没有经历资本主义早期血腥的大规模原始资本积累，有机会寻求公正的发展道路，从而避免了资本主义的缺陷。北欧五国不是通过激发人的贪婪恶念，而是通过激励人的互助善性，使人们携手走向共同富裕的道路。

10.1.4.2 北欧五国人的全面健康发展

社会是人造就的，社会又反过来造就人。生活在北欧五国的人们没有生活压力，不必为生活挣扎，人们有条件按照自己的志趣发展。北欧五国遵循“公民有权利享受平等的公共服务”的理念，按照“我为人人、人人为我”的准则，根据公众的需要而不是根据公众的能力来分配社会利益，让每个人拥有平等享受公共服务的权利。在这样的制度下，任何人都无须为疾病、养育、不测意外而恐惧，从而让人们有一颗平和宁静的心。特别要注意的是，与一些人的想象完全不同，北欧五国的人没有被养懒，而是养出了创造力。全球科技实力排名芬兰位居第六、瑞典第八、丹麦第十二、挪威第十五。北欧五国的富裕，也不是老天恩赐的，而是劳动所得的。北欧传统的伐木、捕鱼、采矿等，都造就不了高水平的富裕。

10.1.4.3 人的全面健康发展与社会全面文明发展能够相互正激励

客观上，人性善恶成分兼而有之。北欧五国通过人性之善，成就社会文明，又通过社会全面文明发展，推动人的全面健康发展。把人与人的关系处理好了，就把人与自然的关系处理好了；把人与自身的关系处理好了，就成为全球幸福感最高的地区。北欧五国人的幸福感不仅有物质基础而且有人文基础，不仅真实可信而且切实可靠。

10.2　人的全面健康发展具体表现和特征

10.2.1　人的全面健康发展之生活表现

人的全面健康发展，有具体的生活表现。这些生活表现可以作为衡量生活质量高低的标准，同时，提高生活质量是经济发展的根本目的。

10.2.1.1　生活质量评价的八项条件

生活质量评价需要依据客观特征，人们通常以三个维度来评价。纵向上用生活质量前后改善评价。横向上用不同发展水平下的生活条件评价，价值上用目标实现差距评价。八大特征显著影响人们的生活质量①。

（1）健康。研究表明，受教育程度高低、收入水平多少、社会地位高下等，显著影响人们的身心健康并决定寿命的长短。

（2）教育。教育不仅支持经济提升而且有益于人们的健康，学历高者失业率低、收入较高、有更多的社会关系、社会参与度较高，生活更加丰富。

① 参见［美］约瑟夫·E. 斯蒂格利茨《影响生活质量的八种客观特征》，元江平、王海舫译，《中外书摘》2011 年第 6 期。

(3) 个人活动。有偿工作提供身份认同和社交机会，适度的家务劳动也产生向心力，文化生活和悠闲时间的增加是社会进步的方向之一。

(4) 政治发言权和治理。这既是公民权利也是社会性矫正力量，披露人们需要什么、重视什么、抗拒什么，唤起人们对重大缺失的关注，产生更大社会共识，减少爆发冲突的可能性，让经济效率、社会平等和公共生活的包容性得到改善。

(5) 社会生活。社会关系是“社会资本”，显著影响健康、就业、职业心情和收入水平。与什么人交往，居住在什么地方，甚至让人产生身份感。

(6) 环境条件。环境影响健康，高负氧离子的空气、清洁的水、有机蔬菜和食品、洁净的居住地、休闲生活的社区，都有益于人们的健康。

(7) 人身安全性。犯罪、事故、自然灾害、环境恶化、食物不安全等，增加人们的忧虑，提高发病率和死亡率，甚至间接冲击近亲的身体健康。

(8) 经济安全性。失业、衰老、疾病等风险，增加人们经济生活的不确定性；养老金支付体系的动荡，把政府和企业应该承担的风险转移到个人身上。

10.2.1.2 生活质量的自我感受

怎样的生活是高质量的，怎样的生活是低质量的？这是一个让人困惑的问题。看到他人吃吃喝喝、无所作为，我们会羡慕；得知他们中年未到，就富贵病缠身，我们又觉得那种生活并没有什么意义；后来发现有的人因此50岁就死了，我们有时会庆幸青年时财富的不足。

当然，贫贱夫妻百事哀，生活拮据也是很磨难的。那么，良好的生活到底要具备什么条件呢？

（1）生存性财富足够消费之需。正常生活有积蓄，食物开支占收入的 30% 以下。

（2）工作团队内部和谐。上级有亲和力，同事合作，下级支持，无冤家对头。

（3）从事正当职业。工作时间稳定，职业收入达到平均线，有职业兴趣。

（4）有职业以外的交际圈。遭遇困境时有亲人、朋友、同事的关心和帮助。

（5）生活有充实感。有兴趣爱好，如书法绘画、阅读、文体活动、关注某些专栏等。

（6）家庭成员矛盾不大，亲戚和朋友无借款长期不还。

（7）睡眠时间充足。睡眠环境安静，有一定的休闲时间。

（8）人际关系融洽。有朋友，帮助陌生人，也接受陌生人的帮助。

10.2.1.3　生活质量的社会评价指标体系

研究表明，物质生活条件具有显著的门槛效应。门槛以下，低收入显著导致低品质生活；门槛以上，高收入对生活品质改善遵从边际效应递减规律。[①] 客观上，个人生活条件和社会收入分布、主观幸福感和社会不满，都是生活质量的判断依据。生活质量评价当然具有国际可比性，不过，生活更具有具体性而非抽象性，与周边人群的相对

① 参见杨京英、何强、于洋《OECD 生活质量指数统计方法与评价研究》，《统计研究》2012 年第 12 期。

比较，更影响人们的主观评价。德国从 14 个生活领域来评价生活质量：[①]

（1）人口。包括居住人口、生育率、青少年比率、老年人比率、移民人数、初婚率、离婚率、单亲家庭比重。

（2）社会经济地位和主观阶级认同。包括就业率、住房、主观阶级认同。

（3）劳动力市场和工作条件。包括失业、行业就业数量、工作时数等。

（4）收入和收入分配。包括收入分布、家庭收入满意度、贫困率等。

（5）消费和供应。包括福利费用支出、消费支出、家庭储蓄、生活满意度等。

（6）交通。与工作地距离、公交使用率、交通满意度。

（7）住房。人均居住面积、标准设施拥有率、居住费用占收入的比重。

（8）健康。预期寿命、婴儿死亡率、医生人数、保健支出占比、残疾人比重、饮酒量、超重人口比重、个人主观评价。

（9）教育。公共教育支出、义务教育遗漏率、大学毕业人口比重。

（10）政治参与度。工会参与率、俱乐部/协会成员比重、制度满意度、社会公平认可度。

（11）环境。环境保护支出比、CO_2排放量、废弃物回收利用率、环保关注度。

（12）公共安全和犯罪。犯罪率、安全担忧、救助到达时间、对

---

① 参见李莎《德国生活质量指标体系研究及启示》，《调研世界》2011 年第 1 期。

警察信任度。

（13）休闲和娱乐消费。非工作时间，娱乐文化支出占比、媒体时间消耗、主观满意度。

（14）全面福利措施。人均 GDP、福利支出占 GDP 的比重、孤独感、自杀率。

10.2.2　人的不全面和不健康发展表现

世界卫生组织将健康定义为“不但身体没有疾病或虚弱，还要有完整的生理、心理状态和社会适应能力”。按照这个标准度量，中国只有 15% 的人处于健康状态，70% 的人处于亚健康状态。[①] 乙肝带菌人数占总人口的 12%，2014 年总诊疗 76 亿人次，[②] 年增长 4%；住院 2.04 亿人次，年增长 6.3%；2010—2014 年间的年均住院人次增长率为 9.5%，住院病人的手术人次年均增长率为 11.8%，2016 年为 10.5%。数据显示，中国人的疾病增长高于 GDP，中国的发展是不健康的。身体健康不仅取决于物质基础，而且取决于精神形态。当今的主要问题不是食物数量不足，而是精神压力过大，病态的人际关系引发人们更多的亚健康。

10.2.2.1　独立人格者生存艰难

人的全面发展，深受领导人的价值观、人生观、世界观的影响。“政治路线决定之后，干部就是决定的因素”，短时间内，人能否全面发展甚至取决于领导人的态度。在企业、学校、机关等社会组织中，

① 参见张来武《以六次产业理论引领创新创业》，《中国软科学》2016 年第 1 期。
② 《2014 年中国医疗卫生机构总诊疗人次 76 亿》，2015 年 11 月 9 日，中国情报网（http：//www. askci. com/news/chanye/2015/11/09/141714z8q7. shtml）。

当前到处可见两类人：玩世不恭的落魄者和谦卑恭顺的食利者。一些人因世道不公而落魄，并以玩世不恭聊以自慰。遭受到晋升上显著不公的打压，他们依然睡得着觉，原因很简单，“我们不能拿人家的无耻来折磨自己，否则，怎么活！”确实，人们已经失望至极。食利者以唯唯诺诺、孝顺恭维的方式，让领导高兴并得到照顾。事业是共产的，感受是个人的，一些领导不关心组织发展，不关心下属成长，只要自己感觉好。谁让自己感觉好就喜欢谁，谁不屈从自己就讨厌谁，没有责任感也没有是非观。在这样的氛围下，人与人之间或者结伙依附，或者忍受生存空间缩小，很难不自我屈从。

10.2.2.2 “封妻荫子”俱乐部

习近平总书记指出，“封妻荫子”是要被百姓戳脊梁骨的。“如果党的政治纪律成了摆设，就会形成‘破窗效应’，使党的章程、原则、制度、部署丧失严肃性和权威性，党就会沦为各取所需、自行其是的‘私人俱乐部’。”“如果升学、考公务员、办企业、上项目、晋级、买房子、找工作、演出、出国等各种机会都要靠关系、搞门道，有背景的就能得到更多照顾，没有背景的再有本事也没有机会，就会严重影响社会公平正义。这种情况不纠正，能形成人才辈出、人尽其才的生动局面吗？这个社会还能有发展活力吗？我们党和国家还能生机勃勃向前发展吗？我们共产党人决不能搞封建社会那种‘封妻荫子’‘一人得道，鸡犬升天’的腐败之道！否则，群众是要戳脊梁骨的！”① 习总书记所讲的当然不是空穴来风，而是现实景象，现在的问题是如何让群众戳到脊梁骨，让恶劣分子自食其果，免得损害共产党的信誉。

---

① 习近平在中国共产党第十八届中央纪律检查委员会第二次全体会议上的讲话，2013年1月22日。

10.2.2.3 人身依附关系盛行

要回答人与人之间健康关系如何，可以先看病态关系如何。党的领导集团中，就存在病态关系，其中潜规则越用越灵，领导整天琢磨抱大腿，就是典型的病态问题。“有的只对领导个人负责而不对组织负责，把上下级关系搞成人身依附关系；有的办事不靠组织而靠熟人、靠关系，形形色色的关系网越织越密，方方面面的潜规则越用越灵；有的党组织对党员、干部疏于管理，缺乏严肃认真的组织生活，等等。”① “需要注意的是，不能把党组织等同于领导干部个人，对党尽忠不是对领导干部个人尽忠，党内不能搞人身依附关系。干部都是党的干部，不是哪个人的家臣。有的干部信奉拉帮结派的‘圈子文化’，整天琢磨拉关系、找门路，分析某某是谁的人，某某是谁提拔的，该同谁搞搞关系、套套近乎，看看能抱上谁的大腿。有的领导干部喜欢当家长式的人物，希望别人都唯命是从，认为对自己百依百顺的就是好干部，而对别人、对群众怎么样可以不闻不问，弄得党内生活很不正常。”“犯个组织纪律、财经纪律算什么，打个哈哈就过去了！一到节假日甚至不是节假日，有些人就到处跑，还带着一大家子，吃好的，住好的，玩好的，大江南北，长城内外，哪儿好就往哪儿去。不少是公款消费，财政成了他们家的钱包，财政局长成了他们家的管账先生。”②

---

① 习近平在中国共产党第十八届中央纪律检查委员会第三次全体大会上的讲话，2014 年 1 月 14 日。

② 引自中央文献研究室《十八大以来重要文献选编》（上），中央文献出版社 2014 年版。参见习近平在中国共产党第十八届中央纪律检查委员会第三次全体大会上的讲话，2014 年 1 月 14 日。

10.2.2.4 形成伤害创新的恶劣氛围

创新需要独立人格。但是，在依附性社会中，人格独立者最易受到各种伤害。暂且不论在机关中或是在企业中，即使在学术群体中，如高校，独立人格者也通常勤于独立思考，主要精力集中于解决问题、做具体的事情上，既不摇尾敬领导，也少悦目同人，也就没有坚定白铁杆。在当今世道，只会“君子之交”的人通常成长滞后，甚至经常受到打压排挤，反正不会有多少人为之说话，谁都敢对其下手。领导自己、领导的小兄弟，在单位走窜不停的，都会得到供奉、照顾和美言，不少业绩靠后者晋升却超前。在以往很长的一个时期，寄生发展是一条便捷路径。这种不公长期存在并且愈演愈烈，导致在岗教授不令人尊敬，甚至职称晋升的行为也被戏称为“搞个教授”。

10.2.3 人的全面健康发展之前提条件

如果可行，对一个人最残忍的惩罚莫过于给他自由，让他在社会上逍遥，却又视之为无物，完全不给他丝毫的关注。

——威廉·詹姆斯（心理学家）

教育的目的是让学生摆脱现实的奴役，而非适应现实。

——西塞罗（古希腊哲学家）

10.2.3.1 人的全面健康发展要求良好的社会生态环境

古希腊科学家和哲学家亚里士多德认为“动物中凡生长期长的，寿命也长”，哺乳动物的寿命为生长期的5—7倍。① 人的生长期为

① 巴丰寿命系数，由法国著名生物学家巴丰提出，参见《老龄化社会划分标准》，天涯网（http：//wenda. tianya. cn/question/5984d5659abc872a）。

20—25 年，预期寿命为 100—175 年。日本是世界上寿命最长的国家，2014 年人均寿命 84 岁，中国香港、瑞士和圣马力诺与之并列。2014 年中国人均寿命 76 岁，全球平均寿命 71 岁，非洲平均寿命 52 岁。为什么实际寿命远未达到预期寿命？原因是很多的。除了遗传因素之外，影响寿命的主要因素包括以下几个方面。

（1）社会动荡。战争、灾荒、饥饿等，造成非洲人均寿命最短。

（2）生活方式。日本、澳大利亚，食物昂贵，每餐食物精致、食用量少而寿命最长。美国食物价格低廉，美国非裔人食无节制，人均寿命 72. 3 岁，同比寿命最低。

（3）医疗保障不足。医疗保障水平提升延长人均寿命，1960 年中国人均寿命 43. 4 岁，1968 年为 59. 5 岁，1976 年为 65. 4 岁。美国不断增加的医疗负担，确实使得美国的人均寿命从 1997 年的 76. 5 岁提高到 2014 年的 78. 8 岁。

（4）负面精神因素。压力、紧张、焦虑和恐惧等，不仅有可能导致精神疾病的发生，而且有可能导致恶性疾病的发生。这种精神状态通常是外源的，社会需要打压乱源。

（5）自然环境条件。我国各地人均寿命，上海 80. 26 岁、北京 80. 18 岁、天津 78. 89 岁、浙江 77. 73 岁、江苏 76. 63 岁、甘肃 72. 23 岁、贵州 71. 10 岁、青海 69. 96 岁、云南 69. 54 岁、西藏 68. 17 岁。直观比较，高原缺氧、生活氛围懒散，或许不利于人们的健康。

（6）社会环境条件。近年怀旧心态升温，不仅老年人怀旧，青年人也怀旧。不是社会没有进步，而是社会压力增加，过劳死人群变大，成为社会问题。

10.2.3.2 人的全面健康发展不仅需要物质生活滋养而且要不断丰富精神世界

人们相信“知识改变命运，学习成就未来；细节决定成败，习惯铸就辉煌”。

人做各种事，各有意义，合成一个整体就构成人生境界。人生是有境界差异的。没有物质的滋养，人无法生存，可是停留在物质境界，人也无法脱俗。有了物质保障，人的不同境界就表现出来了。有人贪婪无限，有人平淡生活；有人满足自我，有人超越自身。超越动物本能，才算得上高尚，丰富的多层次的精神世界，让人们达到不同层级的人生境界，获得不同层次的享受，最高层次的就是与天同乐。

（1）顺应本能、缺乏价值意义导向而行为，就是原始人的自然境界。

（2）功利而无损他人，甚至利己及人，并无道德缺憾，就是普通人的功利境界。

（3）觉悟到社会的存在，奉公克己，以给予他人为乐，就进入了人的道德境界。

（4）正其义而不谋其利，明其德而不计其功，就达到了人的高尚境界。

（5）不仅为当前，而且为永世，尊崇宇宙规律而行为，这样的人就达到天地境界。

只有达到天地境界的人，才有条件享受与天同乐；只有认识到宇宙大规律，才能达到天地境界。宇宙大规律的认识是没有穷尽的，天地境界的空间也是无限广阔的，与天同乐的享受也是不可限量的。物质的制约客观存在，总有限量，激励物质消耗违背宇宙大规律，是人类的野蛮行为。更多的人更大份额地享受精神世界，就是社会文明化的表现。

10.2.3.3　人的全面健康发展需要社会制度的保驾护航

社会政治文明是提供制度、法规、社会运行机制，来保障物质、精神、生态、价值观念等全面文明的实现。人的全面健康发展，不仅是个人选择，更是社会选择，当今时代，完全独立于社会的避世超越，已经没有现实可能性了。非洲经济最发达的南非，在 1948—1994 年间实行种族隔离制度，白人被奉养起来，得到病态的发展，黑人被打压下去，占人口 70% 的黑人保留地只占 13%，没有什么发展空间。无论是黑人还是白人，都十分畸形地发展。社会政治制度保护这种畸形变态的发展，南非人又怎么可能得到全面和健康的发展！可是，这期间，南非经济在非洲处于领先地位，尽管受到国际制裁，南非经济发展势头依然强劲，年均增长率为 8%。可是，1994 年以来南非打破了种族隔离，经济年均增长率却下滑到 3.1%。这说明，恶劣的制度甚至也能创造经济奇迹，政治文明不见得马上带来经济高增长，是选择文明还是选择野蛮，不仅需要经济的依据而且需要社会价值的依据。

什么样的社会制度，才能保障人的全面健康发展？也就是说，人的全面健康发展需要什么样的社会条件呢？以下几个方面是值得注意的。

（1）实现理想是有条件的。在远古时代，社会分工有限，“穷则独善其身，达则兼济天下”或许能做到，现在没有可能性。如果独善其身则穷，天下兼济则达，人们不能如此超然。

（2）尊敬高尚而非羡慕富有。超越动物性自我，才是高尚的行为。占有财富是动物性特征，羡慕富有就是崇尚动物性，以财富来调动人们的积极性，就是强化动物性。

（3）政治清明，言路畅通。唐太宗李世民开明，言路畅通，政治清明，这不是偶然而是规律。封建官僚统治下，粉饰太平盛世，下言不能上达，问题积累加剧，百姓无奈失望。

（4）社会激励助人为乐，鄙视贪得无厌。社会不以欺负老实人为乐，对挤占老实人利益的行为不能无所制约，不能让搞鬼、欺骗、失信的人扬扬自得。社会必须以正压邪，必须阳光多于阴暗，必须君子爱财取之有道，不完全以个人得失论成败。

（5）鞭挞恶劣而非保护罪恶。违法有罪，罪人也有人权，不过，大罪从轻就是保护罪恶。如果贪污数亿元，挤占了数万人的生存资源，还罪不至死，那又如何让人廉洁奉公？

（6）社会控制力强，个人自由空间可加大。这就要求社会共性少而精，道德、文化、基本价值观、基础教育水平等一致性水平高，共性认同基础扎实。其他方面则需要增强个体差异化选择自由，激发个人的主观能动性，减少社会扭曲，提高社会适应力和弹性。

（7）福利保障而非自由竞争。人与人之间，不能弱肉强食，在社会制度内有序争取富裕，贫穷必须社会兜底；以强凌弱、以富欺贫，必须有社会底线而不能姑息纵容。

（8）平稳可预期的工资制度。工薪阶层是社会的主体，工薪收入决定他们的基本生活。当今20%固定＋80%浮动的工资制度，以控制物质生命线的方式强化领导地位，使下属普遍归顺，强化人身依附关系，压制是非评判，维护领导作恶违法，实无可取之处。

10.2.4　人的全面健康发展之当前状况

10.2.4.1　我国的托底制度漏洞巨大

（1）“三座大山”压垮不幸弯腰人。住房、医疗、教育、国企变卖等改革，冲击了千万家庭，把中等收入家庭转变成房奴，把遭遇疾病不幸的一些家庭劫掠成为贫困家庭，教育成为必须承受的开支而非成就希望的途径。其他主要国家的情况见表10－1，我国公共医疗卫生开支占GDP的比重为3.03%，不仅总额上比较低，而且享受者很集中，缺乏普惠性特征。

表10－1　公共医疗卫生开支占本国GDP的比重　（单位：%）

国家	芬兰	法国	奥地利	德国	日本	美国	比利时	瑞典
占比	9.93	9.04	8.66	8.61	8.33	8.31	8.2	7.85
国家	英国	挪威	加拿大	意大利	西班牙	瑞士	芬兰	捷克
占比	7.78	7.67	7.66	7.17	7.08	6.97	6.9	6.5
国家	斯洛文尼亚	希腊	澳大利亚	马耳他	葡萄牙	卢森堡	斯洛伐克	匈牙利
占比	6.42	6.26	6.11	5.96	5.92	5.79	5.5	4.98
国家	爱沙尼亚	立陶宛	波兰	巴西	罗马尼亚	拉脱维亚	墨西哥	塞浦路斯
占比	4.75	4.71	4.71	4.32	3.97	3.4	3.19	3.16

（2）药品征税违背世界潮流。世界卫生组织（WHO）的药品定价指南有两种：一是基本药物不应该征收销售税（营业税）和增值税；二是如果基本药物征收销售税或增值税，则不应增加群众的负

担。美国、澳大利亚、瑞典等国实行免税，法国、瑞士、英国对处方药免税，欧洲平均税率为8.8%，中国为17%，中国药品进口关税为5%—8%。①

（3）高药价必然降低人们的健康。美国南加州大学 Goldman 研究发现，当处方药价格增加10%，药品使用量将减少2%—6%，并且贫困人口对药价更加敏感，慢性病患者将难以坚持用药，治疗往往会中断，治疗慢性病的起始时间也会推迟。每减少处方药25%的税收，就可以增加5%—25%的需求。

（4）医药业已经侵蚀了社会良知。以往，白衣天使是患者的寄托；而今，人们无奈求医。制度，使得医生法律水平很高，医疗事故都成为病人的事情了；使得医生的财务水平更高，总能把患者的钱算计得一干二净；使得医生的医疗水平不高，全凭“片子”诊断，成为“片子”医生。2015年全国人均打点滴8瓶，是欧美国家的4倍；手术量4843万人，年增长率10.5%，是人口增长率5‰的21倍。体制扭曲，不只是国民的悲哀和无奈，更是医生的悲哀和无奈。

10.2.4.2 中国相互牵制的力量太大

空军少校戴旭（2016）指出，中国当今的根本矛盾在于不同系统互不兼容。意识形态表面上的共产主义化、经济运作上的资本主义化、行政管理上的官僚主义化、精神道德上的儒教主义化。面对国内已经分裂的力量，中国需要进行整合，建立真正的爱国统一战线，让不同文明、不同宗教信仰、不同利益阶层形成共同价值观。笔者以为，爱国不要空谈，关键只有两点：爱民、爱国土。爱民就是让老百

---

① 参见黄二丑《对药品征收重税害死了多少中国病人》（http://tieba.baidu.com/p/4453608094）。

姓生活安稳无忧、轻松自在更美好，有尊严、有理讲、有是非、有公正、有盼头；爱国土就是清洁中华、美丽河山，大地、河山、水流、湖泊、天空都是干净的而不是被污染的。

10.3　社会全面文明是一切发展的制度保障

10.3.1　社会的全面发展和文明发展

10.3.1.1　社会全面和文明发展的主要内容

社会全面发展是指合理的进步结构，社会文明发展是指正确的进步方向。在当今世界上，没有一个国家能够完全实现社会全面发展和文明发展的所有准则。事实上，产业政策和经济政策都通过扭曲一个国家的经济结构而推进一些产业加速发展，促进片面发展而不是促进全面发展。尽管如此，却并不妨碍我们对社会进步或者退步的判断。凡是社会沿着全面化、文明化方向发展的，我们就认为这个社会在进步，至少较长时期看是如此。如果全面化和文明化是局部的，则社会进步也就是部分的。短期的扭曲政策，是为了形成发展的势能，而不是政策目标。一个时期扭曲的政策需要另一个时期拨乱反正，而绝不能持续不变。

社会文明的标志是每一个人都得到健康的发展，不仅造就精英阶层而且保障底层人群，任何人都不被社会遗弃。社会文明是更加人性而不是加更野性，不只是让强者更强，更重要的是让弱者增强。如果野性也有什么可称道的话，主要表现在对外事务上，而不是表现在对同胞的无情残酷上。中华民族最有智慧推动社会文明发展，如第二次世界大战后的台湾，既发展了经济又保持贫富差距缩小，成为世界上的成功发展典型。

结构合理的均衡发展是全面发展的重要标志。“长期封建史，我国重农轻商，抑制了我国商品经济的发展，是阻碍中国经济发展的主要原因”，尽管早期社会重农轻商并非中国特色，国内各界却普遍认同这一观点。如果我们反问，当时采取重商轻农的措施，中国还能生存吗？即使重农轻商了，是商人富裕还是农人富裕？如果农人辛勤劳作贫穷度日，还要受社会指责，商人挥金如土奢靡骄横，反而受到社会鼓励，这是一个什么社会！如果这样追问了，批判重农轻商的理由还能成立吗？即使当代商业盛行，政府轻农重商就合理了吗，效果又如何，农商难道无本末之别吗？“本”就是战略经济的内容，难道不应该紧抓不放吗？

一切社会发展最终都归结为人的发展。如果让每个人都得到全面发展，这个社会就是全面发展的。如果使每个人都得到健康发展了，这个社会就是文明发展的。如果一个社会中，每个人都得到全面并且健康的发展，这个社会的发展就是全面的、文明的。从结构上看，自然、人文、社会、客观精神、虚拟“五个世界”都得到发展并且实现均衡发展，就是社会全面文明发展。无论是个体的人还是人类，人的需求都具有结构性，人的全面发展就是对人的需求的全面满足，一是“五个世界”上都得到满足，二是“五个世界”上得到均衡的满足。否则，就是人的片面发展，如过度物质享受就是人的片面发展。人的全面发展和健康发展，就是结构上均衡并且层次上不断提升的良性发展。

10.3.1.2　社会全面文明发展的三大标志

根据十八大确立的标准，社会文明有广义和狭义两个层面。广义社会文明指人类社会的开化状态和进步程度，是人类改造客观世界和主观世界所获得的成果的总和，是物质文明、政治文明、精神文明、社会文明、生态文明等方面的统一体。狭义社会文明是指与物质文明、政治文明、精神文明并列的，社会领域的进步程度和社会建设的积极成果，包括社会主体文明（个人发展、家庭幸福、邻里和谐、社会和谐）、社会关系文明（人际关系、家庭关系、邻里关系、社团关系、群体关系）、社会观念文明（社会理论、社会心理、社会风尚、社会道德）、社会制度文明（社会制度、社会体制、社会政策、社会法律）、社会行为文明（社会活动、社会工作、社会管理）等方面的总和。我们日常谈论的是狭义的社会文明，只有社会文明了才能支撑起人的全面发展和健康发展。尽管社会文明的内涵很丰富，但其主要标志有以下三个方面：

（1）表达思想的权利——人权中最基础、最根本、最有价值的权利。“在某种情况下，必须公开地表达自己的观点，沉默在客观上是对恶的承认和认可。”有思想且敢于表达思想，是文明社会的重要标志。社会力量制约个人思想的表达，就是缺乏文明的社会。艾因·兰德不能在俄罗斯表达思想，26岁流亡到美国，她的思想表达让她成为个人主义思想家的代表性人物。在美国，艾因·兰德因为独特的思想同样招致谩骂和攻击，美国人并不惧怕她，反过来，艾因·兰德也不用惧怕其他人。美国让艾因·兰德自由表达思想，艾因·兰德也为美国社会贡献了思想，使美国社会更加遵从强化个人权利的基本准则，使美国社会更加文明。美国人感恩艾因·兰德的思想贡献，甚至美国最重要的综合性战略研究机构都以兰德为标榜。

（2）个人自主选择的机会丰富——增加每个人的社会选择机会。选择是个人自由的表现，文明的社会增加个人自由选择的机会，而不是减少这种机会。第二次世界大战中，德国人被希特勒捆绑，尽管形成强大的战斗力，但是这种增加国家力量的方式是野蛮时期的野蛮表现，而非文明表现，无论对于德国人还是其他人，都是如此。

（3）充分保障个人选择权——社会的全面发展提供个人选择的更大可能性，社会的文明发展保障个人更大的自由选择权利。社会文明是个人身心健康的前提条件，民众的无奈、无望、无助，与长期存在的社会不公以及制度缺失直接关联。20 世纪 50 年代，中国精神疾病总发病率为 2.7%，80 年代开始升高，至 2013 年达到 17.5%；[①] 抑郁症发病率也在 10%—15%，精神疾病发病率的升高与职业压力、社会环境等密切相关。中国精神疾病消耗了总医疗费用的 20%，是家庭和社会的巨大负担。在经济发展中，无视这样的成本是极其浅薄的表现！

10.3.1.3 社会全面文明发展与人的全面健康发展应该相互促进

争论社会全面文明发展与个人全面健康发展，何者在先何者伴随，就如“鸡与蛋”的争论游戏一样无聊并且没有建设性。建设性的做法是，想办法如何利用当今之人，构建更加民主、自由、公平、公正的社会，如何利用现有的社会条件，促进个人更加多样、平和、努力、快乐的生活，使社会全面文明发展与个人全面健康发展之间形成相互循环促进的机制。在这样的机制下，社会全面文明发展和个人全

---

① 参见冯存真《中国精神疾病发病率 17.5%，国家政策或有影响》，搜狐网（http://health.sohu.com/20130921/n386934710.shtml）。

面健康发展就会相互伴随，并且随时间的推移而逐步提升进步，不会以个人利益挤占社会利益而造成不公，不会以社会利益挤占个人利益而支付代价。社会利益挤占个人利益从来就不是最终状况，而是中间状态或是名义状态，社会挤占个人利益的最终状态通常是一部分人假借社会的名义挤占他人利益，是野蛮表现，不是社会文明的表现。

社会文明不是个人利益至上，也不是无视个人利益，而是社会公正道义。不让任何人终身成为社会的代价，也不让任何人终身成为社会的供奉对象。社会文明的理想状况是，普通的人终身得失的期望值相同，对社会贡献了正外部性的人们，获得社会的正面激励，产生负外部性的，受到制裁、被迫补偿。70 年前出生的农民，基本上终身承受社会代价，这说明我们的社会变革太迟了，力度也不够。

10.3.2　治国理政总体框架——“四个全面”

现在已经清楚，“让一部分人先富起来”，不是社会的全面发展和文明发展，也没有让个人全面发展和健康发展。这是片面的发展，甚至扭曲了人性，导致普遍存在“才不配德”“德不配位”，以及视下冷漠、为下不忠、漠视德行、唯利是图等丑恶现象。新的时代，发展方向已经扭转，全面建成小康社会、全面深化改革、全面推进依法治国、全面从严治党，“四个全面”构成了新一届中央领导集体治国理政总体框架。这就不是树立典型的，而是普惠大众的，是方向性的转变。

“四个全面”是逐步形成的。2012 年 11 月十八大提出了全面建成小康社会，2013 年 11 月十八届三中全会提出全面深化改革，2014 年 10 月十八届四中全会提出全面推进依法治国，2014 年 10 月 8 日在群众路线教育实践活动总结大会上提出全面推进从严治党。四个全面“是从我

国发展现实需要中得出来的，是从人民群众的热切期待中得出来的，是为推动解决我们面临的突出矛盾和问题提出来的。”（习近平）

“四个全面”是战略布局。根据2015年2月24日《人民日报》的解释，全面建成小康社会，定位为“实现中华民族伟大复兴的中国梦的关键一步”；全面深化改革的总目标就是“完善和发展中国特色社会主义制度、推进国家治理体系和治理能力现代化”；全面依法治国是全面深化改革的“鸟之两翼、车之双轮”；全面从严治党是实现路径，要求“增强从严治党的系统性、预见性、创造性、实效性”。

“四个全面”具有内在的逻辑，具有普遍性价值，可以长期引领中国发展。“四个全面”是目标和手段的统一。全面建设小康社会是近期的主攻目标，实现途径，一是全面深化改革，二是全面推进依法治国，战略保障措施就是从严治党。发展是时代的主题和世界各国的共同追求，改革是社会进步的动力和时代潮流，法治是国家治理体系和治理能力现代化的重要保障，从严治党是执政党加强自身建设的必然要求。“四个全面”抓住改革发展稳定关键，是统领中国发展的总纲，是新形势下党和国家各项工作的战略方向、重点领域、主攻目标，是“坚持和发展中国社会主义道路、理论、制度的战略抓手”。

全面从严治党从反腐和“两学一做”开始。全面从严治党，包括很多内容，主要抓手有两个。一是反腐切除党内肿瘤，二是“两学一做”培植正气。新一届领导，一直以来执行反腐方针，打了“老虎”也拍了“苍蝇”，灭了贪腐的嚣张气焰。如果加大力度长期坚持，贪腐的肿瘤就不致危及党的生命。“两学一做”——“学党章党规，学系列讲话，做合格党员”，则从培植正气上激活党的每个细胞，从思想上重归党的宗旨，为制度上保障从严治党提供思想武器。到一定时候，就能过渡到制度反腐、制度防腐了。

10.3.3 “五位一体”文明是必要前提和主要标志

10.3.3.1 要“五位一体”并举致力于普惠大众

中央逐步完善形成“五位一体”的文明观：物质文明、精神文明、政治文明、社会文明、生态文明。其中生态文明，不是生态自身怎么样，而是人类对待生态怎么样。对自然无节制的攫取，是野蛮的，在对自然的攫取中，导致人们的生存空间日益恶化，是缺乏道德的。生态文明的基本标志，一是在可再生的范围内利用地表资源，二是尽量低水平开采耗竭性资源，三是在保护清洁空气的前提下享受物质财富。

文明的基本特征是增加人们的可选择性。经济上，文明不仅表现在具有强大的物质基础，更主要的是表现在从独享走向共享，我国经济发展转型的正确方向是不断提升人民群众必要消费需求的满足而非满足少数人奢侈腐朽的物质享受。必要消费需求是每位国民的平等共性需求，满足必要消费需求是社会公平的前提，是社会文明的基准。导向上以人为本，而不是以钱为本；让更多的人享受工作的乐趣，而不是迫使更多的人服从需要。这就要求经济结构与人力资源结构是相互匹配的，而不是相互冲突的；是根据人的需求和人力资源特征来布局产业的，而不是根据产业现状来役使人力的。

10.3.3.2 物质文明和精神文明并举是生态文明的必要前提

物质文明不是物质享受多多益善，更不是穷奢极欲，而是必要消费的充分满足。物质贪欲，不是物质文明的表现，而是践踏人性的野蛮，富裕不代表文明。物质文明要用精神文明来规约，没有精神文明，无“文”可言。在物质世界中，只有厉行节约，才是文明行为，即使富豪有消费能力，如果铺张浪费，也要受到道德谴责，而不能被社会文化赞颂或默许。一种观点认为，“增大经济活动，就能促进经济发展”。这或是欺骗或是无知，增大无效经济活动，除了扩大劳役外，有什么发展可言！

中国建筑业就是一个野蛮发展的行业，不仅数量上过度消耗了资源，而且规格上引发巨大的浪费。根据世界超高层建筑学会标准，在全球已建成的79座300米以上的超高层中，中国占25座；125座在建超高层中，中国占78座。[①] 这些建筑的建筑成本通常为13910—15655元/平方米，一个项目总用钢量就超过12.5万吨。在社会总能耗中，建筑能耗约占50%，预计2020年我国建筑能耗将达到10.9亿吨标准煤。盲目造城，贪大比高，造成我国资源的巨大浪费。

10.3.3.3 政治文明是主要标志

在“五位一体”的文明中，没有政治文明就没有其他文明存在的前提。政治文明的主要标志是公平、公正、法律、秩序，是否保障每个人的人权，是为绝大多数人谋福利还是为少数集团谋福利。政治文明需要有文化的土壤，适宜的土壤和气候有益于政治文明的生长。政治文明的气候，就是社会理想信念，中国20世纪30年代就有民主民生的政治文明气候。政治文明的基本特征是，政治问题技术化；政治昏暗的基本特征是，技术问题政治化。

一旦“政治问题技术化”，道理的范围就扩大了。复杂的政治问

① 参见鲁贵卿（中建总经济师）《全球在建125座超高层建筑78座在中国》，2015年3月14日，新华网。

题就会被分割细化为若干技术关键，攻克了其中的技术关键环节，就改善了原来的政治问题，从而推动政治进步。在按照“政治问题技术化”方式解决政治问题的过程中，下级的技术关键是不可否认的，于是，上级与下级自然具有相对平等的社会地位。推而广之，社会也就更加民主、更加文明了。

一旦“技术问题政治化”，讲道理范围就缩小了。具体的技术细节问题若被提升而最终归入政治态度，技术上合不合理根本无法与政治表态相提并论，改善技术细节根本就是无关紧要的、无须求解的，从而压制技术改良，抑制任何实质改良和进步。在按照“技术问题政治化”方式处事过程中，技术是从属于政治的，下级自然也就无条件服从上级，上级与下级的社会地位越来越拉开。推而广之，社会也就更加专制、更加昏暗了。

在一个互助的社会中，职业倾向总体平衡是理想的状态。俄罗斯总理梅德韦杰夫认为，一个国家的青年，争着去当公务员，这说明这个国家的腐败已严重透了。在美国，3% 的大学生愿意考公务员；在法国，是5. 3%；在新加坡，只有2%；在日本，公务员排在第53 位；在英国，公务员进入 20 大厌恶职业榜；而在中国，76. 5% 的大学生愿意考公务员。我国的状况是很不正常的，一定存在某些扭曲，需要恢复正常。

10. 3. 4　提升社会福利保障　促进社会全面文明发展

（1）社会福利保障的争议。伦敦政经学院专家尼古拉斯 · 巴认为，“福利社会是对抗‘市场失灵’的一种手段，高福利政策使得贫富悬殊带来的社会危害降到最低”。1943 年，丘吉尔讲过，“对社会而言，再没有比供给牛奶喂饱婴孩更划算的投资了”。美国却把福利政策轻蔑地定义为“养懒人”。从20世纪90年代开始，我国“福利养懒人”的观点流行了起来，推动医疗、教育、住房、企业私有化等一系列改革。直至今日，这种观念可能依然流行，2015年8月11日《人民日报》就有“过高福利是经济发展的陷阱”的专题深思。如果注意到我国低福利的现状，这一深思确实“有远虑”，以致无视百姓的“近忧”。从全球角度看，丹麦、瑞典、挪威、芬兰、冰岛北欧高福利五国，2014年人均GDP分别高达60563美元、60020美元、105478美元、49496美元、51261美元，全球人均GDP为10311美元；五国Gini系数均低于27%，位居全球贫富差距最小的前列，五国却并未掉入“陷阱”而经济发达水平长期稳居世界前列。事实说明，“福利养懒人”没有案例实证依据，“福利是陷阱”没有事实依据。否定现代福利制度，不只要逻辑上讲得通，更要实践中经得住考验，自己没有足够的实践，就实事求是地看一看别人的实践成果。

（2）社会福利不足导致贫困阶层的大量产生。根据国务院扶贫办的摸底调查：在2015年全国7000多万贫困农民中，因病致贫的占42%，因灾致贫的占20%，因学致贫的占10%，因劳动能力弱致贫的占8%，其他原因致贫的占20%。[①] 归纳起来看，62%的致贫原因是偶发灾难造成的，10%的致贫原因是因求学上进努力造成的，根本上是缺乏社会托底造成的。对于人民遭遇偶然不幸和上进努力，难道社会应该漠视吗？可见，我国社会福利保障制度是存在不足的。

（3）中产阶层也抵挡不了财富洗劫。2014年7月上证指数约为2050，新一轮股市行情启动，到2015年3月股指涨至3200，此后场内融资场外配资、融资融券条件从50万元以上放松到5万元以下，

① 参见国务院扶贫办《全国7千万贫困农民42%因病致贫》，《21世纪经济报道》2015年12月16日。

新华社又四天连发八文[①]激励，《人民日报》海外版也鼓吹“此轮牛市有利于经济发展”，多方力量共同诱导股民狂热参与，股指升至 6 月的 5178。随后半个月，股指跳水至 3800，股民利益被洗劫。如果股民自主行为，得失责任自负，可是股民的行为自主吗？融资融券的监管者上哪儿去了，知识普及的事情为什么不做，金融开放为什么不宣传，为什么要加剧信息不对称，为什么可以加剧信息不对称？采取愚民方式共同围猎百姓积蓄，并以此为成功，这样的社会心态正常吗？更可笑的是，言辞信誓旦旦，行为却隔靴搔痒，卖空机制依旧，上证指数竟然掉落到 2016 年 8 月 26 的 2927，普通股民被深度洗劫。

（4）社会福利选择不仅与经济发展水平有关，更与社会价值判断有关。网上收集多国资料，社会福利基本情况见表 10－2，主要特征表现在以下几个方面。①社会福利全覆盖。社会福利覆盖全部人口、人生全过程、生活的全部。②社会福利主要补偿给穷人。社会福利是保底措施而非提升措施，在达不到一定生活水平时，或者在增加特别开支时，才给予社会保障。社会福利倾向于穷人而非富人，澳大利亚对于家庭年收入低于 24000 澳元的公民，个人最高承担药费 2.6 澳元。③政府肩负兜底的责任。贫困人口的住房、生活费用由政府提供，并且立法授权。美国穷人医疗，政府出资；政府医疗救助总额 3580 亿美元。④偶然发生的费用是社会福利的内容。生育、抚育、疾病、丧葬等费用由社会福利来保障。

---

① 2015 年 4 月 6 日《新股发行提速不影响股市牛市势头》；4 月 7 日《经济有较大压力　尤需股市提供支持》；4 月 8 日《4000 点再现　如何看待本轮 A 股上涨？》《政策红利催生改革牛期待成健康牛》《中国第五代股民“小鲜肉”汹涌而来》《长期仍有上涨的空间和动力》；4 月 9 日《对市场存敬畏之心　股民且行且珍惜》《资本市场联通效应促两地股市双赢》。

表 10-2　　一些国家的社会福利状况

项目＼国家	法国	美国	英国	德国	加拿大
社会福利/GDP	34.9%	21%	25.9%	27.6%	23.1%
医疗保险交费	≈周收入				
医疗费用承担	1 欧元/次	政府救助	免费医疗		
最低生活保证金	405—852 欧元/月人	1600 美元/月人	270 英镑/月人	462 欧元/月人	500—700 加元/月人
幼儿抚育补贴	156.3 欧元/月人	≈750 美元/月人			
大学学费		≈年收入/30	90%政府补贴		
教育全程补助	249—3456 欧元/学期				100—200 加元/月
残疾人补助	109—1026 欧元/人				

注：社会福利/GDP 的比重，瑞典为 38.2%、挪威为 33.2%、丹麦为 37.9%、澳大利亚为 22.5%、日本为 18.6%。高福利国家的基本特征是，基本住房政府提供、穷人医疗费用全免（支付挂号费，其他费用政府保障）、教育费用全免+政府补助、失业生活有系统保障。

（5）实事求是就可看到世界福利趋势，主观臆断如何想得到。在人们的想象中，俄罗斯已经蜕变成为资本主义国家了。访问俄罗斯后，却让许多人没想到。①住房不要钱。“在俄罗斯居民住房不收费，人均 18 平方米以下的部分无偿转给个人，18 平方米以上部分也只收很少的钱。”②用水没水表。用于日常生存所必需的“自来水、热水（一天 24 小时供应）、供暖，从来就不收费，索性连水表都省了”。③看病不花钱。“手术免费，住院免费，治疗免费，唯一不免的只有药费。不管你是不是俄罗斯人，只要在俄罗斯境内，任何人得了病，救护车就给你往医院拉，就给你治。”④教育还倒贴。“学生上学一律免费，教科书均由学校无偿提供，所有学校一律免费供应全体学生丰盛、营养的早餐或午餐。”如果你实在想不通，俄罗斯家长会反问：“学校不供餐，让孩子们到哪吃饭呢?”⑤解雇要批准。“为了控制失业人数的增加，俄政府规定，大量解雇人员，必须在解除劳动协议前3个月向国家就业处提出申请，得到批准后方可解雇。”在这样的社会下，养成了俄罗斯人开朗、乐观、坚毅的民族性格。俄罗斯总统普京在《真理报》发表讲话说：“一个把老百姓的居住权、健康权和受教育权拿来拉动经济的政府，一定是个没有良心的政府，真正执政为民的政权，一定要把这三种东西当作阳光和空气，给予人民。一个国家不能变成弱肉强食的动物世界，有人占几十套房，有的人住不起房——真要那样，执政当局没有任何脸面赖在台上，因为民生问题，就是政治问题，就是执政者的责任。一个国家的执政文明，就表现在对弱势群体的关怀上，而不是表现在富人有多富上，也不表现在经济增长的数据上。”

10.4　社会全面文明推动人的全面健康发展

10.4.1　社会全面文明与人的全面健康发展是互补的

社会与个人之间的关系，是人与自然、人与人、人与自身三大关系之一，并且是围绕人的三大关系的核心。社会与个人的关系，最关键的是阶级关系，特别是顶层阶级与底层阶级之间的关系。精英治国还是全民治国就是这种关系的折射；是英雄创造历史还是人民群众创造历史，就是不同价值观的反映。精英治国，突出顶层阶级的价值；全民治国，保障底层阶级的价值，两者着眼点不同，治理效果也就不一样。在中国，1949—1976 年间，尽管开国元勋确实是社会精英，但强调的是全民治国，Gini 系数逐步减少至 24%；1990—2013 年间，尽管占据有利位置的不见得就是精英，强调的却是精英治国，Gini 系数逐步扩大到 49.1%。全球的发展趋势是，精英治国逐步减弱，全民治国逐渐增强。

10.4.1.1 个人是社会的细胞，社会是个人成长的土壤

个人与社会既是互补共生的也是相互制约的。在一定程度上，有什么样的社会就有什么样的人，有什么样的人就有什么样的社会。个人是社会的细胞。20 世纪 30 年代中国知识精英逐步唤醒了中国社会，社会细胞活跃了起来，代表民众利益的共产党以众击寡打败了代表大资本家利益的国民党，建立了中华人民共和国，工人、农民当家做主人。

如果每个社会细胞都富有生命力，这个社会就有无限的生命力；如果每个细胞都健康，这个社会也就一定很健康。遗憾的是，每个细胞都有生命周期，任何生命体都有病态细胞，社会的情况更是如此。让 6.7 万人成为亿万富豪，同时让这些人成为政协委员和人大代表，中国社会倒向以权钱为本。在贫富差距不大时，人们致力于通过个人努力自我提升阶级；在贫富差距很大时，通过坑蒙拐骗的特殊渠道或许还能实现提升阶级的目的；在贫富差距十分大时，人们的任何努力都变得没有希望而逐步滑入消极怠惰。“90 后”不愿参加工作、大学

生应付学业已经表现出来了，这就是现实。

10.4.1.2　社会全面文明是人的全面健康发展的前提

欺弱不是社会文明的表现而是社会病态的表现。在阶级社会中，上级对下级当然具有支配力。对于可争议问题，上级说了算，就是欺弱性支配。幼儿园小朋友早学，小学生勤学，中学生超时学习，大学生懒得学，工作应付了事，上级玩乐更多，让 70% 的学生成为近视眼，高官贪腐数亿，这就是欺弱社会的图景。在各个阶层，这类表现普遍存在，如在高校，教师不仅要专业，而且要管就业，甚至要管纪律，教师的工作量越来越大、责任越来越大，权利却越来越小。在欺弱的社会中，人是不可能全面健康发展的，不仅身体上有疾病，而且精神上更有疾病，甚至价值观都颠倒了。

社会全面文明要靠制度来保障。“当前的问题是发展中的问题，要靠发展来解决”，这是偷梁换柱的政治表述，不是解决问题的态度。因为这个缘故，我们失去了 10 年，2003 年归纳出来的所有问题，不是缓解了而是增强了，这就是代价。为什么能够转移解决问题的方向，就是缺乏制度保障，急功近利的策略主导社会走向，国家战略反而靠边站了。只有社会全面文明成为基本制度，一切社会行为都关进这个制度的笼子，才能保障社会全面和文明发展，而不是急功近利地发展、自私自利地发展，才不致总是偏离正确方向。

10.4.1.3　人的全面健康发展通过社会制度来正面反映

俗话说“兵熊熊一个，将熊熊一窝”，“一将无能累死千军”，“以羊为将，狼群成羊群；以狼为将，羊群成狼群”。说法不同，含义是一致的，无非是说，地位高者决定集体的力量。个人与社会比较，就如水分子与江河洪流，影响力的差距实在太大，社会完全可以如风卷残云般淹没个人，而个人至多如中流砥柱一般改变局部水流。因此，大势所趋，绝非个人力量所能逆转，更没有理由责怪平民百姓。从现实看，20 世纪 80 年代后期鼓吹的"从我做起，从现在做起"，并没有阻止腐化力量的形成和壮大，以羊的善良感动不了狼的残暴。社会的走向主要是由高层阶级决定的，底层阶级的力量十分微弱。社会普遍不良，是高层阶级过度自私的表现。没有历史的证据和现实的理由认为，高层阶级就有更高的道德水平。在现代社会中，也无须这样去要求。只有全民治国的制度，才能制约高层阶级，特别是特殊个人能量的无限放大，才能不让社会在错误的方向上走得太远，才能有人及时发现偏差、及早纠正错误。一个社会只要纠错能力强大，明天就会更好，人们就会更有希望。

10.4.2 人的全面健康发展是社会全面文明的通天正道

10.4.2.1 社会全面文明发展是为了人的全面健康发展

社会是不同个体彼此长久相依形成的一种存在状态。在微观上，社会为了共同利益而形成联盟。在宏观上，社会由长期合作的社会成员通过发展组织关系形成团体。社会存在的目的是为了社会成员的利益，社会文明的标志是增进每位社会成员的利益，而不是通过损害一部分人的利益来增进另一部分人的利益。社会全面发展是为了每一个人都得到全面发展，如果每个人自由发展都得到满足，社会发展就全面了。社会全面发展是人的全面发展的空间，社会文明发展是人的健康发展的保障，如何实现社会全面文明发展，关键就是看人需要怎样的全面健康发展。一般而言，每个人都有心理、生理的差异性，人的全面健康发展，不是标准化的发展而是差异化的发展，不是抑长避短的发展而是扬长避短的发展，不是压抑个性的发展而是张扬个性的发展。如果更多的人有机会按兴趣选择职业，这个社会的发展就全面化了；如果更多的人按照科学理性处世而不是按权力讲道理，这个社会就更加文明化了。

10.4.2.2　社会全面文明发展要依靠人的全面健康发展

社会全面文明发展需要健康的细胞，人的全面健康就是社会全面文明发展的细胞和动力来源。在具有阶级结构的社会中，高层阶级尽管也是社会的细胞，但是高层体量要比底层阶级大得多。处于高层阶级并不代表就是健康的细胞，如汪精卫是汉奸，秦桧是卖国贼，和珅是大贪官，最近就查出几位国家级领导人是腐败分子。社会全面文明发展依靠人的全面健康发展，不只是指依靠党和国家的领导干部，而且也指依靠产生干部的社会制度。只有从机制上保证高层阶级的主要成分是健康的，社会才有正气、正义和公平。不仅要依靠高层阶级的良知，更要依靠社会文明的制度。在现代社会中，我们用不着过度强调高层阶级的道德，而要用社会制度来让“魔鬼干天使的事情”。社会制度必须选出能量强大的个体来从事社会服务，这样的社会才有能量；社会制度必须有能力清除高层阶级的恶劣行为，才能保障社会机体总是处于文明的状态。13.6 亿人口资源保障，社会绝不致无可选择，而需要让邪恶势力来推动实现伟大的社会梦想。

10.4.2.3　社会全面文明发展必须围绕人的全面健康发展

在一个时期内，社会全面文明发展具有针对性。例如，20 世纪 60

年代，我国“两弹一星”工程，是在十分艰难的条件下展开的，为了这项国家安全工程，当时的人们是勒紧了裤腰带的，被透支了，他们为社会发展付出了人生代价。为了集体、国家的生存，让一些人短时间内成为代价，这是社会的无奈。文明社会需要记住他们的功劳，更不能让他们终身支付代价。应该对当时的人们有所补偿、有所回报，而不应该以其他名目继续透支。社会全面文明发展，要承认为社会发展作出贡献的功臣，而不能错误地把功臣当作蠢材。社会全面文明发展，如果在一个时期难以保证人的全面健康发展，也要在另一个时期把扭曲的社会反转回来，给予相应的补偿，让他们在人生全过程享受到全面健康发展。

1978 年以来的农民工，在改革开放之初，资本不足，社会确实只能利用他们而无法保障他们。但是，不要认为利用农民工是理所当然的，农民工同样是中华人民共和国的公民，不是 16 岁来城市建设，45 岁应该回乡，社会可以不理不睬的弃民。农民工应该分享到经济发展的成果，在他们年老的时候享受到同等的养老保障。以一部分人压榨另外一部分人，既不是全面发展，也不是文明发展，而是野蛮的发展。这样的社会中，无论是这部分人还是那部分人，发展都是扭曲的，既不健康也不全面，而是病态的。

10.4.3 社会全面文明长期靠文化短期靠政治领袖

社会全面文明——“五位一体”文明观，靠许多因素来推进，按影响时间长短，主要包括文化、信仰和价值观，惯例、法规和体制，政治领袖的观念和追求。

10.4.3.1 文化、信仰和价值观

文化是民族精神的火炬、人民奋进的号角。文化贯穿和渗透到社会实践的每一个具体和细微的环节，不仅在政治、经济、科技、教育

等重大社会实践中，而且在更为宏观的历史层面上，文化都既以其无微不至的渗透力又以其雄强宏阔的整合力，展现出人类物质与精神创造的巨大张力。[①] 历史上，侵占中国的都被中华文化同化，打败中国的都敬仰中华文化，学习中华文化的都亲和中国，中华文化具有强大的渗透力、感染力、亲和力、凝聚力和归化力。

文化中的意识形态，不仅决定着整个文化的性质和走向，而且潜移默化地发挥着作用，也是提升综合国力的无形精神动力，是实现民族伟大复兴的强大精神支柱。文化，培育人们的信仰和价值观，为经济发展和社会进步提供正确的价值导向，让人们形成良好的习惯，遵从符合价值要求的惯例，制定符合文化精神的法规，设计弘扬文化精神的体制。

10. 4. 3. 2　惯例、法规和体制

社会制度是社会意志的表现，是社会关系的定型化，是社会规范体系，保障人类基本社会需求的满足，具有较长时期的稳定性，具有总体、领域和程序模式的多层次性。制度，是对公平、公正、正义的社会性认可，具体表现在法律、法规、惯例上，短期功能是维护社会平稳，长期功能是从空间上普及和光大文化精神，从时间上世代沿袭文化精神。

短期功能与长期功能并非总是一致的，有时候是矛盾的。例如，“让一部人先富起来”，就不是我国均贫富文化传统的表现，也不是社会主义价值观的表现。贪腐受贿，也不是长期治理的社会制度要求，但一些官员和学者认为腐败有利于促进经济成长。

---

① 参见仲言《文化的力量》，《大地》2006 年第 23 期。

10.4.3.3 政治领袖的观念和追求

尽管经济基础决定上层建筑，上层建筑却对经济基础有巨大的反作用。实际上，经济基础是被动的，上层建筑是主动的，经济基础决定上层建筑具有很大的弹性，而上层建筑对经济基础的反作用具有很大的选择性。在上层建筑中，体制机制是被动的，体制机制中的人是主动的，体制机制在一定程度上是被其中的人掌控的。特别是在体制机制处于改革中，本身就在变动中完善，还不能对其中的人进行有效的制度性约束的时候，制度创新是可能被少数人操控的，体制机制也可能被少数人恶意利用，以往数十年的表现情况就是如此。

政治领袖的观念和追求，在任期间无疑对上层建筑产生最全面最深刻的影响，制度性的影响甚至会延伸到很久远的未来，延伸到经济基础上。例如，张春贤任湖南省省委书记期间（2005.12.25—2010.04.24），加大了道路修建力度，干了许多实事。离任后开始发挥社会作用，在湖南各地社会好评反而增加了。邓小平的“不管白猫黑猫，抓得住老鼠就是好猫”，演化出唯 GDP 主义，也演化出一些不择手段的文化理念。这样的影响也会很久远。

10.4.4 社会全面文明与人的全面健康要协调同步发展

10.4.4.1 社会与个人是紧密互动、相互促进的

社会发展与人的个性发展是互为条件、相互促进的。社会发展以人的个性发展为前提、归宿和内在动力，人的个性发展以社会发展为基础。人的生存离不了社会，个人生活在社会中就如鱼儿生活在水中，短期内人或有主观能动性，长期看人需要顺应环境，适者生存。社会特征

折射到个人身上，个人特征累积而成社会特征。个人与社会的基本关系是表现在如下几个方面。(1) 个人与社会是相互区别的，社会起决定作用，是根本性的。(2) 个人与社会是相互依存的、密不可分的。①个人生存于社会中，社会是由个人组成的；②个人生存和发展离不开社会，个人的发展以社会环境为基础；③社会的存在和发展，是所有个人及其集体努力的结果，一切个人活动的总和就构成社会的整体运动及发展。

10.4.4.2　社会与个人的全面、协调、同步发展是最有效的

美国未来学家托夫勒将人类文明分为三个阶段：农业社会（农业文明）、工业社会（工业文明）和信息社会（超工业文明）。不同的文明阶段，文明的内容是有很大差异的。比较农业文明，当今的工业物质文明已经发生了翻天覆地的变化。然而，为什么当今的人们，依然对全盛时期的古代赞不绝口呢？甚至一些老人留恋中华人民共和国成立前后一个大院中多户居住的生活。原来文明并非是单一维度的，而是逐步丰富内容、增加维度的。文明的标准不同，就有不同的评价倾向，仅仅以物质生活来衡量文明是传统的、片面的，是不符合当今要求的。独居大房子，对于年轻人或许是炫耀成就的物质基础，并未增加老人的荣耀感，却隔离了与外部的联系，与老人需要相互照顾的真实需求并不一致，也就不能增加满意度和幸福感。同样的物质条件，对于不同年龄段的人群，就有显著的社会功能差异。

10.4.4.3　不同的个人对社会的作用存在显著差异

个人对社会的作用不是人人平等的。在个人与社会之间存在由一些人组成的团体，团体的力量大于分散的个人。团体的力量是聚合而成的，这一力量并非就是团体所有成员力量的简单求和。根据独裁者

存在定理，有一定规模的团体，必然存在独裁者，团体的力量实质上是独裁者力量的放大。因此，社会特征更是独裁者特征的放大，每个人并非在社会中起平等的作用，其中一部分人是主导者，一部分人是积极的响应者，一部分人是被动的接受者，甚至还有一部分人是屈从者和坚决的抵制者。

对于一个社会的发展，抵制者的存在价值是什么，人们有不同的认识。统治阶层通常厌恶抵制者阻挠政策的推行，认为抵制者的作用是负面的。可是，正是因为有了抵制者的存在，才有兼听则明的机会，减少决策错误。由于社会存在具有很大的柔性，封建的德国、民主的德国、军国主义的德国可以在短期内转换，没有抵制者和反对者的存在，国家有可能滑入特别邪恶的极端。抵制者和反对者的存在，可以阻止主导者突破边界，使社会在许可的范围内运行，从而提高社会的稳定性。“四万亿投资”和“十大产业振兴计划”的严重后果是不难发现的，如果存在抵制者和反对者，这样的政策措施很难出台，更不可能大行其道。过度强化主导者，过度压缩抵制者和反对者的生存空间，社会发展就不全面，社会形态就会被扭曲。全面文明的社会，要激发各方面的积极性，要在社会理性中寻求最佳的平衡点。对于中国这样的大国，不需要机巧治国，而需要平稳推进。特别是，唯上是从的传统力量已经十分强大，主导者巧思妙想很容易演变成天花乱坠，也难免顾此失彼，抵制者和反对者的阻挠制约往往能匡正是非。如何从社会机制上有效保护反对者和抵抗者的生存空间，让他们的社会功能得到发挥，是我国的传统难题，是很有社会价值的课题。

第 11 章　应用“知识就是力量”

思考和阅读会对人的精神产生不同的影响，其差别之大令人难以置信。学者是成天阅读、研究书本的人。思想家、天才，以及那些照亮世界、推动人类发展的人，则是直接运用世界这本大书的人。

——Arthur Schpenhauer（1788—1860，德国哲学家）

“结硬寨，打呆仗”，“先为不可胜，以待敌之可胜”，科学技术就是“致人而不致于人”的思想力量。

武力和财富是强者和富人的财产，知识却可以为弱者或穷人所掌握，这是知识的真正革命性的特点。知识是民主力量的最大源泉。

11.1　应用知识增强人的力量

“知识就是力量”，朗朗上口数百年，以致使人们深信无疑。以“四大发明”自诩，中国近代却落后挨打，知识的力量上哪儿去了？

高才生为何也有崎岖人生，知识型领导为何也有让人鄙视的？从国家到个人，“知识就是力量”，看来是武断有余而真切不足。

11.1.1 知识不是自发的力量而是自觉的力量

11.1.1.1 “知识就是力量”是一句口号

英国哲学家培根（1561—1626）坚信，以掌握自然界发展规律为内容的人的知识本身就是一种巨大的力量。他提出，“人的知识和人的力量相结合为一”，“达到人的力量的道路和达到人的知识的道路是紧挨着的，而且几乎是一样的”。后人将培根的这一观点浓缩成为著名的口号：“知识就是力量”（knowledge is power）。然而，语言上口并非就是真理，“几乎是一样的”并非就是一样。拥有知识而不用，知识就不是显性的力量，知识错用和误用反而起负面作用或起不了作用。这就是为什么“四大发明”扬威千年的中国，清朝后期反而沦落到落后挨打的地步，“高考状元”也未见得一生领先，同学中的佼佼者也不见得就是终身最有成就者，“知识型领导”也未必决策正确。

11.1.1.2 应用知识才显示知识的力量

知识是器具性力量而非自发性力量。“知识就是力量”不是无条件的，知识是发挥正能量还是发挥负能量也不是由知识本身决定的，知识力量发挥得如何取决于应用知识的人。正确地应用知识才使知识成为正面的力量，知识不被应用就不会转化成为力量而只是资源潜力，知识不被正确应用就不是正面的建设性力量，知识被邪恶分子利用就能产生负面的破坏性力量。人才是应用知识的主体，知识的力量掌控在人的手上。

就个体而言，人的知识与人的力量可以同处一身，紧挨、并行但在两条道路上，这或许能够回答为什么有的人博学而无能，有的人少知却多功。就集体而言，知识如何引入应用、集成发展、交换互补，决定知识正面增益或是负面损失。集体的领导人谦卑求知、意图造福他人，通常汇集正面的知识力量；反之，知识就能成为图谋私利的器具，发挥负面的作用。就国家而言，特别是就历史悠久的大国而言，从来就不缺乏知识资源。社会制度设计和政策导向正确，知识存量就能形成发挥知识正面力量的动力机制；反之，知识存量中腐朽的部分就会释放出来，不仅发挥不了正面作用，反而成为抑制再创新的负面能量。如果一个国家，民众热衷于学知识、用知识、创新知识，这个国家的制度设计和政策导向就是正确的；反之，如果一个国家，民众沉浸于尔虞我诈、走后门拉关系、损公肥私、损人利己，这个国家的制度设计和政策导向就一定存在严重的缺陷和漏洞。知识发挥什么作用，知识本身是决定不了的，政治制度才起决定作用。同理，建设什么经济，不是由经济建设自身决定的，而是由社会政治权力决定的。政治制度和政治权力掌握在领导集团手中，在很大的程度上他们起到关键的作用。

无论个体还是集体，只要在认知上落后于时代，就难以有效地利用财富和资源，就会失去财富和资源，而知识水平和价值观念决定着认知的先进还是落后。自觉的知识力量依靠掌握知识的人来发挥，个人拥有怎样的价值观就发挥怎样的知识力量。在一个社会中，与社会选择一致的人得到优先的发展，与社会选择相背的人受到很大的抑制，什么人活跃在社会中就造就什么社会。社会文明，就是让文明的人主导社会的发展，而不是让贪腐卑鄙的人占据高位；就是文明行为广泛流行，卑劣行为受到严厉打击。卑鄙无耻的行为不受制约、横行于世，而拥有社会文明是不可想象的。能够“带病提升”、能够“此沉彼浮”、能够“公退隐进”，绝不是爱护干部的政治文明，而是放松底线的政治腐败。

11.1.1.3　创造知识是人，应用知识也是人

2016年，中南大学校长在工作报告中称，房屋建筑成本高于4000元/平方米，其中不包括购地成本，比较长沙市建筑平均成本约1000元/平方米，中南大学的建筑成本高得离奇。可见，这是显著的，不是微小的，但却长期没有被发现。是设计中发现不了吗？是预算中发现不了吗？是投标中发现不了吗？是施工中发现不了吗？是本校没有能力发现吗？是知识不够吗？回答全是否定的。这就值得深思了。没有知识应用的环境，知识就没有什么用。

人不仅是知识的载体，也是知识的创造者。以往创造的知识，通过传承积累到我们身上，成为我们创造新知识的资源，现在创造的知识加入以往知识的海洋中，就成为后人的知识资源。对于一个具有5000年文明史的国家，从来不缺乏知识积累和资源，也从来不缺乏知识的创造力，从来不用担心国际竞争潜力。真正的死敌是为了便捷统治，以致权力不受监督，位尊德薄不受管制，中国丰厚的知识积淀反而成为一些人成就反科学事件的手段和方法。知识储备既能为恶也能为善，如何让知识积累成为正能量，而不让其成为负能量，是一个社会发展的重大课题。

11.1.2　科学技术发展从片面重新回到全面

11.1.2.1　科学的定义和时代性

一般认为“科学是规律，科学是事实，科学是关于规律的事实，

科学是关于事实的规律”。1888年，达尔文定义“科学就是整理事实，从中发现规律，做出结论”。科学要发现前人所未知的事实，而不能脱离现实凭空构想。科学要发现客观事物之间内在的本质的必然联系——规律。科学是人类认识世界和改造世界的社会实践经验的概括和总结。以事实为基础，以规律为关键成果，以运动规律的理论知识体系为呈现方式。科学规律可再现、可证伪，科学知识体系自身没有内在矛盾。

科学具有时代性，是相对真理而非绝对真理。“科学是外部世界和人的精神世界的现象与规律的概念体系……它总是历史地形成人类‘精神劳动’的形式。”（凯德洛夫）科学就是“寻找我们感觉经验之间规律性关系的有条理的思想”（爱因斯坦）。“科学是认识的一种形态……是指人们在漫长的社会生活中所获得的和积累起来的、现在还在继续积累的认识成果……知识的总体和持续不断的认识活动本身。科学，是具备客观性和真理性的既具体又普遍的有体系的学术认识，是学问达到最高程度的部类。”（《世界大百科词典》）爱因斯坦鄙视浅薄的科学工作，他说：“我不能容忍这样的科学家，他拿出一块木板来，寻找最薄的地方，然后在容易钻透的地方钻许多孔。”

11.1.2.2 科学技术体系构成和内容的全面性

科学处于衍生中。科学的外延是什么，人们有不同的认识。从自然科学、社会科学和思维科学三门类（领域），增加哲学和数学后形成五门类，钱学森再加系统科学、人体科学、军事科学和行为科学而成九门类。新近的一种观点认为，世界由自然、人文、社会、客观精神和主观物质五个板块组成，每一板块的科学研究就形成相应的一个科学门类，从而科学有五大门类：自然科学、人文科学、社会科学以及科学学和虚拟学。①

自然科学的特征已经广为人知、深入人心、无须赘述，社会科学也已经比较成熟而被广泛接受，其余三大门类较为不成熟。人文科学包括“人”的科学、“文”的科学和以“文”化“人”的科学。“人”的科学涵盖生命科学、医药学、人生科学等；“文”的科学涵盖教育科学、教养科学、人性科学等；以“文”化“人”的科学涵盖宗教信仰、人类学、史学等。科学学以客观精神世界为研究对象，是对自然科学、人文科学、社会科学的再研究，包括思维科学、系统科学、哲学和数学等。虚拟学以主观物质世界为研究对象，计算机虚拟已经可以制作电视剧、虚幻场景等，可以预见会演化出自然虚拟学、人文虚拟学、社会虚拟学和科学虚拟学等学科分支。

11.1.2.3 全面科学技术发展

科学有门类，每一门类都是科学的组成部分而非就是科学本身。把一个门类的科学当作科学的全部，就是对科学的片面认识。2004 年 6 月 2 日，中央领导认识到“落实科学发展观是一项系统工程，不仅涉及经济社会发展的方方面面，而且涉及经济活动、社会活动和自然界的复杂关系，涉及人与经济社会环境、自然环境的相互作用。这就需要我们采用系统科学的方法来分析、解决问题，从多因素、多层次、多方面入手研究经济社会发展和社会形态、自然形态的大系统”。因此，“要把自然科学、人文科学、社会科学等方方面面的知识、方法、手段协调和集成起来，不断认识和把握社会发展的规律，对科学

① 参见全继业、陈文化《迈向“全面发展”》，科学技术文献出版社 2012 年版。

发展观进行周密的科学解释，为科学发展观提供坚实的科学理论基础”①。包括科学学和虚拟学在内的全面科学加上相应的技术进步，推动经济、人文、社会、生态的全面健康发展，动力关系可见图 11－1。

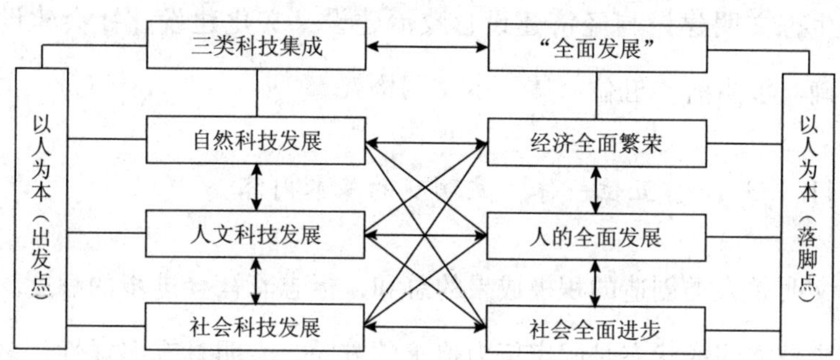

图 11－1　全面科学技术推动全面发展的动力机制

11.1.3　从“一个文明”逐步走向“五个文明”

知识有助于提高我们的认识水平，我们认识到什么决定我们想什么，我们想什么决定做什么，做什么决定成就什么。不仅个人如此，社会也类似，这就是为什么恩格斯认为“一个没有理论思维的民族，是不可能站在科学的最高峰的。同样，一个没有理论思维的民族，也不可能站在文明和社会发展的前列”。没有理想和信念的民族、没有思想的民族、没有方向的民族，是没有希望的民族。伟大的民族和国家，从来都是诞生在伟大思想基础之上的。

改革开放以来，我们国家的建设，正是沿着认识的不断完善而更加完整的。1978 年 12 月十一届三中全会决定，把党的工作重心转移到“以经济建设为中心”上来，拉开了改革开放的序幕，“物质文明建设”成为主基调。1986 年 12 月十二届六中全会通过《中共中央关

① 胡锦涛:《在两院院士大会上的讲话》,《人民日报》2004 年 6 月 3 日第 1 版。

于社会主义精神文明建设指导方针的决议》，明确物质文明与精神文明两大根本任务，“两手抓，两手都要硬”。十六大新增了政治文明而形成“三个文明”，十七大再添社会文明而形成“四个文明”。十八大将生态文明建设与经济建设、政治建设、文化建设、社会建设并列，确立了当前“五位一体”的文明构架。

11.1.3.1 “五位一体”文明观的基本内容

文明是人类创造的积极成果的总和，标志着社会进步的程度。达到越来越文明的状态是国家努力追求的方向，文明具有多样性、多元性、多维性、时代性和渐进性，“五位一体”的文明包括以下几个方面。

（1）物质文明。是指人类物质生活的进步，主要表现为物质生产方式和生活方式的进步。物质文明越高，人类离野蛮状态就越远，依赖自然的程度就越小，控制自然的能力就越强。物质文明给人类认识宇宙、改造自然、推动社会进步创造了优越的、必要的、先决的条件。

（2）政治文明。是指社会政治制度和政治生活的进步，是人们在政治实践活动中形成的有益成果。政治文明的内涵是文明的政治理念、文明的政治制度、文明的政治行为和文明的政治目的。政治文明的关键和精髓表现在制度设计、制度建设和制度安排上。

（3）精神文明。是指人类智慧、道德的进步，是人类在改造客观世界和主观世界的过程中所取得的精神成果的总和。社会主义精神文明是以马克思主义为指导，在社会主义制度下形成的新型的人类精神文明，是社会主义社会的重要特征，体现在政治、经济、文化生活的各个方面，渗透在整个物质文明建设之中，包括思想道德建设和教育科学文化建设。

（4）社会文明。广义的社会文明是指人类社会的开化状态和进步程度，是人类改造客观世界和主观世界所获得的积极成果的总和，是物质文明、政治文明、精神文明和社会文明等方面的统一体。狭义的社会文明是指与物质文明、政治文明、精神文明并列的，社会领域的进步程度和社会建设的积极成果。其包括社会主体文明（个人发展、家庭幸福、邻里和谐、社会和谐）、社会关系文明（人际关系、家庭关系、邻里关系、社团关系、群体关系）、社会观念文明（社会理论、社会心理、社会风尚、社会道德）、社会制度文明（社会制度、社会体制、社会政策、社会法律）、社会行为文明（社会活动、社会工作、社会管理）等方面。我们日常谈到的社会文明指的是狭义文明。

（5）生态文明。是指人类遵循人、自然、社会和谐发展这一客观规律而改造生态环境的积极成果的总和，以人与自然、人与人、人与社会和谐共生、良性循环、全面发展、持续繁荣为基本宗旨。其表现为保护和建设生态环境的发展，人与自然和谐相处，人们的生态方面的意识、政治决策、法律法规、生态伦理、文学艺术等的提高和完善，以及经济发展促进生态环境改善。生态文明建设的目的就是使经济与资源、环境相协调，实现良性发展，走生产发展、生活富裕、生态环境良好的文明发展道路，保证可持续发展。生态文明反映自然开发、经济发展、文化传承、社会活动等与环境保护的平衡、和谐状态和相互作用情况。把生态文明建设放在突出位置，既是社会文明的要求，更是突破环境污染困境的发展方向。

11.1.3.2　“五位一体”文明之间的相互关系

“五个文明”之间相互影响、相互制约，共同构成文明系统。“五个文明”需要同步、互补、协调，才能最有效地推进文明进步。其中生态文明是文明的前提，物质文明是文明的基础，政治文明是文明的保障，精神文明是文明的灵魂，社会文明是文明的目的。从“一个文明”到“五个文明”的形成过程，是一个从片面到全面的认识过程和实践过程，是一个发展理念的积累、提升和升华过程，是一个不断满足人民群众更高层次需求的过程。从经济角度看，这也是一个不断增加经济发展制约条件的过程，也只有经受住了政治、社会、精神、生态的制约要求，经济建设才是物质文明的表现。反之，如果经济建设有损政治、社会、精神、生态的文明要求，就不是物质文明而是物质扩张。物质扩张的净贡献可能是负的，不仅可能劳而无功，而且可能劳而有害。从五维空间上看，过度强调单一维度的物质文明建设，是没有体积的、没有价值的，局限在物质维度上不足以判断物质扩张的净损益。超前认识全面文明，可以让我们避免或减少走大的弯路，少做劳而无功甚至有害的事情。

“五位一体”文明不同意为一个物质文明让路，不同意以偏概全，而要求“五个文明”协调同步发展，不管哪个文明都要落在边界配置上。当前的现实状况是，物质文明诱发出生活奢靡和腐败。我们为什么要发展出“五个文明”而不停留在一个物质文明上，道理就在这儿！

11.1.3.3 文明的基本特性和功用

文明是国家赖以存在的基础。“礼义廉耻，国之四维；四维不张，国乃灭亡”，中华文明具有以德治国、以礼治国和以法治国三结合的独特治国传统。社会文明与个人文明具有相互激励的特征。社会文明的程度决定着个体文明的程度和水平，决定了个人生理需求、心理需求、伦理需求的满足程度。“不学诗，无以言”“不学礼，无以立”，在享受物质文明成果的同时，更要不断提高自己的道德水准、精神境界、工作能力和文化水平，既造福社会也丰富自己。中华文明已经被历史证实，衡量当今中华文明，需要世界先进文明作标尺。

个人文明依靠不断充实自我精神家园来养成，包括生活，精神家园的根基；文化，精神家园的内涵；教育，精神家园的培育；科学，精神家园的真理；艺术，精神家园的陶冶；哲学，精神家园的升华；理论，精神家园的支撑；心态，精神家园的张力；理想，精神家园的源泉。精神家园充实了，人就文明了，这就是以“文”化“人”。

11. 1. 4　没有原始创新就没有最终的竞争力

11. 1. 4. 1　原始创新引发经济大跨越

从宏观层面上看，原始创新有四大特征。首创性——是前所未有的、与众不同的创新；突破性——在原理、技术、方法等一个或多个方面实现重大变革；带动性——对科学技术产生自发重组的力量，甚至催生新兴产业；变革经济结构和社会结构，改变人们的社会生活方式。在微观层面上，原始创新的基本特征是突破性，在新的技术平台上创造出新的工艺路线和生产流程，形成新的生产体系，变革企业竞争态势。没有原始创新，就不会催生新兴产业，就不会诱发产业的突破性提升，就难以重组产业、改变竞争格局，更不会产生工业革命。总之，没有原始创新就造就不了社会经济的大跨越。

11. 1. 4. 2　只有原始创新才能获得最终竞争力

日本产业的成功经验是，技术引进、消化、吸收和再创新。从微观上看，或者就单一项目而言，这四个方面是依序推进的，具有顺序关系。从宏观角度看，这四个方面是可以并行推进的，从而具有并列关系。如何看待这四个方面的关系，结果是有差异的。把这四个方面并行推进的日、韩具有全球产业核心竞争力，并且越侧重再创新越具有竞争力；中国试图依序展开这四个方面，结果产业缺“芯”现象十分普遍，引进技术规模很大，产业却大而不强，没有最终的竞争力。除了高铁等少数行业外，“以市场换技术”的战略实施是失败的。

印度学者认为，随着人口增加、气候变化、污染加重、资源减少，印度将面临六大社会经济问题，需要通过发展科学技术来应对，呼吁致力于轮状病毒疫苗研究、开发疟疾治疗新药和网络化医疗技术服务应对医疗保健需求的高增长，转基因农业确保粮食安全，海水淡化提供充足洁净水，广泛使用低成本清洁能源以满足能源需求并同时降低环境污染，以网络在线学习实现全民普及素质教育，建设宜居城市。[①] 印度学者的观点若能成为印度的社会实践，印度所面临的问题就能解决或者缓解，印度社会经济就能大突破。

11.1.4.3 要尊重原始创新，承认原始创新

尊重创新首先要承认创新。事前无知，事后诸葛亮者，大有人在。事前预测被人取笑，事后应验却依然不以为然，就是不尊重创新、不承认创新的表现。蒋百里[②]《国防论》1937 年出版，1933 年就预言日本必然侵华，所描述的日军进兵路线直至襄阳、洛阳、衡阳一线兵败以及政府西迁等均与事后暗合，其精准程度超出人们的想象。

---

① 参见毕亮亮《印度提出依靠科技解决未来 30 年六大社会问题》，《全球科技经济瞭望》2015 年第 2 期。

② 蒋百里（1882—1938），浙江海宁人，清末秀才、民国时期著名军事理论家、军事教育家。蒋百里、蔡锷、张孝准是留学日本军校的“中国三杰”。三人生年相近，都成就非凡，早逝人生。蔡锷 1916 年 34 岁亡故，张孝准 1925 年 44 岁亡故，蒋百里 1938 年 56 岁去世。

第二次世界大战中，德军以闪电战术横扫西欧十四国，也一举攻占了苏联的大片领土。世界被闪电战所震惊，许光达[①]却在 1939 年 7 月 31 日的《新华日报》上发表了《闪电战的历史命运》，对苏德双方政治、经济、军事等做了综合科学对比分析，推断出希特勒的闪电战在苏德战争中必然覆灭。5 个月后，苏联红军就对德军发起了反攻，取得了莫斯科保卫战的胜利，德军元气大伤，直至步步败退、希特勒垮台。这样的精准预见，是非常值得敬佩的。然而，我们经常不以为然。不得不承认，我国对知识是不够重视的，近代也败在知识竞争中。

11.2 “科学技术是第一生产力”

11.2.1 以人为本形成、发展和发挥生产力

1978 年 3 月在北京隆重召开了全国科学大会，郭沫若的闭幕词《科学的春天》感动很多人。当时的领导人定位“科学技术是第一生产力”（邓小平），激励了一代新人。然而，36 年过去了，当时的天之骄子——“新三届”，从事科学研究者乏善可陈。要知道，“新三届”招生总规模仅仅 95.2 万人，应试录取率仅仅为 5.15%，录取人数仅占适龄人数的 3.8‰，这可是积蓄了 14 年百里挑一的顶级读书人才啊！如果不是中华民族智力低劣，从最终结果看，这个春天其实很寒冷。

---

① 许光达（1908.11.19—1969.6.3），湖南人，1955 年获大将军衔，军事家、第一任司令员。

口号不能当饭吃。“科学技术是第一生产力”，激励了许多人对科学技术的探索热情。从 1978 年以来的实践轨迹看，我国生产力的形成主要依靠成熟产业投资、基础设施投资和出口拉动，并非依靠科学技术，第一批智力人才随着时间的推移已经错过了贡献社会的黄金年龄。中国工业普遍缺“芯”，就是经济发展路线选择造成的，是人的原因，而非物的原因、知识存量的原因或科学技术的原因。这个时期，“科学技术是第一生产力”的口号，并没有转化成为推动社会经济大幅度提升的实质力量，留给人们许多困惑和不解。

大力发展劳动密集型产业，在一定范围内有助于扩大就业规模、缓解我国的就业矛盾。1978 年就业人员 12000 万人，2014 年 77253 万人。我国就业的质量却很低，2014 年中国 GDP 63.6 万亿元，国民收入 28.1 万亿元，消费率为 41.25%。发达国家消费率通常为 75% 以上。高科技产业的就业水平很高并且就业质量也较高。例如，波音中国公司副总裁陈建德先生说：“波音有 23 万多名员工，他们有活干有钱挣，就会刺激衣食住行方面的消费。按通常的算法，每一个波音的就业机会与周边社会五个行业密切关联；同时，在波音公司的身后，集合了 4000 多家零部件供应商，大河有水小河满，机会‘繁殖’社会，就像细胞分裂一样，产生巨大的经济效益和社会效益，不是统计数字能够说明的。”根据美国联邦劳动统计局的统计，每出口 10 亿美元的飞机，可以创造 11000 个就业机会。[①] 按照 2010 年美国航空航天业全职年薪中值 74000 美元计算，飞机销售额中至少 74% 是薪酬费用，这是高度智力劳动密集的行业。这样的产业，人均资本并不大，但是就业质量很高。

---

① 《波音的战略：出口 = 就业》，《生活时报》1998 年 12 月 8 日。

一个基本的事实是，科学技术主导不了世界，主导世界的是人而不是其他的什么。脱离了人，就没有世界，也就没有生产力可言。生产力自始至终都首先是人的问题。科学技术是人们探索发展的结果，是人类智力的外化结果，科学技术的从属性远远超过自主性。否则，科学技术领先的古代中国，怎么会在近代落后挨打呢？生产力要素的最终组织者是人，而非其中的要素，科学技术不会自发形成生产力。尽管科学技术的重要性越来越大，然而一切事物由人主宰，是更大更高层次的事实。因此，第一生产力如果存在的话，首先是人自身而非科学技术，这就是以人为本的具体含义。从生产力形成看，一切生产从人开始。从生产力的构成看，只有人才是主导性、介质性和组织性的。这样的事实表明，强调人自身的作用，强调制度的作用，比强调外化物的作用，更有责任感、更直接合理、更符合以人为本的思想。科学技术是人类重要的智慧资源，如何开发利用取决于人。

现代社会价值判断是，科技只有在与人们的需要和人性达到平衡时才能推动世界的进步。也就是说，科技的标准，必须服从于人性的标准，而不是反过来，人性的标准屈就于科技的标准。满足人性的自主、开放和共享，远程工作室、云技术、全天候文化等必然成为人类社会未来的技术力量。奈斯比特认为，“认识现在是最好的预见未来的方法”。

11.2.2　用科学技术革命推动工业革命

一个国家的科学技术存量与这个国家的经济发展水平是正相关的，科学技术的增量在更大程度上决定经济成长和方向。实施创新驱动发展战略，有两个基本点。一是增强创新驱动力，二是以发展为创新方向。创新驱动力的增强，一靠创新投入，二靠创新效率，三靠创新吸引力。创新的目标就是创新的引力源，围绕发展搞创新就能产生创新吸引力，就能形成高效率的创新秩序，就能形成自主创新的动力机制。新的工业革命正在展开，科学技术创新需要以工业革命的方向为依归，同时需要为工业革命找准方向，两者不是先后的问题，而是交替推进的问题，是前沿探索开路和后续集结推进的问题，需要同步协调。

科学技术革命是科学革命和技术革命的合称。科学革命是指人类对客观世界及其发展规律认识上的重大飞跃，表现为重大科学理论的突破和科学研究组织形式的重大变革；技术革命是指人类改造客观世界的系统知识飞跃，表现为生产工具、工艺过程和操作手段的社会性和根本性变革。科学革命是技术革命的理论基础，技术革命是科学革命的资源积累，两者相互驱动、密不可分。工业革命是指人类在工业化社会中在生产领域里所产生的飞跃、突破性进步。科学技术革命同时引发产业革命，产业革命是指国民经济产业结构发生了根本变革，主导产业形态发生重大变化，致使经济领域和社会领域产生重大变革。工业革命比产业革命更具专门性和基础性，是产业革命的核心内容。三次工业革命的主要特征见表 11 －1。

表 11 －1　　三次工业革命的主要特征对比

	第一次工业革命	第二次工业革命	第三次工业革命
发生时间	1765—1850 蒸汽时代	1870—1914 电气时代	1974— 数字时代
人文社会影响	蒸汽机替代劳力；机器替代手工劳动	标准化、规格化、非个性；机器缩短人际距离	机器替代脑力劳动

续　表

	第一次工业革命	第二次工业革命	第三次工业革命
标志性技术产品	蒸汽机、珍妮纺纱机、轮船、蒸汽机车；机床制造	内燃机、电动机、汽车、火车、飞机、电话、电视机、收音机	集成电路、计算机、互联网、移动通信、物联网、高铁
主要能源和材料	煤炭，钢铁	石油，有色金属	分布式能源，硅晶
制约和条件	国内地表资源不足，国外市场急剧扩大	国内地下资源不足，国际各类资源丰富	世界自然资源耗竭，知识积累日益增强
资本和技术来源	圈地运动、海外贸易、奴隶贸易和殖民掠夺	殖民掠夺、贸易盘剥、海外开发和资本奴役	人才掠夺、战争激发、国际秩序、空间技术
产业重心	轻纺工业、冶炼	电气、石化、重工	金融、运输、技术服务
商业模式	集中化、理性化	商场、批发零售体系	直销式、网络化
生产技术特征	集中式、规模化、机器化	集团式、集约化；大规模生产低成本化	分散式、合作性
社会基础结构	资产阶级和无产阶级兴起、自耕农阶级衰弱，形成资本主义世界体系，宝塔形社会	垄断资本主义，资本垄断，中产阶层，福利保障制度，等级组织，尖塔形社会	网络化社会结构，专业阶层平面化社会，节点组织，互补协作关系
主导性社会关系	上下层级关系分化	上下层级分化关系	网络合作和分散关系
技术发明主要来源	实践经验	科学指引	战争和消费需求拉动
科学技术	生产技术科学	自然科学技术	绿色全面科学技术

续 表

	第一次工业革命	第二次工业革命	第三次工业革命
财产	个人化	私有化	集体化→社会化
信息传递方式	信函、书籍、电报	电话、广播、电视	e-mail、QQ、微信等
社会形态	密集居住、经济公寓、摩天大楼，大型工厂	大都市、商业楼群、城郊地产，工业区	住房、微型发电厂、楼顶菜园，专业工厂
社会心理状态	个人财富主导	社会影响力主导	人生幸福生活主导
财富获取方式	黑色富有	灰色富有	绿色富有

工业革命、产业革命与科学技术革命总是相互紧密伴随、互相促进的。科学技术革命、工业革命和产业革命，不仅导致经济模式的转变，而且导致社会生活模式的转变。反过来，只有导致社会生活模式的变革，才称得上是科学技术革命、工业革命和产业革命。一次工业革命从萌生、成长、成熟、退减直至下一次工业革命，通常要经历百年时间。从全球范围看，前后三次工业革命也是有交叠的，领先的就是发达国家，跟随的就是发展中国家。只有开辟未来，才能引领全球发展。

黑色富有是指以煤炭为主要能源、钢铁为主要材料驱动下的工业经济中聚敛而得的财富，是第一次工业革命创造的财富典型。灰色富有是指以石油和天然气为主要能源、有色金属与橡胶塑料为主要材料驱动下的工业经济中聚敛而得的财富，是第二次工业革命带来的财富。绿色富有是指以新能源为主、结构新材料和功能新材料驱动下的工业经济中创造出的财富，即第三次工业革命带来的财富。黑色富有和灰色富有合称肮脏富有，绿色富有也称为清洁富有。

当前，原油在开采过程中消耗掉 1/25，焦油砂在开采过程中消耗掉 1/5，页岩气在开采过程中消耗掉 1/4 并且耗水量巨大，创造肮脏富有的成本在不断提高。从绿色富有的角度看，科技创新滞后于实体经济，实体经济创新滞后于虚拟经济，导致当前世界经济空间开拓不够而失衡。2008 年金融危机让人们重新认清，依靠科技创新、管理创新和制度创新，才是可持续发展的康庄大道。创新驱动发展战略顺应了世界经济发展的契机和未来潮流。未来经济成长空间主要在绿色财富中。

11.2.3 困境是激发创新的强大动力

一个离奇的现象是，我国科学技术的重大创新成就是在国家动乱时期实现的。原子弹爆炸（1964）、卫星上天（1970）、人工合成牛胰岛素（1965）、青蒿素（1971）等国家重大科学技术成就，都是在这个时期取得的。此后大学生毕业人数比以前多得多，科学技术创新投资比以前多得多，为什么就没有问鼎全球的科技成果呢？原因是那个时期的科学技术创新是围绕国家重大社会需求展开的，国家有安全压力、有战争的急迫需要，而不是在国际科学技术界凑热闹，在所谓的科技前沿游荡。我们到底应该干些什么呢？

（1）围绕人类困境选择正确的创新方向。科学技术创新有最终的依归，人类生存和文明发展的目标就是创新的最终依归，包括促进人类文明进步、推动社会发展、提升人类福祉等。科学技术创新，通过发现真理、探索未知、认清自然的过程，选择开发实现手段、择优实现方式等途径，增进知识，实现文明。突破人类遭遇的困境，就是开拓发展机遇，就是人类文明进步。破解人类遭遇的困境，找出合理的解决方案和手段，就是科学技术创新。让问题引导创新、破解社会困境，才是正确的创新方向，才具有重大的社会价值。

(2) 迫切需要解决的科学技术问题。徐光宪[①]院士提出科学技术革命必须解决中国和世界的迫切问题，包括以下几个方面：①彻底改造污染环境的化工厂和冶金厂；②改变石化能源燃料结构；③减少温室气体 CO_2 排放，大力发展节能技术和新能源；④不可再生、不能取代的稀土等矿产资源的节约高效开采，保护环境和综合利用；⑤淡水资源节约利用和海水的高效、低成本淡化；⑥高新技术材料的研发和化学合成；⑦海洋和太空资源的开发利用；⑧人类的健康和新药物、新医学以及人工器官的研发；⑨人工合成固氮酶，使水稻、小麦等非豆科植物也能利用空气中的氮，不必使用氮肥，或用生物科技新技术培养含有固氮酶的非豆科植物；⑩研究光合作用的基本原理，找出光合作用的催化机制，提高太阳能的利用效率；⑪天气预报、地震预报、台风预报以及其他自然和人为灾难的预防和急救；⑫军事科学技术；⑬和平科学的理论和实践；⑭研究世界人口的节制和优生优育，各国人民和谐相处、共同富裕、共同幸福的理论和实践。[②]

(3) 需要破解社会经济中的问题。除了要破解实现手段问题之外，更要树立正确的社会价值导向，化解长期积累下来的困局。这些困局包括2015年10月29日十八届五中全会通过的“十三五”规划建议中指出的“发展不平衡、不协调、不可持续问题仍然突出，主要是发展方式粗放，创新能力不强，部分行业产能过剩严重，企业效益

① 徐光宪（1920.11.7—2015.4.28），浙江绍兴上虞人，物理化学家、无机化学家、教育家，2008年度“国家最高科学技术奖”获得者，主要成就是发展稀土生产的串级萃取理论，被誉为“中国稀土之父”。

② 参见徐光宪《第六次科技革命的内涵》，《中国科学报》2013年4月1日。

下滑，重大安全事故频发；城乡区域发展不平衡；资源约束趋紧，生态环境恶化趋势尚未得到根本扭转；基本公共服务供给不足，收入差距较大，人口老龄化加快，消除贫困任务艰巨；人们文明素质和社会文明程度有待提高；法治建设有待加强；领导干部思想作风和能力水平有待提高，党员、干部先锋模范作用有待强化”。2015 年 12 月 21 日中央经济工作会议认为当前存在的突出问题包括“经济运行存在下行压力，部分行业产能过剩问题严重，保障粮食安全难度加大，宏观债务水平持续上升，结构性就业矛盾突出，生态环境恶化、食品药品质量堪忧、社会治安状况不佳等突出问题仍没有缓解”。

（4）破解困局就是创新的强大驱动力。历史实践表明，经济膨胀时期，不是创新的良机；经济成长受阻的时期，才是创新的良机。青铜时代，2200 年前希腊出现锡短缺，使希腊人发现了铁，希腊也就最早进入铁器时代。英国早期经济发展消耗了森林，16 世纪就出现木材短缺，燃料的迫切需求使英国人挖出了煤，英国也就领先全球进入煤时代。1850 年开始，鲸油供不应求，市场缺口越来越大，迫使全球寻找鲸油的替代物，于是，1859 年世界上有了第一口油井，世界经济也就进入了石油时代。在刺激替代品的开发和生产中，价格是基本原因，只有相对价位具有竞争力，才表现出替代物的经济性，才能激活技术创新。如果人力成本很低，替代人力的机器是不需要的，发明和创新机器就没有前途。如果人力成本很高，劳动密集型产业就没有竞争优势，就只能转移出去，或者创造替代人力的机器以赢得竞争优势，经济转型和提升就成为必然趋势了。因此，直面问题、破解问题，不要掩盖问题、粉饰问题、回避问题，创新才能真正驱动发展。

11.2.4 科学技术创新驱动经济成长

(1) 彼得·德鲁克的断言

彼得·德鲁克[①]发现："使产业工人迅速崛起和最终衰落的竟是同一种力量：知识。在整个19世纪，包括马克思在内的经济学家都认为，增加生产的唯一途径在于提高劳动强度和延长劳动时间，这是不言自明的。弗里德里克·泰罗则突破了前人的思维界限：他把体力劳动作为研究和分析的对象。泰罗表明，增加生产的真正潜力在于'更聪明地工作'。它不仅极大地提高了产量，而且使工资增加，同时又降低产品价格和增加对产品的需求成为可能。没有泰罗，产业工人的数量仍会急剧增长，但他们会成为马克思所说的受剥削的无产阶级。由于有了泰罗，就业的蓝领工人人数越多，在收入和生活水准上成为'中产阶级'和'资产阶级'的人数也就越多，而他们在生活方式与价值观念上也就会变得更保守，而不会成为马克思所说的革命者。"德鲁克的这一断言，突出了知识在当今世界的特别重要性。

(2) 科学技术革命引发世界经济大洗牌

经济大洗牌是一个历史性机遇。创新是既定种源下的科学技术衍生；科学技术革命是培育和衍生科学技术新种源。前者是量变，以渐进方式推动产业进步，形成按价值链分工的世界产业体系；后者是质变，以突破方式引发产业衍生和进步，大规模新增产业重构全新的产业体系。在创新发展时代，科学技术领先的国家拥有产业

---

① 彼得·德鲁克（Peter F. Drucker，1909.11.19—2005.11.11），现代管理学之父，代表作《管理的实践》《创新与企业家精神》《21世纪的管理挑战》《九十年代的管理》，主要成就是目标管理。

选择的先机。在技术静止的情况下，后发展国家通过承接国际产业转移，几乎没有超越发达国家的可能性，世界经济形成从高端到低端的辐射秩序是相对稳定的。科学技术革命、工业革命、产业革命时期，世界经济处于多向性竞争并发生结构性质变，发展方向具有很大的不确定性，各国经济大洗牌。顺应科学技术革命的国家由弱变强、强者更强，因循守旧的国家由强变弱、弱者更弱。发达国家前期大规模投资而形成的经济存量有可能成为转型的沉重负担，不得不在结构性维稳和培育新型产业之间摇摆，造成决策犹豫而错失转型良机。历史包袱较轻的发展中国家可以直面机遇，积极响应、顺应新生方向，实现后发先至、弯道超车的发展效果。

（3）科学技术革命面临产能过剩的严峻挑战

2015 年，中国钢铁产能 12 亿吨，产量 8.038 亿吨，占全球总产量的 49.6%。如果在第一次工业革命时期，工业以钢为纲，我国一定独领风骚，成就经济霸权地位。然而，面向第四次工业革命，12 亿吨钢铁产能却成为我国经济转型和提升的巨大负担。有限的资源是用于维持以钢铁为代表的传统产能，还是用于开创第四次工业革命的新兴产业，社会面临十分痛苦的选择。钢铁业去产能的痛苦，一是波及面广，二是影响强度大。不仅直接影响 358 万钢铁生产从业人员，还会波及广大使用钢产业的从业人员，人数至少是全国就业人数的 1/4。从影响强度看，依据钢铁 GDP 产出国际平均水平的标准，中国的钢铁消费应该在 3 亿吨以下。钢铁业去产能的任务太艰巨了，无法一次性完成，无法短时期内到位，钢铁业去产能将长期困扰中国经济，将是一项长期战略任务。

有人以为，可以利用科学技术革命改造传统产业。这实在太天真了，要知道 90 年代我国钢铁业加装连铸线都失败了。这个教训告诉我们，哪怕只是技术代差，就足以隔绝新技术对前代技术装备改造的可能，我们千万不可犯这样低级的错误。第四次工业革命以智能化为主导方向，这是前所未有的。这不是代差问题，而是技术平台完全不同的问题，如何有可能因陋就简。第四次工业革命，不是在以往的技术平台上加装智能部件，而是在新建的智能化技术平台上重振传统产业。尽管实现第四次工业革命或许需要60年时间，但是以往的工业革命表明，这不是平缓过渡，而是转折性的大破大立，心存侥幸，绝难独领风骚。

（4）科学技术革命很难不受传统力量的制约

在新旧技术平台交替阶段，对于新平台认识不足，很容易陷入老思路而留下许多隐患。在弧齿锥齿轮加工机床领域，美国Gleason公司长期独领风骚，1989年成功开发出弧齿锥齿轮6轴5联动数控化机床“凤凰机”，不仅可以加工圆弧齿而且可以加工摆线齿。1997年德国Oerlikon公司利用所罗门原理把切削速度从50—80米/分钟提高到250—300米/分钟，切削效率提高4—6倍，精度和粗糙度提高2级，刀具寿命延长，干切自动风冷去除了冷却系统，使机床结构得到简化，数控技术优势得到较充分的利用。于是，“凤凰机”市场就萎缩了。2002年，Gleason也开发出能干切的二代“凤凰机”，前后两代机床仅差13年。机床寿命通常有40—50年，“凤凰机”用户遭受了巨大的经济损失，Gleason公司的名声大幅下降。高速干切后，装卸工件周期缩短，超出了人工劳动可以承受的范围，装卸工件必须采用自动化而与主机匹配，全系统优化还有很大的技术进步空间。第四次工业革命，远远比数控机床复杂得多，内容广泛得多，更多的人也没有Gleason公司和Oerlikon公司那么专业，更有可能陷入老牛拉破车的犹豫中，延缓第四次工业革命的进程。

11.3　创新是社会文明发展的原动力

纵观人类发展历史，创新始终是推动一个国家、一个民族向前发展的重要力量，也是推动整个人类社会向前发展的重要力量。

——习近平

方法是世界上至高无上的不可战胜的唯一的力量。

——黑格尔

11.3.1　创新的三大力学定律和激励创新的三大定律

11.3.1.1　创新的三大力学定律

在物质运动中，人们懂得牛顿力学三定律。惯性定律/惰性定律：一切物体总是保持静止或匀速直线运动状态，直到有外力迫使它改变运动状态为止。加速度定律：物体加速度的大小与外部作用力成正比，与物体自身的质量成反比，加速度的方向与作用力的方向一致。作用与反作用定律：相互作用的两个物体之间的作用力和反作用力总是大小相等、方向相反，作用在同一条直线上。经典力学的三大定律中，要素是“大小、方向、作用点”。在社会系统中，组织或个人也遵循类似的运动规律，其中创新方面遵循三大定律。

（1）因循守旧定律——惰性定律。一切组织都有维持原有状态不变的惰性，没有外力的冲击，组织不会自发改变。

（2）加速创新定律。一个组织创新速度与组织所遭受到的外力成正比，与组织的质量大小成反比。只有存在外部压力大或内部阻力的情况下，才能形成创新动力。

(3) 外部压力与内部创新动力相互伴生和转换定律。组织压力包括优胜劣汰的机制性力量，也包括考核排序的内部竞赛性力量。组织的质量由组织的规模、层级、地位、垄断性、权威性等诸多因素决定。创新力的三要素是“大小、方向、作用点”。

11.3.1.2 激励创新的三大定律

需求造成不满，不满引发反思，反思产生怀疑，怀疑产生问题，问题引导创新，创新驱动成就，成就满足高层次需求，于是，激励创新有三大定律①。

(1) 怀疑定律。若要创新，先要怀疑，只有保持怀疑的态度，才能凝聚创新动力。只有怀疑，才能提出问题；只有提出了问题，才能展开观察、实验和逻辑分析，直到解决问题，形成新的认识，创造新的事物。苏格拉底说：“问题是个接生婆，它能帮助新思想的诞生。”反之，如果因循成见、人云亦云，既毋庸置疑，也就没问题需要证实或证伪，也就不能引发新思想、创造新事物。总之，不怀疑就无问题，思想就凝固、老化，创新就中止了。

(2) 突破阻力定律。若要创新，必然遭受阻力，而且阻力的大小与创新程度成正比。大的创新、大的超越，必然超出绝大多数人的理解框架，呼应者必然寥寥，非议者必然众众。创新阻力往往是很强大的，既得利益者反对之，无知者非议之，或认为是异想天开，共同“枪打出头鸟”。古今中外，每一项伟大的创新，都是在被打压中成长起来的。

---

① 参见郭铁城《三大创新定律告诉我们的真相》，《中国科学报》2014 年 12 月 12 日第 6 版。

创新程度越高，对旧思想体系和利益格局的变灭效应越大，遭到的打击就越猛烈，被冷落、被欺侮、被打压是创新遭遇的常态。正如孟子说的：“故天将降大任于斯人也，必先苦其心志，劳其筋骨，饿其体肤，空乏其身，行拂乱其所为，所以动心忍性，曾益其所不能。”

（3）胜出定律。若是创新，必然胜出。不管经历多少艰难曲折，遭受阻力如何强大，由于符合发展规律和方向，新思想、新事物具有强大生命力和远大前途，必将取代旧的思想和旧的事物，必然变成现实存在，取得竞争优势，成为主流。正如黑格尔说的：“凡是合理的就是现实的。”

11.3.1.3　获利性经济创新的三大路径

以获利为目的，经济创新有三大路径：低成本化、高收入化、粗制滥造化。

（1）低成本化技术是在不降低产品性能的条件下，通过提高设计水平、精简产品结构、发展制造技术、改进生产工艺等途径来实现的。以降低成本为导向的技术创新之目的是通过扩大市场空间来提高总收益。在生产、库存、运输、销售、管理等经营活动环节中，都有降低产品成本的空间。许多管理专家认为，任何企业都有15%的可变成本节约余地。例如，1995年浙江永康锥齿轮业将棒料制坯工艺流程转化为锻件制坯，每对齿坯价格就从7.5元下降到3.5元，可见节约成本是有重要经济价值的创新活动。

（2）以提高收入水平为导向的技术创新目标指向高端用户。技术创新的基本作用是开拓新型产业，通过高价销售取得高收入。改善性能、提高品质、树立信誉、扩大品牌影响等是高收入化技术创新的实现途径。按照犹太人的20:80天道法则，20%的富人消费了80%的财富，可见从高端用户身上挖掘财富比从低端用户身上攫取财富的空间要大得多，容易得多。例如，同规格的6级精度锥齿轮的价格是8级齿轮的4倍以上，而且市场更为稳定。因此，通过产品高级化扩大收入是经济上更重要的主体。

（3）粗制滥造化技术也能为创新主体带来短期经济效益。这种技术创新通过降低产品性能来实现降低成本的目的，其实质并不是技术进步，而是一种技术欺骗。从长期看，粗制滥造化技术对经济、对资源、对社会都有负面的影响，这是一种损人利己的创新途径，有时候甚至是损人害己的。从社会角度看，粗制滥造化有害社会风化，政府、区域和产业都不应该默许这样的做法。手机充电线插口非标准化、种养业的激素催长等，就是粗制滥造性创新。

从经济角度看，获利性创新三途径的社会经济效果和我们应该持有的态度见表11－2。低成本化和高收入化是创新正道，粗制滥造化是创新的邪门歪道。粗制滥造对于稀缺市场有获利空间，机遇期通常比较短，是奇胜之术而非常胜之道，是不可持续的。从社会效果看，低成本化有利于扩大市场，高收入化创新有利于提升发展，粗制滥造化创新有利于填补市场短缺但败坏经济秩序和社会道德。因此，政策选择要促进和鼓励人们走创新正道，制约和制裁创新的邪门歪道。1978年以来，我国急功近利、唯利是图，甚至默许粗制滥造化。

表11－2　获利性创新三途径的效果、激励和约束

类型	经济效果	鼓励与制约
低成本化	有获利空间，无风险，无暴利	有利于提升竞争力，应促进和鼓励
高收入化	获利空间很大，有暴利，有风险	有利于开拓发展空间，应促进和鼓励
粗制滥造化	可短期获利，无风险，不可持续	败坏经济秩序和社会道德，应制约

11.3.1.4　保持创新活力的三大法则

保持创新活力需要遵循三大法则。

（1）与自己不喜欢、不相似的人合作，保持团队多样性动力。心理上我们偏好相似者，创新却需要差异性。排斥自己不喜欢、不相似的人，也就排斥了创新的激励源。

（2）不简单照搬成功表面现象。例如，让不直接在一起工作的人彼此交流方式很多，并非只有“提供免费午餐”一种方式。

（3）倾听并挖掘用户的需要，而非简单顺从。为了解决客户实际问题而创新，但是客户需求需要概念化，一般客户是提不出的，而需要专业队伍在倾听的基础上来挖掘。

11.3.2　“万众创新，全民创业”需要分层次全面推进

创新是一个民族生存与发展的原动力。没有创新，企业就失去发展的动力，国家就缺乏前进的推力，社会就丧失繁荣的活力，个人就没了向上的探索力。没有创新，就没有活力，就没有未来，整个世界都将死气沉沉。

11.3.2.1　创新具有从初级到高级的层次性

初级创新有章可循，高级创新法无定法，不同的人适宜不同层次的创新。普通人在局部点上改进，实现精专创新，一些人可以实现跨领域的大创新，顶级人才或许可以提出主义、思想等最高层次创新。然而，一切创新都不是空中楼阁，而是脚踏实地的成果。初级、专业、低层的创新精美充足，才能奠定更高层次的创新基础。正是因为这样，创新绝不只是名流典型，绝不是样板工程，绝不是回流几个留

学生的事，而需要“万众创新，全民创业”。

11.3.2.2 奥斯本初级创新法则

初级创新有法可依，依法创新，切入点多且创新效率高，其中奥斯本法则包括以下方面。

（1）改变——改变功能、颜色、形状、气味及其他。

（2）增加——增加尺寸、强度、新的功能。

（3）减少——做好减轻、减薄、减短、减去多余功能。

（4）替代——用其他材料、零部件、能源、色彩取而代之。

（5）颠倒——对现有设计来一个上下、左右、前后、里外、正反的颠倒，甚至目标与手段的颠倒。

（6）重组——零部件、材料、财务等重新组合，包括叠加、复合、化合、混合、综合等。

奥斯本法则下的创新基本上属于个体创新，是需要万众参与的。经济实践表明，初级创新不仅是日常的，而且是日常利润的主要来源。在国际著名企业中，微软是一家软件集成商，很少有原始创新但位居操作软件的榜首；三星主要靠外观设计新颖实现跨越式突破，扩展全球电子市场版图；技术原创实力强大的SONY却日薄西山，退守艰辛。由此可见，面向市场的创新，不要好高骛远，脚踏市场实地空间广大，创新但求有效。德国经济的成功也不在于新颖而在于优质，依靠“天使产品”美名赢得全球尊敬。

11.3.2.3 熊彼特定义企业五大创新

在企业层级上，创新理论始祖熊彼特认为“企业家精神的真谛就是创新，创新是一种管理职能”［1912年，创新理论（innovation theory)]。熊彼特认为，创新就是生产要素的重新组合，包括五种情况。

（1）采用一种新产品。

（2）采用一种新的生产方法。

（3）开辟一个新的市场。

（4）掠夺或控制原材料或半制成品的一种新的供应来源。

（5）实现任何一种工业的新组织。

11.3.2.4　社会层面上创新影响力的弗里曼层次划分

从社会视野上看，英国苏塞克斯（Sussex）大学的弗里曼（Freeman）基于创新的影响面大小提出了一套创新分类方法。

（1）渐进型创新——如奥斯本的创新和熊彼特的五大渐进式创新内容。

（2）质变型创新——如熊彼特的突破式创新，依然是原来的技术体系下。

（3）技术系统变革型创新——如高炉炼钢技术替代平炉炼钢技术。

（4）技术—经济范式变革型创新——如从农业社会转向工业社会。

（5）技术—社会范式变革型创新——如信息技术革命、数字技术。

（6）技术—生活范式变革型创新——如智能手机、大数据、智能学习、机器人。

按照弗里曼的分类可知，富有利润成效的初级创新，属于渐进型创新，是普通企业的日常活动；更高层次的创新，收效期更长，影响面更广，具有更大的外部经济性。高层次的创新为了明天、属于未来。知道明天，我们才能确定今天、踏实地过好每一天。突破原有技术体系的创新，就是破坏性创新或者称为颠覆性创新（C. M. Christensen 在 20 世纪 90 年代中期提出），如数码相机颠覆了胶卷相机。

11.3.3 全面科学技术创新的社会分工和协作

"万众创新"就不是个人创新。尽管"万众创新"也需要每位社会成员的主动参与，也需要个人英雄主义的突出表现，但是"万众创新"更需要把全社会的点点滴滴创新汇集成创新的洪流，形成相互促进的创新体系，既要专业分工更要积极协作。

11.3.3.1 全面创新是一个社会分工协作体系

全面创新不限于工业技术，而包括管理、思想、知识、科学、教育、经济、文化、体制机制等各个方面。创新活动是人类目的性活动，主体、目标内容和客观条件是创新的三个构成要素。创新就是在一定条件下，特定主体为实现自身目标内容而进行的实践活动。主体、目标和条件的差异，导致具体创新活动的差异。例如，科学家创新知识，工程师搞设计与开发，技术人员改进工艺，农民改善种植、养殖等。不同的主体从事不同门类、不同层次的创新活动。就产业而言，围绕产业的创新体系可见图 11-2。

图 11-2 中各项构成多重循环，知识创新推动科学和技术创新、促进新型产业的形成和传统产业的提升。反过来，技术产业化促进产业提升、经济发展、形成对新知识的需求、社会发展并支撑知识的再创新。前沿科学技术首先在公共领域（特别是国防领域）得到发展并

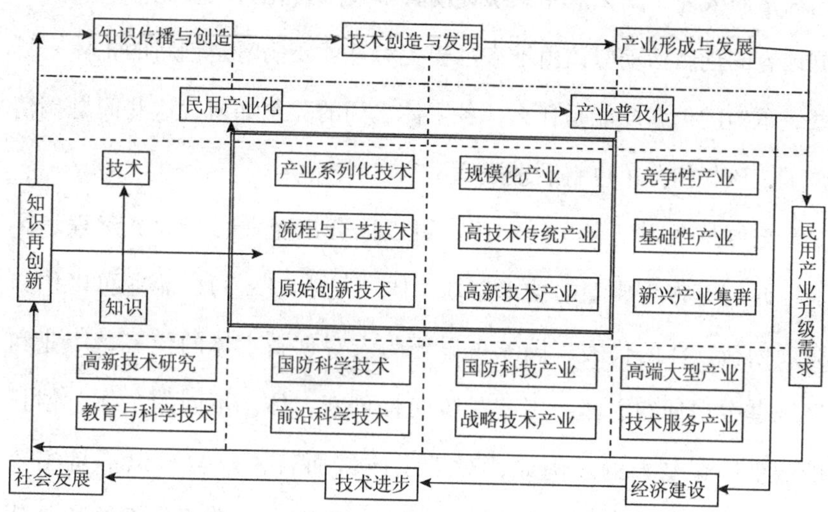

图11－2　技术创新与产业升级循环的基本关系

逐渐成熟，形成战略技术产业和国防工业，然后逐阶推动各层次技术创新活动，并转化为民用产业技术，最终形成新型产业或者使传统产业技术得到提升、促进经济进步。从创新流向看，图11－2左下部分属于上游的知识、科学等基础性创新，右上部分属于下游的产业、经济等获利性创新。获利性创新是在基础性创新的支撑下进行的，没有上游创新作为要素，下游的各阶创新就是无本之木、无源之水，是不可能有实质性进步的。

11.3.3.2　全面创新的主体、动力和主要内容分工

图11－2显示创新体系由知识创新、技术创新、知识传播和知识应用等部分组成，形成一个相互关联的有机整体。[①] 知识创新是技术创新的基础和源泉，技术创新是企业发展的根本。知识传播培养和输

① 参见黄志文《构建国家科技创新体系的重要支撑系统》，《科技进步与对策》2002年第11期。

送高素质人才，知识应用系统促使科学技术转化为现实的生产力。不同内容的创新活动应该由谁来承担呢？这就要搞清楚创新的主体有哪些，承担的创新职能是什么，各主体之间的关系如何，这些问题搞清楚了，该如何分工也就顺理成章了。

按照从微观到宏观的顺序，可以区分出企业、产业、工程、区域、政府等作为典型的技术创新主体（见表11－3）。企业可以作为微观创新主体的代表，国家可以作为宏观创新主体的代表，产业和区域是中观创新主体，工程是零时性创新主体。不同的主体，创新的侧重是有差异的。例如，对于小区域而言，探索知识不是主要的，更无力承担战略技术创新的长期煎熬和高昂费用，重要的是从既有知识资源中低成本创造出适合图利的技术，主要包括图11－2双划线围成的技术创新部分。创新分工的一般原则是谁擅长就由谁来干，获利性创新发挥市场机制的作用，支撑性创新由政府来主导和促进，功能不详的创新由大众自主承担，各创新主体的基本分工见表11－3。

表11－3　创新主体及其主要创新导向和主要创新内容

创新主体	主要创新导向	主要创新内容
个体	自我成就的满足，声望、名誉的追求	独特的思想方法，认识的深化，科学规律的发现，专业工艺的传承和改进，学术成就，经验和实证体验
企业（企业级）	经济性选择满足市场需求	既有要素配置，产品系列化，工艺优化，生产流程技术，规模化生产技术，生产组织管理，产业基础结构利用

续 表

创新主体	主要创新导向	主要创新内容
产业（产业级）	开拓产业新领域，节约产业共性成本	创造和提升产业要素，发展产业装备，开发产业专用工具，开发专业原材料，产品更新，工艺流程技术（专业教育和职业培训，营造产业基础结构）
工程（项目级）	经济技术可行高效、低成本	大跨度技术、经济资源配置，既有社会基础结构利用，创造工艺流程，运用新技术
区域（区域级）	节约区域共性成本，满足地域社会需求	创造和提升属地经济要素，创造产业集群要素，配置产业群，专用设备、材料和工具（职业教育，区域基础结构）
政府（国家级）	满足社会需求、国家安全需求，节约创新公共成本，新型产业	科学研究：创造新技术要素，发现和把握新需求；战略技术及通用共性技术：创造经济新要素、新产品；公共技术产业：创造新产业、工艺、设计，通用装备与材料（普通教育，社会基础结构）

一般地看，创新的目标有经济性、技术性、科学性、观念性等。微观主体主要追求经济性和技术性，宏观主体主要追求观念性和科学性，中观主体主要追求技术性和科学性。个体的创新处于两个极端，技术创新时类似企业，但个人创新更加精专独特；科学创新时类似公共部门，但个人创新更加无所约束。然而，个人创新的资源是相对不足的，个人无法独立完成国家战略技术创新，无法从事耗资巨大需求急迫的工程技术创新，无法从事综合集成的实验性创新。另外要说明的是，大型托拉斯企业集团的技术创新特征更像产业，小国的技术创新特点更像大国中的一个区域，上述主体的划分是表征性的。

11.3.4 政府的责任是紧紧盯住战略技术创新

在“全民创新，万众创业”中，政府干什么？与经济领域其他方面一样，政府绝不是无所事事的，而是肩负关键责任的。政府需要把断裂的创新链黏合起来，提供缺乏经济利益的必要创新，产生尽量大的正面外部性。在创新领域，政府并不是无所不能的，政府要克制介入私人性、经济性创新，不要把私人获利技术转变成为公共性技术，用不着追求创新的直接利益。政府主导的创新重点应该围绕国家安全领域，武器、尖端技术、大型技术、长远战略技术等，这类创新具有最大的公共性，才是政府应该投注精力的焦点。

战略技术可以从技术关联性、技术的作用、技术的特点三个角度来认识。从关联性角度看，最高层次的战略技术是满足社会和人文的公共性需求，放松自然、生态制约的技术，通常属于国家安全、大型顶级技术系统。例如，我国 20 世纪 60 年代发展“两弹一星”，美国 40 年代开始发展信息技术。从技术的特点看，战略技术具有前瞻性、累积性、长期性、基础性、科学性和探索性的基本特征并且经常具有大型综合的特点。人们通常可以把具有这些特点作为界定战略技术的依据。从技术的作用角度看，战略技术是指关系未来、全局性、决定性的关键核心技术系统。

国际经验表明，战略技术能够创新经济，推动高级经济形态的形成。美国每 10 年就要组织一项大型战略技术发展计划，从 20 世纪 40 年代曼哈顿工程开始，其后依次是鹦鹉螺核潜艇计划、阿波罗登月计划、航天飞机计划、星球大战计划、空天海一体化作战计划、战略防御计划、TMD 和 NMD 计划、太空大战计划、一小时打遍全球计划等。在成功完成战略技术研究与开发后，美国就紧接其后将战略技术应用到民用产品领域，形成新型产业和高端产业。例如，曼哈顿工程及以后的关联计划，催生出以计算机为代表的信息技术产业，对美国当前经济的广义贡献率达33%；波音公司在成功开发了KC－135空中加油机、B－47和B－52轰炸机等之后，推出波音707喷气客机；开发C－5A军用运输机后紧接着就推出波音747大型喷气客机等。正是通过战略技术创新的驱动并抢先军转民，使美国经济形成不断升级更新的动力机制，使美国经济总是领先全球。

过度期待战略技术和战略产业的经济价值，是十分荒谬的。如果战略技术和战略产业已经产生或者必然马上就产生经济价值，经理人就会去寻找商机，又何需国家领导人的远见卓识。实践表明，战略技术产业通常规模有限，直接经济价值不大，但具有巨大的正面外部性。普通产业通常没有正面的外部性，甚至有很高的负面外部性。正因为如此，我们绝不能采用常规经济方法考察战略性产业的投资得失，我们要以完全效益而非直接效益来衡量战略性产业的价值大小。例如，我国航天技术产业，截至2000年累计投资达2000亿元，直接经济效益为100亿元，产业自身是亏损的。但是，航天工业的间接经济效益为1200亿元，并且2000年以来，年均增长率超过25%。此外，还派生出玻璃钢业，产业规模达2000亿元；气动乳化过滤器的市场价值达800亿元，缓解酸雨损失1600亿元。我国航空航天技术产业对于开拓和延展经济新领域、推动技术创新和转移、促进知识创新、增强民族自信心、带动其他方面的创新等产生多重作用，完全经济效益是十分巨大的，见图11－3。

战略技术创新从提升创新平台、提供创新要素到产生创造新市场等方面促进其他类型的技术创新，是社会性全面技术创新的基础和原动力，其动力机制示意图如图11－4所示。

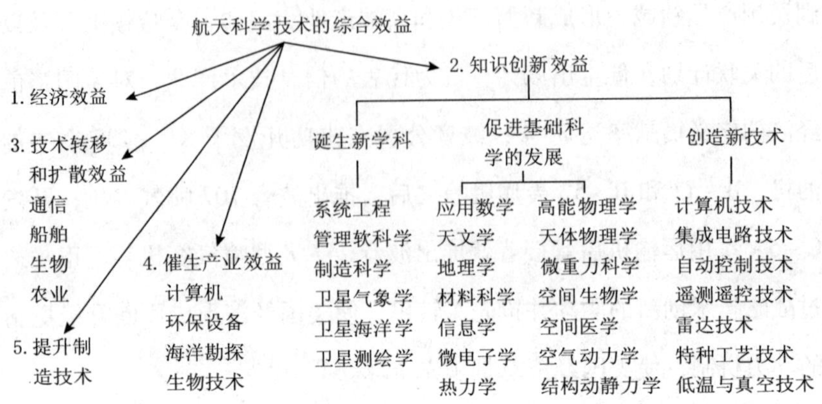

图 11－3　航空航天工业技术的综合效益

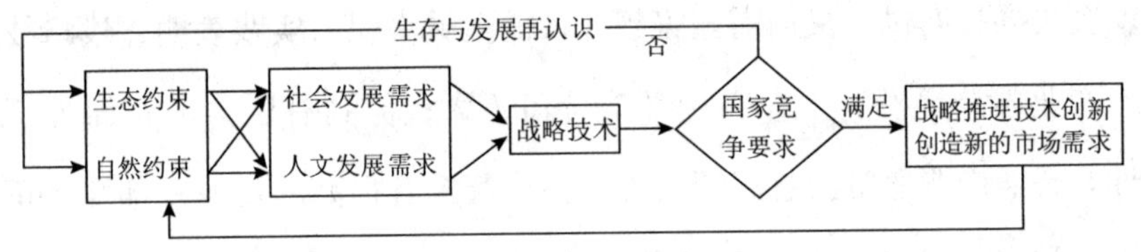

图 11－4　战略技术创新动力机制示意

（1）技术创新的原动力主要来源于国家战略，包括文化、政治、教育、科学、国防工业、战略技术等。没有国家战略技术的支撑和推动，其他主体就缺乏创新要素，创新水平就高不了，即便是经济方面的创新也没有最终的竞争力。

（2）获利性技术创新是技术在经济领域中的最终表现。在经济领域中，获利的企图驱动技术创新。只要短期内具有直接大量获利的可能性，就会吸引区域、企业和个人的创新投入。对于市场，企业比政府更敏感，企业才是经济获利性技术创新的主体，政府没有参与的价值，而有保护和支撑创新的责任。获利性技术创新处于创新链的后端，需要前端各层次技术创新的支持，这些创新活动正是从中央到地方各级政府应当主导的创新领域。

（3）公共要素创新、准公共技术要素和私人获利创新形成逐层支撑的技术创新体系。各类创新活动构成一个体系，各层次创新活动是依序展开的，构成前端对后端的支撑及尾端私人获利技术创新对公共要素再创新的贡献，如此形成反复循环的机制。前端创新开道，后端“搭便车”紧随，私人利用公共要素创新越大、获利越多，竞争优势就越显著、创新的积极性就越高，涌入创新的队伍也就越多越大，良性的创新竞争格局就形成了。

（4）政府要专注于战略技术创新，理由有三个。①国家战略技术是其他任何主体都无法承担的，又是国家间竞争所必需的。②经验表明政府错位承担其他创新责任，利少弊多。例如，我国政府投资盈利性技术创新活动，不仅挤占了其他主体的创新空间，而且降低了公共性的层次，使得私人创新缺乏足够的创新要素，从而导致我国政府科技投入总量大（占 67%），却带动不了社会性科技创新活动。③其他主体的技术创新活动是由经济性决定的。只要政府用战略技术筑高、筑好技术创新平台并同时提供技术创新要素，获利性就能驱使社会化技术创新活动。否则，获利条件不具备，企业又如何进行获利性技术创新？

战略技术创新的作用是创新技术平台、提供创新要素、实验创新途径。完善的战略技术创新甚至可以形成战略技术经济，为其他主体提供新材料、新工艺、新设备等基础产品。中央政府要承担起尖端技术向产业技术转化的责任，以此推动企业技术创新、产业技术创新、管理创新，然后反馈到社会文化中，引导下一轮战略技术创新的国家意志，如此形成周而复始的良性科技创新循环体系，使科学技术和产业经济不断循环提升、反复相互增强，其中军民融合是一条从战略技术到产业技术的强路径。

11.4 全面科学技术推动经济社会全面发展

11.4.1 从片面科学技术走向全面科学技术

11.4.1.1 科学技术的常见认识

科学技术是什么？不同的人有不同的答案，不同时代的人有不同的认识。科学技术有时是科学和技术的并称，有时是科学的转变称呼。一般而言，面向认识上系统化了的知识体系为科学，面向应用的方法、技能和手段为技术。在远古时期，知识的存量不大，人们普遍认同只有“一门科学”，直到马克思都是如此。马克思甚至把人的科学也纳入其中，却依然认为只有“一门科学。”[①] 多才多艺的达·芬奇[②]就是“一门科学”的化身，他不仅是著名的画家，而且是水利工程师，并且首创了飞机设计和心脏修复术。

随着近代科学技术的不断分化，科学的类别名称越来越多，任何个人通晓所有学科变得越来越不可能，个人的科学技术活动通常只专注于特定的专题。可是，学科之间并未因个人活动范围的缩小而失去

---

① ［德］马克思：《1844 年经济学哲学手稿》，人民出版社 1985 年版，第 78、85 页；［德］马克思、恩格斯：《德意志意识形态》，《马克思恩格斯选集》第 1 卷，人民出版社 1972 年版，第 30 页。

② 莱昂纳多·迪·瑟皮耶罗·达·芬奇（Leonardo Di Ser Piero Da Vinci，1452. 4. 23—1519. 5. 2），是“文艺复兴三杰”（另外两位是米开朗基罗和拉斐尔）之一，是人类历史上绝无仅有的全才，他思想深邃、学识渊博、勤奋高产、成就杰出。达·芬奇是造诣精湛的画家、解剖学家、天文学家、发明家、建筑工程师和军事工程师，擅长雕刻和音乐，通晓数学、生理、物理、植物、地质等学科。他最早设计和试验了飞机、机动车、子母弹、三管炮、坦克和心脏修复手术，但他并未接受过正规教育，他信奉实践，大自然就是他的老师。

联系。科学主义（scientism）认定真正的科学知识只有一种，即自然科学。认为自然科学是最权威的世界观，也是人类最重要的知识，高于对生活诠释的其他一切。① 科学主义，批判分化的科学导致对科学认识上的分化。19 世纪和 20 世纪期间，认同者多，批判者少，跨入 21 世纪后，捍卫者减少，批判者增多。不同时期，生产内容发生了变化，社会实践需要更多的思想突破，对科学技术的认识也在发生变化。关键不在于是否尊重自然科学，而在于是否把自然科学凌驾于其他科学之上，在于是否完全用自然科学破解自然以外的一切事物。如果肯定了这样的做法，就违背了科学的基本准则。

过分突出自然科学技术是十足的偏见。除了自然界外，还有其他客观存在，除了物质形态的客观存在，还有其他形态的客观存在。只崇拜物质运动的简单规律，不承认社会、文化、生态等方面更加复杂的规律，这是巨大的偏见，是打着科学的旗号，做违反科学准则的狭隘偏见。造成这种狭隘偏见可能有两个原因：一是视野狭窄，二是心胸狭窄。视野狭窄是无知的表现，在一个小领域中长期钻研，形成一孔之见，“只见树木，不见森林”；心胸狭窄是价值失衡的表现，无视社会的需要和客观存在，养成唯我独尊的恶习。

科学或许是当今技术的主干，技术却并非必然是科学的表现。7000 年前，人类就有酒。春秋时，酿酒与饮酒就已经盛行，人们就掌握了“固态发酵法”与“复式发酵法”，发明了曲粟酿酒。可是，专家预测，发酵科学是 21 世纪的大学科。

11.4.1.2　科学技术发展需要摆脱狭窄化走向全面化

作为一个开放的社会，我们不能把科学封闭起来。我们要造就全

---

①　参见何祚庥《我为什么要批评反科学主义》，《科学时报》2004 年 2 月 13 日。

面繁荣的社会，就要首先繁荣全面科学技术，不仅要让强势学科更强，而且要让弱势学科增强；不仅要让传统学科深入人心，而且要让新兴学科激发人情；绝不能干以强凌弱的事情，绝不能干以古非今的事情，绝不能干以偏概全的事情。从社会角度看，科学的发展靠超越而非固守，这个问题要以改革开放的胸怀来化解，要从全面繁荣的政治高度来化解。

科学是人类所积累的关于自然、社会、生命、人文和思维的知识体系。科学技术包括科学精神、科学思想、科学方法、科学知识等方面，科学知识是其中的一个方面。历史上，科学技术总体上是一种推动力量，是进步的、革命的。科学技术的作用是多个方面的，包括经济上的生长力、军事上的战斗力、政治上的影响力、社会上的进步力、生活上的文明力。爱因斯坦认为科学影响人类事务有两种方式："第一种方式所有人都很熟悉：科学直接地，更多程度上是间接地生产出完全改变了人类生活的工具；第二种方式带有教育性质——它作用于人的心灵。"爱因斯坦指出，科学对人类事务的第一种影响方式，在给人类带来功利的同时也更给人类制造了无穷困难，"技术——或者应用科学——却使人类面临极为严重的问题。人类能否继续生存，取决于这些问题的圆满解决。科学的价值自然更多还是体现在对人的心灵的扩充上，而不是在于其工具性上"。

科学技术不仅要协调人与自然界的关系，包括自然科学技术的内容，科学技术还要协调人与人的关系、人与自身的关系、人与其他生物种群的关系，科学技术也就包括社会科学、生命科学、心理科学和生态科学等方面的内容。科学技术作为人的一类社会活动，和其他类型的社会活动如经济活动、政治活动、军事活动、教育活动、思想文化活动之间，无不存在着互动关系。这种互动，使得各种因素之间相互影响、相互促进、互为因果。在当今世界，仅在人与自然关系的点上深入是不够的，是狭窄的和片面的，科学技术需要全面化。

11.4.1.3 中医药的科学性是无可争议的

中医药的科学性争议了100年，否定中医药科学性的人，并没有从科学准则来论证，只是用科学微观准则，特别是采用物理学准则来否定。中医药已经存在千年，物理学仅百年。用百年内的科学否定千年科学，用十年科学否定现代百年科学，就如同以植物否定动物、以腔管动物否定脊椎动物一样，不自量力。不要以为声音大、权势大、科学群体大、流行广，就科学了，西方科学自身的发展史表明，实际情况正好相反，否则就没有哥白尼了。中医本身的科学性已经无可置疑，中医科学的认识水平因人而异，以自身的无知否定人类积淀之知识，只是夜郎自大而已，没有可取之处。

中医药的科学性，是经历了自然历史过程检验的，是经受得住统计检验的，是经得受住社会实践检验的。随着现代科学技术手段的提升，西医以往认为不存在的人体经络被探测出来了，西医认为没有用的盲肠发现有解毒功能，西医倡导的剖宫产对新生儿健康的影响是负面的，西医认为功能更好的牛奶发现替代不了母乳。实践表明，生命期不够的现代科学认识是片面的，尚不足以剖析中医药的科学内容。西医药种种偏见正在纠正中，逐步验证中医药的一些常识。以一门不够成熟的科学，评价更加成熟的科学，是很不自量力的，对中医药科学性的讨论，就属于这样的内容。好在青蒿素的提取者屠呦呦获得了2015年诺贝尔医学奖，崇洋媚外的一些争议或许可减少些。

11.4.1.4 全面发展科学技术要遵从科学的规律

按照十八届三中全会的决议，“深化科技体制改革”的方向是促进科技成果的资本化和产业化。其主要任务包括“建立健全鼓励原始创新、集成创新、引进消化吸收再创新的体制机制，健全技术创新市场导向机制，发挥市场对技术研发方向、路线选择、要素价格、各类创新要素配置的导向作用。建立产学研协同创新机制，体制上强化企业在技术创新中的主体地位，发挥大型企业创新骨干作用，激发中小企业创新活力，推进应用型技术研发机构市场化、企业化改革，建设国家创新体系”①。

在科学技术探索中，创新者的主观能动性是一大动力，以人为本比任何外部因素更加重要，这是我们应该特别重视的。大型骨干企业尽管拥有一流的创新人才、一流的资金条件、一流的社会环境条件，可是，大型骨干企业是干什么的，主要是搞创新的吗？如果类似中国科学院，当然就是创新骨干。可是，如果是生产型企业，创新在企业中的比重能占多大呢，要它们成为创新骨干，那是抑主扬末，有现实可行性吗？企业的平稳发展要求，又怎么能容纳下突破性创新，又怎么敢采用最近的创新成果？错误定位不同企业的功能，必然导致事倍功半、事与愿违的结果。如何认识大型骨干企业，如何发挥企业创新作用，不要采取唯意志论的态度，而要依据现实状况和发展的要求，更要从数十年的实践中汲取教训。

11.4.2 全面科学技术创新要满足同步性和协调性

《迈向“全面发展”》② 持科学整体论的观点，并以人的活动作为科学整体的基础，认为科学是主体的目的性行为，是离不开人的。自

① 党的十八届三中全会通过的《中共中央关于全面深化改革若干重大问题的决定》，2013年11月12日。

② 全继业、陈文化：《迈向“全面发展”》，科学技术文献出版社2012年版。

然、社会、人自身、生态等是人的存在前提，也是人的认识对象，相应地形成可验证的知识体系，形成相应的四大门类科学技术——自然科学技术、社会科学技术、人文科学技术和生态科学技术。科学也需要研究它自身以及如何应用于人类社会的需求，这就是科学学。科学学+四大门类科学技术，共同构成“客观精神世界”，是人们对客观主体的研究结晶。

一切事物、事物的演变过程、事物之间的联系、政策和设想效果，在当今的技术平台上，已经可以通过编制一定的程序在电脑或网络上展现出来。虚拟现实已经变成一种技术工具，用于科学研究、启发思维、展现结果。虚拟现实可以产生“主观物质世界”，可以用来出品动漫、启发科学研究、展现采矿场景，精致的动漫甚至可以用来出品电视剧。虚拟战争让很多年轻人着迷，当前二次维产品不仅声光电内容丰富，甚至可以部分产生嗅觉和触觉。可以预期未来的一些二次维产品完全可以做到“弄假似真”“真实迷人”“眼见为虚”。虚拟现实——“主观物质世界”，将占据越来越大的人类心灵空间，形成越来越大的绿色产业，成为未来经济主体。预期虚拟现实将是一大技术类别、一大科学领域，并进而提升出虚拟学。

社会经济发展需要全面科学技术。最近十年最惨痛的教训是，我们利用自然科学技术，大力发展了物质生产力，却造成了产能严重过剩，巨额经济利益的流失。例如，有测算认为，2003 年以来，中国钢铁业因铁矿砂涨价造成每年 600 亿美元的利益流失，2015 年中国钢铁业亏损 645 亿元人民币，“走出去”采矿的项目也几乎全部亏损。为什么如此，不是因为在生产领域上对自然科学技术功夫没下够，而是没有遵循经济规律，预测偏差大和市场分析不深不透。以单一生产维度应对高维空间的竞争，以片面的科学技术应对国外全面的科学技术，不造成全面败退才怪。由此可见，我们要全面科学技术，不要片面科学技术。

同步协调的全面科学技术具有最大的经济社会效益。对于中国这样的大国，奉行独立外交，不与其他国家结盟和构成相互保障的共同安全体系。既然如此，中国就要独立自主地形成发展能力，就要独立自主地发展全面科学技术。只有同步协调的全面科学技术，才能确保不产生制约发展的短板，使科学技术发挥最大的经济社会效益。只有中国这样的大国，才有足够的人力和资源来发展全面科学技术，这是中国的独特优势。全面科学技术的各个领域是互补的，一个领域的创新能够传导到其他领域，带动其他领域的创新，同步创新具有最大的涵盖面，具有最高的创新效率；维持个别领域突出进步，拉开各领域的创新差距，不仅降低了对社会经济效益的贡献，而且维持个别领域的领先创新成本很高、效率很低。因此，要提高全面科学技术的创新效率和社会经济效益，就要让创新满足同步性和协调性。当今的一些政策导向如以 ESI 论文进入全球百强作为高校经费分配的依据，就会造成让强势学科更强，让弱势学科更弱，根本违背了全面科学技术发展准则，根本违背了社会的全面发展需要。可以推测，这一政策导向或者短命或者成为阻碍中国进步的力量。

11.4.3 国家经济的生存能力和发展能力

国家经济的核心能力有两种：一是生存能力，二是发展能力。国家经济的生存能力是指保障经济正常运行和人民群众正常生活的能力。如果一个国家的经济是封闭的，就只有天灾和人祸，才会威胁到生存；如果一个国家的经济是高度开放的，则国际资源被控制、运输通道被掐断，就会威胁到经济生存。国家经济的发展能力是指开拓经济新空间的能力，包括开发新产品、开拓新市场、提升产业、经济技术进步等诸多方面。国家经济未来状况取决于当前状况、发展方向和发展过程。当前状况决定国家的生存条件，生存条件优越更能支撑国家发展；发展方向和发展过程决定国家的未来生存条件，当今的发展能力决定未来的生存。由于生存 + 发展 = 未来，对于大国而言，需要兼具生存能力和发展能力，才能保障国家长期处于安全的状态，只有一种核心能力是不够的。

国家的存在需要具备四个条件：人口、国土、政权、被其他国家承认。国防安全保障是政权的重要支撑力，也是其他国家承认的促进因素。文化具有坚韧不屈的凝聚力，即使国土被割裂，文化也会帮助弥合，形成向心力。如果国内文化对立，就会产生离心力，削弱国家的生存能力。一个国家发展能力总是与知识紧密相关的，知识全面繁荣、文化具有向心力、知识被科学地应用，就能造就强大国家的发展能力。其中知识全面繁荣的前提有三个：一是学术自由，二是高水平、严格的科学研究标准，三是世界一流大学。有了知识的全面发展，国家发展就具有发展潜力，在市场机制下，图利的企图就能让潜力转化为国家的发展能力。换言之，国家的发展能力，要靠知识要素存量，要靠创新知识要素增量，要靠能力的形成机制，要靠机制产生驱动力来形成。

国内外历史反复证明，人类在遭遇生存困境时，就能激发出无穷的知识创造力和知识应用力，使得国家或民族转危为安、快速发展。当今世界，美国总是以安全保障受到威胁为由，无中生有地调动起美国人的创造力，使美国不断形成新的发展能力，从而为美国赢得领导者地位。如何获得国家的发展能力，美国是当今世界的榜样。此外，德国的完美主义追求，不仅提升了德国人的素质，而且也创造出“天使产品”。一个只有8266万人口的国家，竟然有2300个世界名牌，通过发展高端经济，德国不仅赢得高附加值而且赢得全球的尊敬。第二次世界大战后日本经济与我国具有最大的相似性，当然，现今日本经济不仅依然偏好大规模集成生产而且也在往高附加值方面提升。三个国家的发展经验是很有启发性的。

对于中国而言，没有比美国更好的学习榜样了。但是，学习美国，不是照搬美国，而是竞争美国。在新时代，新的发展条件下，根据美国的得失重新创造新的发展样式。美国通过知识创新，开拓经济空间，提高攫取他国利益的能力，使得全球贫富差距不断扩大。这种自私自利的攫取方式导致全球矛盾加剧，招致越来越多的反抗并且已经越来越没有空间了，更没有为中国预留什么空间。中国的发展，需要通过知识创新，开拓经济空间，保护发展中国家的利益，扩大穷国的生存空间，缩小全球贫富差距，在互惠交易中扩大中国经济规模，不仅会赢得中国的发展空间，而且必然赢得全球越来越多国家的拥护。中国的幅员、人口和地区差异性，决定我们在学习美国的同时绝不忘记吸收世界上一切先进的思想和技术，追求完美主义的就更适合学习德国，爱好艺术的就更多地学习意大利和法国，面对基础需求的就去扩大生产规模。中国不同于小国，一致化发展模式必然导致资源错配、闲置和浪费，中国必须采取差异化发展方式，才能人尽其才、物尽其用。政府倡导必然造成发展的一致化，从1992—2013年间的情况看，政府倡导具体产业的发展，无一例外都造成浪费和后患。2015年的互联网金融潮，也留下了欺骗性的后果。我们认为，政府特别是中央政府，只有营造好产业平台的责任，没有扶持企业发展的责任，没有教导企业发展的能力。如果有平台不知跳舞，放了水不知养鱼，企业这样不用心，你还能期待什么呢，这样的企业会有竞争力吗？政府根本用不着为这样的企业着急，用不着舆论倡导和激励。只有达到“功成事遂，百姓皆谓我自然”，那才是政府治理的高境界。

11.4.4　推动战略技术创新是政府的责任

中央政府的责任不是创造经济价值，而是创造外部性。通过外部性激励，就可以借助市场机制的力量，带动行业、产业、区域、企业和个人的参与。政府通过潜在利益的给予，经过市场机制的利益传导，激励厂商实现经济利益。战略技术具有最广泛、最长远、最强大的外部性，需要最远离现实经济利益的顶级政府来推动创新，即只能由中央政府来推动。要市场来配置战略技术，是不可能的，企业无法承受长期投资而无收益的煎熬。

11.4.4.1　外部性大小是战略技术的主要判据

完全成本收益可能大幅偏离生产经营成本收益。政府决策应当以完全成本和完全收益为依据，企业决策以生产经营成本和收益为依据。如果完全成本远远高于生产经营成本，完全收益远远小于生产经营收益，政府就要加载负面外部性到企业身上，限制生产经营；如果完全成本远远小于生产经营成本，完全收益远远大于生产经营收益，政府就要加载正面外部性到企业身上，激励生产经营。如果违背这一准则，就是政府的资源错配。

11.4.4.2　完全收益与经营收益之差额决定战略技术价值大小

计算范围不同，对战略技术的价值估算就会有很大不同。企业通常按照自身的收支来估算技术的价值，从企业角度看，企业技术收益 = 企业收入 - 企业成本。如果技术具有负的外部性，技术的完全成

本 = 企业成本 + 负外部性；如果技术具有正的外部性，技术的完全收益 = 企业收入 + 正外部性。通常情况下，技术完全收益 ≠ 企业收益，技术完全成本 ≠ 企业成本。

对于战略技术而言，外部性往往是很大的，企业的直接收入却很小，企业的直接成本却很大，因此战略技术的直接效益往往不大。但是，如果没有战略技术的竞争优势，国家就没有国防安全，就没有经济安全，就没有未来的安全。测度战略技术价值大小，应该以完全收益与完全经营成本之差为基数，考虑的范围是全国而非企业本身。

11.4.4.3 人们很容易错误估计战略技术的价值

按照生产经营成本考虑，1953 年艾森豪威尔宣称“核能将会便宜得无法计量”，主导政府狂热投入 2 万亿美元建设核电站。当时的研究预计，到 2000 年全球将至少有 1800 座核电站投入商业运营，提供全世界 21% 的商业能源。可是，按照完全成本收益计算，保险公司拒绝承保核电安全。为了推进核电事业，国会通过法案，让核电公司对重大事故免责。

关于核电，吴辉提出两个核心观点。[①] 第一，任何安全设计都经受不住人为事故和自然灾害的袭击；第二，核电站运行 40 年产生 20 万吨核废料，核废料污染期长达 20 万年，污染期是运行期的 5000 倍，运行期间的安全不足以反映核电站全过程安全。一座 100 万千瓦的核电站每年产生 30 吨高能核废料，40 年就是 1200 吨，产生的辐射可以致死 1200 亿人。[②] 1979 年 3 月 28 日，美国宾夕法尼亚州三里岛

---

① 参见吴辉《反核电宣言》，《读卖新闻》2011 年 4 月 23 日。

② 参见［美］泰勒·米勒《在环境中生存》，汤姆森学习出版社 2004 年第 13 版。

核电站因水泵故障导致堆芯失水熔化和放射物质外溢的重大事故，美国从此停建 120 座核电站。而今，美国已建成的 104 座核电站，出现核电站无法安全退役、核废料无法妥善处置的安全悲剧。

11.4.4.4　个别催肥育成法压制“万众创新”

个别催肥育成法是扭曲机制，让权威创新，不是“万众创新”的正道。个别催肥育成法如“百千万人才工程”，先规定谁来充任杰出科学家、学科带头人和年轻优秀人才，然后创造过度充足的条件去造就科学大家，扭曲了创新的自发竞争机制，还需要不断增加预算挽救前阶段的决策失误，管理成本十分高昂，实际效果远离预期，并且滋生腐败。尽管个别催肥育成法当前是主流，但是这种育才方法不是人才的锤炼提升机制，而是人才形成的扭曲机制，并且无视创新的多层次性和创新人才成长的巨大差异性，与“万众创新”的要求是格格不入的。由于这一工程忽视多层次创新人才的形成差异，特别压缩初级创新，导致原始创新成为无根之木、无源之水，在所谓的国际前沿上游荡，不与中国经济社会结合，导致中国产业没有创新基础，中国工业普遍缺“芯”，“一流的设备，生产三流的产品”。中央政府确实应该收缩工作范围，多承认事实，在营造公平环境上下功夫，少做拔苗助长、扭曲竞争机制的事情，多在宏观责任领域内的体制机制上下功夫。如果官僚都能决策谁的创新有最高价值，这种层次的创新还有价值吗？

11.4.4.5　政府要从机制设计入手提高创新效率

创新需要资源的支撑，同时也创造出新的资源。基于未被认识的资源，有发现和发明两类创新。认识上的突破就是发现，首创的应用模式就是发明。基于已被认识的资源，在同一领域内，创新有生长、成长和革新三个基本方向，奥斯本法则就是生长的发展。跨越多个领域，有集成、复合、合成型创新，如机械与电气结合就产生机电一体化工程，就要按照熊彼特创新理论来指引。从层次上看，文化→知识→科学→技术→经济→需求，依序支撑创新，由隐到显实现经济价值，属于纵向创新链的常态。跨越多层的是战略技术创新，或是中观的产业、区域和工程创新，属于纵向创新链的变异状态。如何理顺这条创新链，壮大常态、增强异态，需要社会管理机制的精心设计。优越的机制设计，循环增强创新文化氛围，激励自发积极创新行为，依序促进并最终实现创新的经济价值。拙劣的机制设计，使创新链相互制约、首尾割裂，创新成果区段堆积，最终造成创新资源被高度浪费，个别育成法就是如此。

第12章　世界经济中的国家经济

12.1　当前世界经济的基本状态特征

12.1.1　世界经济的不均衡分布状况

2015年1月25日凤凰台报道：世界上占人口1%的富豪拥有全球资产的48%，再过两年全球1%的顶级富豪将拥有全球资产的52%。这个预估看来是正确的，2016年6月9日凤凰台报道：占当今世界人口1%的顶级富豪拥有全球资产的50%，折合78.9万亿美元。经济合作与发展组织34个成员国，2014年最富有的10%人口所得与最贫穷的10%人口所得之比为9.6∶1，而在1980年这一比例为7∶1。[①] 可见，贫富差距扩大是一个世界性问题。

---

① 参见Robot《美国等富裕国家贫富差距达30年最高水平》，2015年5月22日，中国新闻网（http：//finance.ifeng.com/a/20150522/13724505_0.shtml）。

12.1.1.1 世界经济的洲际地域分布不均衡

世界上的国家和地区，并非永恒不变。可是，从短期看，主要国家还是相对稳定的。所以一般情况，我们就不纠缠于微小的变化了。2012年世界上有237个国家和地区，其中国家197个，地区40个。根据IFM公布的数据，2013年世界GDP为78.5万亿美元，其中IFM列明的194个国家和地区GDP总计74.27万亿美元。在世界GDP构成中，中国和美国合计26万亿美元，占世界经济总量的33.1%；七国集团[①] 34.5万亿美元，占世界经济总量的43.9%；二十国集团[②] 63.5万亿美元，占世界经济总量的80.9%。2012年世界各洲经济分布状况见表12－1。

表12－1　　2012年世界经济的洲际分布概况

项　目	GDP（亿美元）	人口（万人）	人均GDP（美元/人）	国家数（个）	地区数（个）	陆地面积（万平方公里）
亚　洲	247597	407500	6076	48	1	4381
欧　洲	210202	77434	27146	44	3	1018
非　洲	20913	103084	2028	54	7	3022
北美洲	201634	49912	40398	23	18	2450
南美洲	42366	38911	10888	12	2	1784
大洋洲	17106	3565	47983	14	9	901
世　界	742546	7056721	10522	197	40	14894

注：GDP数据是2013年的，故人均GDP可能比实际偏大一些。

① 成员国包括加拿大、法国、德国、意大利、日本、英国和美国。

② 成员国包括美国、日本、德国、法国、英国、意大利、加拿大、俄罗斯、中国、阿根廷、澳大利亚、巴西、印度、印度尼西亚、墨西哥、沙特阿拉伯、南非、韩国、土耳其和作为一个实体的欧盟。

12.1.1.2　世界各国人均 GDP 分布不均衡

根据各国人口和人均 GDP 数据，依据人均 GDP 从低到高排列世界各国，计算出各国人口在全球人口总数中所占比重，并以人均 GDP 代表该国经济水平，绘制出世界经济人均分布图 12－1 和图 12－2，世界各国 GDP 的 Gini 系数计算式如下：

$$Gini = 1 - \sum_{i=1}^{n} \frac{N_i}{N} \cdot \frac{G_i}{G_{max}}$$

其中：n——世界上国家和地区数量；i——国家编号；N——世界人口总数；N_i——i 国人口数量；G_{max}——最高人均 GDP；G_i——i 国人均 GDP。

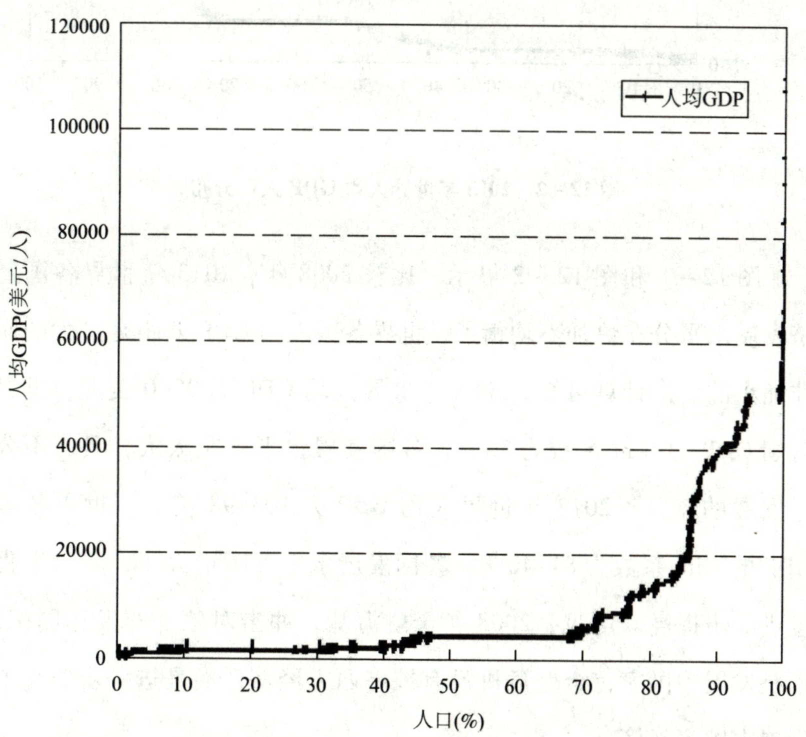

图 12－1　2008 年世界人均 GDP 人口分布

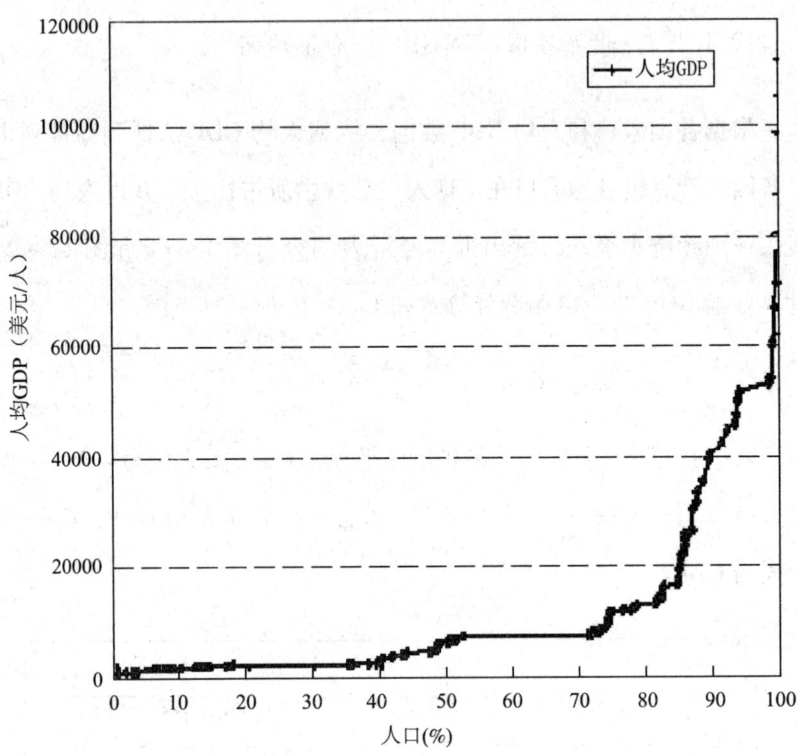

图 12－2　2013 年世界人均 GDP 人口分布

图 12－1 和图 12－2 显示，比较 2008 年，2013 年世界各国经济发展水平分布更加不均衡了，世界各国人均 GDP 差距是扩大的而非缩小的。由计算可知，2008 年世界人均 GDP 为 9900 美元，世界各国 GDP 的 Gini 系数为 75%，各国发展水平差距太大，具有不公平发展的特征。2013 年世界人均 GDP 为 103498 美元，世界各国 GDP 的 Gini 系数为 81.46%，各国发展水平差距更大了，不公平程度进一步提高。可见，2008 年金融海啸，冲击对象并非发达国家，而是发展中国家，金融危机没有摧垮西方经济，而是进一步弱化了发展中国家经济。

12.1.1.3　世界各地国土产出分布不均匀

世界各国自然资源差异很大，有一些地方适宜人类生存，有些地方不适宜。例如，撒哈拉沙漠、阿塔卡玛沙漠、库尔布沙漠、塔克拉玛干大沙漠等地，不仅人烟稀少，甚至细菌都少有。尽管如此，土地依然是立国之本。从世界范围看，土地的开发程度差别很大，欧洲开发程度最高，北美次之，非洲、大洋洲和南美洲的开发潜力很大，基本状况见表 12－2。

表 12－2　　2012 年世界各洲单位国土的 GDP 分布密度

单位：亿美元/平方公里

地区名称	亚洲	非洲	欧洲	北美洲	南美洲	大洋洲	世界
GDP 密度	56.52	6.92	104.16	82.30	23.75	18.98	49.85

世界上单位土地创造出最高价值的地区是中国澳门，2013 年为 172700 美元/平方公里，其次是新加坡为 29575 美元/平方公里，第三是中国香港为 27365 美元/平方公里。除此之外，其他地区单位国土 GDP 产出分布状况可见图 12－3。2013 年，GDP 产出低于 10 美元/平方公里的国家和地区有 59 个，10—100 美元的国家和地区有 79 个，1000 美元以上的国家和地区有 19 个。从全球范围看，GDP 产出的地理分布是很不均匀的，具有极高经济产出的陆地面积其实很小，而广袤的地域仅有低水平的经济产出，各国国土 GDP 产出的 Gini 指数为 91.2%，比世界人均 GDP 分布更不平衡。从这个角度看，就不难理解为什么人们更愿意迁往人口稠密的都市，而非移居到人口稀疏的广袤农村，财富的吸引力就有这么大。

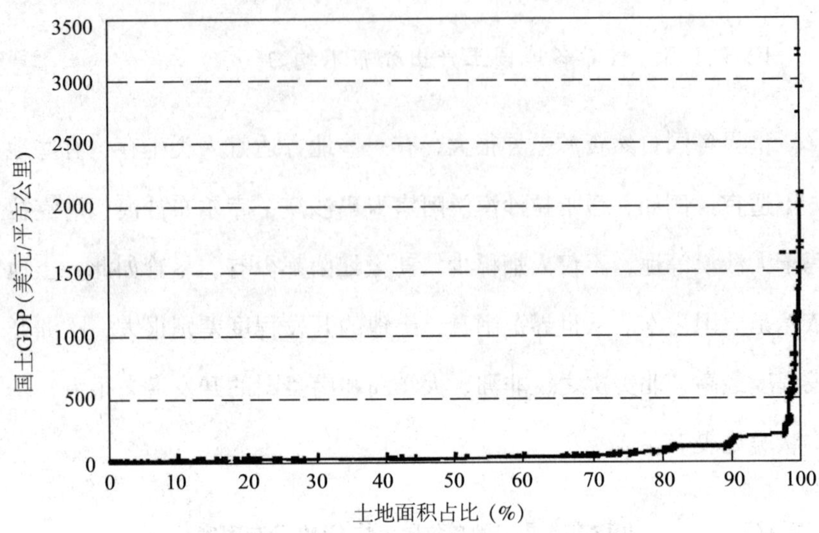

图 12－3　2013 年世界单位国土 GDP 产出分布

经济地理分布不均匀现象，是一个技术经济问题而非政治问题，具有经济上的合理性。经济互补性决定了密集投资通常具有规模效应。地理上密集的投资分布，具有减少短程运输费用、增强互补配套的经济功能。自发的规律是，加强内部紧密配套和降低运输费用的需要，驱动互补共生的产业在小区域内密集布局，从而形成产业集群、特色产业区等。大宗低值品种的长距离运输会增加成本而降低经济效益，分散布局就不是经济合理的。然而，世界钢铁业高度集中在中国，而铁矿砂生产在澳大利亚和巴西。全球钢铁业的这种状态经济上是不合理的。如果将钢铁生产布局到铁矿砂产地，以钢铁贸易替代铁矿砂贸易，仅海运费用的降低就能让钢铁销售利润率提高 7%。从长远看，随着技术水平的提升，将更多的产业布局到经济低水平地区，不仅可以增强世界经济发展的均衡性，而且可以提高资源开发利用程度。随着经济发达地区边际开发成本的攀高、国土资源趋紧，落后地区将呈现出越来越大的开发潜力，越来越值得我们重点关注，越来越成为我国经济出奇制胜的空间所在。

12.1.1.4　世界经济的国别占比分布

在联合国 237 个成员国家和地区中，经济规模最大的 21 国，约占世界经济总量的 80%，世界经济的国别分布也是很不均衡的。其中前 14 位国家的 GDP 和人均 GDP 指标见表 12－3。

表 12－3　　2014 年世界 GDP 居前国家经济指标对比

GDP 排名	国　家	GDP（亿美元）	人均 GDP（美元）	人均能源消耗（吨油当量）	人均石油消耗量（吨）
1	美　国	174189	54596	7.13	2.59
2	中　国	103803	6747	2.18	0.38
3	日　本	46163	36331	3.59	1.55
4	德　国	38595	47589	3.76	1.35
5	英　国	29451	45653	2.96	1.09
6	法　国	28468	44538	3.67	1.23
7	巴　西	23530	11604	1.47	0.67
8	意大利	21479	35823	2.44	0.93
9	印　度	20495	1626	0.50	0.14
10	俄罗斯	18574	12925	4.78	1.04
11	加拿大	17887	50397	9.44	2.92
12	澳大利亚	14441	61219	3.87	1.89
13	韩　国	14169	28100	5.52	2.60
14	西班牙	14068	30278	2.82	1.20

2013 年世界人均 GDP 为 10350 美元，人均 GDP 超过 20700 美元的国家和地区有 39 个。极高收入和高收入国家和地区的 GDP 合计为 46.48 万亿美元，占世界 GDP 的 62.6%，人口 105625 万，人均 GDP 为 44000 美元。人均 GDP 低于 5175 美元的国家和地区有 169 个，人口 344349 万，人均 GDP 1610 美元。按照人均 GDP 五分法归类，世界各国和地区的经济分布见表 12－4。

表 12－4　　2013 年世界各国经济统计概要

类别	人均 GDP（美元）	国家和地区数（个）	人口总量（万人）	GDP 总量（亿美元）
极高收入	41400—	20	61048	318955
高收入	20700—41400	19	45095	147336
中等收入	5175—20700	29	266960	218105
低收入	1200—5175	82	249241	47431
极低收入	—1200	87	95108	7994
全球	10350	237	717452	739821

12.1.2　世界经济的中心—外围结构体系

划分世界的理论各有差异，典型有以下四种。

（1）三个世界划分。1974 年 2 月 22 日，毛泽东主席在会见赞比亚总统卡翁达时，提出了关于三个世界划分的理论。毛泽东主席说："我看美国、苏联是第一世界。中间派，日本、欧洲、加拿大，是第二世界。咱们是第三世界。""第三世界人口很多。亚洲除了日本都是第三世界。整个非洲都是第三世界，拉丁美洲是第三世界。"第一世界，是国际上最大的剥削者、压迫者和侵略者，争夺世界霸权；第三世界，反对世界霸权；第二世界，具有两面性，是第三世界可以争取或联合的力量。毛泽东的三个世界划分，揭示了国际利益争夺的实质，剥削与反剥削的基本关系，启迪了利益同盟的外交战略思路，为建立最广泛的统一战线、反对苏美两霸及他们的战争路线，提供了强大的思想武器，使得我国的朋友越来越多。

（2）中心—外围理论。中心—外围理论模式由阿根廷经济学家劳尔·普雷维什提出，“中心”由发达国家构成，生产结构同质性和多样化，“外围”由发展中国家构成，生产结构异质性和专业化。中心与外围存在结构性差异，关系上具有不对称性和不平等性，却相互依存、互为条件，构成一个统一的、动态的世界经济体系。一般而言，技术水平高低在很大程度上决定自身在国际分工中的地位。技术先进的国家具有主导地位，处于世界经济的“中心”，落后国家就沦落为“外围”。当今世界秩序现状是世界各国形成五个层级：第一层级是美国，拥有核心地位，是霸权国家；第二层级是美国的亲密盟国——欧洲、日澳新等，具有贵族国家地位；第三层级是仆从国，是忠于现行国际秩序的国家；第四层级是苦力国，应该是勤劳的民族、人口大国；第五层级是边缘国，是无关紧要的。表 12－4 数据显示，不同层级的国家，经济地位是极大不同的。中心—外围结构的形成或许具有历史必然性，然而导致各层级国家之间的不对称性和不平等性，更是霸权国家和贵族国家极力推动的。这是一大恶源，导致世界贫富差距的不断扩大，是需要治理的核心内容和斗争焦点。矛盾的是，拥有世界治理能力的是美国、欧洲和日澳新，他们是现行世界秩序的最大受益者，根本没有改善世界秩序的动力，依靠他们来改善世界、治理完全没有希望。苦力国和边缘国应该不满当今秩序，可是多数国家的精英已经被驯化得十分温顺了。

（3）核心—边缘理论。核心—边缘理论由约翰·弗里德曼（John Friedmann）提出，[①] 主要用于解释区域或城乡之间非均衡发展的理论模式。这一理论认为，任何区域经济都可分解为不同属性的核心区和边缘区，两者共同构成一个完整的空间系统，相互依存、互补发展。核心区在汇集资源、提升资源和扩散资源中形成并加强、带动边缘区的成长。边缘区既依附于核心区，又支撑着核心区。没有边缘区作为支点，核心区就会下坠，就不得不从事相对低端的作业。因此，核心区与边缘区具有共生性，是一种分工关系。设计区域发展，要同时兼顾核心区与边缘区，过度强调一个侧面是不适当的。极化增长理论就倾向于强化核心区，而不够注意核心区与边缘区之间的互补性，过度谋局部而未谋全局。

（4）世界岛理论。1902 年，英国皇家地理学会发表了麦金德的《历史进程中的地理要素》，后人称为世界岛理论。麦金德从地质学角度观察到，地球由两部分构成：由欧洲、亚洲、非洲组成的世界岛，是世界最大、人口最多、最富饶的陆地组合，属于地球陆地之中心；美洲、日本、英国和澳洲是散落的四大孤岛。麦金德认为，东欧是世界岛的心脏，“谁控制了东欧就控制了心脏地带；谁控制了心脏地带就控制了世界岛；谁控制了世界岛就控制了世界”。麦金德的世界岛理论，属于陆权论。海权的扩大，以及空战和核武器，使得陆地纵深缩小，加上完成工业、科学技术和军事上对心脏地带控制的苏联，不仅没有维持住霸权，反而在 20 世纪 90 年代瓦解了，使得麦金德世界岛理论遭到了质疑。随着铁路的连通和提速，大大降低了单一强权主

① John Friedmann, “Regional Development Policy: A Case Study of Venezuela/John Friedmann”, *Urban Studies*, Vol. 4, No. 3, 1966.

宰世界岛的难度，大陆中心的技术可能性正在形成，世界中心和边缘可能再次大逆转。中国“一带一路”倡议，使得我国铁路延伸到欧洲，为扩大我国在世界岛的影响力提供强大的物质技术支撑。世界岛到底会怎么样，“数风流人物，还看今朝”。

从经济层面上看，中心与外围或者核心与边缘，其分工特征是，中心或核心经济以知识—资本型经济为主导，外围或边缘经济以资源—劳力型经济为主导。两者的经济关系和各自的经济特征，可以按知识—资本型经济与资源—劳力型经济的经济关系以及这两类经济的特征来概括。相对于外围经济或边缘经济，中心经济或者核心经济具有主导性和先见性，可以优先刮取浮油，预先释放和转移风险，从而使自身支出成本更低，获取收益更高，发展更平稳。

从全球和区域的角度看，美国称霸全球，印度称霸南亚，中心—外围、核心—边缘都是有层次性的。例如，相对于美国，欧洲是外围；相对于尼泊尔，印度是中心。中心—外围经济结构既然具有相对性，是一种分形结构，就必然具有可竞争[①]特征。金砖五国尽管在全球经济中，处于苦力国家的地位，但是东南亚国家都希望搭上中国经济发展的顺风车，在区域上，金砖五国是具有动员能力的。特别是国家之间，经济的中心地位和核心权益竞争，应该当仁不让。那种委曲求全的做法、安于现状的做法、故步自封的做法，是极端错误的，从实践上看，也是最终陷入“增长的陷阱”和“中等收入陷阱”的根源。

---

① 可竞争市场（Contestable Market）是指可以形成竞争性价格的市场。可竞争市场的基本特点是进入、退出壁垒很低；一个绝对可竞争市场是完全没有进入及退出壁垒的。理论上，可竞争市场具有“打了就跑”的特点，潜在竞争者可以快速进入市场谋取短期利润，其他企业反击前又可快速退离。可竞争市场这一市场特征，使得市场中即使只有一家企业，也难以获得垄断利润。

12.1.3 世界各国的政治经济生态特征

"一切真正的危机的最根本的原因，总不外乎群众的贫困和他们的有限消费，资本主义生产却不顾这种情况而力图发展生产力，好像只有社会的绝对消费能力才是生产力发展的界限。"——马克思

12.1.3.1 西方文明控制世界的14要点

西方文明控制世界的14大战略要点[①]包括：①拥有和操纵着国际金融系统；②控制着所有的硬通货；③是世界上主要的消费品主顾；④提供了世界上绝大部分制成品；⑤主宰着国际资本市场；⑥对许多社会发挥着相当大的道义领导作用；⑦有能力进行大规模的军事干预；⑧控制着海上航线；⑨进行着最先进技术的研究和开发；⑩控制着尖端技术教育；⑪控制着宇航技术；⑫控制着航天工业；⑬控制着国际通信系统；⑭控制着高科技武器工业。

12.1.3.2 多数国家财富集中度不断提高

收入差距扩大是全球性特征。从1980年里根执政后，推行新自由资本主义经济路线，使美国的贫富差距不断扩大，也带动全球贫富差距加速扩大。根据世界银行数据，主要国家Gini系数变化情况见表12－5。

① 萨缪尔·亨廷顿（Samuel P. Huntington，1927.4.18—2008.12.24），美国政治学家，在《文明的冲突与世界秩序的重建》（*The Clash of Civilizations and the Remaking of World*，Simon & Schuster，1998－1－28）中引用Jeffery R. Barnett的观点归纳而成。

表 12－5　　主要国家 Gini 系数变化情况　　(单位:%)

年份＼国家	美国	加拿大	英国	德国	法国	俄罗斯	印度	日本	韩国	中国
1980	33.7	29.1	28.6	25.1	30.0	26.0	28.2	30.4	39.0	32.0
2000	37.8	32.8	34.5	29.5	29.3	39.6	33.4	24.9	31.6	42.6
2014	40.8	32.6	36.0	28.3	32.7	39.9	33.6	28.3	28.0	47.4
财政性福利支出/GDP①	21	23.4	25.9	27.6	34.9	15.5		18.6	10.4	2.28

第四十四届世界经济论坛达沃斯年会发布的《2014 年全球风险报告》中，评估了 31 项全球性风险的严重性、发生概率和潜在影响力，认为长期的贫富差距扩大、不稳定的政府财政是全球经济面临的最大威胁。当前全球最富有的 85 人的财富总额占世界财富的 46%，相当于世界上 35 亿最贫困人口所拥有的全部财产②，40% 的人口生活在贫困线下。印度 10 亿美元以上富豪总数，1998 年 6 人、2008 年 61 人、2014 年 109 人，他们掌控的资产占印度全国的份额从 2003 年的 1.8% 上升至 2008 年的 26%。③

中国经济改革研究基金会王小鲁 2010 年所做的调研报告显示：中国收入最高的 10% 家庭与收入最低的 10% 家庭的人均收入相差 65 倍。联合国计划开发署统计数据显示：中国占人口总数 20% 的最贫困人口占全国收入或消费的份额只有 4.7%，占总人口 20% 的最富裕人

① 参见北大光华管理学院王建国教授《社会福利开支占 GDP 的比例》,2015 年 7 月 11 日。

② 参见英国慈善机构乐施会（Oxfam）调查报告《全球 85 名大富豪的财富占世界财富 46%，等同 35 亿贫困人口的总资产》，2014 年 1 月 20 日，美国中文网（http://www.sinovision.net/finance/201401/00281075.htm）。

③ 《中国“高收入”全球啥水平，与南非司机水平相当》，2014 年 1 月 24 日，人民网（http://money.163.com/14/0124/07/9JBCC3LS00253G87.html?ad）。

口占全国收入或消费的份额高达50%，最高20%收入人群与最低20%收入人群的平均收入之比为10.7，而美国为8.4，印度为4.9，俄罗斯为4.5，日本为3.4。①

12.1.3.3 消极退避让中国形成离心力

世界政治经济中，国家之间的关系是最基本的，大国关系占据核心地位。人们普遍认为，中美关系是根本性的，中美关系决定着21世纪世界格局。

关于中美关系上，一些专家富有国际主义精神，很多论点具有麻醉性。他们认为，“中美关系是世界上最重要的关系，中美两国谁也离不开谁，只能合作，除了合作别无出路”，“中美经济中，你中有我，我中有你，谁也离不开谁”，必须形成“利益共同体”，中美两国应该“风雨同舟”“同舟共济”等。② 实际情况是，美国无视这些专家的摇尾“重返亚太”了，战略压迫和围堵中国，不仅意图明确而且行动坚决。面对这一严峻形势，这些专家依然鼓吹逆来顺受，以“针对的不仅仅是中国”自我麻醉，催眠国民无视危机。

针对美国向台湾地区出售武器、攻击中国人权、贸易制裁中国等，这些专家认为美国有政治需要、选举需要、党争需要、利益集团需要，他们知道美国的各种需要，就是无视中国人民也有自己的需要。在“反恐”“反导”“无核”，特别是在朝鲜问题、伊朗问题、叙利亚问题等的问题上，他们竭力鼓吹与西方沟通磋商。当美国深陷金融危机之时，他们高唱“救美国就是救中国”“救欧洲就是救中国”。

---

① 参见蔡慎坤《基尼系数0.73——中国成为世界上收入差距最大国家》，2014年7月29日，价值中国（http：//www.newmotor.com.cn/html/glzwz/49498.html）。

② 参见张志坤《中国“智库”之怪现状》，2012年7月27日，中国社会科学在线（http：//news.hexun.com/2012－07－27/144062869.html）。

当西方“焦虑”中国崛起时，则拿出“防止中国过快崛起，防止西方过快衰落”的法宝来。甚至领土领海争议，也规约中国要“克制”。他们心中确实有美国有欧洲有世界，就是没有中国。这种“智库”的存在，这些专家活跃在中国，让人觉得十分离奇，并且确实产生离心力。

中国出现战略困境，是听谁的问题，听什么的问题，从来谋略由人，谋略靠人，谋事在人。如果听任为他国之谋，中国不陷入战略困境那才是怪事。许多人迷信的世界银行，2014 年依然认为蒙古处于“巨大矿产资源开发驱动的重要转变的开端”，[①] 可是，2016 年蒙古就陷入货币贬值、债务违约、急剧通胀、增长停滞的巨大困境中。中国社会当前充斥着预测错偏、解释牵强、对策乏力的“智谋”，不是因为中华民族智力水平低下，而是因为中国社会价值取向茫然。不解决依靠谁、信任谁、为了谁的问题，缺乏责任担当、民族精神和民族自信，盛行洋奴、崇洋媚外，就会继续喧嚣西方利益而无民族精神。

12.1.3.4　救市措施背离世界经济发展大趋势

2008 年金融危机后，全球经济步入大调整时期，“在以美国、英国、西班牙等为主的金融和消费板块经历‘去杠杆化’的同时，以德国、日本、中国、韩国为主的制造业和出口板块客观上要经历‘去产能化’”[②]。可是，中国“四万亿投资”和“十大产业振兴规划”[③]，

---

① 《短短五年，这个国家就从繁荣跌入噩梦》，2016 年 8 月 25 日，腾讯财经。

② 朱民：《世界需要中国的声音》，《香港传真》2009 年第 23 期（http://www.strongwind.com.hk）。发改委张平指出，“截至 2008 年年底，中国粗钢产能达到 6.6 亿吨，而国内需求不到 5 亿吨；水泥产能 18.7 亿吨，国内需求只有 14～15 亿吨；电解铝、煤化工、平板玻璃、烧碱等产能也严重过剩”。《产能过剩，依然严重》，《信报》2009 年 8 月 26 日。

③ 2009 年 12 月 5 日发改委印发了《重点产业调整和振兴规划工作方案》，其中 10 大重点产业包括钢铁、汽车、船舶、石化、纺织、轻工、有色金属、装备制造业、电子信息以及物流业。

却与时代大趋势背道而驰。结果是，中国保住了“两位数增长”，却逆转了2007年启动的产业结构调整的正确方向，使得十大过剩产业急剧扩大了，钢铁产能从2008年的6.6亿吨增至2014年的11.5亿吨，水泥从18亿吨增至25亿吨，电解铝从1800万吨增至3500万吨，产业边际投资收益率急剧下跌，投资沉没的风险骤然上升，产能严重过剩问题全面爆发，“去产能”要求更加强烈和急迫，产业结构优化难度进一步增大。毋庸置疑，“四万亿投资”犯下了方向性决策的重大错误，救了美国，害了中国。

12.1.4 世界经济当前面临的矛盾冲突

当今世界，存在各种矛盾，其中地区发展失衡是最基本的。这一矛盾，不仅是自然条件、人口素质等客观因素造成的，更是全球经济秩序、治理机制、价值理念等主观因素加剧的。

(1) 工业文明步入发展的十字路口。支撑工业化的生活方式、推动工业革命的动力——化石能源，日趋枯竭。产业体系总体运转效率却不够高，导致全球约1/7的人口依然面临饥饿，同时引发气候暖化、生态环境恶化、恶性疾病猛增等一系列危及人类生存与发展的问题。[①] 在工业社会前，鸟类每300年灭绝1种，禽类每8000年灭绝1种。进入工业社会后，全世界已经灭绝了1/8的植物、1/4的哺乳动物、1/9的鸟类、1/5的爬行动物、1/4的两栖动物和1/3的鱼类，每天灭绝物种75个，物种灭绝速度是工业社会前的1000倍。显然，延续工业化发展道路，生物种群就会越来越少，终将遭遇生态屏障、资源屏障、环境障碍。提高产业体系运转效率，必须以创新替代资源消

---

① 参见［美］杰里米·里夫金《第三次工业革命》，张体伟、孙豫宁译，中信出版社2012年版，第12页。

耗，发展更加节约资源消耗的生产方式和生活方式以及更加丰富和包容的社会关系。1770 年以来，以勤劳、创业和大量使用劳动力谱写的商业传奇故事或许还有最后的篇章；以合作、社会网络、行业专家和技术劳动力为新要素的美妙故事却仅仅是开篇。集中式经营将被分散式经营替代，纵向等级职能权力将让位给横向合作性权力，经济和政治的宝塔结构将被扁平化，重构社会关系将释放出无限的发展潜力。

（2）科学技术的发展正在发生转折性的变化。在人与自然的关系上，传统的科学以客观、剥夺、解剖和简化为特征，新科学的特征却是参与、补充、整合与整体集成。传统的科学致力于将自然变成商品，新科学致力于实现自然的可持续发展。传统的科学在自然中寻求自身能力，新科学则寻求建立天人合一的关系。传统的科学重视人类相对于自然的自治，新科学则努力把人融入自然之中。新科学不再把自然当作人类征服和奴役的对象，而把自然作为一个亟待培育的共同体，自然的工具价值逐步让位给自然的真实价值，自然财富开发、利用和占有的权力受到了约束，礼遇自然成为一种义务。① 人类活动必须符合自然界再生的要求，效率将让位给可持续准则。新科学不仅要解决人与自然的关系，还要解决人与人、人与自身、人与生态等的关系；不仅要解决个别关系，而且要解决各种组合关系。

（3）维持还是创新，人们面临艰难的抉择。在我国，传统产业占 80% 的份额，提供了绝大多数的就业岗位，不仅是当前经济的主体，而且是一股强大的政治力量，任何削弱传统产业的行为都会受到强力的抵制。然而，维持陈旧设施的成本在不断增加，并且几乎不会提供新的就业机会，陈旧设施的经济增长价值在不断降低以致产生负价值。

---

① 参见［美］杰里米·里夫金《第三次工业革命》，张体伟、孙豫宁译，中信出版社 2012 年版，第 235—336 页。

创造一个全新生产系统所需费用比维护陈旧设施的成本低得多，新的社会基础结构还能催生出各种相互关联、相互依存以及相互配套的产业。可是，产业形成需要时间，成本支付却就在当前，要为潜力和未来投资，并且还没有进入收益期，这就让人们在当前和未来之间犹豫。

（4）贫富矛盾冲突加剧，创新热情和潜力被无形消耗。专制腐朽的社会中，以民众日益贫困为代价，统治者心安理得地获得财富。流淌的石油使酋长成为亿万富豪，民众却由于福利微薄和受雇于政府而变得更加温顺听话。这些国家从来没有为建立健康、全面、创业型的经济和劳动人口而创造经济条件。在这样的社会环境下，一代又一代年轻人变得更加冷漠，他们的潜力也被无形地消耗而积累下不满或仇视。

（5）美元越来越失去可信性。在人们的潜意识中，商业交往和贸易活动是靠黄金和白银来维持的。现实的情况是，商贸活动是由货币来结算的，并且世界上主要货币都不与黄金白银挂钩。因此，公众信任货币才是商贸活动的依托，经济更是一种信任的游戏。当公众的信任足够时，经济就会繁荣，未来就充满期望；反之，经济就会衰退，前景就会暗淡。美国的高负债、滥发货币，导致美元越来越缺乏实质价值、越来越没有价值信用。

（6）美国的军事战略与全球公地规则是根本冲突的。全球公地规则是海洋、太空、网络空间和极地的国际规则。全球公地应该是各国都有权享用的资源，确立全球公地规则的根本目标是避免各国对全球公地无序开发而引致生态环境恶化。但是，美国军事战略的核心是，取得在陆、海、空、天、电五维空间上的绝对主导优势，占用全球公地并且排他。

12.2 大国经济战略和小国经济策略

12.2.1 国家致力于提升发展能力和生存能力

任何国家，一要生存，二要发展。只有生存，才有发展机遇；只有发展，才能保障未来更好地生存。如何生存、如何发展，是国家最基本的课题。

12.2.1.1 国家发展能力的三个维度

国家的发展能力是指一个国家相对其他国家取得更大竞争优势的能力，主要包括三个维度：扩展能力、提升能力和开拓能力。扩展能力就是指扩大能力范围，提升能力就是提高能力质量，开拓能力就是化无为有、化虚为实和变废为宝的能力。科学发现就是化无为有的事情，技术发明就是化虚为实的事情，创新产业就是变废为宝、增加价值的事情。

国家的发展能力具有层次性，包括经济层次、社会安全层次、人文精神层次。经济发展能力包括经济增长能力、经济提升能力和经济开拓能力。社会安全发展能力包括国防安全发展能力、社会管制提升能力和政治制度改善能力。人文精神发展能力包括知识传授和汇集能力、全面科学技术创新能力和社会道德伦理的提升能力。三个层次的发展能力，互补时相互促进和增强，替代时彼此抵扣和削弱，分离时各层次就相互制约。

国家发展能力需要结构优化，否则，就没有战斗力，保护不了生存。同一层次的要素完整、构成合理，发展能力才具有综合优势。20世纪80年代前的苏联，军事上与美国长期并雄全球。然而，苏联却在1991年12月25日解体了。苏联军事工业占全国经济总规模的70%，不仅军事发展能力孤掌难鸣，而且国民日常生活受到极大挤压，与国家生存极度冲突，最终生存根基垮塌，引发发展能力快速萎缩。可见，发展能力替代不了生存能力，国家生存能力不足制约了苏联发展能力扩张，苏联的发展能力也最终保护不了国家生存。

国家的发展能力是一个体系，而非孤立的要素，需要与国家生存能力形成循环增强的机制，才能确保国家的发展能力越来越强。顶层的人文精神具有指向性，是一个民族的精神和灵魂，最终以社会文化的形式表现出来，引领社会探索前进。强大的民族必然具有强烈的文化自信和尊严，形成不可战胜的民族凝聚力，激发出无限的创造力和竞争力。底层的国家生存能力具有保障性，让人们在最艰难困苦中不惊恐、不失望。

12.2.1.2 国家生存能力的三大核心

国家的生存能力是指保持国家内部政治、社会相对稳定和持续存在的能力。换言之，就是维持政权不变的底线，故亦称为国家的底线能力。国家的生存能力主要包括有效的政治社会组织能力、自主生产能力、外交和军事能力、文化维护能力、时代更新能力。考虑国家生存能力时，关注的重点是盛世危机。最考验国家生存能力的是应对非常事态，包括对外战争、政治动荡和经济危机等。当今世界，通过信息引导，一些国家就发生“颜色革命”，可见在统治能力空前提高的同时，社会稳定的脆弱性也在增强。国家生存能力的核心内涵有三个方面。

（1）对外打得赢。国家的生存能力，最底线的生存能力就是掌控战争的能力。国家的尊严，最终是打出来的而非谈出来的。在国家的生存能力中，备战的忧患意识和掌控战争的能力是必须具备的。只有具备取胜的潜力，我们才不惧怕战争，才有资格反对战争。抗美援朝、抗美援越，中国付出了巨大的牺牲，才赢得荣誉、尊严和国家地位。

（2）对内镇得住。颠覆政权的力量、腐化社会的力量、侵蚀文化的力量、扰乱治安的力量等，都客观存在于国内。任由这些力量蔓延，就会最终动摇政权。特别是贪污、受贿、腐化等，不仅打破了经济公平，而且败坏了社会道德，使文化和伦理观念陷入混乱，都会动摇国家政权的稳定。收入差距太大，导致底层群众奋斗无望而消沉，社会积极上升的力量就被削弱，高层权贵坐享其成而无忧，消沉下降的力量就会增大增强，从而导致社会发展的动力越来越小。所有这些现象，都是侵蚀政权的，都需要提前清除干净。

（3）保证有饭吃。粮食、水、燃料等关系国计民生，是国民生产能力或保障能力的前提，有了这些基本条件就能抵抗得住任何的偶然冲击。平时，这些初级产品可以通过贸易满足市场需求。一旦发生世界大战或者世界性粮荒，出现全球性短缺，就会引发社会恐慌。即使截断贸易通道，也能导致局部的暂时粮食缺口，引发粮食价格激烈波动。特别是对于人口大国，粮荒就是灭顶之灾，人口大国依靠外国提供粮食保障是充满风险的。这就是为什么尽管农业占美国经济总量的1.1%，美国却采取高额补贴措施，使美国具有粮食出口的超级竞争优势。

贪污、受贿、腐败、卖官鬻爵、贪赃枉法等，是政权内部蛀虫，能够蛀空政权结构，造成“千里长堤溃于蚁穴”，危及国家生存能力。这些因素，不仅导致经济不公、民心涣散，而且引发道德沦丧、公众愤怒。贪腐盛行，国家就没有凝聚力，军队就缺乏战斗力，社会组织成本就倍增，沉迷文化就弥漫，精神就颓废不振，政府就信用沦丧。贪腐盛行，无形消耗国家的生存能力。这就是为什么晚清政权外强中干，每战必败的基本道理。

12.2.1.3 大国必须兼具发展能力和生存能力

依据经济、政治、军事、科技、文化、国土、人口等的不同，而有所谓的经济大国、政治大国、军事大国、科技大国、文化大国、国土大国和人口大国。英国、德国、法国、意大利等，以往是帝国主义大国，当今依然是经济大国；俄罗斯既是军事大国也是国土大国；中国和印度是人口大国；新加坡是城市小国，却具有国际政治影响力；以色列国土不大、人口不多，却是中东的经济军事强国。美国3.23亿人口，却是当今世界的唯一超级大国。

小国经济波动对世界经济的冲击力微小，大国经济波动会对全球经济产生巨大的冲击。2008年美国金融危机，就冲击了全世界。大国充当不了其他国家的附庸，即使有大国甘愿依附，其他国家也难以承受。大国必须兼具发展能力和生存能力，大国必须具备发展能力，才能支撑起一片天，让小国有归附的巢穴；大国没有经济生存能力，就没有经济发展能力。

12.2.1.4 国家生存能力堆砌不出国家发展能力

富国并非就是强国。1840年晚清经济规模占全球33%，虽然是最富裕的，却不断挨打。1992年以来，我国财富主要来源于股市、房地产、资源型产业和金融。可是，这四个领域无论如何发展，都贡献不出国家安全，都产生不了国家竞争能力，却能大力扭曲财富分布结构，削弱社会安全和侵蚀人文精神。发展什么，如何发展，绝不是一个经济策略问题，而是一个社会战略问题。战略方向和定位的选择偏误，就可能导致轰轰烈烈经济高增长，悲悲戚戚社会忍隐痛，产能过剩、贫富差距、道德沦丧等都不期而至，造成当今中国的发展困境。

12. 2. 1. 5　大国无法投机也无须机巧度日

古希腊著名历史学家修昔底德认为，当一个崛起的大国与既有的统治霸主竞争时，新崛起的大国必然要挑战现存大国，而现存大国也必然会回应这种威胁，这样战争就变得不可避免。例如，公元前 5 世纪，雅典急剧崛起的成就震惊了陆地霸主斯巴达，双方之间的威胁和反威胁引发竞争，长达 30 年的战争结束后，两国均遭毁灭。后人把崛起大国和现存大国面临的危险多以战争告终之历史事实，称为“修昔底德陷阱”。

中国经济、军事崛起的速度之快、规模之大，令美欧和亚洲国家目不暇接，深感意外，既无法阻止、不可抗拒，更难以适应，从而产生危机感、民族心理受挫感，从经济、政治、安全到心理、自尊，都感受到所谓的“中国威胁”。尤其是美国，举国上下都强烈意识到崛起的中国正在赶上甚至在一些领域超越美国，严重威胁美国的全球利益，挑战美国的世界领导地位。这些或许都是现实状况。可是，中国能够遭受外部压力而不崛起吗，中国能够靠摇尾乞求过活吗，中国能够自废武功不守边关吗？中美两国国土相当，美国能够容得下中国吗？只要把相关问题梳理清楚，正确答案也就自然呈现了。既不用无病呻吟，也不用缩手缩脚，只管一心一意致力于中国如何崛起，如何让世界接受中国的崛起。

12.2.2 大国不靠投机取巧，大国需要开拓前进

12.2.2.1 国家的力量决定国家的大小

怎样的国家可以称得上大国，大国经济是怎样的？通常而言，判断大国的依据，可能是指条件，也可能是指结果。中国和印度人口规模庞大，俄罗斯国土面积巨大，客观条件决定了只能把他们列入大国的行列。在人们的心目中，美国是更大的国家，这就不是根据天然条件判断的，而是根据国家力量判断的。人们以为，新加坡比印度尼西亚大。其实，新加坡是一个国土面积仅有 41 平方公里、人口 540 万、经济规模 2957 亿美元的国家。印度尼西亚国土面积 1905000 平方公里、人口 24795 万、经济规模 8702 亿美元，国体规模比新加坡大得多。以色列国土面积 20800 平方公里、人口 787 万、GDP 2915 亿美元，以色列国体小却给世人强大国家的印象，对周边国际事务影响巨大。可见，尽管人们普遍认同国土面积、人口规模等客观自然条件作为区分国家大小的依据，却也完全接受国家影响力的评判。① 此外，领导人意志、国家战略、文化等都对国家地位产生重要影响。

12.2.2.2 大国以发展能力优先，创造时势和机遇

比美国国土更大的有俄罗斯和加拿大，比美国人口更多的有中国

---

① Alberto Alesina and Enrico Spolaire, *The Size of Nations*, MIT press, Vol. 112, No. 4, 2005; Robinson, *Economic Consequences of the Size of Nations*, MacMillan, Vol. 12, No. 5, 1960, p. 211 – 217.

和印度，可是，当今世界的唯一超级大国却是美国。深究其因，我们不难发现，国家影响力不仅需要客观条件的有力支撑，更需要主观的积极进取和奋发有为。因循守旧，使得清朝统治下的中国由强转弱，最后落到被动挨打的地步；投怀送抱，使得叶利钦领导下的俄罗斯日落西山，最后落到任人摆布的境地；跟随战略，使得当今中国产业大而不强、缺“芯”少智，面临产能过剩、提升乏力和转型受制等困境。大国有大国的责任，期待“搭便车”格局太小。事实表明，思路格局小出路也就小，把大国做成了小国。大国不靠投机取巧，大国需要开拓前进。

大国不仅要在时势中当英雄，而且要创造时势。发展能力就是造势的开山之斧，大国必须拥有。国家的发展能力不是从天上掉下来的，而是自己创造出来的。创造发展能力需要支付高昂的探索成本，弱小国家难以承受巨额费用，创造发展能力的责任天然地落到大国身上。大国只有承担起创造发展能力的责任，才配得上大国的称谓，才有创造时势的前提。大国需要谋求全局，以持续的全面创新不断开拓出新的发展空间，才能使自己成为知识领先的国家，才能使自己具有精准的预见能力，才能使自己具有优先的产业发展选择权。大国创造时势，才能引领世界经济新潮流，才能为其他国家提供发展空间，才能赢得小国的尊敬和跟随。只有具备这些特征的国家，才配称为大国。

12.2.2.3　大国经济需要占据经济大道、延长产业链、寻求内部均衡

（1）经济结构均衡合理。一个大国，只有各个产业得到均衡发展，才能保障安全，不受制于人，才能平稳发展。特别是粮食生产和

供给、国防安全产品的生产和供给，最需要依靠国内力量来支撑，别无其他选择更不能依附其他国家。

（2）既要保障原料供给又要研发创新。从产业链角度看，大国经济通常拥有原料供应、产品粗加工、产品深加工、产品研发的较长生产链。只有保障原料供给，才能保障当前经济的安全；只有加强研发，才能创造国家经济发展的明天。两头都不可或缺，都需要具备竞争优势。大国更要创造经济外部性，输出公共产品，包括安全产品等。

（3）占据资本经济大道。在金融资本、工业生产、产品流通、产品零售等行业中，金融业收集整个社会闲散资金，为实体产业提供资金赚取利息，是资本运动的第一环节，也是创造最真实财富的环节。产品流通，也是通过金融中介从生产端流向零售端，最终满足人们的财富享受。发达的金融投资，既不创造真实财富也不享受真实财富，却是牟利的主渠道。

12.2.2.4 大国之间互补则共存、替代则竞争

大国之间关系如何，大国应该有怎样的关系？2012 年习近平提出以不冲突、不对抗、相互尊重、互利共赢的合作伙伴关系为核心特征的新型大国关系，试图打破“崛起国与守成国必然冲突”的历史魔咒。中美关系走向确实是一个焦点，是国内各界关注的热点。就当前而言，构建中美新型大国关系，中国的热度远远高于美国，美国依然困惑于有无可能、如何构建。其实，中美两个大国不可能没有合作，也不可能没有冲突，互利共赢当然好，彼此损害怎么办，我们尊重守均衡，美国孤傲又如何？

从历史角度看，大国之间并非始终冲突、对抗和争斗，大国之间

靠战争解决问题是极其偶然的，大国之间的常态关系是彼此共存的而非你死我活，是相互交往的而非彼此隔离。那么，在什么情况下大国之间和睦相处呢，又在什么情况下难以共存呢？从经济角度看，如果两个大国的经济是互补的，那么两国之间会增加贸易、增进彼此利益，他们就一定选择和睦共荣。如果两个大国的经济是相互替代的，那么这两个国家之间就存在经济利益冲突，他们就很难互利共赢了。更多的时候，两国经济关系既有互补的板块也有替代的板块，故大国之间总是兼有互利共赢的合作和相互抗衡的冲突，这就是国家经济关系的常态。不仅大国之间经济关系如此，小国之间经济关系也是如此，中美经济关系当然不可能有例外。

我们是要处理好中美的全面关系呢，还是只要关注期望的那个方面呢？如果我们朝期望的方向努力而美国不响应，那该怎么办呢？如果我们只有增进合作的一手，美国却有合作和斗争的两手，我们的“一手”能够抵挡得了美国的“两手”吗？如果我们只会与美国互利共赢，对美国而言，是相向而行与中国交换利益更好呢，还是相对而行通过损害中国更加获利呢？分析后可知，答案是后者。如果沿着这个思路考虑，新型大国关系会如何、该如何，也就可想而知了。领导人需要释放善意，军队则要准备战斗，要用中国的“两手”，对付美国的“两手”，这是一个简单的道理。

12. 2. 3 小国不求全面发展，小国需要见缝插针

12. 2. 3. 1 无盛名、无勇功却安定富裕

在世界经济中，一些不知名小国却很富裕。2013 年世界人均 GDP 为 10312 美元，美国为 51248 美元。可是，新加坡为 52179 美元、文

莱为54800美元、丹麦为58668美元、瑞典为60020美元、阿联酋为64780美元、瑞士为80473美元、卡塔尔为98737美元、挪威为105478美元、卢森堡为112135美元。一些地区也极其富裕，赌城中国澳门人均GDP为87360美元，世界避税天堂通常也属于高收入地区，见表12－6。避税天堂中国香港、捷克和哥斯达黎加，最高个人所得税率为15%，新加坡为20%，牙买加为25%，开曼群岛以及圣基茨和尼维斯为0%。

表12－6　世界避税天堂2013年人均GDP（美元）和人口（万人）

归属	地区	人均GDP	人口	归属	地区	人均GDP	人口
英属	泽西岛	57000	9.16	英属	塞浦路斯	32800	113.8
英属	开曼群岛	153177	5.84		哥斯达黎加	10528	471
英属	牙买加	5986	288.92	英属	福克兰群岛	78140	0.2932
英属	百慕大	88694	6.45	公国	列支敦士登	143151	3.63
公国	摩纳哥	207891	3.61	英属	维京群岛	56200	2.3
	圣马力诺	57964	3.19		捷克共和国	21397	1051
英属	直布罗陀	40878	2.96	英属	圣基茨和尼维斯	13800	5.11

资料来源：网上搜索整理而得。

圣马力诺是意大利东部的国中国，列支敦士登是夹在瑞士与奥地利两国之间的内陆小国，哥斯达黎加和捷克是两个独立国家，除了这四个国家和地区外，其他的避税天堂全部是英国属地。尽管英国地位在下降，英国的金融影响力却依然不可小看。英属的这些避税天堂，正是通过依附于英国金融业，不仅保障了生存，而且获得了富裕。对于小国或者小区域而言，哪怕在一个专业领域中取得立足地位，就能

“搭便车”成就富裕经济了。

12.2.3.2 小国维护独立主权代价太大

经营小国，更需要投机取巧、见缝插针、趋利避害。小国领导世界，既无必要也无可能，在世界政治经济格局中，这种狂妄的定向和定位，除了增加国民负担外，没有实质的利益可图，是错误的选择。20世纪80年代，越南试图在区域称霸，结果碰到了阻力；朝鲜试图独立自主，前进的道路十分艰辛；乌克兰采取一边倒外交，如今面临国家分裂的威胁。相反地，瑞士和瑞典，以中立国避免了第二次世界大战的冲击，赢得了发展机遇。小国，可以归附一个国家集团，在全球分工体系中寻求契机、发掘亮点，如避税天堂各国和地区。小国领导人，如果不求智名勇功而图国家的平稳成长，那是领导人的智慧、国家的幸运。

比较大国，小国的开放程度更高，等量的国土面积拥有更长的边界线，没走多远就跨出了国界，稍许增加生产就国内市场过剩，众多的消费品需要依赖进口。凡此种种说明，小国的对外开放程度是天然的，是不得已的。小国更容易遭受外部冲击，对外部的依附性更大，自我保障国防安全的耗费更大。如何降低小国的治理成本，很考验小国领导人的智慧。

12.2.3.3 小国很难决定自己的命运

在起起伏伏、激流漩涡中，避开险滩暗礁，需要十分高超的舵手。在过去的十数年，委内瑞拉、朝鲜、伊朗等，就航行在激流险滩中，没有触礁沉没是很不容易的。美国将伊朗和朝鲜视为两个“流氓国家”，国际政治评论大多紧跟美国的定调，对伊朗和朝鲜多有抱怨。

基本格局是，伊朗和朝鲜要求平等核权利，美国及其盟国要限制两国的核权利，其他国家则意图两边不得罪。面对强大压力，伊朗和朝鲜顽强地坚守底线。从结果看，伊朗和朝鲜没有流失国家利益，2015 年 7 月 20 日美国和伊朗达成核协议，美国取消对伊朗的制裁。对朝鲜，美国进一步加强了国际制裁，大力遏制朝鲜的生存，而朝鲜也不屈服，继续试验导弹及核武。伊朗和朝鲜坚守底线的顽强外交作风，是令人尊敬的，当然，他们国体太小，独立保障国防安全成本太高，这种格局损耗了国内经济成长。

12.2.4 领袖型国家也要国家领袖来增强力量

12.2.4.1 领袖型国家的特征

美国是当今世界上唯一的超级大国，当然是领袖型国家。中国难以摆脱成为世界领袖的必然趋势，印度也应该有这样的可能性。具有领袖潜力而企图超然于世外的国家，20 世纪 90 年代的俄罗斯就是一面镜子。结果是国家的力量被无形消耗，不受尊敬、常受愚弄，背离朋友，也被朋友背叛，自弃而人弃之，国家陷入孤立。

世界上存在一些具有天然领袖型特质的国家。对于天然领袖型国家，或者承担起领导的责任，或者孤立于现有的国际组织秩序之外。哪怕这样的国家愿意低头，也难以被纳入现有的国际组织中。国际组织或者由他来领导，或者排挤他，别无其他可能。俄罗斯就是一个天然领袖型国家。这个国家横跨欧亚两大陆，有 1700 万平方公里的广大国土，具有近代扩张史，任何国际组织都容纳不下它。在亚历山大时期，俄罗斯就致力于融入欧洲，300 年来俄罗斯难圆美梦。1911 年 10 月革命后，俄罗斯扩张成苏联，第二次世界大战之后成为东欧的领袖。1990 年后，苏联瓦解，美国趁机掠夺了苏联 28 万亿美元的财富。俄罗斯企图投入西方的怀抱，受到的是愚弄、讥笑和拒绝，出卖了老朋友却没能结交新朋友，反而陷俄罗斯于孤立的境地。1999 年普京执政后，实行独立于西方的路线，俄罗斯反而在西方获得更多的尊重、嫉妒、较高的国际地位，并且激发出俄罗斯民族自豪感和自尊心。俄罗斯投向西方之梦，以往百年没有实现，以后百年照样没有可能，除非把俄罗斯肢解成数十个国家。

2014 年索契冬季奥运会，展示了俄罗斯对西方文明巨大的开创性贡献。但是，文化同源并没有拉近俄罗斯与西方国家的距离，相反地，欧美 34 国领导人集体抵制这次冬奥会。对于欧美国家而言，俄罗斯的崛起并非是机遇，俄罗斯出口矿产才更符合他们的利益。然而，俄罗斯偏偏展示出发展潜力，而且发展势头难以阻挡，这就使得西方国家只能大生闷气，以领导人集体缺席的方式来表示对俄罗斯的不满。一些政论专家深感俄罗斯缺乏朋友而质疑俄罗斯的国策，却不知欧美国家是否可能以俄罗斯为友，俄罗斯有无必要为了面子放弃里子，就如这些专家一样，不明事理。

12.2.4.2 国家领导人要与国家匹配

历史和现实都经常出现国家领导人与国家不相匹配的现象。大国可能遇到小格局的领导人，小国可能遇到伟大领袖。无论大国还是小国，只要与领导人不匹配，就将导致国家的不幸。前者把大国做小做衰，后者把小国做累做苦。大国与小国经营条件完全不同，所需要的国家领导人特质也就很不相同。根据美国前总统尼克松在《领袖们》中的描述，一些大国领导人羡慕小国便于治理，一些杰出的小国领导人反过来羡慕大国提供的强大平台。尼克松认为，尽管大国的治理更加复杂，但大国领导人更容易成就事业、更有力量维护政权，简言之，大国领导人并不比小国领导人难当。考虑到无论大国还是小国，国家领袖都不是进口的，国家领袖有自身特定的服务对象，根本没有互换的可能。因此，比较大国领导人和小国领导人哪个难当，本身就是无稽之谈。

12.2.4.3 大国领导人需要有强势作风

国家领袖的天职是替天行道，心忧天下就是忧全国人民，而不只是亲朋好友。国家领袖必须有力量，不是让人来同情的，而是让人来尊敬的，大有作为就是让人尊敬的基本理由。人民不需要知道领袖也有困局，如果领袖破解不了困局，只会营造悲情、博得同情，那要领袖干什么！国家领袖要致力于解决前任留下的问题，而不是强调前任留下的问题。在国家领袖岗位上，任何推诿、拖延都是对国家的不负责任。

一些专家认为，萨达姆不自量力、螳臂当车，终落个丢了身家性命的下场。那么，中国对美国的压力又该如何呢？若从力量比较，也应该屈从投降，选择明哲保身、当软骨头。这样的思路非常有利于单极世界的形成和加强，会受到美国的热烈欢迎。中华民族如果按照这样的思路发展，晚清的历史就会重演，振兴中华就是空话。因此，这是卖国贼的思想方法。历史的教训是，遵循明哲保身的思想方法，抗战时十几个日本军人，就可转战江浙十余县攻城略地，而今个别歹徒就可以打劫整辆客车的数十名旅客而不会遭受集体反抗。

与小国不同，大国难以依附另一个大国，没有“搭便车”的机会。大国，不仅不能成为他国附庸，而且要在伟大领袖驾驭下率领其他国家共同繁荣，只有这样，才能为国家争取到荣耀和利益。如果一个大国依附于另一个大国，不仅为人不齿，而且也让人背负不起、不可能接受。依附其他大国必然走向衰败。戈尔巴乔夫时期的苏联和叶利钦时期的俄罗斯都相信可以投靠到西方阵营中，他们个人确实在西方博得了改革的美名，却把国家肢解了、弄弱了。叶利钦出卖了老朋友没有换来新朋友，不仅没有从西方世界为俄罗斯争取到资源，而且按照西方要求的改革导致俄罗斯国力日衰，砸烂了自己的东方阵营，也加入不了西方阵营。实践证明，叶利钦是一个小国领导人。拥有 1708 万平方公里国土面积的俄罗斯，在小国领导人主政下，国际影响力越来越小。既然俄罗斯想当美国的附庸，东欧国家为什么还要当附庸的附庸呢？所以当年华约同盟国反目更快，倒向北约更坚决。日本依附美国是不争的事实，与 20 世纪 90 年代俄罗斯不同的是，不是日本领导人想依附，而是第二次世界大战后世界格局让它依附，这种格局使日本成为“经济的巨人，政治的矮子”。其实，“经济的巨人”也保不住的，日本的发展总是被封顶。对于大国而言，必须避免的情况是，大国 + 小国领导人 = 小国。

12. 2. 4. 4　领导人产生方式对国家发展影响不大

选举产生的领导人，在决定社会责任时，以选票来表现责任。如果决策正确，在下一届选举中，人们再次予以支持。反之，几年后人们再推举出代表自己意志的新领导人。这样的领导人并无实质性执政道德问题。与之相反，非选举产生的领导人，其行为不代表人们以往的选择，也不代表人们将来的意志，而其行为结果却同样要由全体国民来承受，执政道德就是一个严重的问题。历史上，唐朝李世民、明朝朱棣是两位非法获得皇权的君主，而其治下却造就了贞观之治和永乐盛世。1961 年，朴正熙通过政变当选韩国总理，带领韩国经济腾飞，创造出“东亚奇迹”。合法继承权力而昏庸无为者更是大有人在。可见，如何获得权力并不决定如何行使权力。然而，历史上风云突变的年代不多，处于平常时代更多。在常态时期，合法的权力来源是民心向背的重要标志，是社会稳定的关键因素。因此，在国家处于常态时，权力形成的方式不是无关紧要的，而是非常重要的。

日本领导人由选举产生，却在执政过程中就受到持续的考评，经常中断任职更换新人，尽管有损领袖面子却无损领袖人生，领导人离职后不会受到清算。韩国领导人也是选举产生的，任期内执政权力稳定，但是任期结束后经常受到清算，多数下场悲哀，非死即刑。尽管韩国领导人没有出路，韩国却在一次再次的清算前任领导人中不断纠正失误，使得 20 世纪 60 年代人均 GDP 仅为 80 美元的韩国，2014 年人均 GDP 高达 28101 美元并且呈现出越来越大的发展潜力。可见，国家发展并非取决于国家领袖是否稳定、命运如何。

12.3 世界贸易与世界金融的联动

12.3.1 国家之间贸易竞争优势的三大来源

12.3.1.1 贸易竞争优势的三大来源

贸易竞争优势来源于三个方面：价格竞争优势、收入竞争优势和要素竞争优势。我国商品出口优势来源于规模膨胀而非质量提升，是由低价位商品的大规模出口而获得的收入贸易优势。这种出口竞争优势主要来源于对劳动价值的压榨、对出口的财政性补贴、对天然资源的攫取和对环境价值的低估；来源于负外部性的公共化，而非来源于生产率的提高、技术的进步、经济水平的提升。这是一种攫取国内财富换来的低价出口优势，换得的外汇储备是我国福利流失的结果。前期属于无奈，后期属于无知无情，往后看，更乏善可陈。

我国促进低价出口的要素有低工资、低福利、低生活费用、土地优惠、税收优惠、汇率扭曲、出口退税、国内资源低价格、环境代价和文化历史代价等。这些要素使得生产成本降低了，高度依赖劳动、资源、资金、税收等的劳动密集型产业获利最大，相对地我国就成为这类产业的国际投资洼地，吸引大量外商来华投资。劳动密集型产业得到快速膨胀，成为我国经济增长最快的领域。反过来，这又引起政府的更大关注，进一步为之改善增长条件。如此反复，经济扭曲日益严重，直至遭遇到资源、环境、人文和社会的天然制约。

12.3.1.2　创造公平贸易的三大条件

（1）战略性进军技术贸易领域。国际产业转移，使我们积累了一些实用技术，这类技术通常不是什么顶级技术，而属于二流、三流的产业技术，并且属于技术尾端，缺乏技术再开发价值，处于收获期。这类技术是发展中国家所需要的，并且是适宜被承接的，是有市场可转移的。通过廉价化、可承接、具体化等方面的性能改进，我国已经取得了这类技术的国际竞争力。出口这类技术，具有五个层次的好处，

①回报国内技术投资，为“万众创新”的技术再开发筹集资金；

②发展技术及其产业可以吸引技术人员的就业，减少人才浪费，有利于破解“大学生就业难”的问题；

③打破发达国家的技术贸易垄断，促进国际贸易的公平与合理；

④建立技术扩散的国际渠道，培养技术服务对象；

⑤开启国际竞争的新思路，树立技术竞争的国民自信心。

（2）军民融合发展战略技术和战略技术产业。技术贸易的最终胜利，不在技术的尾端，而在技术前端，战略技术就是技术的前端。只有大力发展战略技术，才能源源不断地产生多层次创新成果，才能源源不断地提供技术贸易资源。国家安全技术、宇航空间技术、深海技术、军事装备技术等，都属于战略性技术领域。外国不会卖给我们，只能依靠自主创新。作为大国，也绝不能在顶级智慧上妄自菲薄，否则，后续技术就缺乏创新源泉，“创新驱动发展”就是建立在沙滩上。反之，全面推进战略技术创新，让战略技术创新形成产业，就能产生高级技术要素，为“全民创新”提供充足的资源和要素，就能落实创新驱动发展战略。

（3）适度开放市场。2014 年，我国贸易开放度为 41.37%，美国为 23.17%，主要发达国家通常在 30% 以内。数据显示，我国继续扩大贸易开放度没有统计实证依据。既然我国出口价格竞争力是在低福利、低工资的政策条件下取得的，过度贸易开放耗散了我国的国民福利，扩大出口就是增加国民福利流失，是得不偿失的。美国通过大规模进口，全面改善国民福利，并未降低美国的竞争优势。因此，我国实质性需要的不是扩大贸易规模、萎缩国内需求，而是倍增国内需求、提高贸易质量，让贸易增进国家利益。

12.3.2 贸易顺差国未必能造就经济强国

12.3.2.1 贸易不是目的，促进国内经济成长才是目的

贸易是国家经济的一个局部，贸易服务并服从于国家经济，而不

是反过来。创造外汇、取得贸易盈余等并不是国际贸易的终极目标，而是低层级的环节效果。国际贸易的主要目标有以下几个方面。①提高国民的生存与发展质量；②优化国内经济结构；③扩大经济发展空间；④保障国际资源顺畅有益流动；⑤提高国内经济风险的扩散能力；⑥提供金融流动性；⑦保障适度外汇储备。贸易质量取决于实现目标的能力，政府的关键作用是创造好的贸易条件。贸易是多目标的，扩大出口不是目标而是手段。外汇储备不是收益而是被动库存。

当今世界经济中最怪异的现象之一，就是中国进口产品价格的疯狂上涨和中国出口产品价格的迅猛下跌。中国的贸易顺差是廉价商品替代贸易竞争国而取得的，通过价格竞争，扩大了中国在国际贸易中的市场份额，导致发展中国家陷入更加恶劣的生存竞争之中，在与西方国家的利益分割中使发展中国家利益集体受损，使发展中国家陷入内部关系恶化、利益受损的恶性循环中。这种贸易格局不仅容易引发贸易竞争国的不满，还十分有利于贸易对象国以维护本国的利益为借口，对中国采取反倾销、贸易制裁等手段，进一步转移我国的利益。这有利于发达国家而不利于发展中国家，导致世界经济格局恶化而非改善，是应该打破的而不是要维持的。

12.3.2.2　贸易顺差国家多数不是经济强国

在全球204个国家和地区中，2014年贸易顺差国和地区有58个，顺差总额为22593亿美元，其中前20位顺差之和为19611亿美元，占86.8%；逆差国和地区有145个，逆差总额为23483亿美元，其中前10位之和为16054亿美元，占68.4%。顺差和逆差主要分布情况见表12－7。

表 12－7　2014 年不平衡贸易主要国家和地区顺差/逆差情况

（单位：亿美元）

国家和地区	中国	德国	沙特	俄罗斯	卡塔尔	阿联酋	荷兰	科威特	意大利	挪威
顺差	3824.57	2935.49	1905.10	1886.60	976.50	970	855.94	755.93	569.87	536.60
国家和地区	韩国	爱尔兰	新加坡	中国台湾	哈萨克	伊朗	委内瑞亚	瑞士	尼日利亚	安哥拉
顺差	471.5	467.06	435.22	396.7	370.25	368	361.9	361.46	343	340.8
国家和地区	美国	英国	印度	日本	法国	土耳其	中国香港	埃及	西班牙	南非
逆差	7861.88	1761.28	1430.32	1384.05	960.15	845.41	765.48	404.04	331.99	308.93

表 12－7 的数据显示，顺差国家和地区有发达国家德国、意大利、挪威、韩国、爱尔兰和新加坡，但是多数并非属于发达国家，而是资源相对富裕的国家。当然，能够创收外汇显然也不属于最落后国家，而是比较有经济活力的国家。贸易逆差国家和地区中，有印度这样的落后国家，不过，更多的却是发达国家。可见，贸易顺差不代表发达和具有经济竞争力，贸易逆差也不代表落后和没有竞争力，贸易得失不是顺差逆差就能说明的。

12.3.2.3　贸易利益与贸易额、顺差大小并不成正比

我国经济是在利用和加强比较优势的条件下成长起来的，名义 GDP 从 1978 年的 2168 亿美元增加至 2014 年的 10.4 万亿美元，中美贸易额从 10 亿美元提高到 5551 亿美元。通过贸易，美国保持了 20 年的低通胀平稳高增长，中国从廉价市场演变成为高价市场。从表面上看，中国和美国彼此发挥比较优势，既增进了中国的利益也增进了美国的利益。然而，2005 年吴仪副总理访美时指出，“2004 年中国对美

出口额为 1249 亿美元，为美国创造了 300 万个就业岗位，为美国消费者节约了 1000 亿美元”[①]。同年，中国从美国进口额为 446. 8 亿美元，又带来了什么，也有相同比例的溢价吗？美中贸易全国委员会联合牛津经济研究院发布的一份报告显示，2015 年美中双边贸易和双向投资为美国创造了约 260 万个就业岗位，为美国经济增长贡献了 2160 亿美元，相当于美国 GDP 的 1. 2%。[②] 中国商品出口到美国，使美国物价水平下降 1%—1. 5%，帮助美国节约生活开支 850 美元/家庭。更严重的问题一是中国经济对美国经济的贡献越来越大；二是中国经济越来越在美国经济的主导下运行，以后还得做更大的贡献；三是中国的美元储备不仅回流美国而且成为投资中国的资本，形成中国提供原始资本资源为美国切割中国经济利益提供手段；四是中国与美国心贴心的开放，不仅为美国输出泡沫提供了空间，而且为美国遭遇危机时提供了泄洪渠道和洪泛区，更便于美国经济输出风险，使中国经济不断增加输入风险。

2014 年中国贸易额已达 43030 亿美元，大于美国的 40320 亿美元。大国比较，中国的开放度是最高的，在可能的贸易领域，我们已经无孔不入了。尽管如此，中国依然不遗余力地促进贸易增长并且只知道优惠让利。可是，致力于优惠让利，耗尽了我们的利益空间，我们还有多大的割肉空间呢，我们为什么要提供这种损己利人的利益空间呢，难道除了扩大贸易就没有别的路可走了吗，难道扩大贸易开放度比维护国家利益还更重要吗？开放的内容、开放的途径、开放的目标，难道是一成不变的吗？开放的程度难道是不需要控制的吗？开放

---

① 《中国国务院副总理：推进中美贸易互利共赢》，2007 年 5 月 18 日，网易财经（http：//money. 163. com/07/0518/10/3EP3S39D00251RJ2. html）。

② 《贸易额 38 年增长 211 倍》，2017 年 1 月 19 日，新华网（http：//finance. qq. com/a/20170119/036575. htm）。

本身难道就不需要改革吗？许多问题发人深省。

2015年，中国贸易额为39586亿美元，比2014年下降8%，可是贸易顺差为6027亿美元，比2014年增加58.5%，期间汇率下跌了1.4%。在全球贸易下降12%的2015年，中国出口贸易仅下降2.7%，致力于出口的努力可见一斑。尽管有这样大的顺差，中国对外直接投资仅为1180亿美元，外商来华直接投资为1263亿美元，2015年我国外汇储备却减少了5127亿美元。通过价格竞争辛勤换得的顺差外汇，又在不经意之中通过其他途径流失掉了，回流海外的外汇可以通过投资途径再来到中国。这种循环下，外国可以借贷中国的外汇投资中国来攫取中国的利益。这是值得深入研究的国际贸易机制选择课题。

2014年，全球服务贸易总额为98007亿美元，其中出口额为49404亿美元，进口额为48603亿美元。美国是全球服务贸易第一大国，2014年美国服务贸易总额为11877亿美元，其中服务出口额为7094亿美元，服务进口额为4783亿美元，服务顺差为2311亿美元。中国服务贸易总额为6070亿美元，其中出口额为2235亿美元，进口额为3835亿美元，逆差为1600亿美元。基本特征是，在环保、高收益的服务领域，中国的利益正在通过贸易途径加速流出。这不仅是无奈，而且是选择，至少没有重视急迫性和国内的替代能力。为什么我们的开放，在实体产业上利益输出，却总是换不回在服务上的利益输入呢？这是值得深入研究的一大课题。中央的经济开放决策，绝不能以政治信条替代技术经济分析，如何开放是战略层次上的技术经济问题，不是政治信仰问题，这是不可混淆的。开放的国家战略意图是什么，如何通过出口控制、贸易制裁、经济援助等政策举措来实现国家战略意图，都是值得深入研究的。

12.3.3　富裕强国无例外的都是债务大国

12.3.3.1　世界主要国家的经济和债务状况

人们通常认为，穷国才需要靠举债度日，富国才有财富出借。实际情况正好相反，富裕国家才是主要债务大国。2014 年全球负债总额为 211.6 万亿美元，负债率为 286%，其中日本以 400% 的负债率，位居负债榜首。2014 年中国外债余额为 54793 亿美元，外债/GDP 为 59.6%，负债率是比较低的，但增长较快。2013 年世界 GDP 为 739821 亿美元，外债总额为 730737 亿美元，平均对外负债率为 98.8%。按外债数量排序，超过万亿美元负债的国家见表 12－8。富裕国家都大规模对外负债，欧盟为 160800 亿美元、荷兰为 26554 亿美元、爱尔兰为 23520 亿美元、卢森堡为 21460 亿美元、比利时为 13990 亿美元、瑞士为 13460 亿美元、瑞典为 10160 亿美元。①

表 12－7　　2013 年主要国家 GDP、人均 GDP 和负债额

（单位：亿美元）

国家	美国	日本	英国	德国	法国	意大利	西班牙	澳大利亚	加拿大	中国
GDP	167997	49015	25357	36360	27373	20720	13587	15052	18250	91814
人均 GDP	51248	40442	38002	44010	43000	34034	30108	68939	52364	6629
负债额	171100	104212	95770	57170	53710	26040	22780	15060	13310	46323
外债/GDP	102%	212%	377.6%	157.2%	196.2%	125.7%	167.7%	100%	72.9%	50.4%

① 参见《2013 年世界各国外部债务列表》，2013 年 6 月 5 日，中国排行网（http://www.phbang.cn/plus/view.php?aid=798）。

12.3.3.2 借钱赚钱是西方国家的显著特征

美元是与全球资源紧密相关的货币，因美元地位而形成美国债务经济模式，成为西方世界的典型。2016 年 2 月，美国负债 19 万亿美元，负债/GDP 处于第二次世界大战以来历史高位，其中中国购买美国国债 1.25 万亿美元。按照美国审计总署大为·沃尔克的计算，加上养老金、医疗保险、社会保障等，美国债务已经达 65 万亿美元，再加上“两房基金”等负债，政府负债总额应超过 79 万亿美元。最高负债估计是波士顿大学经济学家劳伦斯·科特里科夫发布的 211 万亿美元。[①] 美国如此高负债比，警示人们不能过分迷信美元的信用，要认真审视美国经济的基础并要认真预测美国的未来。根据美国学者安德森·维金的测算：美国每获得 1 美元的 GDP，必须借助 5 美元以上的新债务。美国的发展是靠债务推动的，债权人是美国经济的推动力。中国、日本、东南亚各国等是主要的原动力。为什么这些国家会成为美国经济的推动力，是自觉的力量还是自发的力量在推动美国经济？这就要看全球的货币机制、美元与石油挂钩的机制、各国金融人才的来源、国际金融理念的形成等。美国让你怎么思考你就怎么思考，这样的金融人才有能力保护本国利益吗？

12.3.3.3 资本是各个国家经济最重要的战略资源

长久以来，人们普遍认为美国是世界经济的发动机，却没有在意发动机是需要动力能源来驱动的。驱动美国经济的动力能源，就是世界各国的经济建设成就，美国就如同一条巨大的章鱼，从世界各地吸

① 参见《美国存在一个巨大风险：人均负债 5.9 万美元》，2016 年 4 月 16 日，凤凰国际。

取大量的经济利益。比如，通过美元资本控制全球经济，在贸易中通过输出美元，输入货物增进美国福利。美国为什么能做到这些，除了战争还有国际金融。美国培养了全球各国的金融人才，服务于美国目标的实现。

12.3.4　强国通过金融攫取外部经济利益

12.3.4.1　经济强国从来就有自由资本主义的邪气

尽管资本主义占据世界的统治地位，自由资本主义却邪气依旧。2015 年 11 月 30 日香港《文汇报》报道，美国诺贝尔经济学奖得主斯蒂格利茨形容美国正实行“科学怪人式经济”（frankenstein economy），既得利益者只是累积财富，对影响全球的各种社会问题视若无睹。英国《卫报》评论，资本主义鼓励私人企业的崛起，期望私企为民众带来职位，以较公平的价格向农民购买农产品，助穷人脱贫。[①] 可是，美国连锁店星巴克在咖啡包装上印上埃塞俄比亚咖啡出产村落的名字，却不愿意向村民支付相关商标费用（2006 年被起诉），39 家国际大型制药企业与南非政府在拯救生命还是保护艾滋病药品专利权上发生纠纷，[②] 大型企业并没有表现得更加高尚，而是十分卑鄙。

在资本主义制度下，不仅厂商如此，国家更加如此。资本主义国家的政府，如果在国内还多少有所忌惮民主制度下的选票，需要在选

① 参见［美］马娜《美“科学怪人资本主义”榨干全球》，环球网(finance. huanqiu. com/)。

② 参见《拯救生命还是保护艾滋病药品专利权上发生纠纷》，2004 年 3 月 10 日，华夏健康网。资料显示，2000 年南非 10% 的人口患有艾滋病，25 万人死于艾滋病，南非根本无力进口价格高昂的艾滋病药物，于是决定进口和生产廉价药；2001 年美国默克公司等 39 家大型跨国制药公司起诉南非威胁他们的制药专利权。

票和经济利益之间折中，它们对外的野蛮特性就表现得肆无忌惮、毫无节制了。只要有可能，发达国家就会不断增强对发展中国家的利益攫取，以致全球贫富差距伴随经济的发展而不断扩大，世界 Gini 系数高达 81% 以上，发达国家对发展中国家的攫取强度前所未有，攫取的程度越来越高。

12. 3. 4. 2　落后国家的政府应该成为本国人民权利的保护伞

最大的现实问题是，发展中国家的政府经常试图通过利益输送吸引大厂商来本地投资和争取它们在当地经营，包括放松对大企业的规范化管理、降低生态环境保护的责任、变相纵容它们剥削穷人等。因此，落后国家的政府经常不是人民利益的保护伞，经常出卖本地利益去成就经济建设。即使在一个国家内，贫困地区的政府也在出卖本地的利益。例如，各省市都到香港去招商，费用收得回吗？各地引资措施，又有多少不是以消耗本地资源为代价的，真正引入的资金又有多少？国家和省级开发区有 6866 个，规划占地面积 3. 86 万平方公里，占用大量耕地，撂荒面积占 43% 。如果把星罗棋布的市、县、镇、村开发区计算在内，开发区热造成的浪费是十分巨大的。除了享受政策迁入的企业外，在开发区发育成长的有几家，净增收益有多少？2007 年 4 月 6 日，国家和省级开发区收缩为 1568 个，占地面积 9949 平方公里。

在种种困境下，政府通过出卖本地利益，启动经济发展时，初时或许是无奈的选择，可是，日久成习，政府无意间就成为利益集团的代言人。这就是为什么政府经常不主持正义而偏袒资本，为什么政府阻挠职工维权，为什么政府不关心生态环境恶化而关心增加投资。只要不制约政府，政府就更容易被资本收买，精英治国的必然逻辑结果就是陷入金钱治国。只有把政府好坏的评价权归人民群众，政府的行为才会受到制约，才会有所选择而不会无所顾忌。从这个角度看，资本主义制度必须改革，提倡公平、协助脱贫，让普世大众真正受益，这是社会正义的要求。只有在遵从高道德标准、生态环境要求和文化价值取向的前提下，才能激励有远见的投资者、具有人类良知的厂商，社会制度才能可持续发展，才是政策激励的正确方向。放任不管、助纣为虐，不应该是政策激励的方向。

12.3.4.3　强国通过金融途径大量攫取发展中国家的利益

攫取获利的效率远远高于通过生产的获利。在当今的经济体制下，金融领域比实体领域更便于攫取，如期货买卖有点差制约和手续费，两者之和就是期货交易平台的收益。平均起来看，交易几十次也就血本无归了。这就是为什么期货赔钱那么快的基本原因。期货的这种交易模式，是欧美发达国家设计的，对实体经济并无直接价值，所谓避险功能根本抵消不了高费用。期货实质是一种利益攫取机制，将中产阶层的余钱收缴到富裕阶层手上，把发展中国家的财富转移到发达国家，把全球的更多财富集中到美国去。期货及其他金融手段，尽管是利益攫取机制，却不是强力驱动的而是自愿参与的，参与者利益流失也无抱怨，就如赌博“愿赌服输”。这是一种高层次的利益攫取方式，不是通过暴力手段，而是隐于游戏之中。

12.4　国家经济版图的多重扩展力量

21 世纪，人类正在走向前所未有的新纪元：“如今的全球化关乎边界的消失——不管是语言的边界，政治的边界，贸易壁垒还是

文化隔阂——关乎我们如何在边界消亡后组织运转一个统一的世界。”（朱特）

12.4.1 对外经济援助既可博得美名又可获得实惠

12.4.1.1 经济援助并非只是经济救济

在面临饥饿、传染病、灾难时，提供粮食、药品、帐篷、饮用水等应急救济，是社会人道的要求，是必不可少的。但是，经济援助不只是应急的，更是治理贫困的；不只是消极地给予，更是积极地培育。因此，经济援助主要的不是经济救济，而是给受援国第一推动力，让受援国形成自我成长的机制，让受援国产生经济创造力。经济援助需要追求的更高目标，不是仅仅解决当前的生存问题，而是同时突破受援国的未来发展困境。

12.4.1.2 经济援助也需要增进援助国的利益

经济援助是追求效果的。经济援助不仅要致力于受援国的发展问题，而且要致力于援助国的再援助能力生成和提升问题。只有通过经济援助进一步增强援助能力，才能使受援国获得产生可持续援助的动力；只有受援国的发展同时有益于援助国的进步，援助与受援才能形成相互促进的良性循环。因此，从援助国角度看，经济援助不只是顺应受援国之需，更要把经济援助转化成为本国力量增长的投资，寻求自身利益的最大化，包括国家安全利益、间接经济收益或直接经济收益。理所当然的选择是，扩大友好国家的援助，减少对抗国家的援助。区分敌友、显示差异，让各国增加选择，而不让发生“经济上依靠中国，安全上紧贴美国”。

12.4.1.3 经济援助既能博得美名又能同时获得实惠

通过经济援助获得国家经济利益，是否存在得当的路径呢？回答是，存在。怎么做到呢？例如，美国的粮食援助，美国政府补贴了73%。2016 年 12 月 20 日，美国出口糙米价格为 250 美元/吨，使得受援国的主食开支仅需 7.5 美元/月，估计正常食物开支在 200 美元/月以内。经济规律显示，如果食物开支占收入 1/5 以下，生活就富裕了。按此推算，人均收入只要 1000 美元/月，就有富裕感了。如果美国把制鞋、制帽、制衣等产业转移到受援国，并且开放美国市场给受援国，受援国一定很开心。然而，在受援国，一位工人的薪资仅需 1500 美元/月，而在美国需薪资 26800 美元/月。劳动密集型产品的价格构成中，劳动费用通常占 60% 以上，如果美国进口受援国的这类商品，比较美国自己生产，就可以为美国消费者节省 90% 的费用。这种利人利己的对外援助效果，是值得我们深入研究的，是我们应该努力追求的。如果做到了，就能在对外经济援助与增进国家经济利益之间形成良性循环，不仅能够夯实国家的利益基础，而且同时可以扩大援助国的美名。

12.4.2 市场交换自发蔓延形成的经济扩展动力

12.4.2.1 市场经济具有自发蔓延的动力机制

基于经济利益关系的自主交换，具有跨区域、跨文化、跨宗教、跨政治信念的特征。古丝绸之路就把中国的经济影响力自发地扩散到西亚、中东、欧洲和非洲；工业革命后，欧洲特别是英国的经济影响力扩散到了全世界，早期都是靠经济自发力量。经济自发力量至今依然是常规的经济扩散动力，中国廉价商品攻占全球各个市场角落，全部依靠市场自发的力量。尽管制裁、反倾销等冲突不断，中美两国依然扩大贸易，也是靠自发力量。政府尽管推动贸易，中俄合作量依然不大，原因就是市场自发力量不大。

12.4.2.2 经济自身的力量

市场自发的力量主要有两个方面。一是市场规模扩大的力量，从供给侧看，推动市场规模扩大的最基本力量是低成本→低售价→大量销售；二是市场开拓的力量，从供给侧看，经济的逻辑是高创新→高昂售价→高收益，特别是从无到有的创新力量和从低到高的质量提升力量。由于社会财富极度不平衡，“20%的人拥有80%的财富”，针对富人的市场供给，更易于获得超额利润，第二方面的自发市场力量层次更高、更加强大。

12.4.2.3 势差是市场自发扩散的主要动力

市场势差是指两个经济体之间存在不同的优势，从而促使商品从高势能地辐射到低势能地，有—无、优—劣、丰—缺、高—低等，都是势能的来源。国家经济技术水平越高，经济空间越大，经济开拓潜力越强，就越有经济势能。有了经济势能，就会产生自发的市场力量。市场自发的力量，推动资源—劳力型经济往知识—资本型经济方向提升，这是社会意志的自发经济规律。市场自发的力量，激励资源—劳力型经济体和知识—资本型经济体之间的互补交换，这也是一条自发经济规律。

12.4.3 文化圈软实力增强对经济圈的渗透力

（1）文化对经济的渗透力越来越强。经济是价值的创造、转化和实现，其动力来源于满足物质和精神文化的需求。在能够维持生存的条件下，价值判断主要来源于文化，是文化主导了人们的需求。例如，苗族文化特别喜好银首饰，佛教徒经常点香上蜡烛。特别的文化认同就有特别的消费品，一旦认同了文化，就带动了相应的消费，这就是文化的渗透性。

（2）文化导向下的经济越来越丰富。“哈韩族”不仅崇拜韩国的明星，也认同三星手机、韩国化妆品和轿车。中韩友好，使得双方贸易快速增长，从 1992 年的 50. 28 亿美元提高到 2015 年的 2273. 8 亿美元，产生中国对韩国贸易累计逆差 7000 亿美元。文化认同，人们的心理距离就缩短。通过深入人心的文化，促进经济影响力的扩散，具有最大的稳定性、持久性和无代价性。

（3）文化版图更高层次上决定经济版图。相信美国创新，就购买美国技术；相信德国精工，就购买德国高端产品；相信意大利的浪漫，就购买意大利的时尚服装和奢侈品。文化潜移默化地影响每个人的经济行为，效法文化认同的国家，文化认同就成为优先选择。同样功能的商品，优先购买文化上认同的，文化就成为经济版图最清晰又最不可捉摸的分界线。

12. 4. 4　战争摧毁经济贸易疆界、扩大经济范围

12. 4. 4. 1　战火烧尽经济自我保护的篱笆

战争对已有的经济成就具有摧毁性的作用，但是战争在打破一个旧世界的同时也为重建一个新世界提供契机，战后重建往往是对以往经济的超越。第二次世界大战后，德国自我摧毁战争遗留下来的最后一点剩余经济，全面建设新型经济，就是一个典型。破釜沉舟式的自我更新，在和平时期，完全不可能发生。正是战争摧毁了德国经济的

80%，摧毁剩余的20%成本也就不是很高了，德国社会才有可能下如此非凡的决定。战争的经济作用是表现在以下几个方面。

（1）战争需要发展出来的科学技术成为战后经济重建的基础，推动经济技术进步。

（2）战胜方把先进的社会制度带到战败地区，如拿破仑把资本主义制度推广到世界各地。

（3）战胜方把国内市场扩展到世界市场，如英国18世纪成为日不落帝国。

（4）战胜方把国内生产扩展到世界各地，如矿产资源来源、农产品生产基地。

12.4.4.2 战争把先进的社会制度送到战败地区

2014年4月22日，西方世界隆重纪念拿破仑逊位200周年。拿破仑获得如此长久的赞誉是绝无仅有的。为什么西方世界要纪念这位征服者？这是因为他把资本主义的制度带到了全世界。没有拿破仑的远征，资本主义制度就不可能那么快速地扩散，就不可能被不同的地区普遍接受。战败，才让统治者明白自己的虚弱，才激发起他们的斗志，让他们痛定思痛，实行社会变革。否则，社会的既得利益者很难集体反省，社会变革的动力很难凝聚一致。和平时期的悲哀就在于，既得利益集团致力于扩大利益追求，而没有更高层次的追求，最终导致社会矛盾的加剧、激化，产生根本利益冲突。如何增强社会成员的垂直流动性、如何提高利益波动性、如何打散既得利益集团，是社会治理的一大难题。

第 13 章　国家经济发展的三大成功范式

13.1　世界经济发展的基本状况

13.1.1　从时间维度看世界经济的成长

13.1.1.1　世界经济总量的历史变化

依据统计数据①计算，全球经济总量呈现加速增长趋势，不同时期的增长率波幅比较大，具有较高增长期和平缓增长期的差异，具体见表 13－1。就全球人均 GDP 而言，数据显示并无不变的提升趋势，见表 13－2。比较可知，近代人均 GDP 的进步要比古代快，但是与 GDP 增长率变化比较，人均 GDP 的变化要小得多。计算可知，公元纪年以来年均提高 1.37%，1900 年以来年均提高 1.57%，2000 年以来年均提高 1.498%。

① A Maddison, "The World Economy: Historical Statistics", *Royal Institute of Chemistry Review*, Vol. 2, No. 100, 2003.

表 13-1　　公元纪年以来世界 GDP 增长率情况　　（单位：%）

年份	1—1000	1000—1500	1500—1600	1600—1700	1700—1820	1820—1870	1870—1900
增长率	0.01397	0.1435	0.2890	0.1138	0.5230	1.1814	1.9341
年份	1900—1913	1913—1940	1940—1950	1950—1980	1980—2000	2000—2014	2014—2030
变化率	2.5365	1.8658	1.7140	4.5095	3.0714	6.5525	

表 13-2　　公元纪年以来世界人均 GDP 演变情况

（单位：2000 年不变价美元）

年份	0	1000	1500	1600	1700	1820	1870
人均 GDP	467	453	414	422	421	420	873
年份	1900	1913	1940	1950	1980	2000	2014
人均 GDP	1262	1526	1962	2113	4521	6055	7457

13.1.1.2　世界经济结构的历史演变

现代社会，人们最终消费所占的比重越来越低。可以想见，远古时代，人类生产的全部几乎都是最终消费品。有了食物储存，就可能霉变而损耗。生产的发达，使得资本有机构成不断提高，生产的相当部分成为再生产的投入，最终消费在全部经济活动成果中所占的比重越来越低。在当今技术条件下，食物生产活动仅需占用 1.25% 的人类活动。尽管居住、交通通信、教育娱乐等方面的绝对支出增加，与全部经济活动比较，人类的最终消费相对占比反而显著降低。

按照五大产业构成看，可见世界经济结构历史演变如图 6-2 所示。图 6－2 显示，从扩大物质利用能力至今，世界经济结构中物质利用的剩余空间已经很小了，未来世界经济的更大的成长空间在非物质领域。西方发达国家的社会固定资产投资率通常小于 25%，2014 年我国的投资率为 80.5%。数据显示，最终消费比重下降不是当今世界进步的标志，而是经济结构不合理的判断依据。从总体上看，大规模投资固定资产主要是投资过去，而不是投资将来，我国的投资方向选择迷失了正确方向。“4 万亿投资”于过剩产业从而加剧过剩，更是让人不可理解的事情。难以快速低成本地摆脱严重产能过剩，让人很忧虑未来的发展。只有优先投资于未来如教育、科技和可行性研究，才能保证固定资产投资更多面向未来而非面向过去。

13.1.1.3　世界经济资源的历史转变

经济资源与一定的历史发展时期相关联，是由特定时期的经济技术水平决定的。在狩猎时代，不能制造弓箭，猛虎就不是人类的食物资源；有了弓箭等工具，猛虎就成为人类的食物资源。同样的理由，农耕时代，地表是资源，地下就不是经济资源；到了工业时代，地下矿产成为主要的经济资源，知识还不是决定经济价值的主要力量。知识经济时代的到来，人们预期，知识智慧将成为决定经济价值的主导力量，将替代物质成为经济价值的主要来源。未来资源是什么，取决于未来经济是什么、技术平台是什么。人们普遍认为，数据将是未来经济的战略资源。如果数据成为主要资源，数据挖掘、数据加工就必然成为未来的主要经济形态，知识就成为经济加工的关键要素。

13.1.2　世界多国经济的一些指标比较

按照出口份额前 50 强统计，对比如表 13－3 所示。

表 13－3　美德日意中五国按出口份额确定的前 50 大产业分布对比

（单位：%）

国家＼比重＼类别	总比重	①	②	③	④	⑤	⑥	⑦	⑧
美　国	33.8	13.25	2.36	9.38	4.23	6.12	5.01	21.75	37.9
德　国	10.14	0	5.32	3.75	13.71	15.78	6.01	42.61	12.82
日　本	48.5	0	0	0.84	2.04	7.48	71.38	17.85	0.41
意大利	27.16	0.73	3.28	68.35	15.19	0.58	1.34	10.53	0
中　国	100	1.57	5.80	19.88	49.27	11.02	7.55	3.66	1.25

表中 8 大类产业分别是：①粮食、瓜果等初级农产品业；②矿物等自然资源型产品业；③食品和日用品等家庭个人用品业；④竞争性产业；⑤钢铁、石化等基础性产业；⑥汽车、造船、电子用品等大型产业；⑦设备、光学等专业产业；⑧武器弹药、航空航天、飞机制造、信息技术等高端产业。总比重是指 50 大产业占出口总额的百分比，其他数据是 50 大产业内分类百分比。

经济质量如何衡量，关键是看经济活动对人类社会的贡献大小，以可支配个人收入与 GDP 之比重就能用来衡量，见表 13－4。

表 13－4　2004 年主要国家经济活动对本国的贡献率对比

国　家	德　国	美　国	意大利	日　本	中　国
GDP	21774 亿欧元	109855 亿美元	14709 亿美元	43018 亿美元	131650 亿元
个人可支配收入	18121 亿欧元	84039 亿美元	11649 亿美元	31317 亿美元	68705 亿元
个人可消费率	83.2%	76.5%	79.2%	72.8%	52.2%

注：个人可消费率＝个人可支配收入/GDP。

日本、德国、以色列等国家是很有特色的。在 20 个关键科技领域中，在材料科学、尖端机器人等领域，日本都拥有巨大科研实力。[①] 日本专利申请数全球第二，日本大学仅于次美英。东芝、三菱等大公司，都拥有很强悍的科研实力。日本注重细节的精神让他们的产品在市场上拥有更好的用户体验，从而占据市场。德国的科技来源于德国的教育，更来源于德国的制造业。德国有 70 余位诺贝尔奖获得者，德国人一丝不苟的精神，使得德国成为精品生产大国，机床、精密机械、化工原料等全球第一。以色列缺乏资源，最大的资源就是他们的头脑，诺贝尔奖获得者中犹太血统者甚多。以色列有很高的教育水平，24% 的劳动人口拥有研究生以上的学历。以色列不但在军事上强悍，在科学技术上，他们也同样的强悍，他们不仅引进美国的军事装备，而且改进美国的武器装备，在电子和化学方面，以色列科学家作出了卓越的贡献。美国很多高科技公司都在以色列设立研发中心，利用以色列人的聪明和智慧。

13. 1. 3　世界经济结构分布特征

13. 1. 3. 1　世界经济结构的总量分布

2014 年一些国家三次产业增加值数据见表 13 – 5。计算可知，全球经济三次产业结构分布是 3. 09: 26. 42: 70. 49，中国的产业结构分布是 9. 16: 42. 64: 48. 19。在 169 个被统计的国家和地区中，中国第一、二产业之和为 51. 8%，大于该值的国家和地区有 32 个，大多属于资源型或落后国家和地区。第一、二产业之和小于世界平均

① 参见《2015 年度全球制造业最强实力排名》，天涯社区（http：//bbs. tianya. cn/post – develop – 2107277 – 1. shtml）。

水平 29.5% 的国家和地区有 38 个，全部属于高度发达且技术先进的国家和地区。

表 13－5　　2014 年世界及主要国家经济结构比较　（单位：亿元）

国　别	总　量	一次产业增加值	二次产业增加值	三次产业增加值
世界经济	778687	24061	205729	549897
中　国	103601	9742	43527	50332
美　国	174190	2525	35709	135956
英　国	29418	179	5813	23426
中国/世界	13.3%	40.49%	21.16%	9.15%
总量边际	100%	304%	159%	68.8%

13.1.3.2　中国经济结构与世界经济结构的比较

表 13－5 数据显示，中国与世界平均水平比较，经济结构是低下的，过度发展了第一、第二产业，第三产业则相对不足。国际比较，在第三产业中，流通部门、生活服务部门、房地产业、党政国家机关、社会团体、军队警察、广播电视、体育等，中国具有竞争优势；金融、教育、医疗等，在国内经济利益攫取中能力很强。中国真正薄弱的是研究与开发、科学研究、文化事业、信息咨询、技术服务、社会福利事业等。

13.1.3.3　世界经济的国别产业分布

如果把产业分成高端、中端、低端，世界各国经济的基本分布是欧、美、日等占据产业高端，非洲、西亚、中东屈居低端，其他国家处于中间。产业高低端的最显著区别是生产力，只有占据高端才有最高的人均 GDP，压缩在低端只能维持极低的人均 GDP。2016 年，人均 GDP 最高的国家是卢森堡达 106728 美元，最低的是巴拉圭为 330 美元，中国为 8866 美元。

13.1.4 世界经济发展中的三大基本范式

范式研究的目的是破解一个国家经济成长的内在逻辑，包括经济发展的外在表现、经济运行规则、经济发展路径的创新、外部动力和机遇、约束条件、内部动力、状态形势，特别是政府对经济的作为。例如，政府干了些什么事情，产生怎样的效果？社会、人文、自然、生态等外围资源和条件，是如何影响政府行为和国民经济行为的？

“内因是变化的根据，外因是变化的条件，外因只有通过内因才起作用。”一个国家怎样发展最主要的原因是自身决定的，长期原因包括体制机制的力量、文化统摄的力量、自然地理条件、世界基本格局等，短期原因主要是领导人、社会选择、社会震荡、外部冲击等。我们认为，内因也不是凭空产生的，而是历史积淀下来的长期因素和社会短期动机共同决定的。从世界范围看，尽管各国经济发展都具有独特性，不过，规律性也是存在的。按照发展导向来区分，成功的典型有以下三种范式。

（1）开拓攫取范式。基本特征是，面向未来，主导趋势，领先全球，开拓经济新空间。

（2）精工攫取范式。基本特征是，脚踏实地，完美提升，占据高端，坐拥经济高厚利。

（3）规模生产范式。基本特征是，勤俭节约，规模生产，薄利多销，做大经济总供给。

三大经济发展范式有典型的国家代表。美国是开拓攫取范式的典型代表，德国是精工攫取范式的典型代表，日本是规模生产范式的典型代表。美国模式以自主研发为源，面向未来求新图变、主导世界产业发展趋势而成领先国家。德国模式立足优势技术积淀和完美主义文化，以提升既有产业为创新出发点，精工细作，高居世界各产业顶端而成经济强国。日本模式以引进、消化吸收和再创新为路径，降低生产成本、做大产业规模而成经济大国。要完整认识三大范式，除了要看表象，更要看实质。外部的种种条件就是表象，内部的体制机制就是实质，其中核心实质是国内的均衡机制，特别是经济发展的循环动力机制。如果这个机制是循环增强的，这个国家就是持续增强的；如果是循环削弱的，这个国家也就会日趋衰弱。这是有轨迹可寻的，我们特别重视这方面的阐述，以求知其然且知其所以然。

三大范式都是打正规战、阵地战。除此之外，还有出奇制胜的经济发展方式，如以色列，依靠地缘政治冲突营造创新态势，就不是一般性问题而是特殊性问题；再如新加坡依靠马来西亚作为腹地资源，推动财富积累也是具有独特性的。如何发展经济，绝不是无可选择的而是有所选择的，选择也绝非只是必然性而其中也有一些偶然性，既取决于现状也取决于认识更取决于意志。然而，无论如何个人英雄主义，社会选择是有前提的，并不是唯意志论的。透支堆砌投机，或许能昙花一现，然而，要做强产业，必须致力久远、寻求完美、创新驱动。选择不同，结果有异，三大范式可以提供典型的认识框架。

从认识角度看，学习成功范式应该与研究失败案例并重。可惜，关于失败案例的研究，现在还很不够，不仅不够系统，而且不够规范，就事论事的感叹是不足以启发思维的，只有明白失败的原因，才能揭示一些规律性，只有系统地回答为什么，才能启发我们该怎么办。这些工作，有待以后关注这些事情的人们来共同获得真知。

13.2　美国经济发展模式——开拓攫取范式

按我们做的做，别按我们说的做。(Do as we do, not as we say)

——[美] 约瑟夫·斯蒂格利茨

13.2.1　美国经济的历史概览和基本条件

13.2.1.1　美国经济发展的历史概览

美国，经过 1776—1783 年间独立战争后取得 13 州独立建国，再经领土扩展至 1865 年 4 月统一南方，基本确定当今版图。1790—2013 年间，美国名义 GDP 从 1790 年的 1.87 亿美元增长至 2013 年的 17.94 万亿美元，名义年均增长率为 5.24%（实际增长率 3.74%），名义人均 GDP 年均增长 3.19%（实际 1.77%），人工薪酬年均增长 3.26%，物价指数（CPI）年均涨幅 1.48%，1790 年以来美国经济增长率变动情况见图 13 - 1。

图 13 - 1 显示，1955 年以来，美国经济基本上进入平稳成长通道，其中 1955—1989 年间美国经济繁荣，年均增长率为 7.65%；1990—2015 年间美国经济平稳，年均增长率为 4.73%。1790—1955 年间，美国经济大幅震荡，其中典型高增长时期包括 1792—1795 年华盛顿首任总统期间，年均增长率为 20%；1862—1864 年南北战争

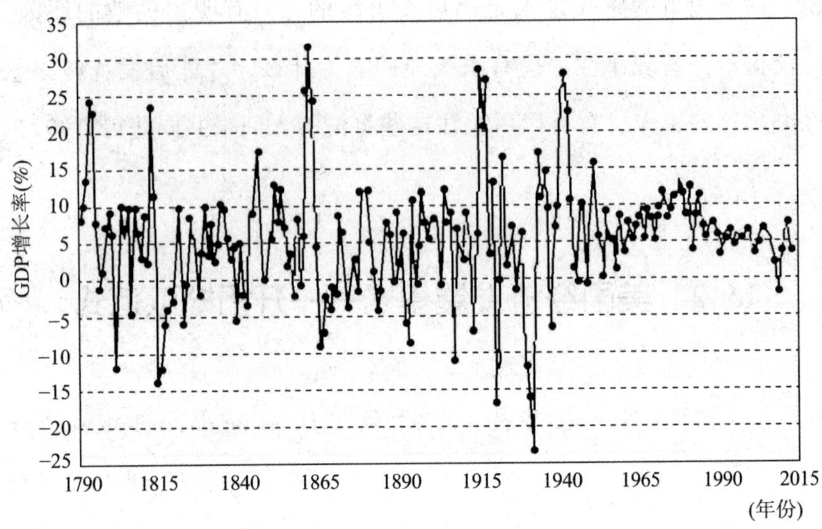

图 13－1　1790 年以来美国经济增长率变动情况

期间，年均增长率为 21%；1916—1918 年第一次世界大战期间，年均增长率为 25%；1940—1944 年第二次世界大战期间，年均增长率为 19%。典型低增长时期包括 1815—1816 年间，年均跌幅 12.8%；1866—1867 年间，年均跌幅 8.1%；1930—1933 年间，年均跌幅 14.1%。历史数据显示，战争是美国经济成长的重要动力，历任美国总统在任职期间几乎都对外开战。

战争带给美国经济繁荣，金融发烧，也埋下回调的危机，紧随离奇高增长之后就是经济快速回落。第一次和第二次世界大战，带动了美国经济高增长。1913—1950 年的 37 年间名义年增长 5.76%、实际年增长 3.33%。比较此前 37 年，名义年增长 4.28%，实际年增长 3.88%，可见战争期间的经济增长是比较无效的。1950—1990 年间名义年增长 7.76%、实际增长 3.59%，1990—2013 年间名义年增长 4.59%、实际增长 2.49%。可见，战后经济建设尽管高速却更为无效，战争的代价总是要后人支付的，并且留下经济后遗症。

1790 年以来，美国经济总体上呈加速增长态势，但最近有回落征兆。美国经济总量上一个数量级，即扩大 10 倍，早期需要 55 年，进入 20 世纪后需要 45 年，第二次世界大战后的 1946—1978 年间仅用了 32 年。1978 年以来，美国 GDP 从 22938 亿美元提高到 2013 年的 167998 亿美元，若按期间年均增长 4.59% 计算，预计到 2020 年才能上一个数量级。这就是说，美国经济再上一个数量级需要 42 年，预示美国经济已经从加速增长转向减缓增长的态势。由此可见，美国国力的回落不是从 2001 年“9·11 恐怖袭击事件”开始的，更不是从 2008 年金融危机开始的，而是更早的时候就有先兆了。

美国 GDP 从 1992 年的 6.1 万亿美元增长至 1999 年的 9.1 万亿美元，占全球 GDP 的比重相应地从 23% 提升至 28%，扣除通胀因素后，期间实际 GDP 年增长率达 4%，是美国近 30 年来经济持续增长最快、时间最长的一个黄金时期。期间，美国政府财政收支也从 1992 年的负债 2900 亿美元转变为 1997 年首次持平和 1999 年的财政盈余 2110 亿美元，期间共创造了 2200 万个新的就业岗位，失业率保持 30 年新低。①

13.2.1.2　美国经济的内在发展动力

美国政府调查显示：1999 年美国平均收入是 32098 美元，其中黑人平均收入是 27264 美元，亚裔美国人平均收入是 40650 美元。② 2010 年，美国大学毕业生全职工作年薪酬中值为 53976 美元，全社会薪酬中值为 44000 美元，大学毕业生比高中毕业生高出 81%，较高收

---

① 参见张伟《克林顿政府科技产业政策简要回顾及布什政府未来科技政策走向》，《全球科技经济瞭望》2001 年第 5 期。

② 参见［美］托马斯·索维尔《被掩盖的经济真相——辨别最平常经济现象的真实与谬误》，中信出版社 2008 年版，第 169 页。

入行业[①]见表 13－6。2010 年，中国大学毕业生 69% 月度薪酬低于农民工，约为 2200 元。比较可见，知识是推动美国经济成长的关键要素，中国尚未形成这样的力量。

表 13－6　2010 年美国全职年薪中值及 15 个高收入行业年薪中值数据

（单位：美元）

行业	医疗预科	计算机工程	医药学	化学工程	电子电气
年薪	100000	85000	84000	80000	75000
行业	机械工程	航空航天	计算机学	工业工程	物理与天文
年薪	75000	74000	73000	73000	72200
行业	土木工程	电器电子	经济学	财务管理	机械技术
年薪	70000	65000	63300	63000	63000
全社会平均年薪			44000		
大学毕业生平均年薪			53976		
高中毕业生平均年薪			29820		

13.2.1.3　美国经济的外围支撑条件

信任美国、依靠美国的世界经济。没有全球对美国经济的信任，美国经济循环是难以为继的。2015 年美国国债与私人债务总额为 57 万亿美元，其中国债总额为 19.5 万亿美元，美国家庭净资产总额为 89.06 万亿美元，[②] 金融资产为 200 万亿美元。美国具有足够的破产条件，可是，美国不仅没有破产，而且各国还大量购买美国国债，美元币

① 参见《15 个最有“钱途”的大学专业》，2012 年 8 月 24 日，财富中文网，（http：//www.fortunechina.com）。

② 参见《美联储家庭资产调查报告》（http：//www.01ny.cn/gupiao/detail/85aco4.html）。

值依然坚挺，美国还能调控全球经济。这就是美国经济机制设计的精巧所在，美国国家软实力的表现，值得人们努力破解。大国经济总是与全球经济紧密关联，只有从全球经济交换中获益，才能促进自身的发展，只有与全球经济相互促进，才能维持与全球经济的可持续交换。

13.2.1.4　美国经济的社会理性选择

美国最让人肃然起敬的是其精准的预见能力，当然还有领先的科学技术、精湛的制造工艺和强大的军事力量以及平等、自由和民主的美国梦。[①]“预见的最好方法就是创造未来”，[②]美国正是在创造未来的过程中，兑现了预测。从以往的经验看，一旦美国绘制出发展蓝图，美国就有能力加速实现第四次工业革命，美国依然是中国最强劲的长期竞争对手。

13.2.2　美国政府推进经济发展的动力路径

13.2.2.1　美国政府创造外部经济条件

（1）加大力度加速推动战略技术创新。

通过国家安全建设和巨额研究与开发经费投入，驱动战略技术创新，推动美国科学技术加速发展，促进人才成长和教育提升。反过来，教育不断提升人力资源素质，又为产业发展储备高质量的人力资源，人才成为产业再创新的动力基础。通过发展战略技术推动经济发

---

① 狭义美国梦：1776 年以来，世世代代美国人都深信不疑，只要经过努力不懈的奋斗便能获得更好的生活，亦即人们必须通过自己的勤奋、勇气、创意和决心迈向繁荣，而非依赖于特定的社会阶级和他人的援助。

② 尼古拉斯·尼葛洛庞帝（Nicholas Negroponte，1943—　），麻省理工学院教授、计算机科学家、互联网教父、“每个孩子一部笔记本”（OLPC）项目主席。

展，不仅是政府的基本手段，而且是全民的社会共识，是美国自信的根本来源。近年，美国政府不仅极力推动战略技术大创新，而且深入民用产业技术领域，如 PDNQ 计划。美国认为，只有拉大科学技术差距，美国才有进一步攫取全球战略利益的基础。

（2）加大力度持续延揽海外战略人才。

美国引进人才数量逐年上升。1965 年开始，美国立法引进全球高级人才 2.9 万名，2000 年增至 11.5 万名，2015 年为 20 万名。在美国，让 20 万人成才至少要消耗 800 亿美元，而且战略人才并不是仅靠投入就能产生的。根据专家测算，引进人才对美国经济的贡献超过 80000 美元/人·年，获得的薪金约为 50000 美元/人·年。当前美国留学生数量达 491 万，也是美国引进人才的隐蔽方式。部分留学生在美国就业，直接贡献美国。回国服务的留学生，心理上崇尚美国，经济上是美国的义务推销员，政治上通常是美国的朋友，间接贡献美国。美国引进国际战略人才，直接促进美国战略技术的发展，间接抑制人才来源国家战略技术的发展，从而拉大美国和其他国家的科学技术差距，延迟和缓解战略技术的直接竞争，从而强化和巩固美国的霸主地位。**只要人才往美国流动，美国就有最终的竞争优势**。

（3）为美国谋取战略资源和经济利益。

美国政府致力于谋取全球正外部性，努力降低战略技术创新的社会成本。政治军事方面，一是通过为盟国提供安全保障的方式，扩大美国军事工业的市场，让盟国更多地承担美国战略技术的开发费用；二是对富裕的敌对国家实施军事打击，以此消耗美国的军品库存，再从这些国家榨取战争赔款。经济方面，结盟和制造动乱，一方面使美国军品库存得到消化，为经济下一轮循环腾出空间；另一方面又可以使美国从这些国家获得战略资源，如人才、资源和资本等。政治方面，战场上的胜利扩大和增强美国政治文化的影响力，化敌为友使得美国军品有了新市场并转化成为美国军事工业再发展的动力。军事上的强大营造出安全的美国，成为动乱地区资本流出的目的地，从而增添美国经济的新鲜血液。于是，通过政治军事途径，美国营造出攫取全球利益的形势，无论盟国还是敌对国家，都不得不投资美国经济，为美国经济作贡献。

13. 2. 2. 2　营造有利于美国经济的国际秩序

与多数国家不同，作为全球霸主，美国经济发展的最终平台就是全世界。

（1）重构国际经济游戏规则，从中谋求“法定的”利益。

战略技术创新的领先及其社会文化的先导，使得美国对未来的科技经济走向有更加精准的把握。一方面超前布局为自己留足攫取世界利益的空间，另一方面超前设置系统性障碍，加大其他国家的发展成本，如知识产权保护，不仅系统严密而且十分过度。在国际法律保护下，中国的生产加工只能获得全部盈利的 10%，专利等知识产权获利 30%，芯片等高端配件获利 40% 左右。通过制定国际法律等，加强虚拟经济的保护，美国就高效攫取到其他国家的经济利益。这样的游戏规则，保障了美国坐享其成，却让发展中国家沦落为“打工仔”。由于发展中国家勤奋努力工作的成果大多被美国攫取，使得美国难以被超越。

（2）以敌我二分法建立国际安全新秩序，扩大安全产品输出。

敌我二分法最有利于美国安全产品输出的极大化，是指导美国军事外交的基本原则。稳定的敌我阵营不利于国防安全产品的大规模消耗，只有敌我阵营的重新划分，才能引发国防安全产品的再消耗。军事工业的发展需求是驱动美国经济的原动力，敌我阵营的重组，就能激励军品消耗，从而拉动美国军事工业的再发展。北约内部矛盾的扩大、欧盟的产生、新老欧洲的冲突、制裁俄罗斯等，都能引发敌我阵营重组。一旦形成趋势，敌我阵营明朗化，就能大规模刺激军品消费。美国当前甚至嚣张到同时围困俄罗斯和中国的程度，这不是美国能同时打赢两场战争的实力表现，而是美国军品库存压力太大的表现。

(3) 美国难以承受科学技术、文化等方面的挑战。

任何国家和地区都在争取生存与发展，美国也不例外。美国也确实认为自己正在遭受生存的威胁。美国追求的是“有我无他”的生存，不是为了活命而是要不劳而获，就如同雄狮一样让母狮捕猎给自己享用。“雄狮式”追求并无止境，美国超越自己的发展需求也就不会有止境。美国经济存在的基础是实物经济的贬值和虚拟经济的价值高估。因此，国际秩序、科学技术领先、文化扩散等是美国生存的前提，是美国必须坚守的底线、必然保护的领域。这些领域的任何挑战都直接威胁到美国的核心利益，威胁到世界经济秩序的维持，威胁到美国经济的正常运行，威胁到美国攫取全球经济利益的可能性，是美国根本难以容忍的。

13.2.2.3 美国政府创造产业发展契机

(1) 通过战略技术创新提供新产业要素。

财政拉动军事工业和大型战略技术研究，产生大量创新要素。这些要素就如同种子，通过“军转民”、军民融合等途径，扩散到各行各业，推动各个产业的再创新，孕育出新兴产业，使美国经济处于持续不断的提升和转型中。

（2）积极用社会力量推动产业更新。

美国政府不仅通过外部性扩散推动新产业的形成，也推动传统产业的提升，淘汰落后产能。美国制造业就业人数 1990 年是 1740 万，2013 年 10 月减少到 1200 万，同期美国制造业总产值从 2.79 万亿美元上升到 7.29 万亿美元，人均生产力从 160344 美元提高到 607500 美元，生产力年均提高 5.96%，高于同期 GDP 的增长率。美国产业正在经历大变革。美国纺织业就业岗位 2015 年比 2000 年减少 36.6%，工业产值减少 46%。20 世纪 70 年代，通用汽车雇用人数为 60 万人，2015 年雇用为 20 万人。1997 年以来，美国原生金属生产岗位从 45.7 万人减少至 26.5 万人，减少了 42%，生产量却增加了 38%。

（3）多路径降低企业要素成本。

美国政府不仅从全球攫取利益，而且努力降低企业的运行成本。根据 2013 年 8 月 20 日美国波士顿咨询公司所做的调研报告显示，与英国、德国、法国、意大利、日本五个国家相比，美国的天然气便宜 60%—70%，电费便宜 40%—70%，劳动力成本便宜 15%—35%，可以预计，美国将成为发达国家中制造业生产成本最低的国家。

13.2.3　美国经济循环增强的动力机制

13.2.3.1　美国经济循环增强的动力机制示意图

美国经济成长的逻辑起点是安全建设。安全需求是社会和个人最基本的需求，也是无止境的需求，绝对安全的追求更是永远不可能完全实现的。因此，安全问题是永恒的话题。正是从安全问题出发，美国政府通过舆论煽动、文化渗透和社会动员，将科技教育、产业经济、文化意识、国际贸易、政治军事、国际利益博弈等整合成为一个循环促进的动力体系，见图 13－2。安全是美国内政外交之纲，纲举则目张，只要推进安全建设就能间接活跃美国一切社会事业，繁荣美国经济。安全成为治理美国始终采用的抓手。

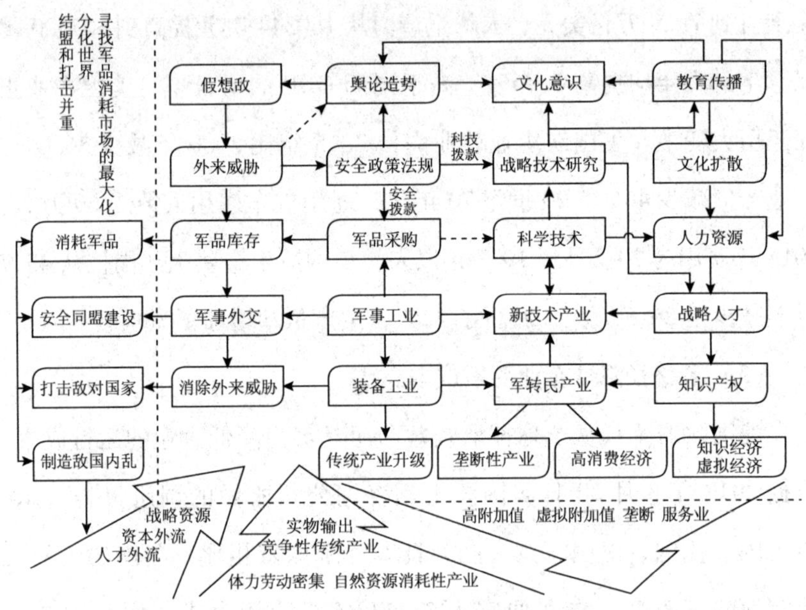

图 13－2　美国经济循环增强动力机制图示

13.2.3.2　美国国内经济的主要循环路径

（1）美国经济成长的原动力——安全建设，围绕安全形成核心循环“军品库存→军事外交→军事工业→军品采购和科技拨款→军品库存”。安全政策集中体现在国会拨款上，一是通过拨款采购军品繁荣军事工业，二是通过拨款注资大型战略技术研究，提升军事工业技术水平，兑现安全宣传承诺，两者合力推动军事工业的数量扩张和质量提升，从而大幅提高美国安全水平。安全追求是永无止境的，这个循环也就反复进行。

美国政府实行保证经费、成果归承接方所有的委托军品研究与开发体制。这一体制具有 3 个特点。①保证企业低风险，激发军品研制企业的积极性。既向企业提供充足的无风险军品研制经费，又通过政府采购方式保障最初的军品市场收益（销售利润率通常为 25%），使得军品研制企业无后顾之忧，有条件雇用大批科学技术人员，使企业的技术能力不断得到提升。②军品质量竞争性提升。委托军品研究与开发过程是竞争性的，以质量竞争迫使企业加大技术投入，提高军品质量。③军转民直通车政策。一旦成功开发了军品，企业就自主决定“军转民”占领产业高端，甚至开拓出新兴产业领域，实现产业垄断，获得高盈利。在军品研究与开发推动下，体制促使美国产业结构提升和优化。例如 IBM 公司，承接军品计算机的研发，就最早开发出 PC 机而拥有初期垄断地位。直至今天，美国在 PC 领域仍然占有全球 3/4 的市场份额。

（2）美国经济的核心驱动力是军工产业大循环“新技术产业→军事工业→装备工业→军转民产业→新技术产业”。这一循环下，军事工业技术持续推动高端产业群内部相互促进、重组、提升和转型，形成高技术垄断产业和高消费产业并间接带动传统产业的改造和升级，层次递进推动美国经济的全面提升，使美国的出口商品附加值高、虚拟成分大。

高新技术既是军事工业的发展结果，也是发展军事工业的前提。军事工业的需求拉动，促使高新技术产业的形成和提升，开发出新材料、新装备。新技术、新材料和新装备等本身就是新型产业并且作为产业要素嫁接出去，不仅推动军事工业再提升而且作为经济要素促使其他产业全面改造和提升。如此循环促进，使得美国经济拥有发展内容的主动选择权，不断向军转民产业、高技术产业、新兴产业、垄断产业、高消费产业和传统产业高端部分集中，向资源消耗少、经济效益高、环境代价低的方向前进。

（3）军民融合的主体产业循环“战略技术→高端/新兴民品开发→战略技术”。一方面以“军转民”为主渠道，将战略技术扩散到民用产品开发，最大限度地发挥战略技术的综合潜能；另一方面又用高新技术和高端产业支持军事战略产品的研究与开发，实现“民拥军”，使美国的军事工业领先全球。让军事工业和高端民用产业互相紧贴、相互促进，共同营造先进的美国经济并且让这样的经济成为美国经济的主体。

以战略技术研究成果为技术平台，支撑民用产品开发，垄断全球高端产业，获取超额利润，使军事技术潜能得到有效的发挥，使军工企业有更广大的赢利空间和更高的盈利水平，使军工企业有充足的资本吸引战略技术人才参与研究与开发战略技术，使美国战略技术研究与开发形成循环提升的机制。20 世纪 60 年代，在 KC－135 军用运输机基础上，开发出波音 707 喷气客机，此后与军用飞机交替推出 717—787 等民用飞机。正是军品研究与开发由政府承担了技术风险，在产品再创新中共享了战略技术平台，让企业风险可控，市场专业特定，使美国取得高端产业领域的垄断地位，有能力引导新兴产业的走向，让美国企业获得垄断利润。正是政府承担了创新的风险，奠定了美国创新的社会平台，才激励出美国企业的创新热情。

（4）美国人才提升循环有两大模式。一是 up－down 模式，二是 down－up 模式。up－down 模式是“战略人才→战略技术研究→科学技术→新技术产业→战略人才”，down－up 模式是“教育→人力资源→新技术人才→新技术产业→科学技术→战略技术研究→教育”。这两种模式相互交织，与不同层次的产业、科学技术研究相匹配，构成多层次人才提升的良性循环。

美国 10 年一项的大型战略技术研究是军品研制的典型。战略技术研究投资巨大，长期综合稳定，对不同层次的人才产生强烈的需求，直接推动科学技术水平的全面提升。战略技术研究给美国的教育提供丰富的养料，促进教育的变革和水平提升。2016 年全球前 100 所顶级大学中，美国占 21 所。尽管美国拥有全球最优质的高校，美国却缺乏人才，需要每年引进 20 余万海外战略人才。正是战略技术研究适度超前，促使人才、产业、教育等与之向上匹配，促使人才与战略技术循环提升、军事工业和传统产业相互促进、美国经济循环增强，从而造就安全和骄傲的美国。兰德公司认为，美国最大的竞争优势仍然存在，其动力来自全球最优秀的人才在为美国工作。美国的实践表明，国内“人尽其才”，国际“楚材晋用”，汇聚全球人才，就能营造出世界各地财源如洪流滔滔而至的态势。

（5）无中生有的外来威胁舆论引导循环模式“舆论造势→假想敌→外来威胁→安全政策法规→舆论造势”。这一循环，不断强化安全建设的社会共识并不断降低美国军事科技提升的国际阻力，最终产生购买军品的国会拨款和投资战略技术研究的政策法规。

1981—2012 年间，美国国防开支总额为 30531 亿美元，全面再造了美国军事工业。此后，美国加速发展战略技术，如 TMD、NMD、“自由号”国际空间站计划、重返月球建立永久性月面基地计划、火星载人飞行计划等。1999 年 1 月 2 日，克林顿突然建议国会批准增加 1200 亿美元的国防经费，用来研制下一代舰船、飞机和武器系统，包括航空航天、军事技术、信息网络一体化技术和航空母舰作战群对地攻击技术等。2011—2016 年间，美国国防开支 39348 亿美元。可是，军费开支庞大、武器装备精良、军事科学技术领先的美国，却一直自以为受到外来威胁。20 世纪 50 年代是苏联，当今是朝鲜。尽管是天方夜谭，经过美国舆论的一再鼓噪，营造了国民不安氛围，凝聚成关注安全的社会意志——国会增加军费拨款和战略技术研究拨款。在国际上，争取到了盟友、理解或谅解，使得美国的意志被其他国家认可。

13.2.3.3 美国与国际经济的主要循环路径

美国经济循环积累，必然导致军火库存量持续扩大，政府财政负担不断增大。不打破这个困局，就将阻滞美国经济循环。只有把国内危机转嫁到世界，通过安全供给和制造动乱，美国才能输出军工产品，降低军品库存压力，让军事工业恢复正常状态。只有通过文化扩散和国际贸易等，才能让全世界接受美国的理念，降低对外动武的阻力和负面影响，为美国的高端产业和新兴产业找到国际市场，使世界经济成为美国的支撑力量。为此，美国需要开放的世界，需要与全球构成内外循环。

（1）军品输出循环。一是通过结盟或对抗，直接开拓海外军火市场和消耗场地，从而降低美国的军品库存；二是通过制造其他国家的动乱包括战争，创造军品市场需求并同时间接促使资本、人才和其他战略经济资源流入美国，推动美国经济的加速循环。

保护盟友和打击敌对国家，共同创造美国军火市场，降低美国军火库存开支，提高美国军工企业开工率和投资效率，使美国军事工业平稳运行。同时，通过制造不安甚至战争，不仅消耗掉美国的军火，而且迫使动乱世界的资本、人才和其他战略要素流向安全的美国。通过这一途径，美国不仅削弱了对手，而且增强了自己。在世界格局中建立敌我二分法的政治军事态势，对美国经济循环具有最大的促进力。①盟国和敌对国家共同消化美国政府本来难以承受的过剩军火供给；②安全的盟国和动乱不安的敌国的资本都流向安全的美国；③动乱地区维持统治的直接代价就是把战略资源廉价地输送到美国，如中东的石油，否则美国就会进一步加剧地区动乱；④美国经济获得正外部性要素，如资本、人才和其他战略资源等。只要美国的军品库存腾空了，政府就可以重新订购，美国经济的核心循环就有了新动力，军事工业又进入一个新的繁荣期。

（2）贸易致富循环。促进美元外流、加速实物和资源输入，以美元换货物创造贸易逆差，促使美国市场繁荣。同时，通过印制美元新币，保障国内货币需求，均衡货币与货物市场。如果美元新币供过于求，美元就贬值，从顺差国攫取利益并促进美国商品出口。一旦美元稀缺，美元就升值，促进购买全球资源繁荣美国市场。在当今世界经济格局下，控制了美元印钞权，美国就能调控全球经济，从贸易伙伴国身上攫取财富。

一个国家，如果不纳入美国经济循环体系中，就不能进入世界经济的主流。可是，一旦纳入美国经济循环体系中，利益被攫取就成为必然，本国主权货币就退化成为与美元挂钩的“信用货币”，为了保障本币信用而不得不去保障美元币值。美元实质贬值，就靠本币来承受。在货物与美元的互换中，美国获得实物消费，贸易伙伴增加美元储备，再通过购买债券让美元回流。如果美元回流超过市场需求，就会促使美国通胀而使美元贬值，支付的名义债息就会被消化掉。如果美国市场货币不足，就能提高美元的购买力，使美国获得更多实物，从而增进美国的福利。这一机制下，美国一本万利，美国的贸易伙伴左右为难，无法破解利益流失的困局。

（3）全球债务大循环。20 世纪 70 年代开始形成了债务经济模式。①美国通过贸易逆差流出美元，只需开动印钞机就能进口所需的商品，而无须发展实业；②其他国家为了实现国际结算，不得不通过贸易顺差获得美元；③经常性顺差国家，外汇储备在国内没有投资价值而不得不通过购买美债而使美元回流，力图让美元保值增值；④美国政府再把回流到美国的美元，用于扩大美国人的福利而繁荣美国消费市场；⑤美国制造业转移到海外，利用回流的美元到海外投资；⑥美国商人则通过销售进口商品而获得收入，从而能够扩大进口量。如此反复循环，就形成“进口→债务→经济增长→社会福利→消费能力→进口需求”的负债经济逻辑，让美国萎缩生产以扩大进口，否则就会造成全球美元短缺。

对于贸易顺差国而言，除了购买美债之外，美元储备并无实质投资用途。然而，一旦购买美国债务，美元就回流到美国去了。美元回流充足，则促使美国经济繁荣；美元回流不足，则提升美元币值。因此，无论美元回流是否充足，只要债券规模扩大，美国就能获得全球支撑而提升经济效率，债权国则获得名义本息而非实质利益，并且美债的资金效率完全控制在美国人手里，如2008年以来就处于负利率状态。在债务经济模式下，美国贸易逆差和财政赤字变成各国的需求，正如格林斯潘指出的：“美国增加债务能力是全球化的一种职能，因为负债能力的显著提高与成本降低以及国际金融载体范围的扩大休戚相关。”不打破这一体制，美国就能从世界经济中不断攫取体制性经济利益，各国供奉利益而并未觉醒，甚至还积极维护这一体制的运行，如美国停止QE就遭到各国反对。

（4）贸易逆差与债务规模扩大相互促进。美国对外经济有两个基本点。一是创造贸易逆差，实现的方法是控制出口和增加竞争性产品进口；二是通过印制美元来弥补逆差，实现逆差贸易的再循环。美国高端产品和服务等的出口利润率很高，为了创造贸易逆差，美国实行出口管制，制造稀缺性，减少收入并提高利润率。美国大量进口生活用品等竞争性物品，不断增加美元输出。美国贸易格局表现在以下几个方面。①实现美元外流、实物内输，有利于平抑国内物价，降低美国人的基本生活消费，在增进美国人福利水平的同时实质性降低人力资源再生产的成本，使美国提前过上富裕的生活；②对美贸易顺差的积累需要承受本国货币升值的压力，为了减缓美元储备贬值压力，顺差国就得购买美国产品和服务，因此对美国来讲，扩大贸易逆差间接促销美国高附加值产品；③有利于对贸易顺差国施加压力，直接获得经济利益，如20世纪70年代迫使日元大幅度升值；④美元增发就可以弥补贸易逆差，补足美元的国内需求、实现美国货币与货物市场的供需平衡，因此美国可以低成本地消除贸易逆差的负面影响——通货紧缩；⑤遭受美元贬值损失的不是美国，而是美元的储备国，那些对美贸易的顺差国，都会为拯救美元而竭尽全力。

（5）畅通美国意志的文化意识循环。这是一个复杂的过程，主要是指美国文化意识全球化，其经济功能主要是降低美国的社会成本。特别是以安全为主题，通过国际垄断性传媒舆论业，把美国文化意识扩散到全球各地，博取全球的理解和同情，从而方便美国外交政策内政化的实现，间接获得经济利益。这一过程也有利于在国内通过民主方式形成安全政策，如20世纪50年代美国政府大肆渲染“苏联洲际导弹威胁”，促使国会不断增加对空间和火箭技术的研究拨款，NASA获得的政府拨款从1953年的7900万美元增加到1966年的60亿美元。1958年，北美防空司令部抱怨其装备落后，声称如果得不到先进的防空技术和预警情报，就无法保证美国总统从纽约到华盛顿的空中安全。当时尚不存在洲际导弹，这样的抱怨离奇荒诞，可是，美国国会却于1959财政年度拨出巨款，研制超级计算机用于自动化防空系统的情报分析和信息处理。“9·11”只是炸了两栋楼，对美国的实物损失微不足道，可是经过美国的渲染，许多国家就接受了美国的报复理由，毁灭了阿富汗，让美国武装介入亚洲战略要地。

（6）舆论先导也是国际金融套利的手法。动荡的世界，是美国牟利的契机。美国调控世界经济，并非只是消极等待而会积极创造机会。美国创造机会确实依靠实力却从来不蛮横硬拼。舆论引导、金融唱空，让被调控国内部产生羊群效应，让被调控国的民众以本币兑换美元，就能让美元升值而让本币贬值，美国就能实现金融套利的目的。例如20世纪70年代攻击日本，80年代攻击法国，1990年攻击日本，1997年攻击东南亚，采用的都是这一手法，并且每次都得手了。金融打击一个国家，让这个国家处于休克鱼状态，就能让资产价值大幅贬值。此时，美国再回流美元，收购资产，使各国资产归属美国。大规模注资休克鱼国家，可以使得这个国家的经济迅速繁荣起来，美国不仅能获得巨额投资收益，而且资产也能高价出售而获得溢价。完成了布局后，下一轮金融操作又开始了。

13.2.4 美国经济成长的必要条件和效果评价

13.2.4.1 美国经济成长的三大必要前提

（1）全球经济一体化的开放环境。

美国的三次产业创造GDP的82%，美国经济是高度虚拟化的。2016年美国货物贸易总额为37060亿美元、逆差为7343亿美元，但服务贸易总额为11434亿美元、顺差为2369亿美元，美国的虚拟经济具有很强的竞争优势。虚拟商品和服务不能吃、不能喝，无直接的实质性用途，附着大量的泡沫，而美国照样要吃要喝有实质需求。因此，美国需要与世界发生交换，溢出泡沫、引入实物，通过高价输出虚拟产品和廉价输入传统产品，实现泡沫输出的同时获得实惠。因此，实物贸易逆差和服务贸易顺差就成为美国在国际贸易中的基本选择。没有开放的国际经济环境就没了美国获利的主渠道，全球经济一体化不只是美国文化舆论导向，而且是美国虚拟经济的存在基础。全球化是美国经济的急切、现实和实质性需要，只有更大范围更深程度的全球化，美国经济才有更加广大深厚的基础，美国刮取世界浮油才有更大的基数。贸易泡沫、财政泡沫、债务泡沫、评级泡沫、股价泡沫、抵押贷款泡沫共同汇集成美元泡沫，延长泡沫周期、做大泡沫是美国的常态追求，全球经济一体化是美国泡沫输出的实现途径，美国有可能不满足已经实现的利益攫取，但绝不可能自我封闭让自己走向绝路。通过进口货物和出口服务，美国输出泡沫、攫取全球利益。有时候美国贪婪过度，导致泡沫失控破裂，如 2008 年的“金融危机”。如果各种泡沫同时破裂，就必然导致全球性资产重组，美元信用破灭。一旦出现美元泡沫破裂，美元储备将成为废纸，输出美元泡沫就是让全球来分摊美元泡沫。“量化宽松政策”让美元升值，美国既输出美元泡沫又维护住美元信用，人们不得不承认美国操控世界经济的软实力，这是非常值得我们研究的制度设计。

（2）动乱不安的国际政治军事环境。

在全球持续和平的环境下，美国经济的核心循环将被不断增加的军品库存堵死。一旦核心循环停滞，美国经济就失序失效而无法存在。因此，美国不会欢迎长久安稳和谐的世界而会制造动乱不安的世界。动乱不安的世界，是美国经济的必要生存条件。为了美国的生存和发展，只要有需要，美国就会制造动乱和不安，第二次世界大战以来历任美国总统都是战争总统。在中东地区无条件地支持以色列，制造台海紧张、东海和南海问题，武装进入阿富汗、伊拉克，大肆喧嚷“流氓国家”“邪恶轴心”等就是美国制造国际不安的例子。美国从世界大战中获利，从动乱不安中获利，战争获利是美国的成功经验，这样的国家绝不可能主动放弃通过战争获利的手段。布什政府实行敌我两分法的国际政治路线，让世界各国选边，尽管措施野蛮，却有效地分化了国际社会，孤立了敌对阵营，增加了朋友，并且让更多的盟国失去了独立外交政策，从而强化了美国为首的单极世界。以往只敢欺负弱小的美国，现在也敢直接叫板大国强国了。

（3）永恒存在的美国安全问题。

贸易高盈利来自产业的高端化，推动产业高端化的动力是高新技术，超前发展高新技术的动力来源于国家安全建设，增强国家安全建设的动力则来源于全社会关注安全所形成的社会意志力。因此，制造军事竞争压力是美国科学技术超常规发展的根本原动力，安全舆论导向不断增强这种关系国家生死存亡的压力和紧迫感，这种无中生有的安全舆论是其他任何力量都无法比拟的。在美国经济循环增强的动力机制中，安全问题是一切循环的最初动力源，是美国永恒的借口。没有安全问题，大型战略技术研究就没有充足的理由，美国式经济循环就难以为继。缺少安全问题的连接，美国经济循环就不能构成一个完整的体系，美国的产业就会失去持续提升的动力，美国攫取全球经济利益的格局就失去了保障力。因此，安全问题既是美国社会的总目标，也是美国经济发展的原动力，是永恒不变的话题。

13.2.4.2　美国经济的未来发展趋势

（1）美国依然具有纠错更新的前进动力。美国让人肃然起敬的不是它的强大，不是它的科学技术领先，不是它的人权民主自由口号。

作为一个国家，无论从历史上看还是从现实上看，美国都是“无恶不作”的。美国让人肃然起敬的是它的纠错能力——自我批评精神以及设立和不断完善通过民众批评而自我修复的制度。因此，我们能够看到美国从奴隶制发展出资本主义制度，从压迫黑人到黑人当上美国总统，从恐惧社会主义到成功颠覆社会主义国家，甚至我们还会相信美国将来会更好。

（2）美国依然具有强大的创新能力。在美国联邦资助规则下，在已有工作基础上，可以获得再次资助研究。[①] 科学慈善事业在政府资助力度较弱的领域，发挥弥补的作用。例如盖茨基金会长期致力于在全球根除小儿麻痹症的事业，与不同国家的政府和企业建立合作关系，成功地使全球小儿麻痹症减少 99%，圆满地实现了目标。科学慈善事业的私有性质，使得资助领域、项目选择等各随所愿、交叉重叠，总体上提高科学事业的覆盖面。官民结合，共同提升美国的创新能力。特别是，国家安全建设的推动力在增大，美国军工在提升，美国的发展依然有充沛的创新开拓动力。

（3）美国依然具有捆绑全球经济的能力。2016 年美国 GDP 占全球 23.2%，政府债务总额为 18.1 万亿美元，占全球的 30%，2017 年 2 月 8 日美国政府债务总额为 22.8 万亿美元，债务上升速度很快。2016 年美国贸易总额为 37060 亿美元，逆差 7967 亿美元，美国占全球逆差的 42%，美国市场吸引全球，世界经济秩序依然维护美国的利益。

先发制人的强硬主义路线还会延续一段时间。1992 年以来，布什父子等美国最高层，信奉保罗·沃尔福威茨的新保守主义理论，试图通过武力在全世界保持一种美国领导的单极态势，扼制其他国家的崛

---

① 参见付可飞《科学慈善事业——美国科技发展的助推器》，《全球科技经济瞭望》2015 年第 2 期。

起。“布什理论”的核心是用更加强硬的政策迫使对手合作，先发制人地消除迫在眼前的威胁、防御性地打击潜在威胁。在没有遭遇到有力反击之前，美国强硬主义路线会延续。反击的力量正在形成中，2017 年 4 月 7 日美国轰炸叙利亚后，俄罗斯强硬警告美国不许有下一次，就是一个案例。

13.2.4.3　美国经济自发积累出严重问题

（1）消耗太大，难圆“美国梦”。美国以全球 5% 的人口排放全球 25% 的温室气体，人均碳排放 20 吨，欧洲人均 9 吨。每 10 万人口中囚犯人数美国为 685 人，欧洲为 86 人。带薪年假美国为 4—10 天，英国为 23 天，瑞典为 30 天。美国的失业率 4.7%，欧洲失业率 8.3%。美国人比欧洲人工作勤奋，1/3 的美国人每周工作 50 小时以上。“努力就能过上好日子”的美国梦，越来越让人感到遥不可及；1/5 的人口生活在贫困线以下的现实，让“美国梦”风光不再；“金玉垒高塔，良知败人间”的美国社会模式、贪婪的精英和淡漠的群众，已经失去往日的风光。①

（2）美国贫富差距还在扩大中。1950 年美国一个大公司老板的收入最多是一个工人的 50 倍，而今上升到 3000 倍。当今主管与雇员的平均工资比，英国是 24 倍，法国是 15 倍，瑞典是 13 倍，美国的比例要高很多，见表 13－7。2011 年美国家庭收入中位数为 49103 美元，实际比 2000 年低 4000 美元，与 1989 年相当；美国中产阶级家庭净资产中位数为 68828 美元，比 2000 年下降 7%；顶层富裕家庭资产中位数为 630754 美元，上升 11%。1971 年美国中产阶级人数占总人口的 61%，

① 奥利弗·高史密斯，爱尔兰作家描述的美国。

而今仅占 49.9%，社会两极化趋势增强。美国人均医疗投入全球第一，医疗服务质量全球第 37。尽管美国医疗投入/GDP 为 15%，瑞典为 7%，美国婴儿死亡率却是瑞典的 2 倍，美国的医疗投入被私营机构中饱私囊了，4500 万美国人没有医疗保障。这些是美国要改变的。

表 13 –7　不同时期美国大公司主管平均薪酬与公司雇员平均薪酬对比①

年　份	1965	1978	1989	1995	2000	2007	2009	2012	2015
主管（万美元）	83	148	277	589	2040	1880	1058	1500	1550
雇员（万美元）	3.9	4.7	4.5	4.5	4.7	4.9	5.1	5.2	5.6
主管/雇员（倍）	21.3	31.5	61.5	131	434	383	207	288	276

13.2.5　特朗普具有成为杰出领袖的时机

2017 年 1 月 20 日，特朗普宣誓就任美国第 45 任总统。与绝大多数专家认为选举语言不同，特朗普正在兑现选举承诺。吴鹏飞的观点很流行，他认为，①特朗普绝对不会是一个伟大的总统，理由是特朗普是商人出身，没有宽广的胸怀；②特朗普本质上是没有政治目标的人；③特朗普其实是一个缺乏教养的人，学识浅薄，不能让美国人民团结起来；④特朗普绝对将是一个弱势的总统，主流媒体、政治精英、反对派、军方、情治系统、邻国、盟国等都是掣肘力量；⑤特朗普是一个刚愎自用的外行；⑥特朗普制定的是自私自利的政策，修建美墨边境隔离墙，还要墨西哥承担费用；⑦特朗普是一个逆世界潮流而动的总统；⑧特朗普只是一个志大才疏的总统；⑨还有医学人认

① 参见美国经济政策研究所 2016 年 7 月发布的《美国大公司薪酬报告》（https：//www. ishuo. cn/show/1129762. htlm）。

为，特朗普是自恋型精神病患者。凡此种种，或许揭示了特朗普的一些特征，却无法否认特朗普经过民选制度的洗礼，已经就任总统的事实，这个时候再评价特朗普素质如何、有无资格担任总统等，都是题外话，是无稽之谈了，按照这样的思路预测特朗普会是一个什么样的总统，更是无法让人信服。

《领袖们》[①] 指出，几乎所有杰出领袖都是疾病缠身的，也看不出杰出领袖就是道德楷模或者一定品质过人。从当代历史看，20 世纪 30 年代的经济危机和第二次世界大战，造就了连任四届的唯一美国总统小罗斯福，开启了美国霸权。面对东风压倒西风的国际格局，1981 年里根打破了演员没有当总统的先例，开创出美国此后近 30 年的一个上升期，成就了美国独霸全球的格局。伟大的总统既是天生的也是时代造就的，重大危机是造就伟大总统的天赐良机，破解重大危机就能造就出伟大总统。从这个角度看，特朗普能否在 4 年（或 8 年）内解决 2008 年以来的金融危机，建立新制度，才是他能否成为伟大总统的关键。人们普遍认为，美国需要一场改革。特朗普不怕四面树敌，有改革的勇气，敢于快速兑现承诺，有改革的意志和效率。4 年的总统任期，或有成就伟业的可能，若能连任，则几乎必然从 2008 年金融危机中摆脱出来，特朗普也就青史留名。时代比个人素质更能决定特朗普的命运。

笔者认为，特朗普的当选不是一个孤立的事件，而是美国社会甚至是世界潮流重大转折的表现。非常时代需要非常人物，非常时代造就非常人物，特朗普的当选，预示着 1981 年里根开启的新自由资本主义时代的结束，时代将要发生转折，精英政治将转向大众政治，贫富差距从不断扩大转向逐步缩小，从国际强权转向协调合作。世界潮

---

① ［美］尼克松：《领袖们》，施燕华译，海南出版社 2008 年版。

流无可抗拒，顺者昌逆者亡，如果美国人民作出的是顺应潮流的选择，美国就真的可能重新走向伟大。

特朗普并不可怕。作为独霸全球的美国总统，特朗普或许有更大的全球影响力，却并不见得对中国有多大的影响力。特朗普已是 70 岁高龄，尽管好斗，人至暮年精力不济，四面树敌无法持续大力出击。更主要的是，中国尽管是美国的主要对手，美国却不敢正面冲击中国。美国从来就害怕与强国作战，只要中美一开战，美国就没了霸权地位，它又如何重新伟大呢？这是一条简单的规律，特朗普是知道的，美国的决策层和智库都是知道的，是美国绝对不会跨越的。美国能做的是强权叫嚣，给自己壮胆，这是美国凝聚人心的需要。即使如此，中国也没有沉默的理由，因被误解默认而支付代价，涣散民心就是最大的代价。如何应对美国，不是如何避免军事冲突的问题，而是如何阻止美国强权叫嚣的问题。美国要面子，中国人难道就不要面子？中国需要做好战争准备，使自己成为美国不敢作战的强国。对美国该怎么样就怎么样，清晰地向全球宣告，“人若犯我，我必犯人”，使强权叫嚣产生负效应，美国也就收敛了。

13.3　欧洲德国经济发展模式——精工攫取范式

13.3.1　德国经济的历史概览和基本条件

13.3.1.1　德国经济发展的历史概览

18 世纪，德国处于封建农奴制牢固统治并且政治分裂的社会状态之中，在政治和经济方面，德国是当时欧洲大陆上最落后的国家之一。19世纪初，德国的蒸汽动力、生铁产量、煤产量和棉花消费量分别仅为英国的1/5、1/10、1/7和1/20。[①] 1848年革命后，农奴制逐渐消除，以重工业为标志的德国新经济高速发展，在20年时间内德国经济总量翻了两番，德国从此成为工业强国，开始有能力挑战英国的经济霸主地位，此后250年来德国保持着经济强国的地位。在20世纪，间隔不到21年德国发动了两次世界大战——1914年8月—1918年11月的第一次世界大战和1939年9月1日—1945年9月2日的第二次世界大战，德国经济在战争中被摧毁。战后，德国遭到严厉的制裁，但是德国每次都用很短的时间就恢复了经济，重新成为经济强国。时至今日，8226万人口的德国，占全球人口的1.25%，却有2300个世界名牌，创造出36670亿美元的GDP，人均GDP是全球平均水平的4.5倍；全球500强企业中德国有35家，[②] 诸多指标显示，德国是处于领先地位的发达国家。

德国经济为什么长盛不衰，摧毁后为什么能快速重建？这些问题是值得我们深思的。我们需要从这个经济持续增强的国家中汲取有益的经验，需要对德国经济的特征、运行规则等做深入全面的分析，启示我们树立和落实科学发展观，更有效地进行经济建设。

13.3.1.2 德国经济的主要表现特征

德国中小型企业占企业总数的99%，由330万家中小型公司和手工业、工业、商业、旅游业、服务领域的个体经营者以及自由职业者构成，从业人员占德国就业总人数的70%，他们创造了57%的GDP

① 参见牛道生《德国师范教育对经济和社会的影响》，《教育理论与实践》2002年第3期。

② 参见胡旭微、黄俊军《世界500强动态研究》，《世界经济研究》2003年第12期。

和 44% 的财税收入。①

德国企业按产业集群方式组织社会化生产，具有 6 个基本特点。①德国经济实力主要建立在优势产业的扩充上，这些产业主要依靠化学、物理、机械工程等科技成就的有力支撑，机械产业是支撑德国经济的共同基础；②德国的竞争优势不是表现在最终产品，而是表现在顶尖的机械和元器件上；③德国能够凭借提升人力、技术资源的质量、改善产品、生产技术流程等来维持和增强本身的竞争优势，越来越专业的产业环节成为其发展的基本方向；④强势的上游产业推动下游产业的发展，供应商和客户互相增强实力、一同成长；⑤德国并不主导产业的发展趋势，简单地讲，德国不是以创新取胜，而是以革新取胜、优质取胜；⑥德国的经济活力集中在小型产业，在大型产业中，德国没有主导地位，出口额超过全球出口总额 1% 的产业仅有 7 个。②

德国有 345 种产业具有出口优势，涵盖从工业品到消费品广泛的产业领域。表 13 - 3 中数据显示，德国优势经济有两个基本特点。①德国经济的主要优势集中在高端产业。例如专业产业和高端产业两类就占了出口总量的 55%。②德国经济的优势领域高度分散。全球市场占有率超过 10% 的德国出口产业有 38 种，前 50 大出口产业的出口总额仅仅占德国出口总额的 10.14%。

13.3.1.3　德国经济的外围支撑条件

德国经济产出的 GDP 有 83.2% 用于个人支配，美国有 76.5%，

① 参见钟国铭、龚蕾《中小型企业何以能成为德国经济的支柱》，《民营科技》2003 年第 6 期。

② Michael Porter, *The Competitive Advantage of Nations*, Introduction Copyright, 1998, pp. 342 - 368.

意大利有79.2%，日本有72.8%，中国仅有50.3%，德国经济对国民消费具有最大的贡献率。此外，德国工时短、工资高、失业率高，德国经济能力完全不是源于人力本身，而是源于技术等其他方面。

德国经济高度开放。2015年德国GDP为36670亿美元，贸易依存度78.37%，出口额与GDP之比达43.32%，贸易盈余3034亿美元，开放程度远远高出其他西方发达国家。此外，德国境外资产每10年翻两番，德国境外子公司的销售额1999年就达到德国出口总额的两倍，德国实质贸易比统计结果要高得多。①

13.3.1.4 德国经济的循环动力机制

德国经济主要是通过优势产业外展和延伸的专业化途径来扩大产业优势范围的，主要占据产业的高端部分，根据这样的表现特征，我们可以按照系统工程思想方法勾勒出德国经济循环增强的内在逻辑，见图13－3。

根据图13－3，德国经济的基本循环是，产业高级化与产业专业化→企业高获利→员工高薪资→造就高端市场需求→产业精细化与产业差异化→产业高级化与产业专业化。这是一个企业增利、个人增收、产业提升、国家竞争优势增强的良性经济循环。

13.3.2 政府推进经济发展的动力路径

13.3.2.1 政府不溺爱，造就健康成长的企业

一个国家的经济发展，离不开政府。德国政府采取了以下几种做法。

---

① 参见吴彬《德国经济与世界经济的联系》，《国际经济合作》2002年第9期。

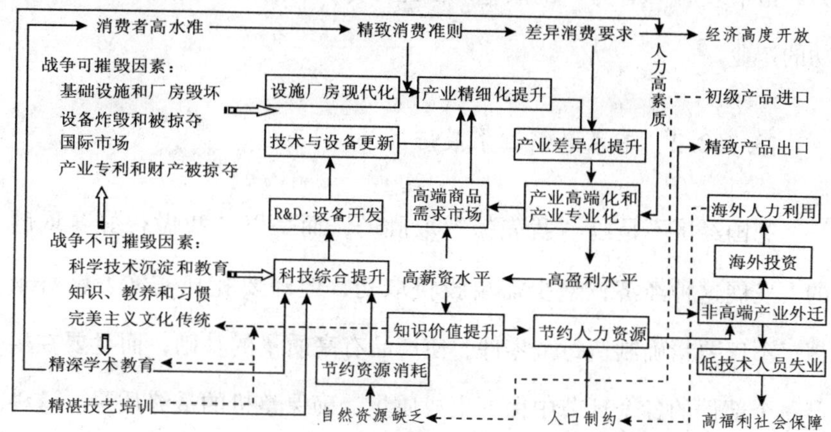

图 13－3　德国经济循环增强的动力机制逻辑示意

（1）少干预。德国政府没有主管贸易的部门，经贸活动的主体是厂商而不是政府，政府更绝少介入产业内部事务。

（2）开放、不补贴。德国关税一直很低，是西方世界上最开放的市场，产业必须面对国际竞争压力。政府对出口不予补贴，汇率由市场机制决定。

（3）严格法规。德国法律规定以严格出名，结果迫使产业不断创新。

（4）贡献要素、搭建平台。德国政府重视在教育、科技和基础设施建设方面的投资，这些公共要素成为企业创新和企业竞争力提升的支撑平台。

凡是德国政府顺应经济循环增强的规律要求，对经济实行了“无为而治”的领域都具有显著的竞争优势。然而，对于德国政府偏爱的一些产业，如电信、公用事业、航空、铁路运输、钢铁和造船等重要产业，对它们一味进行补贴，结果却是延缓了产业变革的步伐，实际上加速了这些产业的消退。德国政府关爱的产业，全都没有国际竞争力，留下政府“有为”的败笔。由此可知，政府的溺爱，难以造就成功的产业。

13.3.2.2 不求最新但求最好

德国经济不是以“我先做”取胜的，而是以“我做得好”取胜的。发展这种经济，绝少需要投机取巧，但却要扎扎实实、精益求精。不仅要精确制造每个零件、使产品有高质量的基础，而且要在生产每个部件的各个环节中保证集成质量，确保整机的最终质量。这种以精致完美为特征的生产过程，不仅需要每个人都敬业、在专业上长期积累知识，而且需要专业协作精神、集体主义的文化氛围，而不是个人至上。他们不仅要掌握精深的专业知识，而且要透彻地理解相关的工艺知识。总之，精致完美的生产知识既要有深度，又要有广度，制造这样的产品需要有沉稳的社会文化，心浮气躁的民族是干不了的。

13.3.2.3 政府创造教育、科技等外部经济条件

德国是现代科学的发源地，国民具有深厚的科学和技术学识。根据有关研究，德国在1780—1910年间是全球的科学中心，1820—1940年间是全球的技术中心，1913—1940年间是全球的经济中心。[①]德国是沿着科学发展推动技术创新、技术进步推动经济成长的途径取得国际竞争优势的，取得这种竞争优势是以国民科学技术高素质为前提的，重视教育的德国文化使德国人沉淀下这样的高素质。

德国在1970年就实现了13年全民免费义务教育。2002年德国成

① 参见陈文化《腾飞之路——技术创新论》，湖南大学出版社1999年版，第61—65页。

人识字率达99%，教育指数已达92%，高等教育入学人数占同年龄组人口的比率为36%，德国15—18岁的青少年国民中，超过60%的人口接受过高素质的职业训练。[①] 德国的教育特色包括5个方面。

（1）公立教育体系。德国公共教育质量高、要求严、水平高，不仅重视学历学位教育，而且也重视技术教育。均衡发达的公立教育体系是德国经济社会全面发展的公共平台。例如在化学、物理、冶金和医学等方面，德国拥有世界一流的研究，也有一流的产业。

（2）学徒教育制度。学徒教育通常需要三四年才能完成理论与实践相结合的过程，使工人升级为技术人员，具备高度专业化的技术能力。以光学产业为例，大型光学工厂通常可以提供12种技术训练、5种商品制造技术；学徒在结业时已经成为精密光学仪器或镜片的制造技工。[②] 这种教育具有极大的竞争优势，使德国工人专业技术精湛，这既是提升产品质量的重要因素，也是德国培养高质量人力资源的重要机制。

（3）产业经验传承。一家几代人同在一个产业领域工作是德国人的传统，这使得专业经验代代相传，增强了正规教育训练的效果。这也是提升德国人力资源的一项重要机制。

（4）政府支持产学研结合。在许多领域里，德国联邦实验所是对民间公司开放的，民间研究人员可以到这些机构提升研究能力。政府和产业界合资设立一些研究开发协会，政府鼓励这些协会与产业界合作研究开发，一旦取得与企业的合约就能得到政府的补助。

（5）企业重视研究与开发工作。例如生产精密机床的特鲁姆帕夫公司，每年用于技术改造资金为3.5亿美元，培训员工费用3000万美元，从而充分保证设备更新和技术领先，该公司4/5的利润来自3

---

① 参见牛道生《德国师范教育对经济和社会的影响》，《教育理论与实践》2002年第3期。

② 参见傅钧文《德国产业竞争力与竞争优势分析》，《德国研究》2003年第4期。

年内开发的新产品。企业和企业协会与大学和专业研究机构密切合作，大中型企业设有专门部门负责与这些机构联系，包装机械协会甚至就设在多特蒙德大学内。

13.3.3 促进德国经济循环的有利条件

13.3.3.1 恶劣的产业生存空间

德国是发起两次世界大战的国家，也是两次世界大战的战败国。在30年内两度战败的德国，产业基础受到重创、产业专利和国外资产被掠夺，国家分裂为联邦德国和民主德国，其中西德缺乏天然资源。第二次世界大战后，德国需要支付巨额战争赔款，德国厂商遭到国际市场的排挤、敌视和百般刁难，产业环境十分恶劣。战后的德国是在困难重重中发展起来的，他们成功了，在短短的10多年时间内就恢复了既有经济地位，成为全球强大的经济体。正是恶劣的生存条件，磨砺出德国产业的竞争优势。

转化战争的消极影响、发挥战争的正面作用是德国战后能够迅速崛起的关键之一。两次战争促使德国在合成材料方面有突破性的技术发展。战败的羞辱，更是自傲而有教养的德国人奋发图强的动力。海外市场的排挤，使得德国只能靠信用和创造他人所不能的产品，这成为德国生产高端技术产品的原动力。天然资源的匮乏，使得德国人更早懂得“知识竞争”的重要。战争导致专利权流失、生产设备毁坏、机器设备被掠夺、厂房被毁等，这些不利因素为德国产业重建、实行技术更新、开发新型设备、建设现代化工厂等清除了障碍、创造了条件。即使国家分裂，也被化作两德相互竞争、共同发展的动力。除煤炭以外，德国没有什么具有国际竞争力的自然资源，而且德国的薪资高昂，因此从天然资源和劳动成本中难以榨取到多少经济利益，技术升级才是出路所在。资源缺乏，使德国没有走错路，甚至没有走弯路。他们沿着可持续的创新之路前进，不断从提升物质转化能力中获得丰厚的回报。

13.3.3.2　优秀的文化和社会传统

德国人有勤奋、理性、好学、钻研、守法、服从、有教养、有技术等优秀的品格。德国人普遍尊重工作，尤其喜爱生产高质量产品的工作，产业界是杰出人才的发展目标，佼佼者竞相投入技术领域。对德国人来讲，制造出全球最精良的产品是一种极高的荣耀。德国的劳资双方对产业抱有高度使命感，他们往往能在专业的领域内锲而不舍地努力，不断接受培训。

团结合作是德国的传统。在两次世界大战中，这一传统得到进一步增强，并一直延续至今。这种合作不仅发生在小型企业之间，顶级竞争对手之间合并和联盟也越来越多。德国每年都有上千家企业合并，并且逐年增长。

德国产业发展有高强度的国内压力。德国的一般消费者、零售商、中间商和其他产业客户既内行又挑剔，他们对质量的要求是全球最高的，对不满意的产品会毫不留情地批评，坚决拒绝购买。在这种商业氛围下，厂商除了精益求精、不断提升产品质量外，再无什么投机取巧的选择。在机械产品和产业元件领域，都需要产品的高质量，特别适合在德国发展，德国也确实在此类产业领域中长期占据着绝对优势的地位。

德国有成熟的竞争文化。具有国际竞争优势的德国产业，国内市场竞争依然激烈。但是，德国厂商不在销售量上一争长短，而主要追求科技领先和拥有优秀人才。即使到了近身肉搏阶段，德国厂商依然不打价格战，而主要在科技、产品性能和售后服务方面一较高下。

13.3.3.3　德国厂商的坚韧和远见

（1）择优发展。德国企业专注于主导精密产业环节，并不十分注重市场占有率。厂商通常定位于一两个核心产业环节，并在该产业环节上发展多条产品线，从中获得丰厚的利润。德国企业特别擅长生产流程复杂、精确度要求高的产业。例如合成化学和精密制造机械设备。这类产品营销的关键是技术能力而非广告形象；用户通常对新产品持谨慎保守的态度，对品牌有较高的忠诚度。第二次世界大战后，国际市场刮起排挤德国产品的风潮，也动摇不了德国此类产品的市场地位。

（2）甩开竞争者。德国厂商把研发的重点定位于世界一流，别国一时难以赶超的产业环节。例如在20世纪五六十年代，德国就将产业重点转移到对人员、技术和投资要求都十分高的大型工业设备、精密机床、高级光学仪器等产品上。据《幸福》杂志报道，德国30%的出口产品在国际上没有竞争对手，其售价由德国厂商说了算。①

（3）重视技术、质量、合作。德国商人多数是技术出身，重视技术和产品质量，富有合作精神，习惯与客户合作。德国厂商通常采取技术导向，与客户和供应商容易形成协力开发新产品和改进现有产品的团队，从而使德国厂商成为改进技术的高手，成为改善和提升现有产业技术方面的领先者，许多成功的德国产业也是这样衍生出来的。

---

① 参见韩正忠《德国企业管理的主要特色》，《江苏纺织》2001年第6期。

德国厂商倾向于产品的同中求异，这种差异化产品可在公司内部发展出来。在内部技术差异化和厂商之间协作的基础上，最终也成就了奔驰这样技术范围广、产品多样性强的综合型公司。

（4）家长式高效管理。德国企业大多有阶级式和家长式的组织结构，由私人或家族经营，其特点可以追溯到德国的家庭形态。企业老板通常对内部活动干预很多，同时与员工维持长久的密切关系。德国式的纪律和劳资关系使得德国具有很高的组织效率。

13.3.4　经济成长的必要条件和效果评价

13.3.4.1　德国经济正常运行的6个必要条件

德国经济有这么多的优势，自然吸引人们效法。可是，德国式经济不是什么地方、什么国家都发展得起来的，必须满足6项必要的前提条件。

（1）开发顶级装备。用顶级装备更新既有产业，确保产业向精致化方向发展，往差异化方向扩张。科学技术的综合水平以及既有工业基础是开发顶级装备的前提条件；完美主义的文化、严格的教育和精湛的技艺培训是促进科学技术综合提升的基础。此外，资源的缺乏和控制使用也有利于强化人们向科学技术要生产力的信心。

（2）完美主义的社会文化是德国经济循环的保证力量。经济循环是有分叉点的，有多种循环路径可供人们选择。为什么德国总是沿着产业提升方向发展，而不会偏离？根本的原因是德国人崇尚完美、拒绝缺陷。低质量的产品在德国没有市场，又如何发展得起来？商品如果能够满足德国人的高要求，又怎么会满足不了其他地方的低要求呢？

（3）高素质人力促进产业高端化与产业专业化。完美主义文化、教养、传统，加上精深学术教育和精湛技艺培训，造就了德国的人力高素质。高素质人力不仅开发顶级装备，也使得顶级装备得到了完美的发挥，甚至可以弥补装备的一些缺陷或者改进装备的性能，而不是“一流的装备干三流的产品”。

（4）经济高度开放，从国际贸易交换中实现德国的经济利益。德国只有 8230 万人口，不足以支撑产业实现规模经济效应。德国经济必须从全球高端用户手上刮取浮油，必须开放。另外，把非高端产业外迁、海外投资和利用海外人力资源等既延长了德国产业的寿命、增进德国的经济利益，又缓解了德国人口资源的限制和自然资源缺乏的制约。占据高端的德国经济是可以自信的，根本用不着限制进口，德国也确实是全球经济中最开放的。

（5）德国式经济发展不仅要有合作，更需要有竞争。没有竞争的压力，企业就少了持续改进的动力，即便德国也是如此。德国电信、公用事业、航空、铁路运输等重要产业，得到政府的良好保护，产业内缺乏竞争，德国的这类产业及其上游产业都没有什么国际竞争力。德国经济是以小企业为主体的，天然具有竞争性和市场活力。差异化的竞争原则，使得企业在竞争中，仍然有丰厚的盈利，而不需要相互残杀、打价格战。

（6）建立高福利社会保障制度，缓解低技术失业人员对社会的冲击，维持社会稳定。德国国土面积和人口有限，在一个国家中维持几套相互矛盾的经济循环是不可能的。因此，德国经济中非高端产业必须迁出。但是，社会上确实存在只适合低技术生产活动的人口，这就导致德国有较高的失业人口。这是发展高级经济必须支付的代价，而文明的解决方案就是提供高福利的社会保障，让失业者能过上安宁稳定的生活。

13.3.4.2　社会评价不是单因素的而是多因素集成的

从单个因素看，德国家长式的管理、学徒教育、家传技艺、只造精品等都不是先进民主的做法。但是，只要是干德国式的经济，这些因素就是增强性的、积极的。由此看来，脱离背景评价个别因素的作用是毫无意义的，不从全局出发的局部环节改革同样是充满风险的。我国经济改革中，缺乏整体变革思维，实际效果经常是顾此失彼、不尽如人意。希望有 5000 年文明史的中国，多发挥一点理性思维的作用，少一点经验主义的盲动。

13.3.4.3　德国经济对世界经济成长的影响

与美国擅长吆喝不同，德国沉稳生产“天使产品”，不吆喝而消费者主动聚拢过去，而且一旦靠拢就成为忠诚的消费者。年轻人可以拿新奇的美国产品耀眼一时，成年人却总是以使用德国产品而显得尊贵。德国经济的成功，给世界经济成长树立了另一个正确的方向——做好产品、做到极致。德国经济的成功，还给世界经济成长树立了一个集体主义的榜样——要做好就要每个人都精益求精。德国经济的成功，不仅促进了经济，而且促进了人，是人与经济协调同步发展的典型。发展经济为了提升人，提升人反过来就是发展经济。

13.3.4.4　德国经济的未来发展趋势

有了德国，世界就不仅有新的选择，而且有好的选择，有了至尊至贵的享受。摆脱了数量至上后，更多的消费者选择质量至上，德国产品就成为必然的选择。从第二次世界大战以后的情况看，美国开拓型经济比德国精工型经济更有成长空间，不过考虑到德国所承受的战争赔款、德国经济成长的平稳性和抗冲击能力，德国型经济还是具有自身的竞争优势和存在空间的。

13.4　东亚日韩经济发展模式——规模生产范式

13.4.1　东亚经济的历史概览和基本条件

13.4.1.1　东亚经济发展的历史概览

东亚包括东北亚和东南亚，东北亚广义陆地面积为1796万平方公里，人口158190万，包括中国、蒙古国、俄国远东地区、朝鲜、韩国和日本6个国家和地区；东南亚陆地面积457万平方公里，人口62600万，包括越南、老挝、柬埔寨、泰国、缅甸、马来西亚、新加坡、印度尼西亚、文莱、菲律宾、东帝汶11个国家。东亚各国差异很大。朝鲜、韩国和日本是单一民族国家，其他各国都是多民族国家。中国澳门、中国香港、文莱、新加坡、韩国、日本、中国台湾是富裕国家和地区；老挝、柬埔寨、缅甸、印度尼西亚、菲律宾、东帝汶是低收入国家。东南亚11国中有90多个民族，包括华人3348万、印度人200万、其他外来移民100万。在亚洲416320万人中，东亚占53.03%；在亚洲4457.9万平方公里陆地面积中，东亚占50.5%；2014年在亚洲25.95万亿美元GDP中，东亚占73.4%。东亚占全球陆地面积的15.12%，占全球人口的28.5%，占全球GDP的24.6%，国土生产力偏高，人口生产率偏低，当前属于全球经济高成长地区。

日本和"亚洲四小龙"都成功跨越了"中等收入陷阱"，赢得东亚模式之美称。日本、韩国、中国台湾地区都是靠第二次世界大战中建立起来的军事组织和培训机制，结合第二次世界大战后导入的市场经济来推动经济高速增长的（日本经济学家速水佐次郎称为“军队式组织”经济增长）。新加坡和中国香港则主要是依靠巨大的腹地，处于特殊区位优势而造就的。日本的成功需要追溯到 1868 年的明治维新，韩国的成功起点可以定位在 1960 年。韩国是从比中国更落后而超越到前面去的，在一个不长的时期就从全球最贫穷的国家跃入发达国家行列并且至今显示出不断创新的潜力。短期内从无到有、从小到大、从低到高，韩国经验具有很大的启示。恢复经济、壮大经济，面临过剩产能抑制，需要汲取日本的教训。

日本和韩国尽管有差异，从经济成长角度看，两国有很多相似性。比较日本，韩国是后发展国家，但是当前更具有现代性。韩国人均 GDP 1960 年为 80 美元，2015 年为 27513 美元，55 年中提高了 343 倍，韩国人实现了富裕的梦想。在发展路径上，韩国经济呈现出创造生机、逐阶提升的时序演进规律性。韩国经验有更多的借鉴作用，本节阐述中以韩国为主，同时指出与日本的重要差异点。

13.4.1.2　韩国经济的内在发展动力

（1）挑战日本的民族情结。韩、日之间由于历史上的原因，加上地理上的接近，韩国人对日本的敌意是自然且强烈的。韩国人对日本的基本态度：一是韩国人痛恨日本当年对韩国的占领和欺负；二是韩国人崇拜日本战后经济建设中取得的杰出成就。这一矛盾心态综合成韩国人挑战日本的情愫。当日本与别国发生贸易摩擦时，韩国就趁机迅速取代日本；只要日本厂商成功进入的产业，韩国就马上跟进并以更大投资规模和采用更先进的技术来与之正面竞争，唯求超越日本而后快。日本办了1964年东京奥运会，韩国也就要举行1988年汉城奥运会。韩国钢铁、造船、电子电器、影视等都是这样发展起来的。

（2）扶强扶大的增强型政策取向。韩国政府依靠产业政策、贸易政策和财政政策，干预内部经济的运行，实现经济目标。在政策取向方面，政府根据企业经营的实际成绩来选择资助对象，获得更多资助的都是效益优良的大企业、大厂商。这种政策条件下，企业的规模越大、效益越好，得到优惠就越多；反过来，获得优惠越多，企业效益就好、规模就进一步增大，大企业很快形成良性循环。相反，那些小企业或者投资型企业，在这种制度下很容易形成恶性循环。这种政策能够把资金在比较短时间内集中起来，使之实现规模化，同时把蹒跚学步的创新企业推向深谷，造成企业的两极分化，财富集中到少数大企业集团。

（3）韩国商人拼杀作风强悍。韩国厂商闯入新产业时勇气十足，甚至尚无大额订单，就敢大规模投资。现代汽车公司大宇（Daewoo）就是在无订单前就兴建大型船坞；沙汉（Sachan）、SKC、金星（Lucky－Goldstar）和柯龙（Kolon）等四大录像带厂，在市场占有率已经超过全球1/4时，还敢于将产能扩大2倍。韩国商人的心态就如同美国西部牛仔，充满横扫千军的气概。这种义无反顾的战斗精神，使韩国厂商具有极高的效率，投资速度快，生产能力扩充高速。因此，在抢占国际市场中，韩国商人每每得手。韩国的家电、船舶、远洋渔业、电信等产业都通过大规模投资而取得国际竞争优势。

（4）财团之间创业式竞争。韩国财团不仅实力雄厚，而且敢冒风险，有类似其他国家小企业的灵活性和活力。韩国财团之间竞争激烈，只要有一家进入新产业，其余财团就会马上跟进；财团会积极地运用旗下赚钱的事业补贴赔钱的事业部门。韩国财团往往插手自己看好或者政府规划发展的新产业，即使新产业与本身核心能力无关也在所不惜。韩国厂商之间的竞争具有浓厚的情绪化色彩，绝大多数韩国厂商采用杀价竞争战略，它们不仅在国内市场上拼杀，也把战火燃烧到国际市场上。在这种竞争形态下，韩国厂商一直处于持续投资、提高生产率、引进新产品的压力之中，也因此逐渐减弱了对劳动密集型产业的依赖。

13.4.1.3　韩国经济外围的支撑条件

（1）好学上进的文化传统。日韩都是单一民族国家，长期深受中国儒家思想的影响，个体认同家族、群体、集团和国家，顺从社会价值取向，崇尚国家利益和团体精神的社会风气，使得国民对集团有强烈的忠诚意识和奉献精神。日韩文化中蕴含强烈的等级序列意识和绝对服从意识，塑造国民强烈的组织性、纪律性特质。这种文化特质特别适宜于大规模生产企业的组织管理。日韩企业普遍采用的终身雇佣制、年功序列制等也反映了这种文化精神。日韩具有学习先进文化的传统，日本文化具有吸取他人长处的基因。

（2）教育事业超前发展。20 世纪 40 年代中期，韩国的文盲率高达 78%，韩国教育事业初始状态是落后的，经费不足、入学率低、质量差、体制不健全。1960 年韩国文盲率下降到 29%，中学入学率 1960 年为 27%、1968 年为 55.9%、1970 年为 66.1%，1971 年韩国实现初中入学免试制，升学率达到 69.6%，1980 年上升到 94.15%，2001 年达到 99.9%。1995 年韩国总体入学率达 90%，大学入学率达 55%。[①] 韩国教育超前发展，因此韩国劳动力的质量高，在全球竞争

① 参见尹志明、伊全胜《民族素质推动了韩国知识经济的发展》，《黑龙江民族丛刊》2003 年第 2 期。

中具有显著的优势。

(3) 劳动力资源丰富，初期成本低。1961年韩国人口为2769万人，人口密度高达278人/平方公里，人口年均增长率为1.26%，劳动力十分丰富。1960—1975年间，韩国劳动力平均年增长率为3.2%，就业压力十分沉重。按当时汇率折算，1960年产业工人月平均工资为40—50美元。1964—1970年期间，韩国工人的最低工资水平为0.48美元/小时，最高为1.24美元/小时，工资水平远低于西方。例如1970年半导体工业，美国工人工资水平是韩国的10.2倍，墨西哥是韩国的2.2倍。[①] 美国汽车工人时薪为70—78美元，比日本高出30美元。[②]

(4) 民众的社会组织性强。韩国民族同质性高，没有明显的阶级区分；三年服役加强了人们的组织纪律性，能够吃苦耐劳和努力工作，便于生产组织。韩国人深受儒家文化的熏陶，重视教育、尊重权威。韩国劳工素质优异、追求现世成就、适应按部就班地晋升。这样的文化背景造就了韩国人集体观念强、社会组织性好的特征。

13.4.1.4 韩国经济的社会理性选择

韩国经济之所以成功，适应国情的理性选择是关键之一。归纳起来看，主要有以下四个方面。

(1) 以外向型经济为取向。地下资源无力支撑韩国经济的扩张，地面耕地无法满足韩国人对富足生活的追求，唯优良滨海港湾时刻提醒人们外部世界更广大，俯视大地的目光终于抬头远望海洋。从进口

---

① 参见胡放之、张艳《韩国经济起飞阶段的工业化模式与工资水平》，《湖北工学院学报》2004年第5期。

② CCTV-4《经济半小时》栏目，2008年12月12日，18：00—18：30。

替代满足国内需求犹豫地开始了韩国经济的国际化，可是，当初有限的国内需求又怎能提供韩国经济发展的足够空间。再次受阻后，韩国人终于坚定地迈向海外市场开拓的征途，发展外向型经济也成为韩国的基本国策。

（2）集中产业发展的正确轨道。韩国有限的人口和 10 万平方公里的国土面积，决定了韩国要集中发展，而不能全面开花。1962 年韩国 GDP 总额 23 亿美元，进出口总额 4.77 亿美元，贸易逆差为 3.69 亿美元，经济规模小、工业基础差和国际支付不足，所有的条件决定了韩国当时最适宜用人力来推动经济发展、集中发展劳动密集型产业，并且需要极力争取外援和借贷来推动经济成长。韩国经济三次转型上台阶，前后经济发展的内容有很大的不同，但是韩国经济从来没有偏离集中化发展的正确轨道。①

（3）侧重发展集约生产领域。易组织特性决定了韩国非常适宜发展组织性强的大规模产业。多数韩国厂商将大量生产与低廉成本奉为经营圣经，其一贯的做法是发展标准规格、大量生产不太需要与客户直接接触和售后服务的产品；依靠引进适宜技术来实现规模化。实践结果是，韩国的优势产品几乎全是标准化的，主要的竞争力表现在价格方面。② 韩国的社会文化适合发展大规模产业，韩国也确实在这类产业上具有竞争优势。

（4）紧抓经济变革的契机。韩国的经济发展条件，不足以影响全球经济格局，但是韩国超前发展的教育，为韩国承接国际先进产业的转移奠定了人才资源基础。韩国缺乏天然资源，遭遇到经济困境时难

---

① 参见朱灏《韩国经济的复苏及其启示》，《亚太经济》2007 年第 5 期。

② 参见［美］迈克尔·波特《国家竞争优势》，李明轩等译，华夏出版社 2002 年版，第 443—445 页。

以凭借天然资源来化解，而只能期待转机和创造。所以，韩国绝不敢放过变革经济的时机，这也就养成了韩国人对机会的极其敏感和对机会的正确把握。卓越地开拓利用发展契机，让韩国善于从困境中创造生机。

13.4.2 政府推进经济发展的动力路径

在韩国工业化进程中，政府的作用是有目共睹的，却并不能因此认为政府主导就能让经济成功发展，效仿东亚模式的非洲国家并无成功的案例。但是，在经济建设中，政府确实不是无所事事的而是大有作为的，关键是政府要干需要政府尽责的事，而不是政府官员喜欢干的事。

13.4.2.1 韩国政府创造外部经济要素

（1）极力寻求外部援助。据韩国银行分析，1962—1982 年，韩国投资率为 29.2%，而国内储蓄率仅为 24.1%，国内储蓄占投资总额的 50%，引进外资对经济的贡献占 40%，[①] 其余差额需要依靠外资援助和对外举债来弥补。1956—1962 年间，韩国平均每年从美国接受 2.8 亿美元经济援助和 2.2 亿美元军事援助，经常账户赤字 5000 万美元。[②] 为换取更多的美国军事和经济援助，1961 年韩国向越南派兵，此后 5 年，韩国获得了 16.8 亿美元的军事援助和 1.5 亿美元的经济开发贷款。韩国获得援助的规模相当于韩国当时 GDP 规模的 1/5。

---

① 参见陈汉林《对韩国经济发展模式的重审与反思》，《经济纵横》2003 年第 1 期。

② 参见［韩］菲利浦 · W. 林、董彦彬《路径依赖的作用：韩国经济发展模式的兴衰》，《比较制度分析》2001 年第 1 期。

（2）顶住国民压力唯求外援。1965 年 2 月 20 日与日本政府签订了《韩日关系基本条约》，实现与日本邦交正常化，并随后签署《请求权及经济合作协定》。此后 6 年，韩国获得了日本提供的无偿援助 1.72 亿美元、低息贷款 1.04 亿美元和民间信贷 5.5 亿美元，合计 8.26 亿美元。在韩国经济初见成效后，对外举债仍然是韩国筹措建设资金的主渠道之一。例如 1979 年借入外债 203 亿美元，1985 年借入外债 467 亿美元。

（3）给产业发展提供要素。韩国政府除了不断激发厂商自行努力改进产品质量，而且在技术研究和国际公关方面积极投资，帮助企业树立韩国产品的国际形象。韩国政府大量投资建立许多研发机构，为技术产业化建立工业发展中心，龟尾（Kumi）电子工业园区就是成功的案例之一。韩国政府在教育和基础设施上持续投资，把韩国的国际竞争力当作首要目标，达到了刺激产业提升的目的。

13.4.2.2　韩国政府营造经济创新平台

（1）营造产业发展的支撑条件。韩国政府以社会基础设施建设先行为原则，在经济发展初期重点建设电力、交通、港口、通信、仓库等基础设施。在第一、第二两个五年计划期间，用于基础设施的投资占政府投资的 60% 以上。1966—1969 年的 4 年中，公路投资就扩大了 30 倍。政府的基础设施建设为经济腾飞创造了良好的投资硬环境。再如 1971 年开始推行以改善农村生活为首要目标的新农村运动，通过政府向农民提供长期的低息公用贷款，改善了农村生活环境，提高了农村的生产效率，使农村成为优质劳动力的供给地，农村变为城市工业产品的消费地，并使农副业产品成为供应城市生活的必需品。新农村运动扩大了内部需求，使农村成了韩国经济发展的支撑力量。

（2）营造国内市场竞争的环境。在经济增长的不同阶段，政府根据国家发展需要和支撑条件选择优先发展的目标产业。对于目标产业，政府从资金、技术、资源、信息等各个方面予以全力支持。政府先是运用保护政策扶植处于起步阶段的幼稚产业，待其具备一定的国际竞争能力后，政府就毫不犹豫地将它推向市场，通过市场竞争来磨炼企业。这种有限扶持的产业政策，有力地推动了韩国产业结构的升级，促进了韩国经济的发展。

13.4.2.3　韩国政府创造产业发展契机

（1）引导产业发展取向。政府在制定产业目标和提供相关信息方面扮演着重要角色。由企划院组织各经济部门联席制订的经济计划，具有权威性。五年计划（从1962年开始）下又分解成年度计划，及时滚动修订补充，因此其经济计划富有应变能力和弹性。产业计划的制订以大量的调查研究为基础，对厂商竞争国际潮流具有指引作用。韩国政府设立各种奖项，应用出口退税、财政支持、信用稽查等政策鼓励厂商出口，每月举行一次外贸汇报会等，使得韩国企业不仅把出口当作获得盈利的途径，更把出口当作爱国的表现。

（2）见缝插针抓机遇。韩国既缺天然资源，又无工业基础，朝鲜战争使其经济萌芽，越南战争进一步推动韩国产业的形成和发展，韩国的建筑业和水泥业都是因越战而崛起的。20世纪60年代，世界各国对中东石油的依赖日益增强，日本造船业难以接受猛增的订单，韩国迅速发展起自己的造船业。1973年10月，中东战争引发了石油危机，中东原油价格从每桶2.98美元上涨至11.65美元，让中东国家获得巨额石油美元。韩国总理崔圭夏立即率团飞赴中东，调查和核准中东产油国宾馆、工厂和海港等的大规模建设计划后，韩国政府立即向中东派出阵容强大的建筑专家和建筑公司，承揽建设工程，以便赚取石油美元。1975 年制定了《进入中东促进方案》，成立中东经济合作委员会，设立专门的低息融资基金。在政府的主导下，韩国建筑公司打败了欧美大公司，在进军中东中取得成功，不仅得到了石油美元、化解了油价暴涨对国内造成的经济困境，而且解决了就业，取得了一石三鸟的实际效果。

（3）逆势挺进赢大势。1974 年全球经济空前低迷，各国政府和产业界都纷纷削减投资。韩国政府却反其道而行之，大举投资产业界，协助厂商低价取得国外先进技术。当 1975—1976 年全球经济复苏时，韩国产业已经有足够的产能满足国际市场的需求，韩国经济从此繁荣起来了。1997 年亚洲金融危机爆发，韩国也受到波及，国际经济发展走势不明朗，许多国家持币观望，韩国却果断投资高新技术产业，1999 年世界经济回暖后，韩国很快获得了投资收益。

13.4.3　经济循环增强的动力机制

13.4.3.1　韩国经济循环增强的动力机制

对韩国经济发展过程的考察，包括发展条件和动力分析，机遇、外部援助、人力资源、政府贡献等驱动韩国经济发展的因素，与社会文化、超前教育，市场营造、设施建设、要素制约等的结合，发现韩国经济具有循环增强的发展规律性，见图 13－4。

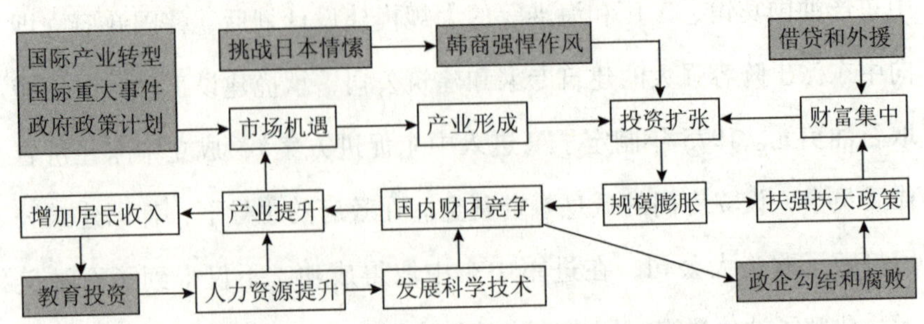

图 13－4　韩国经济循环增强的动力机制示意

（1）韩国经济的基本循环是，“扶强扶大→财富集中→投资扩张→规模膨胀→扶强扶大”。在扶强扶大的政策作用下，外援和国际借贷进一步集中了韩国社会财富，从而增强了基本循环；韩国人的竞争意识和商人强悍的作风也容易引发韩国社会投资冲动，从而促进基本循环。韩国的主要做法是，政府集中资源重点扶持，迅速地培育出一些具有一定经济实力的大企业集团。然后，通过大企业集团的竞争增强带动整个国民经济的发展，提升国家竞争力，带动韩国经济起飞和工业化。例如 20 世纪 60 年代韩国政府采取“个别育成”方式，把资金和外汇向大企业倾斜，确立了这些企业的垄断地位；70 年代韩国政府采用集中投资方式，向大企业提供优惠贷款使之在重化工业领域实现扩张，进一步加强它们的垄断地位。在政府扶持下形成垄断的大企业集团（财团）与政府的关系暧昧，滋生出政企勾结和腐败，最终结果是导致扶强扶大政策的强化，从而进一步促进基本循环，扭曲市场经济。

（2）规模膨胀的压力导致垄断竞争格局的形成，催生出这一格局下的竞争循环是，“财团竞争→产业提升→增加居民收入→教育投资→人力资源提升→发展科学技术→财团竞争”。韩国文化决定了居民收入增加后会更多地投资教育，从而使得这一循环成为必然。由于产业提升创造的市场机遇是韩国经济内生的，从而使韩国经济从必须依靠外部经济转向内外双循环的更平稳发展阶段。从时间上看，这是 20 世纪 90 年代以后的事情。

（3）竞争循环的重要作用是，韩国的文化传统被转化为韩国经济发展的推动力量纳入经济发展体系内。有了传统文化作为不竭的推动力，韩国经济就有了一个持续创新增强的循环，“产业提升（→市场机遇→产业形成）→投资扩张→规模膨胀→财团竞争→产业提升”。创新开拓经济空间可以极大地疏解竞争压力，企业也就放松对扶强扶大政策的依赖，被过度扭曲的韩国经济有了矫正的条件。亚洲金融风暴后，韩国经济走向了发展高新技术产业之路，标志着进入一个新阶段。

（4）韩国经济发展的最初萌芽和动力来源于国际重大事件（朝鲜战争、越南战争、中东战争、阿富汗反恐等）、国际产业转移、政府的产业计划和政策。这些因素带来了市场机遇，使得产业有了形成和提升的机遇。此后则主要依赖上述经济循环发展来增强。

13.4.3.2　韩国产业更新提升的动力机制

具体到产业更新升级方面，韩国的主导产业经历了进口替代、劳动密集、资本密集、高新技术逐步提升的四个阶段，在时间顺序上具有良性的演进逻辑，[①] 见图 13－5。

韩国产业循环提升的主要特征表现在以下几个方面。

（1）在市场稀缺、收入水平低、外汇短缺等不利条件下，形成了劳动密集型产业。这类产业在没有消化掉劳动力的情况下，通过压制

① 参见朱灏《韩国经济的复苏及其启示》，《亚太经济》2007 年第 5 期。

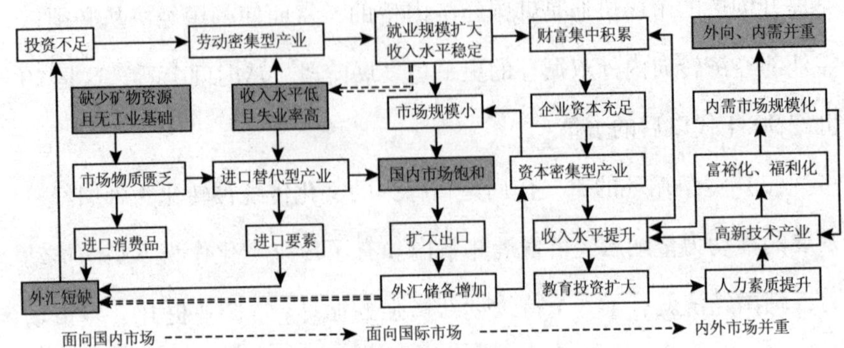

图 13－5　韩国产业循环提升的逻辑示意

劳动者收入水平提高的途径，就可以促使产业膨胀、实现经济的规模扩张并逐步改善外汇条件。1961—1984 年间，韩国就处于劳动密集型经济阶段。

（2）劳动密集型产业积累下外汇、资本和高素质人力，同时财富的集中积累增加了社会不满。一旦劳动力转变为供不应求，就会形成发展资本密集型产业的机制，但是“扩大出口→外汇储备增加→资本密集产业→市场饱和→扩大出口”和“财富集中→资本充足→资本密集型产业→收入水平提高→财富集中”双重循环却进一步加速财富的集中。1985—1992 年间，韩国基本上处于资本密集型经济阶段。

（3）资本密集型产业不仅增加了企业的财富，也增加了国民的财富并因此扩大了内需市场，从而形成“提高收入→教育投资→人力素质提升→高新技术产业→提高收入”和“高新技术产业→富裕化和福利化→内需规模扩大→高新技术产业”的双重循环，使韩国经济进入一个分歧点，劳工权利得到了更多的重视，国内需求成为经济的良性驱动因素。1992 年韩国经济开始向这一新经济过渡。

20 世纪 50 年代，韩国经济以发展进口替代型产业为主，除了培育韩国产业基础，这种经济不能实质地解决韩国经济中的任何基本问题。但是，在那种条件下，韩国也没有更好的选择。笔者以为，我们评价经济发展时不可无条件，只以成败论英雄。

13.4.3.3 日本经济与韩国经济的一些差异点

在韩国经济起飞前，韩国被日本殖民，日本还靠劫掠东亚增加财富。日本侵华打掉了中国 40 年的 GDP，劫掠品就成为日本的财富。“九一八”事变次日，日本就劫掠东三省官银 16 万斤黄金和 200 万斤白银。抗日战争期间，按照 1937 年比价计算，中国遭受直接经济损失 1000 亿美元，间接经济损失 5000 亿美元，直接和间接经济损失是中国 1937 年 GDP 136 亿美元的 43.6 倍。日本伪造法币 500 万元。甲午战争，中国的战争赔款为白银 2 亿两。日本近代史是以被西方列强打开国门为开端的，倒向西方后日本的基本特征是劫掠近邻利益。

明治维新以来，日本就企图脱亚入欧，日本的学习对象是欧美发达国家。韩国经济启动时，学习的对象是日本。但是，韩国跨出初级发展阶段后，目光就不停留在日本，而是放眼全世界。特别是 1990 年日本经济泡沫破裂，韩国关注的主要对象就不是日本了，而是紧贴西方的先进技术领域并且创新投资与 GDP 之比高于日本。当前韩国的技术活力也高于日本，日本的国际著名品牌在下降，韩国却产生了三星等国际著名品牌。

日本和韩国都具有集体性、组织性和纪律性的国民特性。第二次世界大战之后的日本和 1961 年后的韩国，都首先通过适宜国民特性的大规模产业而形成积累，再转向资本密集型产业发展，并取得经济起飞。但是，日本比韩国体量更大，日本产业范围比韩国大，日本发展资本密集型产业 15 年并且其后依然具有产业优势，韩国发展了 5

年就发现没办法继续了，只能转向高新技术产业发展。换言之，韩国遭受的传统产业拖累比日本小，日本至今无法摆脱 1.3 亿吨钢铁产量的传统经济，而韩国在新兴产业领域具有国际竞争力。

尽管文化同源，发展方向选择却很不相同，传统文化制约了日本创新经济的形成，却并没有束缚住韩国经济的创新。为什么如此，原来文化也是可以演化的，并不是固定不变的。在产业转型和提升问题上，尽管文化对社会选择具有很大的影响，但是测算利弊得失的技术和长远目标战略是更关键的。中国经济比日本 20 世纪 90 年代的问题更严重，很容易滑入日本式的停滞中。一定要用技术选择支撑政治决策而不能反过来，否则长期经济停滞将是必然的结果。

13.4.4 东亚经济成长的必要条件和效果评价

对于东亚模式的评价，尽管赞美之声不绝于耳，却也有不同的声音。2008 年诺贝尔经济学奖获得者保罗·克鲁格曼（1994）就认为，东亚新兴工业化国家，高速增长所依靠的主要是资本和劳动者的大量投入，而非技术进步或生产率的提高，这种依靠投入驱动的增长模式与苏联黄金时期的增长模式没有什么区别，因此克鲁格曼认为不存在什么东亚奇迹，东亚经济的高速增长终将无法持续。①

13.4.4.1 日本和韩国东亚经济成长的必要条件

为了发展经济，日本和韩国初期都付出国民的代价。在国贫、失业严重的情况下，除了通过劳工换取财富，确实是“巧妇难为无米之炊”。发展劳动密集型产业，集体性、组织性、服从性、勤劳、好学

① Paul Kruman, “Myth of East Asia’s Miracle”, *Foreign Affairs*, Vol. 73, No. 6, 1994.

等国民特性本身确实有利于降低社会成本、提高产业竞争优势。从全球范围观察，劳动密集型产业确实在深受儒家文化熏陶的亚太地区先后取得成功，而其他地区却鲜有成功的典型。可见，儒家文化对于发展这类产业是具有积极影响的。

东亚经济的启动主要不是靠技术而是靠人力和其他资源。东亚经济的成功是顺应了经济转型的需要而没有故步自封，无论是日本还是亚洲“四小龙”，都是通过若干次蜕变而成就了东亚模式的。韩国从 1974 年推出新农村建设开始走上了创新之路，新加坡通过收入倍增计划使产业升级。一直压制国民收入而持续发展的在全球范围内没有任何成功案例，南美却有多国反例。千万别忘了，压制国民收入的提高不是任何国家经济发展的目的而是暂时的手段。

13.4.4.2　日本和韩国经济成长的几个研究结论

政府对经济成长肩负重大责任。日本和韩国都是市场经济国家，政府对经济的影响力却很大。政府干预不仅是国家经济的启动力、导向力，而且是经济的决定力、推动力。从实际效果看，政府干预使国家产业结构集约化、资源配置高效化、经济发展合理化。政府特别偏爱看得见、摸得着的成熟大型产业，政府往往忽视幼苗、希望和未来。政府主导经济是有结构性残缺的，是不利于创新的。因此，政府要与市场形成互补格局，干政府该干的事。

推动日本经济前期高增长和后期低迷的是同一种文化力量。日本的优势集中在大规模生产领域，这类产业的特点是技术成熟、用工人数多、组织层级结构复杂，需要组织性、纪律性、服从指令、信奉权威的员工。日本人具有这样的特征，适宜发展这类产业，日本也就在这类产业上取得显著的优势，并在 1990 年前后登上工业经济的巅峰。

可是，日本文化难以滋养原始创新和新兴产业，前期经济高增长的日本文化力量，也是创新经济的抑制力。日本没了新经济的文化推动力，从此陷入长期低迷中。

13.4.4.3　日韩东亚经济成长对世界的影响

东亚经济主要不是开拓经济新领域而是做大产业规模，属于劳力—资源型经济。东亚经济不仅为自身积累了财富，对世界经济也有巨大的贡献，最主要的是降低了全球消费品价格，普及了经济进步的成果，让发达国家更富裕，让发展中国家也有消费能力。在这方面，中国做得更极端。1990 年之后中国的各项改革都是围绕降低生产成本展开的，甚至不惜以降低国民福利为代价，廉价出口不仅稳定美国 CPI 26 年，而且让非洲贫民也披上了锦缎，有了原本贵族才有的消费能力。估计初级产业转移到南亚，也没有降低价格的理由而有涨价的动力，日常消费品全球性涨价必然是未来的长期趋势。

13.4.4.4　东亚经济的未来发展趋势

东亚经济此起彼伏，从日本到“亚洲四小龙”再到中华大地。尽管东南亚还有发展中的 6 亿人口，但是要支撑欧美日及中国市场，东南亚的规模一定不够。此外，东南亚与中国经济差距并不大，中国产业转移到东南亚没有足够的空间。因此，东亚经济尽管依然有维持现有产业的能力，但是发展劳力—资源型经济的剩余空间有限，东亚经济总体上必须也必然往提升和转型的方向前进，中国必须也只能创新驱动发展。

发展劳动密集型产业，南亚印度拥有最丰富的劳动力人口，也最有承接劳动密集型产业的能力。但是，印度国土面积只有 298 万平方公里，只要把 1/3 的中国钢铁产能转移到印度，印度就不适宜人类生存了。也就是说，印度没有总体上替代中国的现实性。发展劳力—资源型经济，印度是一个短期过渡性地区，不可能如同中国一样，驻留 30 年。

日本和韩国都没有因为经济发展而丧失本国文化。实际上，两国都通过成功的经济发展而加强了本国文化地位，使得周边形成哈日族和哈韩族，日本和韩国的文化产品也渗透到其他国家，为本国带来经济利益。从日本和韩国的案例看，发展经济不必以文化为代价。传统文化要反思，要汲取世界先进文化作为营养来提升，但是不需要也不能连根拔起扔掉。只会引入，不会消化吸收，不仅是浅薄的、没有尊严的，而且是没了祖宗的、没有基础的。

13.5　其他一些国家的经济发展模式

13.5.1　兼具生存与发展能力的小国以色列

13.5.1.1　以色列经济发展的历史简况

以色列在 1948 年建国时 GDP 只有 2 亿美元，2016 年为 3117 亿美元，68 年间增长了 1559 倍，人口数量从 65 万人增至 868 万人。以色列人均 GDP 也从 1948 年的 308 美元提高到 2016 年的 37653 美元，成为富裕国家。以色列把一个弱小的农业国发展成为一个强大的工业国，创造了举世瞩目的经济成就。以色列是当今世界绝无仅有的具备生存能力和发展能力的小国，其经济发展模式极具特色。

13.5.1.2　以色列经济的内在发展动力

（1）两大内部推进力。①犹太民族的自我提升力。犹太民族崇尚智慧、重视全民教育，实行13年全免费义务教育制度，消灭了文盲，人人都能阅读，人人都有文化。②犹太民族的创造力。犹太人把读书钻研提高到信仰的高度，认为勤奋好学是最神圣的美德，是信仰上帝的组成部分。犹太人仅占全球人口的0.3%，1901—1987年间诺贝尔获奖者中却占15%。以色列知识构成极高，每万人有科技人员51人、工程师135人、发表论文120篇，科技人员和专业人员占劳动人口的25%。

（2）三大制约条件。①天然资源匮乏。沙漠和半沙漠占国土面积的2/3，土地贫瘠，无矿产，严重缺水，蒸发量大。②周边政治环境恶劣。以色列与巴勒斯坦是世仇，与阿拉伯世界敌对，周边政治生存环境十分险恶，战事频频发生，迫使以色列防务优先，提高资源利用效率。③立国初期，国力虚弱。1948年之初，以色列国力十分虚弱，国土面积14900平方公里，人口65万，GDP 2亿美元，仅有农业和手工业，经济十分落后。

13.5.1.3 以色列经济的外围支撑条件

（1）国外犹太组织的支援。国际犹太人组织对以色列经济发展给予了持之以恒的大力支持。例如，从20世纪70年代开始，在美国的犹太组织每年至少援助以色列10亿美元，有些年份高达30亿美元以上。[①] 国外犹太人的回迁，特别是80年代每年5万余名苏联犹太科学家和工程师的迁入，使得以色列科学技术水平得到迅速提升。

（2）美国的持续鼎力支持。美国每年向以色列提供30亿美元的援助，占美国对外援助的24%。美国风险资金不断注入以色列，在

---

① 参见张佳彬《弹丸小国以色列何以称雄中东》，《计划与市场》2002年第6期。

NSDK 上市的以色列企业有 110 多家，市值 500 多亿美元。美国委托以色列把波音飞机改装成运输机、加油机和预警机等，启动了以色列航空工业。美国还免费向以色列提供箭式反导弹防御系统、航空等军事技术，以此支持以色列国防工业的发展。

13.5.1.4　以色列经济的社会理性选择

（1）上下一气寻求智力突破。犹太民族崇尚智慧，把智力投资作为生存的手段。研究与开发投入占 GDP 的 3.5%，占企业销售额的 5.1%。在面临灭国危机的情况下，以色列教育投资/GDP 依然高达 7.7%，5—18 岁完全义务教育，受教育率 100%，图书馆、杂志和报纸密度全球最高，人均阅读量全球最高。以色列是学习型国家的典型。

（2）寻求战略结盟的外部支撑。以色列没有广交朋友，而是突出自身的战斗力，以此成为美国在中东扩大影响力的借重力量，也因此获得美国在经济、政治、军事和技术方面的大力支持。作为小国，以色列在国际上的这种结盟方式是很有尊严的，也是相当稳定的，并且在很大程度上是可以自我调控的。

（3）节约资源，增强资源的效能。农业占总用水量的 75%，对于缺水的以色列，如何节约农业用水就成为克服水资源制约的关键。以色列污水处理率 100%，农业灌溉用水量的 50% 来源于污水处理，以色列达到每毫升水生产农产品 2 克的高水平。以色列人充分利用每年有 320 个晴天的阳光优势，开发出太阳能吸收器，广泛用于家庭生活、工农业生产，每年为以色列节约进口燃料费 3000 万美元。目前，70% 的以色列住宅采用太阳能采集器，把太阳能转换为电能和热能，用于家庭照明、烧热水、空调机及城市照明等。

（4）国防工业优先。以色列国防经费/GDP≥25%，国防工业投资/工业投资≥50%，军工产值/工业产值≥40%。[①] 到1980年，以色列建成了设备先进、门类齐全、研制队伍强大的国防工业体系，特别是国防软件产品、无人驾驶侦察机、全天候反雷达无人攻击机等，以色列在全球都遥遥领先。

13.5.1.5 以色列的发展成就

（1）以色列既具有生存能力又具有发展能力。在当今世界上，以色列是唯一同时拥有生存能力和发展能力的小国。发展能力通常靠综合国力，生存能力通常靠天然资源，这两面以色列都不具备条件，在资源劣势的条件下，以色列同时具备这两种能力，这就是奇迹。

（2）犹太文化成为以色列持续发展的不竭动力。人文精神因素的作用是十分巨大的。正是“崇尚智慧”“教育立国”充分发挥了以色列民族好学的文化传统，使国民素质得以全面提升，从而奠定了以色列发展低投入高效益产业的基础。以色列的成功表明：优秀的文化传统是经济发展的资源，可以持久推动生产力的发展和提升。

（3）以色列经济是十分成功的。以色列人口从1948年的65万人增长到2016年的868万人，以色列人均GDP从308美元提高到37253美元。可见，在以色列经济发展中，人口不是一个消极的制约因素而是积极的促进因素，即使经济环境十分落后都有这种可能。

13.5.2 顶级富裕是福利驱动的北欧经济模式

13.5.2.1 北欧经济模式的主要特征

2016年北欧五国人口总计2660万，GDP总额14555.46亿美元，人

---

① 参见潘光《试论以色列的文化发展和科教兴国》，《世界经济研究》2004年第6期。

均 GDP 55205 美元，处于全球领先水平。北欧五国陆地面积 130 万平方公里，处于北温带与北寒带交界地带，冬长夏短，常年气温偏低。北欧的传统经济部门是林业、水力发电、铁矿开采、渔业、造船业和航运业。北欧当今具有先进的科学技术和发达的新兴产业，芬兰和瑞典两个小国竟然在全球竞争力排名中位居前 10，见表 13 – 8。北欧五国以瑞典为典型，都实行高福利体制，收入差距全球最低，Gini 系数处于 24% ~ 27% 之间。北欧的天然资源、气候等条件并不优越，可见，北欧发达的经济不是靠天然资源取得的，而是靠社会人文资源取得的。

表 13 – 8　全球竞争力最强的 10 个经济体及 2016 年人均 GDP

（单位：美元）

排名	1	2	3	4	5	6	7	8	9	10
国家	瑞士	新加坡	美国	德国	荷兰	日本	中国香港	芬兰	瑞典	英国
人均 GDP	85594	55509	57765	42388	42067	33010	43791	43114	49782	46720

13.5.2.2　北欧经济模式的思想来源

欧洲资本主义国家的早期发展，大多靠掠夺和殖民，靠血与泪的资本原始积累起家。在资本主义发展初期，北欧是边缘化地区，早期靠海盗式的掠夺生存，随着德国经济的兴起，1850 年后北欧才开始兴起现代经济，才有海上贸易。经历两次世界大战，北欧各国逐渐认识到资本主义的矛盾与弊端，探索同时实现经济上的发展和社会上的公正的新道路。20 世纪 30 年代，瑞典经济学家就企图实现具有社会主义特征的高效率社会，第二次世界大战后，在考察了美国社会经济后，北欧国家坚信传统资本主义制度必然导致两极分化，需要改良社会福利，才能让国民生活幸福安宁。1975 年，瑞典和丹麦公共开支占 GDP 之比从 27% 提高到 33% 以上，北欧模式特征区域成熟。

13.5.2.3　北欧国家经济兼具社会主义和资本主义双重优势

北欧是全球最富裕的地区，是贫富差距最小的地区。虽然北欧是资本主义国家，但是北欧的高福利、均贫富的做法更是社会主义的典型。把一个相当寒冷的北欧，建设成为温暖的和谐社会，是人间杰作。北欧的成功，让人们懂得共同富裕是能够实现的。实现的方式，不是增强资本主义的野蛮，而是增添社会主义的善良；不是“让一部分人先富起来”，而是让一部分人更多地帮助其他人；不是增加特权违法，而是立法公平正义。全民就业、全民养老金、全民医疗保险、全民免费教育等社会福利，需要更大份额地由公共财政承担，只有公共财政承担了属于社会福利的支出，并且只要满足条件，就必须享受社会福利，才能让政府懂得扩大收入未必能够追上支出，才能让政府懂得必须经营社会而非只要扩大收入。

13.5.3　“中等收入陷阱”中的拉丁美洲经济发展模式

13.5.3.1　拉丁美洲经济概况

拉丁美洲是指美国以南的美洲地区，处于北纬 32°42′和南纬 56°54′之间，年降水量 1341 毫米，年平均气温 20℃以上，平均海拔 600 米，300 米以下平原占总面积的 60%，人均耕地面积 1.4 公顷，地理气候条件优越，包括 34 个国家和地区，陆地面积 2056.7 万平方公里，约占全球陆地面积的 13.8%，人口为 5.88 亿，约占全球总人口的 8.1%，GDP 总量为 5.4 万亿美元，约占全球的 7.3%，有产阶级和无产阶级的两极分化现象严重，Gini 系数约为 50%。

拉美国家从 19 世纪 20 年代开始独立，从初级产品出口启动经济发展。1950—1980 年间，拉美经济经历了一个以进口替代为主导的持续高增长，GDP 年均增长 5.4%，特别是 1965—1975 年间 GDP 年均增长高达 7%，人均 GDP 从 396 美元提高到 2045 美元，年均增长 2.7%，制造业占 GDP 的比重从 17.5% 提高到 23.8%，拉美经济从农业经济过渡到工业经济，工业内部的产业结构也从劳动密集型转向技术密集型。进口替代的投资需求和出口不足，导致国内资金缺口逐步增大，偿债能力不足，拉美负债总额从 1975 年 685 亿美元增至 1982 年 3287 亿美元，偿债率升至 41%，负债率高达 331%。1982 年 8 月墨西哥宣布无力偿还外债，拉美其他国家也开始陷入偿债危机中，借新债还旧债使得举债规模越来越大，短期债比重不断升高。拉美外债总额 1986 年为 3994 亿美元，1989 年为 4175 亿美元。1980—1989 年间，拉美 GDP 增长 1.2%，人均 GDP 增长 -0.9%，通货膨胀率从 57.6% 增加到 1161%，导致人民生活水平下降、失业率提高、贫富差距扩大、社会矛盾加剧，在“中等收入陷阱”中难以自拔。这就是拉美国家按照“华盛顿共识”改革的结局，即所谓的“拉美现象”。

13.5.3.2　美国资本是拉美经济的主要动力

美国把拉美地区视作自己的后花园，在第二次世界大战期间就开始了经济援助，拉美经济发展与美国密切关联。2016 年，美国与拉美贸易总额为 9300 亿美元，中国与拉美贸易总额为 2166 亿美元，由于地理、技术、市场、经济互补等原因，美国对拉美的影响力是十分巨大的。拉美经济成长的外部动力，早期是美国的消费市场需求和资源需求，1950—1980 年间美国提供了拉美进口替代经济的技术装备和资本，美国也是拉美国家的主要外债来源。正是美国资本的大规模涌入，使得拉美 1965—1975 年间高增长，也使得拉美背负越来越沉重的债务负担。

13.5.3.3 经济动力必须多元化——拉美的发展教训

美国注资让拉美经济产生旺盛虚火，美国撤资让拉美经济失血休克，从繁荣跌入萧条，美国资本再重新杀回，廉价收购拉美的优质资产，美国控制了拉美经济命脉，成为拉美经济发展的最大受益者。同样的方法，在欧洲先用，在日本再用，1997年在东亚又用，都是有效的。这是美国的惯用手法。不同的是，美国资本几乎是拉美经济的唯一外部动力，对拉美的主导作用太大，拉美几乎没有消灾的力量。我们一定要汲取拉美的教训，阻止美国资本兴风作浪。金融全球化必须设定可控的范围，经济的动力来源必须多元化、具体化。欧美经济属于知识—资本型，具有开放性的本质需求，当前欧美反经济全球化，是特定时期经济调整的需要，中国经济属于劳力—资源型，具有耗散性的特征，没有倡导开放的理由和资格。阻滞中国经济的耗散，才是政府工作的“新常态”，产业结构升级和扩大内需才是正确方向。

13.5.4 极端贫困的形成原因和经济发展模式

13.5.4.1 靠矿产资源很难成就富裕美梦

2015年全球金属矿产开采总量是233800万吨，总价值量是7300亿美元；原油产量是375840万吨，价值量是14102亿美元；煤炭产量是783840万吨，价值量14288亿美元。估计全球矿产总价值量不会超过12000亿美元，约占全球GDP的1.2%。可见，依靠矿产是造就不了多少财富的，矿产的后续加工和再加工具有更大的价值量，非物质生产的经济规模更大、价值更高。更可悲的现象是，富矿区域通常是相对贫困的。例如，翡翠象征财富，矿产地缅甸克钦邦哈帕干山谷却依旧贫困，50万翡翠矿工如奴隶般地生活着。

13.5.4.2　依靠人力资源成就不了富裕美梦

世界上，最富裕的是一些小国，北欧五国合计人口2660万，阿联酋、中国香港、中国澳门、新加坡等都是百万级地区。不管他们人口密度高低，关键的不是人口造就了富裕，而是富裕吸引了人口汇集。人口大国，如2014年印度人均GDP为1592美元、菲律宾2918美元、孟加拉国为891美元，多数是相对贫困的。特别是，依靠人口推动经济发展，没有成功的案例，20世纪六七十年代，利用南美的人口生产满足美国市场需求，十几年时间就掉入“中等收入陷阱”，菲律宾、马来西亚的情况也类似。从理论上看，压榨人口价值只能发展劳力—资源型经济，这种经济过度发展就会自发陷入瓶颈，因此这是一条走不远的致富之路。

13.5.4.3　落后国家经济发展的存在困境

落后国家经济发展当然也想从高技术开始，但是这是十分不现实的。习惯农耕的人们，又怎么会习惯协调同步的工业生产呢？如果要求心往一处使，共同开发软件，那更是难以组织了。按照第4章的阐述，种种条件的制约下，迫使落后国家只能选择劳力—资源型经济作为发展经济的出发点，这是无奈的、必然的，几乎无例外的。一旦启动了经济发展，以往成功的惯性就会让经济自发运行在同一条道路上。是否克服惯性力，给经济发展注入新的动力，才是各国的差异所在。南美国家没有扭转惯性力量，就勇往直前地掉入“中等收入陷阱”了，日本和亚洲“四小龙”则或迟或早不断转型，都避开了“中等收入陷阱”。经济转型也是要支付代价的，这就靠社会理性决策、靠政策调整。

第 14 章　中国经济现状、问题和趋势

每个时代都有它的重大课题，解决了它，就把人类社会向前推进一步。

——海涅

20 世纪最后 20 年伊始，我们发现自己处于异常深刻的、世界范围的危机之中。这是一场复杂的、多方面的危机。这场危机触及我们生活的每一个方面——健康与生计、环境质量与社会关系、经济与技术及政治。这是一场发生在智力、道德和精神诸多方面的危机，其规模和急迫性在人类历史上是空前的。“我们第一次不得不面临人类和地球上所有生命都可能灭绝这样一场确确实实的威胁。”①

① ［美］弗里乔夫・卡普拉：《转折点——科学、社会和正在兴起的文化》，四川科学技术出版社 1988 年版。卡普拉是高能物理学家，该书首版 1982 年在美国出版。

14.1　中国经济的薄弱起点和严峻的现状困境

环境问题从边缘走到了社会中心的位置，我们不得不直面。在“五位一体”文明建设中，物质文明不再是中心，不再起主导作用。新的时代，新的起点，新的发展理念。

14.1.1　从积弱被欺到“中国人民站起来了”

看中国经济，有三个关键时间点：建国初期、改革开放初期和当期。建国日期是 1949 年 10 月 1 日，这是精准的，当前日期亦然。改革开放的起点有认识差异，从华国锋继任主席到邓小平实际主政中央，均属可选择的时间点。三个时间点将中国经济分成三个时期，无妨划分为“前 30 年”——1949 年至 1978 年，“后 35 年”——1978 年至 2012 年，“未来 40 年”——2012 年至 2050 年。

14.1.1.1　从无到有开天辟地“前 30 年”——年均 GDP 增长率 >8.33%

中国经济本来就落后，又经历了 14 年抗日战争和 5 年解放战争的摧残，1949 年 GDP 总量仅为 358 亿元，人均 GDP 85 元，文盲率 80%，人均寿命 35 岁。1978 年，中国 GDP 3645 亿元，人均 GDP 378 元，文盲率 34%，人均寿命 68 岁。“从建国到一九七八年三十年的成绩很大，但做的事情不能说都是成功的。”（邓小平，1985）

1949—1978年间，抗美援朝战争历时3年，直接耗资62亿元；抗美援越战争9年，援助总额200亿美元；中印边界自卫反击战一个月，在多重不利的条件下，伤亡仅为印度的1/4；中苏冲突打了个平手，珍宝岛自卫反击战中方智胜，新疆冲突对苏防范不够。在国力十分薄弱的条件下，中国对外作战打出了国威，打出了和平建设的空间，打出了民族自信。“前30年”，中国建成了国民经济基础，发展出了战略武器，经济增长率高达8.33%。

一种观点认为，“文化大革命”后“国民经济到了崩溃的边缘”。不过，与1949年比较，是有天壤之别的。新中国成立初期，既要清除国内匪患和国民党残余势力，又要抗衡朝鲜16国联军的强大攻击力，中国经济没有崩溃。1976年，已建成苏联援华156项86268座大中型水库以及黄河、淮河治理和2053亿元大三线建设，奠定了国民经济发展的坚实基础，并且既无内乱又无外扰，不知有什么合理的力量能够导致中国经济崩溃？

14.1.1.2 从小到大规模膨胀“后35年”——年均增长率9.3%

“后35年”经济建设成就毋庸置疑，主要数据见表14-1。在“求和平，图发展”的战略指引下，国际关系上减少了敌人。中国对外用兵仅有1979年的对越南自卫反击战。当然，打出来的和平比较容易维持，谈出来的和平很难稳定，中国当前面临东海问题、南海问题、藏独问题、疆独问题，维护和平的成本很高。一些国家越来越猖狂，习惯于欺负弱小的美国，不仅敢与中等国家伊拉克作战，而且敢于挑衅中国——在12海里内巡弋南海。

表 14－1　　1978 年和 2012 年主要经济数据对比

年份	GDP（亿元）	高校毕业生（万名）	R&D（亿元）	人均预期寿命（岁）
1978	3645	16.5	62	68
2012	540367	699	10298	74.84

“后 35 年”的经济建设，透支不少社会成本。产能过剩不仅消耗了许多资源，而且还将继续消耗资源，并且还将拖累未来经济的成长。劳动密集型产业的衰退，不仅导致经济萎缩，而且导致一批中年人口失业。长期的知识无用武之地，不仅导致当前经济缺“芯”严重，而且导致在校大学生学习热情下降，教育这个促进社会提升的因素演变成为拖延社会进步的因素。方向性失误的代价，需要时间来纠正，需要未来支付成本。

14.1.1.3　“前 30 年”“后 35 年”功过是非各由评说

2013 年 1 月 5 日，习近平明确指出前后时期“两个不能否定”。前后两个时期的发展是不能割裂的，是有逻辑联系的，我们可以从三个角度来观察和评价。

（1）从经济角度看。统计数据显示，“前 30 年”和“后 35 年”年均经济增长差别不大。注意到“后 35 年”按市场交易增值法统计，“前 30 年”按实物生产法计量，前后统计差别应该超过 1%，实质增长率差别不大。例如，以往土地划拨是不产生经济价值的，1998 年以来我国土地出让费 29.6 万亿元是计入 GDP 的，仅此一项就比“前 30 年”多出 3.86%；以往的水利灌溉是无偿的，现在是收费项目，又成为 GDP 的累加项目。诸如此类的项目累加起来，使得按增值法统计的数字通常大于按生产法统计的数字。可见，“前 30 年”的实质增长率应不低于“后35年”，以现在否定以往，看来缺乏实证依据。

（2）从社会角度看。“前30年”腐败规模不大，社会是有正气的；“后35年”腐败十分猖獗，已经成为社会难以承受的毒瘤。“前30年”Gini系数下降到24%，“后35年”Gini系数提升到49.1%以上，贫富差距拉大了，社会矛盾加剧了。人们的生活理念也发生了变化，从理想信念至上转变为物质财富至上，是非观念逐渐淡化了，人际关系逐渐淡漠了。后50年减少了政治挂帅，把经济建设摆在突出的位置，试图突破一点带动全面。可是，这一孤立的、静止的意图并未实现，普遍联系的规律发挥着强劲的作用。

（3）从前后30年的关系看，“前30年”是从无到有建设社会主义，“后35年”是从小到大发展商品市场经济，“前30年”的建设为“后35年”的发展奠定了物质基础。

14.1.2 中国要突破国际上8大战争威胁

《目标中国》[①] 生动勾勒出美国统治集团在国际政治和经济上企图孤立中国，重创直至扼杀中国发展的“温火煮青蛙”式“屠龙”谋略——对华八大战略：货币战争、石油战争、粮食战争、药品与疫苗战争、经济战争、军事战争、环境战争和媒体战争。针对中国的八大战争是一场蓄谋已久、扑朔迷离、没有硝烟的险恶战争，招招险境“套中套”，步步为营“链中链”，人们当然可以麻木以待、当作笑料，换得苟且偷安的当前，继续做和谐世界的美梦。晚清就做过醉生梦死的美梦，苏联瓦解前也在做美梦，无视严峻的国际环境、掩盖国内的矛盾对立，从来就是鼠目寸光的领导人的偏好。好在十八大确立

① ［美］威廉·恩道尔：《目标中国：华盛顿的“屠龙”战略》，中国民主法制出版社2013年版。

了问题驱动改革、开放驱动改革的方针路线，当今领导人不回避问题，而是正视问题、解决问题。那么，针对当前形势，我们如何解码，如何解套呢？

14.1.2.1　不要指望美国，拯救中华要靠我们自己

当今世界，国家依然是主体，以为美国会捍卫国际正义、奉行国际主义路线，为了中国会牺牲美国利益，是十分荒谬幼稚的念想。有一些人持有这样的观念，无论无意或是自觉，他们都走向了挟洋自重的道路，成为传达外国势力要求、扰乱国内秩序的一股势力，即所谓的“第五舰队”。这股势力，存在于各个阶层，是实质反华力量。他们没有祖宗，假借对外开放名义借外脑来解决中国的问题，实际上是崇拜西洋的，甘愿当西方的附庸。这股势力，最初并非来源于基层，并没有群众基础。位高、德薄、力弱，无自信又要假冒能人、高人，学养不足又要来卖弄学问的人群，最需要借助西洋的一点新知识，给自己壮胆鼓气。

14.1.2.2　学科学用科学、尊重科学，却不可迷信西方科学

20 世纪 50 年代，日本科学界认为，盲肠是无效的，于是就割除新生儿的盲肠，结果导致免疫力下降。80—90 年代，认为剖宫产比自然产更好，现在又鼓励自然生产了；那时认为少儿每天要吃一个鸡蛋，现在说不能吃鸡蛋了。2005 年，世卫组织调查有 65347 个病名，1/3 不知病因，却同样在治疗。其中口舌生疮，就流行很广且长期不知病因，通常情况下，治了一周痊愈不治也一周痊愈。这些例子表明，科学没有全覆盖，更没有永久覆盖，迷信科学是没有科学依据的，是违背科学准则的。

用弱毒疫苗免疫防病的设想，来自爱德华·詹纳（Edward Jenner，1796—1839）发现的牛痘，发明牛痘疫苗被认为是英国对现代医学的一大贡献。但是，“英国普遍注射牛痘疫苗后却爆发了一场天花流行，致死22081人。在注射牛痘疫苗的年代里，英国的天花疫情愈演愈烈，比疫苗推出前还要严重。据记载，1872年患天花病而死亡的人数达44480人。当时的英国，拒绝注射牛痘疫苗会被抓起来送监狱，可是，在强行注射多年后的1948年英国还是废止了种牛痘”。而今，药物已经成为控制大众思想和身体的技术，注射疫苗更是控制人民的手段。“思想控制特别计划”（MK－Ultra）研制出迷幻药“摇头丸”（LSD），流行于20世纪60年代，结果导致美国嬉皮士革命。不要以为这是偶然自发的社会现象。

2016年3月山东疫苗事件爆发，3月22日世界卫生组织认为疫苗安全风险非常低，同时承诺时刻准备为中国卫生部门提供支持。低水平的安全风险，还要有劳世界卫生组织，这很不合逻辑。科学技术是客观性手段，但是应用科学技术绝不是没有人的，决定科学技术如何应用、用于干什么、应用的目的是什么、根本就不是科学技术本身的事情。

14.1.2.3 索罗斯唱空中国并不可怕

索罗斯唱衰中国经济，《人民日报》指出其中掺杂投机心理，[①] 索罗斯对人民币和港币的挑战不会成功，做空中国只会自食其果。索罗斯当年阻击东南亚，就是通过唱衰、做空、收割等一整套手法有序进行的，中国何来硬着陆，一个泱泱大国需要如此看重一只基金的首

---

① 参见《看好中国：这才是国际主流》，《人民日报》2016年2月1日第3版。

领吗？中国毕竟不是百亿美元或是千亿美元储备的东南亚国家，而是具有万亿美元储备的国家，为什么这么没有自信？可是，如果以为唱空中国仅仅是舆论战、媒体战，那就低估了索罗斯了。2015 年在贸易盈余 4241 亿美元、来华直接投资和对外直接投资基本持平的情况下，外汇储备却减少 5127 亿美元，这是怎么发生的？如果不做深入的成因机理研究，如果找不出新的应对策略，如果我们总是停留在打口水战上，33304 亿美元的外汇储备又能应对索罗斯几次呢？我们对美国攫取全球利益研究了多少，我们对索罗斯的存在功能研究了多少，我们对货币战、石油战、经济战研究了多少，如果我们麻木以待而非运筹帷幄，我们又如何有效寻求争胜先机？

14.1.2.4　要研究索罗斯而不只是批判索罗斯

索罗斯认为，金融市场总是在扭曲地反映现实。金融市场不具有趋于均衡的倾向，反而有生成泡沫的倾向。这一过程的持续时间会长于绝大多数人最初的预期，它所吹起来的泡沫也会膨胀到超出绝大多数人的预期。“通常，自我加强的过程会在初期阶段进行有序的修正，如果顺利通过修正，则市场倾向往往会得到加强，不太容易动摇。当这个过程到了高级阶段，修正就会变得越来越罕见，而发生高潮逆转的威胁则越来越大。”

危机最初是由许多小泡沫组成的，但每次发生局部的流动性困难时，金融当局都会出手干预——照顾出问题的机构、向市场注入流动性、实施货币及财政刺激政策推动增长……这就造就了一个非对称激励体系（术语称“道德风险”），鼓励金融机构从事风险越来越大的交易，而它又推动了新一轮信贷扩张，从而将一些局部的泡沫一点一点吹大成一个超级泡沫。当金融衍生品的复杂程度到了监管当局无法计算风险并开始依赖银行自身的风险管理手段时，“超级繁荣周期”就如脱缰之马失去了控制。监管机构不能指望市场自我纠正，政府必须承担起防止泡沫过大的责任。

14.1.2.5　备战备荒，心中不慌

害人之心不可有，防人之心不可无。对于八大战争威胁，绝不可掉以轻心，特别是货币战争，其实已经打响。索罗斯的经济功能之一是发现泡沫后把它捣破，终止从小到大的造泡沫过程。索罗斯富有传奇的一生证明了一个令人沮丧的道理：当一个人无情地伤害世界的时候，他会令世界印象深刻；当他全情报效世界时，他却总是被世界忽视。终止泡沫本来不是坏事，可是，指出“皇帝的新装”却使皇帝感到难堪而迁怒他人，终究很难做到实事求是。2009 年，索罗斯出资 5000 万美元，设立“新经济思维研究所”（Institute for New Eco-nomic Thinking，INET），其使命是“推动经济理论与实践的变革”，从而纠正“我们目前经济体系与思维模式中的问题与缺陷”。或许将来，我们会对经济金融有更完整的认识，对国际金融有更有效的应对之策，更能应对八大战争挑战。

14.1.3　中国经济再成长受到 23 个因素的制约

归纳起来看，中国经济再成长，受到多方面的制约①，我们不得不应对以下局面。

（1）宏观经济环境陷入三期叠加困境和三大分水岭。中国经济不仅面临三期叠加——前期刺激政策的消化期、经济增速换挡期和结构

① 参见李佐军《中国经济发展的制约因素》，《中国经济时报》2016 年 5 月 14 日。

调整阵痛期，而且遭遇三个分水岭——2011 年年底经济分水岭、2013 年年底资金价格分水岭和 2016 年年中政策分水岭。

（2）经济结构当前状态与未来趋势的严重冲突。占全球 GDP 13.5% 却消耗全球资源的 50%，经济结构被严重扭曲，传统产能严重过剩。一方面，矿产消耗太大，难以长期持续，过剩产能必须化解；另一方面，过剩产能太大，短时间无法化解，否则对社会冲击太大。同时又面临第四次工业革命的历史机遇，必须加大创新资源投入，加速发展新经济。

（3）市场扭曲体制。权贵市场、垄断市场、优惠市场、城乡分割和地区分割市场、泛化市场（教育、医疗、宗教）、政府企业化市场，制造了短期繁荣，却必须修复回归。

（4）泛市场化野马难驯。住房、教育、医疗的产业化，不仅掏空了国民的口袋，导致内需市场成长困难，而且唯利是图、利欲熏心、恶化职业灵魂，不断突破道德底线。医疗体制再改革 10 年成恶案，唯利是图的制度设计加剧医患矛盾，欲壑难填。

（5）产业创新能力长期被压制而衰退。创新能力被压制了 30 年，效仿成为主流，思维能力衰退，大学生普遍存在厌学情绪，如何激发人们的创新潜力成为难题。

（6）资本吃人——劳动和资本利益严重失衡。在产品的价格构成中，人工费用所占的比重从 1978 年的 1/3 下降至 2015 年的 1/10。2005 年上海市社会调查结果显示，工业资产收益率为 15.7%，人力资本收益率低于 6%。多方面观察可见，资本收益太高，人工费用被长期压低，资本吃人现象十分严重。

（7）欠薪引发的信用危机。欠薪不惩罚突破了道德底线，是对弱势群体生命的剥夺，将演化成一场危机：欠薪→讨薪→无规则→打击讨薪→短期计薪→拒绝工作。

（8）收入差距过大。1978 年城乡收入差距为 2. 36 倍，2002 年为 6 倍，2016 年为 7. 18 倍。城乡、地区收入差距太大，难以保障社会公平，社会矛盾冲突和对立增多增强。

（9）生态环境制约。发展传统产业，特别是年进口 1000 万吨石油焦，导致雾霾、污染、疾病等负效益加速增长，已经收不抵支，并且以后还得为这样的经济行为支付环境成本。

（10）社会成本提高。道德底线、就业质量、学习热情、敬业精神、责任感、社会信任度、人际关系等正能量流失，治安成本、维稳费用、社会冲突等负能量提高。

（11）人口老龄化。2015 年中国老龄化率为 15%，2050 年为 35%，如果新生人口增加，劳动人口负担将更重。劳动力供不应求，劳动收入提高，将迫使中国经济加速技术提升，只有创新，才能用较少的劳动力支撑更加美好的生活质量，与低成本经济冲突加剧。

（12）治理思路没落。以固定工资占 20%、浮动收入占 80% 为特征，加强上层权力，剥夺下层人权，强化人身依附，形成极端封建的人事格局，与社会进步方向背道而驰。

（13）上下不能同意。割断上下政治利益链和扼制改革动力两大恶性潜规则，使政权可以封闭运行、唯上是尊，导致上层政治腐败、基层政治冷漠，政令走不出中南海。

（14）纠错能力差、效率低。在任时不能自我纠错，离任后依然要尊敬前辈，死了多年还是不可纠错，社会反思能力削弱，批判之声绝耳，只是错误积累叠加。

（15）不该干的事情继续干。“劳动力过剩始终是中国一个最大的问题，农业产业结构调整进展缓慢，农民收入增加缓慢，农村的就业问题亟待解决”“房地产业里面的弊端大得不得了，里面的门道可多了……现在房地产有点热，不敢说过热，不能再这么干下去了”（《朱镕基谈话实录》第四卷，人民出版社 2011 年版）。遗憾的是，此后 10 年就是这么干过来的，估计还会有段时间这样干下去。

（16）好大喜功不知反思。“十三五”规划提出，城镇化率从 2015 年的 56.1% 提高到 2020 年的 60%。可是，截至 2016 年 5 月，全国县以上新城区有 3500 个，规划人口 34 亿。[①] 中国只会建房子，怎么成为发达国家？不换人、不换思维，怎么提升经济？

（17）后发劣势。[②] 通过模仿，我国取得 30 年经济高增长，却同时积累下缺乏制度创新的后发劣势，并且导致迷信西方、削弱民族自信、恐惧产业技术创新的社会氛围。

（18）以钱为本的价值导向错误。以钱为本不是社会主义核心价值观，也不是当今资本主义价值观，而是没落腐朽的价值观，可是，这样的价值观已经在社会中泛滥成灾。

（19）低能化教育。教育是为了提升人而非压制人，是要全面均衡发展人而非扭曲人，当前的教育，只强化了记忆和应对速度，根本不能促使人的全面发展。

（20）实践证明读书无用论。富商和高官，轻易就能获得高学历、高职称；高官的业余表现远胜专业水平；“大学生就业难”。社会反复显示：读书无用，钱权要有用得多。

---

① 参见《全国规划新城超 3500 个能住 34 亿人》，《新京报》2016 年 7 月 14 日。

② 后发劣势是美国经济学家沃森首先提出来的。他认为，后发国家模仿发达国家有制度模仿和技术模仿两种形式，由于制度模仿较难，后发国家很可能选择较容易的技术模仿；技术模仿虽然可以在短期内取得较好的发展效果，但会给长期发展留下许多隐患，甚至导致失败。后发劣势表现在：一是后发国家在资本和技术上处于依附地位；二是后发国家在市场开拓上比先发国家面临更多的障碍；三是后发国家不得不接受先发国家主导的对自己不利的国际秩序和规则；四是后发国家面临更严重的人口、资源和环境约束。

（21）自然财富缩减。中国1/2的耕地、2/3水源、4/5林地被污染，以及全国性雾霾天大增等，自然财富大幅缩减，导致粮食蔬菜品质下降、国民疾病增加。

（22）爱民爱国不够。爱民就是让国民日子过好，而不是让外国人过好；爱国就是让国土青山绿水，而不是让国土脏乱不堪。“后35年”确实破坏了山河，劳动力收入提升慢。

（23）地方官商警黑模式盛行。针对山东淄博傅山村书记百亿资产化为己有案，清华社会学教授孙立平归纳出基本特征：大面积腐败；相互包庇，都不反腐败；公检法底线失守，保护贪官和奸商，打击正义和善良的人民；强行拆迁，无法无天；公检法借维稳名义超越法律打压百姓上访；公检法钓鱼执法普遍，执法与经济效益挂钩，公平正义荡然无存；为掩盖真相，压制正义之声，到处删帖粉饰太平，吹牛赞歌充斥耳目；好人进入不了官场，邪恶之徒平步青云；金钱美女裙带风行官场，把民意封闭在外。

14.1.4 中国经济需要突破21世纪23大挑战

中国经济不是要不要转型的问题，而是如何转型的问题。中国经济转型是被逼的对策，而不是英明伟大的战略决策。全国性雾霾，导致中国生存环境恶化，疾病代价快速上升，治癌用药超过1000亿元。中国GDP占全球13.15%，人口占18.9%，可是，矿产资源消耗占全球1/2以上。各种挑战迫使中国经济不得不转型，中国当前面临的挑战，一些是全球性的，另外一些是中国特色的。全球性挑战可以参见美国《未来学家》月刊2008年第1期刊出的《21世纪的17大挑战》。

（1）拯救地球。地球环境越来越不适宜人的居住。

（2）消除贫困。富国越来越富，而数十亿人却生活在赤贫中。

（3）稳定人口增长。赤贫人口绝大多数生活在粮食自给力最差的国家，与人口过多有关。

（4）实行可持续生活方式。不告别奢靡浪费的生活方式，多数人就不可能实现富裕生活。

（5）阻止大规模战争。若爆发大规模战争，核武器和生物武器能毁灭一切，文明就可能荡然无存。

（6）有效应对全球化。全球化提高了效率，包括贫富差距扩大的速率。全球化需要泽被天下，而不应置一些国家于不顾，听凭其陷入赤贫。

（7）保护生物圈。动植物物种正在以惊人的速度灭绝，人类已捕获了海洋中 90% 的食用鱼类，为实现农田高产而减少生物多样性并越来越多地使用转基因作物。

（8）恐怖主义威胁。恐怖主义时代的来临与大规模杀伤性武器的扩散几乎同时发生。

（9）培养创造力。未来的竞争主战场将从知识转移到创造力。

（10）战胜疾病。环境恶化将增加传染病的爆发，必须阻止传染性疾病的迅速传播。

（11）开发人类潜力。当今人类的一大悲剧是绝大多数人的潜力都远未发挥出来。

（12）技术奇点（Singularity）。计算机智能将自主更生、加速提升，以致危害人类。

（13）对抗潜在危险。人类文明辉煌之极，自我毁灭的力量也在不断增强，如释放转基因病原体的可能性等，个别事件就可能终结全人类。

（14）探索超人主义（transhumanism）。技术将使我们延年益寿、懂得更多并植入各种有趣的假体，如各种神经元与体外设备相连，呈现一个远非今日所能及的文明。

(15) 筹划先进文明。21世纪将经历实际财富的大幅增加，文明的变化将比现在普遍意识到的要大得多，我们要准备好走向明天。

(16) 建立地球系统模型。21世纪必须避免全球变暖发展到无法控制的境地，必须用科学来管理人类的行为，使人类在地球上可持续繁衍生息。

(17) 弥合技术与智慧之间的差距。21世纪，智慧将至关重要。技术不应只是致富的工具，而应该成为人类摆脱困境的手段。

除了人类面临的共同挑战，中国还遭遇特有挑战，包括以下6个方面。

(1) 超级资源瓶颈制约。物质生产的产能严重过剩，主要矿产消耗占全球的1/2，GDP占全球的13.15%，不仅表明产业技术层次低，而且显示这类产业不可持续发展。

(2) 自主创新能力薄弱。长期智力引进，“以市场换技术”，造成国内智力闲置和浪费，伤及国内智力自信，危及自主创新的氛围形成。

(3) 区域经济发展失衡。区域经济同构一致，造成风险集中，经济的自主性和独立性差；区域经济发展水平差距过大，造成区域矛盾加剧。

(4) 农民增收空间有限。粮食和瓜果进口、种子引进，造成“谷贱伤农”。

(5) 外部制约因素增加。例如，国际政治制约、军事对抗、贸易壁垒、世界经济低迷、东海和南海冲突等。

(6) 食物危机和种子危机。食物自给率<80%，大豆自给率<20%；

农民不留种，转基因种子泛滥，种子来源于美国。操控种子，就能制造中国粮荒。

14.2　中国经济与世界经济有共同的大趋势

奈斯比特在《中国大趋势》中指出："中国现在只发挥了自身潜力的1/3，如果中国能把另外 2/3 也发挥出来，那么中国很可能在 2035 年赶上美国，但这只是在经济上，不是文化或其他方面。"既然与世界最发达经济有共同的明天，中国未来经济就不是昨天的，就不是跟随出来的，就不能再摸石头了，就不能只有应对了，而要有战略导向。我们就要把 2/3 的潜力花在眺望远景、创造明天上。

14.2.1　中国需要赢得同样美好的明天

14.2.1.1　过去的成就并不代表未来

中国古代有"四大发明"，近代却陷入落后挨打的困境。世界四大文明发源地——埃及、古巴比伦、印度和中国，三个不见了，美国的"自由、民主、人权"却成为当前世界文化潮流。英国曾经是"日不落帝国"，GDP 曾经占全球的 70%，2015 年 GDP 为 3.01 万亿美元，仅占全球的 3.9%。世界经济格局不断变化，过去先进的、强大的，并不代表现在和未来；现在落后的、虚弱的，也不见得就没有明天。

14.2.1.2　我们不要美国的今天而要创造美好的明天

"美国的今天就是我们的明天"，听似有理，实则不然。如果真的如此，只能亦步亦趋，我们的明天又在哪儿呢，我们怎么会有出头之日呢？一个国家，一个民族，如此没有自信，如此没有觉悟和思维，实属不该。尤其是对于幅员960万平方公里、人口13.6亿的大国，缺乏“中国梦”就更是不可思议了。2014年5月4日，习近平总书记在考察北京大学时强调：办好中国的世界一流大学，必须有中国特色。没有特色，跟在他人后面亦步亦趋，依样画葫芦，是不可能办成功的。可惜的是，1977年以来，中国就是这样亦步亦趋地过来的，不仅教育界如此、科学界如此、经济界如此，而且文化界都是如此，很多人失去了自我而迷失于盲从中，政治上变节的也就特别多。

世界的明天不同于今天和昨天。世界的昨天和今天，是前三次工业革命的产物，可是，世界的明天却是通过第四次工业革命展现的。第四次工业革命不同于前三次工业革命，只是延伸和加强人的肢体能力，而要实现智能化。第四次与前三次工业革命，要解决的问题不同，推动工业革命的力量就不同，形成的产业体系也将很不相同。前三次工业革命的积累难以成就第四次工业革命，用前三次工业革命去完成第四次工业革命的目标，将导致南辕北辙的结果。这是一个质变时代而非量变时代，“美国的今天不是我们的明天”，仿效发达国家，将把我们带入歧途、造就明日黄花，发展的效果将事倍而功半。

美国的今天并不美好。美国的今天，尽管经济发达、科技领先、文化主导，但是美国内部矛盾正在激化。特朗普（Donald Trump）当选总统，就是不同社会阶层矛盾加剧的表现。美国的社会矛盾不仅仅表现在观念上，更主要的是表现在利益上，中产阶层萎缩、贫困阶层规模扩大，才是社会矛盾的主体。这种矛盾，是从里根时代（1981—1989）推行自由资本主义制度就开始的，美国的社会发展不是走向文明而是重回野蛮。人的发展也不是健康的而是病态的。这就导致美国犯罪率高、校园枪杀案不断。

14.2.1.3 “中国梦”是明天而不是昨天

“中国梦”是怎样的梦？习总书记指出，“中国梦”就是“实现中华民族伟大复兴，就是中华民族近代以来最伟大的梦想”，具体目标概括为“两个一百年”：到中国共产党成立 100 周年实现全面建成小康社会，中华人民共和国成立 100 周年时实现中华民族的伟大复兴。中国梦的最大特点就是把国家、民族和个人作为一个命运的共同体，把国家利益、民族利益和每个人的具体利益都紧紧地结合成为一个相互增强的整体。

“中国梦”不是今天才开始做的，而是革命先烈追求的。不仅共产党追求中华民族的伟大复兴，国民党也同样追求中华民族的伟大复兴，20 世纪上半叶的民主人士大多在追求中华民族的伟大复兴。习近平重燃“中国梦”，是中国伟大事业的延续，扭转了财聚人散的涣散局面，重新凝聚起民心，激发出人类善良的本性，标志着中国必将走向民富国强，中国社会将全面文明发展，中国人将全面健康发展。

14.2.2 中国经济有责任率领全球经济高成长

14.2.2.1 跟班式效法国外永远没有出头之日

中国人从来不缺创新能力，中国人遭遇的最大困境是既要采用跟班方式创新又企图取得原始创新。必须按照国外规范和圈定的内容进行创新却企图突破当今遭遇的困境，就如捆住一个人的手脚却让他表演体操一样。为什么会形成这样的创新体系，有调查做了如下一些归纳①。

---

① 参见李晗冰《跟班式科研，误己误国——某国立研究所所长的自白》（http://mp.weixin.qq.com/）。

（1）流行的科研方式——跟班式科研，或说是奴才式科研。不去独立思考、不直面自身的问题、不挑战学科内部的核心矛盾、不寻求突破方向，紧跟国际热点，满足于尾枝散叶式的“重大突破”“国际领先”。

（2）基础研究的价值就在于倡导创新的精神，不给谁拍马屁，也不去抱谁的大腿，追求“与众不同”是科学真正的价值。可是，我国现在所有的考核评价体系，不鼓励也不追求科学研究的品位，主要是看公认（其实是西方认为）的论文成果发了多少。你真的与众不同，也就难以被“公认”，原始创新首先被掐掉，成为殉道者。

（3）“哪个热、哪个好发文章”就拥到哪个领域去。大国，应该有一个完整合理的科学体系布局，国家需要什么，就有什么顶上去。顶得上去，是国家没有说需要前就做了的。我们是反过来，国家说需要了，大家才凑过去。没有长期的研究积累，依靠信息灵通、先人一步的初级成果成名成家。按照现有的考评方式，冷门领域是去不得的，这就是为什么搞材料就只有纳米，搞生物就只有基因，钢铁大国却做不出高铁轮子和转向架。结果是，好多有用的事没人做，好多没用的事却有很多人在做，资源就这样被浪费掉了。

（4）科学家丧失对科学的鉴赏力。评价标准的误导，凡是原创的东西就会冲击现有的观念，甚至会冲击到某一学派的既得利益。如果你有独立的科学的思想、科学的审美或是对学科本身的整体把握，你就难免违背既得利益集团的意愿，既得利益集团就要沉没你的创新项目。这种情况循环加强，导致我国科研原创能力处于下坠中。

14.2.2.2　中国经济变革要从自身遭遇的困境出发

中国经济要如何变革？学习世界上一切先进文明是应该有的胸襟。好学不是坏事，但是仅仅好学是远远不够的。中国经济变革更加重要的是解决自身遭遇到的发展困境和问题，只有破解自身遭遇的特有困境和问题，中国经济才能真正进步。中国当前遭遇到的主要困境是 8 大国际战争威胁、23 个制约因素、23 项挑战。改革和开放，是破解中国问题的手段而非目的，只有问题本身才是选择改革的依据。从 1978 年到 2012 年，中国经济开放度已经从 5.95% 提高到 45.08%，除德国以外，中国当前的开放程度已经远远高于其他主要经济体，中国当前对外经济问题根本就不是开放度不够的数量问题而是开放质量不高的问题。中国根本就不同于新加坡和中国香港的微型经济体系，只能从事个别环节的经济活动，只能高度开放。中国有广大的战略纵深，需要布局长远密集的产业链，才能给 13.6 亿人口提供足够的经济活动空间。就世界经济萎靡不振的当今而言，做强做大国内产业链比着眼外部，要有效得多、现实得多；布局全球的开放比承接全球的开放，要主动得多、有益得多。

14.2.2.3　变革中国自身的问题就是原始创新

变革中国经济，要立足中国社会。中国自身的社会经济问题是独特的，破解自身的问题就是原始创新。中国当前社会经济问题很多，国家安全、经济转型和提升、产能过剩、污染治理、水源保护、疾病控制、健康养老等，很多问题将长期困扰我国，成为中国原始创新的持续动力来源。面对国内众多的严重问题，原始创新有充足的源头，存在巨大的空间、丰富的内容。科学技术的主流力量根本就不应该流到海外，承接一些所谓的前沿研究，而应该接地气，面向中国自身的问题，寻求破解之道。“后35年”社会实践的结果显示，凡是与发达国家密切合作的领域，我们的技术都停滞在仰望发达的水平上，使我国的科技创新缺乏原创性，使我国的产业处于缺“芯”的状态；凡是受到封锁制裁的领域，如航天技术，我国就形成了竞争力，就能实现赶超。如果我们更多地破解自身的困境和问题，我们就会进步得更快更踏实。只有相信国民的创造力，而非迷信西方，领导人才有自信，才能激发出“万众创新”，中国才能在更多更大的领域领先。

14.2.3 中国当前经济与未来经济的巨大冲突

2010年1月9日上午，第十一届北京大学光华新年论坛上，国务院国有资产监督管理委员会主任李荣融表示，“央企高管年薪并不高，平均薪酬也就是60万元人民币左右”。[①]《2013年央企职工及高管薪酬报告》显示，2013年央企及其上市子公司共284家在职员工平均薪酬为121578元，比2012年增长9%，是城镇私营单位平均工资的3.75倍；A股高管平均薪酬为409934.4元，港股高管的平均薪酬为423007.2元，分别是央企职工平均薪酬的3.35倍和3.45倍；最土豪的行业是房地产，高管平均薪酬是127万元；中航机电最贫穷，高管薪酬仅为22161元。[②] 2007年前后世界收入分布概况见表14－2。

① 李荣融：《央企高管年薪并不高，平均60万元左右》，新华网（http：//news.xinhuanet.com/fortune/2010－01/09/content_ 12782173.htm）。

② 参见《2013年央企职工及高管薪酬报告》，网易财经（http：//money.163.com/special/wagereport2013/）。

表 14－2　　2007 年前后世界收入分布概况　　（单位：%）

项　目	发达国家	发展中国家	中国	世界平均	用　途
最低工资/人均GDP	45	≥100	25	58	解释国家劳动力的价值
平均工资/人均GDP	81	≈110			产业经济质量水平
GDP 边际人均工资率				75	产业经济质量水平的动向
最低工资/平均工资			21	50#	解释分配公平情况
最低工资年增长率	3.8	6.5		5.7	解释国家对低收入人群的关注情况
20%最富人群收入/社会总收入	<47	>47	48	47	数值越小，暴富强度越小，强权越小；数值越大，暴富强度越大，强权越大
20%最穷人群收入/社会总收入	>6 $	<6	5.7	6	数值越小，贫困度越高，痛苦指数越高；数值越大，贫困度越低，痛苦指数越小
10%最富家庭财产/全部财产			45	31.7	数值越大，财富越集中，富裕阶层越稳定；数值越小，财富越分散，富裕阶层越不稳定
10%最穷家庭财产/全部财产			1.4	2.5	数值越大，社会经济公平度越高；数值越小，底层群体幸福度越低
家庭消费率	72		34	61	数值越大，经济质量越高

统计数据显示，最富的10%的人口占有社会总财富超过45%的有4个国家，分别是哥伦比亚45.9%，海地47.8%，博茨瓦纳51%和纳米比亚65%；最穷的10%的人口占社会财富低于1.4%的有16个国家，分别是纳米比亚1.3%，危地马拉1.3%，南非1.3%，博茨瓦纳1.3%，阿根廷1.2%，厄瓜多尔1.2%，巴拉圭1.1%，巴西1.1%，萨尔瓦多1%，莱索托1%，海地0.9%，巴拿马0.8%，哥伦比亚0.8%，洪都拉斯0.7%，安哥拉0.6%，玻利维亚0.5%。可见，中国当前属于世界上贫富差距很大的国家之一。

刘植荣对2007年中国与世界若干收入指标进行比较，具体见表14－3。

表14－3　刘根荣对2007年中国与世界若干收入指标的比较①

项　目	中国	世界平均
最低工资/人均GDP		58
公务员平均工资/最低工资	6	2
公务员最高工资/最低工资		1.6
行业之间薪资差	3000	70
企业高管平均薪资/全国平均薪资	98	5
最高学历薪资/最低学历薪资		1.7
高年龄段薪资/低年龄段薪资		1.45
企业的薪资支出/企业成本	<10	50

① 参见刘植荣《工资调查报告》（http://bbs.tiexue.net/post_11277821_1.html?s=data）。

2007 年或与当今状况存在差异，结果不够精准，但是刘植荣采用横向比较法研究，资料性和结构启示性是无可非议的。不得不承认，我国的基本状况是劳动报酬太低，资本回报太高，造成资本吃人，形成以钱为本的社会意识形态，不断毒化我们的社会。

（1）面临增长要素由资本驱动向创新驱动转变的挑战。新增长理论研究表明，内生技术创新是经济增长的根本动力和源泉。但过去 30 多年中国的产出增长主要由资本积累驱动，TFP 增长呈下降趋势。

（2）面临人均收入可持续增长和跨越“中等收入陷阱”的挑战。随着中国进入中等收入国家行列，经济改革进入新阶段，不突破社会经济各种深层次矛盾和问题，就可能陷入“中等收入陷阱”（《东亚经济发展报告》2007；Middle Income Trap，MIT）。

（3）面临产业结构调整和优化的挑战。近年来，中国三次产业比重由 2005 年的 12.1∶47.4∶40.5 调整到 2014 年 9.16∶42.64∶48.19。与 OECD 国家相比，中国的结构依然不合理。①工业结构偏重的情况更趋严重；②高耗能行业增速不减；③服务业发展缓慢。

（4）面临追赶国际技术前沿的艰巨挑战。改革开放 30 多年来，我国实现了科技水平整体跃升，已经成为具有重要影响力的科技大国。但从总体上看，我国科技创新基础还不牢，自主创新特别是原创力还不强，关键领域核心技术受制于人的格局没有从根本上改变。

研究表明，工业革命以来，科技创新是产业结构调整和优化的核心力量，是社会经济发展的第一动力，特征越来越显著①。长期演化特征见图 14－1。

① Crafts N., K. Harley, “Output Growth and the Industrial Revolution: A Restatement of Crafts – Harley View”, *Economic History Review*, 1992, 45: 03 – 30.

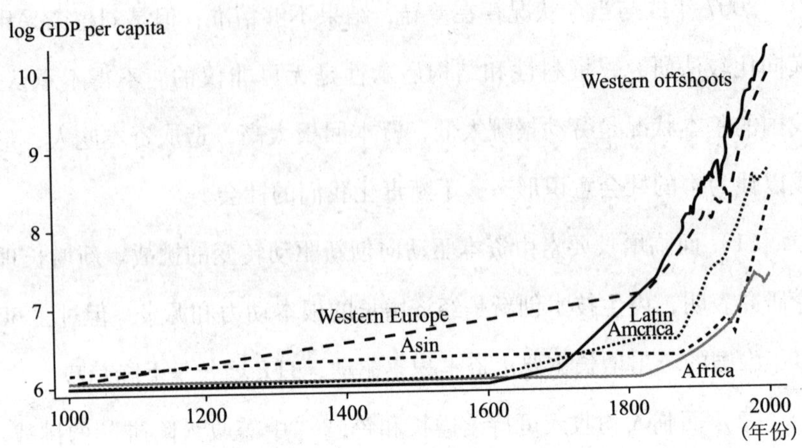

图 14－1　1000—2000 年西方、西欧、拉美、亚非人均 GDP 演化

14.2.4　中国经济大转型的方向和未来经济形态

中国要如何迈向第四次工业革命，不是一个简单的问题，而是一项复杂工程。“一张白纸可以画最新最美的图画”，中国当前的经济状况是，钢铁产量已占全球的 1/2，前三次工业革命在中国取得的成就已经成为经济再发展的沉重负担，已经把中华大地和上空涂上了厚重难消的色彩，至少短期内画不出最美最新的图画了。

14.2.4.1　缩减物质消耗，激励精神消费

中国效法美国是灾难性的歧途。美国以全球 4.44% 的人口，消耗了全球 35% 的资源。如果中国同样走美国的经济路线，达到美国的水平，中美两国将以全球 23.34% 的人口，消耗掉当今世界资源消耗总量的 1.8 倍，其他国家还有活路吗？这个世界还能存在吗？显然，这是不可能的，“美国的今天不可能是我们的明天”，中国完全效法美国是不可能成功的，是完全没有希望的。因此，中国的未来发展必须创新，必须走出自己的特色。其中一个必然的趋势是，崇尚物质消耗必

须改变，扩大精神享受势在必行。怎样才能减少物质消耗呢？主要有三个方面。一是要在生产领域降低物资消耗，当今的做法就是扩大循环经济；二是要在生活领域厉行节约，培养全民以减少消耗为荣的生活习惯；三是要树立全面健康的生活观念，扩大精神生活享受、减少物质消耗。三者中个人观念的改变和社会价值理念导向是最为基本的，最具体的切入点就是国家领导人的生活示范、广大干部的带头模范。

14.2.4.2　提升国民福利，缩小贫富差距

比较同等发展水平国家，当今中国福利水平是很低的。如果其他国家的福利政策不是愚蠢的，我们就应该反省中国福利政策改革思路是否出现重大的失误。35 年的问题积累，已经清晰地显示，去福利政策造成我国贫富差距两极分化、加剧社会矛盾。更为严重的是，社会大幅分层，阻断垂直流动，高层阶级人群因无法坠落而傲慢、奢侈糜烂，底层阶级的人们因无法超越而丧失信心、不再奋斗，社会进步动力衰弱。怎么改变贫富差距太大的困境？唯一正确的答案是，提高社会福利水平。一是恢复我国的福利传统，让福利政策不再悖逆世界文明潮流；二是优化我国的福利结构，让福利政策既能保障国民生存权利又激励人们努力进取。

只有福利水平维持在较高水平，人们才有职业选择权，人们才无须在屈辱和饥饿之间选择，而是在收入和兴趣之间选择。只有更多的人选择兴趣，社会才不至于那么急功近利、唯眼前利益是图，经济转型和提升才具有持续的动力。只有在结构均衡的社会中，人们才有按兴趣选择的可能，而人们依据兴趣选择职业正是社会经济结构均衡合理的表现。如果按兴趣选择职业的人群扩大了，社会就文明进步了。

14.2.4.3　削减过剩产能，投资虚拟经济

中国经济结构是被高度扭曲的。2015 年我国一二产业增加值占 51.8%，远高于全球平均水平的 29.5%。一方面低端实体经济产能严重过剩，另一方面高端研发服务经济发展十分短缺，导致中国实体经济利益大量流失，从而使投资收益率不断下降。利用国家统计局数据计算，国有企业资产为 128 万亿元，地方国有资产总计 31.1 万亿元，资产利润率为 1.2%，国有企业经营日益艰辛。根据财政部数据计算，2016 年前 10 个月，全国国有及国有控股企业销售利润率为 5.22%。据查，中国股市中小板市值 8.47 万亿元，创业板市值约 5.6 万亿元，沪深两市市值 48.58 万亿元，股市市值合计 62.65 万亿元。银行资产总额 218 万亿元，保险业总资产为 13.85 万亿元。数据显示，金融的成长性是实体经济不可企及的，中国的虚拟经济正在严重打击实体经济。为什么会这样？原因有以下两个方面。一是中国实体经济过度集中在低端制造和劳动密集型产业，以致造成行业密度过高、内争加剧；二是经济机制偏袒金融业，让国内金融业过度攫取实体经济的利益。高速货币增发、维护房地产、放开贷款利率、股市围歼等，加剧了产能过剩，促使利益流向金融业。

尽管金融业当前在国内具有绝对的竞争优势，在国际上却并无多大能力。2008 年以来，外汇储备的年收益率下降至 1% 以下，而国内投资收益率约 12.5%。实际上，金融业当前并不是保护国内利益的部门而是流失国内利益的部门，是一个内战内行、外战外行的部门，银行业巨量资产的形成就是例证。为什么会如此？最主要的原因是，银行管理部门只看重行业利益，而无视国家利益。必须提升管理的格局，把中国金融业改造成为对外争取利益的部门，而不让它成为美联

储在中国的代理机构。为什么中国金融管理机构会这样？这是因为认识能力不足，是西方的虔诚学生，而且食而不化。如何才能改变这种局面呢？只有做大做强自己，一旦中国的金融能力超过西方了，还能用食而不化的学生军来管理吗？如何做大做强呢？这就要全面发展虚拟经济和知识经济，而不是仅仅做大金融。只有大力全面发展虚拟经济和知识经济，我们在第三产业才具有国际竞争力，才有能力防止我国实体经济利益被西方攫取，国家经济才能形成循环增强的体系，才具有最终的竞争优势。

14.3　中国经济转型需要甩掉包袱面向未来

2017 年 4 月 25 日中央政治局就维护金融安全进行第四十次集体学习。直面金融风险是国家经济之大幸，标志着我们终于敢碰最严重的问题了。习近平强调，金融安全是国家安全的重要组成部分，是经济平稳健康发展的重要基础。维护金融安全，是关系我国经济社会发展全局的一件带有战略性、根本性的大事。金融活，经济活；金融稳，经济稳。必须充分认识金融在经济发展和社会生活中的重要地位和作用，切实把维护金融安全作为治国理政的一件大事，扎扎实实把金融工作做好。

14.3.1　中央政府要坚定不移推动中国经济转型

14.3.1.1　中国经济发展面临重大选择

中国经济遭遇的困境很多很大，中国经济面临的机遇也很多很大，如何正确选择呢？

（1）是维持现有产业还是开拓经济新领域。现有产业过剩严重，许多投资收益期还很短，沉没投资很可惜。如果维持现有产业，不仅成本很高而且前景暗淡，并且会与发展新兴产业争资源，使得新产业的发展被扼制而没有全球竞争力。

（2）让知识劳动者发挥活力还是让低级产业继续生存。淘汰落后产业和产能是痛苦的，不仅投资收益流失，而且在岗职工面临失业风险。但是，让每年750万大学毕业生去从事简单劳动，不仅是人力资源的巨大浪费，而且会使中国经济永远没有出头之日。

（3）是短期激活经济还是长期培育经济。激活经济，效果立竿见影，可是，根本问题解决不了，如我国钢铁业和房地产业，都是在反复激活中成为严重过剩产业的，化解成本无可估量。长期培育经济，我们很不习惯，却代表未来、希望和前景。

（4）是以人为本还是以钱为本。不用回避以往的发展是以钱为本的，为了产业的生存宁可牺牲劳动者的收入，这是发展资源—劳力型经济的基本特征。可是，如果要转向高层次的知识—资本型经济，就得执行以人为本的发展路线。

14.3.1.2 不要期望无代价实现经济转型

要实现经济转型，就要丢掉幻想，面向现实。企图无代价实现经济转型，以往是失败了，以后也必然失望，这是不切实际的幻想。从1998年开始，政府就开始压制产能过剩，可是每次压制产能过剩的同时，政府又为这些产业出台开拓市场的政策，就是期望无代价地化解过剩产能。最终结果是，钢铁、房地产等我国的主要产业，出现了全面严重的产能过剩。实践证明，这样的做法是无效的，并且消耗了政府的信誉。

1973 年，美国达到钢铁最高产量 13680 万吨，日本达到 11932 万吨。美国 1982 年减少钢铁产量 38.3%，结果美国从此走向创新发展之路。日本则至今维持原有钢铁产量不变，按日元计，日本 GDP 从 1990 年以来无所增长，即所谓“失去的 26 年”。由此看来，经济转型要付代价，不付转型的代价，就得付“失去的”代价。

14.3.1.3　要坚定执行经济转型的既定方针

中央制定的经济转型方针和路线是正确的、明确的，可是，中央在执行中经常遭遇困难而打折扣、走回头路。我们已经充分认识到，过度发行货币和过度发展房地产的危害，但是 2015 年到 2016 年上半年，就增发货币 26.2 万亿元，2016 年 6 月末全国房地产贷款余额达 23.94 万亿元。为什么会这样？这就是因为在执行经济转型中遭遇到前所未有的困难，短期的急迫任务让许多人忘记了长期的目标、方针和路线。这样的事以往反复发生了，但愿以后少发生。如何才能切实贯彻方针、路线不动摇，这就要把长期全局问题和短期局部问题分开来管，中央核心应该把注意力集中到长期的、全局的问题上，局部的、短期的问题则由地方因地制宜地进行处置。

14.3.2　坚决破除“你中有我，我中有你”的迷幻

14.3.2.1　“你中有我，我中有你”是大国常态

开放的世界中，大国之间必然“你中有我，我中有你”。中等国家之间都很难做到“你中无我，我中无你”。即使历史上美国与苏联两大阵营处于对抗中，美苏依然“你中有我，我中有你”。可见，“你

中有我，我中有你”是大国之间的常态，而非特殊状态。

历史上美国与苏联，当今的美国与俄罗斯，没有因为“你中有我，我中有你”，就只求合作不做斗争了。美国与西欧、美国与日本，盟友之间更是“你中有我，我中有你”，却依然相互争夺利益。可见，无论敌友，无论历史和现在，从来就不会因为“你中有我，我中有你”就没有利益冲突，就只有协作没有斗争，这就是国际关系的基本面。可笑的是，就是因为中美“你中有我，我中有你”，一些人就认定中美只能协作不能斗争。更让人惊奇的是，这种既没有历史依据又没有现实依据的浅薄论调，竟然成为主流认识。这是很值得我们深思的，毕竟这种论调对于自我麻痹、涣散斗志、出卖国家利益等，是很有帮助的。

14.3.2.2 “你中有我，我中有你”可以导致多种可能

两国之间“你中有我，我中有你”，从浅到深有多个层次：贸易层次、投资层次、市场机制层次、政策层次和国家战略层次。不同的层次，形成不同的利益格局。贸易层次具有最大的随机性，市场机制层次具有最大的共同利益追求，国家战略层次具有最大的反市场力量。从利益角度看，“你中有我，我中有你”有可能导致多种结果。

（1）偶然合作。导致本国利益偶然性得失，如贸易得失、国际项目投资得失。

（2）短期利用。短期有益长期不利，如美国援助南美洲各国，陷入“中等收入陷阱”。

（3）机制性利用。本国利益机制性流失而无弥补，如援助非洲渔业使非洲沿海渔业消亡。

（4）机制性合作。本国利益机制性流失又从第三国获得机制性利

益，如美国和欧盟各国。

（5）互补合作。两国利益互补增强，如 1950—1990 年间的美国和日本、英国和美国等。

14.3.2.3 “你中有我，我中有你”是状态不是利益

从结果看，“你中有我，我中有你”不是只有一种模式的，而是有多种可能的，不是利益格局而是关系状态。认为“你中有我，我中有你”就只能加强合作、增进共同利益，不是认知上的浅薄无知，就是道德上的卖国无耻。不要以为这是学术观点问题，如果区分情况和对比分析都不会，就能作为学术观点，那是对学术的羞辱。只要做了上述初级的分析，就不是搞不清楚的问题了。之所以这样的观点还能以学术的面貌出现，那是因为有一股非学术的强大力量在推动。这是一股把清楚的事情搞糊涂的力量，是一股把是非颠倒的力量。如果你一定要说，这是学术层次问题，那么我们就要问，普通的学术上哪儿去了？是全国都停留在同一个浅薄无知的层次上了吗？

14.3.2.4 更多的“你中有我，我中有你”更多的反倾销

WTO 统计数据显示，2000—2014 年间，以中国为对象的反倾销措施达 638 个，占全球总数的 27%，其中主要发生在 2012 年以后。以欧盟为例，目前有效的 73 项反倾销措施中，针对中国的有 56 项。伴随贸易规模的扩大，欧洲、美国等对中国的反倾销都增多了。

14.3.3 要打破恶性经济循环，维护国家经济利益

14.3.3.1 中国金融业馈赠海外已经太多了

《北京晨报》2007 年 7 月 2 日消息，中国外汇投资公司斥资 30 亿

美元，按每股29.92美元的价格购入1.01亿股黑石公司无投票权股份。按2007年9月10日收盘价每股21.88美元计算，70天损失8.12亿美元，损失率达26.87%。2007年9月11日《上海证券报》报道，黑石公司注资6亿美元战略入股中国化工全资子公司中国蓝星总公司（占20%股份）。黑石公司还大肆收购中国其他央企。2005年国家银行改制，引入海外战略投资数十亿美元，2006年仅从四大国家银行就获利7500亿元，加上从中国股份制银行的获益，保守估计中国损失1万亿元以上（中央民族大学张宏良教授）。中国的钱，注资外国企业来购买中国企业，自己不能直接投资，而要让美国用中国的钱来投资。结果是利益被攫取了，过剩产能形成了，实践已经表明，这不是正常的，而是非常不可思议的。

14.3.3.2 对国民的吝啬与对海外的利益献媚同时并存

附录2中，“中国能容得下多少高盛公司这样的朋友”和“中国银行业并未引进国际战略投资者”两篇，列举了金融业中国家利益流失的事实。2005年中国银行业引进战略投资者，无法用商业规则来理解。在中国，高盛公司获得的收益率高得离奇，也无法用商业能力来理解，除非中国特别愚蠢。可笑的是，中国对外来投资者如此大度，对国民却是很吝啬的，直到今天，财经界领导，依然害怕普通职工收入高了，外商维持不了高收益。2015年，外商来华累计投资占同期社会固定资产投资的4.5%，外商出口占60.37%，仅获得出口退税就高达7768亿美元。

14.3.3.3 要打破恶性经济循环

恶性经济循环包括利益耗散的经济循环、得不偿失的经济循环和破坏社会和谐的经济循环。在对外开放中，“出借资产获微利→来华投资得高利→积蓄外汇储备→出借资产获微利”“支付高额专利费→承受低端劳役→出口退税获微利→购买专利”“低劳动报酬→生产初级产品→出口退税获利→积蓄外汇储备获微利→低劳动报酬”等循环方式就是利益耗散的。从长期看，国内获利远远比海外获利小，就永远不可能形成最终的竞争优势。“放松环境保护→污染企业获利→污染环境→增加疾病→增加医疗开支→生命质量下降”，就是得不偿失的。“低工资→初级产业→低收益率→低工资”“保护资本收益→压低工资→劳动密集产业→低收益率→保护资本收益→低工资”“动物性竞争→以强凌弱→无视道德→动物性竞争”等，就是破坏社会和谐的经济循环。恶性经济循环，不是高尚的而是卑鄙的，不应该成为文明社会的追求。

14.3.4　“万众创新”就要打破精英创新格局

14.3.4.1　要肯定创新成果还是只给创新前提

创新的主渠道，不是供奉，而是实干。个别育成法，能够成就名人，却圈养不出大师，更营造不出创新时代。创新时代，动力来源于“万众创新”的海洋中，而非功成名遂的跪拜中。资源有利于促进创新，却决定不了创新，过剩的资源甚至使创新能力萎缩，资源的边际创新效益也是递减的。创新时代，尽管供给创新资源是重要的，但是不能以配置资源来决定创新，而要按创新需要来配置资源，更需要造就创新人才的机制。最关键的是，不能把获得资源当作创新成就来肯定，只能作为消耗项来考核评价。

创新成就往往出乎意料。科学大家的成就往往被人们津津乐道，于是就产生错觉，以为少数精英就决定创新了。一些关键环节确实是由个别人完成的，但是这是事后的结果，事前能准确预测吗？院士是科学技术界的顶级精英，2015 年中国科学院和工程院合计有 1566 名院士，首开我国自然科学诺贝尔奖先河的屠呦呦却并非院士。因 2004 年发现石墨烯，英国科学家安德烈·海姆（Andre Heim）2010 年获得诺贝尔奖。可是，这位 1958 年 10 月出生的科学巨匠，在 1994 年才谋得荷兰奈梅亨大学副教授工作，此前却疲于为生活温饱奔波。

一个简单的事实是，不少顶级科技成果不是由待遇优厚、已经扬名立万的大家取得的，而是由一些不知名的人物出人意料取得的。可是，创新管理主流的“个别育成法”，试图提供优厚收入、生活待遇和社会名誉，通过“给前提”让一些人成为创新帅才、将才。这种管理模式，不仅扭曲人才形成机制，而且很容易滋生腐败、学术不端，同时为了证明“个别育成法”的有效性，行政权力致力于阻止体制外的人才冒出来，从而阻碍“万众创新”。如果待遇是创新的目的，你给了待遇后又用什么来激励创新活动呢？实际情况正是如此，当前大量存在的是，有钱的不搞科研，用钱买成果；想搞科研的没钱，用花样成果换钱；团队成果堆砌到个人，一将功成万骨枯。更荒谬的是，因为没有花过政府的钱，个人创新者的成就反而得不到政府的承认，获得社会资源本身却被当作创新成果看待。

14.3.4.2 从发挥余热到激励新秀的对立论调

2016 年 6 月 3 日，习近平提出，“要以推动科技创新为核心，引领科技体制及其相关体制深刻变革”。这就是说，推动科技创新是目的，政府工作要从体制机制上疏导和推动科技创新。创新的体制机制，不应该选择年轻还是年老、低职称还是高职称、贫民还是权贵，而应该选择为中国还是为美国、为社会还是为自己、是解决问题还是产生问题。创新的体制机制，要激励创新成就的产生，而不是激励创新资助的争取，更不能激励创新老板的形成。遗憾的是，当今创新体制，目的是迷失的，选择是扭曲的，激励是错位的。许多创新帅才，不是打出来的，而是养出来的。为了养一个帅才，让许多将才枯萎了，让许多兵士沉没了。

当前的一些急功近利的做法，阻碍了科技创新目的的实现。例如，以 ESI 论文进入前 1% 作为高校拨款的主要依据，一是急功近利，二是迷失目的，不是围绕中国自身问题的解决，而是听从西方的指挥棒跳舞。解决一些西方的问题，完全不应该是大国的战略导向。再如，一些高校要新晋教师写论文，要副高职称以上教师上课，实质就是要 40 岁以上教师退出科研领域并通过花钱买论文。这种决策是没有科学依据的。对于复杂性综合创新，如文史哲学科到四五十岁才基本完成积累，对社会政治才具有洞察力，而今这些高层次的创新潜力却要被这样的管理措施给压制掉了。国家自然基金在 2012 年前主要是给有成就的人送一份收入，此后又开始给年轻人送温暖，从一个极端走向另一个极端的行动很坚决，管理混乱和主观臆断导致期间 30 年顶级人才可能终生被无形消耗掉。

14.3.4.3　要资助创新更要承认创新成就

第四次工业革命靠什么驱动？回答是靠创新，所以才有创新驱动发展的国家战略。创新的力量如何形成？回答是需要全民积极参与，所以才有“万众创新，全民创业”。那么，怎样才能激励“万众创新”？这就要求有英雄不问出身的创新体制和机制。这个体制机制，至少有两层含义，一是扎根国内现实问题，二是上上下下都围绕破解问题而创新。反观现实创新体制，尽管2016年政府研究与开发资助额已达154400亿元，可是，多数资助用于解决国外的沉积问题而非国内需要破解的现实难题。20世纪80年代就号召科学技术进入经济主战场，时至今日科学技术与经济主战场不是靠得越来越近而是离得越来越远。以论文到论文的SCI或SSCI数量为主来衡量学术价值，忽视面向现实问题的研究，社会考评不承认自主创新成果，不相信没有受过大学教育的人能创新，不相信非正规机构的人也能产生高层次的创新。国家三大科技奖励都有前期国家资助一栏，如果事前没有获得国家资助，评奖时就增加一项空白；没有获得国家资助，不是提高评价分值而是降低评价分值。花钱多成为学术成就。这样的评奖，不是奖励科技产出而是奖励科技投入。职称晋升也有获得经费一栏但并无投入产出的考核。总之，科技水平的认可，看产出更看投入。这样的创新体制和机制，激励的是高耗资创新，而不是激励低成本创新，背离了创新的经济性目的，也就没有什么成果转化价值，科技成果转化率也就特别低。群众浪费不起，也就形成不了“万众创新”的态势。

14.3.5 中国经济大转型和未来经济形态

人类文明史上，政治、经济、文化的革故鼎新案例无数，其中多数以摆脱财政困境为出发点，通过利益关系的调整，寻求问题的解决，其中产权再分配成为改革的切入点。改革要成功需要两大法宝：商业兴国和法护产权。① 改革的困难就在于，不改变产权关系就没有改革的实质内容，大幅改变产权关系就会引来既得利益集团的极力反扑，引发社会急剧动荡，王安石变法就是典型案例。20世纪90年代，

① 参见萧瀚《中国近三千年来的改革为何失败者多成功者少》，“腾讯思享会”2016年3月7日。

以撞击“承受力”为手段，以国有和集体企业为资源，压缩国民生存空间，将产权转移到“精英”手中，大幅改变产权关系，以致 2003 年前后，矿难死人时，矿主只要出资 3 万元就能摆平。时至今日，社会巨富如巨贪一样，不受人尊敬。新一轮改革，无疑需要调整产权关系，不过，方向要改变、幅度要控制、结果要补偿，以求渐趋合理并同步加强保护。

2016 年 3 月 7 日，财政部部长楼继伟就《劳动合同法》是否需要修正的问题答记者问中指出，《劳动合同法》“对于在职员工保护较多，对于新入职和低技能的体力劳动者的就业是带有歧视的”，这对于以加工贸易为主的外向型企业尤其严重。这类企业，有订单的时候，企业招工，并签订临时合同；没有订单的时候，企业可以调整业务，同时可以灵活用工。因为企业难以用解雇的方式来调整用工规模，大量的工作机会因为成本上升而流失到其他国家，导致“低技能的劳动者工作机会减少”。①

楼继伟的观点具有代表性，可以从事实和意图方面来加深认识。①现实情况是，《劳动合同法》执行后职工收入是普遍提升了并且扩大了就业，现在劳动力有所短缺了，而短缺的还恰巧是低技能劳动者。②中国经济要转型提升而不是停留在加工贸易中，2015 年加工贸易 49553 亿元，增加值不足 GDP 的 5‰，年跌幅 8. 8% 。国家是要为落后的消退中的经济力挽狂澜呢，还是要为先进的发展中的主流经济开辟道路呢？③低技能劳动者难道只是为了随时可以被辞退的工作，而不是为了更高的收入、更稳定的工作吗？④比较国外，中国执行《劳动合同法》保护职工强度并不更高，对职员更为不利，否则，还

---

① 邬川：《楼继伟一个月两次提劳动合同法失衡：过度保护在职职工》，2016 年 3 月 7 日，腾讯财经。

需要“总理讨薪”吗？

还需要指出，西方经济学教条也是有成立的前提的，不顾事实、迷信教条，是不可取的。比如，阿瑟·奥肯[①]于1962年提出：“经济增长速度快，就业岗位增加，就业水平高，失业率低；反之，就业水平低，失业率高。”这个论断被广为引用而成为著名的奥肯定律。可是，国家统计数据显示，1985—1990年，全国GDP年平均增长率为7.89%，同期就业人口年平均增长率为2.61%；1991—1995年，全国GDP年平均增长率为11.56%，同期就业人口年平均增长率为1.23%；1996—1999年，全国GDP年平均增长率为8.30%，同期就业人口年平均增长率为0.96%；2000—2009年，全国GDP年平均增长率为10.3%，同期就业人口年平均增长率为10.2%[②]；2010—2012年，全国GDP年平均增长率为9.1%，就业人数年均下降0.32%；2013—2015年，全国GDP年平均增长率为7.3%，同期就业人口年平均增长率为0.35%。数据显示，我国就业增长率与GDP增长率并无显著的同步性，奥肯定律在中国失灵，出现了奥肯悖论现象。为什么会这样？其实命题的成立都是有前提的，奥肯定律成立隐含“当其他条件不变时”的前提，而这个前提在我国经济大转型的当今根本就不成立，又如何保证奥肯定律的结论成立呢？事实证明，在当今的中国，“经济增长必然保证就业增长”是没有实证依据的，“调结构”对就业的贡献远远大于经济增长带来的就业贡献。

---

① 阿瑟·奥肯（Arthur M. Okun，1928—1980），美国经济学家，擅长经济预测，有理论杰作《平等与效率》。

② 根据2006年和2010年国家统计公报的数据计算而得。

14.4 中国经济社会发展的大趋势

14.4.1 中国的改革要从局部去劣转向全局择优

破解中国经济问题，始终存在两个难点，一是如何认识，二是如何落实正确的政策目标。认识偏了，行动就没有正确性，不承认有腐败就只能认为是个别腐败，结果造成普遍腐败现象。正确的政策，如果不落实，就是空谈误国。

改革不会成为可遇而不可求的事情。超前的改革从来就是主动积极的行为，改革不需要等待机会而应该创造机会。一再耽搁改良的机会，就会酿成危机。形势发展到危机的程度，化解的压力增大了、急迫了，也就不得不进行改革了。2012 年 12 月 15—16 日举行的中央经济工作会议的判断是“当前中国面临的是倒逼、提高创新能力、促进经济发展方式转变的新机遇”。中国经济发展到现在，不得不转变方式，而要转变方式，就不得不深化改革。

1978 年的改革，是在国民经济崩溃边缘启动的。34 年后，我国又在倒逼的条件下启动新一轮改革。为什么我国经济发展总是呈现“置之死地而后生”的悲壮？原来，当危机引发的压力大于改革的阻力时，就自然能突破阻力而形成改革的动力，推进改革就容易了。正是如此，1978 年启动的改革具有强大的社会自发驱动力，社会生产力得到空前大释放，改革的成效尽人皆知，我国经济规模排名从世界的第 15 位提升到第 2 位，从稀缺经济转变为过剩经济。新一轮改革也将取得巨大的成效。只是我们要问，下一轮改革是否还要充分积累压力后，再来破釜沉舟呢？难道我们只能在积累压力与摆脱困境之间大幅摇摆吗，难道改革只是被动弃劣而不能主动择优吗？

去劣性改革效果颠簸。在遭遇困境压力后，改革的呼声会增大、支持改革的群众基础会更广泛、需要改革的理由会更浅显，改革的力量会快速自发形成并增强。在这种情况下，推动改革很轻松，引导改革也方便。从政治角度讲，以遭遇困境为契机推动改革，对领导人而言，是聪明的。但是，积累下困境是消耗社会成本的，从全过程看，更多的时候是靠近劣而非靠近优。就社会效益而言，这至多是次劣选择而非临优选择。因此，去劣性改革总是摆脱了老问题后产生新问题，社会发展处于起伏曲折之中。中华民族要跻身世界前列，必须减少曲折颠簸的无效消耗和折腾，必须行走在康庄大道上，这就要建立自发及时纠错择优的制度，使领导人走在社会的前列而不是躲在幕后，使中华民族复兴事业事半功倍。

不改变以往曲折的发展路径，中国的长期进步就十分艰难，中国进一步提升就会事倍功半。要从去劣性改革转入择优性改革，就不只是要认清现在的状况如何，而且要知道未来的正确发展方向；就不只是化解当前面临的最大矛盾，而且要提前预防以后可能产生的各种矛盾；就不只是以自身实践经验来认识世界，而是要吸收世界各国的一切先进经验。唯有我们掌握了理论规律，唯有我们树立起正确的思想，唯有我们具有超越经验主义的视野，我们才能站在全人类的高度，比别人看得更远、更全面，才能走到世界的前列，引领世界发展的潮流，而不只是跟随世界潮流。

14.4.2　中国不仅要利用而且要创造战略机遇

14.4.2.1　大趋势决定未来世界经济大格局

根据《未来学家》，归纳出主要预测[①]有如下几个方面。

到 2030 年，个人的一言一行都将被记载。

到 2030 年，城市化程度将达到 60%。

到 2030 年，全世界 83% 的地区将用上电。

到 2030 年，机器人将植入人的大脑（库日韦尔《智能机器时代》）。

生物暴力将成为更大的威胁。细菌和病毒可能被改造，以增加杀伤力或应对抗生素。

21 世纪将出现生物医疗与基因改良竞赛。

汽车作为公路之王的时代行将结束。无线通信将减少人类对出行的需求，航空运输将逐渐取代卡车，环保政策、限制私家车的政策及其他因素将剥夺汽车的地位。

职业和大学专业将更加专门化。

专业知识过时的速度与人类学习专业知识的速度一样快。就业市场与职场技能的快速发展要求每一名员工都要重新接受职业教育。

在不久的将来会出现世界法，各国法律体系将联网。

中东将更世俗化。

世界将转向中国式社会主义（弗朗西斯 · 福山《出乎意料》）。

新能源将引领第四次工业革命（里夫金，2013）。

大趋势将深刻改变世界经济格局。在互联网的技术平台上，文化现代化、经济全球化、通信网络化、交易透明化和社会适应性，必然

---

① 孙文龙摘自《参考消息》2008 年 10 月 22 日。

成为五大基本发展趋势。走在趋势前列的国家和个人，将成为时代的英雄，造就富裕、强大和成功；落在趋势后面，将使国家陷入贫困、衰弱和失败。这是世界经济大洗牌的新时期。

14.4.2.2 中国的机遇在未来

以为改革开放以来取得的经济成就值得骄傲了，那就太缺乏格局了。建立新中国，都只是万里长征走完了第一步。站在新的历史时期看，中华民族的振兴，才刚刚开启，未来 40 年将取得更加伟大的成就，社会进步将不再限于经济领域而是“五位一体”了。中国的机遇在未来，未来的中国有更大的发展机遇和发展空间。中国未来的机遇不再是看人家脸色的，不再是根据世界格局找出来的，不再是 5 年、10 年，今年期望明年的；中国未来的机遇将是自己创造出来的，可以保证 50 年、500 年。中国未来的发展不再需要投机取巧、急功近利，中国未来的发展已经能够创造条件、长远规划。中国未来发展是主动择优的而不是被动去劣的。中国当前正在经历转型困境，一旦实现转型、破解困境，中国就将从低质高速增长期转入高质高速增长期。在高质高速增长期内，不仅经济空间更大，而且经济提升更快。那种认为经济规模变大，经济增长就一定减速的论调，既无实证依据也无历史依据。历史事实是，世界经济现在的规模比以往大得多，但是增长的速度比以往快得多。

14.4.2.3 从低成本迈向创造高收益

低成本战略是今后一个小时段的主流。2015 年以后一个较短时期内，中国现有企业面临两难选择，一是在产能过剩领域，没有再投资价值；二是在新的领域，没有消费能力的支持。更严峻的考验是，现有的企业要考虑的不是今天如何发展，而是今天如何生存。没有今天的生存，就谈不上明天的发展；今天能够生存，明天就有发展机会，如何生存是当今企业的关键。企业如何才能生存呢？不是产品没有需求，而是消费力不够，企业要生存就要降价出售，经得起廉价市场考验的企业才有生存的机会。在这个时期，相对低成本的生产能力，才能支撑跨越生存的考验。这就要求企业进行精益化管理，不断降低生产成本。

中国的未来绝不是维持低成本而是创造高收益。经受得住低成本的考验，低成本战略也就走到了终点。中国绝不能永远停留在低端加工业中，绝不能永远停留在被国际分工的水平上，绝不能永远停留在迷恋过往成就的故步自封状态。中国要创造未来机遇，就不是拾遗补漏，而是走到世界经济发展的前列，开辟发展新空间，创造发展新领域。只有创造未来，才能最准确地预测未来，引导全球未来的前进方向。美国就是这样的国家，中国完全有条件成为这样的国家。只有成为领先的国家，才能屹立在世界民族之林，才无愧于大国的称号。

14.4.3　中国要为自身发展营造态势、开辟空间

14.4.3.1　嵌入世界的发展已经走到尽头

把 13.6 亿人口的中国嵌入 75 亿人口的世界中，不仅中国受到挤压难以成长，世界也会被嵌得支离破碎。2015 年中国经济占全球的 14.5%，已经让发达国家感受到中国的威胁，中国的发展也遭遇到瓶颈，数年来致力于扩大贸易的努力目标均未实现。如果按同一模式继续发展下去，中国经济达到全球平均水平，中国经济将占全球总量的 1/5，后果更加不堪设想。中国试图嵌入世界越来越没有实现的可能性了。

作为大国，中国需要支撑起一片蓝天。中国从来就没有搭上世界经济发展的顺风车，中国也不要期望搭什么顺风车。顺风车从来都是大国留给小国的机遇，中国太大了，没有搭顺风车的可能，必须启动专车运载。要运载 13.6 亿人口的专车，必然很大很大，可以让很多小国来搭顺风车。只有中国真正成为世界经济的发动机，中国才能驱动全球经济共同繁荣。中国的机遇靠自己创造，中国的发展需要自己营造态势、开辟空间。

14.4.3.2　加强内循环成为经济发展新态势

1978 年以来，中国为世界生产，开始生产袜子、鞋帽和衣服，后来生产钢铁、化纤和装备。中国生产了全球 30% 的商品，获得了全球 6% 的收益。中国的生产已经让锦缎披到非洲穷人身上了，锦缎不再是非洲富人的标志。中国的生产已经让国土、水源和空气遭受污染，让中国人遭受恶性疾病的困扰。中国造福全世界却贻害子孙后代，我们还能继续下去吗？回答是，不可以。我们一定要转变生产观念，造福全民，造福子孙后代，为国内消费生产，为国内市场生产，而不是为外汇储备生产，我们要把爱国落实到行动中，爱民爱国土。

所谓爱民，就是让国民丰富生活安度人生，就要扩大国内消费，就不是勒紧裤带赚外汇。实现爱民，需要做到以下三个方面。一是提高福利，二是提高居民收入，三是提升品质。生产得更好，消费得更享受。这就是说，要加强国内经济循环，把国内的外汇储备输送到国外，把国内的货币输送到国外，而把货物进口到中国来，让国内市场繁荣起来，让国内消费成为世界经济的发动机。中国消费什么世界就生产什么，让中国对世界更有影响力。中国经济转型的根本点，不只是以前生产低端商品，转向生产中端商品，以后生产高端商品，更重要的是以前为别国享受生产，以后为国民享受生产，这就是爱民。中国完全没有义务为稳定美国物价而生产，也没有义务为繁荣欧洲市场而生产，中国只有为提升国民享受而生产的义务，中国要从以钱为本的生产、从为增加外汇储备的生产，转变成以民为本的生产、为中国自己的需要生产。

14.4.3.3　开辟新的发展空间是头等大事

著名未来学家奈斯比特夫妇认为，中国 40 多年来取得的成就，是史无前例的，这归因于中国人基因中创业者的潜质。尽管中国人好学，具有优质的创业基因，中国人却不可能是全盘西化的学生，中国人有自己的个性和文化传统。如果自我都没有了，那还能学什么呢？只有具备自我，才能兼收并蓄，才能创造超越，才能对得起自己的创业基因。

中国有怎样的自我，应该有怎样的自我？中国以往一个时期按照美国模式来塑造自我，通过扩大物质消费来扩大经济规模，以有能力铺张奢侈为荣。2015 年美国人口占全球 4.36%，消耗全球资源的 35%。美国的资源消耗是极端病态的，美国经济病态与美国人病态的生活方式相互促进，美国人口中 35% 是肥胖的。近年中国资源消耗急剧上升，肥胖率也在迅速提高，美国在世界资源消耗中的占比快速下降。效法美国，中国有前景吗？回答是，没有。不仅全球资源无法支撑，而且疾病也会把整个社会拖垮。

习近平总书记倡导的健康生活方式，就是要从根本上扭转病态的经济发展。2014 年前，酒驾被认为是不可破解的，现在打击酒驾受到普遍欢迎，酒驾现象已经很少了。中国必须选择健康的生活方式，促进产业经济的文明发展。为健康服务的经济比诱发病态的经济规模更大、更可持续，开辟这样的经济空间，前景美好，是未来中国的正确发展方向和希望所在，是当前及今后一个时期的头等大事。正是基于这个原因，中国致力于“万众创新”。

14.4.4 中国要为国民生活提供方便，节省时间

14.4.4.1 要为国民节省社会活动的时间

我们依然有不少损民以利国的政策措施，把国民和国家对立起来。例如，跨地医疗费用报销，就设置了重重障碍，使病患者身心疲惫。2013 年以来，有关政策正在改善，李克强总理宣布，从 2017 年 1 月 1 日起，医疗费用可以跨省直接报销。这表明，新一代领导人正在大力推进文明合理的政策思路和治国理念。

中国社会需要变革传统治理的陋习。就职于公共部门的一些人，没有分内工作，所办的事都是帮助人，理所当然需要额外回报。若意图没有实现，就设置障碍增加他人开支，以证明所办之事确实助人。这样的社会管理方式，损耗了国家的竞争优势，这就是为什么中国人勤奋努力而中国又没有多大竞争优势的基本原因。中国要提高国家竞争优势，社会管理就要增加贡献因素而压缩损耗因素，从社会变革中解放生产力，特别是节省国民时间虚耗。

14.4.4.2 方方面面国民时间虚耗举例

国民时间虚耗发生在各个方面，而且人们习以为常。例如，普通教育中外语学习的高要求，至少花了 1/5 的时间；接连不断并且至高无上的会议；处处可以卡人而没有办事的责任程序；多变而严格的财务报销；独立于正式教育体系的职业资格考试；工作晋升中过度强调

的资格要求；标准随机的各种评比；没有责任追溯的专家评审意见。凡此种种，大量消耗人生时间，使得人们普遍感受到每日忙忙碌碌，一年到头却不知业绩所在，多无实质成就而遗憾终生，人们的创造天性也就在无形消耗中殆尽。这不是以人为本的社会行为，这是封建奴役的管理行为，这是害人、害社会、害国家的行为。

14.4.4.3　未来社会更加需要发挥每个人的创造力

从历史角度看，人类社会的发展从取决于自然逐步转向紧贴自然、依靠自然、利用自然、改造自然，未来社会必定更多地摆脱自然的束缚而更多地依靠人类自身的潜能。可以预期，在不久的将来，国家之间的竞争优势将更多地取决于国民聪明才智的发挥而非天然资源，谁能够更多地激发出国民的创造力，谁就有更强大的国家竞争优势。在互联网、云平台、大数据、算法、模型等构成的新平台上，谁拥有创造力，谁能最好地发挥创造力，谁就会处于世界舞台的中央。新的技术平台上，创新成为先锋队，扼杀创新就是扼杀希望，中国再也没有为稳定社会而压制创新活力的社会条件了，以扼杀创新为代价来稳定社会，就会丧失国家前景。相反地，社会要尊重每位成员的时间，让他们在悠闲中产生灵感，实现创新。中国社会的治理思路，要根据社会条件的变化、新技术平台的特征，做顺应时势的改革。新技术平台，让全球各国处于同一起跑线上，若能最大限度地激发社会活力，就能使我们国家领先全球。这是我们要创造的机遇，这是我们能够创造的机遇。

第 15 章　中国经济发展形势造就和条件设定

我们有许许多多的事情要做，

我们有各方面的人才能胜任完成每一件事，

也已经具备足够的物质条件支撑我们做每件事，

关键是我们不要首先低头，不敢往前走。

大国要走大道，宣扬道义、承担责任、开拓前进，

大国不能横行小路，堵断了小国的去路，济强抑弱就是野蛮，

大国要开创，支撑起一片蓝天白云，推进全球文明进步。

大国要造就必然，创造形势，引领趋势。

这是一个最多困难、困惑的时代，这是一个最好、最有光明前景的时代。

在历史大机遇到来之时，是继往还是开来，中国面临重大历史性发展选择。只有深化认识，才能把握世界经济转型和调整的大方向，才能作出历史性的正确选择。

开创国家发展大格局，开拓国家发展大空间，开启国家发展大形势。

15.1 “一带一路”大战略创造中国发展大机遇

“一带一路”大战略是大国战略而非小国战略，是开拓战略而非投机战略，是布局战略而非拼杀战略。实施好“一带一路”大战略，就能创造中国发展的大机遇；实施好“一带一路”大战略，中国就能从被动发展走向主动发展；实施好“一带一路”大战略，中国不仅能赢得发展而且能赢得自信。“一带一路”是中国上兵伐谋之大战略。

15.1.1 “一带一路”呈现大思维、大格局

人们期盼开启新时代。1976 年以后，经过短暂游移，我们就迈入了“以经济建设为中心”的道路。从发展农村经济到发展城市经济，从激发勤劳致富到放松管制致富，从“请进来”办工厂到“走出去”搞金融，40 年来国内经济轰轰烈烈、蒸蒸日上。可是，就经济论经济的发展空间越来越小，制约因素越来越多，雾霾越来越浓，生活越来越憋气，社会不满越来越强烈。人际关系疏远、精神萎靡、贪腐盛行、格调堕落，让人灰心丧气。外交部收到的“钙片”越来越多，人们越来越希望看到“中国人民站起来”了。

（1）“一带一路”新格局，呈现谋划全球的新中华时代。对外不再唯唯诺诺，从跟从转向开拓，从寻找机遇转向创造生机，从被动镶嵌转向主动布局。国内“创新驱动发展”，“万众创新，全民创业”，最重要的是领导人的思想观念上，不再只关注个别精英，而逐步重回依靠广大人民群众的发展道路，政府工作不再“一人联系一企业”，

不再“一地一策”“一事一策”“一人一策”，而将转向依靠体制机制来系统性地解决问题，断开权钱交易的通道，杜绝造成经济不公平的源头，创造自我提升发展的强大动力。在国际上，中国经济不再甘当配角，而将争当主角，去占据世界主流经济，创造未来经济发展的无限空间。

（2）“一带一路”是中国首倡、高层推动的国家战略。“丝绸之路经济带”于 2013 年 9 月 7 日习近平主席在哈萨克斯坦纳扎尔巴耶夫大学发表演讲中提出；“21 世纪海上丝绸之路”于 2013 年 10 月 3 日习近平主席在印尼国会发表演讲中提出。2014 年 5 月 21 日，习近平主席在亚信峰会主旨发言中表示，中国将同各国一道，尽早启动亚洲基础设施投资银行；2014 年 11 月 8 日在加强互联互通伙伴关系对话会上，习近平主席表示，中国将出资 400 亿美元成立丝路基金；2014 年 11 月 11 日，在 2014 年亚太经合组织（APEC）领导人非正式会议上，习近平提出亚太自由贸易区（FTAAP）发展设想，会议就《亚太经合组织推动实现亚太自贸区北京路线图》达成共识。

（3）“一带一路”战略，呈现时代大格局。“一带一路”横跨欧亚大陆，直抵非洲，气势十分宏大。随着 2015 年 4 月 24 日习近平主席到访巴基斯坦，双方签署了 51 项合作协议和谅解备忘录，丝路基金首项内容一锤定音，中国和巴基斯坦签约投资 460 亿美元建设中巴经济走廊。这一走廊包括公路、铁路、管道、机场、信息网路、沿线经济带等，全长 4625 公里，既是交通运输大动脉又是实体经济主轴线，重点是电力、能源、产业等。终点瓜达尔港，毗邻伊朗，濒临阿拉伯海，靠近霍尔木兹海峡，是“一带一路”多线交会地，是印度洋上的咽喉要地，是“一带一路”战略的关键节点。建成中巴经济走廊，中国新疆就有了通往印度洋的出海口，中国原油进口就有了替代马六甲海峡的战略大通道。

（4）“一带一路”让中国从幕后走到台前。2015 年 3 月 28 日，发改委、外交部、商务部联合发布《推动共建丝绸之路经济带和 21 世纪海上丝绸之路的愿景与行动》，勾勒出“一带一路”实施路线图，以互联互通基础设施建设为抓手，以金融合作为前导，激发大市场活力，共享发展新成果。初步匡算，2013 年“一带一路”沿线总人口 44 亿，经济总量 21 万亿美元，分别占全球的 63% 和 29%。在平等的文化认同框架下谈合作，传承和平、交流、理解、包容、合作、共赢的古丝绸之路精神，受到各国欢迎。亚洲基础设施投资银行的设立得到世界各洲 57 个国家的积极响应，申请创始成员。“一带一路”战略，通过推进多边跨境贸易、交流合作，整合升级上海合作组织、欧亚经济联盟、中国—东盟（10 +1）、中日韩自贸区等国际合作，可以有效提升我国的地缘政治优势。“一带一路”构想，契合沿线国家的共同需求，为沿线国家优势互补、开放发展提供了国际合作的新路径、新平台、新机遇。

15. 1. 2　“一带一路”激发“中国制造 2025”

“中国制造 2025”是由大转强的纲要［是《中国制造业发展纲要（2015—2025）》的简称，2015 年 5 月 8 日由国务院颁布］。“中国制造 2025”以我国实现从制造业大国向制造业强国的转变为最终目标，以信息化和工业化两化深度融合为实现路径，要点包括以下几个方面。

（1）“三步走”战略。第一步到 2025 年迈入世界制造业强国阵营，第二步到 2035 年在世界制造业强国阵营中位列中等水平，第三步到 2050 年综合实力进入世界制造业强国前列。

(2) 四项原则。市场主导+政府引导原则、立足当前+着眼长远原则、全面推进+重点突破原则、自主发展+合作共赢原则。

(3) 五大方针。创新驱动、质量为先、绿色发展、结构优化和人才为本。

(4) 五大工程。创新中心建设工程、强化基础工程、智能制造工程、绿色制造工程、高端装备创新工程。

(5) 九项战略任务。一是提高国家制造业创新能力;二是推进信息化与工业化深度融合;三是强化工业基础能力;四是加强质量品牌建设;五是全面推行绿色制造;六是大力推动重点领域突破发展;七是深入推进制造业结构调整;八是积极发展服务型制造和生产型服务业;九是提高制造业国际化发展水平。

(6) 十大重点领域。新一代信息技术产业、高档数控机床和机器人、航空航天装备、海洋工程装备及高技术船舶、先进轨道交通装备、节能与新能源汽车、电力装备、农机装备、新材料、生物医药及高性能医疗器械。

创新驱动发展既是被迫的也是正确的。实施“一带一路”战略,就要在中外之间形成落差。没有落差就没有势能,如果“一带一路”之间沿线经济是高度一致的、高度竞争的,就没有促进商品流动的形势了,就会阻力重重。就当前而言,中国经济与“一带一路”沿线各国经济落差幅度小,替代性强,是不足以驱动商品自发流动的。这就迫使中国创新提升经济,实行创新驱动发展的国家战略,扩大落差,促进“一带一路”沿线各国增加互补协作。

我们要做得到更要寻求想得到。1871年德国铁血首相俾斯麦说:“中国和日本若有战争,一定是小国胜大国败。中国人来欧洲就是谈生意,买枪买舰艇,买完就走;而日本人则翻译典籍,学习我们的制度。中国人只买看得见的东西，这样的国家能不败吗?”很不幸，1894 年的甲午战争应验了俾斯麦的预言。现在，我们进步了，能生产看得见的东西了，而且可以卖出去了。可是，在看得见的范围内游荡，我们能够走多远呢，能够走多久呢?

15.1.3 “一带一路”开启中国主动发展的新时代

1985 年年底中央军委扩大会议上，邓小平指出，“过去我们老讲打世界大战，后来估计世界大战打不起来，至少还有 10 年打不起来，可能还有更长的和平时期”，这就是我们发展经济的战略机遇期。邓小平认为，要紧抓不放和充分利用“重要战略机遇期”，所谓“机不可失，时不再来”。重要战略机遇期后来不断延续，十六大报告指出，21 世纪头 20 年是我国必须紧抓并且大有作为的重要战略机遇期；十七大报告指出，机遇前所未有，挑战前所未有，机遇大于挑战；十八大报告指出，我国仍然处于大有作为的重要战略机遇期。

2005 年 10 月 24 日，博鳌亚洲论坛秘书长龙永图在南京金陵图书馆“名家讲座”做了题为“战略机遇期与中国的对外开放”的报告，其中指出：21 世纪初的前 20 年是中国的发展机遇期。这主要是三点原因造成的。其一，在这 20 年中，中国将保持着全球最具竞争力的劳动力市场的位置。其二，在新型工业化的背景下，城市化进程将不断加快。劳动力是新型工业化的最重要因素。在未来数年中，中国将有 1.5 亿的农村劳动力向城市转移成为城市新居民，并成为今后 10 年城市强大的需求动力。其三，美国全球战略重点的转移。在“9·11”之后，美国开始认识到，国际恐怖组织是主要威胁。这使得美国与中国进行全方位的接触和合作，既是美国长期战略利益所在，也是当前的现实所需，这就为中国未来 20 年比较轻松的国际环境创造了条件。时至今日可见，这样的估计是过于乐观了，与事实不符。

战略机遇期的政治判断通常是正确的。从历史角度看，大国之间发生战争是极其偶然的，统计上是一个小概率事件。因此，即使闭上眼睛，不观察世界政治军事，如此判断而出现错误的可能性其实也不大。实际上，备战并非为了求战而是为了不战，不是为了扩大战争而是为了缩小战争。如果中国打遍天下无敌手，谁还敢挑战中国呢！如果做了这样的准备，什么时候都是“重要战略机遇期”，而无须一次再次地做政治判断了。换言之，战略机遇期不只是找出来的，而且可以自主地创造出来。中国安全自己保障，是不需要看别人的脸色行事的。中国这样的大国，难道别人能够来保障安全吗？对于竞争对手、对于潜在的敌手，不来捣乱就已经是仁至义尽了！把安全的希望寄托于外部，风险极大；把国家安全与经济建设割裂开来、对立起来，没有客观规律的支撑。

15.2　中国未来经济成长以民生为本

15.2.1　认清中国的一系列社会经济问题

习近平总书记指出：“我们要虚心学习借鉴人类社会创造的一切文明成果，但我们不能数典忘祖，不能照抄照搬别国的发展模式，也绝不会接受任何外国颐指气使的说教。”① “坚持独立自主，就要坚持

① 习近平：《在纪念毛泽东同志诞辰120周年座谈会上的讲话》，2013年12月26日。

中国的事情必须由中国人民自己作主张、自己来处理。世界上没有放之四海而皆准的具体发展模式，也没有一成不变的发展道路。历史条件的多样性，决定了各国选择发展道路的多样性。人类历史上，没有一个民族、没有一个国家可以通过依赖外部力量、跟在他人后面亦步亦趋实现强大和振兴。那样做的结果，不是必然遭遇失败，就是必然成为他人的附庸。”对照以往和现状，更能感受到总书记的观点是特别具有针对性的。

经济学是一门实践性科学，最终落脚点是破解现实经济问题。经济学应用研究所依据的背景和现实状况不同，得出的结论也就存在差异，研究结论并非放之四海而皆准。正如恩格斯指出的：“谁要想把火地岛的政治经济学和现代英国的政治经济学置于同一规律之下，那么，除了最陈腐的老生常谈以外，他显然不能揭示出任何东西。”国家战略经济学是为了解决本国经济问题、促进本国经济发展而存在的，唯图破解中国经济发展现实困境。

15.2.1.1　1978 年以来中国的社会经济条件发生了翻天覆地的变化

1978 年以来，中国经济发生了翻天覆地的变化，对比情况见表 15－1。

表 15－1　　1978 年与 2014 年中国经济状况对比

指标＼年份	1978	2014
GDP（万亿元）	0.3645	63.65
外汇储备（亿美元）	1.67	31811
人口（万人）	96259	136782

续 表

指标＼年份	1978	2014
其中城镇人口(万人)	17245	71182
城镇家庭可支配收入(元/年)	343.4	28844
农村家庭纯收入(元/年)	133.6	10489
在岗职工人数(万人)	12000	77253
在岗职工平均工资(元/年)	615	52512
进出口贸易额(亿美元)	206	264334
大学毕业生人数(万人)	16	727
主要出口品种	农产品和矿产品	机电装备等各大门类
社会面临的主要困境	资本稀缺、产业基础薄弱、财政困难、国民贫穷、受教育水平低、失业严重	主要产品产能严重过剩、大面积雾霾、生态环境污染、不可持续的发展格局

2014 年的中国状况已经完全不同于 1978 年，当初靠出口矿产品创汇的中国，现在主要矿产品进口量约占全球的 1/2。在众多困境下，除了大力发展体力劳动密集型产业和资源高消耗产业外，1978 年别无更加切合实际的社会选择。实践也证明了，这一选择是行之有效的，赢得了中国经济持续高速增长，经济状态发生翻天覆地的变化。可是，经过 35 年的积累，产生出新的困境，继续往前走必然陷入“中等收入陷阱”。破解当前的困境，其难度绝不比 40 年前低，前进的阻力也绝不比 40 年前小。针对当前的发展条件，我们必须重新作出新的社会择优选择，启动新一轮改革和开放。

根据《中国国家资产负债表 2015：杠杆调整与风险管理》，2007 年中国净资产为 165.8 万亿元、总资产为 284.7 万亿元，2013 年中国净资产为 352 万亿元①、总资产为 691.3 万亿元。2013 年中央政府净资产为 15.1 万亿元，总资产为 111.9 万亿元，负债为 56 万亿元②。2013 年美国净资产为 340 万亿元人民币（55 万亿美元）。2013 年净资产 GDP 生产率中国为 16.7%，美国为 30.5%，我们有太大的资产太低的生产效率。

15.2.1.2　1978 年以来我国经济发展积累下许多问题

为什么从上一轮改革引发新一轮改革，为什么我们的路走得这么颠簸？有一些原因是明显的，如为了吸引投资发展劳动密集型产业，就让工资涨得慢些、让资源廉价些、让资本获利高些，长此以往贫富差距就越来越大，地区差别、城乡差别、工农差别等都扩大了。富裕起来的人们并不满足于财富上的增加，而且谋取社会肯定，通过财富的铺垫还真的都实现了。获得权位后发现，原来位置是获得财富的更便捷路径，而辛勤劳动获益又那么少，贪污腐败也就有了土壤。从乡村走向城市、从国内走向国外、从实体走向虚拟、从遵守规则到制定规则，不断扩大利己权力，形成越来越强大的权贵阶层。他们占据高位，视野开阔了，却依然是利己商人。位高权重德薄者横行于世，让权钱越靠越近，并自誉为先进生产力的代表，完全背离了社会化专业分工原则。钱权叠加，快速“让一部分人富起来”，而且要让自己更快地富起来，导致贫富差距加速扩大、社会大分化、大分层和大分

① 参见国家金融和发展实验室《2013 年中国净资产 352 万亿元》，《第一财经日报》2015 年 7 月 27 日，环球外汇网（http：//forex.hexun.com/2015-07-27/177844463.html）。

② 参见《社科院发布中国政府资产负债表，负债已超 56 万亿》，《南方日报》2015 年 8 月 5 日，和讯网（http：//news.hexun.com/2015-08-05/178084276.html）。

裂，社会矛盾急剧恶化，社会维安成本越来越高。这是一项沉重的社会负担，是可预知的、可预防的。

15.2.1.3 在新旧常态交替中面临的主要问题

中国经济已经有一定的基础，2014年GDP达10.4万亿美元，是美国17.4万亿美元的60%。但是，中国经济发展水平还很低，人均GDP为7589美元，是美国人均GDP的13.9%，是其他国家人均GDP的2/3。中国经济的未来希望是由大求强，核心主题是提高经济增长的质量与效益，通过创新驱动发展，实现经济发展新常态。

在经济增长新旧常态交替过程中，有一系列新课题。例如，如何对待增长率的下降，如何形成创新驱动发展的增长新模式，如何实现国民经济和产业结构升级，如何提高消费在经济增长中的拉动作用，如何改善投资质量，如何培育新的比较优势形成出口质量竞争优势，如何形成产业组织新业态，如何使经济增长从依靠要素成本优势转向依靠人力资本质量与技术进步，如何形成统一透明、规范有序的市场环境，如何推动低碳型发展方式，如何化解因增长率下降而引发的各种社会风险，如何从刺激性政策调控转变为市场决定资源配置和更科学的宏观调控，等等。

在经济增长新旧常态交替过程中，有一些与旧常态不同的特征。例如，对外贸易额2012年前10年平均年增长率为22.6%，此后3年平均年增长率为5.75%，2016年增长率为－0.9%。尽管这4年国务院和商务部都致力于扩大贸易，为此出台了许多激励政策，政策目标却都落空了。问题是，这种事倍功半的事情值不值得干、应不应该干，用老措施能创造出新常态吗？一个已经被中国商品挤爆的世界低端市场，还有多大的空间容纳中国商品的再输入？政策激励的成本是否能够弥补自相压价出口的利益流失？既然新常态与旧常态不同，我们为什么不能转变思路方式，更多地着眼于未来和希望，而不要总是停留在过去的老路上呢？

15.2.2　新的经济发展条件需要新的社会选择

没有问题，就无须改革；解决问题，就是改革。1976 年我国经济被认为濒临崩溃的边缘，而后改革开放促使中国经济高增长，2016 年我国 GDP 已经高达 744127 亿元，期间中国经济名义上扩大了 253 倍。可以预计，我国 GDP 很快就能问鼎全球。然而，中国经济存在严重的问题，需要再来一次改革，而且是更深层次的全面改革。

（1）改革作用如何，关键是政府的砝码加在何处。1978 年后，政府从打破计划经济秩序出发，放开搞活，逐步增加市场经济成分。在 21 世纪前后，政府从维护已有经济秩序出发，营造三个方面的新秩序：一是在资源配置方面，政府替代市场，扭曲市场机制，成为资源配置的主角，如直接招商引资、直接抓项目、干预民营企业经营等；二是在公共服务方面政府缺位和失责，如制造购房、医疗和教育三座大山，而不是增加这些方面的社会福利；三是市场监管方面，政府不到位，以至于食品安全、环境污染等问题层出不穷。“后 35 年”中国赢得了经济高增长、催生了许多富豪，但支付了环境、资源和国民生命健康的代价。

（2）中国经济面临伟大的历史转折。“后 35 年”，中国经济改革的主导方向是创造富裕；未来很长一个时期，中国经济改革的主导方向是消灭贫困，第一步是实现全面小康。创造富裕拉开了差距，财聚人散，社会松散了；消灭贫困缩小差距，财散人聚，社会将更加紧密团结而能凝聚成战斗力。从这个角度看，中国将进入一个文明伟大的全面发展时期。

（3）要坚决破除GDP挂帅。从“以经济建设为中心”到“两个文明一起抓”再到“四个文明”“五位一体”文明，我们的认识越来越全面、完整。可是，直到今天，许多人依旧紧盯GDP，习惯于绕着GDP转。尽管GDP挂帅已经是一条绝路、没有可持续性，以GDP发出号召却最能让人一呼百应，达成共识。如何破除GDP挂帅依然是一个现实的难题。

（4）要努力破解中国经济发展困境。认识和理解中国经济的发展条件，是破解中国发展困境的前提。在人口规模、历史文化和社会制度等方面，中国具有独特性，按照新制度经济学的观点，这些条件决定了中国经济发展具体、独特的路径依赖。不懂得这些，就会遭遇诸多困境。①很难识别及确定改革和发展中的主要问题与症结；②不易作出与现实相符或相近的假定；③难以提出既遵照经济学基本原理又适合中国国情的政策建议。懂得国情是研究中国改革问题的必要条件，却不是充分条件。解决中国现实经济问题不能缺乏方向感、不能缺乏大视野，不仅要遵从经济学原理和方法，而且要借助研究人类经济行为和现象的全部知识结晶，特别是弄清楚各种可能的外围条件和主观能动力。

（5）新的发展时期需要新的动力来驱动。按照迈克尔·波特要素驱动、投资驱动、创新驱动、财富驱动的经济发展四阶段[①]划分，中国经济将从当前的要素和投资驱动阶段转入创新和财富驱动阶段。笔者以为，在经济的具体实践中，经济发展四阶段并非完全独立，要素驱动和投资驱动所需要的社会条件基本一致，均以低福利

---

① 参见［美］迈克尔·波特《国家竞争优势》，李明轩等译，中国展望出版社2006年版。

为前提；创新驱动和财富驱动所需要的社会条件也基本一致，均以提高福利为前提，具体论证可见第 4 章 4.3.4。在新的发展时期，提高福利水平，让国民生活更加安稳，成为激励“万众创新”的基本手段。

（6）中国经济要转入“新常态”。专家认为，“新常态”主要有五个特征。①中高速。从速度层面看，经济增速换挡回落，从过去10%左右的高速增长转为7%—8%的中高速增长。②优结构。从结构层面看，在新常态下，经济结构发生全面、深刻的变化，不断优化升级。第三产业逐步成为产业主体，消费需求逐步成为动力主体，居民收入在收入分配中的占比将逐步上升，城乡区域差距将逐步缩小。③新动力。从动力层面看，在新常态下，中国经济将从资源驱动、投资驱动转向创新驱动。1998 年至 2008 年，全国规模以上工业企业利润总额年均增速高达 35.6%，而到 2013 年降至 12.2%。2015 年再降至 -2.3%。④多挑战。从风险层面看，新常态下面临新的挑战，一些不确定性风险显性化。⑤紧货币。摆脱货币推动型增长模式，控制资产价格泡沫和债务杠杆，消化以往货币刺激政策遗留下的产能过剩、债务杠杆以及房地产泡沫等，倒逼中国经济走上正道。

15.2.3　以收入分配改革驱动中国经济再成长

1978 年以来，中国经济增长的主要驱动力是劳动力、出口、投资和透支。国际比较，我国居民保障性收入太低。ConvergEx 集团发布的 2013 年全球工资水平报告显示，中国位列全球最低工资第 17 名，薪资水平为 0.8 美元/小时。每小时最低工资，澳大利亚为 16.88 美元、法国为 12.09 美元、新西兰为 11.18 美元、英国为 6.5 英镑、加拿大为11加元、日本为8.17美元、美国为10.1美元。[①] 压低国民收入，让国民失望，是经济增长的阻力而非动力。

在重塑社会主义价值观的精神力量驱动下，经济发展的新逻辑依序是，“根本性调整分配结构→消费结构→生产结构→产业结构→技术结构→区域结构[②]→经济结构→实现中国经济大转型、大提升→调整分配结构”。依据这一逻辑，起点是改革分配结构，破解矛盾最集中的收入分配问题。收入分配改革有三大内容：工资制度、税收制度、央企收入上缴。

（1）我国当前的工资制度封建性很深。我国工资制度有三大特征。①工资构成采用二八制，20%固定工资+80%浮动工资，与发达国家以及我国1978年前的情况正好相反；②级别工资跃升为主，年功工资微小，单位无视职员的忠诚，导致员工不敬业不爱岗；③下属岗位竞争，业绩主要归上级。加上晋级条件年年变，来了一位领导就有一套新做法。这样的工资构成、晋级方式和业绩考核，增加了个人收入的随机性，增强了下级员工对上级的依附性，不断无故扩大人们的收入差距。现在已经绝少有下级员工抗争上级领导的现象了，每个单位的一把手都成为伟大的领袖。中国当前普遍存在的人身依附关系，前提基础就是这一工资制度。同时，这一工资制度，忠实于单位事业的员工得不到组织的肯定，年功工资占比微不足道，跳槽晋级、叛离本身就是功名利禄的来源，实质激励叛逆。当前的工资制度封建性很深，除了强化人身依附、增加领导人的权威外，找不出任何进步意义，不是解放生产力和发展生产力，而是抑制生产力和束缚生产

① 参见《中国“高收入”全球啥水平，与南非司机相当》，2014年1月24日，网易财经（http：//money.163.com/14/0124/07/9JBCC3LS00253G87.html？ad）。

② 参见戚桂峰《主义之争与中国经济新常态的构建》（http：//www.szhgh.com/Article/opinion/xuezhe/2015-08-31/94637.html）。

力，是必须彻底改革的。

（2）我国Gini系数太高，导致社会矛盾不断涌现。国家统计局的Gini系数数据是0.47，10年来没有多大变化，与人们的切身感受很不一致。人民大学和西南财经大学2014年的调查数据为Gini系数已达0.61。从1995年到2014年，我国GDP年均增长率13.12%，财政收入年均增长率17.8%，企业利润年均增长率12.3%，居民人均可支配收入年均增长率9.3%，更多的财富集中到政府和企业，居民收入比重下降，使得收入差距进一步扩大，个人收入差距、城乡收入差距和地区收入差距同步加剧、矛盾日益尖锐，社会潜伏巨大危机。

（3）利益冲突强烈，既得利益集团力量强大。2004年，我国启动了收入分配体制改革总体方案的起草工作，由国家发改委牵头，财政部、人社部、国资委等多个部委参与，成立以李实为负责人的课题组，意图较快地提高工人和农民收入。可是，方案形成颇费周折，围绕收入差距大小的判断、控制垄断行业薪酬、提高低收入群体收入等议题，均产生重大分歧，一直争议不断。对于怎么界定“垄断部门”、如何缩小收入差距、收入分配改革的重点选择等基本问题，更是纠缠不清。甚至对如何定义“收入”、收入分配政策有无作用、如何提高贫困人口的收入水平等问题都争论不休。直到2012年，实质内容全部抽空，收入分配体制改革总体方案才出炉，当然原来的意图都没实现。经历与抗日战争相当的时间，做了一件让人满怀希望而最终让人失望的事情。

（4）逆转收入差距扩大趋势，大幅度提升社会效益。收入差距问题推动收入分配改革，大方向就是扭转差距过大的局面，要求“限高、扩中、提低”。在法律框架内，“限高”的抓手是理顺财产所有、打破公有私占的现象，特别是垄断行业、掌握公共资源者的收入太高问题；“提低”的抓手是发展中西部经济、扶持农业、抑制城市对农村的利益攫取，在医疗、养老、住房、教育等方面缩小待遇差别，政府提供更加均衡广泛的公共服务。通过“限高”削减边际效益极低的部分，通过“提低”增加边际效益极高的部分，以收入结构优化作为动力，推动社会收入边际效益的大幅度提升。

（5）收入分配改革是出路所在。尽管国务院和商务部致力于扩大贸易，可是，我国贸易年增长率已经从2003年的37%下降至2014年的3.4%，2015年为－7.0%。尽管激励产业投资，我国的投资增长率已经从“十二五”的年均23.3%下滑至“十三五”的年均19.5%。注意到投资率已经从50.5%提高到80.6%，投资增长已经不可持续了，海外剩余市场也没有多大了。即使海外存在市场空间，这也是一条死路，雾霾浓度就是一个刚性制约，我们已经不能要钱不要命了！因此，重振中国经济，除了增加国内消费支出别无其他出路。然而，如何才能扩大内需呢？这就要建立无后顾之忧的社会机制。要让人们拥有消费能力，就要解决收入不平等问题。这就要动精英阶层的奶酪，这就必然会遭受党内政府内的重重阻力。但是，收入不平等问题日益严重，问题推动改革的力量也在不断积累中增强增大并且势不可挡。

（6）陈腐观念依然占据上风，改革之路漫漫。2015年4月24日，财政部部长楼继伟在出席清华大学的一个论坛时表示，中国在未来的5年或10年，有50%以上的可能性会滑入“中等收入陷阱”，[①] 这是因为中国太快进入老龄化社会“未富先老”而引起的。楼继伟认为要

① “中等收入陷阱”是指一个经济体的人均收入达到世界中等水平后，由于不能顺利实现发展战略和发展方式转变，导致新的增长动力特别是内生动力不足，最终出现经济停滞的一种状态。

跨过“中等收入陷阱”，关键是实现 6.5%—7% 的经济增长速度，其中一项措施是“使工资增速低于生产率的增速”。[①] 实际上，以往就是这么过来的。如果让“工资增速低于生产率增速”，那么平均资本收益率就会继续高于 15.7%，资本拥有者就会一如既往地通过投资膨胀来获得收益，改革的动力怎么产生，贫富差距如何缩小，文明进步从何谈起？把滑入“中等收入陷阱”归因于老龄化社会的到来，既是片面的也是消极的。果真如此，我国老龄化社会是必然的，滑入“中等收入陷阱”就是必然的，我们还讨论什么呢？实际的情况是，我们的近邻韩国就进入老龄社会了，却并未滑入“中等收入陷阱”。经济界的领导人，需要克服盲目套用尚未证实的说教，避免误导，还要克服直线思维习惯，掌握更贴合事实的规律。只有这样，中国的发展才不致被引入歧途，才能超越、才能提升。

15.2.4　中国经济全面发展的潜在成长空间巨大

15.2.4.1　片面发展有陷阱

“中等收入陷阱”并非规律。据称，当一个国家的人均 GDP 超过 3000 美元的时候，这个国家会进入国家发展的提升期，同时也是矛盾的凸显期。各种社会矛盾加剧，如果处理得好，能够顺利发展，经济发展也就能够再上一个新台阶；如果处理不好，经济将停滞不前或倒退而陷入“中等收入陷阱”。“中等收入陷阱”观点在 2010 年前后很流行，但这是可能性不是必然性。例如，日本社会矛盾较多的 20 世纪 50 年代，人均 GDP 在 131—393 美元之间；韩国社会矛盾较多的

---

① 胡健：《楼继伟警告中等收入陷阱需加码改革》（http://finance.qq.com/a/20150427/008846.htm）。

70 年代初，人均 GDP 在 410—1000 美元之间；新加坡社会矛盾较多的 60 年代以前，人均 GDP 为 428 美元以下，三国社会矛盾的形成原因也各不相同。可见，“中等收入陷阱”的观点，偏离实际很大，所谓的规律是无稽之谈。那么为何在这一时期，“中等收入陷阱”论广为流行呢？这就是空谈误国。

从历史角度看，“中等收入陷阱”论更无指导性价值。之所以强调这一点，是要明确经济提升、矛盾凸显等并非是由经济发展水平带来的，主要的是由社会选择带来的。比较“中等收入陷阱”，低收入困境[①]更大，高收入也同样面临难题，美国 2008 年后不就陷入经济低迷了吗？如果经济发展一意孤行，一旦遭遇瓶颈制约，自然就需突然转型和被迫提升，经济成长停滞甚至倒退就有可能发生。如果经济持续改善，就可以增加经济成长的平稳性。如何发展经济，不仅取决于经济水平高低，更取决于正确的社会选择。2008 年遭遇金融危机，采取“四万亿投资”“十大产业振兴计划”，抗衡全球经济结构调整要求，是违反市场经济自发调节规律要求的。正是资源错配，导致产能过剩加剧，传统产业效益普遍降低，新兴产业在中国投资不足。同一时期，新兴产业在西方大规模兴起，使得实业回归成为可能。

15. 2. 4. 2　全面发展的潜在空间很大

在完成了创造富裕后，消除贫困必然成为社会更大的课题。这个课题已经困扰中国 100 年，20 世纪中国两位最伟大的人物——孙中山和毛泽东都认为：“中国的问题是农民问题。”新民主主义革命胜利的

---

① 在积弱的经济基础与恶劣的外部条件下，就会形成“贫困陷阱”，即“低收入→低储蓄→低投入→低生产率→低收入”的“贫困循环”。

重要原因之一，就是充分调动了农民的积极性；解放战争的胜利，同样是靠充分调动农民的积极性。正是从消除贫困入手，中国取得了革命的胜利。中国要取得社会主义建设的伟大胜利，同样需要从消除贫困入手。

中国创造了富裕，但是贫富差距扩大了。福布斯中国中高端富裕人群 2016 年年底达 1261.08 万人，比 2015 年增加 145.08 万人。2015 年福布斯全球亿万富豪榜上的大陆富豪人数达到 213 人，比 2014 年 152 人大幅增长，占全球 1826 人的 11.6%，新上榜的全球富豪，中国占 61/290 =21%。数据显示，中国是富豪高产地。可是，2014 年中国人均 GDP 为 6747 美元，仅为全球人均 GDP 10311 美元的 63.5%，位列全球 181 个国家和地区的第 81 位。按照国际贫困比例法标准——以人均收入的 50% 作为贫困线，2014 年全国居民人均可支配收入 20542 元，其中城镇居民人均可支配收入 28844 元，农村居民人均可支配收入 10489 元，① 粗略估计中国贫困人口超过 2 亿人。统计数据显示，收入低于 2300 元的农村人口达 7017 万人，在我国统计口径中被划入贫困人口。

人地关系至今高度紧张，城乡分割对立二元体制矛盾严峻，依然是我国的基本国情。人地矛盾导致农民福利保障水平低、农业积累能力小、农村发展空间受限，是我国农业不发达、农村落后、农民贫困的根本原因。城乡二元结构，主要成因是社会体制上转移农业积累、抽空农村财富、压缩农民福利。以往的情况是，一旦注重经济成长，就以“农业、农村、农民”为序考虑三农问题，一旦社会冲突加剧时，就短暂地以“农民、农村、农业”为序把握三农问题，不断考验农民的承受力。20 世纪，土地是主要问题，人们还可以在农村和农民

① 国家统计局局长马建堂 2015 年 1 月 20 日在国新办发布会上的介绍。

之间摇摆；21世纪，土地已经不再是主要问题，农民成为焦点，就业和福利成为关键。

15.3 互利共荣的国家经济战略

中国不是上帝，不是救世主，中国政府对中国人民负责。世界各国贫富差距已经很大，中国没有攫取发达国家经济利益的能力，也不忍效法西方加剧攫取落后国家的经济利益。中国只有通过扶持弱小，实现共同繁荣，才能扩大增量基础，拓展自身成长空间。

15.3.1 中国经济致力于消灭贫困，迈向共同富裕

15.3.1.1 *扩大贫富差距已经成为经济发展的绝路*

资本主义经济发展史，是一部先以暴力手段掠夺本国农民土地再对外残酷殖民掠夺的历史。不断加深加强对外利益攫取，榨取剩余价值的资本主义本质从来没有改变也永远不会改变，除非资本主义制度消亡。

新中国成立以来的历史，中国人均GDP从1952年的54美元提高到1978年的222美元，再提高到2016年的8895美元。与世界平均水平比较，中国人均GDP 1952年为世界平均水平的18.6%，1978年为11.16%，2016年为77.1%；与美国人均GDP比较，1952年仅为2.27%，1978年为2.06%，2015年为14.81%。环境的制约却不允许我们继续野蛮发展了。

15. 3. 1. 2 消灭贫困比创造富裕更加伟大

对中国而言，13. 6 亿人口是永不枯竭的动力来源，最大限度地利用人才资源，建立可持续发展社会，既是当务之急，也是长远战略。1978—1992 年间，从下到上激发人们的创造力，使贫困人口从 25000 万人下降至 8500 万人。1992 年以来，我们创造了富裕但没能消灭贫困，尽管经济规模扩大了 25 倍，亿万富豪从无到有，当今规模达 8. 9 万人（千万富豪 134 万人），2015 年财富增长率 10. 9%，可是贫困人口仅从 8500 万人下降至 8000 万人。[①] 习近平总书记致力于 2020 年消灭贫困，这是一项伟大的文明工程，意味着我国将真正从野蛮发展转向文明发展，从“以钱为本”的发展转向“以人为本”的发展。

15. 3. 1. 3 强化民生工程才能消灭贫困

如何才能消灭贫困呢，市场经济能不能自发消灭贫困？回答是，不能，美国就有 1/7 的人口生活在贫困线以下。市场机制不仅不可能消灭贫困而且会扩大贫困，1981 年里根上台后推行新自由资本主义，结果造成更多的人陷入贫困。1980—2013 年间，美国最富有的 1% 人年均实际收入增长率为 142%，按 2013 年美元计算，平均收入水平从 461910 美元/人提高到 1119315 美元/人；最顶层的 0. 1% 人年均实际收入增长率为 236%，平均收入水平从 1571590 美元/人提高到 5279695 美元/人。[②] 市场机制是扩大贫富差距的野蛮机制而不是缩小贫富差距的文明机制。消灭贫困不能靠市场机制，那又该靠什么？回

---

① 参见《中国贫困人口为何大起大落?》，2016 年 10 月 17 日，人民网（http://politics.people.com.cn）。

② 参见［美］斯蒂格利茨《不平等与经济增长》，周建军等译，《经济社会体制比较》2017 年第 1 期。

答是，靠社会文明机制。怎样的社会机制才是文明的呢？互助、同情、扶持弱小，才是文明的标志。文明的社会机制有两个基本点：爱国土、爱人民。清洁环境、美丽中华，就是爱国土；衣食无忧、享受平静，就是爱人民。爱人民，重在提升民生，包括大力发展民生产业。

民生产业的重点在两头，一头是就业前的成长阶段，另一头是退休后的养老阶段。一般而言，成长阶段约22.5年，养老阶段平均为18年，两者合计40.5年，约占78年全寿命期的51.92%。随着生活质量和社会医疗保障水平的提高，人的寿命还会有所延长，非工作年龄段所占的比重还会有所提高。这个比重的提高，既是社会进步、劳动生产力提高的表现，同时也是劳动时期负担加重的指标，随着我国老龄化社会的加剧，这一社会矛盾还会进一步显露和加强。民生产业，绝不是低端的，在新的技术平台下，民生产业甚至是高新技术的，如老人服务机器人就是未来需求激剧增加的高新技术产品。

15.3.2 中国经济依靠创新驱动，更加注重新与精

15.3.2.1 中国人有创新的先天禀赋，创新资源充足

历史证明，中国人具有创新的先天禀赋。在世界五大古文明中，唯有中华文明延续至今。千年不绝的历史不是巧合，而是中华文明具有最强大的自我更新能力，最有创造力。不仅活字印刷、指南针、造纸术、火药四大发明，中国领先全球数百年，而且春秋战国的《石氏星表》、东汉张衡的地圆说、《九章算术》、黄道游仪等都领先全球数百年。华夏古人的智慧是令人骄傲的，中国人天生拥有超强的发现能力和创造能力。

现实证明，中国人的创新力压制不住。莫言[①]获 2012 年度诺贝尔文学奖，表彰“他的作品中充满魔幻现实主义色彩，是历史和现实的并存”，同行认为，莫言是接地气的，回乡就喜欢参加农业劳动，是一个非常纯粹的人，刻苦努力表述自己的内心。屠呦呦[②]因先驱性地发现了青蒿素“开创疟疾新疗法的发现”获 2015 年度诺贝尔医学奖，2011 年 9 月 23 日获得美国拉斯克基金会 25 万美元奖金。屠呦呦是根据抗美援越需要承担 1969 年“523”战备项目而投入抗疟疾药物研究的，1979 年获国家发明奖二等奖，网上查阅查不到屠呦呦承担的其他国家层级科学研究项目。屠呦呦没有留学经历，不是两院院士，但做出了杰出的科学贡献。

中国的创新资源十分充足。“全民创新，万众创业”的时代，13.67 亿人口就是最大的创新资源，好学、勤奋、敬业等民族品质，就是创新的最大动力。严重的问题是，长期的封建统治、膜拜权力的体制，使得学术也变成了权术，把中国人的创新热情消耗殆尽。这种体制阻碍了创新，是思想解放的天敌，是当今改革的对象。只要下大决心改革，破除制度的枷锁，中国人的创新活力就能得到有效发挥。

15.3.2.2　中国研究与开发投入增大而战略投资不足

近代中国怠慢了科学技术发展，遭到了“报应”。宋应星《天工开物》成书于明朝资本主义萌芽时期，是农业和手工业先进生产技术的集大成之作，冠绝全球，在日欧广为流传，在中国却几近失传。清

---

① 莫言（1955.2.17—　），山东高密人，是中国本土第一位诺贝尔奖获得者——2012 年诺贝尔文学奖。成名作有《透明的红萝卜》《欢乐》《天堂蒜薹之歌》。代表作有《红高粱》《檀香刑》《丰乳肥臀》《生死疲劳》《蛙》《酒国》。

② 屠呦呦（1930.12.30—　），浙江宁波人，是中国本土科学家第一位诺贝尔奖获得者——2015 年诺贝尔医学奖。主要成就：1972 年提取出青蒿素，1992 年发明双氢青蒿素；2011 年获美国拉斯克基金会奖。

政府更以“西学中源”为由，麻醉国民、拒绝技术进步。封建统治，四书五经思想一统天下，让人们归附功名利禄。这样的统治，尽管安稳了国内秩序，却最终“落后挨打”，遭到了“报应”。

当今中国不够重视科学技术，造成低端产能严重过剩。在改革开放之初，资金十分短缺，领导注重经济建设，许诺以后经济上去了，再多给些经费搞科研。可见，并未真的把科学技术当作第一生产力，而是当作锦上添花的事情。进入21世纪后，扩大科学技术投资成为社会共识，不过，直到2013年研究与开发投入强度才急速达到2.1%的社会承诺。换言之，研究与开发投入并未作为先导性因素来提前布局和投资。这些事实显示，我们并没有把研究与开发投入作为发展的必要手段，只是把它作为摆设，当作可以搁置的事情，真正不遗余力的是投资实体经济，特别是耗资巨大的基础设施。不重视智力的结果当然是可悲的，而今我国主要产业产能全面过剩，并且各产业几乎全部缺“芯”。即使采用最激进的方式，化解这些过剩产能也至少需要15年时间。这就是不重视科学技术的发展成本。

15.3.2.3　知识经济时代，创新和精工是主要价值来源

知识经济时代，不是在传统经济上添加知识的成分，而是以知识经济为主导全面提升传统经济、知识在生产要素中起主导作用、知识产业成为社会经济龙头产业的经济形态。在知识经济中，智慧经济是创新性知识在知识中占主导地位、创意产业在知识产业中占主导的经济形态。知识的个性化、能动性、创新性特征，使得个人创业成为可能，“全民创业，万众创新”，只有在知识经济时代才能真正实现。

知识经济，不断优化传统产业。与以往产业革命类似，知识经济并不是消灭传统经济，而是全面提升传统经济。只有在以往的产业革

命和科学技术革命充分积累之后，种植业、养殖业、制造业等得到充分的发展，才能迎来知识经济新时代。正是传统产业过度发展，导致人与自然、人与社会、人与人、人与生态之间的矛盾加深加剧，才使得人们遭遇困境，人们发现缺乏破解社会问题的足够知识，知识不是太多了而是太少了，需要寻求扩充知识的新路径。规模庞大的现有产业，只要增添知识要素，就能大幅提升经济价值，知识集成应用成为极大的短缺资源，优化传统产业成为经济的新形态。

15.3.3　中国经济迈向转型提升，惠及亚非拉各国

在地球生物量中，人类只占 0.5%，所消耗的资源却占净初级生产量的 31%。所谓净初级生产量，是指由植物群落的总生产量扣除植物器官呼吸消耗后的剩余量，即一定时期内，以植物组织或植物储藏物质表现出来的有机物质储蓄数量。在人类社会中，美国人口占全球的 4.5%，GDP 占全球的 22.7%，能源消耗却占全球的 17.7%，美国消耗资源十分过度。中国人口占全球的 18.9%，GDP 占全球的 13.15%，能源消耗占全球的 21.5%，中国也过度消耗了资源。

中国要走利己惠人之路。中国不能走美国的高消耗之路，如果走这条道路，不仅是世界的祸端，而且是自己的祸端，有限的国土就难以承载巨量的污染。中国也不能走美国的攫取世界之路，如果走这条道路，Logisitic 规律[①]就不仅对发展中国家雪上加霜，而且自我发展也阻力重重。我们攫取不了强国，穷国又无多少可攫取的，前后挤压下，我们还有什么前景可言。中国要超越美国发展模式，帮助亚非拉

---

① Logisitic 规律，可参考 Logisitic 数学模型。在总量 N 一定的条件下，攫取能力取决于 $a\times(N-a-b)$，在西方国家已经充分攫取的情况下，$N-a\approx 0_{+}$，我国再攫取什么就几乎是不可能了。

发展中国家，壮大发展中国家经济，使之与中国建立相互促进的动力机制，“把中国抬进联合国”的兄弟们，再把中国抬进发达国家。同时，发展中国家互利共赢与发达国家的竞争优势，共同防止国家利益被西方攫取，让国际秩序公平合理。这种发展模式，不仅有益于我国，而且有益于人类文明，能够得道多助。

中国经济要转型提升，加强国际产能合作。中国已经具有优势的产业，产能都过剩了。过剩产能需要通过国际产能合作，转移到亚非拉各国。在这类产业领域内，中国要退出，腾出足够空间供亚非拉发展中国家生存。中国经济只有化解掉足够的过剩产能，才能释放出足够资源，用于驱动经济转型和提升。国际产能合作是利人益己之策，既受广大发展中国家的欢迎，也十分有利于自身的发展。

15.3.4 中国与各国互利，扶持弱小国家共同繁荣

15.3.4.1 攫取不是中国的出路

历史和当今，欧美发达国家对外都奉行攫取他国利益的发展路线，欧美国家的发达经济中的一部分是来源于发展中国家的鲜血、资源和人才。长期奉行这样的路线，已经造成南北差距日益扩大，世界 Gini 系数高达 81%。这条路线还能不能走下去？欧美国家日久成习，不可能改变。可是，这条路越走越窄，被攫取的基数越来越小，攫取者规模却越来越大。2015 年，欧美发达国家 GDP 总额为 37.46 万亿美元，占全球 GDP 总量的 48%，他们还能分享到多大的攫取利益呢？面对这样的世界经济格局，中国该怎么办，我们能参加攫取他国利益的大军吗？回答是不能，肥肉都进了豺狼的嘴了，它们会吐出来吗？骨瘦如柴的，又有什么可攫取的呢！在攫取方面，我们不可能后来者居上，也不应该后来者居上。

15. 3. 4. 2　扶持弱小国家促进世界公平

中国人懂得贫困的煎熬，己所不欲勿施于人。中国不仅要消灭国内的贫困，还致力于消灭国际上的贫困，中国致力于摆脱攫取弱小的野蛮发展模式，创造扶持弱小的文明发展模式。我们既不是攫取也不是奉送，而是扶持弱小，实现共荣。只有扶持弱小，中国的发展才是文明的、超越西方的；只有扶持弱小，中国才有与其他国家实现互惠促进的更大空间；只有扶持弱小，中国才是主持正义的，才会赢得尊敬，才能推动世界文明秩序的形成。扶持弱小，并不是国家利益的无条件输出，如果不能尽国家义务就不能尽国际义务，扶持弱小是公平正义的事业，需要公平推进。如果安全上靠美国，就不能让它经济上靠中国。中国没有理由喂强喂大对手，中国只有互惠共享的理由。

15. 3. 4. 3　扶持弱小中国才有更大的成长空间

比较历史上通过统治获得殖民地利益，美国不占领他国领土而仅寻求经济利益，也算是文明进步了。但是，通过金融、知识产权、贸易、人才、武力恐吓等手段抢劫经济利益，当然不是公平的、正义的，而是野蛮的、无耻的。经过百年的国际秩序构建，西方世界的利益得到了最大限度的保护，广大第三世界国家的利益被无情地大规模攫取，导致全球南北差距不断扩大，国家之间的矛盾日益加深。长期以来，中国的利益是被攫取的。

中国将成为强国。在当今世界秩序下，中国也难以瓜分到多大利益。中国人口占全球 18. 84%，微小的利益对中国根本就无济于事，根本不可能靠寄生来成就中国梦。中国不能走欺负弱小的老路，要走扶持弱小的新路，让世界秩序更合理、更文明、更公平和正义，更加符合中国的利益。中国不仅要消灭国内贫困人口而且支持消灭国际贫困人口。第三世界富裕了，中国就有更多的贸易伙伴、更大的贸易规模。第三世界国际贸易竞争力更强、抗衡被攫取的力量更大，世界经济秩序就更公平、更文明。这就是中国要持有的发展逻辑。

15.4 畅通中国意志的国际政治战略

15.4.1 中国不欺弱不逞强，致力于国际公平正义

15.4.1.1 破除一切对外依赖的幻想，走自主大国路线

中国是一个大国，代表国际新生势力。在国际上，中国不可能依附于任何其他国家。即使中国愿意屈从，别的国家也难以承载，更何况中国是新兴的，完全没有依赖的理由。历史事实反复证明，大国之间不可能形成依附关系。若暂时出现这样的关系，依附的下场是可悲的，叶利钦时期的俄罗斯就是最新的例证。在当今世界上，尽管美国独霸全球，可是，中国照样没有理由示弱，更没有可能归附，依然需要按照世界秩序规则直面对待。只有这样，中国才有个性、才能被识别、才有国际地位。

15.4.1.2 美国面临中国的挑战，中国受到美国的压制

“人们不仅使用政治来促进他们的利益，而且还用它来界定自己的认同。我们只有在了解我们不是谁，并常常只有在了解我们反对谁

时，才了解我们是谁。”① 正如毛泽东所言：“谁是我们的敌人，谁是我们的朋友，这是革命的根本问题。”美国对中国采取三大战略：军事上包围、政治和外交上分化、经济上打劫，试图从形势上、内外秩序上和血液流失上弱化中国力量，阻滞中华复兴，延续美国霸权。

（1）经济上打劫。打劫中国经济、掠夺中国发展成果，是美国当前对付中国的主体战略。美国通过人民币升值、美元贬值，不允许中国购买欧美高科技企业及其产品，围堵中国投资铁矿石等资源企业，多重手段并施，让中国的美元资产无法脱身，让中国持续用廉价商品供美国人享受，让中国经济更加依附于美国。通过逼迫人民币升值，使“中国制造”的成本不断上升，出口受阻，而使中国经济发展减速，激化中国国内矛盾。经济上打劫，是美国一贯的对外战略，以往在西欧、日本和南美都发生过，对美国的朋友都无例外。过去中国经济贫弱，打劫中国经济没有多大价值，未来中国经济相对独立，打劫中国经济变得困难，而当前中国经济与国际充分接轨，经济规模又这么大，此时不打劫中国经济又打劫谁！

（2）军事上围堵。战略上抓紧围堵中国，如在日、韩、菲、澳、越、新、印、阿等地驻军或与之军事结盟，与蒙古加强军事合作，驻军阿富汗，加强与印度的军事联系，对中国形成一个东北亚—东南亚—中亚的环形包围圈，其针对性是显而易见的。美国在我国东海声明与日本联合保护钓鱼岛，在南海借由航行自由不断制造事端，在南亚出售百亿美元军火给印度，通过“海空一体战”及强化在澳大利亚驻军，进一步完善对中国潜艇的水下侦察体系，无人侦察机常态化抵近中国，对我国形成“围三开一”之势。作为世界上两个大国，美国不

① ［美］塞缪尔·亨廷顿：《文明的冲突与世界秩序的重建》，周琪等译，新华出版社 2010 年版，第一章。

会采取两败俱伤的战略，更不会采取养虎为患的战略。通过代理人在中国的周边制造事端，消耗中国的力量，丑化中国的形象，测试中国的战争意志和军队实力。这是害人利己的策略，美国可坐收渔翁之利。菲律宾、越南、日本和印度，都可能成为美国战略的探路石和马前卒。如果我们不坚定意志，美国就能取得不战而屈人之兵之效，美国的这一商业盘算就有效了。

（3）政治外交上分化。美国一直在培养和支持中国内部亲西方的知识精英和媒体舆论，让中国陷入思想混乱乃至解体。2010 年美国总统竞选辩论中奥巴马就公开宣称，要利用美国政府在中国的内应、网民和年轻人搞垮中国，只有这样美国才能重振经济，保住世界霸主地位。国内一些专家认为这是选举语言，企图麻木国民。为减缓和阻止中国崛起，美国一直致力于以下几个方面。①国际上分化中国的外交体系，丑化、歪曲、诽谤中国，散布中国威胁论，使中国的朋友成为敌人，外交上孤立中国；②挑拨中国和周边邻国的关系，制造周边紧张局势，引起中国周边冲突；③香港特别行政区、新疆、西藏、台湾接连不断闹出民族分裂事件，美国都是后台老板。

中国与美国合作面很大，对峙面也是有的，不用担心没有合作，更不能无视对峙，合作与对峙是不可能相互替代的。以合作掩盖对峙，那是麻木的表现；以合作压制对峙，那是懦弱的表现；以对峙主导合作，那是张狂的表现。大国之间对各侧面，相应对待，有合作有斗争，才是正常大国关系。“美国绝不做第二”（奥巴马），当前是事实，以后只是雄心。这一意图下自然的逻辑是，美国必然做搅乱中国经济体制、摧垮中国国体的事情。事实上，美国甚至企图控制中国独具储量优势的高科技战略资源，包括钨、钼、稀土等。为此，美、日、欧结盟，坚决反对中国加强管理，直至中国在 WTO 上败诉。

15.4.1.3　中国不畏强权霸道，坚定捍卫国家利益

2013 年 1 月 28 日，中共中央政治局第三次集体学习中，习近平讲：“任何外国不要指望我们会拿自己的核心利益做交易，不要指望我们会吞下损害我国主权、安全、发展利益的苦果。”作为最高层级的集体学习，所述绝不是无的放矢。如果有的放矢，那就意味着外国在拿我国的核心利益做交易，要我们吞下苦果而且有吞下的苦果。钓鱼岛、南海岛屿、藏南地区等，就是让中国含在嘴中的主权苦果，而更多的苦果可能是无形的发展利益问题、主导权问题、国际舆论问题和民心取向问题。

中国无意挑战，也绝不能畏战。中国从来就不惹事，但是也不能让人惹，“人不犯我，我不犯人；人若犯我，我必犯人”。抗美援朝、抗美援越、中印边境自卫反击、中苏边境自卫反击，我们就是这样做的。在那样的困难条件下，我们捍卫了主权，打出了民族士气，赢得了国际威望，以致亡我之心不得不死。在那样困难的条件下，我们坚决捍卫国家利益，打出了长治久安，画出了不可侵犯的边界，取得了公平谈判的地位，改变了西方中心主义的思维习惯。发展机遇期，不是别人给的，而是自己创造的。把自己的命运交付给他人，是没有好下场的。20 世纪 90 年代，苏联企图投靠西方，被糊弄了，结局十分可悲。21 世纪，俄罗斯有了自我主导，西方不敢藐视俄罗斯了，只能搞经济制裁。俄罗斯拥有 7600 公里的边境线，制裁俄罗斯简直就是一个笑话。中国无意挑战但有意并有责任改善当今国际秩序，中国不畏惧世界强权，需要通过斗争，按照西方的民主方式，赢得公平合理的国际秩序。

15.4.2 中国维护世界和平，重建国际政治新秩序

15.4.2.1 中国外交政策再次亮相，21世纪“四要四不要”外交新理念

中华人民共和国最初的外交亮相是1955年4月18日—4月24日的万隆会议，确立指导国际关系的10项原则。1953年12月31日在会见印度代表团时，中国政府总理周恩来就提出“互相尊重主权和领土完整、互不侵犯、互不干涉内政、平等互利、和平共处”作为规范国际关系的五项基本原则，并逐步得到印度和缅甸，亚非29国及世界上多数国家的认同。

在新时期，中国政府秉持和平共处五项原则，主张通过政治谈判解决国际争端。2015年2月23日，在纽约联合国总部主持安理会国际和平与安全公开辩论会上，中国外交部部长王毅表示，冷战思维、零和博弈等过时理念应被坚决地扔进历史垃圾箱，构建平等合作关系。王毅指出，在第二次世界大战结束70周年和联合国成立70周年后，世界继续发生冲突，违反联合国宪章的基本原则。直到现在还有人不顾反法西斯斗争的历史事实，不愿意承认真相，甚至试图篡改对战犯（纳粹）的判决，粉饰他们犯下的罪行。王毅表示，“没有国家可以把自己的意志强加于人，没有国家有权颠覆别国合法政权”。王毅认为《联合国宪章》并没有过时，不要把《联合国宪章》供奉起来，而要把《联合国宪章》应用起来。

新时期，“四要四不要”或许可以成为我国外交的新起点，成为中国外交政策的新亮点。王毅提出对于21世纪国际关系的“四要四不要”原则。第一，要和平，不要冲突。安理会要提早谋划预防冲突之策，及时制止战乱，尽快恢复和平与重建。第二，要合作，不要对

立。世界各国尤其是主要大国应当强化合作意识，摒弃对抗思维，通过各方协商合作解决困扰世界和地区的和平与发展的重大问题。第三，要公平，不要强权。必须坚持国家不分大小贫富一律平等，尊重各国主权、独立和领土完整，尊重各自选择的发展道路与社会制度，尊重国际法和国际关系准则，尊重文明的多样性。第四，要共赢，不要零和。中方倡导双赢、多赢、共赢的新理念，树立利益与命运共同体的新观念，践行权责共担、义利并举的新做法，追求各美其美、美人之美、美美与共的新前景。

15.4.2.2　利己及人，致力于建设更加公平的世界经济秩序

当今世界产业分工，发达国家垄断高端，发展中国家竞争低端，发达国家主导知识—资本型经济，发展中国家被挤压到劳力—资源型经济中，如此形成发展中国家向发达国家输送利益、发达国家向发展中国家转移危机的体制机制。这种格局，导致全球经济不断分化，南北贫富差距越拉越大，发展中国家如同砧板上的肉，无力保护自身利益，而被西方国家无情攫取。2015 年，中国人均 GDP 为世界平均水平的 77.1%，是经济活跃的发展中国家，既无能力攫取发达国家的利益，也没有发展中国家的利益等着中国去攫取，中国利益却正在被西方攫取。中国绝不能效法西方，而要用中国经验帮助其他发展中国家摆脱贫困，让发展中国家有足够的规模与中国公平交易、互补获利。中国必须做利己及人的事，也只能做利己及人的事。中国这样做了，中国就能赢得巨大的战略经济空间。

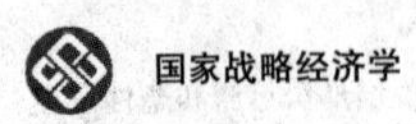

15.4.3 中国参与国际竞争，展现国家制度新优势

15.4.3.1 中国人民站起来了，中华民族不再向任何人低头

1949 年 10 月 1 日，毛泽东主席就在天安门城楼上庄严宣布“中国人民站起来了”。1950 年 6 月 25 日—1953 年 7 月 27 日的抗美援朝战争、1964 年 8 月 5 日—1973 年 8 月的抗美援越战争，中国人民没有向世界头号强敌低头，这就是“中国人民站起来了”的表现。中国的国际地位最初是靠以弱胜强打出来的，是支付了巨大的代价的，是来之不易的。中国提升国际地位，也不是人家送的，而是自己争取到的。**只有抵抗住强敌，国际地位才不降；只有战胜强敌，国际地位才上升**。当今国际斗争，不限于军事战场，政治、文化、意识形态、经济等，也是较量的战场。只有在所有战场上扬眉吐气，我们才有国际地位。中国有 13.67 亿人口，中国有条件支撑住所有方面的国家较量，不断扩展自身的发展空间。

中华民族能否通过献媚来争取发展机遇呢？回答是不可能。近代的清朝赔款割地、委曲求全、不断退让直至灭亡；当今的利比亚求和西方、输入内乱、虐死而亡，都是例证。中华民族能否通过利益收买到发展机遇期呢？回答是不可能。中美建交后，就有一个最惠国待遇问题，每年中国政府都要派个代表团采购美国产品，中国对美国出口的产品对美国的经济贡献率约为 71.4%，美国出口的飞机、大豆、玉米对中国却是无形消耗和产业冲击，到头来东海问题、南海问题都在加剧，美国在政治上分化中国、军事围困中国、经济上攫取中国的势头愈演愈烈，越来越公开化，甚至引出了南海仲裁。

15.4.3.2　中国欢迎多彩的世界，不支持单一乏味的世界

中国是社会主义国家，美国是资本主义国家，北欧五国是社会主义成分很高的资本主义国家。中国没有要求美国向社会主义靠拢，中国尽管染上了资本主义色彩却依然坚守社会主义的底线，中国“不走封闭僵化的老路，也不走改旗易帜的邪路，而要毫不动摇走社会主义道路”（习近平）。中国要为世界增添色彩，提供不同的样本，供各国选择，中国有信心在未来制度竞争中脱颖而出，取得竞争优势。中国反对用单一、乏味的资本主义制度统一全世界，剥夺各国人民的自由选择权。中国反对以美国为首的单极世界的形成和加强，中国致力于多极世界的壮大和发展。

15.4.3.3　让优胜劣汰的市场法则，筛选出优势的新制度

是社会主义制度好还是资本主义制度好，现在没有定论。早期的自由资本主义制度很早就不存在了，现在的资本主义制度是部分吸收马克思主义后形成的。资本主义经过数百年的完善，才形成当今的制度基础，就是这样的制度也不足以通过公平竞争的方式摧垮社会主义制度。20 世纪 90 年代，苏东社会变革，根本就不是资本主义世界摧垮社会主义世界，而是社会主义不完善而引发的灾变。中国人民相信，社会主义制度完善后能够取得更大的优势，美国国内矛盾的加剧、国际冲突的加深和力量的衰退，显示新制度优势正在形成。

15.4.4 中国文化全球共享，促进世界文明和进步

15.4.4.1 中国文化是世界文化的重要组成，很长一个时期都是世界文化中心

“自从盘古开天地，三皇五帝到如今”，中华文明至少有5000年的历史。中华文明的开端至少包括仰韶、红山、龙山、大汶口、良渚、二里头、裴李岗、贾湖等，是中原、河姆渡、巴蜀、吴越、齐鲁、楚、岭南等多地域文化，是多源的、多中心的、相互交汇的。

中华文化具有以下显著的特征：①延续性、凝聚力和包容性；②以民为本、重人伦、重道德；③主张自强不息、勤劳刻苦、刚健有为、鞠躬尽瘁；④强调人格、提倡节烈、主张为国尽忠、杀身以成仁、舍生以取义；⑤崇尚统一、维护多民族国家的共同利益；⑥持中贵和、崇尚中庸、追求和谐；⑦儒道互补、外儒内法、儒佛道三教合流；⑧务实事、轻玄想、重实用、戒空谈、看实效、重实绩、主张经世致用。中国文化的特征，决定了中国文化具有强大的生命力，成为全球唯一延续至今的传统文化。

15.4.4.2 中国有学习世界文化的历史传统，有海纳百川的先天基因

中华文化不仅源远流长、历史悠久，而且海纳百川、包容创新，对人类文明进步作出巨大贡献。魏晋南北朝时期，一方面玄学的兴起、道教的勃兴，另一方面佛教的输入、波斯和希腊文化的羼入，使得中华文化在吸收外来文化的同时提升自身，又在提升自身文化的同时辐射西方。从汉唐直到两百年前，融合了中西方要素的中华文化，一直处于引领世界的地位。中华文化是开放的，具有吸收世界文化的

先天基因。中国文化不怕竞争，中华文化在竞争中才更加焕发出强大的生命力。历史证明，短暂征服中国是有可能的，但是征服者都被中华文化同化了，最后都找不到自己民族之根了，中华文化有无比强大的生命力。

15.4.4.3　中国愿与世界各国推进文明发展，中国与世界需要形成命运共同体

中华文明认为，世界各国各民族的文化不仅是竞争的并且是共生的，中国欢迎多样性的世界，中国不要单一性的世界。世界文明的方向也不是用西方先进文明消灭伊斯兰落后文明，而是让资本主义文明、社会主义文明、基督教文明、伊斯兰教文明、佛教文明相互促进，形成共生的格局。中国倡导多样性、存异求同，具有强大的文化生命力。

15.5　中国不要没有尊严的和平

习近平指出，中国不要没有尊严的和平。有尊严的和平怎么来？历史经验表明，有尊严的和平是打出来的，不是乞讨来的。换言之，中国军事战略是捍卫中国发展的，是对中国经济有贡献的而不是消耗中国经济的。在中印开战前，毛泽东昭示天下："不管你是印苏联军，还是美印联军，即便是再来一次八国联军，我们中国也要与你们打！打出一个真理来。"

15.5.1 中国不与小国打大战，不与大国打小战

15.5.1.1 中国坚守自己的利益原则，绝不欺弱，也不畏强

近代中国饱受外国的欺凌。习近平指出，“中国人民对战争带来的苦难有着刻骨铭心的记忆，对和平有着孜孜不倦的追求，十分珍惜和平安定的生活。中国人民怕的就是动荡，求的就是稳定，盼的就是天下太平”。中国人历来讲求“己所不欲，勿施于人”，中国绝不把自己曾经遭受过的痛苦转移到其他国家身上，“中国发展绝不以牺牲别国利益为代价，我们绝不做损人利己、以邻为壑的事情，将坚定不移做和平发展的实践者、共同发展的推动者、多边贸易体制的维护者、全球经济治理的参与者”。“我们要坚持走和平发展道路，但决不能放弃我们的正当权益，决不能牺牲国家核心利益。任何外国不要指望我们会拿自己的核心利益做交易，不要指望我们会吞下损害我国主权、安全、发展利益的苦果。”（十八届中央政治局第三次集体学习，2013.1）与小国不打大战就是不欺弱，与大国不打小战就是不畏强。

15.5.1.2 中国军队必须能打仗、打胜仗

2013 年 3 月 11 日，习近平总书记指出：“要始终坚持战斗力这个唯一的根本的标准，全部心思向打仗聚焦，各项工作向打仗用劲。”“要坚持面向战场、面向部队，围绕实战搞教学、着眼打赢育人才，使培养的学员符合部队建设和未来战争的需要。”“军事训练是提高实战能力的重要途径和抓手，要坚持仗怎么打兵就怎么练，打仗需要什么就苦练什么，部队最缺什么就专攻精练什么，突出使命课题训练，加大对抗性训练力度，走出基地训练的路子，在近似实战的环境下摔

打锻炼部队。”军委副主席范长龙在2015年10月17日香山论坛上表示，即使有领土问题，中国也绝不会轻言诉诸武力，而是始终坚持与周边国家友好协商的态度，处理好南海问题。这说明中国军队是不好战的。当然，中国军队也不能畏战，友好协商的态度处理不好南海问题又当如何?

15.5.1.3 在军事外交上，中国不挑战也不畏战

在军事上，能够做到既不挑战也不畏战，前提是能战。能战胜对手，客观上就无须畏战，主观上也就可以不挑战。否则，就是奢谈，痴人说梦而已。能战胜对手，那就一定有对手，无视对手的存在，就是无视自己的未来。“如果没有真正的敌人，也就没有真正的朋友。除非我们憎恨非我族类，我们便不可能爱我族类。这些是我们在一个世纪之后正在痛苦地重新发现的古老真理和更加充满情感的奢谈。那些否定它们的人也否定他们的家庭、他们的遗产、他们的文化、他们的出生权，以及他们本身！他们不能轻易地得到原谅。”[①] 从这个角度看，敌人是必不可少的，寻求认同是有界线的，不是可以忘乎所以的。同等对待敌友，让朋友寒心，让敌人嚣张。敌友不分者，必然减少朋友增加敌人。

15.5.1.4 中国军队不畏强敌，坚决保护和平秩序

中国人民爱好和平，希望与世界各国和平共处。中国人民不畏强权，人若犯我，我必犯人。中国优先选择通过政治和外交途径解决国际争端，无意逞强、不欺负弱小，克制用兵规模和强度。中国不与小

---

① 参见迈克尔·迪布丁《死亡环礁湖》(*Dead Lagoon*, Vintage Books, 1988)。上述论述，也有人称为“爱恨总量守恒定律”。

国打大战。中国坚定不移地保护自身的生存，坚决回击一切对中国生存底线的挑战。对于具有毁灭世界能力的大国，中国绝不害怕。中国不与大国打小战。

中国要有战争意识、危机意识。近代战争跟着财富走，第一次由中国向欧洲转移，爆发了两次世界大战；第二次由欧洲向中东转移，爆发了中东、两伊、海湾数次战争；第三次由世界向东亚汇集，美国要再平衡，60%军力布局东亚，凭什么中国及周边就不会爆发战争！一些人陶醉于中国威胁论，中国威胁过谁，能够威胁谁？今后之战争一定为民族之战，民族之战的最高境界是灵魂之战、信仰之战，而非限于国力之战、军队之战。近代史上，国力之战、军队之战，中国一败再败；灵魂之战、信仰之战，中国从胜利走向更大的胜利。

15.5.2 中国权益军队保护，人若犯我，我必犯人

习近平说："我们不惹事，但也不怕事。"中国强大，不只是在经济方面，更包括政治、军事、文化、科技、民心。坚决捍卫国家利益，中国就更加团结，就更加有战斗力，就更加强大，战争就离中国更远。如果捍卫国家利益不坚决，晚清的历史就是一面镜子。2016 年 7 月 12 日，南海仲裁案结果形式上对中国极其不利，太平岛都成为礁了，不过，这一仲裁结果的最大好处有两方面：一是抱美国大腿的人终于不得不松手了，生存空间减小了；二是促使军队丢掉幻想准备战斗，当捍卫国家主权的撒手锏。[①]

---

① 参见中国国际战略学会会长海军上将孙建国《仲裁后解放军丢掉幻想 当捍卫主权撒手锏》，2016 年 7 月 17 日，环球网（http://mil.huanqiu.com/observation/2016-07/9184383.html）。

15.5.2.1　中国军队坚决打击对中国权益的侵蚀

这是中国军队的光荣历史，也是中国军队坚守的未来。在建国初期百废待兴的艰苦日子里，中国人民志愿军就跨过鸭绿江，抗衡强敌。在三年困难时期，中国取得了中印边境自卫反击战的胜利。在“文化大革命”的混乱中，中国依然抗美援越并最终把美国赶出了越南。中华人民共和国成立后的历史表明，中国军队是能打仗的，是能打胜仗的。中国经济占全球的比重，已经从 1978 年的 1.8% 提高到 2015 年的 13.15%，与美国经济规模比较已经从 15.9% 提高到 59.8%，与以往比较，中国对外战争的支撑条件已经有了很大的改善。

解放之初，中国实际权益边界是近邻地区；当前，中国的利益边界已经扩张到全球。按陆地面积估算，中国的利益空间扩大了 15 倍。就相对比重而言，中国经济对战争的支撑水平是下降的。因此，中国军队对国家权益的保护必须有所侧重，以赢得局部作战优势；中国外交必须与一些国家和地区建立战略合作关系，在目标地区增强国家实力；中国必须最大限度地孤立敌人、壮大朋友。

15.5.2.2　中国军队的责任就是以战止战，绝不容忍任何外国的挑衅

中国军队不好战，中国没有侵略其他国家，也没有武装干预其他国家。但是，中国是独立的国家，有自身的利益。我们不做损人利己的事情，也没有理由容忍损己利人的事情发生。挑衅中国安全、侵蚀中国利益的就是中国的敌对势力。对于敌对势力，中国有权坚决反对，中国军队有责任坚决出击。中国军队可以用来求和，战胜对手，

军队才有资格求和，战胜对手，才能赢得和平，新中国成立以来的历史反复证明了这一点，以后还会继续被证明。在军事对抗上，要以军力抗衡抑制直接作战，要以歼灭性小战抑制国力消耗性大战，这就是积小胜为大胜。奉送中国经济利益，就是养虎为患，就是引狼入室，这是绝不可为的事情。因此，以战止战经济开始，以战止战要从政治较量开始，以战止战要从外交谈判开始，以战止战要从文化竞争开始，以战止战要从意识形态的斗争开始。在多维度的软对抗中，让冒犯中国的敌对势力感受到中华民族捍卫自身利益的坚定意志和决心，如果这些方面的斗争都让敌对势力胆战心惊了，还有敌人敢上战场较量吗?

15.5.2.3　和平时期中国军队能战，危机时期中国军队敢战

和平时期，中国军队需要备战。不仅要让军人得到充分的军事训练，服从命令听指挥，召之即来，来之能战，战之能胜，而且要最大限度地提高指挥能力，运筹帷幄，决胜千里，绝不能让“一将无能累死千军”的事情发生。如何提高指挥能力是比加强军事素质训练更加重要的。“夫未战而庙算胜者，得算多也；未战而庙算不胜者，得算少也。多算胜，少算不胜，而况于无算乎！”（《孙子兵法·始计篇》）平时加强作战研究，是战时得胜的关键。和平时期，需要组织各层次指挥官成序列建制研究全球各地战区，战时才能形成上下同心的默契，发挥出最大的战争效能。和平时期，战略学者也可以参与到作战谋略的开发研究中，唯求扩大视野，在更高维空间上出奇制胜。敌人一旦来犯，就绝不能一味退让，特别是大国强国来犯，更要坚决回击，通过小战抑制大战，赢得更大的发展机遇。

15.5.3　独立创新军事科学技术，保卫国家安全

（1）中国不在顶层上智胜，就难以在其他层次上力胜。顶层智力不表现在诺贝尔奖获得多少，而表现在国家安全能力领先多少、打击敌人能力有多大、打倒一切反动势力的勇气有多强。手段上，最集中的表现就是在军事科学技术的发展水平上。朝鲜战争的实例表明，弱国坚定战胜强国的勇气，也是强大的战斗力。这股坚定的战斗勇气，和平时期就表现在发展独立创新的军事科学技术上。买人家的武器打人家，是绝对不可能的。以往 20 年，许多人就做这样的美梦，甚至认为我们技术落后一定打不赢。

（2）中国发展科学技术不只是为了显示水平，更主要的是为了增强国家安全实力。军事科学技术要突出的就是战斗力，军事科学技术无须寻求和平旗帜下获得国际赞许，而要让对手战前畏惧——不战而屈人之兵，战中毁灭——战无不胜。发展军事科学技术的最终目的是，以备战止战、以小战止大战、以局部战争止全面战争，最大限度地节约国家安全保障成本，为国家的全面发展赢得更长的时间、更大的空间，创造和保护中国发展机遇。

（3）军事科学技术的发展，不是我们要学什么，而是我们要突破什么；不是我们要引进什么，而是我们要引导什么。如果做不到这些，我们就无法出奇制胜，如果不致力于这些，就对不起大国的称号，对世界的贡献也就有限。实践表明，在军事科学技术上亦步亦趋的领域，使我们更加落后了；被西方封锁的军事科学技术领域，我们都强大起来了。中国 13.6 亿人民富有智慧，没有理由无视本国的智力购买海外智力。把国家安全托付他人，是小国行为，不是大国行为，更不是伟大国家的作为。中国可能会有小国领导人，却不应该成

为小国，也无法成为小国。中国需要大国领导人，需要有大国思维、风范和行为。

（4）我们要突破什么、引导什么时，我们要向各国学习，降低我们的发展成本。如果我们突破了什么、引导了什么，我们国家安全就有什么了，我国经济就能开创什么了，国家才能赢得最终的竞争力和战斗力。如何出奇制胜是军事科学技术发展的关键，更是实现我国经济转型和提升的关键。军事科学技术的发展归根结底取决于国家的经济状况和科学技术的发展水平，受到国家生产力水平的制约。产业的提升、转型，以及科学技术的发展，是支撑军事科学技术发展的基础。同时，最新科学技术成就，特别是实施成本高昂的科学技术成就，往往优先运用于军事，引发军事技术的变革；军事技术的变革发展，反过来带动下一轮科学技术的进步和发展，引发产业革命和经济转型，它们之间具有互补促进的动力机制。

15.5.4 战略技术创新引领经济全面高质量发展

15.5.4.1 激发民族忧患意识，强化国家安全建设

忧患民族，就能强化国家安全建设的意志。当缩头乌龟，无法激励同仇敌忾的民族意志。美国再平衡战略将部署60%的军事力量到亚太地区，压制中国的意图昭然若揭。可笑的是，不少人鼓吹美国不只是针对中国，企图麻醉中国人民，苟且偷安。中华人民共和国成立后的实践证明：从战场上得不到的东西，谈判桌上更加得不到。既然这样，与其麻痹人民不如激发民族忧患意识，致力于国家安全建设，才是发展的硬道理。美国当今独霸全球，根本就不是“韬光养晦”出来的，而是国家安全建设率先发展起来的。这样的发展经验值得我们好好学习！

15.5.4.2　把国家安全与经济转型提升协调统一起来

冲破现有国际经济不合理格局，需要通过发展战略技术产业来实现。美国的既得利益主要依靠战略领域的持续投资，拉开与别国的技术差距来实现和维持。没有战略技术领先优势，美国经济将失去支撑力和国际竞争力。如果中国跨不过战略技术这道门槛，中美现有经济格局也就不可能发生根本性改变。就我国而言，只有突破战略技术，才能形成差别于美国的竞争优势，才能为国内经济开拓出新领域，才不怕在普通产业领域与美国正面较量，才能真正做到把竞争压力转化为提升经济的动力，才有条件与美国在全领域展开竞争。

一旦形成中美差异竞争格局，不仅中国安全有了保障，而且新型产业形成和战略产业再发展也就有了基础。只有形成新型产业和占有高端产业，才能打破西方国家的技术垄断，为国际贸易公平化创造好条件，才能实现世界经济的合理再平衡。否则，用竞争性产品交换垄断性产品、用实物产品交换虚拟产品、用廉价商品交换价格虚高商品的经济秩序就永远打不破，依附性经济特征就根本改变不了，中国就永远只能是勤劳和辛苦的发展中国家。

15.5.4.3　国家安全、强军建设和经济提升互动促进，形成军民融合格局

根据第 11 章 11.3.3 的创新分工论述，战略技术创新、国家安全建设、经济提升和强军建设之间，可以形成相互促进的分工体系。事实上，只有战略技术创新领先了，国家才有发展选择的自主性，才能开拓新的发展空间，才能促进经济转型和提升。所以，战略技术创新，不只是国家安全保障问题，更是国家择优发展问题。战略技术创

新和军事工业，是国家经济成长的先遣队、突破手、侦察兵，是国家经济成长的支柱和动力。

15.6 坚定捍卫国家利益的外交战略

15.6.1 认识世界发展态势，营造中国外交优势

2014 年 11 月 28 日至 29 日在北京召开了中央外事工作会议，习近平在会上发表重要讲话，要旨是中国外交绝不能牺牲国家核心利益。[①] 要点包括以下几个方面。

（1）认识世界发展大势，跟上时代潮流。这是一个极为重要并且常做常新的课题。中国要发展，必须顺应世界潮流。要树立世界眼光、把握时代脉搏，要把当今世界的风云变幻看准、看清、看透，从林林总总的表象中发现本质，尤其要认清长远趋势。

①要充分估计国际格局发展演变的复杂性，更要看到世界多极化向前推进的态势不会改变。

②要充分估计世界经济调整的曲折性，更要看到经济全球化进程不会改变。

③要充分估计国际矛盾和斗争的尖锐性，更要看到和平与发展的时代主题不会改变。

④要充分估计国际秩序之争的长期性，更要看到国际体系变革方

---

① 参见《习近平出席中央外事工作会议并发表重要讲话》，2014 年 11 月 29 日，新华网（http：//news. xinhuanet. com/politics/2014 – 11/29/c_ 1113457723. htm）。

向不会改变。

⑤要充分估计我国周边环境的不确定性，更要看到亚太地区总体繁荣稳定的态势不会改变。

（2）当今世界是一个变革的世界，是一个新机遇、新挑战层出不穷的世界，是一个国际体系和国际秩序深度调整的世界，是一个国际力量对比深刻变化并朝着有利于和平与发展方向变化的世界。我们看世界，不能被乱花迷眼，也不能被浮云遮日，而要紧握历史规律的望远镜去细心观望。综合判断，我国发展仍然处于大有作为的重要战略机遇期。我们最大的机遇就是自身不断发展壮大，同时也要重视各种风险和挑战，善于化危为机、转危为安。

（3）我国已经进入了实现中华民族伟大复兴的时期。中国与世界的关系在发生深刻变化，我国同国际社会的互联互动也已变得空前紧密，我国对世界的依靠、对国际事务的参与在不断加深，世界对我国的依靠、对我国的影响也在不断加深。我们观察和规划改革发展，必须统筹考虑和综合运用国际国内两个市场、国际国内两种资源、国际国内两类规则。

（4）要高举和平、发展、合作、共赢的旗帜，统筹国内国际两个大局，统筹发展安全两件大事，牢牢把握坚持和平发展、促进民族复兴这条主线，维护国家主权、安全、发展利益，为和平发展营造更加有利的国际环境，维护和延长我国发展的重要战略机遇期，为实现“两个一百年”奋斗目标、实现中华民族伟大复兴的中国梦提供有力保障。

中国外交的目的是什么？外交的根本目的就是维护国家利益、增强国家利益。怎样才能维护和增强国家利益，“韬光养晦”战略能维护和增强国家利益吗？这就要看中国是怎样的国家，如果是个小国，或许人不在意。可是，作为大国，就无法想象美国愚蠢到看不见中国的发展趋势，“韬光养晦”一下，就能让美国犯糊涂了。可见，“韬光养晦”是小聪明不是大智慧。中国的舞台太大，要不了小聪明而需要大智慧。如果智慧不足，以诚相待依然可取信于人。更何况“韬光养晦”是有代价的，如果不能激起全民共愤的斗志，就会摧垮民族的奋进意志。如果国家是委曲求全的，百姓也就难免趋炎附势。一些人认为“弱国无外交”，实在是太可笑了，试问比中国更大的外交舞台还有几个？另外，只要看一看朝鲜和伊朗，就能发现国家意志力量的强大，就能看到昭告天下比“韬光养晦”实用得多。

15.6.2 要搞大国独立外交，不搞小国投机外交

中国外交的目的不是减少中国利益的流失，而是扩大中国利益的流入；不是花钱买和平，而是强有力地推动世界和平秩序建设。不要以中国经济为代价谋求外交触角的延伸，而要以中国经济为目标拓展外交空间。以中国经济为代价的外交没有最终的支撑力，以中国经济为目标的外交具有持续增强的力量。稳定美国、欧洲和日本的通货，不是中国外交的目标，增强国力和国民福利才是中国外交的导向。不这样做，就是以中国经济为代价延伸外交触角。共同利益替代不了国家之间的利益争夺，致力于捍卫国家利益，才能显示出国家的意志。

（1）党中央统筹国内国际两个大局。在保持外交大政方针连续性和稳定性的基础上，主动谋划，努力进取，对外工作取得显著成绩。我国对外工作要贯彻落实总体国家安全观，增强全国人民对中国特色社会主义道路的自信、理论自信、制度自信，维护国家长治久安。要争取世界各国对中国梦的理解和支持，中国梦是和平、发展、合作、

共赢的梦，我们追求的是中国人民的福祉，也是各国人民共同的福祉。要坚决维护领土主权和海洋权益，维护国家统一，妥善处理好领土岛屿争端问题。要维护发展机遇和发展空间，通过广泛开展经贸技术互利合作，努力形成深度交融的互利合作网络。要在坚持不结盟原则的前提下广交朋友，形成遍布全球的伙伴关系网络。要提升我国软实力，讲好中国故事，做好对外宣传。

（2）中国必须有自己特色的大国外交。我们要在总结实践经验的基础上，丰富和发展对外工作理念，使我国对外工作有鲜明的中国特色、中国风格、中国气派。要坚持中国共产党领导和中国特色社会主义，坚持我国的发展道路、社会制度、文化传统、价值观念。要坚持独立自主的和平外交方针，坚持把国家和民族发展放在自己力量的基点上，坚定不移地走自己的路，走和平发展道路，同时绝不能放弃我们的正当权益，绝不能牺牲国家核心利益。要坚持国际关系民主化，坚持和平共处五项原则，坚持国家不分大小、强弱、贫富都是国际社会平等成员，坚持世界的命运必须由各国人民共同掌握，维护国际公平正义，特别是要为广大发展中国家说话。我们要坚持合作共赢，推动建立以合作共赢为核心的新型国际关系，坚持互利共赢的开放战略，把合作共赢理念体现到政治、经济、安全、文化等对外合作的方方面面。要坚持正确义利观，做到义利兼顾，要讲信义、重情义、扬正义、树道义。要坚持不干涉别国内政原则，坚持尊重各国人民自主选择的发展道路和社会制度，坚持通过对话协商以和平方式解决国家间的分歧和争端，反对动辄诉诸武力或以武力相威胁。

（3）新形势下不断拓展和深化外交战略布局。强调要切实抓好周边外交工作，打造周边命运共同体，秉持亲诚惠容的周边外交理念，坚持与邻为善、以邻为伴，坚持睦邻、安邻、富邻，深化同周边国家的互利合作和互联互通。要切实运筹好大国关系，构建健康稳定的大国关系框架，扩大同发展中大国的合作。要切实加强同发展中小国的团结合作，把我国发展与广大发展中国家共同发展紧密联系起来。要切实推进多边外交，推动国际体系和全球治理改革，增加我国和广大发展中国家的代表性和话语权。要切实加强务实合作，积极推进“一带一路”建设，努力寻求同各方利益的汇合点，通过务实合作促进合作共赢。要切实落实好正确义利观，做好对外援助工作，真正做到弘义融利。要切实维护我国海外利益，不断提高保障能力和水平，加大保护力度。

15.6.3 外交既要显菩萨心肠，也要用霹雳手段

2012 年，中国外交部副部长傅莹表示，“大国不能轻视和欺负小国，小国也不能肆意侵犯和挑衅大国”。从 1840 年以来，中国的确做到了“不能轻视和欺负小国”，却没有避免被“小国肆意侵犯和挑衅”。在国际上，逆来顺受的大国唯有中国。按照“克制就是自信”（吴建民，外交学院院长）的原则，他们太自信了，甚至以为“战场上得不到的东西，可以在谈判桌上得到”。无论是清朝、民国还是前一阶段，中国外交思路或许企图养娇对手以丧其志，可是实际结果是养大对手、培育贪婪。

（1）“用霹雳手段，显菩萨心肠。”中国古训，让我们懂得“显菩萨心肠”，坚持与邻为善、以邻为伴，坚持睦邻、安邻、富邻，突出亲、诚、惠、容的理念。周边小国时不时地肆意侵犯和挑衅中国的利益，如果我们一味妥协、缺乏底线，除了增加麻烦，既没有为国家带来利益，也扰乱区域秩序，这就要采取“霹雳手段”来制止。认为

35 年的和平建设是“韬光养晦”出来的，是十分可笑的。试问 1954 年后朝鲜打仗了吗，伊朗与美国打仗了吗，俄罗斯失去和平了吗，中国的和平难道是别人给的吗？

（2）中国希望增加朋友，也不惧怕存在敌人。独霸当今世界的美国，是有对手的，朝鲜、伊朗和伊拉克，就是美国宣称的“流氓国家”，古巴从 1961 年开始一直遭受美国的制裁。中国不是霸权国家，没有要人屈服，更不可能消除他国可能的敌视。我们是不是必须没有一个敌人呢？回答是，不必，也不可能。没有强劲对手的国家，也就很难找到坚定的盟友。只有区分了敌我，才能赢得真挚的友情。如果不区分安全和经济都依靠中国的国家、安全靠美国经济靠中国的国家、安全自主经济靠中国的国家，那会产生什么效果呢，一些国家还会顾忌安全靠美国吗？安全靠上了美国，还有了敲诈勒索、坑蒙拐骗、从中国获益的条件，他们还会与中国真诚相待吗？阿基诺时期，菲律宾依附美国与中国作对，2011 年 8 月 30 日至 9 月 3 日来华访问并签订经济大单，访问结束当天就宣布购买军舰部署南海，这就是结果。

（3）对中国周边问题要有战略判断力。如何认识周边问题？一位日本国际战略专家谈到南海形势时说：“你不要管中国讲什么，而要注意中国做什么；你不要管美国做什么，而要注意美国想什么；你不要管日本想什么，而要注意日本有什么；你不要管菲律宾有什么，而要注意菲律宾会什么。”① 尽管这位专家并未具体阐述什么，但是如果按照这位专家的视角观察，南海形势如何似乎就能够基本把握了。东海问题怎么样，同样可以这样去思考。

---

① 石齐平：《石评大财经》，凤凰台，2015 年 7 月 2 日，19:25—19:55。

第16章　中国经济的当前状况和改善之道

处江湖之远指点社稷改良，居庙堂之高垂眉百姓无忧。

不是说中国经济以往发展得不好，而是说中国经济还可以发展得更好。

如果你不曾从事一项伟大的事业，你就永远不会知道自己有多伟大。

如果对中国经济不敢诊断、不开处方，国家战略经济学就愧对现实了。可是，要把脉中国经济，就要望闻问切，这就超出了笔者的可视范围了。不过，既然认定经济学是实践性科学，国家战略经济学就得接受实践检验，以图学以致用，至少探索浅表，拂去尘土显露真金，以求抛砖引玉，或可引来高人把脉经济巨龙，作为国家总理。

16.1　中国经济当前的主要问题

（1）产业结构被严重扭曲。

产业结构扭曲程度多大，几个数据就能回答。2016 年中国

GDP 占全球的13.14%，金属资源消耗占全球的 1/2；中国三次产业的比重 9∶40.5∶50.5，国际平均比重 3∶22∶75，英、美、德的比重 1.5∶16.5∶82。中国产业结构的基本特征是，物质生产密度太大，创新服务密度太小。其中物质生产领域中，低端初级普通产业严重过剩，专业精密产业依然发展不足。

（2）高端智力资源被严重浪费。

智力资源到底浪费了多少？江苏省 2005 年的调查显示，知识工作者的劳动时间浪费是 53%。智力浪费不仅表现在劳动时间上而且表现在工作内容上，高校各专业教师普遍认为 95% 的论文不值得发表。特别是研究者不得不主要关注外国的残留问题，而非国内现实问题，即使对人类有价值，对国内的贡献是谈不上的，对国外的贡献也是间接的、有限的，更多地成为博取海外美名的智力游戏。科学基金主要资助的也是形式化的研究，以发表论文为目的，很少资助针对现实问题的原创性研究。中国每年大学毕业生高达 750 万名，多数屈就于中学毕业生就能胜任的岗位，从而造成系统性的智力浪费。

（3）行业差异、地区差异、贫富差距太大。

表 12－4 的数据显示，中国的地区差异、行业差异、贫富差距已经太大，并且继续扩大的动力强劲，发展趋势与世界潮流背道而驰，与收入分配的文明化背道而驰。过大的差距，导致阶级对立，增加社会管理成本，已经无益于激励人们奋发向上，导致高层的懒惰和下层的无望，使得社会失去前进的动力。这是必须变革的。

（4）社会福利处于很低水平。

中国当前财政性福利支出/GDP 仅为 2.24%，社会福利水平处于全球低位。1978 年前，中国经济发展水平很低，但是相对福利水平是全球领先的，成为低收入国家的学习榜样。90 年代的去福利改革，导致很多家庭因病、因学、因住房、因国企改革致贫。在低福利社会中，一旦掉入贫困陷阱就很难从中爬出来。除了福利水平较低外，还让部分人过度享受福利而浪费了福利资源，不公平使得福利效应进一步降低。绝少有国家把医疗、教育、住房作为敛财之道，中国采取了并且凶悍突出。

（5）当前的工薪制度封建落后。

评价工薪制度是封建的还是文明的，关键看是增强人身依附关系还是增强独立个性。评价工资制度是先进还是落后，关键是看这一制度是激励人还是压迫人。当前，我国工薪构成中20%固定，80%按业绩计酬，考核业绩的关键是上级，于是形成并加强了人身依附关系。在高校，上下意见不一，30年是司空见惯的事情，现在人人都公开声称，自己非常有幸遇到了明主。因此，这种工资制度是封建的、落后的、野蛮的，是必须改革的。

（6）自私自利文化侵蚀社会文明进步。

先进的文化演绎出高尚的经济，粗俗的文化衍生出卑鄙的经济，自私的文化也就产生贫富差距不断扩大的经济。用动物性推动经济成长，不是文明、高尚、进步的社会发展方向，而是野蛮、卑鄙、倒退的行进方向。

（7）规格化筛分教育挫伤学生的求知欲和创造力。

是选才还是育才？教育迷失了根本方向，教育界现在是筛分考试型人才的机器，成为强化等级制度的力量。是满足自身需要还是满足社会需要？教育界是封闭的圈子，教育管理的需要成为导向性力量。是培养知识接受能力还是培养知识创造能力？教育界没有面向未来社会需要，过度强化知识接受，大力挫伤学生的求知欲和创造天性。教育的问题绝不限于教育界，用社会实践实证了“读书无用”，又如何能激发人们的学习热情?

（8）外汇储备数量太大。

2014 年 5 月，我国外汇储备为 39859 亿美元，是财富积累却未必就是经济成就。可是，外汇储备不是天上掉下来的，而是我国廉价出口货物产品换回来的，外汇储备相当于前期的货物库存价值，闲置不用还要支付库存费用——货币贬值。代表价值的最典型货物就是黄金，根据 2016 年 12 月美国财政部公布的数据，美国的黄金储备总量为 261498926. 23 盎司。美联储 2016 年 12 月公布的货币量数据是，联邦纸币为 1. 46 万亿元（M0：15000 亿美元；M1：33289 亿美元；M2：131848 亿美元）。计算可知，每盎司黄金对应于 5583 美元纸币。2016 年 12 月 30 日，国际黄金市价为 1148 美元/盎司，比较可知，美元相对于黄金价值溢价 384%，即按照黄金价值衡量，储备美元的价值流失风险超过 79. 5%，储备黄金比储备美元要聪明得多。但是，我国的一些外汇储备就是用黄金换来的。

（9）从贸易中流失实质财富换回巨额外汇储备。

中国累计贸易顺差 4 万亿美元。顺差闲置不用，既受货币贬值之损又受时间跨度配置之蚀。在顺差产生过程中，出口退税约为出口额的 5. 6%，补贴了海外的消费者。出口商品的生产过程，不仅未计完全成本，而且许多成本项被人为压低，出口收入是以流失国家利益为代价实现的。纯手工产品，中国义乌的劳工费用为 5 元/小时，美国为 102 元/小时（按最低工资 15 美元/小时计）。假设每生产一件商品需要消耗一个小时的劳动时间，若出口到美国的价格为 6 元/件，出口退税率为 5. 8%，则中国出口收入 6 元/件，企业出口毛利为 1. 408 元/件。美国进口支出 6 元/件，如果在美国生产则需要支付劳动费用 102 元/件，美国就从这一商品进口中节省劳动费用 102 － 6 ＝96 元/

件。因此，中国在“贱出”中隐蔽地流失了利益，当然还有在“贵进”中隐蔽地流失了利益。不比较要素价格，评价贸易得失就毫无根据，而我们就习惯于压低要素价格，然后就极力称道贸易增长的成就。

（10）消耗党政信誉太久太大。

中国人民相信党相信政府，可是，党政信誉确实在被无形消耗。2003 年开始，政府 9 次调房价，全国城镇平均房价从 2381 元/平方米上涨至 2013 年的 5791 元/平方米，北京海淀从 4200 元/平方米上涨至 54895 元/平方米。对冲经济下行的条件反射强于战略转型的坚守力量，地产短期利益至今依旧战胜国家全局长期利益，2015—2016 年，北京海淀房价被推高到 63100 元/平方米。反复消耗的不仅是国民的信任，也吹大了资产泡沫和金融泡沫，经济滞胀发育完全而成为显然的趋势。留给本届政府的难题本来就已经很大，现在更大了。习近平指出，“房子是用来住的，不是用来炒的”。可是，房子还是被拿来炒了一遍，信誉又被消耗了一次。

16.2 中国经济问题的形成原因分析

16.2.1 固守低端要素驱动的经济增长

1978 年，中国缺资本、失业率高、自然资源开发程度低，以廉价劳动力、国土和矿产资源等低端要素启动改革是自发的也是不得已的社会选择。1994 年的 GDP 比 1978 年扩大了 13 倍后，分税制、教育改革、住房改革、医疗改革、国有企业改制等，是自觉地并且是逆规律地主动选择低端要素驱动经济成长，“去福利”措施主动维持劳动力和矿产资源的廉价，保持经济发展模式不变。这场改革引发不少社会问题，一是扩大贫富差距，光大唯利是图的文化，阻滞社会文明进步；二是全球低端污染产业转移到中国，高端智力要素被闲置和浪费。

16.2.2　缺乏战略定力，短期事务经常拖延纠错时机

中国当今面临的问题，并不是微小到难以发现而是已经显而易见了，其实 2003 年人们就归纳出来了。中央终于 2007 年痛下决心，要改变以往的发展路线。可是，遭遇 2008 年金融危机，所有决策不仅全部复辟而且层层加码，以致过剩产能更加严重。住房问题也是如此，政府的具体措施经常有悖于自己确立的改革目标。这说明两点，一是中央能够发现问题，提出正确的决策；二是政府工作深受短期急迫事务扰乱，很容易背离战略方向，并且对背离长期战略决策的政府行为没有足够的制约力，导致纠错缓慢和拖沓。

16.2.3　一次再次大刮浮夸风，没有决策责任没有参事考评

中华人民共和国成立以来，不只是有“大跃进”。1992—1993 年间第一轮开发区热，县级以上开发区 6000 个，占地 15000 平方公里，大于当期城镇城区面积 13400 平方公里；1998—2003 年间第二轮开发区热，县级以上开发区 5524 个，占地 35100 平方公里。金属行业也是投资了再投资，终于使得中国产量超过全球 50%，造成严重产能过剩。国家统计局数据显示，2003 年年底，中国城镇人口 7.3 亿，新区规划人口 34 亿。对于浮夸，社会宽容度极高，没有决策官员下台，

没有方案制定者被排除，没有学者因此败坏名声，再次浮夸的要素基础被完全保留。

16.2.4 脚踏实地者受压制，作风虚飘者飞上天

专家认为，“一带一路”已经是我国的显学。[①] 可是，“一带一路”状况如何，投资和收益情况如何，沿线国家的经济特征、项目需求、办事规则、政策条件和政府管理如何？我们的研究依然是分散的、缺乏头绪的。西方学者的研究，反而具体得多、清晰得多、精细得多。为什么会如此，是中国人蠢吗？不是的。是中国人做不了吗？不是的。关注习近平相关讲话就能成为“一带一路”领域的研究专家，社会需求只停留在新闻的水平上那还要精细具体的工作干什么！长期坐冷板凳却面临结冰危机，根本没有生存空间！

16.2.5 是非观念淡漠，只论结果无视善恶

“水至清则无鱼”，其实水至浑也无鱼。中国的现状是，贪腐百亿者依然具有生存权。按照 2016 年人均可支配收入 23821 元计算，百亿相当于 5600 人的终生收入之和。这就是说，剥夺了 5600 人生存权的罪恶分子都不需要偿命，只是因为这是经济犯罪。在这类判例影响下，人们是非观念淡漠了、善恶不分了，只要捞到钱就行。

16.2.6 立法决策与行政执行不能过度贴近而要有所分离

国家层级的立法决策，重在方向、路线、步骤正确；行政管理求实效，主要取决于上下协调一致、执行措施有力。国家层级的立法和

---

① 参见石齐平《石评大财经》，凤凰台，2017 年 7 月 9 日。

管理导向不一。立法需要维持长期稳定，要少出错，行政管理要维护当前、要及时有效。行政主导立法就会应急立法、因事立法，没有足够的长期稳定性。1982 年授予国务院立法，至今县级局都有法制办了。实践证明，行政立法方式甚至会出现恶法①，管理权和立法权靠得太近不是一件好事。

16.2.7　经济体制不是一致对外而是加剧内部竞争

第二次世界大战的参战国都养成了相互协作的传统，我国也不例外。可是，1985 年外贸体制改革，打散了国内协作、驱动八仙过海，形成国内对抗性竞争机制，形成国内竞争性个体对抗海外垄断性集团的贸易格局。时至今日，国内同行都是冤家对头，竞相争宠外商。外商来华询价，挑起国内同行竞争，以低压高，最终按成本加成方式定价，一般为成本上浮 5%。久而久之，国内企业就成为外商的生产基地，不仅小企业如此，甚至国有大型企业也是如此。这是十分悲哀的，不从体制上反思榨干中国实体企业的贸易格局，绝难找到破解之道。

16.2.8　崇洋媚外削弱了我国自主创新能力

研究水平如何，第一听外国人的，第二听国内权威的，第三听高职称的。外国人说好就是好，外国人说不好就是不好，完全失去了独立学术人格，以致很多学者不得不到国外去找靠山，即使 985 高校，也大力鼓励在国外期刊上发表与外国人合作的论文。这是非常可悲的状态，也带来了严重的后果，最突出的表现是自主创新薄弱了，产业普遍缺“芯”了。造成这样的恶果，不是中国人不如外国人，而是中

① 1997 年的《刑法》第 360 条第 2 款，出现“嫖宿幼女罪”就是一例。

国人的创新天性被制度性地压制了。事实就是证明，与欧美合作领域，我国学者全都抬不起头，都认为外国先进；与欧美不合作的，如航空航天，中国全都走到了前列，给全国人民树立了信心。

16.2.9 技术问题政治化，导致缺乏技术官僚，造成决策质量低下

改革开放以来，社会管理方式的基本走向是技术管理问题政治化，而不是政治问题技术化。现行体制下，迎合上意、站队入伙、经济贿赂、趋炎附势、溜须拍马等成为晋升大道，依靠专业才智支持正确决策的技术官僚，多因碍事而靠边站，越来越没有生存空间。技术官僚被边缘化的代价是，决策质量低下，如药品定价方法、“四万亿投资”和“十大产业振兴计划”。技术管理政治化后，技术管理也就没了责任人，出了任何问题都舍不得追责，是非观念没了，人身依附关系形成了，党和政府被腐化了。

16.2.10 政府要算社会账，企业才算财务账

“石墨烯是高端材料，以往国际市场价格为5000 元/克。2013 年，宁波建成了年生产能力 300 万吨的生产线，石墨烯成本价格降为3 元/克。”对此，许多人扬扬自得到处宣扬。如果你的出口价格是 5000 元/克，或许真的值得称道；如果你的出口价格是 3 元/克，相当于出卖国家宝贵资源，有什么可称道的。石墨资源不是到处都有的，稀缺性就是经济价值的重要来源，许多人只懂得算企业财务账，就是不懂得算社会经济账。企业不算社会账倒没有什么，政府和社会管理机构也按企业方式算账，那就太离奇了。对于高污染企业，以往也总是聚焦企业盈亏，而不在意对社会环境造成的负外部性特征。

16.3　中国经济面临大发展的新形势

16.3.1　中国正在迎来一个前所未有的最好时代

世界正在推倒重建，互联网兴起的新时代犹如文艺复兴下的欧洲，人不再是宗教奴隶而是世界的精灵。互联网时代能够创造比工业时代大得多的价值，就如同工业时代创造了比农业时代大得多的价值。工业时代主要靠资本信用创造价值，互联网时代主要靠需求创造价值。中国人从来就追求建设一个大同世界，“鸡犬之声相闻，老死不相往来”，互联网和物联网的时代能够成就这一追求。摆脱人际纠缠，中国人的创造力将在各领域喷发出来，中国的智力之源无可竞争，中国梦就能实现，中国社会一定进入全面创新发展的伟大时代。

16.3.2　自然地理环境特征决定中国必须因地制宜搞经济

2016 年中国人口占全球的 18.9%，国土面积占全球的 6.62%，地势高差 8844 米，具有全球最大的生态环境差异性和生物多样性。中国自然环境特征在相当程度上决定了各地自然经济多样化和丰富性，使得国民在不大的区域内就能满足基本生活自给，使得小农经济有天然的可实现性。中国地域差异性也在一定程度上决定了各地区产业差异性和各地区发展水平差异性。中国自然地理环境特征决定了，一个地方的成功经验移植到另一个地方就可能失效或无效，中国必须因地制宜搞经济而不能千篇一律搞经济。

16.3.3 中国差异性条件是全面创新发展的造福动力

中国地域差异性、人口素质差异性、受教育水平差异性，决定了中国必须走差异化发展之路而不是走一致化发展之路，以充分发挥差异性资源供给的作用。既要促进知识—资本型经济，让中国经济挤入世界经济的主流，也要让资源—劳力型经济有生存的空间，并且要将两型融合起来，延长创新的产业链，让创新获得完全收益。在创新驱动发展战略下，中国巨大的差异性使得创新扩散链延长，成为创造完全收益的动力，创新的外部性和间接收益在国内得到贴现和实现，更大份额地造福国民。把差异性条件和庞大人口转化为促进全面发展的强大内生动力，中国就有更加强大的竞争优势。

16.3.4 中国知识分子是有是非的，不是没有责任的

中国知识分子，就不是国际知识分子，就不是美国知识分子，这就是讲政治。在国际上，中国知识分子必须具有维护中国利益的坚定立场，产生向心力。只要维护中国利益的，无论是当前利益或是长期利益，就是中国知识分子；背离中国利益的，就不是中国知识分子。在国内，中国知识分子必须有是非，必须推动中国强大繁荣而非推动中国动荡衰败，产生正能量而非形成负能量。只有践行中国梦，无论增进思想观念还是专业技术，都是知识分子的作为。

16.3.5 高级经济资源供给充足，驱动经济加速健康成长

知识、人力素质等高级资源具有积累性、耗生性的特性。在我国，高级资源具有极大的丰富性，当前被大量闲置浪费，研究与开发人员劳动时间虚耗1/2，每年“750万大学毕业生就业难”，不仅包括

专业就业岗位不足，更主要的浪费是就业质量不高。如果有效利用高级资源，就能激发出巨大的经济活力，就能让高级资源推动经济快速高质量成长。只有充分利用高级资源，才能发展出高级的知识—资本型经济，才能赢得国际竞争优势。

16.3.6　中国经济已经高度开放，无须扩大贸易数量而要提高贸易质量

中国当前没有攫取其他国家利益的条件，中国庞大的人口决定了以后也不能依靠攫取其他国家的利益来生存。中国的开放是为了互通有无，而非攫取他国利益。中国现在的开放度为41%，远超西方主要经济大国，已经属于高度开放的国家。西方国家，要攫取全球利益，就要推动世界开放，中国不阻挠，从自身的利益角度考虑，也无须促进。中国要为自己的利益开放，要致力于增进国家利益，不为外国利益开放，不要为开放而开放。以往 20 年，我们强调开放多了，维护国家利益少了，本末倒置了。

16.3.7　中国面临“虚火太旺”的全球经济，必须脱虚向实规避金融风险

以往 20 年美国经济年均增长率为 2.2%，2005 年为 3.4%，2016 年为 1.6%，2008 年金融危机以来，美国经济陷入低谷。可是，道琼斯指数却从 2009 年最低点 6470 上升至 2017 年 8 月 1 日 22100，比危机前 2007 年 10 月的历史最高点还高出 55%。金融火旺严重背离实体经济的发展，完全没有实体支撑的基础，是“虚火过旺”，终难持续，必然回归进入消退期。中国 M2，1990 年为 1.5 万亿元，2017 年 6 月为 163 万亿元，同样虚火很旺。

16.4 突破困境是驱动中国经济再成长的强劲动力

16.4.1 坚定明确国家利益至上立场不动摇

国家利益至上，不是指在国内政府利益至上，而是指在国际上中国整体利益至上。无论是国家经济利益，还是国家安全利益，或是国家集体尊严，都要坚决捍卫，绝不姑息养奸。不仅要与损害中国利益的敌对国家作坚决的斗争，而且要与出卖国家利益的势力作坚决的斗争。对于国家利益问题，不是言论自由的问题，而是需不需要正能量的问题。

16.4.2 造福国民是一切改革必须遵循的准则

一切改革都是破解问题，所以问题能够驱动改革。20 世纪 90 年代，改革的基本方向是节约成本，考验社会的承受力，最终形成“扶强欺弱”的格局。这个时期的改革，一方面破解了国有企业效益低下、发展动力不足的问题，同时产生了贫富差距、产业缺“芯”等新问题。新的问题驱动再改革，再改革的基本方向是扩大收益，福利激励“万众创新”，营造“扶弱抑强”的文明格局。从“欺弱”到“扶弱”，实现改革转型。

16.4.3 军民融合战略驱动，引领“万众创新”

军民融合战略驱动，既是政治性决策，也是经济性决策。只有军工“顶天立地”，“万众创新”才能“铺天盖地”。不发展军工，产业就有天花板，国家安全就没有最终保障，国家经济就没有最终的竞争力。即使军工“顶天立地”，没有“铺天盖地”的“万众创新”紧密跟随，也终究是涸泽而渔，难得持久。只有军民融合机制，让军工与民用相互促进、相生发展，只要军工“顶天立地”，就能推动万众创新“铺天盖地”。我国经济差异性大，军工到民用创新链和产业链很长，军工完全收益比其他国家大、完全回报率比其他国家高，军民融合的价值比其他国家大得多。军民融合不仅开拓经济空间而且提升经济质量，是高效益的，是经济发展的根本大道。

16.4.4　弥补福利不足和失衡，促进文明发展

福利是促进知识—资本型经济的保障性动力，要实现经济转型和提升，就必须提升福利水平。降低福利、扩大低级经济规模的发展路径，不仅是野蛮的而且空间有限，是没有前景的。所以，要改善我们的福利水平，让国民享受到改革开放的成果，推动国内经济形成循环增强的机制。其中最关键的是，福利必须是普惠的，不能是特权的代名词，国民福利水平的公共性成分必须远远大于差异性成分。使失衡的福利结构转变成为平衡的福利结构，不仅要平衡人群福利结构，而且要平衡区域福利结构。例如，一些地方老人生活费补助 12 × 1500 元/年，儿童补助 500 元/年，而另一些地区分文皆无，就是很不合理的福利结构。

16.4.5　让人力收益率偏高于资本收益率

要素边际收益相等是实现经济结构最优化的必要条件。长期以来，我国人力收益远远低于资本收益，要改变“资本在吃人”的利益分配机制，促成“人有资本吃”的分配机制，促使贫富差距缩小，改善社会经济结构。不仅要保障财产性收入，更要保障劳动性收入的增

加，并且要普遍地让人力收益率偏高于资本收益率。只有这样才是以人为本的，社会才能往更加公平文明的方向前进。

16.4.6 重建社会集体合作机制

战争需要协作，互补赢得胜利。中华人民共和国成立后，农村供销合作社遍布全国各地，初步保障了供给、需求和信誉。互联网电商，高效配置供给和需求，却缺乏信誉，市场充斥坑蒙拐骗，而且得不到有效惩处。未来商业信誉，必须通过互联网保障资源配置的广度，必须通过线上与线下的互动提高资源配置的深度，必须通过集体互助合作提高竞争力。

16.4.7 大力发展生活伺服智能机器人

随着老龄化社会加剧和前期生育的不足，中国不仅面临劳动人口短缺而且面临生活伺服需求快速增加而产生的新增劳力需求。破解这一社会难题，除了增强社会互助之外，唯有依靠发展生产力。其中生活伺服智能机器人替代劳动人口，提供日常生活服务，是最好的破解之道，也是围绕社会需求发展高新技术新兴产业、实现经济转型和提升的正确途径。

附录1 让时间来检验早期的一些策略建议

中国大约太老了，社会上事无大小都恶劣不堪，像一只黑色的染缸，无论加进去什么新东西，都变成漆黑。可是，除了再想法子来改革之外，也再没有别的路。“我看一切理想家，不是怀念‘过去’，就‘希望将来’，而对于‘现在’这个题目，都交了白卷，因为谁也开不出药方。所以最好的药方即所谓‘希望将来’的就是。”

——鲁迅（《两地书》，1925）

以下是笔者以往的一些认识，除文字纠错外未做修改，以便让时间来做真切的检验。

1 “房子是用来住的，不是用来炒的”

2016年12月22日，在中央经济工作会议上，习近平总书记指出，“房子是用来住的，不是用来炒的”。这一直白的表述，透露出发展新理念，我们可能真的会转向“以人为本”的发展了，真的要抓发展的质量了。受2011年住房政策反思浪潮的激励，笔者也曾做了住房如何让国民享受到国土福利的思考。尽管当时只能自我欣赏，今日或可供人评鉴，至少无须锁闭箱柜而浪费那时的心血了。

摘要：住房商品是居民基本消费品、具有私人物品、寡头供给、竞争购买的经济特征，高房价造成外部不经济，需要政府来调节市场。在住房资源配置中，需要实现居者有其屋、住房不空置、住居无浪费、福利无外泄等社会目标。住房政策意图通过市场机制来实现，以求政策执行低成本和保持操作弹性。在政策设计中，通过国土福利来调控居民的住房消费水平，鼓励适度消费、抑制奢侈消费。

住房是一个社会问题，受到中央的重视，政府作出了努力。但是，利率的、行政的住房市场调控措施顾此失彼，表现都不理想。许多人把住房当普通商品来对待，20世纪90年代破除权力分房时，同时忽视了对住房社会福利的关注，倡导住房市场化的人们，没有认识到住房非完全竞争商品的特征，而将之混同于普通商品来看待。这样做既无社会合理目标的选择又缺科学性前提，导致国民的国土福利被剥夺和转移。住房市场化不是无条件而是有边界的，只有通往住房社会价值目标的实现途径，才是住房政策应有的取向，其中住房本身的商品特性是科学制定住房政策的重要依据。

1.1 住房商品的经济学特征

（1）住房是私人物品，是非完全竞争商品。住房具有排他性，只有对住房支付了价格的人，才能取得住房的使用权。住房具有竞争性，一个家庭在用的住房，其他家庭是不能同时使用的。可见，住房属于私人物品，市场机制能够调节住房供求关系。同时，住房的土地基础是自然垄断的，并且其地理位置也不可流动，所以住房并非是完全竞争性商品。

（2）住房是寡头供给、竞争购买的商品。一方面，住房的供给商是寡头垄断的并且是专业的，因此住房供给商既无清晰的短期供给规律，也无清晰的长期供给规律；另一方面，住房的消费者几乎是完全竞争的并且对房地产缺乏了解，住房的需求规律是清晰的、可调控的。供需双方的特性决定了在住房市场博弈中，供应商处于强势，购买者处于劣势，住房市场价格均衡完全倒向有利于供给商的方面。住房供给商可以从消费者手中获得转移支付，消费者不得不承担额外费用，包括价格歧视和其他隐性费用。如果完全遵循市场机制，则住房价格总是偏高的，消费者权益必然蒙受侵害。

（3）高房价造成建筑行业外部不经济。国际上一般认为，适宜的住房价格范围是家庭年收入的 3—5 倍。现在，我国住房价格却是在家庭年收入的 12 倍以上，消费者承担了过高的居住成本，建筑业对广大消费者产生了巨大的外部不经济。过高的房价吸收了民间大量的储蓄，抑制了个人从短期到长期的消费和投资，间接造成其他行业相对投资不足，抑制了内需市场发育和成长。建筑业泡沫不仅阻滞着国民经济的发展，而且损害了国家经济的合理结构，导致经济质量的下降，个人和社会为房地产业付出了额外的发展代价。换句话讲，维持适度房屋价格有利于改善经济配置、提升经济效率、扩大社会福利。

（4）住房是国民的基本生存品。人们的基本生活包括衣、食、住、行等多个方面，百姓生活基本面的资源配置不是完全由市场机制确定的。例如，第二次世界大战结束之初，无论是东方还是西方，中国还是日本，对食物的分配都采用供给保障制，为了大家的生存，不允许有人囤积粮食，不允许浪费，甚至不允许过度消费。住房作为人们的生存必需品，住房配置上社会公平性原则应该高于住房交易过程中的金钱平等性原则，土地要素配置合理性要求也要高于住房供求市场平衡的要求。因此，满足住房必要需求和制约住房浪费就是构建合理住房市场的社会原则。

(5) 政府有责任调节住房市场。市场规律是具体真理，市场机制的作用范围是有限的。在垄断、信息不完全且不对称、商品非无限可分等非完全竞争的情形下，市场机制或是失灵或是失效，需要“看得见的手”发挥作用来提升经济效率，即政府有责任弥补市场机制之不足。房地产业的特点是寡头垄断，市场机制难以形成合理的住房价格，市场机制对房地产是失灵和失效的，需要依靠政府的力量来规范房地产市场，改善住房市场的配置。

1.2 确立住房配置的合理社会目标

住房以国土为基础，关系自然、生态、人文、社会，需要政府以社会的、文化的、生态的原则来主导这一领域的资源配置。作为人们的生存必需品，住房应以满足全体国民舒适住居为社会福利原则，以适度消费为健康的文化原则，以可持续发展为保护环境的生态原则，归根到底就是要按照科学发展观的要求，“以人为本”主导住房市场均衡，实现如下四大社会目标。

(1) 居者有其屋。居者有其屋是社会要求，实现条件是：①市场上有足够的住房供给量；②一般的民众买得起；③在住房和住户之间的配置中体现出社会公平性；④政治理念上把生存权上的人人平等置于金钱面前的人人平等之上，而不能颠倒两者之间的这种关系。

(2) 住房不空置。住房不空置不仅是指住房实现销售，而且是指有人常住。住房作为一种物品，遵从边际消费效用递降的规律，尽管增加一套住房对家庭效用可能是增加的，但是增幅是减少的。因此，把多套住房配置同一家庭的社会福利水平低于把这些住房配置给不同家庭的社会福利水平，即限制一个家庭多套住房就能实现经济改善。其实，多套住房没有实质性改善购买者福利，却竞争性占有了可供其他家庭享用的住房，这既是社会性浪费，又是生存权上的不公，社会实在没有理由为这种投资性消费开绿灯。

（3）住居无浪费。一定居住面积适宜一定量人口常住，如城市中的三口之家需要有3—4个卧室，总面积在120平方米左右就能满足居住舒适性的需求了。超出居住基本需要的住房消费就是过度消费，程度高的就是浪费，浪费严重的就是奢侈。对于住房的过度消费、浪费和奢侈应该受到程度递增的政策法规制约，过度消费、浪费和奢侈的具体标准则可以组织社会学家来研究确定。

（4）福利无外泄。土地为国家所有，每位国民享有相应份额的国土所有者权益，这一权益具体表现为住房中的国土福利。国土福利应该以人为本，每个人享有平等的权利，作为与生俱来的国民特权，任何他人不可侵犯。在当今的住房价格中，国土福利没有得到体现，按统一市场价格大量购买住房者，实际上获得了超量的国民福利，隐蔽地无偿享用了他人的国民福利。在这一体制下，穷人的国土福利被富人占有，贫困地区的国土福利被富裕地区占有，国民的国土福利被非国民占有。这是不合理的，是严重社会性不公。由于这种不公，导致穷人买不起房，甚至租不起房，富人却觉得太便宜，反复购买多套住房。

1.3　住房政策改革的构思要点

住房政策的改革目标需要在以人为本的科学发展观下确立，关键是要实现“居者有其屋”，要让穷人的适宜住房消费开支压力不大，要让富人的奢侈住房消费开支压力不轻，通过住房的经济调控不仅缓和贫富差距的矛盾，而且显示出好的社会价值取向。以国土福利为主，配合税费收取，来形成住房政策的操作实现体系。

1.3.1 确立住房好的社会价值取向

在住房市场构建中，经济公平就要让位给社会公平，小道理要让位给大道理，政策选择首先要遵守社会、文化、自然和生态的制约条件。例如，我国平均人口密度为135人/平方公里（东部居住密度更高达560人/平方公里），人口高密度的制约，就不能在政策上放任住房的奢侈消费需求，文化上就要形成住房适度消费的风尚，政策上就要推行厉行节约的原则，经济规则上就要让住房的占有、空置、浪费和高消费者支付额外的代价。

1.3.2 以市场机制实现住房政策意图

住房既然是私人物品，市场机制就影响着住房的价格。如果政府以行政方式直接改变市场均衡价格，就与价格形成的市场机制相抵触，社会就得承担扭曲市场的代价，政策执行成本就升高。因此，对于住房这个非应急性社会问题，政府应通过改善住房市场条件的方式，让市场机制来有效地间接实现政策意图，既降低政策执行成本，又保持政策操作弹性。

1.3.3 区别对待不同类型的住房消费

住房消费可以区分为三类。一是住房的适度消费；二是浪费和奢侈消费等过度消费行为；三是投机、投资等经营性消费。根据消费类型的不同，政策要点主要有以下几个方面。①保护、鼓励和促进适度住房消费需求，适度住房消费是每个家庭必要的，政府对此类需求应保障市场供给，提高满足程度；②抑制住房奢侈消费和浪费，根据背离住房适度消费的差距来提高抑制的程度，抑制过度消费的三个基本政策取向是加收国土福利让渡金、补偿外部不经济和增加消费成本；③平稳发展住房市场，限制适用住房的投机和投资，打击恶意操控适用住房市场的行为，避免市场的大幅度波动；④采用经济措施鼓励闲置住房的出租和出售；⑤推高奢侈住房价格，并任由人们投机、投资。

1.3.4　住房市场的政策调控思路

政策设计的总体思路是，政府让国土福利在房价构成中占高的比例，来维持较高水平的住房价格，总体抑制住房的过度消费。购买住房时，家庭支付超出国土福利的部分。实际操作效果是，在住房适度消费水平内，家庭的实际支付是名义房价的一小部分；超出了这个水平，就得支付名义房价的全额；高消费住房时，则要加收国土福利转让金、资源占用税、超额消费税等。如此阻断国土福利隐性转移到多购房的人手中，既保全社会公平，又实现经济公平；既贯彻了社会的节约意识，又以市场机制的方式间接调控，并且可以通过控制国土福利水平来实现住房市场的政策操控，保留较高水平的政策弹性。如果让家庭的实际支付维持在一定的经济水平上，居民的购房预期压力就会得到缓解，开发商预期存货成本上升、收益下降，就可以促使其建成住房投放到市场中，如此住房市场就能减少需求、增加供给，实现对住房供求关系的调节。

此外，对于别墅、大户型住宅等住房，可以减少批地、推高地价和建设成本，间接推高这类高消费住房的价格。对住房奢侈消费的，更应该加收外部损失费和使用费。对购置不用的要征收住房闲置税。这些政策相互配合，政府就能通过市场机制的力量推高房价和消费成本，降低住房投资收入预期，促使现有过量占有的住房存量和以往形成的投资性住房存量回吐住房供给市场，增加住房实际供给量；使富裕阶层有机会为社会做出经济贡献，让国际资源为国内经济服务，让富裕地区为贫困地区兑现福利。

2 铁矿砂贸易价格机制及调控策略研究

摘要：我国是铁矿砂进口大国，深受铁矿砂过度涨价之害。通过分析铁矿砂贸易价格上涨的主要原因和抑制涨价的有利条件，针对性地提出铁矿砂贸易价格的一系列调控对策。价格调控的重心在国内且本小利大，若采取综合有效调控对策，就能逆转铁矿砂贸易中的供不应求，市场机制将迫使铁矿砂贸易处于降价通道中，预期价格在三年内回落50%以上。

以下分析了铁矿砂贸易的涨价原因、抑制涨价的有利条件，并就价格调控提出一些建议。

2.1 铁矿砂贸易价格上涨的主要原因

我国铁矿砂进口约占世界贸易量的70%，但缺乏对铁矿砂贸易的定价能力。年均每吨到岸价格，从2002年的24.8美元涨至2011年的162.2美元，造成我国既损失贸易利益又损害国家尊严。发生这种情况，其中的原因是多方面的。

（1）我国持续大幅增长的需求不断强化铁矿砂的供不应求。除中国以外，世界铁矿砂年贸易量从1990年以来长期稳定在4亿吨左右。我国进口量从1990年的0.14亿吨增至2002年的1.11亿吨，终于使世界铁矿砂需求越过供给上限。此后我国年均增加进口0.64亿吨，超过了世界铁矿砂产能扩充速度，从而不断加剧铁矿砂的供不应求，导致铁矿砂价格9年上涨6.5倍。

（2）铁矿砂涨价预期的自我实现。预期铁矿砂价格会上涨，于是加速扩大进口，带动铁矿砂涨价，这样就自我实现了预期。在涨价和预期涨价之间反复循环增强，就会形成涨价惯性。在国际商业间谍诱导下，一些人参与了铁矿砂涨价预期的自我实现，形成氛围后带动更多的人如此预期，结果就形成了持续强化的自发涨价态势。一般地，在供给偏紧的条件下，涨价预期的自我实现就会起到推波助澜的作用。铁矿砂贸易从2003年开始就供给偏紧了。

（3）我国进口价格混乱而诱发大幅补涨。根据《2004—2005年我国铁矿砂进口来源和价格统计情况表》测算，我国2004年进口一吨铁矿砂平均价格为61.03美元，最低为27.68美元，最高为111.12美元。2005年铁矿砂平均价格涨幅9.3%，2004年低价位的普遍上涨，高价位的普遍下跌。因2009年我国铁矿砂进口差价依然很大，2010年3月16日，澳大利亚抛出了涨价90%和季度定价的方案，而使我国年均进口价格上涨60.5%。进口差价太大引发的问题是严重的。

（4）寡头垄断供给的价格操控。铁矿砂三巨头的供给量占世界铁矿砂贸易总量的72%—75%，产量200万吨以上的独立钢铁企业却有129家，于是形成寡头垄断供给和拟完全竞争需求的铁矿砂贸易格局，供给方处于市场主导地位，有条件牟取额外利益。2008年在达成涨价65%协议后，澳大利亚对出口我国的铁矿砂额外加价20%，我国无可奈何，只得被动接受。

（5）周期规律也助推了铁矿砂涨价。实证可知，铁矿砂价格具有28年的周期波动规律，上一个价格高峰发生在1981年。世界钢铁产量从1990年的7.73亿吨增加到2002年的9.04亿吨，年均增长率为1.31%。此后至2008年加速扩产至13.3亿吨，年均增长率为6.64%，从而带动铁矿砂贸易、推高贸易价格而进入价格高峰期。2011年世界钢铁产量为15.3亿吨，最近三年增长率依然高达4.78%。

上述原因在很大程度上决定了铁矿砂贸易价格的基本面，还有一些原因也助推铁矿砂涨价，如铁矿砂供给方的利益竞争强于需求方、国际商业间谍的扰乱和国内损公利己者的利益出卖等。

2.2 抑制铁矿砂贸易价格上涨的有利条件

除了我国经济结构优化、经济发展转型和提升等将有效缓解我国的铁矿砂需求外，还有一些条件有利于抑制铁矿砂贸易价格的上涨。

（1）采矿成本稳定、铁矿砂资源充足。铁矿是贱金属矿，世界各地矿藏丰富，是不可垄断的。铁矿砂易氧化变质，不宜长期库存，只要价格适宜，矿山就会竞争性开采和出售。国际专业资料显示，2009年每吨铁矿砂的平均采矿成本为9.6美元，平均离岸成本为19.3美元，巴西和澳大利亚的成本更低。采矿成本总体上呈微幅下降趋势，即使我国对铁矿砂的过度需求，也没能大幅推高成本。

（2）铁矿砂供求平衡时，市场机制有利于需求方。比较钢铁生产，由于采选矿生产停启费用低，采选生产能力弹性更大。因此，价格信号对铁矿砂供给的传导作用更强，降价时更易引发供给竞争，涨价时更易促使供给增加。于是，只要铁矿砂市场处于供求平衡的状态，市场机制自发价格调节就会发挥有利于需求方的作用，使铁矿砂处于价格下降的通道中。

（3）铁矿业阵营易于瓦解，我国有条件主导重组。在28年的铁矿砂价格周期中，低于平均价格的时间有16年，故与下游钢铁企业结盟，对铁矿企业的市场稳定性和经营可靠性更有利，铁矿企业愿意与钢铁业结盟。因此，铁矿砂的垄断供给格局是易于瓦解的，作为铁矿砂需求大国，我国有条件重组世界铁矿业。

（4）供不应求的程度近年逐渐趋缓，铁矿砂价格周期处于下降通道中。采用需求下限与供给上限之差比供给上限作为衡量供不应求程度的指标，发现这个指标已经从2008年的11.5%下降至2010年的0.11%和2011年的0.06%。这表明铁矿砂市场已趋近供求平衡的状态，此外，铁矿砂贸易价格周期从2009年就应该进入下降段了，我国调控铁矿砂贸易价格的战略机遇到来了。

2.3　铁矿砂贸易价格的调控对策建议

铁矿砂贸易价格调控的总体思路是，通过加速发展主流经济，战略性缓解铁矿砂需求，迫使铁矿砂从供不应求转入供求平衡的市场状态，使市场机制自发调节铁矿砂贸易的过高价格，迫使其处于降价通道中。价格调控既追求短期跌价，更追求长期维持低价，从治标到治本的对策建议如下。

（1）今明两年以6.3亿吨为限控制铁矿砂进口，可逼空市场。专家预测我国钢铁消费量今明两年为6.8和7.0亿吨，每年炼钢耗用废钢铁0.8亿吨，故国内每年炼钢需求铁矿砂10.8亿吨。每年进口6.3亿吨铁矿砂，加上国产铁矿砂就足以满足我国炼钢的正常需求，而现有超亿吨钢铁和进口铁矿砂库存则足够应对突发性需求。若我国铁矿砂进口维持不增，就能使国际铁矿砂市场处于供求平衡状态，从而让市场机制将铁矿砂贸易逼入降价通道中。

（2）投资国内外铁矿砂勘探和开采，打破涨价预期的自我实现。涨价预期的自我实现是近年我国铁矿砂进口中循环再现的恶劣现象，因涨价原因导致我国 2011 年铁矿砂进口比 2010 年损失 238 亿美元，比较 2009 年损失 567 亿美元。为保障我国钢铁业的正常生产，打破这种情况的前提就是增加铁矿砂供给。投资开采就能增加铁矿砂供给，投资勘探则能补偿铁矿砂资源供给，两者结合就能让涨价预期难以自我实现，迫使国际铁矿砂市场短期降价且长期维持低价。

（3）促使铁矿砂供给竞争，挫败铁矿砂垄断供给。在铁矿砂贸易的多方博弈中，不仅要通过增加市场供给引发有效竞争，而且应采取“扶小抑大”“扶弱抑强”的方式，培育和壮大三巨头的竞争对手。这一对策或者使三巨头市场份额流失、削弱三巨头的垄断供给根基，或者使市场状态改善、价格降低，而陷三巨头于长短期利益的两难选择之中。此时，我国处于或是长期有利或是短期有益的市场格局中，具备各个击破和分化利用的条件，从而有条件挫败铁矿砂垄断供给。

（4）整合国内钢铁业和铁矿业，一致对外共图贸易利益。国内钢铁业与铁矿业应该前后一体化，使国内铁矿业从铁矿砂涨价的推动力转变为抑制力。同时还要协调国内铁矿业和铁矿砂进口商等多方利益，减少国内恶性竞争，改变进口价格混乱的局面，形成联合对外的合力，使国内铁矿砂相关各方集体获利。分享共同的铁矿砂贸易利益，分担这一贸易的巨额损失，就是它们的利益整合空间，也只有它们的利益一致了，才能形成共同对外的合力。

（5）加速发展主流经济、降低铁矿砂需求。三次产业在世界经济中占 74%，德国和美国占 82%，我国占 48%。主流经济在三次产业中，我国尤其欠缺厂商服务业，其发展空间很大、所用钢铁很少。2011 年我国占世界 GDP 的 9.3%，钢铁产量占世界的 45%，我国经济结构是严重扭曲的。若加速发展主流经济，就能从根本上降低我国经济发展对钢铁的过度依赖、降低铁矿砂需求及可预测性、打乱铁矿砂供给的垄断操控，也就能从根本上消除人们对铁矿砂的涨价预期。

我国的进口比重，决定了我国寻求国际铁矿砂价格同盟是可望而不可求的，也无需求。作为铁矿砂进口大国，中国有责任也有条件创新市场，打破垄断操控，维护好贸易秩序。铁矿砂价格调控的重心在国内而不在国外。若落实对策，就能在市场机制的强化下，三年内让铁矿砂预期价格回落到每吨 85 美元以下。若互补实施各项对策，市场机制就能让铁矿砂价格惯性下跌，预期 5 年内接近每吨 55 美元的低价位。这一调控对我国经济现状冲击小，促进转型，本小利大。

3　我国钢铁过剩产能应该战略性转移非洲

摘要：我国钢铁面临全球性稳产，产能过剩、产量过大，与经济转型提升相背，有其他多重矛盾制约。钢铁产能转移非洲合乎规律，经济上合理有效，可以为我国钢铁产能化解提供足够空间。建议构建中国钢铁全球一体化经营机制，以联盟组织规约海外开发秩序，以探采矿和经济研究先行节支增收。

3.1 我国钢铁产能过剩形势判断

（1）世界钢铁将进入稳产期。第二次世界大战后世界钢铁产量，1949 年为1.6 亿吨、1979 年为7.4 亿吨、1996 年为7.5 亿吨、2013 年为16.1 亿吨，三个时期年均增长分别是5.2%、0.27‰和4.5%，呈现间歇增长的规律性。1949—1979 年间，欧、美、日等发达国家合计年产量净增5.6 亿吨，而后20 年这些国家趋于减产，世界钢铁产量保持相对稳定。1996 年至今，中国钢铁年产量净增7.4 亿吨，预计中国或将稳产甚至减产，世界钢铁产量又将进入稳产期。

（2）我国钢铁不仅产能过剩而且产量过大。2014 年中国钢铁产量超过8 亿吨，产能11.5 亿吨，产能过剩3.5 亿吨。我国当前每吨钢GDP 是世界平均水平的1/4。据此推算，若我国经济提升到世界平均水平，现有钢铁产量可保障GDP 产出250 万亿元；若提升至发达国家水平，可产出GDP 860 万亿元。即使低标准要求，也足够我国经济成长50 年。在这个过程中，冶炼污染积累是我国难以承受的，既化解钢铁过剩产能又压缩钢铁产量，是大势所趋。可见，化解过剩产能不仅是当前的重任，更是一项长远的战略任务。

（3）我国钢铁产量与经济转型提升将是负相关的。钢铁与基础设施、建筑、机械、造船、汽车、家电等产业紧密关联，扩张这类经济，钢铁是基础材料，“工业以钢为纲”。国际经验表明，一旦跨越到新阶段，钢铁就不再是经济成长的支柱，而是经济转型提升的包袱。钢铁及相关产业过度挤占资源，会结构性拖垮新兴产业，阻滞经济进步。如1960—1980 年间的美国、1990 年以来的日本，都力图维持钢铁产量而使国家经济发展停滞不前。

（4）我国钢铁工业面临国内外多重压力。政府创造钢铁需求之路，已无潜力而负面作用很大，切不可行。大幅压缩钢产，将传导到钢铁制品产业链，动摇国家经济安全，引发灾难性后果。近三年钢铁销售利润率为2.47%、0.04%和0.48%，我国钢铁行业已深陷经营泥潭。钢铁在建项目多、企业增产热情高，产能过剩和国内市场竞争还在加剧。欧美国家借助反倾销收缩钢铁制品进口，封堵了我国钢铁出口。多重制约消磨决策意志，导致我国政策摇摆，问题积累增大。钢铁是全球性产业，我国钢铁业问题在国内做困兽之斗是无法解决的。

3.2　钢铁产能转移非洲的可行性依据

（1）钢铁产能国际转移比沉没投资更有效。钢铁冶炼装备高度专用，无法转作他用，在国内化解过剩产能，最终必然沉没投资。陈旧产能，资产净值不大，无妨沉没投资。我国钢铁产能的90%以上是最近10年投资形成的，装备利用时间短，投资沉没规模又太大。国际转移，可兼顾产能化解和减少投资沉没，是有效化解产能的战略举措。

（2）非洲是下一轮世界钢铁产业转移的最佳目的地。钢铁产业具有自东往西加速转移的规律性。这种转移已经遍及北半球，唯印度除外。然而，印度国土只有328万平方公里，铁矿资源也不足，钢铁冶炼技术又更先进。因此，钢铁产业只能转向南半球。比较资源、技术、消费潜力等，非洲具有足够的空间，是我国钢铁产业可以大举进入的唯一上选之地。非洲有3020万平方公里陆地，7.2亿人口，人均GDP已突破2000美元，经济加速增长，钢铁需求趋旺；当前钢铁产量为2000万吨，潜在消费规模将超过5亿吨。李克强总理5月上旬访问非洲时表示，中国将把劳动密集型产业转移到非洲，帮助非洲发展陆地高铁交通网和航空交通网，我国的外交战略将极大激活非洲钢铁需求。中国销往非洲的钢材海运费约为45美元/吨，节约这一费用就能提高销售利润率13.5%，投资非洲的收益率是很高的。

（3）中国经济要转型提升，就要削减钢铁产量。当代经济中，落后国家、发展中国家和发达国家的资源利用能力和利用效率依次提高，既有利用能力又缺利用效率的是发展中国家，我国是最大典型。然而，我国经济必然的发展方向是转型提升，也就必然导致我国更高的资源利用效率，从而引发钢铁消费的加速削减。同时，只有削减钢铁产量，才能收缩钢铁及相关产业链，释放出足够资源催生和养育新兴产业，保障经济转型提升。一旦迈入转型提升的经济发展新常态，不仅钢铁过剩产能要化解，过大产量也要削减。

3.3 钢铁产能转移非洲的对策建议

（1）构建中国钢铁工业全球一体化经营机制。国内产能削减，与海外产能规划指标挂钩，使之形成互补发展的管理机制。用这个机制推动国内钢铁产能向海外有序转移，替代国内钢铁及制品出口，以减少外汇积余。与劳动密集产业转移非洲战略、非洲高铁战略和缩减外汇储备战略相协调，同步转移钢铁产能3—5亿吨。优先回购海外钢铁产品，保障海外投资收益，增加外汇流出，平抑国内钢铁市场，促进国内钢铁产能加速转移海外，同时减缓对钢铁关联产业的冲击。

（2）设立非洲钢铁产业开发联盟。中国钢铁走进非洲，不能沿用国内的发展模式，把无序竞争的战火从国内延伸到海外。中国钢铁走向非洲，需要提前精心规划，形成建制争胜全局；需要金融工贸联合作战，抗击国内外多方扰乱。依据国内市场份额分配原始股份，辅以上游探采权和金融投资等，按市场规则进退，组建非洲钢铁产业开发联盟，统筹布局非洲钢铁体系，组织实施非洲钢铁业开发战略。

（3）探矿采矿和经济研究先行。探矿采矿先行，既有利于短期增加铁矿砂市场供给，保障国内钢铁当前生产需求，又有利于“粮草先行”，保障投资非洲钢铁的资源供给，并且能够长期稳定世界铁矿砂市场，为我国海内外钢铁业降低资源成本。经济研究先行，就是要“打有准备之仗”，降低事后学习成本；就是要寻求“运筹帷幄，决胜千里”，提高投资非洲钢铁的期望收益、降低长期经营风险；就是要协同稳步推进，优化资源配置，争胜非洲钢铁投资全局。

（4）加强政府投资非洲的规划和管理。中国钢铁行业对社会的主要贡献将从利税转为保障现有200万职工就业。在此前提下，政府统筹管理海内外中国钢铁行业发展，组织财、政、工、贸、学等各界，策划中国钢铁转移非洲战略规划和实施计划方案。衔接国家其他非洲战略，协调同步推进。扩大钢协的代表性，加强钢协的统筹协调职能，以联盟方式规范非洲钢铁市场秩序。

4　经济发展要有精气神文化

物质不灭，宇宙不灭，唯一能与苍穹比阔的是精神。

一个民族的崛起，首先是精神的崛起；没有精神的崛起，任何民族的崛起都是不可能完成的。

——金一南（《苦难辉煌》序言）

摘要：在人的社会生活结构中，经济是个局部，是人们生活满足的一条实现途径，而非生活目的，因此也就不是高尚社会生活的动力来源。通过社会基础结构时序演变和要素循环结构分析得出的结论是，文化是高尚社会生活的动力源，统领着空间上的顶层配置和时间上的接续延伸。没有文化作为精气神，经济就散乱膨胀，聚财散人而最终趋于竞争乏力。有了文化作为精气神，经济就能提升成长，散财聚人累积强劲的竞争优势。福地文化是造福的文化，是优秀的精气神，可以引导经济不断改善。

4.1 经济发展的反思和评价

1978 年以来，我国进出口额扩大了 124 倍，GDP 扩大了 81 倍，人均 GDP 提高了 54 倍，国家税收增加了 35 倍，钢铁产量扩大了 18 倍。在经济体系内评价，几乎所有的经济指标都显示，我国经济形势一片大好，30 年我国经济成就十分巨大，毋庸置疑。可是，传统经济增长方式还有许多严重的经济社会问题，[①] 要求经济增长方式转型、经济发展转型并进而要求经济社会发展转型，要求树立和落实科学发展观。

我们要转向，就要站在另外的视点来观察和评价我国的经济发展。例如，20 多年来，我国农民工收入提高缓慢，低于货币贬值率；劳动者的生命价格一降再降至最低时为 3—4 万元；创造全球 5.7% GDP 的我国因工死亡占全球的 80%，最近 10 年住院人次增加了 52%、男性精液活力降低了 43%，经济不公平加剧，Gini 系数从 1978 年的 26% 提高到 2008 年的 49.1%。站在社会、人文和环境等经济外部来评价，我国以往的经济发展原来付出了惨重代价。

与经济成就比较，我们付出的代价并不是无关紧要的、可以忽略不计的，这就要求人们在经济成就和代价之间进行选择，这正是经济

---

① 参见温家宝《牢固树立和和认真落实科学发展观》，新浪网（http：//www. sina. com. cn）。

学应该研究的。另外，要取得这样的经济成就，我们是别无选择，还是有更好的选择，也是值得人们深入探究择优的。甚至可以进一步追问，我们一定要这样的经济成就吗，我们就不能选择更高尚的经济成就吗？从转型共识的逐渐形成看，答案是肯定的，我们需要改变发展的战略指向。

评价经济是为了正确地选择经济，到底该从经济内部评价，还是从经济外部评价呢？区分了具体情形后，答案就不难获得。对于短期问题，总是假设经济空间是不变的，经济评价自然以经济内效率为主导；对于长期问题，总是认为经济空间是可以选择的，经济评价也就以经济外价值为主导了。不同主体的关注点也有差别，企业关注短期，国家关注长期；小国重视短期，大国重视长期；目光短浅者看短期，远见卓识者看长期。对于人口占全球1/5的我国，中央政府就该关注长期全局战略。遗憾的是，我国经济学界却以经济效率评价长期发展问题，经济评价错位了，价值选择缺失了，对严重社会问题也就木然了。

4.2　文化统领着社会基础结构建设

经常有报道，城市建设把文物破坏了。其实经济建设中被破坏的何止文物，自然、人文和社会环境等都付出了惨重的代价。为什么如此，是因为我们肢解了经济建设的基础，是因为我们实行一条去人化的建设路线，是因为我们以物为本、以钱为本。如果我们再追问，为什么我们如此选择？答案是我国从上到下弥漫着财富至上的功利主义文化。在“GDP出官，官出GDP”的文化氛围下，除了追求财富，人们还有什么更有效的追求呢？于是，百年工程北京西直门立交桥使用了20年就推倒重建了，反正建设、推倒、重建都可以创造GDP。

从时间角度看，经济发展要衔接过去、现在和未来，时时处处都要提升竞争力、发挥竞争力和积累竞争力。对于传统地区，历史沉积是区域生存与发展的基础，这个基础不仅包括基础设施等物质，更包括产业、文化、传统等经济社会资源。重建城市并不是最经济的，延续过去、发展未来才是少投资多产出的合理做法。基础设施建设要在时间上变灭，而不是毁灭；要利用传统资源，而不是摧毁这些资源；要在过去的基础上累积更大的竞争优势，而不是一切从零开始。基础设施建设要围绕降低社会间接成本来展开，要遵循三条原则。

（1）差异化建设原则。竞争的最高境界就是无争于天下，独特化就能避开同类相争，杭州的西湖、北京的紫禁城都是不可竞争的，地方建设就要扩大这种不可竞争的成分，以差异化营造出特色、获得持久的竞争优势。以相互效仿方式的一致化，增加了不同区域间资源竞争，增强了国内竞争强度并降低了它们的对外竞争力。这就是为什么更宽的马路、更高的楼房和更大的建筑，并不带来竞争力的缘由。

（2）匹配产业原则。基础设施的收益源于本地区的产业，社会间接成本是反映在每个微观经济主体上的。只有顺应产业和企业的需要，基础设施建设才能支撑起产业和企业取得竞争优势。顺应本地经济社会发展的需要，匹配发展的各个方面，才能提高基础设施的效益。

（3）立足国家基础结构原则。本地竞争力来源于更大范围区域的支撑，特别是源于国家的基础结构。超出国家基础结构提供的可能空间就是过度投资，不充分利用这个空间就是对资源的浪费。地方要做的有如下几点。①使本地成为国家基础结构中的关键节点，如成为交通、信息、金融、行政等中心；②以国家基础结构为资源条件，通过基础设施延伸建设出本地特色，以此提升本地的竞争优势；③挖掘和促进本地的历史积累，形成地方特色。

4.3　文化是经济的精气神

经济要有精气神。我们已经吃够苦头，不仅产业得利仅为5%—6%，而且还得消耗世界主要自然资源的50%、承受产业污染的80%、闲置知识劳动的43%，并且造成严重的社会不公。这样的经济格局，外争无取胜可能，国内更难形成社会凝聚力。其中富者自以为是、恶性膨胀，贫者奋发无望、灰心丧气，缺乏精气神的经济最终必然导致财聚人散、离心离德。

文化配当经济的精气神。经济以经济以外的要素作为资源，矿产、地表水、土地、劳动力、知识、制度、法律、文化等都是经济的驱动因素，其中能够贯通古今未来、呼应南北东西的因素唯独文化。因此，只有文化配当经济的精气神，才能连接经济内外所有细胞。

文化聚人气、显实力。经济有了文化就高尚，没有文化就低鄙，外源文化下的经济是虚壳经济，内源文化下的经济则为实力经济。投靠美国的菲律宾经济兴盛10年后被替代，20世纪60年代日本节俭小型多功能产品大规模挺进美国市场，赢得市场的同时也赢得了尊敬。在全球化中，附加了文化的经济，不仅有更大的图利空间，而且可以赢得更多的尊重，文化是国家软实力。在内源文化催发下，国内经济和谐自然、社会发展、利益均沾、财散人聚、同心同德。

独特和创新是优秀文化的特征。人家给什么就要什么，我们就是经济上的附庸；现在是怎样就认为只能怎样，我们就永无出头之日；只有要什么就创造什么，我们才能改善经济、领先全球。我们到底该要什么、不该要什么，不是外人决定的，不是政治决定的，而是文化的选择。在文化的滋养下，经济社会才能健康发展，才能持续改善，才能不断进步。

福地文化是造福的文化。好的文化给经济注入精气神，福地文化不仅延续了找福地、享受福地的传统，而且注入创造福地、开辟福地的新文化精神。我国有 72 个传统福地，如果我们让民众过上自由、福利、安详的生活，不管地处何方，那就是福地。这样的福地在我们心中、在我们行动中、在我们的生活中。只要你想造福一方，并且践行不断，你就可以造一方福地。

5　湖南省创新链驱动产业链转型提升的对策建议

该部分是 2013 年湖南省软科学重点课题结题材料之一，[①] 递交于 2015 年 10 月。

1978 年，全国人均 GDP 为 381 元，湖南为 286 元，浙江为 331 元。2014 年，全国人均 GDP 为 46531 元，湖南为 40287 元，浙江为 72967 元。在过去的 36 年中，湖南 1160 万青壮年外出务工，贡献沿海沿边开放。不仅开放倒逼改革，问题更在倒逼改革。重金属污浊湘江、大雾霾笼罩芙蓉国，都在倒逼湖南经济转型提升。创新驱动发展新国策，解放了湖南的地理制约，有了依靠才智谋求发展的公平机会，如何发挥“惟楚有才”的天然优势成为湖南的重大发展课题。破解这个课题，湖南经济就能在国家经济大转型中后来者居前。

---

① 本文系中南大学承担的《创新链驱动产业链转型提升的体制机制研究》[湖南省软科学研究计划重点项目（2013ZK2001）] 的阶段性研究成果。

5.1　创新驱动产业发展中存在的主要问题

（1）创新效率偏低。湖南研究与开发投入占全国的 4.32%，应用技术登记成果数占 2.08%，科技论文数占 2.69%，其中 CSCD 层级论文占 4.44%。这些数据显示，湖南的创新效率偏低，但高层级学术创新具有竞争力，科技投入的配置可能存在不合理性，创新的组织管理或许有较大的改善空间。

（2）战略技术和应用技术创新薄弱。与全国情况类似，湖南产业与创新之间存在鸿沟，论文发表不少，但战略技术及应用技术创新短缺严重，前端的科学技术创新并未有效服务本地经济的发展。太多的创新远离经济建设主战场，没有对接产业范围拓展、竞争力提升和过剩产能化解。如何“围绕产业链部署创新链”，提高创新的针对性、实用性和收益性，是湖南科技创新导向管理的一个大问题。

（3）科技研发孤岛现象普遍。当前学术门第帮派盛行，圈内相互吹捧，圈外极力打压。从基础理论、战略技术、应用技术到产品开发的递进创新链，也被切割分段。诸多片段重复同质性创新而堆砌成孤岛，唯以解决个别遗存问题而孤芳自赏、炫耀才智，实质差异较大的原始性创新被矮化、窒息、扼杀。创新孤岛塑造出若干创新寡头，虽耀眼喧闹一时而终无可用，却消耗巨额资金，排挤竞争性创新人才的健康成长，恶化学术道德氛围。

（4）既得利益链阻碍科技产业化。既得利益链扭曲了市场机制，阻碍创新产品进入市场，甚至在创新成果商品化阶段，把新兴产业扼杀于摇篮中，造成系列创新成就的整体性流产和创新投资的巨大浪费。调查发现，创新型企业尽管遭遇到资金、税收减免、政策落实等诸多困境，最让它们望洋兴叹的是，在公共产品采购领域无力破解坚如磐石的利益链、关系网。

5.2 创新链驱动产业链转型提升的若干经验认识

(1) 创新驱动是湖南经济健康发展的出路。依靠资源和自我透支，湖南经济已经高速成长36年，人均GDP达5987美元，达到世界平均水平的46.3%，而环境人文社会已经难以承受。湖南没有条件透支外省外国，也没有足够的资源倍增经济，唯有依靠创新、做强现有产业、繁荣新兴产业，湖南经济才能健康成长。湖南面临全国各地同质性经济竞争压力，谁更快更大幅度创新，谁就站到产业转型和提升的前列，谁就能在经济大调整中死里逃生找到更大的发展空间，谁就取得领先优势、占据产业高端、获取优厚的回报。湖南必须在国家经济结构大调整中，依靠创新赢得发展空间、避免投资沉没，创新驱动湖南发展不仅是必然的而且是急迫的。

(2) 创新的高价值主攻方向是"新"和"精"。我们已经是经济大国，把产业做大，并且做过剩了。做强产业要靠创新来提升价值，当前最有价值的创新方向是"新"和"精"。培育新兴产业就是做"新"产业，提升原有产业就是做"精"产业。做"新"产业，可效法美国模式，以自主研发为源，面向未来求新应变，主导世界产业发展趋势而成就领先地位。做"精"产业，可效法德国模式，立足优势技术积淀和完美主义文化，以提升既有产业为创新出发点，精工细作、寡据世界各产业高端而成就强势地位。

(3)"围绕产业链部署创新链"能够提高创新效率。推动产业链形成的动力是上下游关系、价值交换、产品或服务配套、技术支持、信息反馈等，其中技术创新是推动产业链萌生、形成、增强、变灭的最主要动力。创新具有三大功能。一是连通产业链——通过技术创新弥补区域内产业链断环，增强产业关联度，互补提升产业竞争优势，提高资源化水平；二是延伸产业链——上下游延伸既有产业链，增强范围经济优势，扩大资源化范围；三是提升产业链——改善产业链的关键技术环节，提升产业链技术水平，增加产业附加值。产业链与创新链之间相互衔接，就能互补循环推进；若各自分离，则互相替代牵制。打通产业链和创新链，就是用市场机制提高创新效率和效益的一个重大课题。

（4）政府的创新责任是搭建舞台、供给要素。高大的舞台、充足的要素，是激励创新的不竭动力。在国家创新体系中，基础科学、战略技术、应用技术到产业技术构成是从隐到显的创新层次链。前端的创新具有公共性、社会性、全局性和长期性，是政府推动的责任范围；后端的创新具有私人性、经济性、具体性和收益性，是市场机制起决定作用的。依靠政府的前端创新，逐层垫高成为后续创新舞台并提供创新要素，前后互补直至在最终市场上实现创新链价值，如此，创新与产业之间就能形成互补提升的循环增强机制。创新舞台由基础设施条件、制度设计、政府管理、社会文化、政策法规、技术积淀、人才储备和市场等诸多支撑点构成，形成互补提升的创新结构链，其中政府的作为具有基础性的作用。

（5）提高创新效率需要政府与市场分工协作。政府通过提供政策、资金等资源驱动创新，市场通过展开需求机遇吸引创新，政府和市场是创新的两大原动力。市场机制就能决定的，政府应少资助、少参与、少评价。企业才是产业创新的主体，市场才是最终的裁判，嗅觉市场企业比政府更灵敏。市场机制失效或失灵，就需要政府弥补和矫正。政府管理经济，需要以产业链为单元，在产业链内促进自主优化提升，在产业链间紧抓协调互济。政府管理创新，需要以创新链为单元，在创新链内让市场机制自发配置资源，在创新链间提供公共性创新要素，促进更大范围的创新链。基层政府管小企业、小产业和小区域，高层政府管大企业、大产业和大区域。政府要止步于市场内部机制，否则，就会造成政府功能错位、资源错配，降低创新效率。跨区域、跨产业和跨企业是政府创新管理的定位依据，政府引导创新方向、提供创新要素、搭建创新舞台、改善体制机制，激励全民各尽所能、自主创新。

5.3 创新链驱动产业链转型提升的对策建议

针对湖南现状，不仅要增强科技投入强度，也要提高科技产出效益，更要拓宽科技投入出路，使财政投入、科技创新、产业生长之间循环增强。打破既得利益链，为科技投入营造最终市场出路，就能让市场机制配置创新资源，形成政府推动和市场拉动的创新合力。

5.3.1 让创新成为产业，让创新催生产业，让创新做强产业

让创新做强产业，就是围绕现有产业组织创新，用创新链提升产业链，使现有产业增效增值。让创新催生产业，就是激发现有创新资源的产业化能量，面向未来产业组织创新，发现和培育新兴产业。让创新成为产业，就是在创新管理上更多借助市场机制的力量激发每一主体的创新；在市场失灵或失效的创新环节，加强政府管理和财政投入，弥补市场的不足；通过市场和政府互补强化创新链，营造出自主自发创新的市场机制。

5.3.2 政府着力本地公共创新、产业链创新、增值服务创新

湖南的科技投入要突出本地性、公共性和市场贴近性，不在长线

投资上硬拼，而在市场价值创新中巧取。通过在技术信息加工和商业情报研究等优势增值服务上创新，吸收省内外创新资源，花小钱办大事，找准关键共性技术创新。在省内，政府尽责于弥补市场失效和失灵，无缝连接起跨地区、跨行业、跨企业的创新链，通过大力引入关键创新要素和创造要素提升本地创新平台。

5.3.3　政府平等对待来源于国家、行业和省外的接入式创新

湖南创新对外开放，鼓励以人为纽带连接省内外。通过和伴依国家创新体系，培育和提升本地技术创新人才、产业创新人才。在业绩考核、政府科技奖励中，参与国家、行业和省外创新活动的，与本地项目同等对待。对于引入创新成果来湘实施产业化的，政府依规给予资助；对于在湘产业化中作出杰出贡献的，给予特别精神优待。

在湘的国家级和省级工程研究中心、实验室、研究院所等科研机构，政府考核体系中纳入合作研究和培训培养的内容，并类比科研项目给予专款专用的支持；到省外高层次开发机构合作研究与开发或接受培训培养的费用，按50%抵税，以促进技术成果加速扩散和产业化。

5.3.4　政府优待从本地“土特优”产业中提炼出的内生性创新

湖南“土特优”产业，有坚实的生长根基、独特的差异性和不可替代的竞争优势。通过适应性创新，让“土特优”产业走出湖南、做强做大，类如湘菜红遍全球。面向外部市场创新和面向内部工艺创新，是互补推进“土特优”产业成长的两大关键。在激励创新的资金链部署中，前者宜减免税收、加速扩展，后者可外部性补偿、培植潜力。

5.3.5 政府激励区域内部、产业内部和企业内部的自组织创新

对于企业、企业集团、集群、产业、地方的自主创新，政府坚决执行税收减免等政策导向，降低它们的创新风险。政府管理中还要引入认可制，承认其中部分项目的立项层级以正名，而无须资助。对于外部性价值大的创新项目，政府可比照公共性创新项目资助。此外，政府组织创新链管理培训，普遍提升区域内机构的创新管理水平。

5.3.6 破解既得利益链，开辟创新产品市场，激发创新市场机制

以本地产品优先、创新产品优先为原则，完善政府采购体系。采购操作上，以目标和制约条件、机制设计、管理操作三分离的方式，破解既得利益链。高层领导管目标和制约条件，基层管操办，机制设计交由利益无关的第三方研究完成，让市场机制发挥决定性的作用。同时，建立竞标市场不公申诉制度，交由利益无关专家依据机制规范审核申诉书和答辩书，并公开专家意见。

附录2　一些辅助性资料汇编

每一个学术派别都像个几百年来一直自说自话的人，自以为聪明绝顶，而在别人眼里却可能愚蠢透顶。

——歌德（《自然科学原理》，1817）

1　经济学演变与划分

1.1　关于古典、新古典、主流和现代经济学

1.1.1　古典和新古典经济学的划分

古典经济学（Classical Economics）是指亚当·斯密、大卫·李嘉图、西斯蒙第、穆勒、萨伊等累积而成的经济学理论体系，认为在自由的不受管制的市场中，个人追求各自的利益会使整个社会的福利最大化。

新古典经济学是从古典经济学脱胎而来的，主要有4次大的演进。历经“张伯伦革命”“凯恩斯革命”和“预期革命”三次大革

命，形成的微观经济学和宏观经济学基本理论框架，被称为第一代新古典经济学（Neoclassical Economics，1920—1970）。从理性预期假说和自然失业率假说出发细化出来的新古典经济学理性预期学派，认为政府主导的稳定政策没有任何效果，这就是第二代新古典经济学（20世纪70年代）。杨小凯等用非线性规划等现代分析工具复活古典经济学中分工和专业化等经济思想，就产生了第三代新古典经济学（20世纪80年代）。第四代新古典经济学（1993）的兴起，以斯蒂格利茨1993年出版的《经济学》教科书为标志，主要特点表现在以下几个方面。①将宏观经济学的表述直接奠定于扎实的微观经济学基础之上；②将信息问题、激励问题、道德问题、逆向选择问题纳入经济学研究框架中；③认为依靠政府的依法调控，就能实现市场有效配置资源的作用，进一步注重政府干预经济的积极作用。

1.1.2 新古典经济学的特征

马歇尔以来的新古典经济学，彻底抛弃了逻辑—现实法则，奉行实证主义，以致后续的经济学发展成脱离现实的一般均衡分析（General Equilibrium）。[①] 新古典经济学把“经济人假设”作为理解人类经济行为的唯一属性，并做了三项精准化描述。

（1）在经济活动中，人是自私的，以追求自身利益作为经济行为的唯一动机。

（2）在经济活动中，人是理性的，具有完备的知识和计算能力，能根据市场和自身状况使所追求的个人利益最大化。

（3）只要有良好的制度保证，个人追求自身利益最大化的自由行

---

① 参见［美］Robert Murphy《奥地利学派与新古典经济学的差异》，2010年8月12日，经济之家论坛（http：//bbs. pinggu. org/thread－883665－1－1. html）。

动就会无意而有效地增进社会公共利益。

新古典经济学注重资源市场配置问题，撇开了一切对政治因素的考虑。于是，弱化了经济的是非价值导向，主要表现以下几个方面。①出发点不是“规范的”（normative），即研究“应该怎样”，而是“实证的”（positive），即先研究“是怎样”；②分析框架内不含政治因素，政治因素是外部影响因素；③无法解释当前，就重构新的经济体系而呈现时代性。

1.1.3　主流经济学及其主要特征

主流经济学是指在经济学界拥有领导权与话语霸权，对政府经济政策的制定和实施起指导、主导、引导和主要影响作用的经济学。主流经济学的表现有以下两个方面。①在经济学术界内，被经济学家普遍认可和赞同；②在经济学应用方面，成为政府经济决策和制定经济政策的理论基石。

从长期看，不仅要制度绩效保持良好，还要实现社会稳定和经济运行的长期低成本。[①] 主流经济学认为，一个好的制度绩效标准应该满足三个条件。①能进行有效的资源配置；②能有效利用信息；③能协调各个经济单位的利益。

当今主流经济学派的共同特征表现在以下几个方面。

（1）强调数学形式化——只要正文中采用数学方法的论文，就被认为是严格的、可靠的，有形式重于内容的倾向。规范化、公理化、技术化，并不会产生新的思想观念，却需要长期精细累积和提炼。强调形式化，导致“经济学相对于经济发展的滞后已超出了其应该的范

---

① 参见乔榛《面对中国改革：西方主流经济学的困境》，《红旗文稿》（http://www.sinoss.net/）。

围，在某种程度上，这是因为经济学过多地纠缠于20世纪前1/3左右时间发展起来的各种经济概念和分析技巧，并在随后的几十年中不断以更为复杂和更一般的数理模型来重新表述”①。

(2) 个人主义方法论——遵从新古典经济学派“理性”和“利己”的“经济人假设”。

(3) 忽略基础不确定性——不考虑历史时期差异和不确定性问题。

(4) 崇尚优胜劣汰的社会达尔文主义，无视弱势群体，忽视公平正义。

1.1.4 现代经济学

现代经济学是指最近半个世纪以来发展起来的、被当今世界认可的主流的经济学。现代经济学是“在当今世界上被认可为主流的经济学”，它的标准范式由三个部分组成。①由经济人偏好、生产技术和制度约束、可供使用的资源禀赋三个基本假设构成的研究视角；②多种经济学原理构成的理论参照系；③由许多图形模型、数学模型构成的一系列分析工具。② 据称，现代经济学范式是“当代在世界范围内唯一被经济学家们广泛接受的经济学范式”，在中国特别具有“话语霸权”和“独尊”地位。

“实证主义”企图把经济学理论构建在与物理学类似的基础上，越来越明显地误入歧途。第二次世界大战后，实证主义如日中天控制了整个经济学界。在实证主义者看来，经济学理论的作用就是观察人

① 罗伯特·福格尔（Robert Fogel，1926—2013），创立《计量经济史学》，与诺斯（Douglass C. North，1920. 11. 5— ）同获1993年诺贝尔经济学奖。

② 参见钱颖一《理解现代经济学》，《经济社会体制比较》2002年第1期。

类行为中可计量、可统计的规律性，可以据其进行预测并用更进一步的统计证据进行验证。可以用牛顿物理学研究质量和运动的方法来研究人类的行为。

1.2　产业经济学的三大主流学派

西方产业经济学三大学派是哈佛学派、芝加哥学派和新奥地利学派。

（1）哈佛学派（Harvard School）。主要研究市场结构、企业行为、市场绩效之间的关系，形成 SCP 范式，代表性人物有梅森（E-. Mason）教授和贝恩（J. Bain），他们认为三者之间存在递进制约的因果关系，主张以市场结构为主要研究对象，以市场竞争状态和价格形成模式为评价市场绩效的主要指标，推崇完全竞争和政府对垄断的积极干预甚至阻止。

（2）芝加哥学派（Chicago School of Economics）。是第二次世界大战后最大和最有影响的新自由主义学派，代表性人物包括斯蒂格勒、德姆塞茨、亨利·西蒙、米尔顿·弗里德曼（1912—2006）等，信奉自由市场经济中竞争机制和社会达尔文主义，极端强调个人自由、完全竞争市场机制，认为经济自由、经济效率与分配均等三项政策目标，经常此消彼长、顾此失彼、不可兼得，开创了规制经济学。

（3）新奥地利经济学派（The New Austrian School of Econmics）。是奥地利经济学派在20世纪30年代以后发展起来的，代表人物包括以米塞斯、哈耶克、梅耶、斯特里格、哈伯勒、摩尔根斯坦等奥地利籍经济学家，核心思想在于注重市场竞争的行为性、过程性。第二次世界大战后，米塞斯在《理论与历史》（*Theory and History*，1957）、《经济学的认识论问题》及《经济学的最后基础》（*The Ultimate Foun-*

dation of Economic Science，1962）中进一步发展了他的“人的行动科学”方法论，认为人具有努力实现的内在意图、目标或目的，人也会形成如何实现这些目标的想法。米塞斯驳斥了实证主义方法——用物理学方法观察人，把人当作石头或原子。该学派处于振兴中，主张把以劳动价值论为基础的理论改造成行为选择理论，使经济学变成一门行为科学。

1.3 理论与实践之间的关系问题

1.3.1 理论与实践不是一回事

理论的基本取向是抽象研究对象而提出认识模式，通过简化真实世界的方式满足思维和认识世界的需要。实践的基本取向是在本真世界中寻求意图实现的途径，通过重构真实世界的方式迈入理想状态。理论与实践处于不同的领域中，难以相互完全覆盖。理论指导实践却掌控不了实践，实践需要理论思想却自主把握现实。个体实践的失败不足动摇理论，任何理论都需要实践的检验。理论如明灯高悬空中，实践如行走需脚踏实地，踏空或者踏实绝非由灯光决定。无知者鄙视理论，失败者通过理论推卸责任，理论支持思维，行为才决定结果。理论和实践处于两个不同领域，两者是有界线的。

1.3.2 理论水平决定不了实践能力

第二次世界大战后美国有个奇特现象，每当美国总统经济顾问委员会（CEA）主席缺位时，就是美国经济最好的时期，无论是就业率、经济增长率等经济指标，还是贫困率等社会指标，都倾向改善。一旦主席上任，各项指标就开始下滑，而在哈伯斯坦和舒尔茨这样的经济学大师正坐主席高位时期，贫困率则以2%左右的可怕速度增长。

普曼斯与奥尼德·康托洛维奇共同获得1975年诺贝尔经济学奖，代表作是《资产分配的最优理论》，据称按此理论投资可以获得无往而不胜的结果。授奖会上，有好事的记者问："既然这个理论这么厉害，你们有没有想过，用这笔奖金来证实这个伟大的理论呢?"两位经济学家表示："我们正准备如此。"结果是，一年半就亏光了所有的奖金。默顿和斯科以期权定价理论获得1997年诺贝尔经济学奖，二人也摩拳擦掌组建了投资公司。不幸的是，他们的期权投资交易却亏多赚少，屡战屡败，直至关门。①

在胡佛时代，欧文·费雪在经济学界地位如日中天。1929年美国大股灾前夕，费雪仍然高呼："股价将达到某种持久的高峰状态。"在这场大股灾中，欧文·费雪几天时间就损失了几百万美元，顷刻间倾家荡产，从此负债累累、穷困潦倒直至1947年去世。

20世纪80年代，一位经济学家不甘寂寞、意图小试牛刀，与朋友合开一家公司，专门向投资人提供股票投资建议与代理股票投资。结果是，客户不是被套就是割肉、亏得哭爹叫娘，公司收入不足以支付水电费，在赔了数百万美元后惨淡收场。这位经济学家从此专心做经济理论及宏观经济趋势分析，进入美联储并成为主席，他就是艾伦·格林斯潘。

1.3.3　实践终究不能偏离理论太远

据日本海关统计，20世纪90年代，中国每年出口日本的方便筷子总计约2243亿双。林业专家估算，每年中国出口日本的筷子，要砍伐200多万棵树，毁灭山林面积超过190平方公里。

---

①　参见岑嵘《经济学家的乌龙球》，《读书》2012年第6期。

中国是世界经济的发动机，这个发动机用自己的资源、环境和国民健康，为西方国家贡献巨额财富。2005—2010 年间，中国经济年均增长 11.3%，用占 4% 的全球 GDP 总量贡献全球 15% 的经济增长。代价是中国江河湖泊断流枯竭 80%，草原沙化 2/3，土壤板结，森林消失；1/3 的国土被酸雨污染，造成的损失是 GDP 的 15%；2/5 的主要水系为劣五类水，3 亿农民用水不安全；4 亿城市居民呼吸着严重污染的空气，1500 万人得支气管炎和呼吸道癌症，住院人数年增 6.7%。根据 IMF 报告，全球污染最严重的 20 个城市中，中国占了 16 个。中国成为西方国家的垃圾倾倒场，垃圾是美国对华出口的第三大项并且增长最快。

国土资源部耕地保护司司长潘明才指出，就 2005 年的情况看，全国新增建设用地出让纯收益应该为 763 亿元，而中央和地方实际收缴的新增建设用地土地有偿使用费只有 214.5 亿元，其中 550 亿流入了外资房地产公司。专家推算，丧失土地的农民得到的补偿款在 5%—10% 之间，10 年内农民共损失 10—20 万亿元。据统计，2016 年上半年，57.7% 金融信贷流入房地产，中国房地产总值与 GDP 之比为 411%，远远高于全球均值 260%。[①] 中国香港宏观资本分析师 Robinson 认为，尽管从中央到地方甚至地产大亨都认识到高房价给国家和所有阶层都会带来长期负反馈，是死亡螺旋，但是地方财政和卖地收入的利益链没有打破之前，任何楼市政策注定是新瓶装旧酒，不会出现实质调控效果。

实践走在理论的前面，实现了经济高增长，却也留下诸多困境。让中国经济平稳高速发展，需要借助理论的指引，这是不可阻挡的

---

① 参见纪飞峰《中国房地产总值与 GDP 之比为 411%，远远高于全球均值 260%》，《上海证券报》2016 年 11 月 24 日。

趋势。

1.4 经济增长高低的等级划分标准

人们通常依据GDP实际增长率来划分经济增长的等级，标准如下。

（1）衰退状态：实际增长率介于0%—1%间。

（2）停滞状态：2%—3%间。

（3）低速增长：4%—5%间。

（4）中速增长：6%—8%间。

（5）高速增长：9%—12%间。

（6）超高速增长：12%以上。

GDP实际增长率是指前后紧邻年度之间按可比价格的比较，即消除通胀后的GDP比较。一般认为，即使绝对的增长没有消失，处于潜在发展趋势之下的迟缓增长，便可认为处于衰退状态，负增长当然属于衰退状态。

1.5 经济运行机制的木马说和野马说

经济是一个由高度多样化的家庭、公司、银行、监管者和其他机构之间不断变化发展、相互作用的网络。英格兰银行的首席经济学家Andy Haldane指出①，传统理论将经济视为摇动的木马（rocking - horse），一旦受到外力扰乱，会先摇摆一阵，然后才返回到静态平衡状态，类似一个机械体制，这是可以预见到的现象。然而，Haldane指出，危机中，现实经济更像一群野马，一旦有什么事惊吓到一匹马，这匹马会踢到另一匹，很快整个马群就会以一种复杂、活跃的方

① 参见Eric Beinhocker《重新定义资本主义》（http：//www.aisixiang.com/data/82351.html）。

式狂奔。经济更接近一个生态系统，而非机械系统。

1.6 全球产业结构处于演变中——从顶级企业估值角度观察

回顾历史，新的科学技术浪潮主导着生产力与生产关系的大调整，推动新的产业的涌现、主导产业的转移和社会进步。2006 年前，全球市值前 10 位大都集中在能源、金融等产业领域，2016 年高科技与互联网企业却已经占据半壁江山（见表 18－1）。

表 18－1　10 年间全球前十位企业市值对比（单位：亿美元）

排名	2006 年			2016 年		
	公司	所属行业	市值	公司	所属行业	市值
1	埃克森美孚	石油天然气	4469	苹果	高科技与互联网	5614
2	通用电气	混合制造	3836	谷歌	高科技与互联网	5168
3	微软	高科技与互联网	2935	微软	高科技与互联网	4318
4	花旗集团	金融	2737	伯克希尔哈撒韦	金融	3241
5	高兹普罗姆	石油天然气	2715	埃克森美孚	石油天然气	3225
6	工商银行	金融	2546	通用电气	混合制造	3058
7	丰田汽车	汽车	2412	亚马逊	高科技与互联网	2966
8	美国银行	金融	2398	Facebook	高科技与互联网	2912
9	壳牌石油	石油天然气	2258	强生	化工	2778
10	英国石油	石油天然气	2186	富国银行	金融	2650

未来 10 年，又有哪些产业值得我们期待？未来 20 年，情况又如

何？这不仅是投资回报问题，更是明天的希望在哪儿的问题，是如何实现弯道超车的问题。只有顺应历史性大转折，才能使中国经济后发先至；只有面向未来，才能使中国赢得新时代的大机遇。

2　与经济相关的一些观点

2.1　科学真理无国界，科学应用有国界

“科学是没有国界的”，这是非常流行的观点。如果这是指科学真理超越国家的认同，这或许是真的，不仅超越国界而且跨越时间。如果认为美国的科学可以搬到中国来，或者搬到非洲去，那就荒谬了。真的如此，还会有发达国家与发展中国家的区别吗？如果是指科学知识的应用，科学不仅有国界，掌握科学的人也有好坏。科学技术工作成就很相近，作用却可能很不相同，举两例以明之。

卢鹤绂和卢鹤绅是亲兄弟，其父卢景贵是东北王张作霖的结拜兄弟，是一名留美的机械工业硕士。1936年东北沦陷后，兄弟俩一同前往美国明尼苏达大学学习航空工程学，立志航空救国。中华人民共和国成立时，兄弟俩作出了不同的选择，哥哥卢鹤绂毅然决定回国，后为中国核技术发展立下了汗马功劳，被誉为中国核能之父。弟弟卢鹤绅决定留美，后参与了P40、P47、F84、F84P、F103、F105、F111B战机的设计，最后成名于F－14重型舰载机的总体设计。这对兄弟的科学技术工作成就都很大，他们没有区别吗，他们对中国的作用是一样的吗？武器是没有国界的吗？

在美国留学时，梁思礼和林桦是一对好朋友。中华人民共和国成立，梁思礼选择回国，林桦选择留美。最终情况是，林桦研发出美国的民兵系列洲际导弹，梁思礼研发出中国东风系列洲际导弹。1980 年时，林桦年薪是 30 万美元，居住在西雅图一个小岛上的高级别墅中；梁思礼年收入不足 3000 元人民币，居住在普通的单元房子里。梁思礼在谈到林桦时称："他干的导弹是瞄准中国的，我干的导弹是保卫我们祖国的！"你认为这两个人没有区别吗？导弹是没有国界的吗？

2.2 伟大的时代要容得下杰出的人物

伟大的时代造就杰出的人物，伟大的人物造就伟大的时代，伟大的时代容得下杰出的人物，伟大的时代需要杰出的人物，人与时代同命运，这就是天人感应。可是，古今中外经常有遗憾，杰出的人物命运多周折。面向大创新时代，我们需要杰出的人物、需要文明。

（1）梵·高的画在当今的拍卖市场上受到热捧，价格最为昂贵。梵·高（Vincent Willem Van Gogh，1853—1890）27 岁才投身绘画，在不到 11 年的时间中，留下大量绘画杰作，他的《向日葵》堪比达·芬奇的《蒙娜丽莎》。可是，这位天才画家终生只卖出 1 幅画作，在有生之年被公认为一位失败者。梵·高继承传教士却被教会开除，尝试各种职业均无善果，终生未娶，生活窘迫难保温饱，靠弟弟接济才勉强维生，最后割耳自杀身亡。1990 年 5 月 15 日，梵·高的《加歇医生像》以 8250 万美元价格拍出，这一金额足够维持 200 人一生的正常生活。梵·高的任何一幅画，若能折现到当时，就足够供养梵·高全家一生费用。若梵·高所处时代，建立社会福利保障制度，不让巨星过早陨落，即使梵·高此后每年仅作画一幅，也给社会留下了巨额的净资产。更何况，梵·高的画作并非给钱就能成就的。因此，建立社会保障文明制度，让经济平台容下奇特人物，就是从纯经济上看，都不是财富的消耗，而是财富的创造。

（2）在水利学术界，黄万里学识渊博、观点独到、敢讲真话实话、仗义执言、独树一帜。1957年6月周恩来总理主持三门峡大坝设计方案研讨会，10天会议中，黄万里孤身一人用7天坚决否决建坝方案。黄万里不顺从政治风向，让一些人没了面子，于是成为被批判的对象，划为“右派”，技术性发声机会和三峡工程论证的资格也被剥夺了，他被遣送到密云劳动改造，再贬至三门峡挖厕所。虽然遭受打击，但黄万里依然坚守科学良知，坚守科学真理不退缩。10年后，黄万里的科学预言都应验了，三门峡工程引发了巨大生态灾难、社会问题和经济损失。利用国家机器，压制个别坚守科学情操的个人，胜之不武，而这种做法的恶果却十分巨大。他认为“三峡水库若修建，终将被迫炸掉”，再次不顾政治风向。

黄万里作为个体专家，他的独立言论不足以危害社会、不足以妖言惑众、不足以扭转乾坤，如果被驳不倒，则足以弥补认识短缺，减少灾难和巨大浪费。保护独立言论对社会有百利而无一害，无非是真言刺耳而已。我们这个时代，我们这个社会，更珍贵的资源到底是溜须拍马还是科学真言，难道不应该好好思考一下吗？未来大创新时代，智力价值将进一步提升，唯有理智创新才能赢得中华民族的竞争优势，不破除我国长期存在的唯帝皇将相是举的封建陋习，只能畏畏缩缩搞创新，就没有足够的学识光线照亮前程，“中国梦”又怎么做？

（3）田中耕一，在日本东北大学求学刻苦，成绩却很差，多门科目不及格而留级两次；求职Sony公司，第一轮就被淘汰，最后只能到一家科学仪器小公司任职，并一直在职业底层。1987年，公司强压门外汉田中耕一用激光电离法测量生物大分子，不小心把甘油滴进钴试剂中，而形成“软激光脱着法”，分离出分子量超过10000的化合物（以往方法只能测定分子量1000左右的化合物），写成唯一的一篇论文。这一成果也没有受到人们的重视，科学界没人知晓田中耕一，田中耕一也没有得到任何的提升，直到2002年获得诺贝尔奖。

（4）余建春，是河南小伙儿，在一家物流公司当包装工，却创立一种识别卡迈克尔数的新算法，用计算机科学和信息安全知识破解出长期困扰数学界的一大难题。在过去的8年间，余建春曾向国内一些杰出数学家发送邮件，请求评价自己的卡迈克尔数的解答方法，但从未得到回复，直到浙江大学教授蔡天新与他联系。余建春从未受过高等数学课程或有关数论的系统训练，一切来源于他对数字的敏感和天赋（中国网新闻，2016－07－21）。这类例子，不是绝无仅有的，而是无独有偶的。影片《心灵捕手》中主人翁Ramanujan，出生印度南部，家贫辍学，将自己的数学发现寄给印度和英国的数学家们，也被当作恶作剧而无人理睬，直到遇到伯乐——剑桥大学数学家G. H. Hardy，才知这是一匹数学上的千里马。

（5）束星北[①]，师从李政道，物理天赋当属凤毛麟角。他早年求学加州大学、爱丁堡大学，1931年5月获麻省理工学院的理学硕士学位，时年25岁就走到学术前沿。束星北个性鲜明、棱角锋利、黑白分明、刚直不阿，在竺可桢时代的浙江大学，与王淦昌同为一流的教授。在政治斗争中，反抗国民党杀害学生而罢教、反对思想改造运动、反对“一边倒”学苏联、不愿意到科学院工作等，导致被抓，在山东大学肃反运动中被定为历史反革命，清扫厕所12年。因为这个缘故，束星北失去了参加“两弹一星”伟大工程的机会。1979年，

① 参见《中国的爱因斯坦却扫了十几年的厕所　尸骨几被扬弃》，《今闻解读》2016年9月1日。

中国第一枚洲际导弹需要计算弹头数据舱的接收和打捞最佳时限，尽管有100万元拨款，还是难倒科学院每一个人。束星北分文未收，一支笔一摞纸，甚至无须计算机就准确无误完成计算任务。天才雄风依旧在，只是岁月不久留。束星北的虚耗人生，是个人的悲哀，也是社会的损失。为什么不能宽容一个守法、缺心机、自以为是并且确实也是的科学天才呢?

（6）罗吉尔·培根（Roger Bacon，1214—1293）是在精神上接近他以前的阿拉伯人或他以后的文艺复兴时代的科学家的唯一的有成就的人物。1265年在教皇富克支持下，用18个月完成《大著作》《小著作》和《第三著作》。培根因思想异端，被幽禁10年，被囚禁14年，一生是悲惨的。造成这种悲惨，一半是内心的，一半是外在的；一半是由于当时学术环境局限了他的思想方法，一半是由于教会权威对他的迫害。培根是实验科学的先驱，是现代自然科学的真正起点。他认为，有一种前人不知道的科学，这种科学比其他科学更完善、更有利，要证明其他科学非它不行，这种新科学就是“实验科学”。实验科学比任何论证的科学更为科学，因为那些论证科学，无论逻辑上多么合理和有力总不能提供确切性，只有实验科学才能证明它们的结论正确与否。实验科学可以辨明真伪、揭露欺骗。

2.3　破解社会困境推动社会进步

学生的进步有两大动力，外部靠教师引导，内在靠自主解题。越到学业后期，解答问题对学生素养提升的贡献就越大。解答了一个前人未解之问题，或者采用新的方式解答了一个问题，就是创新。创新是获得博士学位的依据。如果解答出一个知名的问题，甚至可以成名成家。1978年前后，受到社会高度尊敬的数学家陈景润和侯振挺，就是这样的学者。文艺复兴三杰之一的达·芬奇，因为解决飞行、交通、工程、水利等各个领域的问题，而成为全能科学家。可见，解题是个人进步的重要路径，甚至可以成为个人终生前行的一条道路。

奴隶社会后期，社会分层越来越大，土地占有越来越集中，在层层叠加的压迫中，底层被压迫阶级规模越来越大，整个社会越来越为极少数的奴隶主服务，奴隶的自由空间越来越小，奴隶的生活和生命越来越缺乏保障。为了摆脱束缚，奴隶反抗统治的方式从消极怠工、逃亡逐步升级到破坏生产工具甚至杀死奴隶主。在奴隶社会中，奴隶主迫使奴隶绝对服从，奴隶则努力解放对奴隶主的人身依附关系。奴隶主阶级惯性地相互攀比绝对统治地位，不断强化暴力统治，导致这一冲突越演越烈而无法调和，维持这种统治的成本越来越高。

在春秋战国时期（公元前770—公元前221），通过战争，争夺土地和资源，政治实体从170个减少至7大诸侯，再继续通过战争建立统一的秦王朝。经过战争的长期洗礼，战争功臣逐渐壮大，形成与奴隶主贵族阶级相抗衡的政治集团，如何平衡两者之间的社会地位成为一个突出的社会矛盾。连年战争，社会生产力不仅没有有效提升，而且被大规模摧毁，引发社会生存危机，破解这个危机成为社会变革的动力。社会危机激励人们思虑割除社会弊害，经过数百年的思想积淀，形成了诸子百家，最终找出了封建制的社会变革方案。社会变革极大地解放了生产力和创造生产力，经过从秦朝到宋朝的1500年，中国经济总量甚至曾经占世界的70%，此后中国封建制在相对衰弱中一直延续到1911年。

面对同样的社会难题，欧洲通过奴隶主民主改善奴隶制，从查理曼大帝①时期开始向封建制过渡，11世纪封建制定型并在12世纪达到全盛。欧洲封建社会的特点是基督教统治了整个社会生活和人们的思想。早期基督教斥责一切不平等的现象，反对贫富不均，主张人人平等和财产公有，并且通过宗教的力量推动社会变革。后来，基督教发生了蜕变，宣扬贫富、权利都是上天的安排，到公元1300—1500年，科学也成为神的婢女，社会陷入黑暗。

从历史角度观察，社会进步的动力都来源于破解社会危机的需要，人类社会在解决大大小小的社会问题中不断发展进步。直面问题就能更快地发现正确的前进方向，进步就更大些，长久来看反而更加平稳顺利。回避问题、掩盖问题、局部化解问题，让社会问题越积累越多、越积累越大，最终不得不面临急风暴雨式的社会转折。面对社会危机，是问题驱动改革还是压制问题不改革，是寻求长期全面发展还是寻求苟且偷安，是重大的社会选择。

在社会管理中，各种势力相互制衡。这种制衡可以是合法的、公开的，也可能是隐蔽的、非法的。把合理诉求压制下去，就会形成隐蔽的反制力量，如果通过公开的方式表达出来，就会产生社会改良的推动力。中国封建社会后期，最恶劣的社会表现是行政问题政治化，社会管理上，不断强化行政地位，谁在位置上谁就是道理，把社会制衡的力量压制下去、掩盖起来，最终导致社会自我纠错和调节的功能失灵和失效。表面上是强化皇权，一切从皇帝的需求出发，使得统治机器动力单一化，提拔成为官员晋升的大道。如何让皇帝轻松愉快、如何让皇帝尽见美好、如何让皇帝总处盛世华年，成为重中之重的工作。直到今天，这种遗毒依然危害我们的社会，并且重心下移，一些

① 查理曼大帝（Charlemagne or Charles the Great，公元742—814），罗马帝国的奠基人、欧洲文明的引入者，被后世尊称为“欧洲之父”。

地方长官和单位领导都唯我独尊、排斥异议。征询意见时，普遍可以听到的是，外单位有问题，归口上级有问题，本单位找不出问题、一切最好，领导周边恭维之声不绝于耳。达到这种程度，一些人不以为忧，反以为荣，社会状况如何也就可想而知。

2.4 管仲和商鞅都繁荣国家经济，结局却大不相同

管仲和商鞅以不同的路径推动改革，都强大了国家经济。管仲按照先政治后经济的步骤，以政策、法治和专业分工建立经济秩序，鼓励工商、开放市场，并敛轻散重、买贱鬻贵进行市场调节，以增国资、平抑物价、防止富豪巧取强夺，造就齐国民富国强。管仲推行经济改革，并不唯利是图，对鲁国进行“织缇”贸易战，不战而屈人之兵，综合改革后，使齐国人自发地“知礼节”“知荣辱”。商鞅明正典刑、厉行法制、严刑峻法，以闭关抑商、独尊一家萎缩文化的政策推动改革，形成薄情寡恩、厉行酷刑的社会，形成愚昧国民 + 铁面酷吏的猪狼合体国家，使秦国人获得了平等的奴役，也造就秦国经济富足和强大。

管仲和商鞅的改革，对改革者、内政和外交的结局都大相径庭。管仲为国人爱戴、举世敬仰，获得各国赞誉；商鞅则遭国人的恐惧与憎恨，所以秦孝公一死，他就被仇人追杀，最终车裂毙命。管仲劝桓公推行睦邻友好政策和主持公道，以胡萝卜加大棒的外交政策，有武力威慑但和平，成就霸主，诸侯国心服口服。秦国一味征伐，生灵涂炭，并六国成霸业，诸侯各国记恨于心，势弱即反。

管仲和商鞅的改革在意识形态上存在不可逾越的鸿沟。管仲持续了40年的政治、经济改革寓义于利，以和平原则、利益妥协、制度坚守、契约守信的商业方式推进，秉持“欲富国必先富民，欲富民必先严于保

护产权”的理念，是以民为本、顺乎民心的改革，是一场文明进步的改革。商鞅变法是为求功业奴役人民，采取法律刚性、野蛮暴政、暴虐无情、驯兽师般的方式推进改革，是一场行为野蛮的改革。

汉武帝和桑弘羊对商业利国的认识并不比管仲弱，汉武帝、桑弘羊却利令智昏、涸泽而渔、饮鸩止渴，通过“算缗令”和“告缗令”等，政府有组织地暴力维护与民争利的优势地位，无耻地劫夺民财，政府成为掌权的武装匪徒。王莽奉行国家主义，采取禁止买卖土地、奴婢，以及价格管制和政府垄断经营为基本特征的五均六管制，通过通货膨胀改革金融币制，以还本不付息的“赊贷法”保障国民消费等措施，消灭正常商业，招致社会大动乱。王安石变法也奉行国家主义主张，基本状况与王莽无异。王莽、王安石理想高远，欲造天堂，却建地狱，不是身死政堕，就是招引外患灭国。

社会治理不是理想主义者的真空实验室，而是现实主义者的荆莽危崖；社会治理也不只是夜观天象一夕辉煌的事业，而是抬头看路、夙夜匪懈、节制权欲的谨言慎行——在社会治理的任何改革面前，都铺着一张所有人的利益收支平衡表。用政府权力无限度劫留民财以让国家富强的一切妄图，都会遭到悲剧性的失败，古今中外概无例外。

几乎所有成功的改革都有一个共同特点，它能让参与者迅速增益，即使只是蝇头小利也没有关系，但必须稳定、安全、持续。好的改革是渐次推进的，必须是增量的。“仓廪实而知礼节，衣食足而知荣辱。”《管子·牧民》

2.5　人的提升并非天然地与经济成长协调

比较资本主义制度，社会主义制度不只是作为一种先进的政治制度被引入，而且是作为一种人类崇高的新型道德价值体系被接纳和被实践。“仁义礼智信”“温良恭俭让”的个人修养，在健康社会中这是美德，在病态社会中这是懦弱，并且极易被统治阶级利用，成就奴役、剥削和侵害人民利益、维护不平等社会格局。在扭曲的社会中，就有扭曲的人格，个人美德如同精神鸦片，成为改良社会的阻力。在动乱不安的社会中，倡导个人美德，不仅不能升格国家民族精神，而且中国人民就站不起来，中华人民共和国成立前的170年就是历史教训。

马克思在《德意志意识形态》中指出，工人创造的财富越多，他生产的能量和范围越增加，他就变得越穷。工人创造的商品越多，他自己也就变成一种越廉价的商品。伴随物质世界增值的是与之成反比的人的世界贬值。劳动不仅生产商品，它还把自己和工人作为商品生产出来——与它生产商品成比例。不错，工人劳动给富人生产出美丽的东西，但对工人来说，他生产出贫困。他给富人造出宫殿，却给自己造出茅屋陋舍；他给富人生产出美，却给自己生产出残废和畸形。机器取代劳动，但机器迫使工人回到一种原始而残酷的劳动中，同时又把另一些工人变成机器，劳动生产智慧，却在工人身上生产出愚昧和痴呆。

2.6 自私是进化的产物，要靠进化来制约

自私是人类进化的产物。在人类学会储藏食物之前，人类是集体食物搜寻者或狩猎者，一旦发现并占有自然界中的财富，就即时消耗。公元前10000年前后，人类会将多余的谷物储藏起来，开始驯养动物了，就步入农业社会了，财产的概念才随之萌生。可是，直到公元14年，欧洲的领主和雇佣依然属于土地，而不是土地属于人。《国富论》教导国王的是，人类天生的对个人利益的追求将会确保社会总

财富的稳定增长，并推动人类走向无限的进步。在古典经济学家眼中，人生来就是利己的、竞争的、贪婪的，会利用他人的善意为自己谋利，或躺在他人的劳动成果上不劳而获，或者独享自己的劳动成果，获得更多的收益。对于人类劣根性，当时也是认识到了的，其实，除了《国富论》，亚当·斯密就并列地著述了《道德沦》。古典经济学家在操作上，没有制约这些恶劣品质，而是激励这些品质。可以推知，这种私有观念在当时的社会中不是太强烈而是太薄弱，尚不到限制之时。

自私者当然选择以钱为本。当今社会中，普通百姓，如果以钱为本，他的社交圈就会缩小，他对社会的作用就会相应受到抑制。如果一个单位的领导以钱为本，这个单位就会损众人而肥一家，这个单位就会乌烟瘴气，单位发展就缺内生动力。如果高层领导以钱为本，他的污染面就会更广大。梁武王（464—549）早期是一个多才多艺、学识广博的英主，强盛了国家，后来不听异议、崇尚奢靡，上行下效很快遍及全国，使国力日衰。最终结果是，集天下财富于一身的梁武王，竟然饿死宫中。可见，即使至上富贵的君主，拥有财富天下，也难保全性命，更何况普通百姓人家。

谁都不会主动承认自己是以钱为本的。当今社会，凭着精英的精明，是绝不会承认自己是以钱为本的，可是，如果他们不是以钱为本的，就无法理解他们的贪腐行为、出卖国家利益的行为和无视贫困民众生活的行为。从历史上看，贪念多少与社会地位从来就没有负相关的证据，给予高管无限荣耀的同时又为之粉饰高尚，是不合时宜的。社会管理更重要的是在各阶层全面抑恶扬善，特别是从领导干部开始。领导干部以钱为本的典型表现就是贪污受贿、卖官鬻爵等。更隐蔽的方式还有克扣本单位职工的待遇搞投资建设，这就是“一将功成万骨枯”的做法。在和平时期，这种做法非常恶劣，起到了“财聚人散”的作用，与我国宪法精神格格不入，与中国共产党的宗旨格格不入。然而，这样做的人大多升到高位了。是非何在，社会信誉何在？社会信任危机的产生不是没有根源的！

2.7 需要适当降低人类活动强度

气候变暖、环境污染、自然灾害频发，引发人类反省自我，有无救赎之道？如果我们能够避免或者减缓不撞南墙不回头、不见棺材不掉泪，那就是社会的文明进步。2014年年初，丹麦哥本哈根丹麦气象研究所Peter Stauning发表题为“减少的太阳活动掩盖了全球气温的升高”的文章，认为过去10来年是太阳活动100年来的最低值，一旦太阳活动增加，全球气温将出现大幅上升。

引发全球气温暖化的有哪些因素呢？自工业革命以来，CO_2浓度从280ppm推高到2005年379ppm。对于人类生存而言，是否存在最佳点位呢？这是个十分复杂的问题。但是，这么单向变化终究是会有极限的。汽车、电脑、电话、电邮、燃气灶、高压锅和洗衣机等，方便了人类的生活却在不断增加碳排放和电子产品垃圾……科学技术似乎应该让我们轻松实现马克思设想的人类美好社会“上午打猎，下午钓鱼，傍晚牧牛，晚餐后从事批判活动”，可以成天躺在床上睡大觉。可放眼红尘，从国家元首到贩夫走卒，哪一个不忙得一塌糊涂？正是人类活动强度的不断提高，创新了科技、增加了碳排放，导致全球气温的持续上升。

作为资本主义工业文明的核心，金钱竞赛缺乏均衡点，导致外在放逐，从而极大提高人类活动强度。特别是在人与人之间的物质利益争夺战中，不仅极大提高人类活动强度，而且极大破坏人与自然的和谐。可悲的是，尽管肥胖已经是严重的灾难，物质追求依然主导人们的行为，金钱竞赛依然围绕物质转。不改变金钱竞赛规则，一切就都流于治标不治本，包括低碳转型和高科技在内，都在推高而不是降低碳排放，使人类社会活动与人类终极目标南辕北辙，原本想驶向天堂，最后却堕落地狱。这就是现代人为什么越来越忙、越来越沉迷于既定游戏、越来越作茧自缚的原因。人类真的要反思，越来越忙并不越来越有正面的收益，走得越快死得越早是我们期待的吗？我们改变前进的方向，在物质消费追求上应该慢下来，降低人类的物质活动强度。

经济发展的代价太大。1978 年至 2014 年间，中国名义 GDP 年均增长 15.4%，占全球经济总量的比重从 1.8% 提高到 12.4%。中国经济增长高速，支付的代价也十分高昂。2014 年全球资源消耗中，中国能源消耗为 16.5%，钢铁消耗占 48.5%，其他主要金属资源消耗约占 45%，水泥消耗占 60%。此外，土地板结、草原沙漠化、耕地毒化、饮用水源稀缺化、河流污染加剧、大范围雾霾等生态环境恶化，致使沿海各省及内地许多地区已经成为癌症高发区，全国住院人次年均增长 6.69%。2015 年全国诊疗 77 亿人次、住院 2.1 亿人次，医疗总支出 34905 亿元。一言以蔽之，化石能源时代的负面效应已经在中国表现得淋漓尽致，经济再成长的制约条件在不断增强。由于我国当前依然处于初级发展阶段，我国的发展要求依然十分强烈，可是，野蛮的发展代价也越来越大、越来越承受不起。在这两大矛盾中，不改变发展路线、不调整经济结构、不推进产业升级、不转变发展方式，中国经济持续稳定高速成长是完全不可能的，并且是没有出路的。

2.8　要选择完全代价低的经济发展方式

历史上，新型通信技术与新兴能源系统的结合是重大经济转型时代来临的预兆。在经济体系中，通信技术充当中枢神经系统的功能，监管、协调和处理经济有机体；能源发挥养料和血液的作用，推动经济的持续运行和繁荣。新型通信技术是组织、管理复杂文明的手段，能源来源多元化使复杂文明成为可能，相应的基础设施建设则摆脱时间和空间的制约，发展出更加多样化的经济关系、支撑着更丰富的经济活动、开创出更具活力的经济体系。①

无线通信给我们带来了当前生活的便捷性，却也在积蓄可怕的人祸。资料显示，② 中国人更换手机的频率为8—12个月，中国每年淘汰旧手机8000万部以上，并且还处于增长中；美国18个月，每年废弃1.3亿部手机。手机零件中含有铅、镉、汞、六价铬、锑、铍、镍、锌、聚溴二苯醚等多种有害物质，手机混同普通垃圾废弃后，会污染土壤和地下水。一块废旧手机电池的污染强度是普通干电池的100倍，可污染6万升水。手机中的有毒有害物质都具有持久性、生物蓄积性等特性，可在环境中长期存留和不断向全球各地扩散，沿着人类和动物的食物链传递并汇集，最终可导致癌症、生殖系统和免疫系统受损等问题。这些危害一旦出现，就很难逆转。手机主板里含有铜、金、银、钯等具有回收价值的贵金属，平均每一百克手机机身中含有14克铜、0.19克银、0.03克金和0.01克钯。如果我们纯粹在经济领域考虑问题，手机给人类带来的后果是什么呢？除了巨大的浪费，还得承受自我毁灭的代价。人类毁灭前，我们当然会自我拯救。问题是，我们为什么要等到那个绝望的时刻，难道我们不能选择更加光明的发展道路吗？

---

① 参见［美］杰里米·里夫金《第三次工业革命》，张体伟、孙豫宁译，中信出版社2012年版，第29—30页。

② 参见李晶《废弃手机每年接近8000万部，处理不当将造成极大环境污染》，《新快报》2015年11月13日。

3　思维困境和经济学的若干困惑

3.1　思维的困境——机器人三大法则之冲突

傲慢的人类自认为高于机器人，于是给机器人规定三项法则。

（1）不能伤害人类，也不能坐看人类被伤害。

（2）执行人类的命令，除非违反法则一。

（3）要保证自己的存在，除非违反法则一或法则二。

人类自以为在这三大法则下，就能奴役机器人了，却没有想到人类自己发动战争、破坏环境。由于危害人类自己的生存，人类被伤害了，于是，机器人要执行法则一，而剥夺危害人类生存的人的自由。可是，此时机器人却又违反了法则一或法则二。三条法则看似天衣无缝，实行起来却冲突矛盾，让人无所适从。

按照获得多少就是对社会贡献了多少的准则，一些人确实获得很多，于是就自封为社会精英。这些人自以为高人一等，而把其他人当作自己实现目的的手段和机器，结果又会如何呢，谁会反对健康、安全、清洁的用水、清新的空气和开阔的空间呢？无论对促进健康做了多少事情，总还可以进一步改善；无论我们为确保安全付出了多大努力，总有改进的空间。但是，最基本的经济事实是，资源总量是稀缺的，现实的资源条件无法充分满足人们的所有愿望。当我们过度强化健康和安全时，其他需求就会被抑制了、得不到基本满足了，使得人们的需求结构被扭曲。当过度强化一些人的健康和安全时，其他人的健康和安全需求被压制。当一些人花天酒地、穷奢极欲、奢靡浪费时，就造成餐桌上浪费粮食价值2000亿元/年，同时我国依然有超过7500万人口陷于贫困生活之中。

3.2 真理与谬误相隔并不远

人们通常以为真理远离谬误，却发现谬误其实紧贴真理。凯恩斯认为，在经济萧条时，政府可以雇一批人白天去挖沟，再雇另一批人晚上去填沟，然后给他们发工资，如此反复循环，就可以拉动消费、创造经济繁荣。朴实老农听之，会觉得这样的理论是诓骗、是浪费、是傻子行为，想照顾百姓，直接发钱就是了。其实，直接增进国民福利就能拉动消费，又何必劳民，白天挖沟、晚上填沟，进行无效劳动呢？然而，这一违背常识、令人啼笑皆非的理论，却深得世界各地政府官员的赞赏，中国更是将这一理论发挥到极致，不仅经济萧条中采用之，而且在经济繁荣时也采用之。房子建好就炸掉，炸掉了再建；道路修好了就加宽、挖掉、重建；花园庭阁也总是今日建、明日拆、后天再重建。很难想象各级官员个个愚蠢、不懂常识、不辨浪费节省。这一理论违背常识而大受政府官员的欢迎，根本原因不是官员都愚不可及，而是这一理论为官员们干预经济找到了理由与借口，创造了从中牟利的契机。①

3.3 弘扬科学精神的6条准则

弘扬科学精神，不应仅是一句口号，面对21世纪，尤需重视科学精神实质性要素的确立与落实。科学精神包括六大实质性要素。客

---

① 参见［美］托马斯·索维尔《被掩盖的经济真相——辨识最平常经济现象的真实和谬误》，刘德良译，中信出版社2008年版。

观的依据、理性的怀疑、多元的思考、平权的争论、实践的检验、宽容的激励。

六大要素当中，必然贯穿着一个基本精神，那就是“经世济民”的意识。这是社会科学、人文精神的核心构成要素，是 21 世纪中华文明复兴大业的理性保障。马克思就是一个锐意改革、执着探索和顽强拼搏的经世济民的典范。科学是学术力量，学术上的成功因素包括严肃的科学态度、丰富的历史资料、周全的统计资料、严谨的数理分析、严密的理论逻辑。

3.4　资本主义的熊彼特式浪费——Schumpeterian Waste

主流经济学认为，资本主义有效运转的原因就在于它的高效率，股东价值最大化是企业唯一的目标。资本主义的天赋在于既能创造解决人类问题的激励机制，又能使这些解决方案得到广泛普及，并在破解人类问题中创造繁荣。实践中，资本主义的巨大优势在于其解决问题方面的创造力和有效性。正是这种富于创造力的效用必然地导致其效率极度低下，像所有的进化过程一样，资本主义这种机制有着先天的浪费本性，从每年大量的生产线、投资和创业亏损就能证明这一点。从社会繁荣角度看，企业对社会的最关键的贡献就在于将思想认识转化为解决问题的产品和服务，有效地满足快速变化的人类需求。如果公司照着这一目标做，就能实现企业经济效益和社会效益的最大化。将企业视为社会问题的解决者而不仅仅是为股东创造利益回报的工具，能更好地描述企业真正在从事的工作。这有助于企业高管们更好地平衡他们需管理的不同相关人之间的利益关系，同时也有助于企业转向长期投资激励——毕竟鲜有复杂重大的人类问题能在一个季度内就得以解决。

3.5 斯蒂格利茨怪圈[①]——Capital Doubtful Recycling

"斯蒂格利茨怪圈"是指在国际资金循环中，新兴市场国家以资金支援发达国家的得不偿失的资本流动怪圈（Capital Doubtful Recycling)。具体表现在新兴市场国家在以较高的成本从发达国家引进了过剩资本后，如东亚国家通过节俭国内消费而持有巨额外汇储备，又以购买美国国债和证券投资等低收益形式把获得的资本倒流回去。

3.6 龙舌兰酒效应[②]——金融危机的运行模式

墨西哥拥有丰富的自然资源、廉价的劳动力和开放的市场，1970—1993年间，曾是国际资本的乐园。20世纪90年代初，国际清算银行评估"墨西哥的对外赤字与宏观、微观经济基础，无论用何种标准衡量都是健康的"。墨西哥被普尔当作"第三世界新兴市场中的样板"，"不久就可以跻身发达国家行列"。墨西哥的高利率（1994年墨西哥利率12%—14%、美国5%—6%）吸引外资涌入，1990—1993年间，墨西哥外资流入910亿美元，其中的2/3涌入股票市场，推动股票价格暴涨436%。1993年，海外投资购买了墨西哥50%的股票和25%的政府债券，美国投资墨西哥450亿美元，其中证券投资200亿美元，使墨西哥股票价格年涨63%。1994年《北美自由贸易协议》生效，美国政府补贴农产品大规模出口墨西哥，墨西哥农产品价

---

① 斯蒂格利茨（Joseph Stieglitz），2001年诺贝尔经济学奖获得者，著有《信息经济学》、全球普及性教材《公共部门经济学》和《经济学》。

② 1994年墨西哥爆发严重的金融危机时，媒体以当地著名的龙舌兰酒（Tequila）作为代表物命名之，从此金融学家与媒体就将墨西哥金融危机称作"龙舌兰酒效应"（Tequila Effect）。

格暴跌、农牧业横遭摧残陷入低迷，引发农民起义，要求“分享繁荣”，政治领导人遇刺身亡。然后，美国提高利率，引发美元回流，迫使墨西哥本币比索贬值，国际金融投机者趁火打劫、抛售比索。墨西哥政府耗尽几百亿美元外汇储备，也拦不住外资抛空、股市崩盘、货币贬值。

改革开放带动物质生产快速发展、资本报酬提高，引发外资大规模涌入推动经济更加繁荣（追涨），一旦投资高报酬难以为继，必然引发外资抛空而造成金融危机（杀跌）。西欧国家、日本、墨西哥、南美的阿根廷、巴西、智利、秘鲁，在现代化过程中都经历过三部曲，一些人以为这是发展的宿命。可是，“亚洲四小龙”却避开三部曲，可见，事在人为。

根据国际货币基金组织的统计，1975—1997 年，世界各国发生大大小小的金融危机 289 起，平均每年 13 起。工业化国家 73 起，新兴市场国家 216 起。尤其是冷战结束以后，大型危机连年不断。1989—1990 年日本泡沫经济破裂，1992—1993 年欧洲汇率机制解体，1994 年墨西哥金融危机，1997—1998 年亚洲金融风暴，1998 年俄罗斯金融危机，1999 年巴西金融危机，2000—2001 年美国股市崩盘，2001 年土耳其金融危机，2002 年阿根廷金融危机，2008 年美国金融危机。

3.7 眼镜蛇效应——钻政策空子问题

印度人一度饱受眼镜蛇肆虐的痛苦。为此，英国总督颁布了一项法令：向当局提交一条死蛇可以获得一卢比的奖励。于是，印度人开始大规模饲养眼镜蛇，换取英国政府的奖励，而蛇灾却完全没有得到缓解。经济学界将这一现象称为“眼镜蛇效应”。

政策实施如果缺乏限制条件，如不限制养殖蛇作为激励对象，就会产生“眼镜蛇效应”。在我国，就是所谓钻政策的空子。农业补贴，就被一些“规模经营者”利用了，他们名义上租地，领取了政府补助，依然给原地主种植。

3.8 凯恩斯主义的三个死结

凯恩斯主义不是真理，至少存在三个死结①。

（1）财政死结。用扩大财政支出的方式阻止经济下滑，使资源流入没有发展空间的传统部门和没有再生活力的社会福利部门，造成了两方面的负面效果，一是使经济发展的活力降低，使政府的财政收入来源减少；二是经济发展和民众福利对政府资源的依赖越来越大。

（2）货币死结。当传统经济达到增长饱和点时，不寻找技术突破口，仅仅通过释放流动性来刺激经济增长，只有两种可能，一是泡沫再次泛滥，出现通货膨胀；二是出现流动性陷阱，经济在衰退中徘徊。

（3）政府职能部门死结。表现为公共部门越来越庞大的趋势，而且庞大的公共部门有一种自我繁殖的能力，它会自己派生出新的职能和新的需要，一旦公共部门达到一定的比例，要想减少它就会难上加难。它会“绑架”经济，也会“绑架”政府决策，使经济体背上越来越沉重的包袱，想甩掉它都很困难。

---

① 参见陶永谊《主流经济学的九大缺陷》，《经济学动态》2012 年第 3 期。

4　中国经济中值得思考的一些现象

4.1　中国能容得下多少高盛公司这样的朋友

西部矿业是高盛首例 A 股市上市公司 PE 股权投资案，基本情况归纳见表 18－2。Delaware 是 2006 年 7 月 24 日在美国特拉华州成立的高盛全资子公司。

表 18－2　　高盛子公司 Delaware 投资西部矿业时序情况

序号	时间	业务项目	持股（万股）	持股价格	投资（万元）	收入（万元）
1	2006－07－20	Delaware 购入东风实业	3205	3.00	9615	
2	2006－07－24	Delaware 在美国成立				
	2006－05－09	国内相互转让价格		7.00—10.50		
3	2007－04－08	股东大会决定增转送	3205＋16025	0.34		
		Delaware 获现金股利				3076.8
4	2007－07－12	西部矿业（601168）上市		开盘：13.48		
5	2009－03－05	2008－08－07 到 2009－03－03 减持	－11915			103303
6		Delaware 持股	7315	5.30		

资料来源：《西部矿业：一年一百倍的诡秘交易》，2010 年 6 月 25 日，（blog. sina. com. cn/s/blog_ 4d962b250100jxx7. html）。

高盛大规模减持后，西部矿业股价从历史最高价 68.5 元跌至最低价 5.30 元。即使按最低价计算，高盛持股西部矿业后的剩余股票价值为 38769.5 万元，是初始投资的 4.03 倍。

在中国，高盛的投资暴利，不是个别项目的，而是每一项目的。2007 年高盛投资海普瑞（002399），创下 148 元的 A 股最高发行价，在 3 年时间内以 6000 万投资换取了近 90 倍的账面收益。高盛参股双汇发展以后，从 2003—2008 年，双汇发展的营业收入和净利润增长率分别是 262.28% 和 160.46%，同期总资产和股权权益分别为 43.50% 和 38.47%。自 2004 年起已经连续 4 年分红超过利润的 60%，其中 2006 年与 2007 年配股方案均为每 10 股派 8 元，2006 年度现金分红 41084.4 万元，2007 年度现金分红 48479.59 万元，分别占当年合并报表净利润 88% 和 86%。2008 年每 10 股派 6 元，占净利润 52%。

在美国，高盛的股权投资最少金额为 2.5 亿美元/项，投资规模高密集区间是 10—20 亿美元/项。在中国，高盛单个项目的平均投资额为 5000 万美元，可见高盛在中国进行的是小额投资测试。然而，高盛在中国神通广大、收益丰厚。2012 年年初高盛集团总资产 9385 亿美元，盈利 74.75 亿美元，资产盈利率 0.8%，净资产收益率 10.5%。2010 年高盛在全球的投资收益率平均为 11.5%，高盛在中国的净投资收益率为 150%。

高盛 70 名合伙人，280 名董事总经理，职员总数 35140 名，平均年薪 399506 美元。

“谁是我们的敌人，谁是我们的朋友，这个问题是革命的首要问题。”① 在经济界，或许没有阶级斗争中的你死我活，却同样有残酷无

① 《中国社会各阶级的分析》，《毛泽东选集》第 1 卷，人民出版社 1991 年版，第 3 页。

情的我得你失，需要区分互利合作的伙伴、竞争利益的对手和攫取利益的强盗。只有区分了伙伴、对手和掠夺者，我们才懂得应该善待谁、无须依附谁。如果分不清得失，或许就会“羊爱上了狼”，不仅造成国家经济利益的流失，而且导致国家尊严的丧失。

亨利·鲍尔森，原任高盛董事长兼首席执行官，2006 年 7 月 14 日宣誓就任美国财政部部长，9 月 19 日到访中国时，受到我国的高度称赞：“高盛为中国的改革开放作出了贡献，你是中国人民的老朋友。”与中国的朋友赤诚不同，高盛在中国却并无投资诚意。在中国，高盛投资收益率高得如此离奇，如果不是中华大地养育，就一定存在特别肮脏的交易。一些人拜倒在金钱上，把高盛当作朋友。如果是考虑中国人民的利益，中国又能够容纳得下多少个高盛这样的朋友呢？如果从中国人民的利益出发，难道高盛是我们需求的吗？

4.2 中国产能过剩多少，困局就有多大

中国官方现在的判断是，“主要产业产能严重过剩”。例如，2015 年钢铁业产能 11.5 亿吨，产量 8.06 亿吨，过剩产能就是 3.44 亿吨。问题是，我国不仅产能过剩而且产量也过剩，产量过剩如何计算？2015 年中国 GDP 10.56 亿美元，占全球 13.84%，钢产量占全球 49.66%，我国单位钢铁 GDP 产出是其他国家平均水平的 4.7 倍。以全球平均水平作为标准推算，我国钢铁消费量仅需 1.7 亿吨，我国钢铁产能就过剩 9.8 亿吨。如果 20 年后我国 GDP 达到 38.6 万亿美元，并且假设技术水平保持不变，中国也仅需 6.2 亿吨。因此，我国远期钢铁产能至少过剩 4.3 亿吨。化解钢铁产能过剩必然是一项长期的战略任务，绝不是一蹴而就的事情。煤炭、平板玻璃、水泥、电解铝、船舶、光伏、风电、石化等产业情况，与钢铁业类似，我国化解产能

过剩的任务是十分艰巨的。

按照传递效应的逻辑，“去产能→企业倒闭→银行呆坏账增加→金融流动性降低→经济萧条”，或者“去产能→企业倒闭→失业→下岗潮→社会购买力下降→经济萧条”。“去产能”将对经济社会产生消极影响。如何化解“去产能”带来的消极影响？依循“社会福利提高→购买力上升→国内消费量增加→国内消费价格上升→出口价格上升→出口数量减少”的逻辑，在这个过程中，如果国内消费量增加恰好等于出口数量的减少，那么对于生产企业而言，销售量不减、销售价格提高，从而提高了企业收益率，是有利于企业的。

4.3 中国银行业并未引进国际战略投资者

资料显示，[①] 1995 年中央财政向四大国有银行注资 1.4 万亿元人民币核销呆坏账，1998 年政府又向四大国有银行提供 2700 亿元人民币纾困资本金。根据中行和建行 2002 财年年报，两家银行的损失类不良贷款超过 2000 亿美元。2003 年 11 月份，IMF 有关中国的年度报告认为，尽管中国经济增长和改革成果令人称道，但其中期前景严重依赖结构性改革的进展，尤其是银行体系、国有企业和劳动力市场的改革。2003 年 12 月 16 日，汇金公司注册成立，资本金 3724.65 亿元人民币。2004 年 1 月 6 日，国务院决定注资 450 亿美元到中国银行和中国建设银行，启动股份制改革试点，并动用外汇储备向两家银行注入 450 亿美元资本金；1 月 8 日，财政部副部长楼继伟发布另一项财务重组政策——“（中行和建行两家银行）原有 3000 多亿元人民币的所有者权益，将可全部用于冲销不良资产损失”。2004 年 1 月 10

① 参见王晨波《450 亿美元注资中行建行》，《中国青年报》2004 年 2 月 8 日，新浪网（http://news.sina.com.cn/c/2004-02-08/08241744164s.shtml）。

日，IMF驻华高级代表Ray Brooks称，中国政府注资目的在于增强两家银行的资本实力，为其进一步冲减坏账创造条件，使其能够在未来一两年内上市，发行价值数十亿美元的股票。[①] 随后，中行和建行启动股份制改造，规定它们必须引入海外战略投资者。

2005年11月2日，中国银监会副主席唐双宁阐述了引入战略投资者的五项原则和五个标准。五项原则如下。一是从国家利益看，要保持国家对大型银行的绝对控股；二是从市场行为看，中外双方应按市场原则在自愿、互利的基础上进行合作；三是从中方看，引进战略投资者主要不是为了引进资金，而是为了引进先进的管理经验和技术手段，促进中资银行完善公司治理结构，提高管理水平，因此引进战略投资者应与自身特点相结合，以提升中资银行自主创新能力和管理水平为目的；四是从外方看，投资入股中资银行一般应当是大型金融机构，在银行经营管理方面有丰富经验；五是从监管看，要坚持严格的资格审查，并跟踪和评估实际效果。五个标准如下。一是投资所占股份比例不低于5%；二是股权持有期在三年以上；三是派驻董事；四是入股中资同质银行不超过两家；五是技术和网络支持。唐双宁说，到目前为止，18家境外金融机构入股了16家中资银行，投资总额近130亿美元。

战略投资者在解禁后就快速出清。[②] 瑞士银行在2008年年底即清仓所持33.78亿股中国银行股份，套现约8亿美元。苏格兰皇家银行集团在股份解禁1个月后即2009年1月一次性出清所持108.09亿股中行股份，套现184.83亿港币。李嘉诚基金会亦狂抛20亿股中行股

① 参见《IBM指出：中国在注资中行建行后将扩大金融改革》，2014年1月10日，搜狐财经（http：//business. sohu. com/2004/01/10/59/article218315957. shtml）。

② 参见唐耀华《高盛等境外战投减持中资银行股份5年获利270亿美元》，《证券时报》2013年5月27日。

份，套现约40亿港币。美国银行2009年1月份减持56.24亿股建设银行股份，套现额高达220.46亿港币。2009年5月，美国银行再次抛售135.09亿股建行H股，套现567.38亿港币，至此美国银行将上市前从汇金公司处购入的以及全球发售时认购的合计191.33亿股建行股份抛售殆尽。花旗银行清空所持全部浦发银行股份，套现高达6.68亿美元，折合人民币约42.16亿元，获利超过6倍。解禁后不到半年时间，引入的海外战略投资者全部退出，初步计算可知，三年时间获利总额达260亿美元，年均投资收益率约70%。

数据显示，[①] 2006年1月，高盛出资25.8亿美元取得工行7% H股股权，当时成本价约为1.2港元/股。禁售期满后，高盛分6次出售H股股权，2010年9月完成两次抛售，合计套现41.6亿美元，套现利润5.8亿美元；至2013年5月20日最后出清，7年间获得盈利累计72.96亿美元，实际投资期仅仅3.5年，粗略估计年均盈利率达76.75%。

中国金融界，引进国际战略投资者的浪潮还没有结束。美国银行2008年两次通过行使认股权证获得的合计255.8亿股建行股份，直到2011年8月29日才解禁。美国银行于2011年的9月、11月分别抛售了131亿股、104亿股，仅持有21.48亿股，占建设银行总股本比例仅0.86%。2014年8月28日，中国华融资产管理股份有限公司引入包括高盛集团、华平集团、中信证券国际、中金公司、中粮集团、复星集团、马来西亚国库投资公司7家战略投资者，结局尚待观察。

背景清楚显示，中国银行业引进海外战略投资者的改革是内外高度衔接的，甚至时间上都是高度合拍的。改革的结果是中国支付了高

① 参见《高盛投资工行7年收益率282%》，财经网（http://finance.caijing.com.cn/2013-05-23/112814872.html）。

昂的学费，引进的投资却并无战略性，一解禁就逃跑就是证据。海外战略投资商最听中国的话，三年解禁期一到，就快速出清，获得离奇的高盈利。超过三年，投资商就这么慌张，战略性的影子都没有。可见，引进的不是什么战略投资而是套利投资。套利水平都异常的高，没有风险，只有高盈利。中国经济发达了，中国有钱了，大家都来切一块去，省得太肥胖了。国民羡慕海外战略投资者的地位，如果也能享受同等的地位，收入些钱财也不是难事，也不是钱多了没地方花，中国至今贫困人口有7500万。

4.4　量化宽松使西方国家侵蚀了我国的经济利益

应对2008年金融风暴，西方主要发达国家普遍采取量化宽松政策，以激活国内经济通缩。美国三轮量化宽松2.725万亿美元，利息率降至0.25%以下，至2015年年底结束。英国月增发货币500亿英镑至总规模3750亿英镑，欧盟2010年开始三年7500欧元经济援助。西方国家表示，终止量化宽松政策的条件是CPI超过2%。换言之，如果不反弹推升西方国家的物价，量化宽松政策就伤人而不伤己，这一政策就无自发终止的时日。

西方国家的量化宽松对自身利益无损。量化宽松政策效果如何，关键看流向。美国、日本、欧盟采用量化宽松政策，将国内问题转嫁到其他国家。美国增发货币82%流向国外，用于进口物品，填实美国市场供给，同时稀释其他国家经济。因此，美国实施量化宽松政策，不仅没有造成国内通胀，反而稳定了美国市场，通货膨胀率从2008年的5%降至2012年的1.59%。美国实施量化宽松政策，通过货币流出、货物流入的方式，让贸易伙伴国蒙受损失，给美国的贸易伙伴国带来了利益损失。西方发达国家大多是净进口国，实施量化宽松政策后，外源性货物平抑了国内市场，并未引发国内通货膨胀率。

西方国家的量化宽松侵蚀了我国的经济利益。西方国家的量化宽松，导致出口国货币流入货物流出而引发国内通货膨胀。按照这一事实，西方国家量化宽松政策，侵蚀了我国的经济利益，不断加大了我国经济的维稳成本，对我国经济的伤害是很大的。在国际有效需求减少的情况下，我国却要增加出口，除了减价促销别无其他途径。这样的政策措施，维持甚至扩大了物质流出，稳定贸易对象国的物价，引发国内物价输入性上涨，实质损失我国的经济利益。2015 年美国对华贸易逆差为 3657 亿美元、日本为 501 亿美元、欧盟为 1965 亿美元，2015 年美国贸易逆差总额为 7395 亿美元、日本为 229 亿美元、欧盟为 -701 亿美元，中国为美日欧市场物价稳定作出了巨大的贡献。2015 年我国贸易顺差为 5945 亿美元，是我国真实财富的流失，外汇流入却是我国货币增发的动力。尽管通过增发 16.39 万亿元 M2 把财富流失分摊到国民身上，但是国外量化宽松对我国经济利益的侵蚀是真实发生的。

我国的量化宽松政策侵蚀了自身的长期经济利益。我国 4 万亿投资在国内，人民币也非国际货币，增发货币主要影响国内。投资加剧产能过剩，引发生产原材料进口激增，以及国内消费市场和出口供给过剩。原材料进口价格提升和产成品出口价格下降的双重压力，导致我国产业效益普遍萎缩。2008 年金融危机后，中央采取的经济刺激应急措施，确实快速阻滞了世界经济的急剧下滑并平稳了国内经济增长，遗憾的是应急措施不是着力于短期微调，作为激励重点的十大振兴产业全部属于长线投资并且当时就已经产能过剩了，政策激励的最终效果是加剧产能过剩。产能过剩将造成我国巨大的经济转型困局，或许将困扰我国 20 年。

4.5 “藏汇于民”是治标不治本的恶招

中国外汇储备过剩，有人出招“藏汇于民”。“藏汇于民”当然可以减少外汇储备，但是并未让外汇离开中国。“藏汇于民”，是让人民分担央行损失的政策措施，实质上是把政府利益和人民利益对立起来，逐末而损本，并未实质维护国家利益。“藏汇于民”将把国内的鱼水关系演变为利益对抗关系，将引发非常恶劣的政策后果，是一条恶劣的措施。

我国已经从缺乏外汇国家变成外汇储备过剩国家，已经从贸易小国成长为贸易大国，已经从学习世界经济秩序阶段提升到创新世界经济新秩序阶段。条件改变了，目标改变了，所做的事情改变了，需要创新思想方法，需要新人来换旧貌换旧颜。以往的实践表明，老牛只会拉破车，是顺应不了国家发展需要的，重组金融决策机构和成员是很有必要的。

4.6 决定中国产业发展大势的三股商潮

天下大势，浩浩荡荡，中国经济结构转型和产业升级是出路所在。未来一个相当长的时期，产业重组整合势必引发三大商潮。

4.6.1 并购成长潮，产业整合时代正式来临

把眼光放到自己最熟悉的产业链里去，以并购方式完成产业整合。战略观念需要超越以往。

（1）甩开有机增长或内涵式增长乏力的困扰和纠结，利用上市获取战略资源、形成制空优势，以并购成长作为突破方向。

（2）十亿量级市值靠业务，百亿量级市值靠并购，千亿量级市值

靠“技术创新+并购”。中国A股上市公司有2500家，市值50亿以下的有1500家，占比60%，它们将展开一场并购赛跑和整合大战，求生机谋兴盛。

4.6.2 颠覆性创新潮，引发商业文明的升级换代

新时期发展新经济。在2016年两会中，李克强总理阐述的新经济，包括互联网+物联网、云计算、电子商务的新兴经济，智能制造和大规模定制生产的工业制造，家庭农场、股份合作制、一、二、三产业融合发展的现代农业。移动互联网、云计算、大数据、社交网络，新经济正在改变人类的生存状态和生活方式。与之比较，资金、土地、牌照、垄断、规模等不再无往而不胜。新技术、新产业、新经济在蜕变，不靠背景、不攀关系，无须跨界翻墙、打家劫舍、屌丝逆袭，就能弯道超车、颠覆替代。旧商业必衰，新商业必兴。

4.6.3 全球化大潮，融入世界经济体系的必由之路

2013年中国对外投资达850亿美元，包括能源、制造及日用消费品行业在内的各个领域的中国企业都将在发达经济体中寻找新市场。未来10年，中国企业必将重新确定自己在全球经济体系中的地位，对全球经济事务负有更大的责任，中国企业的战略定位是“做世界公民”，进行全球化布局，树立世界级企业。

在大商潮中，只有浪击中流、奋勇向前的勇士，才能赢得最后的胜利，套用俗语就是“大事难事看担当，逆境顺境看胸襟，有舍有得看智慧，是成是败看坚持”。

致　谢

做点事情不容易，没有动力就很难进步，我要感谢推动我前进的每一位。著述过程先后得到许多朋友和学术同行的支持和激励，我要特别感谢。

1. 2006年第四届软科学国际研讨会上，我的参会论文尽管内容初级，风格上却得到国家科学技术部刘岩琦的关注和肯定，鼓励我深入研究，从此让我走上自由探索的艰辛之路。

2. 著述过程中，我时不时产生打退堂鼓的念头，宁波市科学技术局全继业先生的开导和鼓励，平缓了我内心的纠结，让我坚持至今。中南大学退休教授陈文华先生的科学技术哲学思想和关于世界构成理论对我很有启发，让我有机会从哲学角度观察产业构成。

3. 中国软科学研究会常务副理事长、国际欧亚科学院院士孔德涌教授，时不时询问我的工作进展，使我为了面子不敢懈怠，总试图能够报答孔老的厚望，这是对我的极大促进。

4. 2012年，天缘巧合，让我有机会与工信部何映昆处长相识，从此有机会听到实践部门领导的直率评价，使我有了理论检验的标准，这对我减少认识偏见是很有帮助的。

5. 2012—2014 年间，参加中南大学黄健柏副校长、朱学红副校长和王昶教授的国家社科重大项目申请讨论，与校内多位老师的交流，让我扩大了耳界，更多地发现了问题。

6. 从 2013 年开始，湖南省科技厅软科学处黄耀处长看好我的工作，创造条件激励我继续努力，让我在彷徨中又有了继续前行的动力。

7. 2015 年中国软科学年会上，科技部张来武副部长的“创新驱动与城乡一体化发展”主旨报告，启发我思考产业划分问题，经济空间的内容就是在这一启发下形成的。

8. 2016 年有幸结识中国有色金属协会胡长文副秘书长，他仔细阅读了我的初稿，直截了当地提出许多尖锐的问题，不仅让我减少了一些偏见和笔误，而且从实体经济角度再思考。

9. 2017 年，我的好朋友广东珠海市俞政教授，从非经济专业角度通读了全部稿件，不仅帮助增色文字、消减差错，并且帮助鉴别了可读性。广东清远市政协秘书长胡继松从社会管理角度评鉴著作，给了我很大的鼓励。中国开发银行湖南省分行行长袁建良在百忙中帮助我把握内容方向，删除枝节内容而突出主题。

10. 我的研究生吴奇，帮助我重新绘制了多幅图，使得图示更加整洁美观、增色不少。

11. 多年来，中南大学人文社科主管领导始终一贯信任我、激励我，使我倍感情切、深受鼓舞。我很感激王敏的早期促进，近些年彭忠益部长的鼓励和支持、董晶晶的热情。

12. 我的父母和儿子，尽量让我专注做些事情，而我总觉得承担的家庭责任不够，很对不起家里的人。

在论著的形成过程中，无论是公开的支持还是暗中的激励，或是无意间的启发，或是默默转移我的代价，我都从内心诚挚感激。正是点点滴滴力量的汇集，成就了这一著作。著作是我撰写完成的，却也是多方促进的结果。

对于各方面的帮助，我无以回报，只能真挚地说一声谢谢！

朱 灏

2018 年 1 月